KB119994

중국과 혁신

맥락과 구조, 이론과 정책 함의

중국과 혁신

맥락과 구조, 이론과 정책 함의

은종학 지음

한울
아카데미

일러두기

이 책의 중국어 표기는 기본적으로는 국립국어원의 외래어표기법을 따르지만, 그를 일부 보완·수정하여 다음과 같이 한다.

① 중국 지명: 현(縣) 혹은 시(市)급 이상의 행정구역에 대해서는 한자 독음으로 쓴다(외래어표기법 제4장 제2절 제4항 참조). 예) 절강(浙江), 섬서(陝西), 북경(北京), 심천(深圳), 연태(烟台). 단, 중국이 스스로 음차하여 표기한 중국 내 변방 지역의 명칭은 중국어 발음을 살려 쓴다. 예) 카스(喀什, Kashgar), 하얼빈(哈尔滨, Harbin)

② 중국 기업명: 고유명사 성격이 강한 부분만 중국어 발음으로 쓰고 나머지 부분은 한자 독음으로 쓰거나 의미를 번역하여 쓴다. 예) 비야디주식회사(比亚迪股份有限公司, BYD), 화루이풍력발전과기주식회사(华锐风电科技股份有限公司), 중국석유화공집단(中国石油化工集团)

③ 중국 대학명: 중앙이나 지방의 행정구역 명칭을 활용한 경우가 많고 일부에 대해서만 달리 쓰는 것이 혼란을 야기할 수 있는 만큼 모두 한자 독음으로 쓴다. 예) 북경대학(北京大学), 청화대학(清华大学), 남경항공항천대학(南京航空航天大学), 서안교통대학(西安交通大学)

④ 이 책의 중문(간체자), 한자(번체자) 표기는 다음과 같은 원칙을 따른다. 중국의 인명, 지명, 중국식 개념이나 정책, 문서 등을 본문에 언급할 때는 중문 간체자를 괄호 속에 병기하지만, 한글의 뜻을 좀 더 명확히 하기 위한 경우에는 한문(번체자)을 괄호 속에 병기한다.

⑤ 중요한 외국 문헌 중 최초 출간연도와 그 문헌이 번역·재출간된 연도를 구별할 필요가 있을 경우, ' / '로 구별하여 괄호 속에 병기한다. 예) Schumpeter(1911/2008)

차 례

제2부 | 중국의 국가혁신체제

제4부 | 중국과 혁신에 대한 이론적 재조명

서문

▬

　15년 전 필자는 중국 청화대학(清华大学)에서 기술경제 및 관리학(技术经济与管理学)이라는 전공으로 박사학위를 취득하고 귀국했다. 당시에도 청화대학은 중국 최고의 대학이었지만 한국에선 아는 이가 적었다. 그 시절 중국 국가주석이었던 후진타오도 청화대학 출신이라고 알려주면 그제야 '센' 대학으로 알아주곤 했다. 기술경제 및 관리학이라는 전공 또한 생소했다. 군이 국내에서 비슷한 전공을 찾자면 서울대학교 대학원에 있었던 기술경제협동과정, 기술경영협동과정 정도였지만, 그마저도 아는 이가 많지 않았다.

　중국 유학 전 원래 필자의 관심은, 파란만장한 현대사 위에 새로운 변화를 만들어가던 중국 그 자체였다. 중국을 탐색하러 학부 졸업 직후 '중국 특파원'의 꿈을 품고 신문사에 입사했다. 하지만 좀 더 깊은 지식에 목말랐고 그것을 채우러 서울대학교 국제대학원 중국지역전공 석사과정에 입학한 것이 학자의 길로 들어선 계기가 되었다.

　필자는 석사과정을 마치고 '현장'인 중국에 가서 박사과정을 이어가고자 했는데 정작 중국에는 '중국경제학' 혹은 '중국경영학' 같은 전공이 없었다. 중국을 더 깊숙이 알기 위해 새로운 접근법이 필요했고, 가장 효과적이고도 신선하게 다가와 선택했던 전공이 바로 기술경제 및 관리학이었다. 유럽에서는 주로 '혁신학(innovation studies)'이라 부르는 기술경제 및 관리학(현재 청화대학의 학과 이름은 창업·창신 및 전략학과로 바뀌었음)은 중국의 새로운 변화를 포착하고 분석하기에 제격으로 보였다.

그렇게 필자는 중국학에 기술경제학, 혁신학을 접목시켜 왔다. 2006년 국민대학교에 부임한 뒤에는 '중국의 경제성장과 기술혁신', '중국의 기업과 경영환경' 등 새로운 과목들을 개설해 중국과 혁신의 이슈를 학생들에게 소개하며 토론을 이어왔다. 색다른 내용을 학부 학생의 눈높이에 맞춰 구성하고자 노력했고 그것이 이 책의 기초가 되었다.

그리고 세월은 마치 필자에게 선견지명이나 있었던 양, 중국, 기술, 혁신이라는 주제들을 이어 붙였다. 미국 트럼프 행정부가 중국에 대한 공세를 본격화한 2018년, 미국 무역대표부(USTR)가 내놓은 보고서 제목이 「중국의 기술이전, 지식재산권, 혁신에 관한 법, 정책, 관행에 대한 조사 결과」일 정도로, 중국과 기술, 혁신은 이제 서로 긴밀하게 얽힌 주제가 되었다.

'중국'과 '혁신'은 얼마 전까지만 해도 서로 무관한 개념인 듯 떨어져 있었지만 이젠 어느새 다가와 서로를 물들이며 역동적으로 상호작용하고 있다. 그렇다고 이 책이 중국이 혁신국가가 되었음을 선포하거나 그를 강변하려는 것은 아니다. 사실, "중국이 혁신적인가?"라는 질문에는 매우 다른 내용과 수위의 대답들이 공존한다. 실제 관찰보다 앞서 중국이라는 국가에 대한 응답자의 정치적·이념적 호오(好惡)가 좌우하는 부분도 작지 않아 보인다. 냉정하게 관찰 결과를 따른다 해도, 응답자가 혁신을 어떻게 인식하는지, 중국의 어떤 지점을 응시하는지에 따라서도 대답은 엇갈린다. 거울에 대고 하는 필자 자신의 대답도 한줄기로 나오지는 않는다.

따라서 이 책은 중국의 혁신성에 대한 무리한 단답성 평가를 추구하지 않는다. 대신 이 책은, 서로 어울리지 않는 조합으로 여겨졌던 '중국'과 '혁신'이 가까워지며 서로에 물든 과정, 그 배후의 중국 경제 및 기업 성장의 과정을 짚어보고자 한다. 또한 그러한 과정을 거쳐 형성된 오늘날 중국 국가혁신체제의 구조와 그 다양한 지점에서 벌어지는 양상들을 관찰·종합해보고자 한다. 더불어, 중국의 성장과 혁신 경험이 기존 이론의 연못 어느 구석에 돌을 던지고 그 파장은 어떻게 퍼져가는지, 그런 새로운 중국과 혁신을 마주 대해야 할 한국은 어떤 길을 정책적으로 모색해 가야 할지 조심스레 논해보고자 한다.

지난 수십 년간, 중국은 미국을 위시한 세계 자본주의체제의 일원으로 점차 깊숙이 편입하며 그 안에서 성장과 혁신의 기회를 도모해 왔다. 그런 만큼 트럼프 행정부 이후 강화된, 그리고 바이든 행정부에서도 다른 방식으로나마 지속될 미국의 대중국 압박과 견제는 중국의 실질적인 타격과 위축으로 이어질 가능성도 배제할 수 없다. 한편, 민주적 선거과정에서 여론이 분열하고 갈등이 심화된 미국과 달리 중국은 여론 통제 속에 시진핑의 권력 기반을 공고히 했지만 그로 인한 과도한 경직은 오히려 미래 중국의 순항에 걸림돌이 될 수도 있다. 더불어 2019년 말 중국에서 발원해 2020년 전 세계로 확산되고 이 책을 마무리하는 시점까지도 제대로 잡히지 않는 코로나19도 기존 세계의 미시적 양태와 거시적 질서를 재편하는 요인으로 작동할지 모른다.

그 큰 변화와 불확실성 앞에서, 이 책이 주로 조명한 개혁개방 이후, 특히 21세기 들어 중국이 밟아온 성장과 혁신의 길이 향후 (우여곡절 속에서나마) 이어질지 아니면 중대한 변곡점이나 불연속점을 만나게 될지는 필자도 확언할 수 없다. 다시 말해 이 책은 미래 예측서가 아니다. 오히려 이 책의 의미는 앞으로 닥칠 생소한 미래에 참고할 만한 가장 가까운 역사라는 데 있다. 누구에게나 그렇듯 중국의 미래는 불확실하지만, 그 전개는 이 책이 다룬 과정 속에 도달한 지점을 초기 조건(initial condition)으로 하여 전개될 것이라는 점에서 이 책은 미래에도 참고할 가치가 있을 것이다.

이 책에 담은 많은 논의가 짧고 명확한 하나의 명제나 주장으로 수렴되지는 않을 것이다. 하지만 독자는 이 논의들을 함께하며 중국과 혁신이 중첩되는 세상에 관한 이해를 넓히고 그에 대한 현명한 대응방안을 스스로 진전시킬 수 있으리라는 것이 필자의 기대이자 기획이다.

이 책은 크게 다섯 개의 부로 구성되어 있다. 제1부에서는 중국에서 혁신이 정책적 지향이자 화두가 된 배경을 살펴본다. 개혁개방 이후 중국의 고도성장 비결을 경제학적 관점에서 비교적 잘 해석했다고 평가되는 북경대학 린이푸 교수의 논지를 소개하고, 그가 놓친 혁신이 중국 내에서 어떻게 새로운 성장의 담론으로 자라났는지를 살핀다(제1장). 그리고 이 책을 관통하는 핵심어인 '혁신'[서구에서는 '이노베이션(innovation)', 현대 중국에서는 '창신(創新)'이라 씀]이라는 개념이 동아시아와 중국에 어떻게 도입되고 자리 잡았으며 그에 여전히 묻어 있는 독특한 뉘앙스는 무엇인지 짚어본다(제2장).

제2부에서는 중국의 '국가혁신체제(National Innovation System)' 각부를 점검하고 그 구조를 살핀다. 구체적으로, 중국의 과학연구 수행 주체와 과학연구 성과의 산업화 메커니즘(제3장), 중국 정부의 과학기술 및 혁신 정책(제4장), 중국의 고등교육체제와 인재 육성(제5장), 중국 각지의 혁신 공간(제6장), 혁신의 견인차 역할을 할 수 있는 중국의 수요 특징(제7장) 등을 논한다.

제3부에서는 다양한 산업 내 중국 기업들이 성장의 사다리를 오르고 또 혁신을 추구·수행하는 것을 살펴본다. 중국의 국가혁신체제 속을 누비며 실제로 일을 벌이는 주인공들의 스토리인 셈이다. 그 스토리 속에서 중국 특색의 패턴을 발견하고 개념화도 시도해 볼 것이다. 순서대로, 사다리의 하단(下段)에 처음 올라서 성장의 기초를 다지거나 그를 이루지 못해 정체하거나 추락하는 중국 기업의 사례들을 짚어보고(제8장), 그보다 높은 사다리 중단(中段)에서 벌어지는 다양한 중국적 현상들을 포착하며(제9장), 기존

의 사다리 상단(上段)을 올라서거나 새로운 상단을 만들어 올라서는 중국 기업의 비결을 분석한다(제10장).

제4부에서는 중국의 성장과 혁신 경험을 이론화하는 한편, 중국과 혁신에 관한 기존의 이론적 논의를 되짚어보고 그 지평을 확대한다. 서구 선진국과 일본 등의 기업 성장 사례들을 근간으로 하는 기존의 기업이론에 중국의 경험을 반영하여 이론적 논의를 새롭게 해보고(제11장), 사회주의와 자본주의의 이분법에 기초한 기존의 경제체제론에 중국의 현실과 진화를 투영해 보면서 오늘날 중국 경제체제의 실제 성격에 대해 재론해 본다(제12장). 또한 혁신이론의 비조(鼻祖) 슘페터로 되돌아가 혁신 개념을 근본적으로 재점검하고(제13장), 그를 바탕으로 혁신의 지평을 과학기술을 넘어 디자인적 사고로까지 확장한다(제14장).

제5부에서는 최근 글로벌 경제체제의 변화를 가속화하는 미중 갈등의 양상을 추적하고(제15장), 동아시아 리틀 드래곤(little dragon) 중 하나인 싱가포르의 자기 변신 노력을 참고하며(제16장), 이상의 논의들을 바탕으로 한국이 나아가야 할 길을 다각도로 제안해 보고자 한다(제17장).

이 책은 중국과 혁신을 엮는 다양한 학술적 논의들을 반영한 학술서이지만, 학부 고학년생이나 대학원생이 읽기에도 크게 어렵지 않도록 썼다. 중국학을 전공하는 학생들이 현대 중국 경제에 대한 이해를 넓히고자 할 때, 혹은 경제학이나 경영학, 혁신학(innovation studies)을 전공하는 학생이 현대 중국에 대한 이해를 더하고자 할 때 유용하길 바라며 썼다. 더불어 중국과 혁신을 함께 놓고 고민해야 하는 우리 사회 각계의 의사 결정자들과 정책 담당자들이 사고의 폭을 넓히고 깊이를 더하는 데 활용할 교보재이길 바라며 썼다. 이 책에는 많은 각주가 달려 있는데, 그 대부분은 더 다면적이고 심층적인 이해를 돕기 위해 추가된 것이다. 따라서 좀 더 가볍게 책을 읽고자 하는 독자들은 각주를 건너뛰며 읽어도 이해하는 데 큰 지장이 없다.

중국의 최근 현상과 중국 당국의 정책을 기술하는 보고서들은 수없이 생겨났다가 짧은 숨을 쉬고 이내 사라진다. 그 보고서들이 내놓는 한국의 대응 정책도 대체로 호흡이 짧다. 그와 달리 이 책은 더 종합적이고 비판적인 책을 지향한다. 중국과 혁신이 서로에 물들고 때로는 서로를 밀어내는 양상은 '큰 그림'으로만 포착할 수 있기 때문이다. 독자가 이미 어느 특정 분야의 전문가라면 쏟아지는 중국 관련 보고서 중에서 필요한 것을 골라 읽고 스스로를 업데이트하면 될 것이다. 하지만 중국에 대한 전체상을 파악하고, 그 위에서 비판적 사고를 전개하고, 우리의 근본적 대응을 고민하고자 한다면 이 책이 그 용도에 적합할 것이다.

주로는 필자의 게으름 때문이지만, 이 책을 기획해 탈고하는 데까지 6년 이상의 시간이 걸렸다. 처음부터 다시 쓰기를 몇 차례 반복했지만, 각 장, 각 부분의 내용에 낡은 것이 없다고 할 수 없다. 출간 이후에도 날들을 더하며 또 낡아갈 것이다. 따라서 이 책의 모든 내용을 확정적 사실이나 변치 않는 진실로 받아들여서는 안 된다.

더불어 이 책에는 더 많고 깊은 논의를 필요로 하는 문제들이 여러 곳에 남아 있다. 솔직히 그 점에서 미진한 책이지만, 미화하자면 '열린 책'이라 할 수 있고, 변명하자면 주제의 특성상 어느 정도는 불가피한 것이었다. 따라서 독자는 이 책에 적극적으로 수정과 보완을 가하는 것이 바람직하다. 건설적 비판과 제안, 수정과 보완의 내용은 필자(dragonnovation@gmail.com)에게도 가르쳐주길 바란다. 향후 연구와 교육에 참고하고, 개정판이나 후속서 출간에 반영하고자 한다.

한편, 중국학 연구자로서 필자는 이 책을 통해 중국어의 한글 표기에 대한 새로운 제안을 실천하고자 한다. 외래어표기법이 있지만 현대 중국의 다면을 논하기에 불편하거나 비효율적이고, 현실에서 통일적으로 사용되지도 않는 표기법에 대해 개선을 제안하는 바이다.

우선 지명(地名)의 경우, 중앙에서 시급 (혹은 현급) 지방까지는 중국어 발음이 아니라 한문 독음(예컨대, 북경시, 심천시, 섬서성, 산서성)으로 쓰고, 그 하위 행정단위의 지명에 대해서는 중국어 발음[예컨대 북경시 하이디엔(海淀)구, 심천시 난산(南山)구]으로 쓸 것을 제안한다. 전자의 경우 예로부터 우리에게 알려진 곳이 다수일 뿐 아니라 한문과의 연계성을 살려 쓰는 장점이 크고 중국어 발음으로 쓸 경우의 혼동[예컨대, 산시(陝西)성 대 산시(山西)성]이나 한자를 이해하는 이들에게 불필요한 정보의 유실이 있는 반면, 후자의 경우는 구어로 부르는 이름의 의미가 더 크기 때문이다. 또한 기업명의 경우, 한문으로 읽을 때 그 뜻이 분명한 것은 한자 독음을 살려 쓰고, 해당 기업의 고유한 브랜드 명칭에 해당하는 부분만을 중국어 발음에 맞춰 쓰는 것을 제안한다[예컨대, 화웨이(华为)기술유한공사, 중국석유화공집단유한공사]. 한편, 본문 중 한글 단어에 한문(번체자)이나 중국어(간체자)를 병기하는 경우, 기계적으로 통일하지 않고 그 용도를 가려 쓰고자 한다. 즉, 한글의 뜻을 명확히 하고자 하는 경우에는 한문(번체자)을 병기하고, 외국어인 중국어 표기를 제시하고자 하는 경우에는 중국어(간체자)를 병기했다.

이 책을 마무리하기까지 필자는 많은 분들의 은혜를 입었다. 필자에게 기술경제학과 혁신이론의 세계를 처음 보여주시고, 끊임없이 탐구하는 모범을 보여주신 서울대학교 경제학부의 이근 교수님께 감사드린다. 청화대학에서 필자를 조교로 삼아 학문의 심연을 보여주셨던 룬드발(Lundvall) 교수님과 고(故) 드브레송(De Bresson) 교수님, 중국 현장의 내막과 고민을 공유해 주셨던 우구이성(吴贵生) 교수님께도 감사드린다. 필자가 직접 뵙고 가르침을 얻지는 못했지만 책과 논문을 통해 많은 영감을 받았던 고(故) 김인수 교수님과 고(故) 루치원(陆启文) 교수님께도 경의를 표한다.

또한 중국 경제 분야의 스승님들로 필자에게 조언을 아끼지 않으셨던 서울대학교 정영록 교수님, 서강대학교 김시중 교수님, 삼성경제연구소 부사장 한동훈 박사님께도 감사드린다. 가까운 선후배이자 탁월한 중국 경제 연구자들인 한국금융연구원 지만수 박사님, 국민대학교 문익준 교수님, 세종대학교 노성호 교수님과의 만남과 토론에서도 많은 것을 배웠다. 필자의 소중한 제자가 되어준 '중국의 경제성장과 기술혁신', '중국의 기업과 경영환경' 수강생들도 이 책의 숨은 공로자들이다.

필자의 가장 성실한 제자 중 한 명으로 이 책의 초고를 처음부터 끝까지 읽으며 수고스러운 편집 작업을 맡아준 중국 남경대 박사과정생 김민지 양에게 고마움을 전한다. 채 정리되지 않은 필자의 설익은 생각을 가장 먼저 들어주고 용기를 북돋워준 아내 현경과, 대학생의 눈높이에서도 읽을 수 있는 글이 되도록 초고를 손봐준 경제학도 첫째 딸 지수, 남다른 관점으로 세상을 보며 스스로 혁신을 꿈꾸는 고등학생 둘째 딸 은수에게 그간 제대로 피력하지 못한 고마움과 사랑을 전한다.

대중적인 출판시장에서 환영받기 어려운 두꺼운 책임에도 이 책의 가치를 일찌감치 인정해 출판을 허락해 주시고 세심한 편집과 교열을 더해 이 책이 세상의 빛을 볼 수 있도록 해주신 한울 관계자 여러분께도 감사의 말씀을 올린다. 또한 필자의 집필 작업을 재정적으로 뒷받침해 준 한국연구재단에도 심심한 감사를 표한다.

제1부

중국, 성장에서 혁신으로

제1장

개혁개방을 넘어 혁신을 향해

1. 개혁개방 이후의 성과

중국은 1978년 '개혁개방'을 시작했다. 중앙정부의 명령과 계획으로 이 끌어가려던 종래의 방식을 버린 것이다. '대나무 장막' 속에 스스로를 가둔 자급자족형 폐쇄경제를 포기한 것이다. 대신 '시장화(marketization)', '분권화(de-centralization)'를 핵심으로 하는 개혁과 해외직접투자 유치 및 국제무역 촉진을 주요 내용으로 하는 개방을 추진했다.

그와 같은 경제발전 전략의 대전환은 많은 변화를 가져왔다. 무엇보다, 가파른 성장을 가능케 했다. 중국은 1978년부터 40년 동안 연평균 9.6%에 육박하는 GDP 성장률을 기록했다. 이는 7년 반마다 경제규모가 2배씩 커지는 엄청난 속도이다. 우리나라가 중국과 국교를 정상화한 1992년, 당시 11억 7000만 명의 중국 인구(한국의 27배)가 창출한 GDP(4957억 달러)는 당시 4300만 명의 남한 인구가 창출한 GDP(3501억 달러)의 1.5배를 넘지 못했다.

그러던 중국은 2000년 이탈리아, 2005년 프랑스, 2006년 영국, 2007년 독일을 잇달아 추월하고 급기야 2010년에는 일본마저 추월하며 GDP 규모

면에서 세계 2위의 경제대국이 되었다. 2020년 중국의 GDP는 한국 GDP의 9배를 넘어섰고, 유럽연합(EU) 27개국의 GDP 총합을 넘어설 날도 얼마 남지 않게 되었다(〈그림 1-1〉 참조).[1]

중국이 언제 미국을 추월할지 많은 이들이 점치고 있지만, 나라마다 다른 물가 수준을 고려하여 GDP 통계수치를 보정하는 이른바 '구매력평가(Purchasing Power Parity: PPP)'에 따르면 중국은 이미 2014년에 미국을 추월(중국 17조 9200억 달러, 미국 17조 8100억 달러)하고 세계 최대의 경제대국이 되었다. 물론 뒤바뀐 미국과 중국의 지위가 장기간에 걸쳐 고착될지는 여전히 불확실하지만, 개혁개방 이후 40여 년의 성과는 엄청났다고 할 수 있다.

덧붙여 최근 상황으로 특기할 것은, 2019년 말 중국 호북성 무한(武汉)[2]에서 대규모 감염이 확인되고 곧이어 각국으로 확산된 코로나19(COVID-19) 바이러스로 인한 경제적 충격이다. 코로나19로 인한 경기 위축으로 세계 각국의 2020년 상반기 GDP 성장률은 모두 마이너스로 돌아섰다. 사태의 진원지인 중국도 2020년 1분기 GDP 성장률(작년 동기 대비)이 −6.8%로 급락하는 등 충격을 받았다. 하지만 곧 이은 2분기에는 세계 주요국 중 유일하게 플러스 성장률(3.2%)을 기록하며 회복력을 과시하기도 했다. 반면, 같은 시기에 미국은 코로나19로 인한 경제적 타격이 심화되어 결과적으로 미

---

1 2020년 1월 영국의 EU 탈퇴로 2020년 말 기준 EU 회원국은 아래 27개국이다. 벨기에, 프랑스, 독일, 이탈리아, 룩셈부르크, 네덜란드, 덴마크, 아일랜드, 그리스, 포르투갈, 스페인, 오스트리아, 핀란드, 스웨덴, 키프로스, 체코, 에스토니아, 헝가리, 라트비아, 리투아니아, 몰타, 폴란드, 슬로바키아, 슬로베니아, 루마니아, 불가리아, 크로아티아. Wikipedia, "List of countries by past and projected GDP(nominal)"(검색일: 2020.11.9).

2 코로나19 바이러스의 진원지로 지목된 '무한'이 중국식 발음 그대로 '우한(Wuhan)'으로 널리 회자되어 익숙해졌지만, 시(市)급 이상의 행정구역에 대해서는 한자 독음에 준하여 표기하는 것이 전체적으로 볼 때 더 바람직하다는 판단과 표기원칙에 따라 '무한'으로 적는다.

그림 1-1 개혁개방 이후 중국 경제의 팽창과 추월   단위: 백억 달러

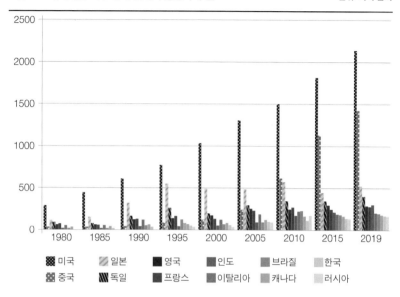

	1980	1985	1990	1995	2000	2005	2010	2015	2019
미국	286.2	434.7	598.0	766.4	1028.5	1309.4	1496.4	1812.1	2134.5
중국	30.5	31.3	39.9	73.7	121.5	230.9	606.6	1122.6	1421.7
일본	110.0	140.1	314.1	545.1	488.7	475.6	570.0	438.0	517.6
독일	85.1	65.9	159.3	259.4	195.6	286.6	342.3	337.7	396.4
영국	60.1	53.4	118.3	132.1	163.9	251.1	243.1	286.3	282.9
프랑스	70.5	56.0	127.9	161.1	137.2	220.7	265.2	243.5	276.2
인도	18.9	23.8	32.7	36.7	47.7	83.4	170.8	209.0	297.2
이탈리아	48.4	45.9	117.3	117.2	114.5	185.6	212.9	182.6	202.6
브라질	15.2	23.7	47.5	78.7	65.5	89.2	220.9	180.2	196.0
캐나다	27.4	36.5	59.4	60.4	74.2	116.9	161.3	155.3	173.9
한국	6.5	10.0	27.9	55.6	56.2	89.8	109.4	138.3	165.7
러시아				33.7	27.9	82.1	163.8	136.6	161.0

주: 2016년 명목 GDP 기준 상위 12개국 통계. 중국 GDP에는 홍콩, 마카오는 미포함.
자료: IMF(2020).

중 양국의 경제적 격차는 더욱 축소되었다.[3]

다만, 위와 같은 중국 경제의 성장을 이해하고자 할 때 유념할 몇 가지 사안이 있다. 첫째, 사회주의 국가의 과거 GDP 통계는 여타 자본주의 국가의 GDP 통계와 차이점이 있었다는 점이다. 개혁개방이라는 이름을 걸고 중국이 체제 전환을 하면서 그 차이는 점차 줄어들었지만, 과거에는 그 차이가 상대적으로 컸기 때문에 통계수치는 중국의 변화와 성장을 다소 과장되게 보여주기도 한다.

사회주의권의 과거 GDP 통계는 소련에서 개발한 이른바 'MPS(Material Product System, 물질생산체계)' 방식으로 집계한 것이다. MPS에서는 물질적 제품의 생산에 초점을 맞춰, '서비스' 부문의 부가가치 창출이 적잖이 누락된다. 따라서 UN의 'SNA(System of National Account, 국민계정체계, 1953년 첫 제정)' 방식으로 집계하는 여타 자본주의 시장경제(market economy) 국가의 GDP 통계와는 차이가 있을 수 있다. 실제로 중국도 1992년까지는 GDP 통계에 MPS 방식이 상당 부분 적용되었다.

둘째, GDP(Gross Domestic Product, 국내총생산, 한 나라 안에서 새로이 창출된 재화와 서비스의 가치를 시장가격으로 매겨 합산한 총액)가 '시장화'된 경제활동의 규모를 주로 측정하는 지표임을 새삼스레 유념할 필요가 있다. 시장화가 충분히 무르익지 않은 사회주의 국가들의 GDP 통계에는 시장거래가 아닌 방식으로 이뤄지는 경제활동이 통계에 잡히지 않는 정도가 여타 시장경제 국가에 비해 크기 때문이다. 즉, 사회주의 국가가 '시장화 개혁'을 진

---

3   미국 정부는 자국의 2분기 경제성장률(연율 기준, annualized basis)을 1947년 집계 이후 역대 최악인 −32.9%로 발표하여 충격을 주었다. 이는 2020년 2분기 GDP가 1분기에 비해 9.5% 감소했다는 뜻이다. 이는 중국보다 훨씬 나쁜 성적표이긴 하나, 위에 언급한 중국의 2020년 1, 2분기 성장률은 직전년도 동기, 즉 2019년 1, 2분기 대비 변화를 계산한 것으로, 다른 계산법을 이용한 미국 수치와 직접 비교하는 데는 주의를 기울일 필요가 있다.

척시킬 때 기존의 비시장 경제활동이 시장화되고 GDP 통계에 처음 잡히기 시작함으로써 실제 변화보다 GDP의 증가 속도가 더 극적으로 보일 수 있다.

요컨대, 중국이 GDP 집계 방식을 서구의 표준에 맞춰 바꾸고, 기존의 비시장적 활동을 시장화하는 것만으로도 GDP는 커질 수 있다. 그러한 변환으로 인한 요인이 실제 성장에 더해져 중국의 GDP 성장 드라마가 완성된 것이다.

그렇다고 중국의 실제 GDP 성장이 공식 발표된 수치에 미달하는 것만은 아니었다. 중국은 2005년 대규모 조사인원을 투입하여 '제1차 경제센서스'를 실시하고 그를 통해 현대 중국 경제의 진면목을 확인한 바 있다.[4] 이 대규모 경제센서스의 결과, 중국의 2004년 GDP는 종전 발표치보다 16.8%나 더 큰 것으로 확인되었다. 기존의 방식으로 집계한 통계에는 '서비스 부문'과 '사영 부문'이 제대로 포착되지 못했던 것이다(은종학, 2006). 21세기 초까지도 중국 내에는 공식 통계에 온전히 포착되지 못한 부문이 남아 있었고 그만큼 GDP는 과소 추계되었던 것이다. 하지만 위와 같은 통계가 보여주는 중국의 놀라운 성장 드라마를 '논픽션'으로 받아들이기 위해 넘어야 할 산이 하나 더 있다. 바로 중국 통계의 조작 가능성이다. 사실 그러한 의

---

4   후진타오 총서기(2002년 취임) 겸 국가주석(2003년 취임)은 취임 후 첫 5개년 계획인 제 11차 5개년 계획(2006~2010년)을 좀 더 정확한 현실 인식에서 수립·집행한다는 취지로, 2003년 7월부터 대규모 경제센서스를 기획하고 2004년과 2005년에 걸쳐 제1차 경제센서스를 실시했다. 제1차 경제센서스의 영도소조(領導小組)는 국무원 부총리 쩡페이옌(曾培炎)을 조장, 국무원 부비서장 왕양(汪洋)을 부조장으로 하고, 통계국, 발전개혁위원회, 중앙선전부, 중앙기구편제위원회판공실, 민정부, 재정부, 세무총국, 공상총국, 품질검사총국 등의 책임자를 조원으로 하여 구성되었다. 제1차 경제센서스는 조사인원 300여만 명을 포함, 총인원 1000여만 명, 30억 위안의 비용이 투입된 대규모 사업이었다. 제1차 경제센서스로 드러난 구조적 변화를 반영하여 중국은 1993년 이후의 기존 GDP 통계도 보정했다(은종학, 2006).

심은 전 세계에 광범위하게 퍼져 있다.

중국은 실제로 1950년대 말, 지방 말단에서부터 중앙에 이르기까지 통계 조작이 대거 이뤄져 당시 '대약진'의 정책 실패를 제대로 파악하지 못하고 재앙을 키운 경험이 있다. 또한 1990년대 말, 아시아 금융위기가 발생했을 때, "중국 사회주의는 국제 투기자본에 휘둘리지 않는다"라며 공표한 1998 년 성장률에 대해 거짓 논란이 크게 일었고 조작이 있었음이 사실상 확인 되었다(Rawski, 2001; 은종학, 2010). 보다 최근에는 2017년 요령성, 2018년 내몽고 자치구와 천진시가 연이어 GDP를 허위 과장 보고해 왔음을 자인함 으로써 해당 지역의 GDP를 대폭 하향 조정해야 했다.[5]

2019년에는 홍콩중문대 연구팀이 분석한 중국 GDP 통계의 허위 문제가 미국 브루킹스(Brookings) 연구소를 통해 발표되어 이목을 끌기도 했다. 그 들의 분석 결과는 중국의 GDP 성장률이 2008년 이후 2016년까지 매년 평 균 2%p씩 부풀려졌으리라는 것이었다. 그러므로 2016년 중국의 GDP는 공식 통계보다 16%나 더 작을 수 있다고 주장했다(Chen et al., 2019).[6]

따라서 중국이 발표하는 통계수치에 의심을 품는 것은 자연스러울 뿐 아 니라 필요한 일이다. 하지만 방대한 수리분석을 거쳐야만 어느 정도 가늠 할 수 있는 통계의 거품을 개인이 매순간 걷어내며 거짓 없는 진상(眞相)만 을 보는 것은 불가능하다. 그렇다고 중국 통계를 전면적으로 불신하는 것 도 중국을 효과적으로 이해하는 좋은 방안이 되지 못한다. 결국, 마땅한 현 실적 대안이 없어 참고할 수밖에 없는 중국의 공식 통계를 읽는 데 조심할

---

5   요령성과 내몽고 자치구는 해당 지역의 GDP를 각각 22%, 11% 하향 조정했다.

6   연구팀은 분석을 통해, 2008년 이전까지는 중국 중앙정부의 GDP 통계가 대체로 정확한 데 (미국발 세계경제위기가 확산되고 그에 대응하여 중국 정부가 급격한 재정팽창을 일 으킨) 2008년 이후 통계는 중국의 투자와 산업생산 부문의 수치가 부풀려져 GDP 통계에 거품이 낀 듯하다고 주장했다.

필요가 있는데, 그 적절한 수위를 유지하기 위해서 다음의 사실들을 기억할 필요가 있다.

첫째, 현대 중국의 통계 시스템은 비록 허위와 과장으로 신뢰를 잃은 바 있지만 (서구 선진국이 아닌) 중국과 비슷한 소득수준 혹은 1인당 GDP 1만 달러 수준의 국가들과 비교해 볼 때는 상당히 잘 갖춰진 편이라 할 수 있다.[7] 중앙정부나 지방정부의 허위 GDP 통계 보고가 오염되지 않은 여타 통계지표들을 통해 크로스 체크되고 사후에나마 수정·보정될 수 있는 것도 그러한 기초가 있기 때문이다. 특히 중국의 통계 조작 사실이 밝혀질 때마다 제기되는 비판의 목소리로 인해 중국 당국도 통계 조작을 제한하려는 노력을 경주하리라 기대해 볼 수 있다. 비록 권위적인 공산당 집권체제의 한계 때문에 특정 시점에 정치적으로 중요한 안건의 통계는 조작될 위험이 크다는 판단은 여전히 유효하지만 말이다.

둘째, 지방정부의 간부들이 중앙의 인사평가 등을 염두에 두고 관할 지역의 경제적 성과를 과장하려는 경향이 있지만 그에도 어느 정도 한계는 있다는 것이다. 앞서 언급한 요령성, 내몽고 자치구, 천진시가 통계 조작 사실을 자인한 것은, 지역의 GDP 성장세를 스스로 과장하는 바람에 중앙정부로부터 지방 교부금을 더 받을 수 없게 된 데 따른 것이기도 하다.[8] 즉, 지역 GDP를 과장하는 것이 지방정부에 유리한 것만은 아니라는 것이다. 더

---

7   이는 2020년 1월 15일, 한국고등교육재단 특별 강연에서 이창용 IMF 아시아태평양 국장이 밝힌 견해이기도 하다.

8   중국은 1994년 분세제(分稅制) 개혁을 통해 (지방정부가 아닌) 중앙정부가 거둬들이는 세수(稅收) 비중을 확대했다. 그리고 그렇게 확보한 중앙정부의 예산 중 상당 부분을 도움이 필요한 지방에 교부금으로 재분배하고 있다. 북경, 상해, 광동, 복건, 절강, 강소 등 6개 지역을 제외한 나머지 지방은 중앙정부로부터 지원받는 교부금이 지방재정에서 중요한 부분을 차지한다. 그런 만큼, 지방이 자신의 경제 상황을 거짓으로 좋게 포장하여 중앙에 보고할 경우 교부금의 감소를 감내해야 할 수 있다.

불어 (비록 공산당 일당 통치의 연속선상이기는 하지만) 주기적인 지도부 교체도 통계의 거품을 일부 빼내는 기제로 작용하고 있다. 신임 지도부가 추후 자신의 업적을 두드러지게 하기 위해서 전임 정권 기간 중 만들어진 통계적 거품을 되도록 제거하고자 하는 경향이 있는 것은 중국에서도 마찬가지이기 때문이다.[9] 요컨대, 중국에서도 통계의 일방향적 조작이 장기에 걸쳐 지속되기는 어려운 측면이 있다.

셋째, 중국 경제의 다원성과 복잡성이 커지고 개방도가 높아진 상황에서 중국 정부가 통계를 전면적이고 체계적으로 조작하는 것은 어려울 뿐 아니라, 그리 하는 것이 국정 관리에 도움이 되지도 않는다. 수많은 통계를 통해 수행해야 하는 정부의 거시경제 관리에 조작된 통계는 득보다 실을 키울 가능성이 크기 때문이다.

따라서 비록 민감한 시기, 민감한 부문에 통계의 조작이 이뤄질 개연성이 여전히 있다고 하더라도 그를 이유로 중국 통계를 전면 부정할 필요까지는 없다. 중국이 발표하는 특정 수치의 정확성에 대해서는 따져봐야 할 것들이 있지만, 많은 경우 중국 통계는 중국의 변화 추세를 읽는 데 현실적으로 유용한 도구이다.

이상에서 우리는, 개혁개방 이후 중국이 고도성장을 통해 도달한 지점이 어디쯤인지를 가늠해 보았다. 현재 중국이 도달한 지점을 정확히 확정할 수 없게 하는 통계수치의 진위 및 거품 논란도 짚어보았다. 하지만 중국을 나타내는 정확한 숫자를 찾는 것보다 더 중요한 것은 중국 경제성장의 동력(動力)을 이해하는 것이다. 다시 말해, 성장을 가능하게 하는 엔진이 무엇

---

9 위에 언급한 홍콩중문대 연구팀의 분석 결과도 2010, 2011년 부풀려진 통계적 거품이 2012년에는 눈에 띄게 줄었음을 보여주는데, 그해는 후진타오-시진핑 정권 교체 시점임을 상기해 볼 수 있다.

이며 그 현재 상태는 어떠한지, 그 물음에 대한 대답이다.

그에 경제학자들은 어떻게 답하고 있는가? 북경대학 경제학과 교수이자 세계은행(World Bank) 수석부총재를 지내기도 한 린이푸(林毅夫) 교수의 설명은 주류 경제학계에 가장 널리 받아들여지는 것 중 하나이다. 그의 주된 저술(린이푸·차이팡·리조우, 1996; 린이푸, 2012)은 국내에도 번역·소개된 바 있다. 하지만 어느 해석 또한 그러하듯, 린이푸의 해석도 완벽하지는 않을 것이다. 그런 관점에서 아래에서는 린이푸의 핵심 논지를 요약하고, 그에 제기되는 비판들을 참고하여 새로운 논의로 나아가보고자 한다.

2. 린이푸의 삼위일체론

린이푸(린이푸·차이팡·리조우, 1996; Lin, 2012)는 1978년 개혁개방 이전과 이후의 중국을 대별시켰다. 개혁개방 이전 시기의 들쭉날쭉하고 상대적으로 낮은 수준의 성장과 개혁개방 이후의 안정적이고 지속적인 고도성장을 대별시킨 것이다. 그리고 린이푸는 개혁개방 이전 중국이 미진한 성과를 거둔 근본 원인으로 '중공업 위주의 야심찬 추월전략'을 꼽았다. 당시의 중국은 '노동력'이 풍부한 반면 '자본'(축적된 화폐자본 혹은 구축된 실물자본)은 부족했는데, 중국이 쉽게 발전시킬 수 있는 노동집약적인 산업들은 제쳐두고 자본집약적인 중공업 육성에 진력하다 보니 무리가 따랐다는 것이다.

실제로 중국은 많은 자본을 조달해야 하는 중공업 기업을 돕기 위해 (자본의 사용료라 할 수 있는) '이자율'을 인위적으로 낮추었다. 또, 설비와 부품을 해외에서 수입해야 하는 그들의 편의를 봐주기 위해 '환율'을 인위적으로 낮게(즉, 중국 인민폐의 가치를 과도하게 높게) 유지했다. 또한 공산품의 가격은 높게, 농산품의 가격은 낮게 유지하여 중공업 부문을 육성하고 그에 종사하는 이들의 생활비 부담을 농민에게 전가했다. 온갖 '가격'(이자율은 돈을 빌려 쓰는 가격, 환율은 외국 돈의 가격)을 정부가 인위적으로 왜곡한 것이다.

경제학 교과서에도 나와 있듯, '가격'은 시장의 수요와 공급을 일치시키는 '보이지 않는 손(invisible hand)'이다. 수요가 과도하게 많으면 가격이 올라 수요-공급 균형을 이루고, 공급이 과도하게 많으면 가격이 내려 수요-공급 균형을 이룬다는 것이다. 바로 그런 가격을 왜곡하는 거시경제 정책을 개혁개방 이전의 중국 당국이 시행했던 것이다.

시장 속 균형을 일궈내는 보이지 않는 손, 즉 가격을 자유롭게 움직이지 못하게 하고 정부가 인위적으로 결정하니 시장이 제대로 작동할 리 없었다. 따라서 각종 경제적 자원의 배분은 정부의 계획(plan)과 명령(command)에 따라 이뤄져야만 했다. 한편, 명령에 복종해야 하고 또 그렇게 하기만 하면 되는 상황에서 개별 농가나 기업, 개인 등 미시경제 주체들은 열심히 일할 동기(incentive)를 갖지 못했다.

'정부의 인위적 가격 왜곡'이 '고도로 집중된 계획적 자원배분 방식'과 '자율성과 일할 동기를 상실한 개별경제 주체들'을 낳았던 것이다. 그렇게 거시(巨視, macro) 환경과 중시(中視, meso) 메커니즘, 미시(微視, micro) 행태가 결부되었다. 린이푸는 이를 '삼위일체(三位一体, trinity)'라 불렀다. 그리고 그것은 '중공업 위주의 발전'이라는 당시 중국 현실에 맞지 않는 전략에서 잉태된 것이라 했다.

린이푸에게 '개혁개방'은 잘못된 전략하에 경직되어 버린 중국 경제체제가 해동(解凍)되는 과정이었다. 그는 해동의 첫 단추를, 중공업 위주의 전략을 폐기하고 중국이 그나마 더 잘할 수 있는 산업(즉, 비교우위가 있는 산업)을 중심으로 성장을 추구하기 시작한 전략적 변화로 보았다. 그러한 환경 변화 속에서 개별 농가, 상공업자들에게 생산에 관한 자율권이 확대되었다. 그리고 그들이 생산한 (계획되지 않은) 제품들이 거래되기 위해 시장이 넓어졌다. 더 나아가 그 시장의 원활한 작동을 위해 '보이지 않는 손', 가격이 점차 자유롭게 풀어졌다.

실제로 중국에서는 개혁개방과 함께, 현실보다는 이념에 이끌려 추진하던 중공업 위주의 무모한 추격전략이 잦아들었다. 자본이 부족한 현실을 감안하여 대규모 설비투자가 필요한 중화학 공업을 더 이상 억지로 키우려 하지 않았다. 대신, 각지의 실정에 맞는 산업을 선택할 수 있게 함으로써 중국에 풍족한 노동력을 십분 활용하는 노동집약적 경공업의 발전이 촉진되었다. 가격경쟁력으로 수출시장도 개척할 수 있게 되었다. 생활용품을 주로 생산하는 경공업은 비록 철강, 자동차, 석유화학, 우주항공과 같은 중화학 공업의 위용에 비길 수는 없었지만 중국의 경제발전과 국민들의 소득수준 향상에 실질적으로 기여했다. 린이푸는 개혁개방 이후의 경제적 성과가 그 이전에 비해 더 크면서 안정적이고 지속적이었던 까닭을 여기에서 찾았다.

3. 비교우위론을 넘어

위에 요약한 린이푸의 주장에는 일종의 낙관론이 깔려 있다. 단순한 노동집약적 산업으로 성장을 시작해도 그 결과 국내에 자본이 축적되면 자본집약적 산업으로의 고도화가 자연스럽게 이뤄질 것이라는 낙관론이다. 그것은 고전학파로부터 계승되어 온 주류 경제학의 기본 사상이기도 하다. 구체적으로는 데이비드 리카도(David Ricardo, 1772~1823)가 제창하고 엘리 헥셔(Eli Heckscher), 베르틸 올린(Bertil Ohlin) 등 후대 학자들이 발전시킨 '비교우위론'이다.

그에 의하면, 특정 국가의 비교우위(comparative advantage)는 그 국가의 요소부존 상태(즉, 자본이라는 생산요소가 풍부한지 아니면 노동력이라는 생산요소가 풍부한지 등)에 따라 결정된다. 자본이 풍족한 나라는 자본집약적 산업에, 노동력이 풍족한 나라는 노동집약적 산업에 비교우위가 생긴다는 것이다.

비교우위론은 각국이 자신에 비교우위가 있는 산업생산에 특화하고 국제무역에 참여하길 권한다. 그렇게 하면 (적어도 비교우위가 없는 산업에 특화한 것보다는) 자본을 더 잘 축적할 수 있고, 훗날 자본이 축적되면 (어떤 경로를 겪어왔는지와 무관하게) 경제의 고도화를 이뤄낼 수 있다고 설파한다. 그러나 한국을 포함한 여러 개발도상국의 역사는 그러한 사상 혹은 주장을 전면 부정하지도 않지만, 경제의 고도화가 자동적으로 이뤄지는 것도 아님을 보여준다. 안일한 낙관론을 경계해야 하는 이유이다.

한 국가의 경제가 고도화하기 위해서는 그 국가 안의 기업들이 경험과 학습을 통해 역량을 쌓아야 하고 그 과정을 뒷받침할 제도적 환경도 적절한 시기에 갖춰야 한다. 이 점은 오늘날 다수의 경제학자들이 강조하고 있는 바이기도 하다. 일례로 2011년 노벨경제학상 수상자 조지프 스티글리츠(Joseph Stiglitz)는 주류 경제학을 이루는 신고전학파 경제학의 문제점을 다음과 같이 지적한다.

> 신고전학파는 모든 기업이 최적으로 경영되고 있다고 가정함으로써 기업의 학습과 연구개발의 중요성을 인정하지 않았다. 즉, 창조적 학습경제를 어떻게 구축할 것인지에 대한 고찰이 없다(스티글리츠·그린왈드, 2016: 442).

'그것이 무엇이든 자신에게 비교우위가 있는 산업에만 집중하면 미래는 저절로 밝아진다'고만 할 수 없는 것이다. 거슬러 올라가면 근대 경제학의 창시자라 할 수 있는 애덤 스미스(Adam Smith, 1723~1790)도 비슷한 우려를 피력한 바 있다. 아직 '비교우위'라는 개념과 '거시경제'라는 인식이 생기기

전이지만, 일찍이 스미스는 분업 속에서 노동자가 어떤 한 가지 일에만 특화할 경우 지적·창조적 능력이 계발되지 않을 것이라는 우려를 제기하고, 그를 방지하기 위해 정부가 특별한 노력을 해야 한다는 점을 『국부론』에 명기했다.[10]

> 분업의 발전에 따라, 노동으로 생활하는 사람들의 거의 대부분(즉, 국민들의 대부분)의 직업은 몇 가지의 단순한 작업에 한정되어 있다. 그런데 대부분의 사람들의 이해력은 그들의 일상적인 업무에 의해 필연적으로 형성된다. 일생을 몇 가지 단순한 작업에 소비하는 사람들은 예기치 않은 어려움을 제거하는 방법을 발견하는 데 그의 이해력을 발휘하거나 그의 창조력을 행사할 기회를 가지지 못한다. 따라서 그는 자연히 그러한 노력을 하는 습관을 잃게 되고, 일반적으로 인간으로서 가장 둔해지고 무지해진다. (중략) 발달한 모든 문명사회에서는 정부의 방지노력이 없는 한, 노동빈민(즉, 대다수 국민들)은 이러한 상황에 필연적으로 빠지게 된다(스미스, 1776/1992: 272~273).

스미스의 생각을 중국이라는 한 국가 차원에 투영해 보면, 중국이 세계적인 분업 구도 속에서 노동집약적인 산업에만 몰두할 경우 지적·창의적 역량을 구축하여 더 높은 수준의 발전 단계로 나아가기 힘들 수 있음을 암시하는 것이다. 또한 그를 방지하기 위해 정부가 적극적으로 역할을 해야 한다고 주장한 것이라 해석할 수도 있다.

이는 비교우위론에 기초한 성장론을 지지하는 경제학자들에게 은연중에 깔려 있는 낙관론, 즉 단순한 노동집약적 산업으로라도 돈을 벌어 자본

---

10 이는, '국방과 치안 외에 정부의 역할은 최소화되는 것이 좋다'는 소위 '야경국가론'이 스미스의 생각을 온전히 담은 것은 아님을 확인시켜 주는 지점이기도 하다.

만 쌓으면 자연스레 자본집약적 산업으로 고도화할 수 있다는 믿음에 경종을 울리는 것이기도 하다.[11] 실제로 그러한 우려는 개혁개방 이후 중국 내에서도 제기되었다. 우려의 요지는, 중국의 비교우위가 비숙련 저임 노동자들에게 기댄 노동집약적 산업 혹은 저부가가치 생산 공정에 있다 하더라도, 그것만으로는 현대 경제에서 점차 중요성을 더하고 있는 기술 혹은 지식의 축적이 충분히 이뤄지지 않아 발전 단계가 저위 수준에 고착될 수 있다는 것이었다.

중국에서는 위와 같은 우려가 우선 '라틴아메리카화(拉美化, Latin Americanization)'라는 이름으로 논의되기 시작했다. 20세기 중반 이래 중남미 국가들(브라질, 아르헨티나, 칠레 등)이 초기의 성장 동력을 새로운 것으로 이어나가지 못하고 정체와 혼란에 빠진 사실을 반면교사로 삼으려는 것이었다. 그리고 그 동전의 뒷면에는, 후발 주자였지만 중남미 국가들보다 더 성공적이고 지속적인 경제성장을 거듭해 선진국가의 반열에 오른 동아시아 국가들(일본, 한국, 대만, 싱가포르 등)을 모범으로 삼으려는 인식이 깔려 있었다. 이후 '라틴아메리카화'라는 용어는 2006년 세계은행이 '중진국 함정(middle income trap)'이라는 개념을 정립한 뒤 그에 자리를 내주었지만 같은 우려가 그 새로운 개념 속에도 담겼다.

4. 후진타오 시기, 혁신에 대한 적극적 모색

린이푸와 함께 북경대학에 몸담았지만 관점을 달리 했던 루펑(路风) 교수

---

11 뒤에 상술하겠지만, 린이푸도 최근에는 비교우위론만을 강조하지 않고 비교우위의 진화 경로 위에서 그를 선도할 정부의 적극적인 역할에 강조점을 더하고 있다.

는 그러한 우려를 소리 높여 피력한 학자 중 하나이다. 그는 린이푸 등의 비교우위 전략을 "개발도상국의 발전을 낮은 수준에 고착시킬 수 있다"라며 비판했다. 그는 "스스로 새로운 것을 창출해 보는 행위"는 비록 그 결과물로서의 제품과 서비스가 당장 국제경쟁력을 갖지 못한다 하더라도 그러한 행위 혹은 경험이 곧 기술적 역량을 키울 수 있는 소중한 플랫폼(platform, 중국어로는 平台)이라고 주장했다(路风, 2006). 같은 맥락에서 그는, 중국이 개혁개방 직전까지 상당한 진척을 보인 자국 항공기 개발 프로젝트를 스스로 중단한 것을 매우 아쉬워했다(중국의 자국 항공기 개발 프로젝트에 관한 자세한 내용은 이 장의 「보론 A」를 참조할 것). 중국과 같은 개발도상국도 주어진 현실의 비교우위를 넘어 지적·창조적 작업에 나서야 함을 강조한 것이다.

이러한 루펑의 주장이 아주 새로운 것은 아니었다. 앞서 우리는 스미스에까지 거슬러 올라가 그 주장의 맹아를 보았다. 또한 더 본격적으로, 후발국가의 관점에서 자유주의 경제정책을 비판하고 보호주의 경제정책의 기초를 닦은 학자들[대표적으로『정치경제학의 국민적 체계(Das Nationale System der Politischen Ökonomie)』(1841)를 저술한 독일의 경제학자 프리드리히 리스트(Friedrich List, 1789~1846)]을 경제학설사에서 찾아보는 것은 어려운 일이 아니다.

그런 루펑 등의 주장이 21세기 초입에 중국에서 크게 주목을 받게 된 것은 후진타오(胡錦濤)를 정점으로 하는 새로운 지도부의 인식과 국정의 방향이 그에 부합했기 때문이기도 하다. 2002년 말과 2003년 초 각각 중국공산당 총서기와 중국 국가주석에 오르면서 새로운 중국의 최고지도자가 된 후진타오는 2003년 생산요소의 양적인 투입을 늘려 달성하는 기존의 성장 방식에 문제를 제기하며 '과학발전관(科学发展观)'을 설파했고,[12] 이어 제11차 5개년 계획(2006~2010년)을 수립함에 있어 '혁신형 국가(创新性国家)' 건설과 '자주적 혁신(自主创新)'의 촉진을 국정의 핵심 목표로 삼기 시작했다.

중국 경제의 각종 문제를 '시장(market)'에 맡겨 해결하려는 개혁개방 이후의 큰 흐름이 후진타오에 와서 상당 부분 바뀌게 된 것이다. 그렇다고 개혁개방 이전의 계획경제(planned economy) 혹은 명령경제(command economy)의 시기로 되돌아간 것은 아니었다. 하지만 중국 기업의 '기술지식 축적'과 '혁신 역량 강화'를 촉진하고 독려하기 위해 정부가 더 적극적인 역할을 자임하고 나선 것이다.

'시장 대 정부'라는 전통적인 이분법으로 보면, 후진타오 시기는 좀 더 개입주의적 정부 혹은 좌파적 정권이라고 그 성격을 규정할 수도 있다. 하지만 혁신을 지향하는 정부는 시장 실패를 보충하는 것 이상의 일을 해야 한다는 점은 많은 혁신 연구자들의 공통된 견해이기도 하다(마추카토, 2016: 301~303). 그러한 관점에서 볼 때, 후진타오 시기의 선회는 시장화 개혁의 후퇴라기보다는 혁신을 향한 새로운 공식의 채택이었다고 할 수 있다.

이러한 후진타오 시기의 새로운 시도는 중국의 '기술 민족주의(techno-nationalism)'에 대한 우려를 낳기도 했다.[13] 하지만 과학기술과 혁신에 있어 이전 시기에 없던 성과(이 책의 다른 장들에서 상술)를 이뤄내기도 했다.

중국의 제4세대 지도자 후진타오는 1, 2세대 지도자인 마오쩌둥(毛澤東)

---

12 후진타오가 제기한 '과학발전관'은 중국공산당 당장(黨章)에까지 수록된 주요 지도이념이지만, 여기서 '과학'의 의미는 사실 다소 애매하다. 많은 이들은 그것을 첨단의 과학적(scientific) 지식을 활용한 발전의 추구로 이해하는 듯하다. 하지만 현대 중국어에서 '과학'은 '합리적(rational)'이라는 의미로도 흔히 사용된다. 일례로, 어떤 방안이 "매우 합리적이다"라고 말할 때에 중국인들은 '很科学'이라는 표현을 쓴다. 더욱 중요하게는, 후진타오가 과학발전관을 제기한 맥락이 무분별한 환경파괴와 극단적인 성장지상주의를 경계한 것이었음을 감안하면 과학발전관의 '과학적'이라는 표현은 'scientific'보다는 'rational'에 가까운 측면이 있다.

13 후진타오 정부는 자국 기업들 중에서 '자주적 혁신 기업(自主創新企业)'을 선정해 그들에게 특별한 혜택(예컨대, 정부 구매에서의 우선권 부여)을 주려 했다. 선진국들은 이에 집단적으로 반발하여 중국의 정책을 일부 철회시키기도 했다.

과 덩샤오핑(邓小平)은 물론, 1990년대에 정권을 담당했던 제3세대 지도자 장쩌민(江泽民)에 비해서도 카리스마가 부족하고 정권에 대한 장악력이 약했다는 평가를 흔히 듣는다. 그의 집정 기간 10년은 (여타 정파까지를 불가피하게 포함시켜 운영하는) '집단지도체제'의 성격이 두드러졌다. 하지만 그러한 정권 장악력에 대한 평가만으로 후진타오 시기에 이루어진 경제와 산업, 과학기술에서의 새로운 추구와 성과를 덮어버리는 것은 공정한 평가가 아니다.

후진타오 집정 시기는 2008년 미국발 세계금융위기의 여파가 중국에까지 확산된 시기를 포함한다. 그에 대응하기 위해 중국이 2008~2009년에 걸쳐 집행한 4조 위안(한화 약 700조 원)의 재정 팽창이 훗날에까지 오래 지속되는 주름살을 지운 것도 사실이다. 그렇게 대거 풀린 돈이 중국의 고속철도 산업을 일으키는 등 의미 있는 성과를 내기도 했으나, 무분별하게 산업계 전반과 부동산 개발에 흘러들어 기업의 과잉 설비와 텅 빈 신도시(이른바 유령 도시)를 양산하기도 했다. 더 나아가 그것은 중국의 금융 및 거시적 안정성을 위협하는 요소로까지 작용했다. 그에 주목한다면 후진타오의 집정 기간에 높은 점수를 줄 수 없는 또 하나의 이유를 찾게 된다.

하지만 후진타오 시기는 개혁개방 이후 중국의 성장 경로에 중요한 변곡점을 만든 시기이고, 그 후의 질적 변화는 거시경제 지표로 드러나는 중국경제의 안정성 여부와 다소 다른 차원, 즉 미시적 차원에서 중국의 실력과 혁신 능력을 진지하게 평가해 봐야 할 필요성을 제기한다.

후진타오 시기 정책적 선회의 배경에는 '시장 중심주의'와 '국제적 분업체제'에 대한 반성과 비판이 있었다. '(중국) 시장을 열어주어 (해외) 선진 기술을 도입하겠다'라는 종전의 이른바 '시장환기술(市场换技术)' 전략의 기술 도입 성과에 대해 회의론이 일었던 것이다.

실망스러운 평가는 어느 정도 예견된 것이기도 했다. 사실 1990년대에 중국이 외자를 대규모로 유치할 수 있었던 것은, 중국 일방의 개방정책이나 투자환경 개선 덕분만은 아니었다. 중국에 자본을 가지고 들어가는 기업, 특히 대규모 다국적 기업(multinational corporations)의 새로운 전략과 국제경영 능력이 중국으로의 외국 자본 유입을 촉진했던 또 하나의 중요한 축이었다. 1990년대에 다국적 기업들은 전 세계에 걸쳐 '글로벌 생산 네트워크'를 구축하여 생산 공정을 효율화할 수 있게 되었고, 낮은 임금의 노동력을 공급할 수 있는 중국을 찾아내고 그를 전략적으로 활용하기에 이르렀다.[14]

그런 만큼, 중국에 외자가 들어왔다고 해서 그로부터 기대할 수 있는 모든 긍정적 효과(기술이전 등 포함)가 중국 일방에 주어지리라 기대할 수는 없었다. 다국적 기업이 중국에 투자를 한다고 해서 그것이 중국에 굴복하는 것은 아니며, 그들이 갖고 있는 기술을 중국에 흔쾌히 이전할 의도가 있는 것도 아니었다. 오히려 기술 유출을 방지하며 중국을 생산기지로 활용할 수 있는 능력을 갖추었음을 반증하는 것이었다.

특히 다국적 기업이 제품의 생산 공정을 여럿으로 분할하여 각 공정을 전 세계의 가장 적합한 곳에 맡겨 운영하는 '글로벌 생산 네트워크' 속에서 중국이 담당하게 된 공정은 (비록 그 산업이 IT 등 하이테크 산업으로 분류될지라도) 단순 반복적이고 노동집약적인, 그래서 지식과 경험의 축적을 기대하기 힘든 공정인 경우가 많았다. 이러한 중국의 상황은 앞서 언급했던 스미스의 우려가 제기되기에 적합한 대상이었다.[15] 바로 이러한 배경에서 후진

---

14 놀란은 이를 '빅 비즈니스 혁명(Big Business Revolution)'이라고 불렀다(Nolan, 2002).

15 분업은 '기술적 분업'과 '사회적 분업'으로 나뉠 수 있다. 기술적 분업이란, 하나의 생산을 여러 과정으로 분할하여 각 과정을 별개의 사람들이 따로따로 분담하는 것을 지칭한다. 반면 사회적 분업은, 사람들이 서로 다른 생산 부문에서 일하되 하나의 생산과정 전체를 한 개인 또는 한 집단이 전담하는 것을 지칭한다. 스미스의 우려를 자아내는 분업은 주로

타오 시기의 중국은 비교우위를 넘어 자주적 혁신 역량을 키우는 쪽으로 정책 방향을 선회하게 되었던 것이다.

그에 덧붙여, 종래의 방식에 대한 비판과 새로운 모색의 목소리가 힘을 더할 수 있었던 또 다른 배경은 2001년 중국이 WTO(World Trade Organization, 세계무역기구)에 가입한 것이었다. 개혁개방 이후 수출을 통해 성장을 도모하던 중국에 해외시장에 대한 안정적 접근은 절실한 과제였는데, WTO 회원국이 아닌 중국에 그 접근권은 보장된 것이 아니었다. 중국에 가장 크고 중요한 해외시장인 미국은 매년 심사를 거쳐 중국을 '정상적 무역관계(normal trade relations)' 지위를 갱신해 주고 있었지만 그것은 중국 입장에서는 항상 불안한 것이었다. 따라서 중국은 WTO 회원국의 지위가 공고해지기 전에는 스스로 시장 중심주의와 대외개방의 기치를 흔들 수 없었다. 그러므로 WTO 가입이 성사된 이후인 후진타오 시기는 종전 중국의 지향과 실천에 대해 비판·성찰하고 전략적 지향을 새로이 조정할 수 있는 가능성이 열린 시기이기도 했다.

요컨대, 중국은 시장환기술 전략의 성과가 제한적임을 경험하는 한편, 2001년 WTO 가입으로 시장과 개방 추구에 대한 강박에서 한 발짝 벗어날 수 있게 되었고, 그 직후에 새로 등장한 후진타오 정권의 전략적 재고 속에서 비교우위론의 한계를 넘어서려는 학자들의 목소리가 더욱 힘을 얻게 되었다.

기술적 분업이다(아리기, 2009). 이와 같이 볼 때, 1990년대 이후 글로벌 생산 네트워크 속에서 중국이 담당한 국제 분업은 기술적 분업에 가깝다고 볼 수 있다.

5. 린이푸의 새로운 강조점

린이푸도 최근에는 정부의 역할을 강조하고 있다. 그는 '진화경제학(evo-lutionary economics)'과 '구조주의 경제학(structuralist economics)을 수용·재편해 스스로 '신구조주의 경제학(new structural economics)'이라 이름 붙인 자신의 경제이론을 새 책 『신구조주의 경제학: 개발과 정책에 관한 새로운 생각을 위한 틀(New Structural Economics: A Framework for Rethinking Development and Policy)』(린이푸, 2019)에 담았다.

진화경제학은 생물학적 진화론의 영향을 받은 경제학설로, 마치 생물계에 개, 고양이, 오리, 캥거루 등 다양한 생물이 현시대에 공존하듯, 각자 서로 다른 진화의 과정 속에서 나름의 해법을 찾고 그를 점진적으로 고도화해 갈 수 있다는 데 주목한다. 경제학적으로도 누구나 공히 추구해야 할 하나의 정답(혹은 최적치)만이 존재하는 것이 아니라, 역사적으로 형성된 제도적 유산 위에서 서로 다른 주체들이 나름의 다양한 해법들을 찾고 그를 발전시켜 갈 수 있음을 강조한다.

구조주의 경제학은 경제를 다수의 하위 요소들과 그들 간의 연계로 구성된 하나의 시스템으로 인식하고, 그를 총체적으로 이해하려는 유파라 할 수 있다. 그런데 린이푸는 과거 중국 내의 구조주의 경제학이 '종속이론(dependency theory)'의 관점, 즉 자본과 기술이 풍부한 선진국이 천연자원이나 노동이 풍부한 후진국을 착취하는 세계적 구조, 그리고 그를 벗어나기 위한 개발도상국의 자급자족 및 수입대체지향형 발전전략(해외 수입 통제, 국내 생산업체 보호 등)에 경도되어 있다고 보고 그와는 결을 달리하며 '신구조주의'를 제창했다. 그의 신구조주의는, '개방된 시장경제체제'를 지지하면서도, 경제발전 과정에서 변화하는 일국의 자원부존(resource endowment)과 비교우위에 맞춰 '경제구조(economic structure)'를 전환하는 것은 시장이

해결하지 못하므로 정부가 선도적·능동적 역할을 수행해야 함을 주장한다 (Lin and Wang, 2018).

요컨대, 린이푸는 중국이 나름의 독특한 역사적·제도적 유산을 바탕으로 고도화를 추구할 수 있고, 정부는 경제 시스템을 구성하는 하나의 중요 요소로서 그 나름의 역할을 함으로써 시스템의 고도화를 추구해야 한다고 본다. 같은 맥락에서 린이푸는, 정부는 [무위(無爲)가 아닌] '유위정부(有爲政府, facilitating government)'로서 해당 국가의 시장 상황, 즉 자원부존과 그에 따른 비교우위 상황에 걸맞으면서도 그로부터 한발 더 진화해 가기 위해 필요한 조치를 해야 한다고 주장한다(린이푸, 2019; 林毅夫, 2016). 여전히 현재의 비교우위를 중시하지만, 그로부터 진화할 다음 차례의 비교우위를 정부가 나서서 준비해야 한다는 쪽에 좀 더 무게를 둔 것이라 할 수 있다.

린이푸가 주장하는 신구조주의는 개혁개방의 필요성 및 장점을 설파하던 것을 넘어, 한 세대 이상의 장기적 과정에서 제기되는 경제구조 전환의 문제와 그에 있어 정부의 역할에 관한 숙고를 반영한 것이라는 점에서 평가할 만하다. 하지만 그의 접근이 완전히 새로운 것은 아니다. 오히려 (종속이론에 편협하게 경도되지 않은) 구조주의의 전통을 잇고 진화경제학을 수용하여 국가(특히 후발국가)의 성장과 혁신, 그리고 정부를 포함한 미시경제 주체의 역할을 다각도로 조명한 학자들이 있었다. 1980년대 말, 늦어도 1990년대 초부터 이른바 '국가혁신체제(National Innovation System: NIS)'라는 개념을 개발하고 발전시킨 학자들로, 대표적으로 영국의 크리스토퍼 프리만(Christopher Freeman), 덴마크의 벵트 아크 룬드발(Bengt-Åke Lundvall), 미국의 리처드 넬슨(Richard Nelson)이 있다. 이에 우리는 이 책 제3장과 그 뒤 여러 장에 걸쳐 '국가혁신체제'의 관점과 접근법에 준하여 현대 중국의 모습을 다각도로 점검해 보고자 한다.

6. 또 다른 교훈들: 단순화를 넘어

앞서 언급했듯, 린이푸는 개혁개방 이후 중국 고도성장의 비결을 주로 비교우위를 살린 경제운용에서 찾았다. 반면 개혁개방 이전에는 중국 정부가 (자국의 비교우위를 무시하고) 중공업 위주의 무모한 추월전략을 짜고 중앙집권적인 계획경제(혹은 명령경제)를 유지해 성과가 좋지 못했다고 설명했다.

그것은 '비교우위를 살렸느냐, 살리지 못했느냐' 하는 잣대로 중화인민공화국(1949년 10월 창립~현재)의 굴곡진 경제사를 단순화한 것이다. '비교우위를 살리지 못했던 개혁개방 이전'과 '비교우위를 살린 개혁개방 이후'라는 구도는 중화인민공화국의 굴곡진 역사와 복잡한 실제를 이해하고자 하는 번거로움을 피하면서도, 주류 경제학의 논리로 중국 경제의 어제와 오늘을 명쾌하게 해설하기에 매우 편리한 것이었다.

사회과학적 분석에 있어 단순화와 생략이 곧 악(惡)인 것은 아니다. 본질을 더 잘 드러낼 수 있다면 단순한 모델이 복잡한 사정 설명보다 우월하다고도 할 수 있다. 따라서 위와 같은 린이푸의 설명은 그 자체가 잘못은 아니다. 하지만 그가 생략한 사실들을 부분적으로 복원시킴으로써 추가로 얻을 수 있는 지혜가 있다면 그러한 복원은 해볼 가치가 있는 작업이다. 이 절 아래의 논의는 바로 그 일환이다.

린이푸가 개혁개방 이후와 대비시킨 개혁개방 이전 시기의 전형은 (비록 그가 명시적으로 밝히지는 않았지만) 제1차 5개년 계획(1953~1957년, 약칭 1·5계획) 기간이라고 할 수 있다. 이 기간은 당시 소련의 체제를 모방하여 중앙집권적인 사회주의 계획경제체제를 구축하려 한 시기이다. 그리고 린이푸의 설명처럼, 중앙이 설정한 중공업 위주 전략하에 거시(정부의 인위적 가격 왜곡)-중시(고도로 집중된 계획적 자원배분 방식)-미시(자율성과 일할 동기를 상실한 개별경제 주체들) 수준의 경제활동이 삼위일체로 빙산처럼 얼어붙어 경직되었던 시기이기도 하다.

하지만 개혁개방 이전 중화인민공화국의 경제 상황과 정책이 모두 1·5 계획 기간과 같았던 것은 아니다.[16] 개혁개방 이전의 중화인민공화국 30년 (1949~1978년)은 다양한 특성을 지닌 서로 다른 시기들로 구성되며 각 시기는 그 나름의 유산을 남겼다. 중화인민공화국의 개혁개방 이전 경제사에는 린이푸가 그린 세상의 전형인 1·5 계획 기간(1953~1957년)도 있지만 사회주의 계획경제를 미룬 신민주주의 단계(1949~1952년), 중국식 사회주의를 추구한 대약진(1958~1960년) 시기, 대약진으로 인한 경제적 붕괴를 회복하고자 개혁개방의 싹이 잠깐 보였던 기간[1960년대 초 류샤오치(刘少奇), 덩샤오핑의 시기], 기존 공산당 조직을 공격하며 새로운 격변을 추구한 문화대혁명 (1966~1976년) 시기, 원유를 수출해 번 돈으로 해외에서 기술을 수입해 약진을 이루자는 양약진(1976~1978년) 시기도 있었다(〈표 1-1〉 참조).[17] 각기 이질적인 시기였던 만큼 린이푸가 그린 세상이 이들을 모두 포괄하는 데는 한계가 있다. 따라서 사실상 1·5 계획 기간에 대비시켜 개혁개방 이후의 고도성장을 논하는 린이푸의 설명은 비록 왜곡이 아닌 단순함을 추구한 것이라 해도 역사적 유산과 교훈을 충분히 수용하지 못한 한계는 있다고 해야 할 것이다.

이에 아래에서는 린이푸가 생략한 중국 개혁개방 이전 30년(1949~1978

---

16 이자율 및 환율 등 가격지표를 정부가 인위적으로 왜곡한 것은 1·5 계획 기간에 국한되는 것이 아니고 개혁개방 기간, 특히 개혁개방이 도시 및 공업 부문까지 확대·파급되는 1980 년대 중반까지도 있었던 일이긴 하다. 하지만 뒤에 언급하는 바와 같이 개혁개방 이전 30 년의 기간은 서로 다른 정책적 지향과 시도가 이뤄진 이질적 기간들로 구성되어 있다는 것이 정설이다.

17 개혁개방 이전 30년의 경제사에 관한 개괄은 은종학(2015a)을 참고할 것.

표 1-1 **개혁개방 이전 중화인민공화국의 시기 구분(경제사적 관점)**

연도	시기	정책 기조
1949~1952	신민주주의 단계	국민경제 재건을 위한 실용주의
1953~1957	제1차 5개년 계획 기간	사회주의 계획경제체제의 구축 및 본격 시행
1958~1960	대약진	중국식 사회주의 실험, 농촌에서의 공업화
1961~1965	수정과 회복 기간	시장의 확대, 개혁개방 정책의 맹아
1966~1976	문화대혁명	시장 확대 및 전문화·관료화 저지, 계급투쟁
1976~1978	양약진	외화 획득, 해외 기술 도입을 통한 추월 시도
1978~현재	개혁개방 이후	시장화 개혁, 대외개방

자료: 필자 정리.

년)의 또 다른 성격과 유산, 교훈을 되짚어보고자 한다. 그 초점은 '대약진' 시기에 두고자 한다. 개혁개방 이전 시기 중, 린이푸가 사실상 초점을 맞췄던 1·5 계획 기간과 성격이 크게 다르면서도 중국 경제를 이해하는 데 빠뜨릴 수 없는 시기이기 때문이다.

대약진 기간 동안 중국은 1·5 계획 기간 중 추구했던 소련식 사회주의와 거리를 두고 '중국식 사회주의'를 추구했다.[18] 기획과 계산에 기초한 계획경제보다는 인민대중의 열정과 창의성에 기댄 사회주의를 추구했던 것이다. 전문가와 지식인의 역할은 크게 축소되었고 대신 현장의 담당자들이 그들을 대체했다. 이에 따라 이 시기 중국 경제의 중앙집권적 성격은 상대적으로 약화되었으며 오히려 지방분권이 강조되었다.[19] 비록 2년여라는 짧은

---

18 중국은 제2차 5개년 계획이 시작된 1958년, 마오쩌둥에 의하여 제기된 '사회주의 건설의 총노선' 주도하에 경제의 대약진과 인민공사(人民公社) 설립 운동을 전국적으로 전개했다.

19 물론 분권화가 (지방행정 기관에 그치지 않고) 개별 기업이나 개인에까지 이르고 그들이 자기 책임하에 의사 결정 권한을 실질적으로 행사할 수 있게 된 시점은 개혁개방 이후로 보는 것이 합당하고, 그때가 되어서야 중국의 비교우위가 제대로 발현될 수 있었던 것은 사실이다. 이를 구별하여 전자를 행정성 분권, 후자를 경제성 분권이라 부르기도 한다.

기간의 대약진이었지만, 이와 같은 대약진 시기의 성격은 훗날 문화대혁명 시기에 되살아났고, 더욱 중요하게는 '중국식 사회주의'의 중요한 한 특징으로 자리매김했다는 점에서 주목할 만하다. 대약진 시기로 대표되는 중국식 사회주의의 존재는, '중앙집권적 계획경제가 초래한 경직성'만을 개혁개방 이전의 경제적 실패(적어도 개혁개방 이후의 안정적 고도성장에 못 미치는 성과)의 원인으로 꼽은 린이푸의 논의에 수정과 보완을 요구한다.

대약진은 그 직전인 1·5 계획 기간에 이루어진 경제성장의 열매가 도시 지역과 지식인·전문가 집단에 편향되어 배분되는 것의 부당함에 문제를 제기하며 마오쩌둥이 일으킨 것이었다. 농촌(대약진 당시 중국의 면적과 인구 비율상 80% 이상이 농촌에 속했다)을 포함한 광범위한 지역과 계층의 균형발전을 추구하며 일으킨 운동이었다.

그리고 그러한 대의를 위해 대약진이 선택한 방식은 '농촌에서의 (중)공업화'였다. 일종의 모순적 추구였다. 농업을 해야 농촌일진대, 농촌에서 공업, 그것도 중공업을 추구했던 것이다. 일반적으로 중공업은 상당한 설비 투자와 교육·훈련을 거친 기술자 및 기능공, 비농업 노동자를 다수 필요로 하기 때문에 그러한 요소를 구하기 쉬운 도시 인근에 입지를 선택한다. 또한 그 특정 입지에 생산활동을 집중시켜 '규모의 경제(economy of scale)'를 도모한다. 이에 비춰볼 때, 중국의 방대한 농촌 지역에 중공업 생산활동을 분산시켜 모두 함께 발전시키려 한 대약진 시기의 '농촌에서의 (중)공업화'는 적어도 상례에서 크게 벗어나는 것이었다.

그러한 대약진은 실패했다. 가히 재난적이었다. 경제적 붕괴와 함께 적어도 2000만 명, 많게는 3000만 명이 넘는 '비정상적 사망자'가 발생했다.[20]

---

20 비정상적 사망자란, 사망자 평균 추세선을 벗어나 특정 시기에 추가로 발생한 사망자를 뜻한다. 전쟁이나 대규모 지진 등으로 인한 사망자가 그에 해당한다.

또한 15년 내에 강철 생산량에서 영국을 따라잡는다는 야심찬 목표 속에서 추진된 토법(土法, 재래식 방법) 제철소 건설은 결국 농업 부문의 피폐와 함께, 열악한 품질로 산업적 사용이 불가능한 쓸모없는 철강의 산적으로 이어졌다.

대약진의 재난적 결과는 여러 원인들의 결합에 의해 생겨났다고 봐야 할 것이다. 당시의 잇따른 자연재해, 지방 관료들의 과장된 성과보고와 그렇게 집계된 허위 통계에 기초한 잘못된 정책의 지속 등이 대약진 실패의 상황 논리로 널리 받아들여지고 있다(은종학, 2010). 그보다 한발 더 들어가, 대약진 실패의 원인을 당시 경제정책 내용상의 부적절성에서도 찾아볼 수 있다. 하지만 그 부적절성을 '비교우위의 위반'이라 단언할 수는 없다. 대약진 시기 농촌에서의 (중)공업화는, 당시 중국 농촌에 살던 많은 사람들의 지혜와 노동력을 주요 생산요소로 활용하려 한 것이었기에, 오히려 비교우위에 부합하는 측면도 있었다.[21] 일반적으로 중공업이 자본 및 기술집약적인 산업으로 인식되긴 하지만 중국은 중공업을 노동집약적인 방식으로 발전시키려 했으므로 중국의 비교우위를 완전히 무시한 것이라 할 수는 없다.

그렇다면 대약진이 재난으로 귀결된 역사적 사실이 경제정책의 내용을 고민하는 이들에게 주는 또 다른 교훈은 무엇일까? 많은 논의를 통해 다양한 함의를 도출할 수 있겠으나, 필자는 아래 두 가지에 주목하고자 한다.

첫째, 대약진 실패의 배경에 '홍(紅, 열정을 상징)'의 과잉이 있었다는 점이다. 대중의 열정과 창의성을 과도하게 기대했던 것이다. 물론, 다수의 보통

---

21 1958년 중국은 이른바 '호구(戶口)제도'를 실시하여 인구의 유동을 크게 제한하기 시작했다. 주로 농촌 인구의 도시 유출을 막은 것이다. 대약진은 농촌 사람들이 자신의 지역에서 농업과 더불어 공업 발전을 추진해 전국적으로 균형 발전을 이룰 수 있기를 꿈꾸었던 것이기도 하다.

사람들에게서 창의적 아이디어를 얻어 성장을 추구하는 일은 마오쩌둥과 같은 낭만적 사회주의 혁명가에 국한된 것은 아니다. 그것은 오늘날 세계의 수많은 기업 CEO들이 추구하는 것이기도 하다. CEO의 사내 혹은 대중 강연도 열정과 창의를 북돋는 내용으로 가득 차 있다. 그럼에도 중국 대약진 시기 '홍'의 과잉과 그 이면의 '전(專, 전문성 혹은 전문가를 지칭)'의 폄훼는 도를 지나쳤음이 분명하다. 현장 노동자의 경험은 전문가의 지식을 온전히 대체하지 못했고 많은 착오와 낭비를 낳았다. 이런 대약진의 실패는, 비교 우위론보다는 '홍과 전의 바람직한 배합 비율'에 대한 세심한 주의가 필요하다는 사실을 교훈으로 남겼다.[22]

둘째, '공정혁신(process innovation)'의 시도가 무리했다는 점이다. 공정혁신이란, 생산의 방식(즉, 공정)을 바꿔 종전보다 더 큰 경제적 가치를 창출하는 것을 뜻한다. 대약진 시기에 중국은 중공업의 생산방식을 (종래의 상식이었던 자본 및 기술집약적인 방식 대신, 중국의 요소부존과 비교우위에 걸맞게) 노동집약적인 방식으로 바꿨지만 그를 통해 경제적 가치를 창출하는 데는 실패했다. 농촌에서 설비와 기술의 도움 없이 촌로(村老)들의 경험에 기대어 노동집약적으로 일으키려 한 중공업은 쓸 만한 제품을 만들어내지 못한 채 자원과 노동력을 낭비하고 말았다.

만약, 선진국의 동종 제품 수준에는 미치지 못하더라도 당시 중국의 실제적 용도에 부합하는 정도의 '쓸 만한(good enough)' 제품들을 생산해 낼 수 있었다면 얘기는 달라졌을 것이다. 오늘날의 표현을 빌리자면, 개발도상국의 현실에 맞는 알뜰한 혁신, 이른바 '검약식 혁신(frugal innovation)'을

---

22 중화인민공화국 수립 직후부터 수년에 걸친 이른바 신민주주의 기간(1949~1952년)과 개혁개방(1978년) 이후 경제적 성과가 양호했던 것에 대한 해석도 비교적 바람직한 홍과 전의 배합 비율에서 찾을 수 있다.

제대로 구현할 수 있었다면 대약진 시기의 산업 성장전략에 대한 평가도 달라졌을 것이다.

하지만 그러한 일은 일어나지 않았다. 산업의 생산방식(자본집약적 대 노동집약적)을 자의로 바꿔 성과를 내기 어렵다는 것은 그 역사적 사실이 남긴 교훈 중 하나이다. 그리고 개발도상국의 수요 수준에 적합한 쓸 만한 제품을 만드는 과업도 간단히 달성할 수 있는 게 아니라는 것, 다시 말해 검약식 혁신도 기존의 노력을 하향 조정하는 것만으로 이룰 수 있는 게 아니라는 것 또한 이 시기가 남긴 교훈이다.

대약진 시기와 이후 문화대혁명 시기에 극단적인 모습으로 얼굴을 드러낸 이른바 '중국식 사회주의'는 소련식 사회주의와 달랐다. 소련보다는 분권적이었고 중공업 육성이라는 목표는 같았지만 그 추진 방식이 달랐다. 따라서 중국이 소련식 체제에 가장 가까이 근접했던 시기인 1·5 계획 기간을 중심으로 개혁개방 이전의 중국을 묘사하고 그를 개혁개방 이후와 대비시킨 린이푸의 논의는 한계가 있다. 그렇게 도출한 비교우위의 중요성이라는 것도, 위에서 대약진 시기를 중심으로 부분적으로나마 살펴보았듯, 우리가 중국 현대 경제사의 흐름에서 찾을 수 있는 교훈의 전부는 아니다.

더 나아가, 개혁개방 이전의 시기가 그저 실패의 교훈만을 남긴 것이 아니라는 사실도 기억할 필요가 있다. 개혁개방 이전의 시도와 그 유산은 개혁개방 이후에까지 남아 현대 중국 경제의 조건과 특성을 만들었고 때로 중국의 독특한 강점으로도 작용한다.

일례로, 대약진과 문화대혁명 시기에 중국의 각 대학들은 '순수한 학문적 추구보다는 현장의 사회경제적 수요에 봉사해야 한다'는 당대의 시대적·이념적 요구에 따라 이른바 '교판농장(校辦農場)', '교판공장(校辦工厂)'을 설립·운영했는데, 그 제도적 유산인 '교판기업(校辦企業)'이 개혁개방 이후 중국 특색의 산학연(産學研) 연계체제의 기틀을 이루고 첨단산업 발전에 기여하기도 했다(이에 관한 자세한 내용은 제3장 이후를 참고할 것).

또 한 예로, 오늘날 중국의 자전거 도로 위를 달리는 전동 스쿠터 역시 개혁개방 이전에 형성된 제도의 힘을 얻었다. 중국의 도시 전역에 이미 조성되어 있던 자전거 도로는 그들의 팽창을 뒷받침했다. '자전거 왕국'이라는 별칭까지 얻을 정도로 중국에서 일찍이 자전거가 주요 교통수단의 하나로 대우받았던 것은 (승용차를 타기엔 미흡한) 소득수준 때문만이 아니었다. 직장 주변에 거주지가 배정되는 계획경제 시기의 이른바 '단웨이(単位)' 체제가 또 하나의 배경이었다. 단거리 출퇴근에는 자전거가 가장 효율성이 높았던 것이다. 그들을 위해 조성된 자전거 도로가 오늘날 전동 스쿠터에 장을 열어주었다.[23] 현재 중국은 전동 스쿠터 산업에서 세계 최대(세계 시장 점유율 90%에 육박)의 생산국이자 세계 최대의 소비국이기도 하다(Ruan et al., 2013: 55).

위의 사례들은 개혁개방기의 빛나는 성과에 이전 시기의 유산이 함께 녹아 있음을 보여준다. 그에 대한 인식과 더불어 우리는 비교우위를 살리고 비정상을 정상으로 돌렸다는 개혁개방 시기에 대해서도 단선적 이해를 넘어설 필요가 있다.

개혁개방은 사전에 치밀하게 그려진 청사진 위에서 추진된 것이 아니었다. 개혁개방의 정책적 실천은 '실험 후 확산'의 방식을 택했다. 제한된 지역과 범주 내에서의 실험을 통해 그 결과를 확인하며 한발 한발 진척시킨 것이었다. 덩샤오핑의 말대로 "돌다리를 두드려보고 건너는 식(摸着石头过

23　1990년대 말부터는 국유 기업이라 하더라도 입사자에게 주택을 배정해 주지 않았다. 주택은 각자 돈을 모아 사야 할 것이 되었고, 그에 따라 원거리 출퇴근이 일반화되었다. 일터와 삶의 공간이 지리적으로 한데 통합된 것이었던 단웨이 체제도 그러한 변화 속에 희석되었다. 그와 함께 자전거는 줄어들고 원거리 이동이 용이한 전동 스쿠터와 자동차가 그를 대체하게 되었다. 소득수준의 향상은 그러한 대체를 가속화했다.

河)"이었다.[24]

그러한 방식에 따른 부작용 또한 만만치 않았다. 점진적 변화는 필연적으로 기존의 제도와 새로운 제도의 불편한 공존과 양자의 모순을 수반하는 것이었다. 그러한 양자 간 틈새에는 '기회주의'가 싹트고 누군가(특히 특권층)는 그를 활용한 '재정거래(裁定去來, arbitrage, 한쪽에서 값싸게 구한 자원을 다른 쪽에 가서 비싼 값에 팔아 차익을 취하는 것)'를 통해 사익을 취했다. 더 일반적으로는 하나의 일관된 법과 제도가 정립되지 않아, 기존의 법과 제도를 어기는 탈법과 편법이 일상적으로 허용되고 그것이 부패를 낳는 부작용이 있었다. 따라서 현대 중국에 여전히 골칫거리로 남아 있는 정실과 부패는 단지 중국 전통시대의 유산만이 아니요, 중국식 개혁개방이 만들어낸 것이기도 하다.

---

24 즉, 중국의 개혁개방은 '점진주의(gradualism)'를 따랐는데, 이는 1990년대 동구·러시아가 체제를 전환할 때 선택했던 이른바 '빅뱅(Big Bang, 연관된 사회경제 여러 부문의 개혁을 동시다발적으로 추진하는 것)'식 개혁과 대비되는 방식이었다. 논리적으로는 빅뱅식 개혁이 내재적 모순을 제거하는 만큼 더 설득력 있는 측면이 있어 많은 학자들[미국 컬럼비아대학교의 제프리 색스(Jeffrey Sachs) 교수 포함]의 지지를 받았지만, 실제로는 중국의 점진주의적 개혁개방이 장기에 걸쳐 안정적으로 좋은 성과를 내 빅뱅식 개혁을 지지했던 학자들의 반성을 이끌어내기도 했다.

보론 A

중국의 민간 항공기 자주개발의 역정(歷程)

중국은 일찍이 1970년 8월 민간 항공기 자주개발을 시작했다. 프로젝트명 '윈(运)-10'
이 그것이다. 윈-10은 10년의 개발과정을 거쳐 1980년 9월 첫 시험비행에 성공했다. 하
지만 외국에서 수입하는 항공기를 대체하겠다는 중국의 이 야심찬 자주개발 프로젝트는
개혁개방 초기에 중단되고 말았다.

1980년 1, 2호기를 제작 완료하고 시험 중이던 개발팀은 3호기의 추가 제작을 위한
예산을 중앙에 신청하지만 받아들여지지 않았다. 1981년, 윈-10 개발에 참여했던 각계
전문가가 토론회를 개최하여 프로젝트의 중단이 가져올 손실(기술개발 경험과 개발팀
인적자원의 유실 등)에 대해 우려를 표하며 프로젝트를 지속할 것을 호소했지만 중앙의
반응은 냉담했다(铁流, 2015). 추진 동력을 잃은 윈-10 프로젝트는 1986년 공식 중단되
었다. 이후 중국의 항공기 산업은 미국의 맥도넬-더글러스(McDonnell-Douglas), 보잉
(Boeing), 유럽의 에어버스(Airbus) 등과 합작하여 그들의 기술 지도 아래 조립생산을 하
는 쪽으로 기울었다. 1980년부터 1985년까지 130차례의 비행을 통해 최대 3600km의
운항거리, 최고 11km의 고도, 최대 110톤의 적재 중량 시험을 마친 윈-10 프로젝트의
중단에는 개혁개방기의 새로운 정치적 리더십과 경제적 상식이 작용했다.

무엇보다, 윈-10 프로젝트는 초기 추진과정에서 '문화대혁명'의 주역 4인방 중 한 명
인 왕홍원(王洪文)이 주요 직책을 맡았던 것으로 알려져 있었다. 따라서 중국의 새로운

지도자가 된 덩샤오핑과 4인방 통치시기에 탄압을 받다가 개혁개방기에 복권된 간부들이 이 프로젝트를 탐탁지 않아 했다는 것은 설득력 있는 추론이다. 실제로 1980년 이후 실시된 윈-10의 시험비행 행사 때, 주요 간부들은 이미 숙청된 4인방과 연루되는 것을 두려워하여 참석하지 않았다(Gordon and Komissarov, 2009: 231; 铁流, 2015).

그런 불편한 정치적 배경과 더불어, '자주개발보다는 해외에서 들여오는 것이 더 경제적'이라는 새로운 시대의 시장주의 경제논리가 작용했다. 물론, 시험비행이 성공했다 하더라도 제품의 경쟁력과 완성도를 높이고 안전성 검증을 통해 국제인증을 받아 상용 서비스를 개시하는 데까지 가야 할 길이 멀고 불확실한 것은 분명한 사실이었다. 하지만 시장주의를 새로이 신봉하며 윈-10 프로젝트의 중단을 결정한 이들이 '하나의 제품을 포기하는 것이 아니라 항공기 개발을 위한 플랫폼 자체를 폐기하는 것'이라는 [훗날 가오량(高梁, 2000), 루펑(路风, 2006)과 같은] 인식에 이르지 못했던 것이기도 하다.

그렇게 중단된 항공기 자주개발 프로젝트는 그 후 중국의 경제성장 과정에서 항공기 수요가 크게 늘고 그 시장을 보잉, 에어버스와 같은 미국과 유럽의 제조업체가 양분하다시피 하면서 깊은 아쉬움의 대상이 되었다. 1980~1998년 기간 동안 중국이 항공기를 수입하기 위해 외국에 지불한 돈은 150억 달러로 추정된다. 그런 아쉬움 속에 중국이 재개한 프로젝트가 (후진타오 집권 시점이기도 한) 2002년에 시작된 'ARJ 21(Advanced Regional Jet for the 21st Century)' 중형 항공기(90석 이하의 지선 항공기) 개발 사업이다. ARJ 21은 2008년 11월 첫 시험비행에 성공했으며, 2014년 12월 중국 자체 개발 제트 여객기로는 역사상 처음으로 인증을 통과해, 2015년 3월 성도항공(成都航空)에 인도되어 실제 노선에 투입되었다(Liu, 2016; 铁流, 2015).

ARJ 21 중형 항공기 개발 사업에 성공한 뒤 중국의 초점은 대형 항공기(좌석 150석 이상의 간선 항공기, 보잉 737 및 에어버스 A320과 경쟁하는 기종) 개발로 이어졌다.[1]

---

1 중국은 C919를 줄곧 '대형 항공기'라고 지칭해 왔지만 오늘날 국제 기준으로는 중형 항공기에 해당한다. 본격적 의미의 대형 항공기(좌석 300석가량) 개발은 2017년 이후 중국이

중국 정부는 2007년 새로운 중앙 국유 기업인 '중국상용항공기유한책임회사(中国商用
飞机有限责任公司)'를 설립하고 대형 항공기 개발 프로젝트 'C919'를 주도하게 했다. 또
한 정부는 '중장기 과학기술발전계획(2006~2020년)' 속에 대형 항공기 개발을 16대 프
로젝트 중 하나로 선정하여 지원했다.

C919 개발에는 청화대학, 남경항공항천대학, 하얼빈공업대학, 상해교통대학, 복단
대학, 합비공업대학, 천진대학, 서북공업대학, 대련이공대학, 북경항공항천대학, 무한이
공대학, 중남대학, 연산대학, 중국민항대학 등 중국 내 여러 대학과 200여 기업이 참여
했다. C919는 2017년 5월 첫 시험비행에 성공했으며 2018년 말까지 총 3대가 제작되
어 모두 시험비행을 마쳤다(崔霞 外, 2018.12.28).

외형과 내부를 모두 중국이 설계한 C919는 미국의 보잉 737에 비해 일부 우월한 기
능을 갖추고 있다는 것이 중국 측의 설명이다. 중국은 C919를 통해 미국과 유럽이 장악
한 세계 항공기 산업의 독과점 구도를 깨고 중국의 위상을 드높일 수 있을 것으로 기대
하고 있다. 중국이 보유한 여객용 대형 항공기 중 50% 이상(2010년, 53%)이 미국 보잉
사의 것이고(铁流, 2015), 중국의 항공기 시장이 세계 최대 규모로 팽창했음을 감안하
면, 중국이 C919 등으로 수입 항공기를 대체할 경우 항공기 산업의 국제 지형이 크게 변
화할 것으로 예측할 수 있다.

미국도 그 점을 심각하게 여긴 듯, 2018년 중국과의 무역 분쟁 과정에서 무역대표부
가 발간한 중국 조사보고서를 통해 항공 관련 분야에서 중국이 편법적으로 기술을 획득
했음을 집중적으로 문제 삼았다(USTR, 2018b: 13~17). 또한 그 즈음 미국은 거래제한
대상 기업 목록에 중국 항공 관련 기업과 연구소를 대거 포함시켰다. 무역대표부 보고서
는, 중국의 국유 기업이 민간 항공기를 개발하고 있는 가운데 그에 쓰일 터보엔진 기술
에 대하여 불법적인 기술 취득을 시도했다는 점, 남경항공항천대학 등 중국의 국공립 대

러시아와 협력하에 'C929'라는 프로젝트명으로 추진 중이다.

학에 미국 항공 관련 기술자를 초청해 중국이 필요로 하는 기술을 편취하려 했다는 점 등을 나열했다. 이는 미국이 중국의 항공기 개발을 견제하기 위해 대학을 통한 지적·인적 교류까지 통제할 수 있음을 시사한다.

한편, 보잉 737의 4세대 신모델인 맥스(MAX) 기종이 2018년 이후 잇달아 추락 사고를 일으키자 중국은 2019년 초 보잉 737 맥스 기종의 운항 금지 조치를 선도적으로 취했다. 이후 여러 나라가 동참하여 해당 기종은 전 세계적으로 발이 묶이게 되었다. 그로 인한 공백은 C919에도 큰 기회일 수 있다. 하지만 항공기 부품 제조 기술뿐 아니라 국제 항공운항 관련 제도 운영에서도 막강한 영향력을 행사하는 미국의 대중 견제가 심해져, 중국이 그를 뚫고 소기의 목적을 달성할 수 있을지는 앞으로 더 두고 봐야 할 것이다.

제2장

쌍혁에서 쌍창까지: 이노베이션 개념의 중국식 수용

1. 혁신, 창신, 이노베이션

오늘날 우리 사회에서 '혁신(革新)'과 '이노베이션(innovation)'이라는 단어는 거의 같은 의미로 혼용된다. 이는 이웃나라 일본에서도 마찬가지이다. 그런데 중국에서는 그를 '창신(创新, 創新)'이라고 조금 달리 부른다. 위의 세 단어를 동의어라 할 수도 있다. 이 책에서도, 이 장을 제외한 나머지 장에서는 특별한 언급이 없는 한 위 셋을 구별하지 않고 (주로 '혁신'이라) 쓸 것이다. 다만, 이 장에서는 위의 단어들이 갖는 미묘하지만 각기 다른 뉘앙스와 강조점을 짚어보고자 한다. 그러한 차이는 위 단어들이 한·중·일 동아시아 각국에 도입되거나, 형성되고 또 풍미하게 된 역사적·사회적 맥락과 밀접한 관련이 있다. 따라서 이 장에서는 그것들을 살펴볼 것이다.

사실, 서로 다른 국가에서 쓰이는 유사한 개념 간의 차이를 명확히 들춰내는 것은 무척 어려운 일이다. 그런 과업에 비춰보면 이 장은 과업의 완성과는 거리가 먼, 초보적 작업이라 해야 할 것이다. 그럼에도 이 장은 이 책을 관통하는 핵심 개념인 혁신에 대한 인식을 명확히 한다는 점에서 의미가 있다. 개념에 대한 잘못된 이해는 관련 논의를 모두 어그러뜨릴 수 있는 만큼, 개념 그 자체를 진지하게 살펴보는 것은 의미 있는 일이다. 비록 이 장의 논의가 충분치 않을 수 있지만, 이를 통해 누구에게나 익숙한 개념이 되어버린 혁신과 그 이웃 단어들을 새롭게, 심지어 생소하게 느끼게 된다면 그것은 향후의 논의를 풍부하게 하는 데 도움이 될 것이다.

2. 동아시아의 '혁신' 개념에 뒤얽힌 뿌리들

한자문화권에 속한 아시아의 여러 국가가 공유했을 중국의 옛 자전(字典) 속에서도 '혁신'의 의미를 찾아볼 수 있다. 두 글자로 이뤄진 혁신이라는 단어 그대로를 옛 자전 속에서 찾기는 힘들지만, '혁(革)'이라는 글자를 중심으로 그 뜻을 헤아려 볼 수 있다. 대표적으로, 중국의 고대 후한(後漢) 시대에 허신(許愼, 58~147)이 쓴 『설문해자(說文解字)』에는 '혁'이라는 글자가 다음과 같이 풀이되어 있다.

獸皮治去其毛曰革(수피치거기모왈혁)

털이 있는 짐승의 가죽[즉, 피(皮)]에서 털(毛)을 제거·정리하여 날가죽을 만드는 일이 '혁'이라는 것이다. 그에는 '혁'을 '개(改)' 혹은 '갱(更)'과 바꿔 쓸 수 있다고 되어 있다. "오래된 것을 버린다(去故)"라는 뜻으로도 쓸 수 있다고 소개되어 있다. 이 같은 해석은 청나라 강희제 때 편찬된 『강희자전(康熙字典)』(1716)과 현대의 중국 자전 및 사전에도 이어져 내려온다(张玉书, 1996). 이로부터 우리는 '혁'이 뜻하는 변화가 반드시 파격적이거나 급진적인 변화만을 지칭하는 것은 아님을 알 수 있다.

그와 같이 중국 자전에 소개된 '혁'의 의미를 따라 우리 선조들도 그 낱말을 썼을 것이다. 하지만 국사편찬위원회가 제공하는 『조선왕조실록』 디지털 데이터베이스에서 '革新'이라는 단어를 검색해 보면 41회 검색될 뿐이다. 조선 1대 태조(1392년)부터 25대 철종(1863년)까지 472년간 조선 왕조의 사실을 기록한 4965만 자(字)에 달하는 『조선왕조실록』에, 조선 말 고종과 순종 시기의 기록까지를 더한 그 데이터베이스에서 혁신이라는 단어는 그렇듯 보이지 않는다. 매우 낮은 빈도가 오히려 혁신이라는 단어의 특별함을 보여주는 것은 아닌지 의심해 볼 수도 있지만, 실제 사용의 문맥을 일일이 살펴보면 혁신을 특별한 개념어로 강조한 것은 아님을 알 수 있다. 더욱이 그 41회 중 13회는 고종·순종 시기에 사용된 것으로, 비교적 근대의 일이다. 요컨대 오랜 세월 동안 혁신이라는 단어는 우리 사회에서 널리 쓰이지 않던 말이었다.

그런데 그러하던 혁신이라는 단어가 오늘날에는 전혀 낯설지 않다. 어쩌면 너무 많이 듣고 쓰다 질린 말이 아닐까도 싶다. 정치인과 기업인, 그리고 어떤 조직이든 그곳의 리더를 자임하는 이들이 '기존의 것과는 다른, 무언가 파격적인 변화'를 촉구할 때 혁신이라는 단어를 선택한다. 요컨대, 혁신이라는 개념을 사용하는 데 있어 과거와 현재 사이에 크게 달라진 점은 그 사용빈도가 급격히 증가한 점과 더불어 그 파격성과 급진성을 강조하는 점이라고 할 수 있다.

사용빈도가 급격히 증가한 이유는 현대에 서구에서 들어온 '이노베이션'이라는 개념의 번역어로서 '혁신'이라는 한자어가 활용된 데 따른 것이다. 즉, 오늘날 많이 쓰이는 혁신이라는 단어는 우리 선조들이 예로부터 줄곧 (낮은 빈도로나마) 써오던 한자어라고만 볼 수 없다. 다시 말해, 오늘날 혁신이라는 개념은 그 뿌리를 우리 안에서만 찾아서는 온전히 파악할 수 없는 혼성적인 개념이다.

그와 같은 혁신 개념의 뿌리를 더 복잡하게 하는 것은, 바로 일본의 역할과 흔적이다. 메이지 유신(대략 1850년대 초~1870년대 말) 이래 근대 일본은 아시아에 서구 문물을 수입하는 데 주도적인 역할을 담당했고, 서구의 개념을 한자어로 번역하는 데도 앞장섰다. '혁신'도 서구 지식계의 '이노베이션'과 관련된 논의를 번역·수용하기 위해 20세기 중반 일본이 택한 한자어로 추정된다. 일본은 혁신이라는 한자어를 되살려 이노베이션이라는 외래의 신개념을 자국뿐 아니라 동아시아 한자문화권에 번역·소개했다. 그리고 여기에는 당시 일본의 관심과 지향이 묻어 있었다.

1945년 제2차 세계대전에서 패전한 뒤 일본은 1950년대 재건과정에서 자기 변혁을 강조했다. 메이지 유신으로 근대를 연 이래 다시 한번 크고 파격적인 변화를 추구했던 것이다. 특히 일본은 미국의 원자폭탄 투하로 종지부를 찍은 제2차 세계대전을 서구의 발전된 과학기술에 대한 패배로 인식했다. 그런 인식의 저변 위에서 일본은 1950년대 초 한국전쟁의 특수를 누리며 고도성장 단계에 접어든 직후, 다음 단계의 목표로 과학기술과 중화학 공업을 택했다.[1]

물론, 일본만 과학기술을 강조한 것은 아니었다. 제2차 세계대전 중 미국의 원자폭탄 개발 프로젝트, 이른바 '맨해튼 계획'의 성공과 그에 힘입은 연합국의 승전은 과학기술이 국운을 가른다는 인식을 미국뿐 아니라 전 세계에 확산시켰다. 사회주의권도 당시 과학기술 붐에서 예외가 아니었다. 오히려 소련은 1957년 세계 최초의 인공위성 스푸트니크(Sputnik)호를 성공적으로 쏘아 올려 미국을 위시한 서구를 이른바 '스푸트니크 쇼크(Sputnik shock)'에 빠뜨리고 미국-소련 간의 과학기술 경쟁 및 서구의 과학교육체제 대개

---

1 일본은 1955년 '경제자립 5개년 계획'을 수립하여 중화학공업 육성에 박차를 가했고, 1956년에는 원자력위원회를 구성하고 그 아래 과학기술청을 두어 과학기술과 그를 기반으로 한 중화학공업의 발전을 도모했다(야마모토, 2017).

편을 촉발시키기도 했다.

그러한 안팎의 상황 속에서 일본은 국가적 지향을 '기술혁신'이라는 말에 응축시켰다. '혁신'이 언급된 전후(戰後) 일본정부의 첫 공식문서로 알려진 1956년 『경제백서』는 '혁신' 그 자체에 대한 정의나 논의 없이 곧바로 '기술혁신'을 추구하겠다고 밝히고 있다(곤노, 2015: 117). 다시 말해, 당시 일본에서 '혁신'은 '기술혁신'의 줄임말일 뿐이었다. 더불어 당시의 분위기는 혁신 혹은 기술혁신에 강렬한 어감을 더했다.

그렇게 떠오른 '기술혁신'이라는 용어가 일본, 그리고 뒤이어 한국에서 서구의 이노베이션 개념과 논의를 받아들이는 용기(容器)로 사용되었다. 그 결과, '이노베이션'에 관한 다양한 논의가 우리에게는 '기술혁신'에 관한 것으로 축소되는 왜곡이 생겼다. 서구에도 전혀 없다고는 할 수 없는 그 왜곡이 우리에게 더욱 심화된 양상이다.

국립국어원 표준국어대사전에서 '혁신'을 찾아보면, "묵은 풍속, 관습, 조직, 방법 따위를 완전히 바꾸어서 새롭게 하는 것"이라고 소개하고 있다. 역시 크고 파격적인 변화를 강조하는 것으로 쓰이고 있다. 더불어 우리의 언론과 대중은 혁신을 지레 과학기술의 문제로 인식하는 경우가 많다. 혁신을 하겠다면 마땅히 과학기술과 연구개발에 더 많은 예산을 쏟아 붓고 과학기술자, 이공계 학생들에 대한 지원을 강화해야 한다는 주장이 공식처럼 뒤따른다. 혁신을 '과학기술 혁신', 심지어 '과학기술' 그 자체와 동일시하는 경향이 널리 퍼져 있는 것이다.

그렇게 우리 사회에 소개되고 익숙해진 혁신이라는 단어가 경제학적 개념으로서의 이노베이션의 원뜻으로부터 얼마만큼 멀어진 것인지는 이노베이션 논의의 비조 조지프 슘페터(Joseph A. Schumpeter, 1883~1951)의 언급과 비교를 통해 살펴볼 수 있다. 이노베이션이라는 단어를 현대의 경제 및 경영학계 등에 풍미하게 한 인물은 오스트리아 출신의 경제학자로 말년에 하버드 경제학과 교수였던 슘페터였다. 그는 자본주의의 역사적 발전과정에 대해 깊이 있게 연구하면서, 당대를 풍미했던 마르크스주의자들의 주장, 특히 자본주의는 이윤율이 낮아지면서 필연적으로 그리고 머지않아 붕괴될 것이라는 주장에 반론을 폈는데, 그 논지의 핵심에 이노베이션이 있었다.[2]

슘페터는 그의 책『경제 발전의 이론(The Theory of Economic Development)』(독일어판, 1911; 영문판, 1934)에서 이노베이션을 '새로운 결합(new combination)'으로 소개했다. 그리고 새로운 결합을 통해 이뤄낼 수 있는 이노베이션의 원천으로 다음의 5가지를 제시했다. ① 새로운 제품, ② 새로운 생산방법, ③ 새로운 시장의 개척, ④ 새로운 원료 및 반제품 공급원, ⑤ 새로운 조직(Schumpeter, 1911/2008).

주목할 점은 슘페터가 새로운 결합 혹은 이노베이션을 이야기함에 있어 '완전히 바꾸어야 한다'는 조건은 어디에도 달지 않았다는 사실이다. 오히려 슘페터는 '새로운 제품'이란 지구상 어디에도 없던 것이 아니라 소비자가 아직 잘 모르는 제품이거나 품질을 개선한 제품을 포함한다고 했고, '새로운 생산방법'에 관해서는 그것이 반드시 새로운 과학적 발견에 기초해야 하는 것은 아니라고 명시했다. 새로운 시장, 새로운 원료 및 반제품 공급원이라는 것 역시 종래에 존재하지 않던 완전히 새로운 것뿐 아니라 기존에 활용하지 않았던 것까지를 포함하는 것이라고 적시했다(Schumpeter, 1911/2008: 66).[3]

---

[2] 슘페터는 자본주의가 비즈니스 사이클 속에서 이윤이 사라지는 지점에 이르지만 기업가(entrepreneur)들이 이노베이션을 일으켜 새로운 이윤 공간을 창출함으로써 새로운 사이클을 시작하게 되므로 마르크스주의자들의 주장처럼 자본주의가 쉽게 붕괴하지 않을 것이라고 예언했다. 지금껏 붕괴되지 않은 (비록 그 성격은 많이 바뀌었지만) 자본주의체제는 슘페터의 주장에 힘을 실어주는 것이라 할 수 있다(Schumpeter, 1946).

이상과 같은 애초의 슘페터의 이노베이션 정의에 비춰보면, 일본을 거쳐 한국에 소개되고 또 어느새 익숙해진 혁신 개념은 과도하게 파격적인 변화와 과학기술을 강조하는 쪽으로 경도되었음을 알 수 있다. 요컨대, 20세기 중반 이래 최근까지 일본과 한국에 있어 혁신이란, 기술진보를 통해 더욱 고도화된 경제성장을 추구하는 것이었고, 그렇기에 혁신은 그저 기술혁신의 줄임말일 뿐이었다. 그들은 은연중에 그것이 슘페터의 이노베이션 논의인 줄 알았다. 종종 슘페터를 얘기했지만, 사실은 과학기술이 만들 놀라운 미래와 그를 통한 고도성장에 관한 이야기의 수사일 뿐인 경우가 많았다.

슘페터에 대한 부정확한 인식이 있었지만, 그것이 곧바로 큰 부작용을 낳은 것은 아니다. 실제 그들에게 부족한 것이 기술이었기에, 기술을 강조하고 그 토대로서 과학을 강화하려 한 노력에 긍정적으로 기여한 점도 크다. '완전히 바꾼다'는 파격적인 변화의 추구도 현실 속 굼뜬 이들에게 가할 독촉의 수사로 유효했을지 모른다.

더불어, 언어에는 '역사성'과 '사회성'이 있음도 인정해야 한다. 어떤 개념이 역사적 맥락에서 진화하는 것, 대중의 실제 사용 습관에 따라 사전(事典)에 담기는 내용 또한 변화하는 것은 자연스러운 일이다. 하지만 경제학 혹은 사회과학 분야의 학술적 용어로까지 자리매김한 '이노베이션'이라는 개념이 동아시아적 번역을 통해 '혁신'으로 정착하면서 어떤 편향을 갖게 되었다면 관련 논의에 있어 면밀한 주의를 기울일 필요가 있다. 왜곡된 뉘

---

3 슘페터 본인과 더불어 현대 서구 사회의 이노베이션 인식도 '새로운 과학기술 지식을 활용한 파격적인 변화'에 주목하는 방향으로 진화했다. 슘페터의 그러한 인식의 변화에 주목하여 후대 학자들은 젊은 시기의 슘페터(주요 저작: 『경제발전의 이론』)와 말년의 슘페터(주요 저작: 『자본주의·사회주의·민주주의』)를 구별하여 '슘페터 I'과 '슘페터 II'로 구별하기도 한다. 따라서 애초의 슘페터의 이노베이션 정의에서 멀어진 것은 아시아만의 현상은 아니다. 이에 관한 좀 더 근본적인 논의는 이 책 제13장에서 다룬다.

앙스가 학술적·정책적 논의를 뒤틀리게 하고 상상의 공간을 위축시킬 수도 있기 때문이다.

그와 같은 취지로 아래에서는 이 책의 주된 관심대상이기도 한 중국이 이노베이션과 혁신이라는 개념을 어떻게 받아들였는지, 또 어떻게 자기 나름의 방식으로 변형·진화시켰는지를 살펴보고자 한다.

3. 1950년대 중국의 '혁신(革新)' 인식과 '쌍혁(双革)'

중국도 앞서 언급한 20세기 중반의 과학기술 열기를 공유했다. 소련이 앞장섰던 사회주의-자본주의 간 과학기술 레이스에 기대를 품었고, 또 소련의 성과에 환호했다. 하지만 20세기 중반, 즉 중화인민공화국 수립(1949년 10월 1일) 직후의 중국은 첨단 과학기술을 스스로 주도할 역량이 없었다. 더욱이 1950년대 후반부터는 소련과의 관계가 틀어지면서 다른 길을 모색하기 시작했다. 1950년대에는 중국도 '혁신(革新)'이라는 단어를 자주 사용했는데 여기에는 중국적 뉘앙스가 덧입혀져 있었다.

다시 말해, 중화인민공화국에서의 '혁신' 개념은, 앞 절에서 논한 아시아의 선도적 번역자로서의 일본의 영향과 더불어 20세기 초 사회주의 혁명 이후 기술 개발에 박차를 가하던 소련의 영향을 받기도 했지만 그 외래적 요소들로만 중국 내 혁신 담론의 전부가 구성된 것은 아니었다. 앞 절에서 살펴본 바와 같이 뒤얽힌 뿌리를 가진 혁신이라는 단어에 또 다시 20세기 중반 중국이라는 특정 시·공간의 맥락이 덧입혀졌던 것이다.

그러한 사정의 좀 더 구체적인 모습은 당시 중국의 언론 보도를 분석해 엿볼 수 있다. 그를 위해 필자는 중국의 대표적인 언론이자 중국 공산당의 기관지인 ≪인민일보(人民日報)≫를 분석대상으로 삼았다. 그리고 중화인

민공화국 수립(1949년 10월 1일) 이후 발간된 ≪인민일보≫에서 '혁신(革新)'
이라는 단어가 제목에 쓰인 기사와 사설을 모두 검색해 보았다.

검색 결과, 그 첫 번째는 1954년 4월 16일 게재된 "국가의 공업화를 위해
기술혁신운동을 전개하자 - 안강 기술혁신전람회 개막을 경축하며(为了国
家工业化, 开展技术革新运动 - 庆祝鞍钢技术革新展览会开幕)"라는 제하의 기
사였다.[4] 물론 그 이전에도 중화인민공화국에서 혁신이라는 단어가 쓰였겠
지만, 그 단어에 특별한 의미를 부여하여 강조하기 시작한 것은 대략 이 즈
음으로 추정된다.

1950년대 중반 중국의 '기술혁신운동'은 중국의 기계화·자동화 수준을
높이고 그를 통해 노동생산성을 향상시키고자 한 것이었다. 그 첫 번째 시
범과제가 일제가 과거에 건설한 제철소인 안산(鞍山)강철의 노후 설비를
현대화하여 그 생산성을 높이는 일이었다. 그리고 그 모범적 성과를 선전
하고 확산시키는 과정에서 혁신이라는 개념이 널리 소개되었던 것이다.

1950년대 중반 중국은 소련의 기술과 자금, 정책과 제도를 도입해 '제1차
5개년 계획(1953~1957년)'을 추진했고 일정한 성과(공업 인프라 건설, 경제성장
등)를 거뒀다. 그러나 그 과정에서 문제의식도 깊어갔다. 공업(특히 중공업)
과 농업, 도시와 농촌의 격차가 벌어지고, 지식인·전문가가 더 대우 받는
사회 풍토가 만들어지는 가운데 국민의 대다수이자 중화인민공화국 수립
의 주역이었던 농민이 소외되는 것을 목도했던 것이다. 마오쩌둥은 이러한
부작용을 심각하게 생각하여 제1차 5개년 계획 기간 중 구현했던 소련식 사
회주의와는 다른 중국식 사회주의를 모색하기 시작했다. 그러한 대안적 모

---

4   이 기사가 ≪인민일보≫에 게재되기 2주 전인 1954년 4월 2일 중화전국총공회(中华全国
     总工会)는 '전국적으로 기술혁신운동을 벌이는 것에 관한 결정(关于在全国范围内开展技
     术革新运动的决定)'을 내리고 이를 추진했다.

색으로 추진된 것이 바로 '대약진 운동'(1958~1960년)이다(MacFarquhar and Fairbank, 1987).

대약진 운동은 (도시뿐만 아니라) 농촌에서의 (지식인·전문가에게 기대지 않는) 공업화를 통해 전국적 균형발전을 추구하는 운동이었다. 따라서 산업 현장에서는 '소'(小, 각지의 소규모 공장), '토'(土, 전문가의 과학기술 지식이 아닌 대중의 경험에 의존), '군'(群, 군중의 참여)이 강조되었다. 그러한 조류 속에 1950년대 후반 이후의 기술혁신운동은 군중 운동 성격을 강하게 띠게 되었다.

실제로 1960년 2월 4일 ≪인민일보≫ 사설은 "군중성 기술혁신 및 기술혁명운동을 전개하는 것이 우리나라 모든 기업들이 계속 약진해 갈 큰 길(开展群众性的技术革新和技术革命运动是我国所有企业继续跃进的康庄大道)"이라고 선언했다. 이 사설은 또한 "관건은 정치(政治)가 굳건히 선도하고, 서양의 것(洋)과 중국 토착의 것(土)을 결합하고, 대-중-소를 결합하는, 군중 운동을 크게 일으키는 것이다(关键在于坚持政治挂帅, 贯彻执行洋土结合, 大中小结合的方针, 大搞群众运动)"라고 부연했다.

뒤이은 1960년 2월 25일 ≪인민일보≫ 사설도 "수공(手工)으로 하던 것을 기계화 혹은 반(半)기계화하는 데 있어서도 군중을 충분히 동원해야 한다(实现手工操作机械化和半机械化, 必须充分发动群众)", "사회주의 혁명사업의 발전과 마찬가지로 군중 운동을 크게 일으켜야만 한다(正如同社会主义革命事业的发展一样, 都必须大搞群众运动)"라는 점을 강조했다.

그와 같은 중국의 혁신 추구는 슘페터로부터 기원하는 서구의 이노베이션 사상을 온전히 따르는 것일 수 없었다.[5] 당시 마오쩌둥은 "우리는 세계

---

5 다만 흥미롭게도, 위의 ≪인민일보≫ 사설들은 혁신을 논함에 있어 슘페터의 이론도 참조했음을 시사하는 흔적을 남겼다. 혁신이 다양한 방면에서 추구될 수 있음을 강조하는 부분에서이다. 앞서 언급했듯, 슘페터는 이노베이션의 원천으로 5가지(새로운 제품, 새로운

각국이 기술을 발전시킨 오래된 길을 따라 남의 뒤에서 한 발 한 발 기어갈 수는 없다(我们不能走世界各国技术发展的老路, 跟在别人后面一步一步地爬行). 우리는 기존의 규율을 깨야 한다(我们必须打破常规)"라고 강조했다(吴静·李如璐, 2016.5.10). 특히 당시 중국의 '혁신'은 '혁명'과 결부되었다. 실제로 1950년대 후반~1960년대 초반 중국에서 혁신이라는 단어는 주로 '기술혁신 및 기술혁명 운동(技术革新和技术革命运动)'이라는 관용어구 속에 담겨 쓰였다.[6] 그리고 그 운동은 '쌍혁'이라는 약칭으로 당시 중국에 널리 풍미되었다.

쌍혁 운동은 영도 간부(领导干部), 노동자 군중(工人群众), 기술자(技术人员)의 이른바 3결합(三结合)을 강조했지만(〈사진 2-1〉 참조), 계급투쟁의 격화 속에서 점차 기술자의 의견은 배척되고 폄하되어, 기술혁신을 추구함에 있어서도 과학적 원리를 쉬이 무시하는 경향이 나타났다. 이는 결국 성공적일 수 없었고 대약진과 함께 실패로 막을 내렸다. 훗날 후진타오 총서기는 '과학발전관(科学发展观)'을 집권 중반(2007년 제17차 당대회) 이후 핵심 모토로 삼았고 이를 공산당 당장(黨章)에까지 삽입했는데, 그것은 대약진 시기와 그 이후에도 간헐적으로 나타난 중국의 비합리적·비과학적 추구에 대한 경계였다고도 볼 수 있다.

생산방법, 새로운 시장의 개척, 새로운 원료 및 반제품 공급원, 새로운 조직)를 제시했다. 그와 유사하게, ≪인민일보≫ 사설들도 혁신은 첨단 생산설비의 도입 외에 제품설계, 생산방법, 원재료, 노동조직의 개선 등을 통해서도 가능하다고 썼다(≪人民日報≫, 1960. 2.4, 1960.2.25). ≪인민일보≫의 서술을 슘페터의 언급과 비교해 보면, ≪인민일보≫가 슘페터의 혁신이론을 가져오면서 (사회주의 국가에는 걸맞지 않는) '새로운 시장의 개척' 항목만을 삭제한 것으로 추정해 볼 수 있다.

6 마오쩌둥은 1960년 3월 18일, 「공업 전선에서 기술혁신 및 기술혁명 운동 전개 상황에 관한 보고(关于工业战线上的技术革新和技术革命运动开展情况的报告)」를 통해 기술혁신 및 기술혁명 운동의 전국적인 확대를 재차 주장했다.

사진 2-1 **간부·기술자·노동자의 3결합을 강조하는 쌍혁 운동 포스터**

대약진의 처참한 실패는 쌍혁 운동 속에 강조되던 혁신의 빛 또한 바래게 했다. 이후로 혁신이라는 단어가 중국에서 널리 쓰이지 않게 된 것이다. ≪인민일보≫에서도 '혁신'이라는 단어를 제목에 포함한 기사가 크게 감소했다. 1950년대 후반 급격히 늘어났던 혁신 관련 기사는 대약진의 종료와 함께 거의 4분의 1로 줄어들었고, 1970년대 초반 문화대혁명 시기에 언급이 다시 좀 늘어났지만 개혁개방 이후, 특히 1980년대 중반 이후에는 그 자취를 찾아보기 힘들게 되었다(〈표 2-1〉 참조).

열정의 과잉 시대가 지나고 냉정의 회복 속에서 혁신이라는 단어의 사용 빈도가 낮아졌지만, 그 단어는 오히려 원뜻을 회복해 갈 수 있었다. 중화인민공화국 최초의 기술학 사전이라는, 1989년 출간된 『기술학 사전』(姜振寰 外 編, 1989)은 (비록 '혁신'이라는 단어를 여전히 단독으로 소개하고 있지는 않지만) '기술혁신'을 다음과 같이 정의하고 있다.[7]

    기술혁신이란, 기술발명을 공업적으로 응용하거나 기존 기술에 대해 국부

표 2-1 제목에 '혁신(革新)'이 포함된 ≪인민일보≫ 기사(1949~2010년)

기간	기사 건수(총 1845건)	비중
1949. 10. 1 ~ 1955. 12. 31	167	9.1%
1956. 1. 1 ~ 1960. 12. 31	**802**	**43.5%**
1961. 1. 1 ~ 1965. 12. 31	**221**	**12.0%**
1966. 1. 1 ~ 1970. 12. 31	91	4.9%
1971. 1. 1 ~ 1975. 12. 31	158	8.6%
1976. 1. 1 ~ 1980. 12. 31	152	8.2%
1981. 1. 1 ~ 1985. 12. 31	102	5.5%
1986. 1. 1 ~ 1990. 12. 31	46	2.5%
1991. 1. 1 ~ 1995. 12. 31	38	2.1%
1996. 1. 1 ~ 2000. 12. 31	30	1.6%
2001. 1. 1 ~ 2005. 12. 31	22	1.2%
2006. 1. 1 ~ 2010. 12. 31	16	0.9%

자료: 필자가 ≪인민일보≫를 직접 검색·정리.

적으로 개선하는 것을 지칭한다. (중략) 기술혁신은 기술발명과 비교하여 볼
때, 비록 그 창조성의 정도는 크게 못 미치지만 기술발명과 일정한 내재적 연관
관계를 갖는다. (중략) 아무리 기발하고 특별한 기술발명이라 하더라도 그를
구체화하고 개선하고 완성하는 기술혁신을 거쳐야만 비로소 기술 능력을 최대
한 발휘할 수 있고, 기술발명의 활용도를 크게 넓힐 수 있다. (p.230)

'혁신'을 파격적·급진적 변화로만 인식하지 않고 '기술혁신'을 '기술발명'

---

7   1989년에 출간된 『기술학 사전』은 기술의 역사, 철학, 사회학, 경제학, 경영학 등에서 쓰
     이는 1150개의 주요 개념을 소개하고 있는데, 그 서문의 설명에 따르면, 이 사전은 기술
     에 관한 종합적인 사전으로서는 중화인민공화국 최초의 것이다. 또한 이 책은 20세기 들
     어 기술의 신속한 발전이 사회, 경제, 문화, 군사 부문에 큰 영향을 미치고 중국 내에서는
     1980년대 이후 기술 관련 연구가 활발히 일어난 데 조응한 것으로 동북 3성 지역의 학자
     들이 3년간의 작업 끝에 완성한 것이라 한다. 참고로 이 사전에는 오늘날 중국에서 이노
     베이션에 해당하는 말로 사용하는 '창신'이라는 용어는 수록되어 있지 않다.

보다 아래에 두어 오히려 점진적 변화를 아우르는 것으로 정의했다. 이 또한 완벽한 정의라 할 수 없겠지만, 혁신을 혁명에 연이어 붙여 혁신의 의미를 과장했던 과거의 왜곡된 관행을 정리한 것이라고 할 수 있다. '혁신(革新)'이라는 단어가 '혁명(革命)'과 그 첫 글자를 공유하지만, 혁명이 과격한 것은 '명(命)'을 바꾸기 때문이지 '혁(革)' 그 자체가 파격적·근본적·급진적 변화만을 의미하는 것은 아님을 새삼 짚어주고 있다.

4. 새로운 개념의 등장: '창신(创新)'

혁신이라는 단어는 개혁개방 직후인 1980년대 초, 당시 일본의 놀라운 경제적·기술적 추격 상황을 전하고 그로부터 교훈을 얻고자 하는 중국 내 신문기사 등에 간헐적으로 등장했다. 하지만 이미 혁신은 '창신(创新)'이라는 새로운 표현에 자리를 내주기 시작했다. 혁신이라는 용어에 묻은 정치적 오염과 인식의 왜곡이 온전히 씻기지 않아 그 사용을 사실상 폐기하고 새로운 용어인 '창신'으로 그를 대체한 것으로 보인다.

≪인민일보≫ 분석을 통해 보면, 창신이라는 단어의 사용을 확대한 한 계기는 1984년 덩샤오핑(1978년 이후 1997년 사망할 때까지 중국의 최고 지도자로 개혁개방을 주도한 인물)이 만들었다고 할 수 있다. 마오쩌둥에 이은 2세대 지도자인 덩샤오핑은 1984년 2월 일본의 기술 및 자금 지원 속에 설립된 상해의 바오산(宝山)강철을 시찰한 뒤, "신기술을 장악하고 학습을 잘해야 하며 더욱이 창신을 잘해야 한다(掌握新技术 要善于学习 更要善于创新)"라는 어록을 남겼다(≪人民日報≫, 1984.2.17). 이즈음부터 '창신'은 상처 입은 '혁신'을 대신하여 '이노베이션'을 담는 새로운 용어로 자리매김하기 시작했다.[8]

표 2-2 **제목에 '창신(创新)'이 포함된 ≪인민일보≫ 기사(1949~2010년)**

기간	기사 건수(총 6613건)	비중
1949. 10. 1 ~ 1955. 12. 31	47	0.7%
1956. 1. 1 ~ 1960. 12. 31	43	0.7%
1961. 1. 1 ~ 1965. 12. 31	28	0.4%
1966. 1. 1 ~ 1970. 12. 31	21	0.3%
1971. 1. 1 ~ 1975. 12. 31	34	0.5%
1976. 1. 1 ~ 1980. 12. 31	57	0.9%
1981. 1. 1 ~ 1985. 12. 31	191	2.9%
1986. 1. 1 ~ 1990. 12. 31	184	2.8%
1991. 1. 1 ~ 1995. 12. 31	187	2.8%
1996. 1. 1 ~ 2000. 12. 31	**871**	**13.2%**
2001. 1. 1 ~ 2005. 12. 31	**1,766**	**26.7%**
2006. 1. 1 ~ 2010. 12. 31	**3,184**	**48.1%**

자료: 필자가 ≪인민일보≫를 직접 검색·정리.

　　하지만 '창신'이라는 단어가 1980년대부터 중국을 곧바로 풍미했던 것은 아니다. 이는 ≪인민일보≫ 기사 분석을 통해서도 확인할 수 있다. 〈표 2-2〉는 중화인민공화국 창립 이래 2010년까지 제목에 '창신'이라는 단어가 포함된 기사를 ≪인민일보≫에서 검색해 본 결과이다. 이를 보면, 1980년 이전에 창신에 관한 기사는 극히 적었고 1980년대에 걸쳐서도 그러한 기사는 많지 않았음을 알 수 있다. 더욱이 그중 일부는 특별한 의미를 담은 개념어가 아닌 '(기록 등을) 새로이 경신하다'는 뜻의 평범한 서술 표현으로 쓰인 것이었다. '창신'이 '이노베이션'의 의미를 담아 본격적으로 다뤄지기

8　마오쩌둥이 1950년대와 1960년대에 '혁신'을 독려하며 모범사례로 지목한 곳이 일제하에 처음 건립되고 중화인민공화국 창립 이후 소련의 도움 속에 재건된 안산강철이고, 덩샤오핑이 1980년대에 새로이 '창신'을 제기한 곳이 개혁개방 이후 일본의 도움 속에 새로이 건립한 바오산강철이었다는 점은 묘한 대비를 일으킨다. 바오산강철은 2016년 무한(武汉)강철과 합병했다.

시작한 것은 1990년대 후반이고, 특히 2000년대 이후 급증했다.

1980년대에 '창신'이라는 개념이 ≪인민일보≫ 등에 크게 유행하지 않았던 근본적인 이유는, 덩샤오핑 휘하의 중국은 실패한 대약진·문화대혁명 시기에 강조했던 야심찬 추월보다는 중국의 처지(즉, 비교우위)에 부합하는 산업의 성장과 시장의 작동을 중시했기 때문으로 보인다.

경제학자들은 흔히 성장을 3단계로 구분하는데, 첫째, '생산요소 투입 증대'에 의한 성장, 둘째, '효율성 향상'에 의한 성장, 셋째, '혁신(혹은 창신)'에 의한 성장이다. 이와 같이 볼 때, 1980년대 중국은 자국에 풍부한 저임 노동력과 저가의 토지 등 생산요소를 최대한 활용하여 성장을 추구하는 첫 번째와 두 번째 단계에 충실했다고 할 수 있다. 가장 높은 성장 단계인 혁신(혹은 창신)을 통한 성장을 아직 크게 강조하지 않았고, 마오쩌둥의 야심찬 시도들이 실패로 끝난 시점에서의 반성과 자제도 작동했던 것으로 보인다.

하지만 1980년대 중국에 혁신(혹은 창신)에 대한 추구가 전혀 없었다고는 볼 수 없다. 1980년대 초 제기된 이른바 '면향(面向)-의고(依靠)' 방침이 그 증거 가운데 하나이다. "과학기술은 반드시 경제 건설을 지향해야 하고, 경제 건설은 반드시 과학기술에 의지해야 한다(科学技术必须面向经济建设,经济建设必须依靠科学技术)"라는 의미의 이 방침은 당시 과학기술계와 경제계에 대한 중앙정부의 포괄적인 가이드라인으로 자리 잡았다(教育部科学技术司, 1999). 그것이 과학기술계와 경제계를 유기적으로 연결하고자 하는 것임과 동시에 기술혁신(혹은 기술창신)에 대한 추구이기도 했다는 것은 자명한 사실이다.

그럼에도 이 시기 중국은 혁신 혹은 창신이라는 단어를 널리 쓰지 않았다. 정치적으로 오염된 개념을 사용하여 국민에게 잘못된 신호를 주지 않기 위함이었을 것이고, 생산요소의 투입 증대와 효율성의 향상이 혁신 추동보다 중요한 현안이기 때문이었을 것이다.

〈표 2-2〉에서도 보듯, 창신은 1990년대 후반의 예열기를 거쳐 2000년대 들어 중국의 본격적인 화두로 자리매김했다. 1990년대 후반은 장쩌민 집권 후기로, 개혁개방 이래 지속된 중국의 경제성장을 좀 더 고도화하기 위해 과학기술과 교육에 대한 전략적 투자를 늘리던 시기였다.

당시 장쩌민은 '과교흥국(科敎兴国, 과학과 교육을 통한 국가의 부흥)'을 국정의 핵심 모토로 삼았고, '985 공정(1998년 5월 장쩌민이 북경대학 100주년 기념행사에서 제기한 세계적 수준의 연구중심대학 육성 방안)', '211 공정(21세기를 대비한 100여 개의 명문대학 육성 방안)' 등을 통해 중국 대학들의 교육과 연구 기능을 확대·강화하는 데 힘을 쏟았다(교육과 인재에 관한 자세한 내용은 이 책 제5장을 참조할 것).

하지만 당시 세계를 무대로 (자국의 비교우위를 살린 산업의) 수출을 증진하고 그를 통해 성장을 도모하던 중국에 관건적인 과제는 WTO 가입이었다. 따라서 여러 회원국의 양해를 얻어야 하는 WTO 가입이 2001년에 성사되기까지 중국은 의식적·인위적·전략적 노력과 결부될 수밖에 없는 '창신' 추구보다는 시장의 자연스러운 흐름에 내맡기는 짐짓 자유방임적 사고를 대내외에 강조해야 하는 사정이 있었던 것으로 보인다.

2000년대 들어 창신이 중국의 본격적 화두로 떠오른 데는 '자주적 혁신'을 새로운 비전으로 설정한 새 공산당 총서기 후진타오(2002~2012년 집권)의 역할이 컸다. 하지만 그 발아래의 흐름에는 중국이 풀어야 할 (WTO 가입과 같은) 단계적 과제에 따라 취해야 할 전술적 입장이 있었고, 그러한 제한이 풀린 21세기의 후진타오는 새 시대의 임무를 부여받고 또 그를 자임할 수 있었던 것이다.

중국 공산당의 기관지인 ≪인민일보≫를 넘어, 그보다 훨씬 더 넓은 중국 학계의 논의 속에서의 '혁신'과 '창신'의 개념 사용을 살펴보더라도 이러한 추세와 배경을 확인할 수 있다. 이를 위해 필자는, 중국 내에서 발간되는

그림 2-1　창신 및 혁신에 관한 중국 학술논문 추이(1953~2017년)　　　　단위: 논문 편수

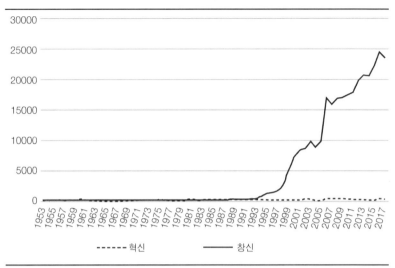

자료: 필자가 CNKI(www.cnki.net)에서 직접 검색·정리.

학술논문들의 서지정보를 망라하고 있는 온라인 데이터베이스 CNKI(China National Knowledge Infrastructure)를 활용하여 '혁신(革新)' 혹은 '창신(创新)'이라는 단어가 논문 제목에 들어간 '경제학 및 관리과학(경영학 포함)' 분야의 중국 학술논문들을 모두 검색·분석했다(〈그림 2-1〉 참조).

　분석 결과, 개혁개방이 농촌·농업을 넘어 도시·공업 부문으로 확산된 1980년대 중반부터 '창신'이 '혁신'을 추월했음을 확인할 수 있었다. 하지만 1993년까지는 '혁신'도 '창신'도 중국 경제 및 경영학계의 주요 테마는 아니었던 듯하다. 창신이 학계의 논의 주제로 부각된 것은 1994년 이후이고 1998년 변곡점을 만들며 크게 증가하기 시작했다. 그 후 2006년에 매우 급격한 도약이 이뤄졌고,[9] 이후로도 증가 추세가 이어져 오늘날 매년 2만 편 이상의 창신 관련 논문이 쏟아져 나오고 있다(〈그림 2-1〉 참조). 그렇게 창신은 이노베이션의 중국식 번역어로 자리 잡았다.

5. 중국 학계의 창신 담론

중국에서 혁신을 대신하여 등장한 창신이라는 개념은 일본과 한국의 혁신, 그리고 슘페터의 이노베이션과 얼마나 궤를 같이하는 것일까? '혁신'은 때로 '혁명'과 그 이미지가 중첩되기도 했음을 앞에서 보았다. 그와 달리 '창신'은 '창조(創造)'와 중첩된다. '창(創)'이라는 한자를 매개로 '창조(創造, creation)'의 뉘앙스를 짙게 품고 있는 것이다. 오늘날 중국의 대중적인 사전 『신화자전(新华字典)』에서도 '창신'을 "새로운 것을 만들어내다(창건하다)"라고 정의하고 있다(中国社会科学院语言研究所词典编辑室, 2011).

그렇게 볼 때, 창신도 슘페터의 이노베이션 개념과 정확히 일치하는 것이라 할 수는 없다. 앞서도 언급했듯, 슘페터는 이노베이션의 원천으로 새로운 제품, 생산방식, 시장, 원료 및 반제품 공급원 등을 언급했는데, 그 어떤 것도 반드시 기존에 존재하지 않던 것을 새로이 창출해 내야 하는 것은 아니라고 분명히 밝혔다. 다시 말해, 반드시 '창신'일 필요는 없고 기존의 것을 새롭게 활용하는 '용신(用新)'이어도 된다는 것이었다.

요컨대, 슘페터가 애초에 제기한 이노베이션은 파격적인 변화[이 부분은 '혁신(革新)'이라는 단어에 주로 담겼음]뿐 아니라 점진적인 변화['점신(渐新)']까지, 새로운 것을 창조하는 것['창신(創新)']뿐 아니라 기존의 것을 새롭게 활용하는 것['용신(用新)']까지 포괄하는 개념이다. 그런데 일본과 한국은 파격성을 강조하는 '혁신'으로, 중국은 창조성을 강조하는 '창신'으로 이노베이션에 제 나름의 뉘앙스를 입혀 번역·수용한 것이다.

---

9 2006년은 후진타오가 '창신형 국가(创新型国家)' 건설을 모토로 내건 제11차 5개년 계획 (2006~2010년) 기간의 첫해이고, 중국의 중장기 과학기술발전계획(2006~2020년)(이에 관해서는 제4장에서 상술)이 시작된 해이기도 하다.

'창신'이 사전적 정의의 '혁신'과 달리, '창조'의 뉘앙스를 짙게 품고 있음은 중국 학계의 창신 담론에서도 확인할 수 있다. 덩샤오핑이 창신의 중요성을 언급한 뒤 얼마 지나지 않은 때인 1988년, 절강대학(浙江大学)의 신임 총장 루용샹(路甬祥)은 절강대학의 기존 교훈인 '구시(求是, '진리를 추구하다'는 뜻)'에 '창신'을 더해 '구시창신(求是创新)'을 새 교훈으로 삼았다.[10] 이는 창신이 주요 대학의 교훈에 포함된 첫 사례인데, 루용샹 총장은 그 교훈 개정의 필요성을 다음과 같이 설명했다.

　　창신, 즉 창조 정신은 엄밀히 말하면, 구시(求是) 정신에 이미 포함되어 있는 것이다. (중략) 그러나 사람들이 왕왕 구시를 구실(求實)로 이해하고, 기존의 지식을 익히고 현상을 객관적으로 분석하는 데 치중하여, 창조와 창신을 특별히 강조하지 않았다[浙大管院科技创业中心(2017: 9)에서 재인용].[11]

　그처럼 초창기에, 창신이라는 말은 창조와 크게 다를 바 없는 내포와 외연을 가진 말로 쓰이기 시작했다. 하지만 중국 학계가 이후 서구, 특히 유럽 학계에서 활발히 논의되고 있던 '이노베이션'을 '창신'이라는 단어에 담아 그 논의들을 받아들임으로써 중국 내의 창신 논의가 서구의 이노베이션학(innovation studies, 이 책의 다른 장에서는 혁신학이라 칭함)과 궤를 같이하기 시작했다.

　유럽에서는 20세기 후반 영국 서식스대학교(Sussex University)의 크리스토퍼 프리만 교수가 이끄는 SPRU(Science Policy Research Unit) 연구진이 슘

10　루용샹은 1988~1993년 절강대학 총장에 재임했고, 이후 2003~2008년에 중국과학원 원장을 역임했다.

11　1992년 절강대학 개교 95주년 축사.

페터의 학설을 재조명하면서 이른바 '신슘페터리언(Neo Schumpeterian) 학파'가 자라나기 시작했다. 영국과 북유럽을 중심으로 한 그들의 학술 동향을 중국에 본격적으로 소개한 것은 청화대학의 푸자지(傳家驥, 1931년생) 교수이다.

1950년대에 소련에 유학하여 박사학위를 취득한 푸자지 교수는 1980년대 중반 청화대학에 '기술경제 및 관리학과(技術经济与管理系)'를 세우고 관련 연구와 교육을 이끌었다(柳卸林·张可, 2014; 方惠坚·张思敏, 2001).[12] 초창기 그가 주로 다룬 주제는 기술의 경제적 가치 평가, 연구개발의 효율적 관리, 첨단 설비 투자 프로젝트의 기획 및 관리 등이었다. 그야말로 기술에 대한 경제적 관리가 학문의 초점이었다. 푸자지 교수가 이끈 연구팀의 구성 또한 이공계 출신이 대다수였다. 학문의 내용과 연구진의 인적 구성에 있어 소련 학계의 관례를 따랐던 것이다.

그러던 푸자지 교수는 1980년대 후반 서식스대학교 등으로부터 전해오는 유럽의 새로운 학설에 관심을 갖기 시작했고 그를 중국의 현실에 대응시켜 보고자 했다.[13] 그는 1989년 「기업의 기술창신을 가로막는 것은 무엇인가(企业技术创新的阻力何在)」라는 논문을 발표했다. 기술적·공학적 연구를 넘어 제도적 측면까지 고려하면서 유럽식 이노베이션학에 한발 다가선 것이었다. 이어 1993년에는 중국국가자연과학기금이 지원한 첫 번째 '기술창신' 연구인 '중국 중대형 기업의 기술창신기제 연구(我国大中型企业技术创新机制研究)'를 수행했다. 그리고 그의 '중국 기술창신 이론 연구(中国技术创

---

12 청화대학 기술경제 및 관리학과는 2013년, 기업전략 및 정책학과와 합쳐 '창신창업 및 전략학과(创新创业与战略)'로 재편되었다.

13 이노베이션의 측면에서 실리콘밸리로 대표되는 미국에 한발 뒤진 유럽은 이노베이션에 대한 학제적·다학문적 연구를 발전시켜 오고 있었다.

新理论研究)'는 제8차 5개년 계획(1991~1995년)의 중대 프로젝트 중 하나로 선정되었다. 이러한 일련의 학술 활동을 통해 푸자지 교수는 '창신'이라는 단어에 유럽의 이노베이션 연구를 담아 중국 학계와 정계에 확산시켰다(柳卸林·张可, 2014; 傅家驥, 2014).

청화대학과 함께 중국 학계의 '창신' 연구를 이끈 또 하나의 축은 절강대학(浙江大學)이었다.[14] 절강대학 '과기관리(科技管理) 학과'도 1980년대부터 종래의 커리큘럼을 버리고 서구의 이노베이션 논의를 적극 수용했다. 특히 중국 국내에서 석사학위까지만 취득한 절강대학의 쉬칭루이(许庆瑞, 1930년생) 교수는, 1990년 '창신'이라는 단어를 제목에 넣은 대학교재『기술창신관리』를 중국 최초로 발간하며 청화대학과 창신이라는 개념을 선점 경쟁하는 데 나섰다. 당시 청화대학의 푸자지와 그 제자들은『기술경제학』혹은『공업기술경제학』이라는 제목의 교재로 학생들을 가르치고 있었다. 창신이라는 단어의 적극적 사용이라는 측면에서 절강대학이 한발 앞섰던 것이다.

또한 쉬칭루이 교수가 이끄는 절강대학 팀은 1995년 ISMOT(International Symposium on Management of Technology and Innovation)라는 기술 및 창신 관리에 관한 국제 심포지엄을 창립하고 이후 격년에 한 번씩 국내외 학자들이 대거 참여하는 학술대회를 절강대학에서 개최함으로써 창신에 관한 세계적 연구 동향을 소개하고 이를 중국에 적용하고 발전시키는 데 기여했다.[15]

---

14 북경에 위치한 청화대학은 이공계에 강점을 지닌 중국 최고의 종합대학이고, (예나 지금 이나 사영경제가 가장 활발한 지역으로 꼽히는) 절강성의 중심도시 항주에 위치한 절강 대학 역시 중국 최고의 대학 중 하나이다. 두 대학은 공히 985 공정, 211 공정에 포함된 명문대학이며, 2016년 학술 연구성과 기준으로 청화대학은 중국 전체 1위, 절강대학은 중국 전체 3위(2위는 북경대학)에 랭크되었다(武书连, 2017: 15).

15 쉬칭루이 교수는 2007년 중국공정원(中国工程院) 원사(院士)로 당선되어, 기술 및 창신

한편, 푸자지의 제자들이자 그의 뒤를 이어 청화대학 기술경제 및 관리학과를 이끈 우구이성(吳贵生) 등의 교수들은 1990년대 후반 연구와 교육의 중점을 한층 유럽에 근접시켰다. 그들은 특히 이노베이션을 촉진하는 국가 차원의 체제를 논하는 'NIS(National Innovation System)'론에 특별한 관심을 보였고, 이를 '국가창신체계(国家创新体系)'라는 이름으로 중국에 소개했다. 참고로 한국에서는 이를 '국가혁신체제'라 칭한다.[16]

그런 학계의 노력 속에 중국 공산당 기관지인 ≪인민일보≫에도 1998년 6월 22일 처음으로 '국가창신체계'라는 개념의 학술적 연원과 의미를 소개하는 글이 실렸다(马飞孝·陈祖甲, 1998.6.22). 그리고 그 후 국가창신체계를 언급하는 기사의 빈도가 늘어났다. 체제 개혁을 지속하며 더 높은 수준의 성장을 모색하고자 했던 당시 중국에 있어 국가창신체계는 기술에 대한 경제적 분석과 효율적 관리를 넘어서는 전략적 중요성을 띤 정책적 어젠다로 인식되었던 것이다.

국가창신체계, 즉 NIS는 원래 영국 서식스대학교의 프리만, 미국 컬럼비아대학교의 넬슨, 덴마크 올보르대학교(Aalborg University)의 룬드발이 거의 같은 시기(1980년대 말~1990년대 초)에 각기 자신의 연구를 통해 제기한 개념으로, 이 3명이 이 개념의 공동 창시자로 인정받고 있다. 청화대학은 그중 한 사람인 룬드발 교수를 초빙하여 2004년부터 2006년까지 중국의 창신 관련 연구와 교육에 중요한 역할을 담당하도록 했다.[17]

관리학 부문에서 중국 최초의 원사로 기록되었다.

16 이 장 외에 이 책의 나머지 장에서는 중국의 '국가창신체계'도 '국가혁신체제'로 표기한다.

17 필자는 당시 청화대학 기술경제 및 관리학 학과장을 맡고 있던 우구이성 교수의 박사과정 생이자 룬드발 교수의 강의 조교로서 그들이 중국 학계 및 정책계에서 담당한 역할을 가까이서 지켜볼 수 있었다. 룬드발 교수는 청화대학에 초빙교수로 오기 전 유럽의 학자들과 함께 'Globelics(Global Network for Economics of Learning, Innovation, and Competence

국가창신체계라는 개념의 경제학설사적 연원을 더 거슬러 올라가 보면, 개발도상국의 관점에서 보호주의적 경제정책의 필요성을 논한 독일의 경제학자 리스트에 닿는다(Lundvall, 2010). 그런 만큼 개발도상국으로서 성장과 고도화를 추구하는 현대 중국에도 매우 잘 부합하는 주제였다. 중국이 그에 환호하는 데는 그 나름의 이유가 있었던 것이다.[18]

하지만 슘페터로부터 발원한 이노베이션학을 중국에 그대로 들여오기에는 골칫거리가 있었다. 슘페터에게 있어 이노베이션은 '자본주의' 경제가 갖는 역동성과 지속성의 원천이었다. 이노베이션으로 인해, 마르크스주의자들의 예언과 달리 자본주의 경제가 붕괴되지 않고 새로운 동력을 얻어가며 지속될 수 있다고 슘페터는 보았던 것이다(이에 관한 자세한 논의는 제13장을 참조할 것). 따라서 '사회주의'를 표방하는 중국에서 이노베이션에 어떤 지위와 역할을 부여할 것인지는 이론계를 당혹케 할 만한 문제였다.

그러한 고민은 일찍이 ≪인민일보≫에도 언급된 바 있다(陈祖甲, 1989.3. 4). 1989년 ≪인민일보≫ 기자가 당시 국가과학위원회 산하 과기촉진발전연구중심의 부이사장이던 자웨이원(贾蔚文)을 인터뷰하는 자리에서 다음

Building Systems의 약어)'라는 연구 네트워크를 창안했다. 그리고 그 활동의 일환으로, 세계 각국에서 이노베이션을 연구하는 박사과정생을 선발, 유럽으로 초청하여 석학들의 특별한 지도를 받을 수 있도록 하는 Globelics Academy를 열었다. 필자는 2003년 Globelics Academy 제1기생(한국인이지만 중국 대학 소속 학생이었기에) '중국 대표'로 선발되어 20여 명의 세계 각국 출신의 박사과정생들과 함께 포르투갈 리스본에 2주간 체류하는 중 룬드발을 처음 만났고, 2004년 룬드발 교수가 청화대학에 초빙교수로 부임하자 조교를 맡아 그의 중국 이해를 도왔다. 이후 Globelics는 세계적 규모의 학술대회로 발전했고 그 아래에 아시아 단위의 논의를 위한 Asialics, 중국에 초점을 맞춘 Cicalics(China Innovation Circles and Academy-Learning, Innovation and Competence Systems) 등도 만들어졌다.

18 이러한 중국의 발전국가론적·자국중심적 태도는 후진타오 시기까지도 이어져 그가 정책적 기치로 내건 '자주적 혁신'의 의미와 그 국수주의적 배타성에 관한 국제적 논란을 야기하기도 했다.

과 같은 문답이 이어졌다.

> 기자: 슘페터 본인은 자신의 이론이 사회주의 국가에는 부합하지 않는다고
> 생각했습니다. 그렇다면 기술창신 연구가 우리 중국 경제에 어떤 의의가 있
> 는 겁니까?
> 자웨이원: 기술창신이론은 최근 몇 년 사이에 발전을 이뤘습니다. (중략) 그
> 것은 상품경제를 발전시키는 한 가지 방안입니다.[19] 그것은 선진국뿐만 아니
> 라 일정한 경제적 기초와 과학기술 역량을 갖춘 개발도상국에도 적합한 것
> 입니다.

자웨이원의 대답은 이론적 모순을 정면으로 돌파하는 것이 아니었다. 그
저 국가적 발전을 위해 창신 관련 논의를 수단적으로 차용하는 실용적 접
근을 지지한 것이었다. 사실 그와 같은 접근법이 오늘날의 중국에까지 이
어지고 있다.

슘페터의 이노베이션 논의가 자본주의체제의 작동 원리에 관한 것이라
는 점은 중국이 애써 외면해 온 사실이다. 하지만 동시에 인정해야 할 점은
이론적 모순을 미봉했다는 이유만으로 현대 중국에서 이노베이션 혹은 창
신 관련 논의가 확대·심화될 수 없었던 것은 아니라는 점이다.

서구는 정도(正道)를 걷는 데 반해 중국은 왜곡을 가했다고 보는 것도 공
정한 평가는 아니다. 서구 세계도 슘페터가 『자본주의·사회주의·민주주
의』(1942)에서 행한 추론이 결국 혁신의 감퇴와 자본주의의 종말에 도달했
다는 점은 애써 언급하지 않은 채 이노베이션 논의를 이어오고 있는 게 현

---

19 중국은 1987년 자국의 경제체제를 '계획이 있는 상품경제'로 규정했고 그 후 5년이 지난
    1992년 제14차 당 대회에서 '사회주의 시장경제'임을 선포했다.

실이다. 그런 점에서 중국과 서구는 (자신들을 당혹케 하는) 슘페터의 어느 한 언술을 각기 가리고 서서 그에게서 파생된 유용한 논의를 제 나름대로 발전시켜 온 셈이다.

위에서 살펴본 과정을 거쳐 결국 중국은 (일본과 한국이 '혁신'을 선택한 것과 달리) '창신'을 이노베이션의 대용어로 쓰게 되었다.[20] '창조'와 중첩된 어의를 가진 창신은 '없던 것을 새로 만드는 것'을 강조하기 마련이다. 그리고 그렇게 더해진 뉘앙스는 이노베이션에 대한 이해와 실천의 방향을 왜곡할 수도 있다. 같은 맥락에서 중국의 푸자지 교수도 '전에 없던 새로운 것'에 대한 판단의 기준을 조금 느슨하게 할 필요가 있다고 권고한 바도 있다(傅家驥, 2013). 하지만 '기존의 것을 버린다'는 의미의 '혁(革)'보다 미래지향적인 '창(創)'이 중국을 바람직한 방향으로 이끌 가능성도 배제할 수는 없다.

다음 절에서는 좀 더 최근의 중국 내 창신 담론을 살펴보고자 한다. 앞서 우리는 '혁신'이라는 단어와 '쌍혁'이라는 정책적 모토가 대약진의 실패와 함께 중국의 담론 공간에서 사라졌음을 확인했다. 대신 그 공간을 차지한 창신은 시진핑(习近平) − 리커창(李克强)으로의 지도부 교체 이후 '쌍창(双创)'이라는 새로운 정책적 모토 속에 담기게 되었다. '쌍창'은 '창신'과 '창업'을 한데 부르는 말인 만큼, '혁신'과 '혁명'을 아울렀던 '쌍혁'과는 뉘앙스의 차이가 크다. 하지만 적어도 화법상 묘한 중첩을 이룬다. 아래에서는 바로 그 쌍창을 살펴보고자 한다.

---

20 이노베이션이라는 서구의 개념을 한자어로 완벽하게 옮겨오는 것은 불가능하다. 따라서 혁신도 창신도 이노베이션의 불완전한 번역어일 수밖에 없다. 하지만 그 번역이 수동적인 결함만을 갖고 있는 것은 아니다. 그 번역엔 새로운 개념을 도입하려는 국가의 지향과 의지가 담겨 있다.

6. 쌍혁에서 쌍창으로

후진타오가 물러나고 정치적으로 다른 계파 출신인 시진핑이 정권(2012년 공산당 총서기 취임, 2013년 국가주석 취임)을 잡았지만,[21] 창신에 대한 국가적 관심은 잦아들지 않았다. '과학발전관', '창신형 국가 건설', '자주적 혁신' 등 창신을 직접적으로 정책 기조로 삼은 후진타오와 달리 시진핑은 '중국의 꿈(中国梦)', '중화 민족의 위대한 부흥' 등을 강조했지만 그 속에 창신에 대한 추구를 지속적으로 유지했다.

특히 리커창 총리가 2014년 9월 다보스(Davos) 포럼에서 처음으로 공식 언급한 '대중창업 만중창신(大众创业 万众创新)'은 2015년 정부공작보고를 기점으로 중국의 전면적인 정책 지향으로 자리를 잡았다(李克强, 2015; 国务院, 2015a, 2015b, 2015c, 2016a, 2016b). 정부의 정책적 어젠다에 호응하는 경향이 강한 중국 학계도 창신에 대한 관심을 유지했다. 그렇게 시진핑 휘하의 중국에서도 '창신'은 중국의 정책 및 학술 담론의 공간을 채웠다.

앞서 언급한 바와 같이 절강대학은 1988년에 '창신'을 교훈에 삽입했는데, 2015년 전후에는 중국 각지의 여러 대학이 교훈에 '창신'이라는 단어를 새로 삽입하여, 창신은 중국 대학들의 교훈에 가장 흔히 쓰이는 말이 되었다(王传涛, 2014.8.26; 徐静, 2015.8.13).

흥미로운 점은 '대중창업 만중창신'이 '쌍창'이라는 약칭으로 회자되기 시작했다는 것이다. 과거 '혁신'이 '혁명'과 짝을 이뤄 '쌍혁'이라 불렸던 것과 묘한 중첩과 대비를 이루며 '창신'이 '창업'과 짝을 이루고 있는 것이다.[22]

---

21 후진타오는 공청단(중국공산주의청년단의 약칭, 중국 공산당의 인재 양성소 역할을 맡는 청년 조직), 시진핑은 태자당(중화인민공화국 창립 초기 고위급 정치지도자들의 자녀들을 일컫는 말) 출신으로 서로 다른 정파를 형성했다.

사진 2-2 **중창공간과 창업공사**

자료: 필자 촬영(북경시 중관촌).

쌍창에 쌍혁의 데자뷔가 생기는 것은 그 화법 때문만이 아니다. 쌍창을 추구함에 있어서도 중국 공산당과 정부가 '군중노선(群众路线)'을 강조하고 있는 것이 또 하나의 공통점이다(杨开新, 2015.8.11). 그런 맥락 속에서 중국 주요 도시 각 곳에 '중창공간(众创空间)'이라는 창신 및 창업 공간이 조성되고 있다. 일부는 '창업공사(创业公社)'라는 이름으로, 대약진의 열기가 한창 달아올랐던 시절의 기억을 부분적으로나마 소환한다(〈사진 2-2〉 참조). 한국과 일본에서는 '公社(공사)'가 주로 기업을 지칭하지만, 중국에서 '公社'란 지역사회공동체를 뜻하며, 1871년 프랑스 파리의 급진주의자들이 구축했던 '코뮌(commune)'의 중국어 번역어도 公社였다. 1950년대 말 대약진 시기에 한껏 고조되었던 '인민공사(人民公社)' 역시 일반 기업이 아닌 '코뮌'을 지향하는 것이었다. 참고로, 중국에서 기업을 지칭하는 것은 '公社'가 아니라 '公司'이다.

물론 쌍창에 '군중노선'이 강조된 데는, 빈부격차가 커진 오늘날의 중국

---

22 절강대학은 개교 120주년을 맞은 2017년에 새로이 단과대학 '창신창업학원'(일명 쌍창학원)을 신설하기도 했다.

에서 쌍창이 지식과 배경을 가진 소수만이 누릴 수 있는 기회가 되어서는 안 되며 누구나 이를 통해 사회 계층 사다리를 오를 수 있는 기회를 가질 수 있어야 한다는 당위가 깔려 있을 것이다. 특히 기술의 진보와 산업구조의 변화 속에 전통 제조업이 담당하던 고용 창출이 둔화되고 일반 청년들(대졸자 포함)의 취업난이 심화된 것을 새로운 창업붐이 완화해 주리라는 기대도 담겼을 것이다.

또한 본질적으로 이노베이션은 순수하게 전문가의 영역[이른바 '전(專)']에 국한된 것이 아니다. 전문가의 지식과 식견이 중요하게 작용하지만 창의와 열정[이른바 '홍(紅)']이 함께 작동해야 이루어지는 것이 이노베이션이다. 이렇게 볼 때, 중국이 쌍창을 독려하면서 군중노선을 강조하는 것을 기이한 것으로만 볼 수는 없다. 또한 '전'과 '홍'이 자리를 맞바꾸며 서로 다른 시대를 이끌었던 중국 현대 경제사에서 비교적 성과가 좋았던 시기(신민주주의 시기, 개혁개방 시기)는 둘 중 하나가 다른 하나를 제압했을 때라기보다는 양자가 적절한 비율로 섞였을 때였다고도 볼 수 있는 만큼 쌍창을 추구하며 군중노선을 내건 것의 적절성을 전면 부정할 수는 없다.

따라서 중국이 쌍창을 정책적으로 독려함에 있어 군중노선을 강조하고, 그것이 대약진 시절의 한 부분을 연상시킨다 하더라도 이를 좌편향적 추구로 해석하는 것은 성급한 일일 수 있다.[23] 그럼에도 과거 대약진 시기에 쌍혁을 추구할 때 강조했다가 그 실패로 인해 담론의 공간에서 사라졌던 개념과 표현들이 되살아난 것은 주목할 만하다. 이것은 중국이 여타 국가에 일반화된 글로벌 스탠더드를 따르면서도 그 스스로의 특색을 드러내는 지

---

23 실제로 최근 중국 당국은 대약진 시기의 인민대중주의와는 달리 군중노선을 표방하면서도 쌍창을 촉진할 각종 제도와 공간을 설계하는 데 있어 중국 국내외에 축적된 이노베이션 생태계에 관한 사회과학적 지식을 폭넓게 수용하고 있다.

점이고, 그것이 훗날의 성패를 좌우할 요소일 수도 있기 때문이다.

쌍창이라는 지향 속에 담긴 중국의 특색 혹은 이질성은 아이러니하게도, 중국이 쌍창(대중창업 만중창신)의 이론적 기초를 다지기 위해 의지했던 경제학자 에드먼드 펠프스(Edmund Phelps)를 통해 두드러지게 나타난다. 2006년 노벨경제학상 수상자이기도 한 펠프스는 2014년 중국 정부로부터 우의상(友誼賞)을 받았고, 2015년 2월 리커창 총리의 초청으로 중국을 방문하여 대중창업 만중창신을 지지하는 연설을 하기도 했다(张国·刘世昕, 2015.3.6).

펠프스는 최근 저서 『대번영의 조건(Mass Flourishing)』(2013)을 통해 중국의 쌍창과 적어도 부분적으로 공명(共鳴)이 있는 주장을 폈다. 거칠게나마 요약하자면, 도전적이고 창의적인 작업은 금전적 보상을 넘어 삶의 만족감을 주므로 다수의 평범한 사람들도 그에 참여해야 하며, 이노베이션은 그 과정에서 아래로부터 일어나리라는 것이 펠프스의 주장이다(Phelps, 2013).

그러나 중국이 파악하지 못했거나 무시하고자 했던 펠프스의 주장과 믿음이 있다. 펠프스는 개인의 자유에 기초한 경제의 활력과 역동성을 중시하는 반면, 온정주의적인 코포라티즘(corporatism)은 경제의 역동성과 번영을 가로막는다고 비판했다. 같은 맥락에서 집체나 정부는 혁신의 주체가 될 수 없다고도 역설했다(Phelps, 2009, 2017). 그는 정부의 역할을 중시하는 존 메이너드 케인스(John Maynard Keynes, 1883~1946)에 대해서도 매우 비판적이며, 자유주의적인 색채가 가장 강한 프리드리히 하이에크(Friedrich Hayek, 1899~1992)를 지지하는 학자이기도 하다.

펠프스는 또한 사전적으로 '번영', 혹은 '번창'으로 번역되곤 하는 'prospering'과 'flourishing'을 강조했는데,[24] 그가 두 단어에 부여한 의미는 남달

---

24 국내 출판사들은 펠프스의 *Mass Flourishing*을 '대번영'으로 번역했다. 어느 정도 불가피한 측면이 있지만, 펠프스가 뜻한 바가 '다수의 자기실현'에 더 가깝다는 점을 고려하면

사진 2-3 **중국 공산당과 쌍창**

주: 왼쪽 사진은 북경시 중관촌 창업 거리에 위치한 공산당 사무실에 붙은 로고로, 공산당의 상징과 Innovation의 악어
가 어우러져 있다. 오른쪽 사진은 광동성 심천시 비즈니스 중심가에 설치되어 있는 조형물로, "(공산)당과 함께 창업하
자"라는 문구가 적혀 있다.
자료: (왼쪽) 필자 촬영, (오른쪽) Platum.

랐다. 그는 '개인이 뜻했던 바를 이뤄내는 것'을 'prospering'이라 했으며,
'개인이 자기만의 것으로 세상에 흔적을 남기고 또 세상을 변화시키는 것'
을 'flourishing'이라 했다(Phelps, 2018). 그와 같은 맥락에서 펠프스는 '금전
적 이익을 얻는 것'보다 '자신의 가치를 실현하는 것'에 더 큰 의미를 부여했
던 것이다.

위와 같이 펠프스의 사상을 속 깊이 이해하면, 그것이 현대 중국에 자연
스레 부합하는 것만은 아님을 알 수 있다. 상업적·금전적 추구가 폭넓게 허
용되어 있지만 개인의 가치 실현이나 아래로부터의 변혁에는 보수적인 중
국에 펠프스의 사상은 친화적이기보다는 도전적이다. 국가나 집체, 군중보
다 개인의 가치와 자유를 중시하는 펠프스의 사상은 창신을 주도하는 중국
공산당과 중앙정부가 수용하는 데도 한계가 있어 보인다(〈사진 2-3〉 참조).

물론 오늘날 중국식의 이노베이션 추구, 즉 쌍창이 어떤 성과를 낼지는

이는 정확한 번역이라 하기는 어렵다.

앞으로 더 지켜봐야 할 것이다. 다만 분명한 점은 오늘날 중국의 쌍창 개념은 과거 쌍혁과도 다르지만 일정 부분 그에 중첩되고, 서구의 이노베이션 개념 및 사상에도 접근했지만 여전히 그와는 다른 중국적 특색을 품고 있다는 사실이다.

제2부

중국의 국가혁신체제

제3장

과학연구와 산학연계체제

1. 국가혁신체제의 관점에서 본 중국

개별 기업이 주도한 혁신이라 할지라도, 혁신은 '진공' 속에서 이뤄지지 않는다. 개별 기업의 혁신 활동에 영향을 주는 외적 환경이 있기 마련이다. 그리고 그 환경은 국가에 따라서도 다르게 나타난다. 각국은 역사적 유산과 제도, 그리고 정책이 서로 다르기 때문이다.[1] '국가혁신체제'란 그러한 관점의 논의이다.

국가혁신체제란, 혁신의 빈도와 방향, 성격에 영향을 미치는 일국의 사회경제적 시스템이라 할 수 있는데, 그에는 다양한 조직들(대학, 연구소, 기업, 중앙 및 지방 정부, 금융기관, 소비자단체를 포함한 각종 사회단체 등)과 그들 간에 형성된 연계가 포함된다(Lundvall et al., 2009). 이러한 국가혁신체제를 〈그림 3-1〉과 같이 간략한 개념도로 그려볼 수 있다.

---

[1] 물론 역사와 제도, 정책이 유사한 국가들이 인접해 있을 수도 있고, 한 국가 내에서도 지역 간 차이가 클 수도 있다. 그 경우 국경은 혁신체제를 가르는 완전한 선이 되지는 못한다. 국가혁신체제에 관한 논의도 이 점을 유연하게 인정한다.

그림 3-1 **국가혁신체제 개념도**

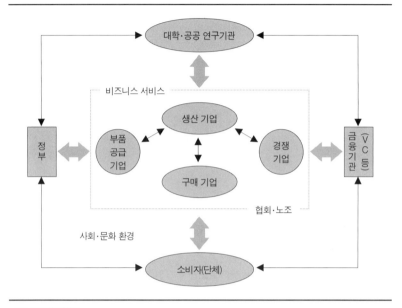

자료: 은종학(2009a).

　개념도는 다음과 같은 사실들을 상기시킨다. 과학기술이 혁신에 기여하
는 것도 사실이지만, 혁신이 그저 실험실에서 연구에 몰두하는 흰 가운을
입은 순수 과학자들에게 일방적으로 의존하는 것은 아니다. '무언가 새로운
것을 시장에 성공적으로 도입'하는 것으로 정의되는 혁신에는, 새로운 것을
만들어내는 과학기술자뿐 아니라 그 어떤 새로운 것을 요구하거나 수용하
는 고객의 역할도 중요하다. 요컨대, 새로운 과학기술 지식이 혁신을 주도
하는 경우도 있고, 반대로 고객 혹은 시장의 목소리가 혁신을 주도하는 경
우도 있다. 학자들은 전자를 '기술추동형 혁신(technology-push innovation)',
후자를 '수요견인형 혁신(demand-pull innovation)'이라 대별하여 부른다. 국
가혁신체제는 그 양자를 포괄한다. 더불어, 국가혁신체제는 공급 측과 수

요 측의 수직적 관계만 보지 않고 그들을 둘러싼 제도적 환경(교육, 금융, 법과 규율, 사회문화 등)을 중시한다. 그러면서도 혁신을 실천하는 핵심 주체는 결국 '기업'이라는 것도 놓치지 않는다.

이 장과 연이은 장들에서는 위와 같은 관점을 받아들여 중국의 국가혁신체제가 어떻게 형성되어 왔고, 어떻게 작동하며, 어떻게 진화하고 있는지 살펴보고자 한다.

중국의 국가혁신체제를 검토하는 작업에 완벽한 체크리스트가 있다면 그를 따를 일이지만, 특정국의 국가혁신체제를 구성하는 실제 요소들을 빠짐도 넘침도 없이 목록으로 만드는 것은 불가능에 가깝다.[2] 사실, 국가혁신체제는 포괄하는 바가 너무 넓고 그에 담길 수 있는 요소들이 너무 많다는 것이 그 개념의 학술적 약점이기도 하다.

그러한 개념적 불확정성을 극복하기 위한 학계의 시도도 있었다. 대표적으로, 찰스 에디키스트(Charles Edquist)는 국가혁신체제 속의 핵심적 활동을 추출한 바 있다(〈표 3-1〉참조). 그가 제시한 10대 활동을 뒷받침하는 제도와 기구들을 살펴보면 국가혁신체제를 파악할 수 있다. 그의 접근법은, 비록 체크리스트로 유용할 수는 있지만, '어떤 활동을 포함하고 또 포함하지 말 것인가'에 관한 명확한 잣대를 제시하지 못해 국가혁신체제라는 개념의 약점을 근본적으로 해결한 것은 아니었다.

따라서 이 장 이하의 서술은 에디키스트의 유용한 제안을 참고하지만, 중국의 맥락과 특색을 고려하지 않은 그의 리스트를 그대로 따르지는 않을

---

2 다양한 요소가 유기적으로 결합하며 진화하는 체제인 국가혁신체제를 제품 설계도와 같이 명확하게 들여다볼 수는 없으며, 국가혁신체제 속에서 작동하는 유·무형의 요소들을 제품 생산에 필요한 재료의 종류를 나열하듯 명확히 짚어낼 수도 없다. 그런 점에서 국가혁신체제는 기계나 건축물의 설계도보다는 생태계에 더 가까운 것이다.

표 3-1 에디키스트가 추출한 NIS 10대 요소

	10대 주요 기능	분야·성격
1	연구개발(R&D), 자연과학, 의학, 공학 연구 등을 통해 새로운 지식을 창출	과학기술 지식의 창출
2	교육·훈련·학습을 통해 혁신 및 R&D 활동에 투입될 인적 역량 구축·강화	교육 및 인적자원 구축
3	신제품 시장의 조성	시장·수요
4	(신)제품이 갖춰야 할 품질·기능에 대한 수요자의 요구	
5	혁신을 위한 새로운 조직의 창출과 기존 조직의 개편[새로운 기업을 창업하는 기업가 정신(entrepreneurship)+기존 기업을 재편하는 인트라프리뉴어십(intrapreneurship) 등]	조직, 기업가 정신
6	시장 및 비(非)시장 메커니즘을 통한 서로 다른 조직 간 네트워킹과 상호 학습(이를 통해 기업 내외의 상이한 지역에서 생성된 혁신의 구성요소들을 조합·결합)	네트워킹
7	혁신에 대한 인센티브를 강화하기 위한 새로운 제도의 창출 및 개편[예컨대, 지식재산권(IPR), 세금, 환경 및 안전 관련 규정 및 법, R&D 투자 관행]	혁신 친화적 제도
8	인큐베이팅(혁신적 창업 기업 혹은 그를 준비하는 이들에게 실험생산설비 등을 제공)	창업지원 비즈니스 서비스
9	혁신을 촉진하기 위한 금융[은행, 벤처캐피털, 크라우드 펀딩(Crowd funding) 등]	
10	혁신을 촉진하기 위한 컨설팅(관련 정보 제공, 기술이전, 경영 및 법률 자문)	

자료: Edquist(2005: 190~191)의 내용을 수정·보완.

것이다.[3] 국가혁신체제 개념의 창시자 중 한 명인 룬드발은 "국가혁신체제는 세상을 보는 또 하나의 안경과 같은 것"이라고 했다. 혁신과 관련된 요소와 구조, 양상들을 민감하게 포착할 수 있도록 돕는 도구요, 인식의 틀이라는 것이다. 그 개념의 내용은 불확정적이지만 그런 만큼 특정 국가의 맥락과 특색을 포용할 여지를 두는 것이기도 하다. 따라서 이 장 이하의 논의

---

3 에디키스트가 제시한 주요 활동 10가지는 국가혁신체제라는 관점으로 특정 국가의 실제를 파악할 때 구체적인 가이드라인이 되어준다는 점에서 유용하나, 그를 고정적인 틀로 받아들이는 것이 최선은 아니다. 왜냐하면 〈표 3-1〉의 10가지 기능이 갖는 실질적 중요성이 국가마다 다르고 특히 개발도상국의 특수한 상황 속에서는 심지어 10가지 속에 언급되지 않은 또 다른 활동이 포함된 활동들보다 더 중요할 수도 있기 때문이다.

는 국가혁신체제라는 인식의 틀을 갖되 중국적 맥락과 특색에 초점을 맞춰 보고자 한다.

제2장에서도 언급했듯, '국가혁신체제'라는 개념이 중국에 소개되고 정책적 담론을 형성하기 시작한 것은 1990년대 말이고 정책적 실천이 본격화한 것은 21세기에 접어든 후진타오 시기이다.[4] 하지만 그 이전의 중국에 대해서도 국가혁신체제라는 관점의 논의는 가능하다. 비록 그 체제가 고도로 발전되었던 것이지는 않더라도 말이다.

류와 화이트(Liu & White, 2001)는 중국의 국가혁신체제를 개혁개방 이전과 이후로 나눠 대별해 보고자 했다. 그들은 특정 국가혁신체제의 성격을 파악하기 위해서는, 지식의 창출과 확산, 산업적 활용과 관련된 '근본적인 활동들'[fundamental activities: 교육, R&D, 생산(implementation), 최종소비(end-use), 연계(linkage) 등]이 여러 종류의 기관(대학, 공공 연구기관, 기업, 정부, 협회 등)에 걸쳐 어떻게 배분되었는지를 살펴야 한다고 보았다.

그들의 분석 결과인 〈그림 3-2〉는 국가혁신체제를 작동시키는 주요 기능과 그를 담당하는 주요 기관들의 연결 양식이 개혁개방 전(그림 상부)과 후(그림 하부)에 달랐음을 보여준다. 특히 개혁개방 이전 명령경제체제에서는 각 기관이 자신의 전담 기능을 수행하는 경향이 강했으나, 개혁개방 이후에는 이질적 기관들의 기능이 일정 정도 중첩되며 기관 간 상호 연계가 강화되었음을 보여준다. 이러한 그림은 비록 거칠게나마, 중국 국가혁신체제의 변화 혹은 진화를 요약적으로 보여준다.

---

4 중국은 21세기 초 후진타오 시기에 접어들어, 개혁개방 이후의 성장방식과 '비교우위'만을 추종하는 성장전략에 대한 반성을 전개함과 동시에 '자주적 혁신', '창신형 국가 건설', '과학발전관' 등의 정책적 모토를 새로이 내걸었다. 혁신이라는 새로운 성장 동력, 지식이라는 새로운 생산요소에 대한 각성을 토대로 국가혁신체제를 강화하기 위한 노력이 본격화한 것이다.

그림 3-2 개혁 전후 중국 국가혁신체제의 변화

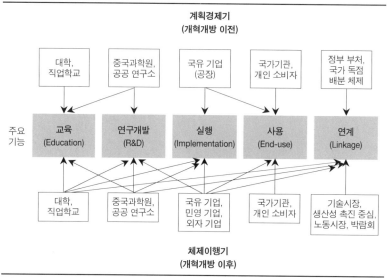

계획경제기
(개혁개방 이전)

| 대학, 직업학교 | 중국과학원, 공공 연구소 | 국유 기업 (공장) | 국가기관, 개인 소비자 | 정부 부처, 국가 독점 배분 체제 |

주요 기능

| 교육 (Education) | 연구개발 (R&D) | 실행 (Implementation) | 사용 (End-use) | 연계 (Linkage) |

| 대학, 직업학교 | 중국과학원, 공공 연구소 | 국유 기업, 민영 기업, 외자 기업 | 국가기관, 개인 소비자 | 기술시장, 생산성 촉진 중심, 노동시장, 박람회 |

체제이행기
(개혁개방 이후)

자료: Liu and White(2001)의 Fig.2를 번역·정리.

국가혁신체제, 그리고 그 중국적 실제에 관한 이상의 논의들을 참조하여, 이 장 이하 제7장까지 중국 국가혁신체제의 진화를 다면적으로 살펴보고자 한다.

우선, 이 장에서는 중국 국가혁신체제의 한 축인 과학기술 연구 및 그 성과의 산업화 기제에 초점을 맞춘다. 구체적으로 중국과학원과 대학, 그리고 그들이 설립·운영하는 교판·원판기업에 주목하고, 그들의 역사적 변화에도 주의를 기울일 것이다. 제4장에서는 국가혁신체제의 강화를 유도하는 중국 정부의 전략과 정책, 그리고 그를 뒷받침하는 제도 및 환경을 살펴본다. 중장기 과기계획과 지식재산권 보호 체계, 벤처 투자 등이 주된 관심이 될 것이다. 제5장에서는 국가혁신체제의 인적 기반을 살핀다. 중국 고등교육체제의 형성과 변화, 그리고 최근 중국 정부의 인재 확보전략에 초점을 맞출 것이다. 제6장에서는 중국 내 각 지역 공간과 인터넷상의 가상 공간에 형성된 공간혁신체제를 논할 것이다. 제7장에서는 공급 측에 경도된 논의를 보완하기 위해 중국의 수요 환경이 혁신에 어떠한 작용을 하는지 살펴보고자 한다.

물론 이 책에서의 논의만으로 중국 국가혁신체제의 모든 부분을 완벽하게 그려낼 수는 없다. 하지만 류와 화이트가 그린 그림을 더 풍성하게 하고, 에디키스트의 체크리스트를 고려하되, 룬드발의 권고에 따라 '국가혁신체제'라는 안경을 쓰고 중국 국가혁신체제의 구성과 특성, 진화의 방향 등을 가늠해 볼 수 있을 것이다. 다만, 국가혁신체제의 핵심이라고도 할 수 있는 '기업'에 관한 본격적인 서술은 제8장 이후로 미룬다.

2. 중국과학원 중심의 과기연구체제

근대의 과학적 진보는 서구가 주도했다. 봉건시대에 종교적으로 규정된 세계관을 넘어 자연의 원리에 대한 탐색과 발견에 대한 열정이 그를 이끌었다. 물론 그보다 앞서 중국은 고대부터 많은 과학적 지식을 축적했다. 중국이 자랑스러워하는 4대 발명(종이, 인쇄술, 나침반, 화약)은 전 세계에 큰 영향을 미쳤다. 하지만 근대 이후 중국 과학의 활력은 서구에 크게 뒤처졌다.

그 뒤처짐의 이유, 특히 18세기 이래 영국에서 발원하여 서구 세계에 퍼진 산업혁명의 물결에 중국이 동승하지 못한 까닭에 관해서는 다양한 분석과 주장이 제기되어 왔다.[5] 어떤 이유로든 그렇게 뒤처져 있던 중국은 1949

---

5   인구과잉으로 노동절약적 기술발전의 유인이 부족했다거나, 봉건적 억압으로부터 벗어나고 국왕의 지원을 받는 부르주아지가 주축이 된 '자유도시'가 형성되지 않았다거나, 유

년 중화인민공화국 수립과 함께 과학기술 영역에서 서구와의 거리 좁히기에 나섰다.

중국 과학기술 연구의 주축은 '중국과학원(中国科学院, Chinese Academy of Sciences)'이 맡았다. 중국과학원과 그 산하의 연구소 외에도, 중화인민공화국 수립 이후 정부 각 부처 산하에 공공 연구소들이 다수 설립되었다. 하지만 그들의 업무는 해당 부처 및 관련 산업계 현장의 비교적 소소한 기술적 문제를 다루는 것이었고, 따라서 그에 투입되는 과학기술 지식의 함량은 상대적으로 낮았다. 따라서 중국과학원이 중화인민공화국의 과학기술 연구를 이끌었다고 볼 수 있다.[6]

중국과학원은 1928년 당시 중화민국(中華民國)의 수도 남경에 설립된 '중앙연구원(中央研究院, Academia Sinica)'을 모체로 하는데, 1949년 중앙연구원이 국민당과 함께 대만으로 옮겨가자 중화인민공화국의 수도 북경에 재건한 것이다. 중국과학원은 1949년 11월 1일, 대륙에 남은 중앙연구원의 흔적 위에 북평(北平)연구원, 연안(延安)자연과학연구원을 통합하여 중앙 정부인 정무원(현 국무원) 산하의 행정기구로 설립되었다.

초기 중국과학원의 편제와 운영에 있어 실질적인 참고의 대상은 '소련 과학아카데미(Academy of Sciences of the USSR)'였다.[7] 그 역사적 계보를 따져보

한책임회사와 같은 자본주의적 제도의 발전이 미흡했다거나, 지식재산권의 법적 보호체계를 갖추지 못하고 기술 지식이 폐쇄적으로만 전수되었다거나, 탐색과 모험을 뒷받침하는 자유주의의 사상적 기초가 약했다는 등의 설명이 덧붙여지고 있다.

6   지금도 중국과학원은 교육보다는 연구에 초점을 맞추고 있지만 산하에 2개의 대학을 두고 있다. 하나는 1958년 북경에 설립되었다가 1970년 안휘성 합비(合肥)시로 이전한 '중국과학기술대학'이고, 다른 하나는 2014년부터 학부생 모집을 시작한 신설 '중국과학원대학'이다. 중국과학원은 이전부터 석·박사생을 모집하여 대학원 과정을 운영했으나 '대학'이라는 이름하에 학부생을 모집한 것은 2014년부터이다.

7   1950년대에 사회주의권의 맏형이던 소련은 눈에 띄는 과학기술적 진보를 이뤄내고 있었

면, 소련 과학아카데미는 레닌이 소련의 사회주의 혁명을 이끈 뒤 1925년 그 이름으로 개칭한 것으로, 전신은 러시아의 근대화를 위해 유럽의 문물을 적극적으로 도입했던 표트르 대제(재위 1682~1725년) 시절인 1724년에 창립된 '상트페테르부르크 과학아카데미'이다. 또한 상트페테르부르크 과학아카데미는 그 당시에 이미 설립된 '프랑스 과학아카데미'와 '영국왕립학회' 등을 참조해 설립했던 것으로 보인다.

중국과학원 초창기의 주된 업무는 전국의 천연자원과 자연조건의 조사, 전염병이나 병충해 예방 및 구제, 그리고 소련, 동구 등 해외로부터 도입한 기술의 중국 내 적용과 보수였다. 하지만 중국과학원은 일부 국가적 연구사업에 있어 중요한 역할을 담당하며 성과를 이뤄내기도 했다. 대표적인 것이 이른바 '양탄일성(兩彈一星)'이다. 양탄일성이란 원자탄(1964년 실험 성공)과 수소폭탄(1967년 실험 성공), 인공위성(1970년 발사 성공)을 지칭하는 것으로, 중국은 이를 개혁개방 이전 중화인민공화국의 최고의 과학기술적 진보로 자부한다.

특히 양탄일성의 연구개발은 과학기술자 및 지식인에 대한 정치적 억압과 사회적 배제가 횡행했던 문화대혁명의 간섭을 크게 받지 않고 진행되었다는 점에서 주목할 만하다. 이는 인민대중주의와 반(反)지식인적 정서가 최고지도자의 방조 속에 동란의 수준까지 치닫던 시기에도 국방 기술 관련 연구자들은 당국의 보호와 지원 속에서 장기에 걸친 연구를 수행할 수 있었음을 보여준다.

현재도 중국과학원은 중국의 중앙정부(국무원)의 직속 사업단위(장관급

다. 소련이 1957년 세계 최초의 인공위성 스푸트니크호를 성공리에 발사한 것은 사회주의적 과학기술 진보의 가능성을 보여준 상징적 사건이었다. 그것은 서구 세계에 '스푸트니크 쇼크'를 가져다주었지만, 소련의 체제를 모방하던 중국은 자신감을 얻을 수 있었다.

표 3-2 **≪네이처≫ 및 ≪사이언스≫에 수록된 중국 논문의 주요 연구기관(2018년)**

기관명	논문 편수	비중(전체 262편)
중국과학원	96	36.6%
중국과학원대학	29	11.1%
청화대학	27	10.3%
북경대학	26	9.9%
복단대학	24	9.2%
하버드대학교 의과대학	20	7.6%
UCLA	20	7.6%
상해교통대학	17	6.5%
하버드대학	15	5.7%
버클리대학	15	5.7%
스탠퍼드대학	14	5.3%
중국과기대학	14	5.3%
워싱턴대학	13	5.0%
로렌스 버클리(LAWRENCE BERKELEY) 국가연구소	12	4.6%
상해과기대학	12	4.6%
중산대학	12	4.6%
홍콩대학	10	3.8%
옥스퍼드대학	10	3.8%
예일대학	10	3.8%
절강대학	10	3.8%

주: '중국 논문'이란 '중국 소재 연구기관 소속 연구자가 발표한 논문(국제 공동 연구 논문 포함)'을 지칭하며, 표에 수록된 중국 외 연구기관들은 중국과 자주 공동 연구를 수행한 곳들이라 할 수 있다.

자료: Web of Science(www.webofknowledge.com) 검색 정리.

부처)로 산하에 100여 개(2015년 말 기준, 104개)의 연구소(수학, 물리, 화학, 지구과학, 생명과학, 의학, 정보통신 등 포괄), 5만 여 명의 연구 인력을 보유한 중국 최대의 연구조직이다. 중국과학원은 국가적 차원에서 중요한 전략적 연구를 주도하며 과학 분야 세계 최고의 학술지로 꼽히는 ≪네이처(Nature)≫와 ≪사이언스(Science)≫에 가장 많은 논문을 싣는 중국의 연구기관이기도 하다. 실제로, 2018년 한 해 동안 중국 소재 기관 소속 연구자가 ≪네이처≫와 ≪사이언스≫에 발표한 논문 전체(262편)를 참여 연구기관별로 세분해 보면 중국과학원이 단연 선두에 있음을 확인할 수 있다(〈표 3-2〉 참조).[8] 중국의 국책 공공 연구기관이라 할 수 있는 중국과학원이 중국의 최첨단 기초과학 연구를 이끌고 있다는 뜻이다. 이는 일반적으로 대학들이 기초과학 연구를 이끄는 여타 국가의 일반적인 관행과 대비되는 점이라 할 수 있다.

1978년 이래 점진적으로 확대·심화된 개혁개방은 중국과학원을 포함한 중국의 공공 연구소들에도 변화를 가져왔다. 개혁개방은 과학기술에 대해 새로운 사회적 역할과 지위를 부여했다.

그 첫 번째 포괄적 가이드라인은 중국 당국이 1982년에 공식화한 이른바 '면향(面向)-의고(依靠)' 방침이었다. 면향-의고란, 과학기술 연구는 경제건설을 향하고, 경제건설은 과학기술 지식에 의지해야 한다는 뜻이다. 즉, 중국과학원을 포함한 기존의 과학기술 연구조직에 실제 산업수요에 부응하는 응용연구와 과학기술 지식을 산업계에 이전하도록 노력할 것을 요구한 것이다. 이러한 가이드라인을 토대로 중국은 1985년 '과학기술체제 개혁'을 단행했다.

과학계와 산업계를 잇고자 하는 시도는 그 후로도 지금껏 지속적으로 이뤄졌으며, 1990년대 말에는 정부 각 부처 산하의 수많은 공공 연구소들을 아예 민영 기업으로 재편하는 이른바 '기업화 개조(企業化改制)'를 단행하기도 했다. 그 결과 개혁개방 초기에 1000여 개에 달했던 중국 중앙정부 산하의 연구소는 그 후 기업화 개조 및 통폐합을 거쳐 시진핑 정부 출범 직전인 2012년에는 약 700개로 줄어들었다.

중국과학원은 그러한 개혁개방의 흐름 속에서도 중국 최고의 과학기술 연구조직으로 남았지만, 새로운 시대적 요구를 받아들이거나 때로는 그에

---

8 미국, 영국 등의 해외 연구기관이 〈표 3-2〉에 포함된 것은 그들과 중국의 국제 공동연구가 많이 이뤄졌기 때문이다.

부응하는 개혁을 선도해야 했다. 중국과학원이 선도적 역할을 한 대표적인 사례로 1998년 시작한 이른바 '지식창신공정(知識創新工程)'이 있는데, 이는 과학기술이 사회경제 발전에 기여하도록 중국의 국가혁신체제를 재설계하는 작업이었다. 시진핑 집권 초인 2013년, 중국과학원은 자체 과학연구 관리체제를 개혁하고, 2014년부터는 '솔선(率先)행동 계획'도 추진했다.

위에서 살펴본 바와 같이, 중국의 기초 및 전략적 과학기술 연구는 중국과학원이 중심을 이루고 있다. 더불어 중국과학원은 여타 대학이나 연구소, 심지어 기업에 소속된 연구자 중에서도 우수한 자에게는 중국과학원 '원사(院士)' 자격과 그에 따르는 각종 혜택을 부여한다.[9] 중국은 그렇게 전국 각지의 과학기술 인재를 국가가 파악하고 또 동원할 수 있는 체제를 갖추고 있는데, 중국과학원은 그 중심에 서 있다.

다만 한 가지 아이러니는 이 책을 집필한 시점에서 중국의 유일한 노벨 과학상은 중국과학원 소속도 중국과학원 원사도 아닌, 석·박사학위도 없는 이에게 돌아갔다는 사실이다. 투유유(屠呦呦, 1930년생)가 그 주인공이다 (〈사진 3-1〉). 투유유는 개똥쑥에서 추출한 아르테미시닌(artemisinin)으로 말라리아 치료제를 만든 공로로 2015년 노벨 생리의학상을 받았다.

그녀의 연구는 베트남전쟁이 한창이던 1967년, 말라리아에 시달리던 베트남 군인들의 애로사항을 해결하기 위해 호치민(胡志明) 베트남 국가주석이 당시 중국 총리 저우언라이(周恩来)에게 도움을 청해 시작된 이른바 '523 프로젝트(项目)'의 일환이었다. 투유유는 북경의학원(2005년 북경대학에 편입됨)을 졸업한 후 해외유학을 가지 않고 중의연구원[中医研究院, 훗날 중의과학원(中医科学院)으로 명칭 변경]에서 일했다. 그녀는 중국 전통 의학서를

---

9   원사 자격과 더불어 부여되는 혜택과 권한으로 인한 부작용도 최근 불거진 바 있는데 그와 관련된 개혁 논의는 다음 장에서 상술한다.

사진 3-1 **중국 국적의 노벨과학상 수상자 투유유**

자료: commons.wikimedia.org ⓒBengt Nyman

뒤지고, 수없이 많은 현장을 누비고, 자신을 실험대상으로까지 삼아가며 이와 같은 성과를 냈다.

최근 중국과학원의 변화와 관련하여 특기할 만한 것은, 중국과학원이 주관하거나 참여하지만, 그 운영방식은 기존보다 훨씬 유연한 형태의 협력 연구소들[이른바 '신형 연구개발기구(新型硏发机构)']이 생겨났으며, 그들이 상당한 성과를 내고 있다는 점이다.[10]

대표적인 사례는 중국과학원이 2006년 심천시 지방정부 및 홍콩중문대

---

10 중국 과기부는 2019년 9월 12일 발표한 '신형 연구개발기구 발전에 관한 지도 의견(关于促进新型硏发机构发展的指导意见)'에서, 신형 연구개발기구를 다음과 같이 정의했다. 즉 신형 연구개발기구는 과학기술 연구 및 혁신을 수행하는 기관으로 다양한 투자 주체의 자금으로 설립·운영되며, 현대화된 관리제도와 시장화된 운영 메커니즘을 갖추고, 탄력적인 인력 운영이 가능한 독립된 법인기관이다. 실제로, 심천 선진기술연구원은 원장 책임제로 운영되며 직원들에 대해 연봉제를 실시하고 성과가 없는 직원들을 퇴출시키는 시스템을 운영하고 있다(科学技术部, 2019.9.12).

학과 함께 설립한 '심천 선진기술연구원'이다. 2009년에 정식으로 중국과학원의 일부가 된 심천 선진기술연구원은 연구, 교육, 자본조달, 산업화 등 4개 영역의 통합을 지향하고 있다. 즉, 산하에 부문별(반도체기술, 생물의약, 컴퓨터 및 디지털 공정, 뇌인지 및 뇌질환 등) 기술 연구소를 두고 있을 뿐 아니라, '심천 선진기술 학원'이라는 단과대학과 창업스쿨(中科创客学院)도 세우고, 다른 한편으로는 엔젤 투자 및 벤처 투자 기금을 설립하여 자본조달 창구를 마련하고, 4곳의 산업육성 기지(각각 로봇, 의료, 클라우드 컴퓨팅 및 사물인터넷, 전기 자동차에 특화)를 조성했다. 이 연구소는 인근의 하이테크 기업이나 연구소, 대학 등에 서비스를 제공하며 협력연구 및 연구성과의 산업화에 적극적으로 역할을 수행하고 있다(中国科学院, 2016: 306~308). 요컨대 중국과학원은 산하에 역사 깊은 연구소들을 두고 있을 뿐 아니라, 새로운 과학연구와 그 성과의 산업화를 추동할 주체로서 새로운 연구소들을 신설하고 관련 학계 및 지역 정부, 관련 기업들과 적극적으로 협력하도록 하고 있다.

한편, 2019년 중국 과기부와 재정부가 전국 각 기관 중 '국가 과학기술자원 공유 서비스 플랫폼(国家科技资源共享服务平台)'으로 기능할 곳으로 선정한 50곳 중 20곳이 중국과학원 및 그 산하 조직일 정도로 중국과학원에 부여된 국가적·사회적 역할은 크다.[11]

이상과 같은 사실들로부터 읽을 수 있는 중국과학원의 위상과 역할에 관

---

11 20곳 중 중국과학원 무한바이러스연구소(武汉病毒研究所)도 포함되어 국가 바이러스 자원 라이브러리로 기능하도록 지정되었다. 그런데 2019년 무한에서 발병한 '코로나19'가 2020년 세계에 큰 충격을 주는 가운데 무한바이러스연구소의 역할과 당시 소장의 자격에 대한 논란이 크게 불거지기도 했다. 중국 과학계의 비리에 대해 줄곧 비판적인 목소리를 내온 라오이(饶毅) 수도의과대학 총장(전 북경대학 교수)이 무한바이러스연구소의 왕옌이(王延轶) 소장의 자격 미달 문제를 제기했고, 왕 소장이 무한대학의 부총장이자 원사인 수홍빈(舒红兵) 교수의 제자이자 아내라는 사실이 드러나, 중국 과학계에 남아 있는 인사 비리와 직업윤리의 문제가 수면 위로 떠올랐기 때문이다.

한 추가적인 내용은 추후 필요 시 부연키로 하고, 다음 절에서는 중국과학원과 더불어 중국 과학기술 연구의 또 다른 한 축을 형성한 중국 대학의 변화에 대해 살펴보고자 한다.

3. 중국 대학의 변화: '모드 1'에서 '모드 3'으로

중화인민공화국 수립 이후, 중국과학원을 중심으로 한 연구소들이 국가적 과학기술 연구의 주축을 이룬 한편, 대학은 주로 교육에 전념했다. 소련의 체제를 모방하여, 중국과학원 등 공공 연구소가 '연구'를 맡고, 대학이 '교육'을 맡는 분업체제를 구축한 것이다(자세한 내용은 제5장 참조). 서구에서는 일찍이 대학 중 일부가 '연구형 대학(research university)'으로 나아가면서, 더 많은 수의 '교육형 대학(teaching university)'과 공존하는 체제를 갖추었는데, 소련을 모델로 삼은 중화인민공화국 초기의 대학들은 교육형 대학 일색이었다.

당시 중국에서는 명문대학이라 하더라도 대학 내에 실험 설비가 교육실습용 이외에는 잘 갖추어지지 않았다. 1960년대 초까지 중국 대학들은 정부의 과학기술 연구예산의 수혜 대상이 되지 못했다(Eun, 2005: 43). 1960년대 후반 이후 약 10년간 대학이 문화대혁명의 동란에 휩쓸렸던 것까지 감안하면, 중화인민공화국의 대학이 국가적 과학기술 연구의 한 축을 본격적으로 담당한 것은 개혁개방 이후의 일이라 할 수 있다. 헨리 에츠코비츠(Henry Etzkowitz)의 대학 진화 단계(① 교육형 대학 → ② 연구형 대학 → ③ 기업가형 대학)에 비춰본다면(Etzkowitz, Webster and Healey, 1998), 개혁개방 이전 중화인민공화국의 대학은 그 첫 번째 모드(mode 1)인 교육형 대학에 머물렀다고 할 수 있다.

물론 개혁개방 이전에도, 일부 대학에서 정부의 요구에 따라 국가적 필요에 부응하는 연구를 수행한 적은 있다. 특히 1952년 소련을 본떠 분야별로 세세하게 특화시킨 중국 대학들[예컨대, 북경항공항천대학, 중국지질대학, 중국광업대학, 북경과기대학(철강), 중국석유대학, 중국농업대학, 중국임업대학 등]의 경우, 해당 분야 산업계의 수요에 조응하는 연구를 일부 담당하기도 했다.

　하지만 더 깊이 있는 학술적 연구가 대학의 주된 임무로 인식되고 그 실행이 일반화한 것은 개혁개방 이후의 일이다. 1978년 덩샤오핑의 선언으로 시작된 개혁개방이 농촌·농업 부문에서 도시·공업·과학기술 부문으로까지 파급된 것은 1980년대 중반의 일이다. 실제로 중국 정부는 1984년부터 단계적으로 주요 대학의 주요 학과에 정부가 연구 자금을 지원하는 '국가중점연구실'을 설치하여 국가의 연구 기능을 분담시켰다. 중국의 주요 대학들로 하여금 대학의 두 번째 모드(mode 2)인 '연구형 대학'으로 한 발짝 무게중심을 옮길 수 있게 한 것이다.

　하지만 그것만으로 중국의 주요 대학들이 '연구형 대학'으로 온전히 자리잡을 수 있었던 것은 아니다. 사실 1980년대 중반 과학기술 분야 개혁의 주된 지향점은 여기에 있지 않았다. 1950년대에 구축된 과도한 분업체제(중국과학원=연구, 대학=교육)를 완화시키며 대학에 연구 기능을 회복시켰지만, 개혁개방의 기치를 내건 중국 정부가 더욱 절실히 기대한 것은 대학이 산업 및 경제발전에 직접적으로 기여하는 것이었다.[12] 연구 기능을 회복·강

12　문화대혁명을 종식시킨 개혁개방(1978년)은 중단되었던 고등교육을 정상화시키고 대학 본연의 기능을 회복할 수 있도록 했지만, 그것이 대학을 순수학문 중심의 '상아탑'으로 완전히 복귀시킨 것은 아니다. 개혁개방의 추진 세력 역시 대학의 보다 직접적인 사회경제적 공헌을 기대했다. 1981년 중공중앙과 국무원이 공동으로 발표한 「우리나라의 과학기술발전방침에 관한 보고(关于我国科学技术发展方针的汇报提纲)」에서는 대학의 연구가 기초연구보다는 국가경제 발전을 뒷받침할 수 있는 응용연구 위주로 되어야 한다(高等学校科技哦工作从侧重基础研究转变为主要面向国民经济……用更大的经济加强应用研究)는 주장이 채택되었다(教育部科学技术司, 1999: 35).

화하기 시작한 지 얼마 되지 않은 중국 대학들에 성급히 세 번째 모드(mode 3), 즉 '기업가형 대학'으로 이행할 것을 독촉한 셈이다. 이런 점에서 개혁개 방(적어도 개혁개방 초기)은 전면적인 '전(專)'의 시기라기보다는 '전(專)'과 '홍(紅)'이 혼합된 시기로 봐야 할 것이다.

아래에서는 1985년 중국 과학기술체제 개혁과 그로부터 배태된 중국의 독특한 산학연 연계 방식을 좀 더 깊이 있게 살펴보고자 한다. 그것은 중국 국가혁신체제의 진화를 엿볼 수 있게 한다는 점에서 그 의미가 크다.

4. 1985년의 과학기술체제 개혁

개혁개방으로 인한 변화의 흐름이 과학기술계에 본격화한 것은 1980년 대 중반의 일이다. 그 핵심적인 것이 1985년 3월 중국공산당이 제기한 이 른바 '과학기술체제 개혁'이다. 과학기술체제 개혁은 시기적으로 그에 앞서 제기되고 꾸준히 반복·강조되어 온 '면향-의고' 방침을 구체화하는 것이었 다. 앞서 소개했듯 면향-의고 방침이란, 과학기술 연구는 경제건설을 향해 수행하고, 경제건설은 과학기술 지식에 의지하여 추진하라는 뜻이다. 그런 데 그것이 과학기술 연구에 대한 국가의 직접적인 투자와 지원을 늘리겠다 는 것은 아니었음에 특별히 주목할 필요가 있다.

1978년 이래 덩샤오핑의 개혁은 '시장화'와 '분권화'가 핵심이었다. 그 원 칙은 과학기술체제 개혁에도 적용되었다. 즉, 과학기술 연구에 대한 국가 의 직접적인 재정지원은 줄이고, 개별 연구소나 대학들로 하여금 스스로 시장에서 돈벌이가 되는 일을 찾아 생존과 성장을 모색하고 그를 통해 사 회경제에 기여하도록 독려했던 것이다.[13]

1985년 과학기술체제 개혁의 핵심 내용은 크게 다음 세 가지였다. ① 과학기술과 경제의 결합 추구, ② 과학기술 재정지원제도 개혁, ③ 기술시장의 도입과 육성이다. 각각의 내용을 살펴보면 다음과 같다.

첫째, 면향-의고 방침에 따라 과학기술과 경제의 결합을 독려했다. 즉, 기업이 과학기술 연구기관을 흡수하거나, 연구기관이 아예 기업으로 변신하는 것을 권장했다. 공공 연구소들의 기업화 개조(企業化改制)도, 비록 1990년대 후반에야 본격적으로 시행되었지만, 이러한 면향-의고 방침을 따른 것이라 할 수 있다.

둘째, 과학기술 연구기관에 대한 국가의 재정지원제도 개혁이다. 1986년 이후 본격적으로 실시된 이 개혁은 과학기술체제 개혁에서 실질적으로 파급효과가 가장 컸던 부분이다. 골자는 과학기술계에 대한 정부의 직접적인 재정지원을 줄이고 각 기관들로 하여금 스스로 부족한 경비를 벌충할 방안을 마련토록 하는 것이었다.

물론, 과학기술 연구활동의 성격에 따라 차등을 두기는 했다. 기초과학 및 첨단기술 연구나 공익성 연구의 경우 정부가 재정지원을 유지하거나 강화하기도 했다. 1986년에 설립한 '국가자연과학기금(NSFC)'과 '국가하이테크연구발전계획(国家高技术研究发展计划)', 이른바 '863계획'은 그러한 지원을 위한 것이었다. 하지만 당시 훨씬 더 큰 비중을 차지하고 있던 중국 내

---

13 개혁개방을 선포함과 동시에 덩샤오핑이 내걸은 이른바 '4대(공업, 농업, 국방, 과학기술) 현대화' 전략에는 과학기술이 포함되어 있었지만, 개혁개방기의 과학기술 연구는 시장논리 속에서 오히려 약화된 측면이 있다. 실제로 중국은 1985년 과학기술체제 개혁을 추진하면서 과학기술 연구에 대한 중앙정부의 직접적인 재정지원을 줄이고 대학이나 공공 연구소와 같은 연구 주체들로 하여금 연구에 필요한 재원을 (연구성과에 관심이 있을 외부 기업으로부터 지원금을 유치하거나 스스로 연구성과를 상업화하는 방법 등을 통해) 마련하도록 압박했다. 이는 사회경제적 수요가 있는 과학기술 연구는 촉진하고, 그렇지 않은 연구는 억누르겠다는 이른바 '면향시장(面向市場)' 방침에 의거한 것이었는데, 이 과정에서 종래의 야심찬 연구개발 프로젝트가 좌초되는 경우가 많았다.

공공 연구소와 대학의 응용연구에 대해서는 정부 지원을 축소시켰다.

이 조치로, 공공 연구소들의 수입 중 정부의 재정지원이 차지하는 비중은 1986년 64%에서 1993년 28%로 줄어들었고, 대학 내 과학기술 연구 활동 경비 중 정부 재정지원 비중도 1986년 54%에서 1995년 23%로 줄어들었다(Eun, 2005: 49). 따라서 중국의 공공 연구소와 대학들은 스스로 보유한 자원을 활용하여 돈벌이에 나서게 되었다. 많은 경우 그 자원은 비록 최첨단의 과학기술 지식은 아닐지라도 (적어도 중국 국내의 수준과 환경에서는) 혁신이라 할 만한 것을 창출해 낼 수 있는 응용기술들이었다.[14]

셋째, 기술시장의 육성이다. 이를 위해 과학기술 지식 혹은 연구성과가 거래될 수 있는 기술거래소를 각지에 개설했다. 중국 개혁개방의 가장 큰 기조였던 '시장 메커니즘의 도입'을 기술지식의 유통 및 확산에도 적용한 것이다. 그렇게 과학기술과 경제의 결합을 추구한 것이기도 했다.

하지만 "지식이 상품처럼 시장에서 거래되기는 어렵다"라고 한 노벨경제학상 수상자 애로(Arrow, 1962b)의 지적은 중국에도 예외는 아니었다. 더욱이 특허 등 지식재산권 보호제도(이에 관해서는 다음 장에서 상술)가 미비한 중국에서 과학기술 성과가 제값을 받으며 시장에서 거래되기는 어려웠다. 기술과 혁신의 문제를 시장 메커니즘만으로 풀려고 했던 것은 개혁개방 초기 중국 정부의 인식의 한계를 드러낸 것이기도 했다(Gu, 1999).

---

14 '사회주의 국가'라 하면 으레 응용연구보다 기초연구가 더 강하리라 생각하는 사람들이 많지만, 1980년대와 1990년대에 걸쳐 중국의 대학들은 '기초연구'보다 '응용연구'에 집중했다. 1990년대까지도 중국 대학들의 기초연구 비중은 20% 미만이었고 대부분은 응용 및 개발 연구였다. 참고로, 같은 시기 한국의 대학들은 전체 연구의 40% 정도가 기초연구였다(Eun, 2005: 70~71).

5. 중국 특색의 산학연 연계: 교판·원판기업

1980년대 중반의 중국 과학기술체제 개혁이 만들어낸 변화와 남겨둔 문제는 이른바 '교판(校办)기업'과 '원판(院办)기업'의 번성을 가져왔다. 대학 혹은 과학기술 연구기관(중국과학원 등)이 직접 설립하여 운영하는 기업을 일컫는 교판·원판기업은 1980년대 후반과 1990년대, 그리고 2000년대 초반까지도 중국 국가혁신체제의 중요한 한 부분을 차지했다(Eun, Lee and Wu, 2006).

교판·원판기업이 1980년대, 1990년대에 걸쳐 중국을 풍미한 데는 다음과 같은 배경이 있었다. 개인용 컴퓨터(PC)가 보급되고 사회경제 각 곳에 컴퓨터가 활용되는 이른바 '컴퓨터 혁명'이 1980년대 중반 중국에까지 파급되었는데, 관련 지식과 응용기술에 대한 이해가 상대적으로 높았던 중국의 대학 및 연구기관이 관련 비즈니스를 주도할 수 있는 일정한 역량을 갖추고 있었다. 더욱이 (1985년 과학기술체제 개혁으로) 정부의 재정지원이 줄어들어 새로이 생존과 성장의 수단을 마련해야 하는 각 대학과 연구기관은 스스로 비즈니스에 뛰어들어 부수입을 올리고자 하는 적극성이 한껏 높아져 있었다.

반면, 1980년대 중반 중국의 민영 기업과 기업가들은 아직 새로운 과학기술 지식을 흡수하여 비즈니스로 연결시킬 역량을 갖추지 못했다. 이 시기에 새로 '기술시장'이 열렸지만, 당시 중국의 일반 기업들은 시장을 통해 기술지식을 흡수하기엔 이른바 '흡수 능력(absorptive capacity)'이 취약했다. 이는 (지식재산권 보호 등 제도의 미비와 더불어) 기술시장이 큰 역할을 하지 못한 한 가지 이유이기도 하다. 따라서 중국의 대학 및 연구기관이 창출하거나 보유하고 있는 과학기술 지식이 중국 산업계에 제대로 흘러들지 못하고 있었다.

그런 상황에서, 중국 내 주요 대학(북경대학, 청화대학, 복단대학 등) 및 연구기관(중국과학원 등)의 잘 알려진 명칭을 브랜드로 활용하고, 그들로부터 특별한 기술 및 영업 지원을 받는 교판·원판기업은 아직 인지도와 역량이 부족한 중국 내 일반 기업들과의 경쟁에서 유리한 위치에 섰고, 과학기술 지식의 산업적 활용에 있어 주인공이 될 수 있었던 것이다.

실제로 1980년대 중반 이후 중국 교판·원판기업들은 하이테크 산업에서 두각을 나타냈다. 특히 컴퓨터 분야에서 레노보[Lenovo, 중국명 롄샹(联想), 중국과학원 산하 컴퓨터 연구소가 설립], 북대 팡정(北大方正, Founder, 북경대학이 설립), 청화 통팡(清华同方, Tongfang, 청화대학이 설립) 등 교판·원판기업들은 2000년대 초입까지도 중국 국내시장에서는 HP, 델(Dell) 등 다국적 기업들에 밀리지 않고 점유율 1, 2, 3위를 차지했다.

2002년 당시 중국 신식산업부(信息产业部, 정보산업부)와 ≪디지털타임스(Digital Times)≫가 미국 ≪비즈니스위크(Business Week)≫의 '인포테크(Info-tech) 100' 평가방식을 원용하여 산출한 중국 내 100대 과학기술 기업 중 14개가 대학 교판기업이었다. 이는 하이테크 산업 분야에서 교판·원판 기업이 차지했던 비중과 중요성을 확인해 주는 것이다(⟨표 3-3⟩ 참조).

물론 미국과 한국을 포함한 여타 국가에도 대학이나 연구기관에서 파생된, 이른바 스핀오프(spin-off)한 창업 기업이 존재한다. 하지만 중국의 교판·원판기업은 모체가 되는 대학이나 연구기관으로부터 떨어져 나오지 않고, 즉 '오프(off)'하지 않고, 그의 치마폭에 머물렀다.

교판·원판기업은 모체인 대학과 연구기관으로부터 과학기술 지식과 개발인력, 사무 공간 등을 거의 무상으로 지원받았을 뿐 아니라 더욱 중요하게는 대학 및 연구기관의 명칭을 그대로 기업 및 제품 명칭에 활용함으로써 일반 신규 창업 기업이 누릴 수 없는 폭넓은 인지도와 네트워크를 일거에 획득했다. 기업 창업 이후에도 모체의 유·무형 자산을 공유할 수 있었

표 3-3 **중국 100대 과기 기업에 포함된 교판기업(2002년)**

순위	교판기업	배후의 대학
3	清华同方(Tsinghua Tongfang)	清华大学(Tsinghua Univ.)
12	浙大网新(Zheda Wangxin)	浙江大学(Zhejiang Univ.)
15	东软股份(Dongruan Gufen)	东北大学(Northeastern Univ.)
18	青岛天桥(Qingdao Tianqiao)	北京大学(Peiking Univ.)
25	方正科技(Fangzheng Keji)	北京大学(Peiking Univ.)
38	南开戈德(Nankai Gede)	南开大学(Nankai Univ.)
41	青岛华光(Qingdao Huaguang)	北京大学(Peiking Univ.)
46	天大天才(Tianda Tiancai)	天津大学(Tianjin Univ.)
48	云南科技(Yunnan Keji)	云南大学(Yunnan Univ.)
59	华工科技(Huagong Keji)	华中科技大学(Huazhong S&T Univ.)
88	北大高科(Beida Gaoke)	北京大学(Peiking Univ.)
89	清华紫光(Tsinghua Ziguang)	清华大学(Tsinghua Univ.)
95	交大昂立(Jiaoda Angli)	上海交通大学(Shanghai Jiao Tong Univ.)
98	复旦复华(Fudan Fuhua)	复旦大学(Fudan Univ.)

자료: Eun(2005).

다. 하지만 이러한 특별한 지원과 더불어 모체인 대학 및 연구기관으로부터 경영상의 통제와 간섭을 받기도 했다.

이러한 중국의 교판·원판기업은 탯줄을 떼어내지 않고 모체로부터 양분을 계속 받아 성인이 된 것에 비유할 만하다. 서구 세계에서도 일반화된 '스핀오프' 기업과 달리 모기관 주변에서 꾸준한 지원과 통제를 받는다는 점에서 중국의 교판·원판기업은 '스핀 어라운드(spin-around)'라는 신조어로 그 성격을 규정할 수 있다(Eun, 2005: 52; Eun and Lee, 2010). 이와 같은 교판·원판기업의 중국적 특색은 중화인민공화국의 굴곡진 경제사 속에서 조형된 것이기도 하다.

'시장화'를 앞세운 개혁개방기에 접어들어 기대했던 '기술시장'이 큰 역할을 하지 못하는 가운데, 교판·원판기업들이 가시적인 성과를 내자 중국 정부도 그들을 중국적 해법이라 인식하고 독려했다. 하지만 1990년대 후반 들어 그러한 평가와 인식은 바뀌기 시작했다. 교판·원판기업의 성공사례가 광범위하게 생겨나지는 못했고, 오히려 교판·원판기업들의 문제점들이 부각되기 시작했기 때문이다.

아래에서는 교판·원판기업에 대한 개혁 조치와 그 이후 최근까지의 변화를 살펴보고자 한다. 다만 그에 앞서 교판기업의 역사적 뿌리를 짚고 넘어가고자 한다.

6. 중국 교판기업의 뿌리[15]

중국 교판기업의 뿌리는 서구 (특히 미국) 대학들이 '지식산업화(Knowledge industrialization)'에 본격적으로 나서기 시작한 1980년대보다 훨씬 앞선 시기로 거슬러 올라간다.[16] 1949년 중화인민공화국 수립 직후, 일부 중국 대학들은 자체적으로 생산위원회를 결성하여 생산활동에 교수 및 학생을 참여시켰다. 하지만 1950년대 초 중국이 소련의 시스템과 정책을 모방해 '기능의 세부 분화'를 지향하는 대학 개혁을 전개하면서 대학의 생산활동은 위축되었다.[17] 실제로 중국 교육부는 1952년 말 일선 대학들로 하여

---

15 이 절은 은종학, 「교판기업 모델의 쇠퇴: 중국 국가혁신체제의 진화」, ≪중소연구≫, 제33권 1호(2009), 93~120쪽의 내용 일부를 발췌하여 정리한 것이다.

16 1980년 미국에서는 대학이 정부의 예산지원을 받아 수행한 과학기술 연구성과를 대학이 스스로 상업화하고 그 경제적 이득을 취할 수 있도록 하는 바이-돌 법안(Bayh-Dole Act) 이 시행되었다. 이 법은 미국 대학들로 하여금 과학기술 상업화에 본격적으로 나서게 하는 제도적 환경으로 작용했으며, 이후 유럽과 일본 등 세계 여러 나라가 시차를 두고 유사한 법을 제정·시행하게 되었다. 바이-돌 법안의 효과에 대한 비판적 평가는 모어리와 샘팟(Mowery and Sampat, 2005)을 참조할 것.

금 산업 및 농업 생산활동을 중지하도록 명했다(袁靖宇, 2002). 원칙적으로 대학의 주된 기능에 해당하지 않는 생산활동을 대학으로부터 분리했던 것이다.

하지만 소련식 체제로의 수렴은 1950년대 후반 이른바 대약진 운동과 함께 중단되었다. 일종의 총동원 체제를 통해 경제건설을 가속화하고자 했던 대약진 시기에 중국 대학들 역시 자신들이 가진 자원을 최대한 활용해 적극적으로 생산활동에 참여하도록 종용받았다. 이 시기 대학들은 '교육과 생산노동을 결합하라(教育与生产劳动相结合)'라는 방침에 따라 스스로 교판공장 및 교판농장을 설립하여 생산활동에 나섰다(张珏, 2003). 비록 정확한 통계는 없지만 대약진 운동 시기에 대학의 직접적인 생산활동 참여가 광범위하게 확대되었다는 점에서 교판기업의 전신(前身)을 대약진 시기의 교판공장, 교판농장에서 찾는 것이 합당할 것이다.

비록 1950년대의 교판공장, 교판농장들은 개혁개방 이후의 교판기업들과 달리 하이테크 산업에 속한 경우가 적었지만, 대학이 자체적으로 보유한 유·무형의 자산을 활용하여 직접 생산활동에 참여했다는 점에서 교판기업 모델의 탄생이라 할 만하다.

1980년대 중반 이후를 풍미한 교판기업의 맹아가 멀리 1950년대 대약진 시기에서 발견되는 한 가지 원인은 양 시기에 공히 '분권화(de-centralization)'가 크게 진척되었다는 데서 찾을 수 있다. 대약진 운동은 소련과 같은 극단

---

17 이 시기에 추구된 기능분화에 따르면 대학은 고등교육 기능만을 담당하도록 되어 있다. 따라서 산업 및 농업 생산은 대학의 몫이 아니었으며, 심지어 과학기술의 연구 기능 역시 대학에 맡겨지지 않았다. 과학기술 연구는 중국과학원으로 대표되는 공공 연구기관에 할당된 기능이었다. 실제로 1960년대 초까지 중국 대학들은 공공 연구기관과 달리, 과학기술 연구를 지원하는 정부의 예산을 신청할 자격이 주어지지 않았다(教育部科学技术司, 1999 참조).

적인 중앙집중식 계획경제를 지양하고 그 대신 현장에서 인민대중이 발휘하는 열정과 창의성에 기대는, 다시 말해 분권화된 이른바 중국식 사회주의를 추구한 시기였다. 또한 개혁개방은 개별경제 주체들이 생산성을 향상시킬 수 있도록 자발적인 동기를 강화하기 위해 분권화를 크게 진척시킨 시기였다. 이와 같은 분권화가 중국 대학들로 하여금 스스로 보유하거나 적어도 (소유권이 불분명한 상태에서나마) 실질적으로 점유하고 있는 유·무형의 자산을 활용해 교판기업을 발전시킬 수 있는 토대를 마련해 준 것이다.

하지만 가용 자산에 대한 자율적 활용 권한이 대학에 부여된 분권화가 교판기업 성장의 하나의 필요조건이기는 했으나 충분조건이 되지는 못했다. 고등교육을 주요 기능으로 담당해 온 대학이 경제활동에 직접 나서야 할 '압박' 혹은 '유인'이 없다면 교판기업의 성장이 일어나지 않았을 것이기 때문이다.

1950년대 교판공장의 성장은 '대학들도 경제건설에 직접적으로 이바지해야 한다'는 당시의 이념적·정치적 압박 속에서 이뤄진 것인 반면, 1980년대 중반 이후 교판기업의 성장은 대학이 부족한 재원을 자체적으로 확충하여 성장하고자 하는 경제적 유인에 의한 것이었다.[18] 이와 같은 차이점은 현대의 중국 대학 교판기업이 1950년대의 교판공장에 뿌리를 두고 있으면서도 그와 완전히 동일하지는 않다는 점을 보여준다.

1950년대 말에 생성된 교판기업의 맹아가 1980년대 중반 이후 번성할 때까지의 과정은 직선적이지 않았다. 대약진 운동의 실패로 심각한 경제적 파국을 겪었고, 1960년대 초 대약진 운동의 과오를 수정하는 과정에서 정

---

18 1980년대 중반 이후 중국 정부는 대학과 공공 연구소들에 대한 연구비 지원을 대폭 삭감하고 부족한 재원을 자체적으로 해결할 것을 요구했다. 대학 교판기업의 생성과 성장은 그에 대한 반작용이었다.

책 기조가 크게 바뀌었다. 1961년 대학이 운영하는 교판공장과 교판농장은 대거 폐쇄되었으며, 교육부는 대학들로 하여금 '무분별한 비(非)학술적 활동 참여를 자제할 것'을 요구했다(教育部科学技术司, 1999). 이 시기에 '자연과학 연구기구의 현재 업무에 관한 14개조 의견(关于自然科学研究机构当前工作十四条的意见)'(약칭 科学十四条)과 '교육부 직속대학 잠정업무조례(教育部直属高等学校暂行工作条例)'(약칭 高教六十条)가 제정되어, 과학기술자와 지식인도 직접적인 생산노동을 통해 사회주의 건설에 참여하라는 기존의 좌편향적 요구에 대한 수정이 시도되었다. 1962년 광주시에서 개최된 국가 과기공작회의에서는 이와 같은 기조 변화가 다시 한번 강조되었다(教育部科学技术司, 1999).

하지만 곧이어 문화대혁명(1966~1976년)의 시작과 함께 광주 과기공작회의의 결의 내용이 크게 비판받았으며, '과학14조(科学十四条)'와 '고교60조(高教六十条)'는 '자본주의의 복귀를 획책하는 검은 강령'으로 부정되었다(丁厚德, 2001). 문화대혁명 시기에는 교판공장 및 교판농장이 되살아났지만 대학 자체의 고등교육 및 학술연구 기능이 마비된 까닭에 첨단 지식의 산업화가 이뤄졌다기보다는 고등교육 및 학술연구의 희생 위에서 산업 활동이 분산적으로 수행되었다고 봐야 한다.

지식산업화 차원에서 교판기업이 주도적인 역할을 하기 시작한 것은 대학의 기능이 회복되고 시장화·분권화 개혁이 추진된 개혁개방 이후 시기, 좀 더 구체적으로는 고등교육 및 과학기술체제 개혁이 시작된 1985년 이후의 일이다.

7. 교판·원판기업 모델의 쇠퇴와 중국 국가혁신체제의 진화[19]

초기 교판·원판기업이 성공한 것은 모체인 유명 대학 및 연구기관의 과학기술 지식, 인재, 브랜드, 네트워크 등 유·무형 자산을 독점적으로 활용하며 중국 내 여타 민간 기업보다 유리한 위치에 설 수 있었던 데 기인하는 바가 크다. 그런데 1990년대에 기술 역량과 네트워크에서 뒤지지 않는 외자 기업들의 중국 진입이 늘고 중국 내 일반 기업들도 과학기술 지식을 활용할 수 있는 역량을 점진적으로 갖춰감에 따라 교판·원판기업의 독보적인 지위가 흔들리기 시작했다. 그런 상황 속에서, 대학 및 연구기관이 익숙하지 않은 기업 경영에 나섰다가 비즈니스 실패로 인해 본연의 교육 및 연구 활동 자체가 위협을 받는 사례들도 보고되기 시작했다. 더불어 '국가 전체를 위해 기여하도록 설립된 국·공립 대학 및 연구기관의 유·무형 자산을 특정 기업(산하의 교판·원판기업)이 영리행위에 독점적으로 활용하는 것은 부당하며, 이는 국유자산이 특정 기업으로 유실되는 것'이라는 문제제기가 힘을 얻게 되었다.

이와 같은 배경에서 중국 정부는 교판·원판기업 개혁에 나서게 된다. 교판기업 문제에 대한 정책적 논의는 1990년대 중반 이후 각 대학이 발간하는 학보 등을 매개로 하여 산발적으로나마 이뤄지기 시작했고 개별 대학 차원에서 해법을 모색하기도 했다. 하지만 중앙정부 차원에서 개혁의 청사진이 분명해진 것은 교육부가 2001년 12월 1일, '북경대학과 청화대학의 교

---

19 이 절은 은종학, 「교판기업 모델의 쇠퇴: 중국 국가혁신체제의 진화」, ≪중소연구≫, 제 33권 1호(2009), 93~120쪽; 은종학, 「중국의 脫추격적 산업발전에 대한 탐색: 한국의 관점에서」, ≪국제·지역연구≫, 제21권 4호(2012), 27~60쪽에 실린 내용 일부를 요약하고 새로운 내용을 보충한 것이다.

판기업 관리체계 시범적 규범에 관한 의견(关于北京大学清华大学规范校办企业管理体系试点指导意见)'을 공표하면서부터이다.

2001년 교육부 개혁안의 골자는 다음과 같다. 우선, ① 현대적 기업제도를 갖춘 '자산경영공사'를 설립하고,[20] ② 대학 내의 자산을 평가하여 비경영성 자산과 경영성 자산으로 구분한 뒤 경영성 자산을 모두 자산경영공사에 넘긴다.[21] 그리고 ③ 대학 내에 국유자산의 보전과 증식을 책임지는 '국유자산관리위원회'를 설치하여 이 위원회가 자산경영공사의 경영을 감독한다. ④ 자산경영공사는 개별 기업에 대해 투자하며 대학 지주회사와 같은 기능을 수행한다. ⑤ 자산경영공사는 개별 기업에 대해 투자한 만큼의 유한책임만을 부담함으로써 개별 기업의 부실이 대학으로 무한정 파급되는 것을 차단한다. ⑥ 대학은 자산경영공사를 통하지 않고 직접 기업경영에 개입하거나 투자하는 행위를 중지한다. ⑦ 대학으로부터의 투자 없이 단순히 대학 산하 기업으로 등록한 기업(挂靠企业)은 분리하고, ⑧ 개별 기업이 대학 명칭을 사용하는 것은 원칙적으로 금지한다. 이와 같은 개혁 내용을 개혁 이전과 대비시켜 간단히 도식화해 보면 〈그림 3-3〉과 같다.

북경대학과 청화대학을 시범으로 한 이와 같은 조치는 곧이어 교판·원판기업의 개혁안으로 전국에 확대 시행되었다. 2005년 10월 교육부가 발표한 '대학 과기 산업을 적극 발전시키고 관리를 규범화하기 위한 지도의견(积极发展,规范管理高校科技产业的指导意见)'은 교판기업 개혁의 전국적·본

---

20 현대적 기업제도를 갖춘다는 것은 '공사법(公司法)'에 따라 유한책임회사(有限责任公司)나 주식회사(股份有限公司)와 같은 체제를 갖춘다는 것을 의미한다. 자산경영공사는 구체적인 기업 명칭이기보다는 기업의 성질을 규정하는 것으로, 청화대학의 경우 청화대학지주회사(清华大学控股投资有限公司)가 이 대학의 자산경영공사가 된다.

21 비경영성 자산은 교학 및 연구에 활용되는 비영리성 자산을 의미하고, 경영성 자산은 영리행위에 활용 가능한 자산(특허 등)을 의미한다.

그림 3-3 **교판기업 개혁 이전과 이후의 국가 – 대학 – 교판기업 관계**

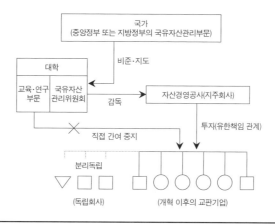

개혁 전

국가(중앙정부)

행정성 분권

지방정부

경제성 분권

사실상의
단위 소유제 향유

대학

단과대학

개별 학과

교
판
기
업

―――― 직접 지배·무한책임 관계

개혁 후

국가
(중앙정부 또는 지방정부의 국유자산관리부문)

비준·지도

대학

교육·연구
부문

국유자산
관리위원회

감독

자산경영공사(지주회사)

투자(유한책임 관계)

직접 간여 중지

분리독립

(독립회사)

(개혁 이후의 교판기업)

자료: 은종학(2009a).

격적인 시행을 알리는 것이었다.[22]

중국과학원도 대학의 교판기업 개혁과 같은 시기에 산하 연구소의 원판기업에 대한 개혁을 실시했다. 2002년까지 그들을 유한책임회사(有限責任公司)나 주식회사(股份有限公司) 체제로 변환하고, 2004년부터는 그들 기업의 지분을 민간에 매각하거나 민간의 투자를 받아 주식 소유를 다양화했다.[23] 이 시기에는 중국과학원에 대한 중앙정부의 재정지원이 다시 확대되어 중국과학원은 기초연구와 원천기술 개발에 집중할 수 있게 되었다.

위에서 살펴본 바와 같이, 교판·원판기업은 중국의 특수한 경제 환경 속에서 '경쟁우위(competitive advantage)'를 누렸으나 환경 변화 속에서 그 우위를 잃어가며 내재된 문제가 불거지자, 위와 같은 개혁조치와 더불어 이전 시대의 소명을 상당 부분 내려놓게 되었다. 실제로 교판기업의 개수는 1997년 6634개로 정점을 기록한 이후 2000년 5451개, 2003년 4839개, 2006년 3988개로 지속적으로 감소했다.

양적 변화보다 더 중요한 것은 1990년대 말을 전환점으로 하는 변화의 의미이다. 이와 같은 교판·원판기업의 변화는 중국의 국가혁신체제라는 더 큰 틀에서 다음과 같은 함의를 갖는다. 우선, 그것은 중국 대학 및 연구기관들이 1980~1990년대에 걸쳐 지식산업화를 위해 활용해 온 '수직적 통합 모

---

22 교판기업 개혁안은 대학 – 산하 기업 간의 관계를 재정립하는 것으로, 그 개혁 방식은 정부 – 국유 기업 간의 관계를 재정립하기 위한 개혁, 즉 국유 기업 및 국유 기업에 대한 지배구조 개혁에 응용될 수 있는 것이라는 점에서도 주목할 가치가 있다.

23 위 조치는 '중국과학원 산하 투자 기업의 사회화개혁 가속화에 관한 결정(中國科學院关于加快院, 所投资企业社会化改革的决定)'에 따라 시행되었다(中國科學院, 2004). 위 결정에 뒤이어 2006년에 발표된 후속 정책(中國科學院, 2006)에서는 중국과학원이 산하 기업에 대해 보유하고 있는 지분율을 2010년까지 단계적으로 35% 이하로 낮추는 것을 목표로 삼았다. 한편, 이처럼 지분을 일반에 매각하는 것을 '민영화'로도 볼 수 있지만 중국은 주식회사의 '공유제' 성격을 강조하기 위해 흔히 '사회화'로 칭한다.

델'의 부분적 해체 혹은 완화를 의미한다. 교판·원판기업은 중국 대학 및 연구기관들이 연구성과를 활용할 기업을 스스로 보유한 것, 다시 말해 산업생산 기능을 내부화(internalize)한 것이라 할 수 있다. 반면 개혁은 대학 및 연구기관과 산하 기업들 간의 수직적 고리를 깨고, 한몸이 되다시피 한 대학-교판기업(혹은 연구소-원판기업) 간에 일정한 방화벽을 두는 것이었다.

중국 정책 당국과 개별 대학·연구소들은 교판·원판기업 개혁 이후에도 대학의 지식산업화 노력 및 산학연계는 지속될 것임을 천명하고 실제로도 그리하고 있지만, 그것은 종전과 같이 대학·연구기관이 직접 기업을 지배하는 방식을 통한 것은 아니다. 교판·원판기업 모델이 점진적으로 사라지고 중국 국가혁신체제 내부에 구조적 변화가 생긴 것이다.

수직적 통합 모델의 완화는 중국 국가혁신체제가 좀 더 수평적·개방적 네트워크에 기반한 형태로 나아가는 길을 열었다. 종전에 중국 대학들은 교내 연구자에 의한 과학기술 성과를 교판기업에 우선적(심지어 배타적)으로 이전해 상업화함으로써 (해당 대학 산하의 교판기업이 아닌) 일반 기업들의 대학 과학기술 지식에 대한 접근권을 제한한 측면이 있다. 즉, 교판·원판기업은 수직적·폐쇄적 채널을 통해 지식산업화를 일궈내는 특징을 갖고 있었는데, 여기에 변화가 생겨난 것이다.

수평적·개방적 네트워크를 향한 변화는 지역 공간의 구성, 혹은 '지역혁신체제(Regional Innovation System: RIS)'에도 변화를 가져왔다.[24] 교판·원판기업은 특정 대학이나 연구기관이라는 '단위(單位)'가 그 외연을 기업에까지 확장한 것이었고, 그렇게 확장된 단위도 단위체제의 독특한 특성이라 할 수 있는 내적 통합성과 외적 배타성을 기본적으로 유지하는 것이었다.

---

24 지역혁신체제는 국가혁신체제와 비슷한 관점에서 혁신 시스템을 분석하되 그 공간적 범주를 국가가 아닌 특정 지역 혹은 다수의 국가를 포괄하는 대규모 지역으로 설정한다.

따라서 하나의 지리적 공간 안에서도 단위가 다르면 서로 간에 배타적 경계가 가로놓여 있었다.

일례로 교판기업 개혁 이전 북경대학 산하의 교판기업인 북대 팡정과 청화대학 산하의 교판기업인 청화 통팡은 배후의 대학으로부터 경영관리 및 기술 서비스를 공급받을 뿐, 두 기업 간에 관리자 및 기술자의 인적 이동은 매우 적었다. 이는 양사가 컴퓨터 및 부속기기 등 IT 하드웨어 생산을 위주로 하는 동종 업체일 뿐 아니라 지리적으로도 2km가 채 되지 않는 거리에 인접해 있음을 감안할 때, 단위체제의 폐쇄적 성격을 드러낸 것이다. 그러한 구체제의 폐쇄성은 교판·원판기업 모델의 변화 속에서 완화되었다. 더 개방적인 지식산업화 메커니즘으로 점진적으로 대체되면서 지역을 기반으로 하는 열린 수평적 네트워크가 더 발전할 수 있게 되었다.

필자는 2007~2008년 사이 중국 내 302개 기업에 대한 설문조사와 통계 분석을 통해 중국의 과학-산업 연계가 종전의 '수직적인 위계'에서 '수평적인 네트워크' 중심으로 변해가고 있음을 확인할 수 있었다(Eun, 2009a). 또한 뒤이은 연구에서는 일부 선도적인 중국 기업들은 대학의 연구성과를 적극적으로 흡수·활용하기 위해 체계적인 노력을 기울이기 시작한 것도 확인했다(은종학, 2012a).[25]

---

25 예컨대 중국의 대표적인 통신설비 제조업체 중 하나인 중싱통신(中兴通讯, ZTE)은 2009년 심천에 있는 본사에 '산학연 판공실'을 설립하고 대학과의 협력 연구를 더 본격적으로 추진했다. 서안(西安) 소재 중싱통신 연구개발중심의 허페이페이(賀菲菲) 기술합작 경리는 중싱통신의 산학 연계 실천 방식을 다음과 같이 구체적으로 밝히기도 했다. "우선 기업 내부의 기술적 수요, 예컨대 자체 연구개발에서 해결하지 못하는 문제 등을 수집하고, 이를 바탕으로 전국의 주요 대학과 협력 프로젝트 체결을 추진한다. 나의 경우, 같은 지역의 몇 개 대학을 묶어 순회방문하며 이와 같은 일을 1년에 4~5차례 정도 수행한다. 대학에서 얻은 유용한 정보는 사내 각 부문의 수석 엔지니어에게 전달해 협력의 여지를 탐색한다. 이와 같은 방식을 통해 1년에 3~4개 정도의 산학 연계를 만들어내고 있다"(은종학, 2012a).

한편, 대학과 중국과학원 같은 공공 연구기관이 지식산업화를 실천하기 위한 채널로서 교판·원판기업을 넘어 새로운 채널들을 개척하고 있음도 파악할 수 있었다. 일례로, 이공계 부문 중국 최고의 대학이라 할 수 있는 청화대학은 대학이 직접 경영해 온 교판기업을 개혁하는 한편 '대학-기업 합작위원회'를 설립하여 회원제 형식으로 일반 기업들에 기술이전과 컨설팅을 제공하고 있으며, 최근에는 이와 같은 수평적 연계를 좀 더 확대·강화하기 위해, 지방정부들과 협력하여 전국 여러 지역에 '연합연구중심'을 설립했다(은종학, 2012a).

또한 청화대학의 선도적 모색의 결과는 전국으로 확대되었다. 2011년 후진타오 총서기가 청화대학 개교 100주년 기념식 연설을 통해 밝힌 이른바 '2011 계획'[정식 명칭은 대학혁신능력제고계획(高等学校创新能力提升计划)]은 조건을 갖춘 대학들로 하여금 '협동혁신센터(協同创新中心)'를 설립하고 대학 내부뿐 아니라 외부의 연구소, 기업, 지방정부 및 국제 연구기관 등과도 협력하여 기술적 난제들을 해결할 것을 주문하고 있다. 실제로 2013년에 14개의 협동혁신센터가 설립되었고, 2017년까지 약 80개가 설립되었다(한중과학기술협력센터, 2017a: 74).

중국의 과학계와 산업계 간에 형성되고 있는 수평적 네트워크와 협동혁신센터는 네트워크로 얽힌 다수의 다양한 주체들이 함께 이루어내는 혁신, 이른바 '개방형 혁신(open innovation)'을 촉진할 수 있다는 점에서 앞으로도 지켜볼 만한 가치가 있다(Chesbrough, Vanhaverbeke and West, 2008; Likar, 2009; 탭스코트·윌리엄스, 2009).

위에 소개한 바와 같이, 대학이나 연구기관이 직접 기업을 설립·지배·운영하는 교판·원판기업 모델은 그 자체의 문제점과 그에 대응한 개혁 조치에 의해 점차 사라지게 되었다. 더 분명하게, 2015년 중국 공산당과 국무원이 공동으로 발표한 '체제 및 제도 개혁을 심화하고 혁신추동형 발전전략을 신속히 실시하는 것에 관한 의견(关于深化体制机制改革加快实施创新驱动发展战略的若干意见)'에서는 대학 및 연구기관이 더는 직접 기업을 창설하지 않고 그들의 과학기술 성과는 라이선싱 방식을 통해 대외에 이전하는 것을 원칙으로 한다고 정하기도 했다.

하지만 그렇다고 과학기술 연구의 주체들이 주도적인 역할을 하는 창업 자체가 위축된 것은 아니다. 좀 더 투명한 지배구조를 갖고 시장의 흐름에 더 기민하게 대응할 수 있는 (종전의 전형적인 교판·원판기업이 갖고 있던 수직 위계성과 폐쇄성을 극복한) 형태로 대학 및 연구기관발 창업 기업이 발전하고 있다.

특히 중국과학원은 대학의 연구 기능 강화 속에서도 여전히 중국의 전략적 연구를 다수 수행하고 있는 만큼 그러한 연구에 기초한 창업 기업들은 신산업 분야에서 두각을 나타내고 있다. 일례로 '중과합성유(中科合成油)기술유한공사'를 들 수 있다. 중과합성유는 중국과학원 산서(山西)메탄화학 연구소의 석탄액화기술 연구성과를 기반으로 2006년 설립되어 현재 북경 교외의 화이러우(怀柔)에 조성된 옌치(雁栖)고신기술창신기지에 자리 잡고 있는 기업이다.[26] 특기할 것은 중과합성유는 중국과학원이 아닌, 석탄액화 기술의 수요 기업인 내몽고 이타이(伊泰)집단이 최대주주(기술개발에 직접 참여한 개별 연구원들과 중국과학원의 지분 규모는 그다음이다)인 유한책임회사 라는 점이다. 즉, 수요처를 대변하는 기업 파트너의 요구에 민감하게 반응할 수 있도록 지분구조가 설계되어 있다.

종래의 교판·원판기업으로부터 진일보한 신세대 기업의 또 다른 예로는

---

26 북경시 북쪽 외곽에 위치한 화이러우에는 중국과학원이 주도하여 조성한 대규모 첨단과학연구플랫폼(국가중대과학기술플랫폼, 교차연구플랫폼, 과학-교육연계플랫폼 등)이 집중 조성되어 있기도 하다.

'아이플라이텍(iFLYTEK, 科大讯飞)'을 들 수 있다. 아이플라이텍은 안휘성에 소재한 중국과학기술대학(중국과학원 산하의 대학)의 연구성과를 바탕으로 1999년 교판기업으로 설립되었다가 이후 개조를 거쳐 2014년 주식회사 형태로 재편된 기업이다.

　아이플라이텍은 음성인식 분야에서 중국을 넘어 세계무대에서도 손꼽히는 선도 기업으로, 각종 기계에 인공지능(artificial intelligence: AI)이 폭넓게 활용되는 시대를 주도할 기업으로 주목받고 있으며, 같은 이유로 최근 미국으로부터 상당한 견제를 받고 있다.[27] 아이플라이텍의 최대주주는 음성인식 기술의 최대 수요처라 할 수 있는 중국 최대의 통신회사 중국이동통신집단공사이며, 종래 중국과학기술대학 내부의 지분은 대학 산하의 지주회사로 설립된 중과대(中科大)자산경영공사가 맡아 행사하고 있다.

27　미국 트럼프 행정부는 중국에 대한 압박을 강화하며 2019년 10월, 아이플라이텍을 포함한 인공지능 관련 중국의 첨단 기업[商汤科技(SenseTime), 海康威视(Hikvision), 大华科技(Dahua Tech), 北京旷视(Megvii), 依图科技(Yitu Tech), 颐信科技(Yixin Tech), 美亚柏科(Meiya Pico)] 8곳을 거래제한 기업으로 지정했다. 그에 따라 이 기업들은 미국 정부의 승인 없이는 미국으로부터 제품이나 기술을 수입할 수 없게 되었다. 하지만 그 시점에 이미 중국은 인공지능 분야의 독자적 연구개발 능력을 상당히 구축한 것으로 드러나(은종학, 2020b), 미국의 거래제한 조치가 이 분야에서 중국의 성장을 얼마나 저지할 수 있을지는 불투명하다.

제4장

중장기 과학기술 정책과 혁신지원 제도

1. 중국 정부의 과학기술정책: '중장기 과기계획(2006~2020)'을 중심으로

앞 장에서 우리는 중국과학원을 위시한 공공 연구기관과 대학, 그리고 그들이 설립을 주도하는 기업들이 주인공 역할을 하는 중국 과학기술 혁신 체제를 살펴보았다. 이 장에서는 혁신 주체의 활동을 촉진하고자 하는 중국 정부의 정책과 중국 내 혁신을 견인하는 다양한 제도와 환경에 대해 좀 더 폭넓게 살펴보고자 한다.

개혁개방 이후 중국은 사회주의 계획경제체제를 벗어나 시장 메커니즘을 도입·확대했고, 20세기에서 21세기로 넘어가는 시점에 혁신에 대한 현대적 이해를 수용하고 그를 지향했다. 즉, 혁신이란 단선적·일방향적이지 않고, 복잡한 사회경제 시스템 속에서 다양한 주체들이 쌍방향으로 상호작용하고 그를 뒷받침하는 제도가 갖춰져야 함을 인식하고 그를 향해 본격적으로 노력하기 시작한 것이다.[1]

그 시점에 입안되고 추진된 중국의 가장 대표적인 과학기술정책이 '국가 중장기 과학기술발전계획요강(2006~2020)[国家中长期科学和技术发展规划纲

要](2006~2020)'(이하 '중장기 과기계획'으로 약칭)이다. '과학발전관(科学发展观)', '자주적 혁신(自主创新)'을 기치로 내건 후진타오 총서기 시절(2002~ 2012년) 중국은 다양한 과학기술 혁신정책을 내놓았지만, 그들을 아우르는 가장 포괄적인 정책이 바로 이 중장기 과기계획이었다.

특히 중장기 과기계획은 중앙정부 차원뿐 아니라 각 산업 및 지방에서 각자의 버전으로 구체화되고 15년에 걸쳐 추진되어 21세기 초반 혁신을 지향하는 중국의 과학기술체제를 조형하는 데 큰 역할을 했다는 점에서 의미가 크다. 또한 중장기 과기계획은 후진타오에서 시진핑으로의 정권 교체가 이뤄진 이후에도 중국 과학기술 및 혁신 관련 정책의 핵심 기조로서 그 위상을 유지했다.[2] 이에 아래에서는 이를 중심으로 중국 정부의 과학기술 정책을 살펴보고자 한다.[3]

중장기 과기계획은 2020년까지 자주적 혁신 능력의 강화, 기초과학 및 첨단기술 분야의 종합적 실력 강화, 세계적으로 영향력 있는 과학기술 성과

---

1 사회주의 계획경제는 '시장'을 상정하지 않기에 '무언가 새로운 것을 시장에 도입하여 성공을 거두는 것'으로 정의되는 현대적 개념의 혁신과 다소 거리가 있다. 물론 '과학적 연구성과를 기술적으로 응용하여 사회경제에 공헌한다'는 유사(類似) 혁신론은 사회주의권에서도 가능하다. 실제로 사회주의 계획경제체제는 과학적 지식이 산업적으로 응용되기까지의 과정을 상정하고 그 과정 속 각 지점에 필요한 기능을 다양한 기관으로 하여금 담당케 했다. 하지만 혁신이 그렇게 단선적·일방향적으로 이뤄질 수 있다는 생각은 오류였음이 여러 나라의 경험 속에서 확인되었고, 오늘날 혁신이론가들은 대부분 그러한 생각, 이른바 혁신에 관한 '선형모델(linear model)'을 부정하고 있다.

2 시진핑은 개혁개방을 심화하겠다는 정책적 모토를 내세우며 2012년 집권했는데, 같은 해 발표된 '과기체제개혁 심화와 국가혁신체제 건설 가속화에 관한 의견(关于深化科技体制改革加快国家创新体系建设的意见)'은 중장기 과기계획의 핵심 기조를 거의 그대로 계승하고 있다.

3 중장기 과기계획에 관한 이 절의 서술은 은종학, 「중국 과학기술의 발전 추세 및 구조」, 이장규 엮음, 『중국의 부상에 따른 한국의 국가전략 연구2』(서울: 대외경제정책연구원, 2009), 645~701쪽을 참조했다.

의 획득, 혁신형 국가(創新性国家)의 건설 등을 정책 목표로 제시하고 있다.

좀 더 구체적으로는 다음을 세부 목표로 천명하고 있다. ① 제조업 및 IT 산업의 기술수준을 세계 선진 수준에 근접시키고, ② 농업 분야 과학기술의 발전을 통해 농업의 종합적 생산 능력을 제고하고 식품안전을 달성하며, ③ 에너지 개발 및 절약 기술 향상을 통해 단위 GDP당 에너지 소모량을 세계 선진 수준에 근접시키고, ④ 중점 산업과 도시 지역에서 친환경 순환경제를 실천하며, ⑤ 중대 질병의 방지 수준을 급속히 높이며 신약개발과 의료기기 연구개발 및 제조 수준을 제고하고, ⑥ 현대식 무기와 설비를 자주적으로 연구 개발할 능력을 갖추고 정보화를 촉진함으로써 국방 능력을 제고하며, ⑦ 세계적 수준의 과학자와 연구진을 육성해 과학기술발전의 주된 영역에서 영향력 있는 성과를 거두고, 특히 정보기술, 생물, 신재료, 우주항공 분야에서 세계 선진 수준에 도달하며, ⑧ 세계 일류 수준의 연구기관과 대학을 육성하고 기업 역시 국제경쟁력을 갖춘 연구기관을 보유케 함으로써 중국 특색의 국가혁신체제를 완성한다는 것이다.

또한 중장기 과기계획안의 '중점 영역 및 우선 주제'는 중국 사회의 긴급한 필요(수요)에 조응하고, 비교적 짧은 기간 내에 도달 가능한 기술 영역이면서, 산업 및 국방 분야의 경쟁력 강화에 도움이 되는 것으로 68개를 선정하고 있다. 이는 11가지 세부 영역으로 구분되며 각 영역 내 중점 사업은 〈표 4-1〉과 같다.

이러한 계획 내용은 중국의 현 상황 속에서 이미 존재하거나 머잖은 미래에 생겨날 것으로 예측되는 사회적·경제적 문제점들의 해법을 찾는 기술 개발에 우선순위를 두고 있음을 보여준다. 더불어, 이는 중국 내에 현존하는 사회적·경제적 문제와 병목이 곧 혁신의 기회일 수 있음을 시사한다.

그렇다고 중국의 중장기 과기계획이 응용연구에 국한된 것은 아니다. 중장기 과기계획은 '세계적 기술발전 방향'과 '신흥 산업의 형성과 발전'에 인

표 4-1 중장기 과기계획의 중점 영역

1. 에너지: 석탄 청정 고효율 활용 기술, 석유 가스 자원 탐사, 원자력 발전, 연해 및 서부 내륙 지역
   에서의 풍력 발전, 태양열·생물질 등 대체 에너지 개발
2. 수자원과 광산자원: 운하 건설, 해수 담수화, 자원탐사 기술 및 관련 굴착 장비 등
3. 환경: 오염 지역 생태 복원 및 모니터링
4. 농업: 환경친화적 비료, 가축 질병 예방 및 치료, 우량품종의 개발, 농산품 가공, 농업 기계 개발
5. 제조업: 기계, 부품 및 재료 기술, 해양개발 장비 등
6. 교통: 지능형 교통 관리 시스템, 철도, 선박
7. 정보 및 현대적 서비스 산업: 집적회로, 이동통신, 소프트웨어, 지식집약 생산자 서비스
8. 인구 및 건강: 중의약 현대화 등
9. 도시화: 도시 종합관리 기술
10. 공중 안전: 지진, 태풍, 홍수, 테러 등 자연재해 대처
11. 국방 분야: 자세한 내용 미공개

자료: 은종학(2009b).

솔 작용을 할 것으로 판단되는 신기술 연구에도 박차를 가하고 있다. 이와
관련해 중장기 과기계획은 8대 기술영역을 명시하고 있다. ① BT, ② IT,
③ 신소재 기술, ④ 초소형, 초대형, 초강력 자기장 등 극단적 조건하의 선
진적 제조 기술, ⑤ 제4세대 원자력 등 에너지 기술, ⑥ 해양 환경 모니터링,
선박, 해양 자원 개발 등 해양 기술, ⑦ 레이저 기술, ⑧ 우주 기술 등이 그
것이다.

　더불어 중국은 미래에 대한 전략적 고려 위에서 대형 항공기의 개발, 인
공위성 및 유인 우주선 발사, 달 탐사 기술 개발을 추진하고, 단백질 연구,
양자(量子) 통제 연구와 같은 중장기적 과학연구 과제에도 도전했다.

　위에서 본 바와 같이, 중국 정부의 과학기술 발전정책은 중국 사회의 현
실적 수요에 조응하고 있을 뿐 아니라, 세계적 기술발전 방향과 중국의 미
래전략도 고려하고 있으며, 포괄하는 학문 영역 또한 매우 광범위하다. 적

어도 과학기술과 관련한 중국 정부의 정책적 관심 목록에서 눈에 띄는 빈 자리 혹은 틈새(niche)는 쉽게 발견되지 않는다. 이는 중국이 아예 추진하지 않는 어떤 과학기술 분야를 한국이 찾아내어 그에 특화한다는 틈새전략이 현실성을 갖지 못할 것임을 시사하는 것이기도 하다.

한편 중장기 과기계획은 중앙 재정에 의한 과학기술투자 증가율을 재정 수입 증가율보다 항상 높게 유지하기로 했다. 부분적으로 그에 힘입어 2006년 당시 중국의 GDP 대비 R&D 지출은 1.39%였는데 10년이 지난 뒤 2017년에는 2.15%로 선진국 중 일부(영국, 캐나다, 이탈리아, 스페인) 국가들보다도 높은 수위에 다다르게 되었다(2017년 기준 유럽 28개국의 평균은 1.96%임). 해당 시기 중국의 GDP 성장속도가 상당했는데도 그보다 더 빠른 R&D 지출 증가로 R&D/GDP 비율이 향상된 것은 주목할 만하다.

R&D 투자에 있어 정부의 역할 강화는 1985년 과학기술체제 개혁을 통해 과학기술활동에 대한 정부의 직접적인 재정지출을 줄이는 한편 시장 메커니즘을 통한 재원의 분배를 강화했던 기존의 정책 기조를 뒤집는 것이라는 점에서도 주목할 만하다.[4] 이처럼 R&D 분야에서 정부 재정지출의 비중을 늘리는 쪽으로의 정책 기조 전환은 미국과 같은 선진 시장경제 국가의 경우에도, 적어도 1990년 이전에는, 과학기술투자에 있어서만큼은 정부의 전략적인 지원이 매우 큰 비중을 차지했다는 인식을 바탕으로 한다. 이는 개혁개방 이후 지속된 '시장화' 기조에 '전략적 고려'가 새로이 가미된 것으로, 체제 전환 개발도상국의 시장화 개혁정책이 전략대국(戰略大國)을 지향하는 정책으로 진화했음을 보여준다. 더불어 이는 WTO 가입 이후 중국 정

---

4   실제로 중국의 전체 R&D 지출에서 정부 재정에 의한 지출 비중은 1980년대 중반 이른바 '재정지원 제도(撥款制) 개혁'으로 인해 1990년 54.9%, 1995년 50.0%, 2000년 33.4%, 2003년 29.9%로 지속적으로 하락했다(丁厚德, 2001).

부가 취할 수 있는 특정 산업 육성정책의 수단이 제한된 상황에서, R&D 투자 강화와 같은 과학기술 정책을 자국 경제의 경쟁력 강화를 위한 산업정책(industrial policy) 수단으로 활용할 것임을 드러낸 것이기도 하다.

흥미로운 점은 중장기 과기계획이 개발도상국적인 특징도 함께 갖고 있다는 사실이다. 중장기 과기계획에 이어 발표된 중공중앙과 국무원의 문건은, '자주적 혁신'은 원천기술을 스스로 개발하여 이뤄내는 혁신(原始创新)뿐 아니라, '조합혁신(集成创新)', '수입 기술의 소화-흡수-재혁신(消化吸收再创新)'을 모두 포괄하는 개념이라 명시하고 있다(中共中央·国务院, 2006). 특히 조합혁신과 수입 기술의 소화-흡수-재혁신에 대한 강조는 중장기 과기계획이 중국의 개도국적인 특징을 반영하고 있음을 보여준다. 수입 기술의 소화-흡수-재혁신은 수입 기술을 모방하는 데서 시작해 차츰 디자인과 기술에서 독자적인 기술 역량을 확보하는 것으로, 과거 일본, 한국, 대만 등에서 시행된 전형적인 기술 추격전략이기 때문이다.

요컨대, 중장기 과기계획으로 드러난 중국의 과학기술 혁신전략은 외자기업에 대한 과도한 의존에서 벗어남으로써 라틴아메리카 국가와 같은 종속적 발전을 답습하지 않고, 미국과 같은 전략대국의 과학기술 정책을 추구하되, 동아시아 국가들의 성공적인 기술 추격 경험을 참고하겠다는 것이다.

뒤에서 좀 더 자세히 살펴보겠지만, 중국은 위와 같은 중장기 계획을 통해 자국의 과학 역량을 크게 키웠고, 이를 산업 고도화의 밑거름으로 삼았다. 2010년부터 추진된 '7대 전략적 신흥 산업 육성계획'과 2015년부터 추진된 '중국제조 2025'도 그 토대 위에서 이뤄질 수 있었다. 2017년부터 중국 과학기술부 주도로 추진하고 있는 '과기창신(科技创新) 2030' 계획도 그 연장선상에 있다. 〈표 4-2〉에서 보는 바와 같이, '과기창신 2030'은 전자·정보통신, 선진제조, 에너지환경, 농업, 생물·건강, 우주항공·해양 분야에 걸쳐 16개의 중대 프로젝트들을 아우르고 있다. 이들은 기존 중장기 과기

표 4-2 **과기창신 2030과 중장기 과기계획(2006~2020)**

과기창신 2030 중대 프로젝트	영역	중장기 과기계획의 토대
① 양자통신 및 양자컴퓨터 ② 국가 네트워크 보안 ③ 천지(天地) 일체화 정보 네트워크 ④ 빅데이터(big data) ⑤ 차세대 인공지능	전자·정보통신	① 핵심 전자기기·칩·소프트웨어 ② 반도체 제조장비 및 제조기술 ③ 광대역 무선이동통신
⑥ 항공기 엔진 및 가스터빈 ⑦ 스마트 제조 및 로봇 ⑧ 주요 신재료 연구 및 응용	선진제조	④ 대형 항공기 ⑤ 수치제어선반 및 제조장비
⑨ 석탄 청정·고효율 이용 ⑩ 스마트 그리드(smart grid) ⑪ 북경 - 천진 - 하북 수도권 환경종합관리	에너지환경	⑥ 석탄 청정·고효율 이용 ⑦ 수질오염 통제 및 처리 ⑧ 가압수형 및 비등수형 원자로
⑫ 식물, 동물, 미생물 신품종 개발	농업	⑨ 유전자 전환 생물신품종 개발
⑬ 뇌인지과학 ⑭ 건강	생물·건강	⑩ 신약제조 ⑪ 에이즈·간염 전염병 예방치료
⑮ 심우주탐사 및 궤도비행체 관리 시스템 ⑯ 심해정거장	우주항공·해양	⑫ 고해상도 관측 시스템 ⑬ 유인유주선 및 달 탐사

자료: 科学技术部(www.most.gov.cn) 공시자료들을 바탕으로 필자가 정리.

계획에서 추진해 오던 것을 심화·확대하는 한편, 네트워크, 빅데이터, 인공지능, 뇌인지과학 등 새로운 과학의 비전을 추가로 반영한 것이다. 더불어 중국 정부는 2019년부터 중장기 과기계획(2006~2020) 종료 이후 그를 이어 갈 후속 계획, 즉 '국가 중장기 과기발전계획(2021~2035)'의 준비 작업에도 착수했다(科学技术部, 2019.6.25).

그런데 기존 중장기 과기계획이 마무리 단계에 접어든 2018년, 미국의 트럼프 행정부는 대중 공세를 강화했다. 미국 무역대표부는 중국의 소화-흡수 -재혁신 추구를 'IDAR 접근(Introduce-Digest-Absorb-Re-innovate approach)'이라고 부르며 이를 부당한 기술 획득 행위로 간주했다(USTR, 2018a, 2018b). 그러면서 중국산 수입품에 고율 관세를 부과해 미중 무역마찰을 고조시켰다.

하지만 좀 더 중립적으로 보면, 소화-흡수-재혁신은 개발도상국 일반에 권고할 만한 추격과 성장의 경로이기도 하다. 미국 트럼프 행정부도 이 점을 완전히 부정하기는 어려워, '작은 규모의 개발도상국에서나 용인될 수 있는 것'으로 IDAR 접근의 허용 범주를 좁히고, 그 범주를 넘어선 중국에 대해 문제를 제기하는 것으로 보인다. 어찌 보면, 2018년에 본격화된 미국의 대중 공세는 그 이전 십수 년에 걸친 중국의 성공적인 약진을 반증하는 것이라 할 수 있다. 물론 그것이 미래의 성공까지 보증할 수 있는 것은 아니지만 말이다.

2. 중국의 과학대국화와 그 이면

중국은 중장기 과기계획 등 정부의 적극적인 역할 속에 과학연구 부문이 크게 확대·강화되었다. 이 같은 사실은 세계적인 과학기술 학술지(이른바 SCI 등재 학술지)에 중국의 연구자들이 얼마나 많은 과학기술 연구논문을 싣고 있는지를 살펴봄으로써 확인할 수 있다.

필자가 직접 WOS(Web of Science) 데이터베이스를 검색·분석한 바에 따르면, 중국의 과학기술자들은 2002년에 출간된 SCIE(Science Citation Index Expanded) 등재 학술지 내 총 73만여 편의 과학기술 논문 중 5.24%만을 생산했는데, 그 비중이 2007년 9.95%, 2012년 15.19%, 2017년 23.58%로 급속히 확대되었다(〈표 4-3〉 참조). 이 기간 중 내내 세계 1위의 자리를 지킨 미국의 비중은 2002년 30.39%에서 2017년 23.98%로 점진적으로 낮아졌다. 〈표 4-3〉에 따르면 중국은 이미 2007년부터 세계 2위의 자리에 올라섰으나 1위인 미국과의 격차는 그때 이후 지속적·가속적으로 축소되었고, 2017년에는 1, 2위 사이의 격차가 거의 없어졌다. 그리고 급기야 2018년에는 총 147만 113편의 SCIE 논문 중 중국의 비중은 25.70%, 미국의 비중은 23.38%로, 20세기 이래 처음으로 중국이 미국을 추월했다(은종학, 2020a).[5]

표 4-3 SCIE 등재 학술지에 실린 과학기술 논문의 국가별 비중

	2002년 (총 73만 4200여 편)		2007년 (총 93만 900여 편)		2012년 (총 118만 4800여 편)		2017년 (총 139만 9700여 편)	
순위	국가	비중(%)	국가	비중(%)	국가	비중(%)	국가	비중(%)
1	미국	30.39	미국	28.13	미국	25.76	미국	23.98
2	일본	9.92	중국	9.95	중국	15.19	중국	23.58
3	독일	8.72	일본	7.88	독일	7.37	독일	7.02
4	영국	7.00	독일	7.77	일본	6.24	영국	6.08
5	프랑스	6.33	영국	6.41	영국	5.86	일본	5.41
6	중국	5.24	프랑스	5.63	프랑스	5.24	프랑스	4.85
7	이탈리아	4.44	이탈리아	4.54	이탈리아	4.33	인도	4.54
8	캐나다	4.13	캐나다	4.43	캐나다	4.30	이탈리아	4.28
9	러시아	3.42	스페인	3.55	한국	3.98	캐나다	4.13
10	스페인	3.23	인도	3.40	인도	3.96	한국	3.96
11	호주	2.68	한국	3.07	스페인	3.93	호주	3.73
12	인도	2.54	호주	2.85	호주	3.30	스페인	3.64
13	네덜란드	2.44	러시아	2.65	브라질	2.93	브라질	3.13
14	한국	2.34	브라질	2.44	네덜란드	2.48	러시아	2.53
15	스웨덴	2.00	네덜란드	2.35	러시아	2.27	이란	2.47
16	스위스	1.79	대만	2.00	대만	2.12	네덜란드	2.38
17	브라질	1.71	스위스	1.83	이란	2.02	스위스	2.02
18	대만	1.54	터키	1.82	터키	1.95	터키	1.89
19	폴란드	1.52	스웨덴	1.76	스위스	1.93	폴란드	1.86
20	벨기에	1.37	폴란드	1.67	폴란드	1.79	스웨덴	1.77
21	이스라엘	1.23	벨기에	1.37	스웨덴	1.70	대만	1.62
22	터키	1.18	이스라엘	1.06	벨기에	1.39	벨기에	1.36
23	스코틀랜드	1.13	스코틀랜드	1.04	덴마크	1.08	덴마크	1.21
24	덴마크	1.01	오스트리아	0.96	오스트리아	0.99	오스트리아	1.04
25	오스트리아	1.00	덴마크	0.96	스코틀랜드	0.96	멕시코	1.01

주: 국가별 구분은 논문 저자의 소속기관이 어느 나라에 위치하고 있는지를 기준으로 함.
자료: Web of Science(www.webofknowledge.com) 검색·정리.

---

5 중국은 PCT(Patent Cooperation Treaty)를 통한 국제 특허 출원에서도 2019년 역사상 처음으로 미국을 추월해 세계 1위 자리에 올랐다. 2019년 중국의 PCT 특허 출원은 전년 대비 10.6% 증가한 5만 8990건이었으며, 미국은 전년 대비 2.8% 증가한 5만 7840건이었다. 기업별로도, PCT 특허 출원이 가장 많은 10대 기업 중 4개가 중국 기업[1위 화웨이(통신설비), 5위 오포(OPPO, 스마트폰), 6위 BOE(디스플레이), 8위 평안과기(인공지능, 원격의료 등)]으로 다른 상위 국가들(미국, 일본, 독일, 한국)보다 많았다(WIPO, 2020).

적어도 과학연구 성과의 양적 측면에서는 그러하다.

여기에서 본 바와 같이, 중국은 적어도 과학기술 연구에 있어서는 '대국' 이 되었다. '적어도'라는 유보를 둔 이유는 연구의 양적 성과가 곧바로 그 나라의 혁신성이나 산업경쟁력의 잣대가 되는 것은 아니기 때문이다. 전자에서 후자로 변환하기 위해서는 혁신의 주인공이라 할 수 있는 기업의 역할이 남아 있다. 그에 관해서는 이 책 제8장 이후에서 더 상세히 논할 것이다.

중국 과학기술 연구 역량의 팽창, 즉 '과학대국화'에 대한 높은 평가를 유보하는 또 다른 요소가 있다. 바로 중국 과학계의 부정과 부패이다. 과학적 진보가 순수한 호기심에 의해 추동되기보다, 국가적 사업으로 추진되고 그에 참여한 과학기술자들에 대한 보상과 평가로 이어지는 세상의 제도적 허점에서는 부정과 부패가 싹트기 쉽다.

중국 과학계의 부정·부패에 관한 본격적인 문제제기는 2010년에 터져 나왔다. 문제제기의 주체는 중국 최고의 두 대학인 청화대학과 북경대학의 생명과학대학 학장직을 각각 맡고 있던 스이궁(施一公)과 라오이(饒毅) 교수였다. 그들은 미국에서 촉망받는 과학자로 활동하다 각각 2007년과 2008년에 귀국한 A급의 젊은 인재였다. 그런데 이들이 공저자로 2010년 9월 세계 저명 과학학술지인 ≪사이언스≫에 중국 과학기술계의 부패를 신랄하게 비판하는 논평을 실었던 것이다.[6]

미국 프린스턴대학교 최연소 종신교수인 스이궁과 미국 노스웨스턴대학교에서 교수로 재직하던 라오이가 2007년 이후 잇달아 청화대학과 북경대학에 입성하면서 중국 언론은 (해외에서 자리 잡지 못한 2류 과학자가 아니라)

6　스이궁·라오이가 제기한 중국 과학 스캔들에 관한 내용은 은종학, 「중국의 脫추격적 산업발전에 대한 탐색: 한국의 관점에서」, ≪국제·지역연구≫, 제21권 4호(2012), 27~60쪽에서 발췌·재정리했다.

세계 최고 수준의 중국인 과학자를 국내로 유치한다며 들떴고 이를 강화된 중국의 인재 흡인력으로 해석했다(仲玉维, 2011.8.22).

그런 그들이 2010년 9월 《사이언스》에 실은 글에서, 중국 정부의 과학 기술 연구 프로젝트 지원 기금이 매년 20% 이상씩 증대함에도 불구하고 기대한 만큼의 성과가 없는 것은 연구비 지원 대상을 선정하는 과정에 문제가 만연하기 때문이라고 주장했다.[7] 특히 정부 관료와 긴밀한 '관시(关系)'를 맺고 있는 소수의 과학기술계 인사가 정부의 연구비 지원 가이드라인을 정하는 위원회에 들어가 특정 연구팀에 유리한 가이드라인을 정해, 결과적으로 '국가의 필요'나 연구진의 연구수행 능력이 아닌 '특정 집단의 필요'에 따라 연구비가 배정되는 문제를 지적했다. 나아가 이들은, 이와 같은 나쁜 관습 혹은 불건전한 문화가 재원을 낭비하고 연구자의 혼(spirit)을 더럽히고 혁신을 위축시킨다고 주장했다. 특히 스이궁과 라오이는 선진국에서 교육을 받은 귀국 과학자들조차도 중국의 환경에 빠르게 적응하여 불건전한 문화를 지속하고 있다고 지적함으로써, 해외 과학자의 귀국 증대만으로 자연스레 해결될 문제가 아님을 시사했다(Shi and Rao, 2010: 1128).

그리고 2011년 8월, 라오이가 중국 과학기술자들의 최고 영예라 할 수 있는 중국과학원 '원사' 중간 심사에서 떨어지자 "낙선의 원인은 비학술적인 이유일 것이며 자신은 다시는 원사 지원신청을 하지 않겠다"라고 공개 선언했는데, 이는 중국 과학기술계뿐 아니라 대중 사이에서도 또 한 번의 큰 파장을 불러일으키며 스캔들로 비화했다. 스이궁과 라오이가 제기한 문제 및 원사 선정과 관련된 스캔들은 중국 과학기술 연구가 비록 양적으로

---

7 중국 과학계의 연구성과에 대한 스이궁과 라오이의 2010년 평가는 다소 인색한 것이었다고도 볼 수 있다. 중국의 과학기술 성과가 기대 이상이라는 평가를 하는 이 또한 많았기 때문이다.

는 성장했지만 그 내용적·질적 측면에서는 여전히 상당한 문제점을 갖고 있음을 웅변하는 것이었다. 부패의 문제가 하루아침에 사라지긴 어렵다. 하지만 필자의 분석에 따르면, 스이궁과 라오이가 제기한 중국 과학계의 문제는 완화되고 있을 가능성이 있다. 그 한 가지 방증은 아래와 같다.

≪사이언스≫에 실은 글에서 스이궁과 라오이는 중국 과학기술 연구기금 배분상의 부패를 신랄하게 비판하면서도 '국가자연과학기금(Natural Science Foundation of China: NSFC)'에 대해서는 좋은 평가를 내렸다. 수많은 과학기술자들의 연구 제안과 그들 간의 경쟁, 해당 분야 전문가들의 평가(peer review)를 거쳐 지원 대상을 최종 선정하는 국가자연과학기금의 상향식(bottom-up) 선정방식은 소수의 실력자가 영향력을 행사하는 여타 하향식(top-down) 선정방식의 정부 주도 프로그램에 비해 부패의 소지를 줄이기 때문이다.

그런데 통계를 살펴보면, 중국 정부가 과학기술 연구에 투입하는 재원 중 국가자연과학기금을 통해 지원하는 비중이 2008년 이후 여타 프로그램에 의한 것보다 상대적으로 증가하기 시작했다(〈그림 4-1〉 참조). 다시 말해, 2010년 9월 스이궁과 라오이가 문제를 제기한 시점에는 이미 그들이 제안한 방향으로 본격적으로 변화가 시작되었던 것이다. 따라서 그들의 기여는 변화를 처음 만들어냈다기보다는 그 변화를 더욱 공고화하고 가속화한 데서 찾아야 한다.

〈그림 4-1〉에서 드러난 변화의 추세를 좀 더 살펴보면 다음과 같은 사실도 확인할 수 있다. 2005년까지만 해도 국가자연과학기금보다 더 큰 예산을 주물렀던 '863계획'은 2008년 이후 그 증가세가 둔화되었다. 비록 스이궁과 라오이가 명시하지는 않았지만 863계획은 예산 배분에 문제가 많은 하향식 과기육성 프로그램의 대표격이었다.[8]

한편 '기술적 난관을 돌파한다'는 뜻으로 과거 '과기공관계획(科技攻关计划)'이라 불리다 2006년 이후 '과학기술의 힘을 빌려 사회경제적 문제를 해

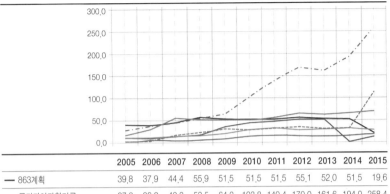

그림 4-1　중국의 주요 과학기술 연구지원 프로그램　　　　　　　　　　　　단위: 백만 위안

	2005	2006	2007	2008	2009	2010	2011	2012	2013	2014	2015
― 863계획	39.8	37.9	44.4	55.9	51.5	51.5	51.5	55.1	52.0	51.5	19.6
-· 국가자연과학기금	27.0	36.2	43.3	53.5	64.2	103.8	140.4	170.0	161.6	194.0	258.4
― 973계획	10.0	9.7	12.9	15.0	18.9	27.1	30.9	26.7	28.2	29.9	26.8
― 국가중대과학연구 계획	0.0	3.7	3.5	3.9	7.0	12.8	14.0	13.2	12.2	13.5	16.6
― 과기공관/과기지탱계획	16.2	28.8	54.2	50.6	50.0	50.0	55.0	64.2	61.2	65.1	69.5
-- 국가중점실험실건설	1.3	2.1	16.0	21.6	29.1	27.5	29.6	33.7	28.9	30.4	114.8
― 과기형중소기업 기술창신기금	9.8	8.4	12.5	16.2	34.8	42.9	46.4	51.1	51.2	0.0	11.3

주: 2012년 기준 연 10억 위안 이상의 재원이 투입되는 프로그램만 추출하여 정리.
자료: 国家统计局·科学技术部 编(각 연도).

결한다'는 뜻을 더해 '과기지탱계획(科技支撑计划)'으로 이름을 바꾼 프로그
램이 863계획보다 더 많은 예산을 지원받게 되었다. 이는 과학기술이 사회
경제적 수요에 더 적극적으로 조응하여 혁신에 실질적으로 기여하게 하겠
다는 (중장기 과기계획에도 피력된) 중국 당국의 의지가 담긴 것으로 해석할
수 있다. 2008년 이후 과기형중소기업 기술창신기금이 확대된 것도 눈에

8　　참고로 863계획은 1986년 3월 개시된 국가하이테크연구발전계획(国家高技术研究发展
　　计划)을 지칭하는 것으로, 1983년 미국의 전략방어계획(Strategic Defense Initiative: SDI,
　　세칭 Star Wars 계획)과 1985년 유럽의 Eureka(European Research Coordination Action)
　　계획 등에 자극받아 생겨난 것이다.

띤다. 앞서 언급한 국가자연과학기금과 더불어 이런 '기금'의 역할이 증대된 것은 예산 배분에 있어 제3자적 시각을 가진 전문가들의 판단을 존중하고 공정성과 민주성을 강화하고자 했던 노력으로 볼 수 있다.

한편, 2012~2013년은 후진타오에서 시진핑으로 정권이 교체된 시기인데, 시진핑의 새 정부는 기존의 과학기술 지원 프로그램에 대한 재검토를 거쳐 국가자연과학기금을 통한 지원은 계속 키워가는 한편, 국가중점실험실건설에 예산 지출을 확대하고 과기형중소기업 기술창신기금을 재편하는 조치를 취한 것을 확인할 수 있다.

실제로 시진핑 정부는 2014년 12월, 중앙정부 예산으로 집행되는 기존의 다양한 과학기술 프로그램을 아래 5가지로 통폐합하는 것을 골자로 하는 '중앙재정과기계획(전문프로젝트, 기금 등) 관리개혁에 관한 방안(关于深化中央财政科技计划(专项, 基金等)管理改革方案]'을 내놓았다. ① 국가자연과학기금(주요 임무: 기초과학 연구 및 원천적 혁신 능력 강화를 지원), ② 국가과기중대(重大) 전문프로젝트(전략적으로 중요한 과학기술 연구개발을 위해 전국의 역량을 모으고 협력하는 것을 지원),[9] ③ 국가중점연구개발계획[사회공익, 산업경쟁력 및 혁신 능력, 국가안보를 위해 중대한 과학연구를 지원: 기존의 863계획(국가하이테크연구발전계획), 973계획(국가중점기초연구발전계획), 과기지탱계획, 국제과기합작 교류 전문프로젝트, 산업기술연구개발자금 등을 통폐합], ④ 기술혁신유도 전문프로젝트(모험과 혁신에 따르는 위험을 감수할 수 있도록 창업, 과기성과의 이전 및 산업화를 지원), ⑤ 기지와 인재 전문프로젝트(각 곳의 과학기술혁신기지 조성, 과기자원의 공유, 유능한 인재의 과학연구를 지원)이다.[10] 그리고 정

---

9 이와 관련하여, 프로젝트의 수는 되도록 줄이고 그 프로젝트에 최대한 역량을 집중할 것을 요청하고 있다.

10 이에는 과학기술부가 관리하던 국가중점실험실, 국가공정기술연구중심, 국가발전및개혁

부는 그 기능을 축소하고 간소화하며, 특히 기술혁신 유도 전문프로젝트는 기업이 주인공 역할을 하도록 독려하기로 했다.

이상에서 살펴본 바와 같이, 중국은 과학기술 예산 배분 메커니즘을 개선해 왔다. 물론 그간의 노력만으로 중국 과학기술 연구자들의 정직성과 진정성이 완전히 확보되었다고 볼 수는 없다.

실제로 중국에서는 2006년 상해교통대학의 천진(陳進) 교수가 모토로라 (Motorola)사의 반도체 칩 로고를 지우고 자신의 신개발품[중국의 첫 반도체라는 뜻으로 '한신일호(汉芯一号)'라 명명]인 것처럼 속여 수백억 원의 연구기금을 따낸 것이 밝혀져 큰 파장이 일었는데[이른바 '한신(汉芯) 사건']((사진 4-1) 참조), 그와 유사한 크고 작은 사기가 간헐적으로나마 끊이지 않고 일어났다. 그러한 문제들로 인해 세계적인 과학학술지인 ≪사이언스≫가 이례적으로 중국 과학계에 대한 조사를 벌였고, 과학기술 연구논문이 매매되고 돈으로 공동 저자의 자리를 사는 일이 중국에서 실제 벌어지고 있음을 일부 확인한 바까지 있다(Hvistendahl, 2013). 사실, 개별 과학기술 연구자가 순수한 지적 호기심이나 연구를 통한 진정한 기여 의지가 아닌 외부 평가나 재정 지원 여부에 따라 움직일 경우 그 연구에 거품과 부패가 끼어들 여지는 항상 있기 마련이다.

그럼에도 한신 사건이나 스이궁과 라오이의 문제제기 등이 중국 국내 언론에도 대서특필되었다는 사실은 부패에 대한 감시와 척결의 의지가 중국 내에 존재한다는 점에서 고무적이다. 특히 후진타오에 이어 2012년 말 중국공산당 총서기, 2013년 초 국가주석이 된 시진핑은 '부패척결'을 집권 초기의 대표적인 정책으로 밀어붙였다. ≪사이언스≫에 중국의 문제를 고발

위원회가 관리하던 국가공정실험실, 국가공정연구중심 등이 통폐합되었다.

사진 4-1 한신 사건의 가짜 반도체와 그 사건을 보도한 전문지의 표지

자료: ≪搜狐网≫(2019.3.16); 王琦玲(2006.3.10).

하고 난 뒤, 2011년 라오이와 함께 '원사' 심사에 탈락해 앞길이 어두워졌다며 주변의 우려를 샀던 스이궁은 2013년 재심사에서 원사로 선발되었고, 시진핑이 주재하는 과학계 행사에 주요 발언자로 화려하게 등장했다(〈사진 4-2〉 참조).

이는 집권 초부터 부패척결을 중요한 국정과제로 삼은 시진핑이 스이궁과 같은 인물에게 힘을 실어주고 과학계의 부패 문제를 해결하고자 한 것으로도 해석된다. 스이궁 교수와 같은 실력 있는 내부고발자와 부패척결 의지를 가진 시진핑과 같은 강력한 집권자의 결합은 중국 과학계의 묵은 문제를 어느 정도 씻어낼 것으로 보인다.[11] 물론, 강력한 위로부터의 감시

---

11 실제로 시진핑 정부는 2014년 '중앙재정과학 연구프로젝트와 자금관리 개선강화에 관한 의견(关于改进加强中央财政科研项目和资金管理的若干意见)', '중앙재정과기계획(전문 프로젝트, 기금 등) 관리개혁에 관한 방안[关于深化中央财政科技计划(专项, 基金 等)管理改革方案]' 등을 잇달아 내놓고 과학기술 분야에 투입되는 정부 재원 배분의 문제점을 개선하고 그 투명성을 높이기로 했다(国务院, 2014a, 2014b, 2014c).

사진 4-2 **시진핑이 주재한 유학생대회에서 발언하는 스이궁 교수**

자료: 2013년 10월 21일 방송(CCTV1) 캡처.

가 아니라, 세련된 거버넌스(governance)가 과학기술 연구계 참여자 다수의
올바른 행동을 유도하고 강화하기까지는 더 많은 시간이 걸릴 것이며 체제
와 체질 개혁이라는 어려운 과제 또한 남아 있지만 말이다.

중국의 과학기술자가 일상적·지속적으로 접하는 거버넌스상의 문제는
명백한 부패와 불공정, 부도덕에 국한된 것이 아니다. 연구의 질(質)보다는
가시적인 성과라 할 수 있는 논문 및 특허의 수량을 중시하는 형식주의와
단기적인 업적 및 인사평가가 또 다른 중요한 문제이다(은종학, 2012a). 그
러한 사정은 한국도 예외는 아니다. 아마도 중국과 더불어 한국은 위에 언
급한 문제들을 가장 심각하게 앓고 있는 대표적인 국가일 가능성이 크다.[12]
효과적인 거버넌스를 구축하여 양이 아닌 질에서 성과를 거두고자 하는 노
력은 한국이 중국과 경쟁해야 할 부문으로 남아 있다.

---

12 한국은 GDP 대비 R&D 지출 비율이 4%를 넘어, 이 잣대로만 볼 경우 세계 최고의 지식
    기반 경제라는 평가도 가능하다. 하지만 과학기술자들이 정부의 R&D 예산을 따내는 데
    집중할 뿐 그 새로운 연구성과를 시장에 도입하여 성공을 거두는 '혁신'에까지는 이르지
    못하는 경우가 많다(김태훈, 2014.11.10).

주목할 점은 중국의 경우 연구소에 머물기 쉬운 연구성과를 현장으로 끌어내기 위한 노력을 한국보다 더 다채롭게 시도하는 중이라는 사실이다. 제3장에 소개한 바와 같이, 중국은 기존의 교판·원판기업 모델을 새롭게 진화시키고 공공 연구기관의 지배구조와 운영방식을 새롭게 바꾸고 있다. 중국과학원 산서메탄화학연구소의 연구성과를 바탕으로 설립된 중과합성유(中科合成油)기술유한공사의 CEO 리융왕(李永旺) 박사는 필자와의 인터뷰에서 "과학자와 연구원의 업적 평가에서 개인적으로 발표한 논문이나 출원한 특허의 수량보다는 진행 중인 프로젝트에 대한 기여도를 더욱 중시한다"라고 했다. 그는 또 "거대하고 복잡한 프로젝트에서 개별적인 논문이나 특허 하나하나는 큰 의미를 갖지 못한다. 중요한 것은 한 세트(중국어 표현으로는 '成套')의 기술이다"라고 덧붙였다(은종학, 2012a). 중국은 2020년 2월 17일, '과학기술 평가에서 논문 수량만을 중시하는 나쁜 경향을 제거하기 위한 조치(关于破除科技评价中'唯论文'不良导向的若干措施)'를 과기부 명의로 공식 시행하기 시작하면서 한국보다 한발 앞서가는 모습을 보이기도 했다(科学技术部, 2020.2.17).

3. 지식재산권의 보호[13]

지식재산권(Intellectual Property Right: IPR, 특허권, 저작권, 상표권 등을 포괄

---

13 이 절은 은종학, 「중국 지적재산권 보호의 실제: 문제점, 구조적 원인, 정책적 함의」, ≪지식재산논단≫, 제1권, 제2호(2004), 1~24쪽; 은종학, 「중국의 脫추격적 산업발전에 대한 탐색: 한국의 관점에서」, ≪국제·지역연구≫, 제21권, 제4호(2012), 27~60쪽의 내용을 기초로 하여 새로운 내용을 추가·보완한 것이다.

하는 개념)을 누구에게 부여하고, 또 그 권한을 얼마나 강하게 보호하느냐 하는 것은 혁신의 빈도와 방향에 영향을 주는 중요한 법적·제도적 이슈 중 하나이다. 하지만 더 높은 수준의 지식재산권 보호가 더 많은 혁신을 가져오는 것은 아니다. 지식재산권은 혁신의 한 축인 발명 등 '지식의 창출'을 촉진하지만, 혁신의 또 다른 한 축인 '지식의 확산'을 둔화시키기도 하기 때문이다. 지식재산권을 많이 보유한 선진국들은 전자의 측면만을 강조하지만, 그렇지 못한 후진국이나 개발도상국은 후자의 측면을 강조하며 낮은 수준의 지식재산권 보호 환경을 선호한다. 그리고 그들은 그 속에서 모방을 통한 혁신의 길을 모색해 왔다(스티글리츠·그린왈드, 2016).

지식재산권이란 당초 중화인민공화국에 잘 어울리지 않는 개념이었다. 새로운 지식을 발명가 혹은 지식인 개인의 재산 혹은 독점적 권한으로 인정·보호한다는 것이, 공유(共有)를 이념으로 하는 사회주의 국가체제에 부합하지 않기 때문이다. 특허를 중국어로는 '전리(專利)'라 쓰는데, 직역하면 그 뜻이 '독점적으로 이익을 취하는 것'인 만큼 이 단어에 부정적인 의미가 녹아 있음을 미루어 짐작할 수 있다.

그럼에도 중화인민공화국이 수립되고 바로 다음 해인 1950년 8월, 중국은 '발명권과 특허권 보장 잠행조례(保障发明权与专利权暂行条例)'를 제정·공표했다. 이는 중화인민공화국 최초의 지재권 관련 법규라 할 수 있다. 이러한 법 제정이 뜻밖인 측면이 있지만, 당시 상황을 고려하면 이해할 만도 하다.

당시 중국은 사회주의 이념의 구현을 다급히 서두르기보다는, 공산당-국민당 내전과 항일투쟁 과정에서 피폐해진 나라를 추스르기 위해 다양한 계급과 계층을 아우르는 이른바 '신민주주의' 단계를 거치고 있었다. 대략 1949~1952년의 일이다. 이 시기 중국은 새로운 국가 건설에 과학기술자 및 지식인의 적극적인 동참을 독려하고자 했다. 그들의 이해관계에 부합하는

'발명권과 특허권 보장 잠행조례'는 그러한 맥락에서 탄생한 것으로 추정할 수 있다(은종학, 2015a).

하지만 실제로 '발명권과 특허권 보장 잠행조례'는 제대로 작동하지 않았다. 1958년까지 단 4건의 특허만 등록될 만큼 이 법은 유명무실했다. 사적 재산권이 보호되지 않는 사회주의체제의 한계와 함께, 중국에서는 소련에 비해서도 훨씬 강한 반(反)지식인 정서가 조성되어 과학기술인의 활동이 크게 위축되었기 때문이었다.

더 나아가 대약진 운동(1958~1960년)이 시작되면서, 명목상으로만 존재하던 발명특허 보호에 관한 잠행규정은 아예 폐기되고 말았다. 1960년대 초반 짧은 '수정과 회복'의 기간이 있었지만, 이내 지식과 지식인에 대한 부정이 극에 달한 문화대혁명(1966~1976년)이 진행되면서 지식재산에 대한 보호의 개념은 중국에서 성립되지 않았다.

개혁개방 이전의 중국 사회주의체제하에서 과학기술 지식의 창출을 촉진하던 주된 기제는, 배타적인 사적 소유권 개념에 기초한 지식재산권이 아니라, 공유의 여지를 크게 둔 '포상(褒賞)'체제였다. 즉, 과학기술 연구에 있어 기여도가 큰 사람에게 과학기술진보상(賞)과 같은 상을 주고 그 연구 성과는 국가에 귀속되어 사회가 공유하는 방식이었다.[14]

중화인민공화국에서 지식재산권 관련 법령이 새롭게 마련된 것은, '발명권과 특허권 보장 잠행조례'가 폐기된 뒤 20여 년이 지난 1978년 덩샤오핑

---

14 포상체제는 발명자에게 물적·정신적 보상을 주지만 그의 지적 성과물에 대해서는 독점적 권한을 제한하고 사회가 공유할 수 있도록 한다는 점에서 사회주의적 가치에 좀 더 부합하는 것이었다. 개혁개방 이후 중국은 그로부터 탈피해 국제 표준의 지식재산권 체제를 갖춰왔다. 하지만 중국뿐 아니라 서구 일각에서도 과도한 지식재산권 보호보다 포상체제를 더 많이 활용하는 것이 더 바람직한 지식 창출 및 확산 시스템을 구축하는 데 기여할 것이라는 목소리가 아직 존재한다.

체제가 출범하여 개혁개방 정책을 추진하던 때에 이르러서이다. 이른바 '4대(농업, 공업, 과학기술, 국방) 현대화 정책'이 추진되면서 지식의 중요성이 새롭게 평가되었으며 지식인들은 문화대혁명 시기의 사회적 편견으로부터 벗어날 수 있었다.

대외적으로는 1979년 미국과 수교, 통상 및 외교관계를 정상화하면서 중국은 지식재산권에 대한 보호를 강화할 것을 약속했으며, 중국 경제성장의 필요조건으로 작용하는 거대한 소비시장인 미국의 요구와 압력에 의해 지식재산권의 법적 보호 장치가 단계적으로 마련되었다. 1982년에 상표법이, 1984년에는 특허법이 제정되었으며, 저작권(1992년), 영업비밀(1996년)에 관한 법령들도 차례로 만들어졌다.[15]

이후 중국의 특허법은 대내외적 요인의 작동 속에 최근까지 몇 차례 개정이 이루어졌다. 첫 개정은 1992년에 이루어졌는데, 1991년 미국 워싱턴에서 체결한 '미중 지재권 보호에 관한 양해각서'를 이행하기 위함이었다. 미국 측의 압력 속에 이루어진 개정의 주된 내용은 의약품에 대한 특허를 인정하고 특허의 보호 기간을 15년에서 20년으로 늘리는 것이었다.

두 번째 개정은 중국의 WTO 가입(2001년) 직전인 2000년에 이루어졌다. WTO는 회원국의 지식재산권 관련 법률이 이른바 'TRIPs(Trade-Related Aspects of Intellectual Property Rights)', 즉 무역 관련 지식재산권 국제 합의에 부합할 것을 요구한다. 그 요구에 따라 중국은 특허를 침해한 자가 제품판매를 통해 이익을 실현하기 전이라도 그 행위를 제지할 수 있는 법적 근거를 마련하는 등 특허권자의 권익을 강화했다. 또 외국 기업의 중국 내 특허 출원 절차를 간소화했다.

---

15 미국의 첫 번째 특허등록이 1790년의 일이었음과 대비해 보면, 중국의 특허 시스템 도입이 얼마나 뒤늦은 것이었는지를 알 수 있다(The Economist, 2019.2.9).

2008년에 이루어진 3차 개정은 1, 2차 개정과는 그 성격이 좀 달랐다. 미국과 WTO의 요구에 응했던 1, 2차 개정과 달리 3차 개정은 외적 압력보다는 중국 스스로의 제도정비였던 측면이 강하다.[16] 개혁개방 30주년을 맞는 당시 시점에 중국 내 선도적인 기업들은 지식재산권의 더 강력한 보호를 요구하는 수준까지 성장해 있었고, 중국 당국은 지식 기반 경제를 확대하기 위해 지식재산권 보호 체계가 좀 더 완비될 필요가 있다고 판단했다. 3차 개정이 특허권 보호 강화 일변도는 아니었다. 특허권의 남용과 독점적 행위를 규제할 법적 근거도 포함시킴으로써 중국에 걸맞은 지식재산권 보호 체계를 갖추려 했던 것으로 보인다(은종학·여지나, 2012).

중국은 여전히 불법 복제와 지식재산권 침해를 일삼는 짝퉁 대국이라는 오명을 쓰고 있지만, 지난 한 세대 동안 법률 체계가 상당히 개선된 것 또한 사실이다. 더불어, 2017년 기준, 중국의 특허 출원이 전 세계 특허 출원의 44%를 차지(미국의 2배)할 정도로 커져 지식재산권에 대한 자각 또한 높아졌다고 할 수 있다. 실제로 전 세계 어느 나라에서보다 중국에서 지재권을 두고 다투는 소송이 많으며, 그 소송 주체 중 대부분은 중국 기업들인 것이 오늘날의 현실이 되었다(The Economist, 2019.2.9).

그럼에도, 중국을 향한 선진국들의 지재권 문제제기는 앞으로도 끊임없을 것이다. 2018년 이후 크게 강화된 미국의 대중 압박(이 책 제15장 참조)에서도 지재권 문제는 핵심 이슈이다. 실제로 그 압박 속에서 중국은 오랫동안 논의만 하고 묵혀왔던 특허법 4차 개정을 가속화했다.

4차 개정안은 시진핑-리커창 체제 출범 초기이던 2015년 즈음 '쌍창'(이 책 제2장 참조) 등 혁신 관련 정책들과 함께 그 내용이 이미 상당히 구체적으

---

16 '자주적 혁신'과 '혁신형 국가 건설'을 기치로 내건 제11차 5개년 계획(2006~2010년)과 세 번째 특허법 개정이 궤를 함께한 것이었다.

로 공개되었다. 고의적 특허 침해에 대한 징벌적 배상, 피해자의 입증 책임 경감, 디자인 특허의 보호 강화 및 보호 기간 연장 등이 그것이다(赵建国·李铎, 2015.4.24).

그런데 그러한 특허법 4차 개정은 이후 한동안 큰 진전을 보이지 않다가, 2018년 미국의 대중 압박이 강화되자 같은 해 12월 리커창 총리가 4차 개정안 초안을 중국의 입법기관인 전국인민대표대회 상무위원회에 제출하고 나서 개정 절차를 가속화했다. 그리고 마침내 2020년 10월 17일 전국인민대표대회 상무위원회가 개정안을 통과시켜, 새로운 특허법이 2021년 6월 1일부터 시행되기에 이르렀다(≪新京报≫, 2020.10.18).

흥미로운 점은 특허법 4차 개정 절차가 가속화된 것은 미국의 압박 때문이었지만, 그 개정 내용의 상당 부분은 외압만이 아닌 중국 내 다양한 경제 주체들의 더 고도화된 요구에 조응해 이미 초안으로 작성되었던 것이라는 점이다. 더불어, 개정 논의과정에 있었던 '인터넷상의 지식재산권 침해에 대한 인터넷 서비스 제공자(플랫폼 기업)의 연대 책임' 등이 최종안에서는 빠짐으로써, 중국의 지식재산권 침해를 둘러싼 중국 안팎의 논란은 앞으로도 지속될 것임은 유의할 필요가 있다.

한편, 혁신을 촉진하기 위해 국가가 해야 할 지식재산권 관련 법·제도 정비는 지재권 보호 정도를 (자신의 발전 단계에 걸맞게) 강화하는 것으로 끝나는 것이 아니다. 지식재산권이 누구에게 귀속되어야 그 활용도가 높아지고 혁신을 촉발하는지 또한 면밀히 살펴 조정할 일이다.

중화인민공화국의 과학기술 활동은 개혁개방 이전은 물론 이후로도 상당 기간 국가 부문에 의해 주도되었다. 국공립의 연구기관과 대학들이 바로 그 미시 주체들이다. 원칙적으로 그들이 창출한 과학기술 지식은 '국가'의 소유이다. 하지만 그 지식을 실질적으로 보유하고 활용할 수 있는 주체는 해당 기관인 경우가 많았다.

특히 하나하나의 국공립 기관이 '소(小)사회'를 이루는 이른바 중국식 '단위체제' 속에서 국공립 기관(연구기관, 대학, 기업 등)들은[17] 실체가 다소 모호한 '국가'를 대신해 그들 관할하에 있는 유·무형 자산의 실질적(de facto) 소유자로서 기능했다.[18] 앞 장에서 살펴본 교판·원판기업도 대학이나 연구기관이 유·무형의 자산을 실질적으로 소유·활용할 수 있었기에 가능했던 것이다.

하지만 명확한 법이나 규정 없이 원칙과 실제가 괴리된 채 이어져 온 중국의 방식은 교판·원판기업에서 본 바와도 같이, 부작용이 생기고 지속하기 어려운 한계를 드러내기도 했다. 최근 중국은 그러한 문제를 인식하고 과학기술 지식 창출 활동을 독려하고 또 창출된 지식을 혁신으로 연결하기 위한 제도적 보완을 시행하고 있다.

그와 같은 맥락에서, 2015년 중국 공산당과 국무원이 함께 발표한 '체제 및 제도 개혁을 심화하고 혁신추동형 발전전략을 신속히 실시하는 것에 관한 의견'에는 다음과 같은 내용이 담겼다. 정부의 재정이 투입된 과학기술 연구 프로젝트라 하더라도 그 지적 성과에 대한 소유권(지적 성과의 사용권,

---

17 중국 사람들 사이에서 '단위(單位)'란 그저 직장을 일컫는 경우가 많아 특별하지 않은 듯하지만 실제로는 그 이상의 의미를 갖는다. 중화인민공화국 초창기부터 중국 도시의 국유 기업이나 정부기관들은 자사에 취업한 사람들에게 급여 외에도 주택, 의료, 교육 서비스 등을 포괄적으로 제공했다. 따라서 임직원과 그 가족들은 같은 단지에 살고, 같은 세상을 경험하며, 일종의 소사회 혹은 공동체를 구성했다. 따라서 지리적으로나 행정구역상으로 인근 지역이라 하더라도 다른 단위에 속한 사람들이 경험하는 것은 서로 달랐다. 그렇게 단위 내적 동질성과 외적 배타성이 만들어졌다. 그러나 이와 같은 단위체제는 1990년대 말부터 주택, 의료, 교육 서비스를 무상 제공하는 단위의 기능이 사라지면서 약화·해체되기 시작했다.

18 뤼와 페리(Lü and Perry, 1997)는 중국의 단위(單位)들은 자산 및 그로부터 얻는 수익에 대해 실질적인 처분권을 상당 부분 갖고 있다는 점에서, 중국의 주된 소유제 형식은 '국가 소유제'보다는 '단위 소유제'에 가깝다고 평한 바 있다. 단위의 배타적 성격에 관해서는 뤼와 페리 외에 비에르클룬드(Bjorklund, 1986)를 참조할 수 있다.

수익권, 처분권)은 국가가 아닌 해당 기관에 최대한 부여하고, 또 그 연구를 주도한 연구자에게 성과 활용 수익의 50% 이상을 가질 수 있도록 한다는 것이다. 이는 과학기술 연구를 담당하는 미시경제 주체들에게 '혁신에 기여할 연구'에 매진할 수 있는 인센티브를 제도적으로 강화해 준 것이라 할 수 있다.

4. 혁신 금융 및 벤처 투자

혁신 활동에 자금줄을 대는 것도 국가혁신체제의 중요한 한 부분이다. 중국의 경우, 혁신의 기치를 내걸고 이를 독려한 주체가 우선은 '국가'였다. 그런 만큼, 과학기술 연구와 창업 등 혁신 관련 활동을 금전적으로 뒷받침하는 데 있어서도 정부의 역할은 상당했다.

일반적으로 자금줄이라면 은행을 먼저 떠올린다. 하지만 중국의 은행들이 불확실한 미래의 가능성을 모색하는 혁신 활동의 기대수익을 평가하고 그에 적절한 자금지원 프로그램을 운용할 역량을 갖추기 시작한 것은 비교적 최근의 일이다. 특히 중국의 주요 은행들은 국유은행으로서 정부의 강력한 통제하에 있었기 때문에 혁신 금융에서도 정부의 하위 집행기구와 같은 역할에 오랫동안 머물러왔다.

실제로, 중국 은행들은 정부의 각종 과학기술 및 혁신 관련 프로그램의 지원 대상으로 이미 선정된 기관이나 기업에 대출을 해주는 보조자 역할을 담당했다. 중국 정부의 주요 과학기술 육성 프로그램들의 지원 대상 기관 및 기업들은 여타의 혁신 주체들보다 용이하게 은행 대출을 받을 수 있었다. 대표적으로 중국 정부는 1988년부터 '횃불계획(火炬计划, Torch Program)'을 세우고 집행했는데, 그 목표는 새로운 기술적 성과를 상품화하고 산업적으로 발전시키는 것과 더불어 '고신기술산업개발구(高新技术产业开发区)'의 발전을 지원하는 것이었다. 그리고 고신기술산업개발구에 입주한 기업들은 은행의 대출을 쉽게 받을 수 있으므로 사실상 은행의 대출 대상을 정부가 지정한 것이라 할 수 있다(Gao and Liu, 2014).

하지만 혁신 활동에 자금줄을 대기 위한 중국 정부의 역할도 점진적으로 진화했다. 즉, 직접적인 재정지원과 국유은행의 대출 동원에서 공적 기금(예컨대, 과기형중소기업 기술창신기금)이나 벤처캐피털 방식으로 나아갔다. 대출 중심의 금융뿐 아니라 투자가 중심이 되는 자본시장이 중국 내 혁신 활동을 지원하도록 한 것이다. 그러한 변화 속에서 다양한 민간 주체의 역할도 정부와의 협력 속에서 확대되었다.

중국 최초의 벤처캐피털은 1986년 설립된 '중국신기술창업투자회사(中国新技术创业投资公司)'로 알려져 있다. 하지만 중국에서 벤처 투자가 본격적으로 활성화된 것은 1990년대 말 이후이다. 1999년, 중국 국가계획위원회(현 국가발전및개혁위원회), 과기부, 재정부, 인민은행 등은 공동으로 '벤처 투자 메커니즘 건립에 관한 의견(关于建立风险投资机制的若干意见)'을 발표해 관련 제도 정비의 초석을 마련했다. 그에 근거하여 중국에서는 기존의 대형 기업들이 신생 창업벤처에 전략적으로 자금을 투자하는 이른바 '기업 주도형 벤처캐피털(Corporate Venture Capital: CVC)'이 성장할 수 있었다.[19]

하지만 벤처캐피털 방식으로 혁신적인 창업 기업에 자금이 흘러들게 하는 데는 정부의 역할이 컸다. 중국 중앙 및 지방 정부는 2007년경부터 '창업투자인도기금(创业投资引导基金)'을 설립하고 민간 벤처캐피털의 창업투자

---

19 반면 한국에서는 CVC가 공정거래법상의 금산분리 원칙에 위배되고 대기업 및 재벌 일가의 시장지배력을 과도하게 키울 수 있다는 등의 이유로 규제가 이뤄져 최근까지도 크게 활성화되지 못했다(박재영, 2019).

를 지원했다. 민간 벤처캐피털의 창업투자가 수익을 내지 못하면 정부가 그 실패의 부담을 함께 지지만, 수익이 난 경우 정부는 일정률의 수익만을 받고 물러서는 방식이었다(리카이푸, 2019).

위와 같은 방식에 힘입어 중국의 벤처캐피털 규모는 2010년대 이후 크게 증가했다. 특히 '대중창업 만중창신', 즉 '쌍창'을 기치로 내건 2015년부터 중국의 벤처캐피털 규모는 급속히 성장했다(中国科学技术发展战略研究院, 2016). 하지만 2018년 벤처캐피털 결성 금액이 전년 대비 13.0% 감소하고 투자 건수는 18.1% 감소하는 등 그 성장세가 크게 꺾였다(현상백 외, 2019).

최근에 벤처캐피털 규모가 급락한 것은 중국을 둘러싼 대내외 경제 환경과 경기순환(지난 3년간 투입했던 자금의 회수기 도래)이라는 복합적인 영향을 받았기 때문이지만, 인위적인 육성으로 크게 달아올랐다가 과잉이 생기고 난 뒤에는 다시 급격히 위축되는 큰 진폭의 불안정한 패턴을 드러낸 것이기도 하다. 그러한 패턴은 정부가 경제를 인위적으로 주도할 때 잘 나타나는 것으로, 중국에서는 이미 오래전부터 '一放就乱, 一收就死(일방즉란, 일수즉사, 풀어주면 난장판이 되고, 틀어쥐면 쪼그라들어 사라진다)'라 하여 그 문제점이 널리 회자되었다. 시장의 조율에 따라 자연스러운 경기 흐름이 만들어지는 단계에 도달하기까지 중국이 가야 할 길이 아직 상당히 멀다는 점도 여기서 확인할 수 있다.

더불어 중국의 또 다른 문제는, 중국 벤처캐피털이 창업 초기(종자기 혹은 초보기)의 기업에 자금을 대는 데 적극적이지 않다는 점이다. 창업 기업의 생존과 성장 가능성이 분명해진 뒤에야 벤처캐피털이 자금을 제공함으로써, 창업 기업들에는 '죽음의 계곡(death valley)'으로 불리는 창업 초기의 자금난을 극복하는 데 큰 도움을 주지 못하고 있다는 비판이 일고 있다. 이는 고수익을 위해 고위험을 감수하는 민간 투자자가 아닌, 정부와 국유 부문을 배경으로 하는 공적 투자자가 큰 비중을 차지하는 중국 벤처캐피털의

특성과도 연관된다.[20]

위와 같은 문제를 완화하기 위해 중국 당국도 노력 중이다. 2015년 중국 공산당과 국무원이 공동으로 발표한 '체제 및 제도 개혁을 심화하고 혁신추동형 발전전략을 신속히 실시하는 것에 관한 의견'은 혁신을 뒷받침하는 금융·투자 기제를 개선하기 위해 다음과 같은 조치를 예고했다. 즉, 창업판 (创业板) 주식시장을 효율화하고, 창업자가 직접 '크라우드 펀딩'을 통해 대중에게서 자본을 조달할 수 있게 하며, 기술벤처 창업가가 주식이나 지식재산권을 바탕으로 융자를 얻을 수 있게 하고, 혁신적인 창업 기업은 스스로 기업채권을 발행할 수 있는 길을 넓혀주겠다는 것이다.

위와 같은 개선 노력의 성과는 좀 더 지켜봐야겠지만, 동시에 기억할 것은 중국의 벤처 투자가 모두 정부 등 공적 투자자에 의해 장악된 것은 아니라는 점이다. 앞서 잠깐 언급했듯, '기업주도형 벤처캐피털(CVC)'이 중국에서는 활성화되고 있다. 즉, 기존의 대형 기업들이 다수의 창업 기업들에 투자하여 그들의 성장을 돕고 스스로의 성장과 전략적 지위 강화에 나서는 모습이 활발하게 나타나고 있다.

2018년 한 해 중국의 CVC 규모는 2940억 달러에 달했는데, 이는 중국 전체 벤처캐피털 투자의 17%에 해당하는 것이었다(China Daily, 2020.1.15). 특히 텐센트[Tencent, 중국명 텅쉰(腾讯)], 알리바바(阿里巴巴, Alibaba), 바이두(百度, Baidu), 징둥(京东, JD) 등과 같이 중국의 인터넷 공간에서 거대한

---

20 2015년 기준으로 중국 내 벤처캐피털 자금운용 규모가 가장 큰 4대 지역(북경, 강소, 광동, 절강)에 한해, 벤처캐피털이 투자하는 기업을 성장 단계별로 나누어보면 다음과 같은 양상이 나타난다. 창업의 가장 초기 단계라 할 수 있는 1단계(종자기)에 있는 창업 기업에 투자하는 비중은 절강성, 광동성이 상대적으로 높고, 강소성, 북경은 상대적으로 낮음을 알 수 있다. 2단계(초보기)까지를 창업 초기 단계로 볼 경우에도, 절강성의 적극성이 비교적 두드러진다(中国科学技术发展战略研究院, 2016).

플랫폼 기업으로 성장한 기업들은 그들이 주도하는 생태계에서 나름의 역할을 담당할 다수의 기업들에 큰손의 벤처 투자자로서 기능을 하고 있다. 그 밖에도 하이얼(海尔, Haier), 레노보, 푸싱(复星, Fosun) 등이 기업주도형 벤처캐피털 역할을 담당하고 있다.

시장 및 기업 조사업체 CB 인사이츠(CB Insights)가 집계한 2020년 전 세계 유니콘(unicorn) 기업(기업가치 10억 달러 이상의 창업 기업)은 471개(2020년 7월 1일 기준)인데, 그중 미국 기업이 228개로 가장 많지만 중국도 121개로, 뒤이은 영국(25개), 인도(21개), 독일(13개), 한국(10개) 등과 상당한 거리를 두고 2위의 자리를 굳히고 있다. 〈표 4-4〉는 그중 중국의 상위 30개 유니콘 기업을 분석·정리한 것으로, 인공지능 등 첨단기술 및 인터넷 비즈니스 분야에서 중국의 신생 기업들이 다국적 벤처캐피털과 중국 내 주요 인터넷 플랫폼 기업의 벤처 투자 속에서 성장하고 있음을 보여준다.

이처럼 최근 중국에서는 민간 자본이 풍부한 자금과 정보, 기민함을 바탕으로 혁신 활동을 뒷받침하는 양상이 나타나고 있다. 경제의 새로운 성장점에 자양분을 제공하는 혁신 금융·투자를 민간이, 특히 소수의 민영 기업이 주도하는 양상을 바라보는 중국 공산당과 정부 당국의 생각은 복잡할 수 있다. 하지만 중국 당국은 이를 원천 봉쇄하기보다는, 플랫폼 기업은 비록 민영 기업이라 하더라도 일종의 사회간접자본을 담당하는 공적 기업이라고 그 성격을 새로이 규정해 가면서, 그들에 대한 사회, 정부, 그리고 당의 통제를 유지하거나 때로는 강화하는 조치를 취하고 있다.

한편, 중국 정부는 혁신적인 창업 기업들이 자금을 조달할 수 있는 채널을 확대해 주기 위해 기존 주식시장 제도도 보완하고 있다. 중국은 2012년 심천 주식시장에 '창업판'을 신설했다. 창업 기업에 투자한 자금의 회수와 투자이익 실현을 용이하게 해줌으로써 결과적으로 창업 기업으로의 자금 흐름을 보다 활성화하기 위한 것이었다.

표 4-4 **중국의 유니콘 기업(상위 30개)**

기업명	세계 랭킹	기업 가치 (억 달러)	분야	주요 투자기관
Bytedance(字节跳动)*	1	750.0	인공지능, 영상 콘텐츠 큐레이팅	Sequoia, SIG, Sina Weibo, Softbank
Didi Chuxing(滴滴出行)	2	560.0	차량 호출 공유 서비스	Matrix Partners, Tiger Global Management, Softbank
Kuaishou(快手)	7	180.0	영상 콘텐츠 공유 커뮤니티	Morningside, Sequoia, Baidu
DJI Innovations(大疆创新)	11	150.0	드론	Accel Partners, Sequoia
Beike Zhaofang(贝壳找房)	13	140.0	부동산 플랫폼	Tencent, Hillhouse, Source Code
Bitmain Technologies (比特大陆)	16	120.0	암호화폐 채굴, 반도체 설계	Coatue Management, Sequoia, IDG
Guazi/Chehaoduo (瓜子/车好多)	28	90.0	중고차매매, 차량 종합 서비스	Sequoia, GX Capital
Yuanfudao(猿辅导)	32	78.0	온라인 교육 플랫폼	Tencent, Warbug Pincus, IDG
SenseTime(商汤科技)	34	75.0	인공지능(안면인식)	Star VC, IDG, Infore Capital, Alibaba
Ziroom(自如)	39	66.0	부동산 플랫폼	Sequoia, Warburg Pincus, General Catalyst
Manbang Group (满帮集团)	45	60.0	트럭 호출 및 물류 서비스	Softbank, CapitalG
Royole(柔宇)	48	60.0	디스플레이 및 휴먼 인터페이스	Warmsun, IDG
Lianjia(链家)	49	58.0	부동산 플랫폼	Tencent, Baidu, Huasheng Capital
Easy Home(居然之家)	51	57.0	가구, 인테리어	Alibaba, Boyu Capital, Borui Capital
GuaHao/We Doctor (挂号/微医)	55	55.0	원격의료	Tencent, Morningside
United Imaging Healthcare(联影医疗)	59	50.0	영상진단 의료장비	China Life Insurance, China Development Bank, CITIC
UBTECH Robotics (优必选科技)	60	50.0	지능형 로봇	CDH, Goldstone Investments, Qiming Venture Partners
Weltmeister Motor (威马汽车)	62	50.0	전기 자동차	Baidu, Linear Venture, Tencent
Hello Trans Tech (哈啰出行)	63	50.0	공유 자전거	Ant Financial, GGV Capital

기업명	세계 랭킹	기업 가치 (억 달러)	분야	주요 투자기관
Meizu(魅族)	67	45.8	스마트폰 제조	Telling Telecommunication, Alibaba
Vipkid(大米科技)	70	45.0	온라인 영어교육	Sequoia, Tencent, Sinovation Ventures
Megvii/Face++(旷视科技)	76	40.0	인공지능(안면 인식)	Ant Financial, Russia-China Investment Fund, Foxconn
XPeng Motors(小鹏汽车)	80	40.0	전기 자동차	Morningside, Foxconn, Alibaba
Youxia Motors(游侠汽车)	98	33.5	전기 자동차	China Environmental Protection, China Fortune Ocean
Cloudwalk(云从科技)	99	33.2	인공지능	Oriza Holdings, Guangdong Technology Financial Group
Dadi Cinema(大地影院)	106	32.0	영화관	Alibaba
VANCL(凡客诚品)	108	30.0	온라인 패션의류 소매유통	Ceyuan Ventures, QiMing Venture Partners, Temasek
Xiaohongshu(小红书)	111	30.0	라이프스타일 공유 플랫폼	GGV Capital, Zhen Fund, Tencent
SouChe Holdings(搜车)	112	30.0	신차 및 중고차 거래 서비스	Morningside, Warburg Pincus, CreditEase
Horizon Robotics (地平线机器人)	113	30.0	인공지능, 로봇	Hillhouse, Linear Venture, Morningside

* 바이트댄스(字节跳动, Bytedance)는 인공지능 기술을 기반으로 맞춤형 기사를 제공하는 진르터우탸오(今日头条, Jinri Toutiao), 짧은 동영상 공유 커뮤니티 서비스[중국 국내용 더우인(抖音), 해외용 틱톡(Tik Tok)] 등을 제공하는 기업인데, 미국을 포함한 해외에서 큰 인기를 얻은 틱톡에 대해 2020년 미국 트럼프 대통령이 미국 내 서비스 중지를 명령하면서 사업을 조정하기에 이르렀음.
자료: CB Insights(2020); 각 사 홈페이지.

그런 취지를 이어받아, 2019년에는 기존의 주식시장[즉, 상해와 심천의 주판(主板, mainboard), 심천의 중소기업판(中小板), 창업판] 외에 상해 주식시장에 '과창판[科创板, Sci-Tech innovation board(약칭 STAR)]'을 추가로 개설했다. 과창판은 기업이 정해진 요건만 충족하면 정부 당국의 질적 심사와 자격 승인 과정 없이 상장할 수 있는 [미국의 나스닥(NASDAQ)이나 한국의 코스닥과 유사한] '등록제' 주식시장이다. 특히 과창판에는 (기존 중국 내 주식시장들과 달리) 아직 적자를 면하지 못한 기업들도 상장이 가능해, 중국 내 첨단 과학기술 벤처 기업들이 초기 단계에 대규모 자금을 조달하는 유용한 채널로 이용할 수 있게 되었다. 그리고 과창판은 2020년 미국 트럼프 행정부가 중국 기업의 미국 내 상장을 제한하는 조치를 잇달아 내놓자 오히려 크게 활성화되기도 했다.

제5장

고등교육체제와 인재 육성전략

1. 중화인민공화국 고등교육의 부침(浮沈)

현대 중국의 정치적 격동 속에서 고등교육 부문도 많은 부침을 겪었다. 1949년 10월 중화인민공화국 수립과 함께 '교육부'가 설립되었고, 소련을 모델로 하여 교육체제를 대폭 개편하던 1952년에는 '고등교육부'가 추가 설립되었다. 1952년에 고등교육부를 교육부에 더해 추가 신설한 것은, 산업화 건설에 기여할 전문 인력을 배양하겠다는 취지와 더불어, 종전에 각 대학들이 갖고 있던 교학의 자주권을 국가(즉, 고등교육부)가 수용한다는 의미도 있었다(宋妮, 2010).

1952년 고등교육체제 대개편 시기, 중국은 기존의 사립대학들을 퇴출시키고 인문·사회과학 분야는 위축시키는 한편, 공업화 건설에 필요한 인재를 키운다는 명목으로 이공계 교육을 강화했다. 특히 소련의 방식을 차용하여 대학 전공을 매우 잘게 세분화하여 실제 산업적 필요에 직접적으로 대응하는 인재를 계획적으로 배양하고자 했다.

이 시기 중국 대학의 전공 세분화는 오늘날까지도 그 흔적이 남아 있는데 이에 대한 최근의 평가는 대체로 비판적이다(胡娟娟, 2009). 특히 2000년대 이후 중국에서는, '과거의 소련식 대학교육이 대학생들에게 필요한 교양을 함양하지 못했고 과도하게 세분화한 전공교육이 포괄적 이해력을 키워주지 못했다'는 반성의 목소리가 커졌고 그를 극복하기 위한 이른바 '통식교육(通识教育)'이 새로이 강조되고 있다. 그와 같은 소련식 교육체제는 '중국식 사회주의'를 추구하기 시작한 대약진 운동 개시(1958년)와 함께 변형을 겪었고, 1958년 고등교육부는 교육부에 통폐합되었다. 지식인이나 전문가보다는 인민대중의 열정과 창의에 기대어 중국식 사회주의를 건설하겠다는 대약진 운동 속에서 고등교육은 설 자리가 줄어들었던 것이다.

하지만 그 대약진 운동이 참담한 실패로 끝나자, 마오쩌둥 대신 새로운 지도부를 형성한 류샤오치와 덩샤오핑은 1964년 고등교육부를 회복시켰다. 그러나 다시 마오쩌둥이 주도한 문화대혁명 시작과 함께 1966년 고등교육부는 교육부 산하의 일개 사(司, 우리의 국(局)에 해당)로 편입되었고, 급기야 1970년에는 교육부 자체가 폐지되었다.

문화대혁명이 한창이던 1970년, 중국은 북경대학과 청화대학을 필두로 대입시험(高考) 대신 출신 성분(노동자, 농민, 군인 위주)과 혁명 열정 등을 잣대로 '대중이 추천하고 정치 지도자가 비준'하는 방식의 대입제도를 실시했다. 이때부터 정상적인 대학교육이 마비되기 시작했다(舒晋瑜, 2015.2.4).

그렇게 유린당했던 교육은 문화대혁명의 종료와 함께 정상화의 길을 찾았다. 교육부는 문화대혁명 말엽인 1975년에 회복되었다(苏竣·黄萃 編, 2012: 574).[1] 사실상 문을 닫았던 대학교육은 개혁개방과 함께 다시 문을 열

1　교육부는 이후 1985년에 교육위원회로 재편되었다. '(교육)위원회'는 '(교육)부'와 같은 급이지만, 단일 부처 내의 전문적 업무처리를 강조하기보다는 여러 부처에 걸친 유관 업무를 통합·조정하기 위한 편제였다. 그러던 교육위원회는 1998년 다시 교육부로 재편되어 오늘에 이른다.

었다. 학생의 학업 능력을 기준으로 입학생을 선발하는 대입시험이 1977년
에 부분적으로 재개되었고, 개혁개방이 선언된 1978년에 전면적으로 재개
되었다. 그동안 밀려 있던 우수한 인재들이 재개된 대입시험에 대거 몰려
경쟁률은 1980년대 이후 평균에 비해 5배 이상으로 치솟기도 했다. 이때
대학에 입학한 이른바 78학번은 훗날 중국 각계에서 정치 지도자, 기업
CEO 등으로 활동하게 되었다.[2]

개혁개방 직전 시기인 문화대혁명기에 과학기술자를 포함한 지식인은
정치사회적으로 냉대를 받았다. 최하위에 속하는 '9번째 계급'이라는 비아
냥까지 들어야 했다. 덩샤오핑은 그들에게 씌워진 굴레를 벗겨주고 '계급
투쟁'이 아닌 '경제건설'을 위주로 하는 새로운 시대를 여는 데 그들을 동참
시키고자 했다. 1978년 덩샤오핑이 전국과학대회(全國科技大会)에서 "과학
기술은 제1의 생산력"이라고 선언한 것도 그와 같은 맥락이었다.

이처럼 개혁개방은 과학기술자들을 사회적으로 복권시켰고 그들에게
경제건설에 있어 중요한 임무를 부여했다. 따라서 고등 인재를 배양할 교
육체제를 정상화하는 것은 당시의 필수적인 조치였다. 덩샤오핑의 중국은
개혁개방과 함께 '4대 현대화(공업, 농업, 국방, 과학기술 부문의 현대화)'를 기
치로 내걸고 추진했는데 이를 담당할 인재를 배양하기 위해서도 대학교육
의 정상화는 불가피한 것이었다.

위에서 본 바와 같이, 교육 관련 정부부처와 대학교육의 부침은 중국 사
회경제에 필요한 인재상에 대해 서로 다른 인식을 가진 정치지도자들 간의
경쟁과 부침 속에서 이뤄졌다.

---

2 중국의 총리 및 공산당 서열 2위인 리커창도 북경대학 경제학과 78학번이다. 한편, 국가
   주석 겸 공산당 총서기인 시진핑은 대학교육이 아직 정상화되기 전인 1975년에 청화대학
   화학공학과에 입학했다.

2. 고등 인재의 양성 추이

교육의 본질상, 이전 시기의 조치는 다음 시기에까지 길게 영향을 미쳤다. 1970년대 대부분의 기간에 걸쳐 대학교육이 정지됨으로써 '인재의 공백'이 훗날에까지 길게 부담으로 남았다. 다만, 그 충격이 그나마 제한적일 수 있었던 것은, 문화대혁명 시기에 대학교육을 받을 수 없었던 이들이 연령상 40대와 50대에 접어든 1990년대 후반까지 중국의 주된 성장방식이 고등 인재보다는 저임 노동력에 의지한 저비용 생산증대였다는 사실에 기인한다. 달리 보면, 1990년대 후반부터서야 중국은 대학교육을 정상적으로 이수한 30대 이하의 젊은 고등 인재들에 기대어 이른바 '지식 기반 경제 (knowledge-based economy)'로 나아갈 수 있게 되었던 것이다.

개혁개방 직후부터 중국 대학에 입학하는 학생 수가 많았던 것은 아니다. 중국의 대학진학률(毛入学率, 대학 학령인구인 18~22세 인구 중 대학에 재학 중인 학생의 비율)은 1980년대에 1%대에 그쳤고 1990년대 초까지도 3%대를 넘어서지 않았다. 그러다 1990년대 말 급격한 대학교육 확대 조치로 9%대로 올라서고, 이후 지속적으로 그 수치가 높아져 2005년에 20%선을, 2016년에는 40%를 넘어섰다. 2018년 중국의 대학진학률은 48.1%를 기록함으로써 이제 50%선이 눈앞에 다가왔다(≪中国新闻网≫, 2017.7.10; 教育部, 2019).[3]

중국 대학교육의 지형을 크게 바꾼 변곡점은 1999년 시행된 대학 신입생 확대모집 정책(扩招)이었다. 그 정책으로 1999년 중국은 대학의 신입생 수를 단번에 전년 대비 60% 증원했다(1998년의 대학 신입생 수는 108만 명, 1999년의 신입생 수는 160만 명이다). 그 이후로도 2000년대 중반까지 중국은 대학

---

[3] 중국의 이 통계수치에는 4년제 대학 외에 전문대학 및 일부 성인교육 기관이 포함된다.

그림 5-1　중국의 대학 신입생, 대입시험 응시자, 대입 학령인구 추이　　　　　단위: 만 명

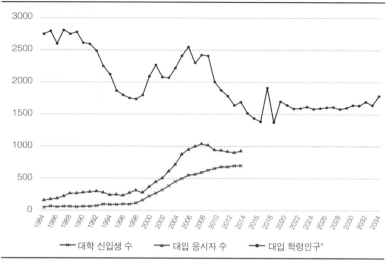

* 해당 연도의 대입 학령인구를 추정하기 위해 해당 연도에서 19년 이전인 해의 출생자 수 통계를 사용함.
자료: ≪新浪教育≫(2015.6.18); 国家统计局(www.stats.gov.cn) 자료를 바탕으로 필자 작성.

입학생 수를 매년 큰 폭으로 증가시켰다(〈그림 5-1〉 참조). 그리고 2000년대 후반 이후에는 그 증가 속도가 다소 둔화되어 현재에 이른다.

　중국 대입시험 응시자 수의 변화 추이를 살펴보면, 중국 대학교육의 급팽창 단계는 마무리된 듯하다. 〈그림 5-1〉에서 보듯, 중국의 대입시험 응시자 수는 2008년 1050만 명으로 정점을 찍고 900만 명대로 내려왔다. 사실, 1990년대 말부터 약 10여 년에 걸쳐 대입시험 응시자가 급격히 늘어난 것은, 개혁개방이 시작된 1970년대 말부터 약 10년간 신생아가 급격히 증가했고, 그들이 1990년대 말에 대학에 갈 나이에 이르렀다는 배경이 자리 잡고 있다. 〈그림 5-1〉을 살펴보면, 2008년 이후 약 10년간은 대학에 입학할 19세 청년 인구가 계속 줄어들고, 2020년 이후 약 10년은 그 수에 큰 변화가 없는 안정기임을 알 수 있다. 대학의 가치가 (대학의 체질 변화 등을 통

해) 새롭게 제고되면 대학진학률의 상승과 함께 대학교육의 팽창이 좀 더 지속될 수 있겠지만, 위와 같은 대학 학령인구의 추이를 감안하면 중국 대학의 급격한 팽창은 대체로 마무리된 것으로 볼 수 있다.

이상과 같은 과정을 거쳐 2018년 중국의 일반대학은 1245개(재학생 1697만 명), 전문대학은 1418개(1134만 명)에 달하게 되었다(教育部, 2019). 대학의 팽창 속에서 대입 신입생 수만도 800만 명을 넘어섰고, 2018년 48.1%를 기록한 중국의 대학진학률은 2020년대 초에 50%대에 진입할 것으로 보인다.

이처럼 중국 대학의 문호가 크게 넓어짐에 따라 중국의 인재 지형도 바뀌었다. 2017년 기준, 중국의 대졸 과학기술 인력 총수는 3934만 명으로 집계되며, 전년 대비 7.1%의 증가율을 보였다. 그중 연구개발(R&D)에 직접 참여하는 인력도 174만 명으로, 미국(137만 명), 일본(68만 명), 한국(38만 명)보다 적어도 양적인 측면에서는 압도적인 규모인 것으로 나타난다(科学技术部, 2019a).

하지만 그것이 곧 중국 각 곳에 유능한 인재가 넘쳐나게 되었음을 의미하는 것은 아니다. 대학에 신입생이 크게 늘어도 졸업까지 4년가량의 시간이 걸리고, 전문가가 되기 위해 석·박사과정을 추가로 밟아야 하는 경우도 있으며, 또 그들을 잘 지도할 한 세대 위의 교수 역량도 제고되어야 하기 때문이다. 특히 산업 인재의 경우 대학교육과 학술연구만으로 배양되지 않고 현장에서 오랜 경험을 쌓는 것도 중요하다. 따라서 대졸자와 과학기술 인재의 양적 증가가 중국 인적자원 고도화를 완전히 증명하는 지표가 되지는 못한다.

그럼에도, 대졸자의 가파른 증가는 중국 산업이 고도화할 수 있는 중요한 필요조건 한 가지를 충족시켰다고 할 수 있다. 중국 산업계가 대학교육을 받은 젊은 인재들을 비교적 쉽게 확보할 수 있게 됨에 따라 중국이 '지식 기반 경제'로의 전환을 꾀할 수 있게 된 것이다. 대학을 졸업하는 당사자들은 대학 학력만으로 좋은 조건의 취업을 보장받지 못하게 된 현실에 실망했지만, 반대로 기업 측에서는 감당하기 힘든 높은 임금을 주지 (즉, 대학교육 이수에 대한 임금 프리미엄을 얹어주지) 않고도 쉽게 대졸자들을 고용해 쓸수 있게 되었던 것이다.[4]

3. 중국 대학 생태계의 변화: 신설 대학

위에서 본 바와 같이, 중국 대학은 1990년대 말 이래 20년에 걸친 양적 팽창을 거쳐 오늘날에 이르렀다. 급격한 팽창 속도는 이제 잦아들어 안정화 단계에 들어선 것으로 보인다. 하지만 중국 대학 생태계의 역동성이 사라진 것은 아니다. 중국에 새롭고 독특한 대학들이 설립되고 있음에 주목할 필요가 있다.

중국의 주요 연구기관인 중국과학원과 중국사회과학원이 각각 대학교[중국과학원대학(2014년), 중국사회과학원대학(2017년)]를 출범시킨 것이 대표적이다. 중국과학원은 앞서 언급했던 바와 같이 1949년 설립된 국책 종합연구원이다. 그리고 중국사회과학원은 덩샤오핑 등 중국의 새로운 지도부가 문화대혁명을 종식시키고 개혁개방을 시작하던 1977년 중국과학원의

---

4   대학교육의 팽창이 가져오는 효과는 이처럼 양면적이다. 한국에서도 1980년대 초중반 이른바 '졸업정원제'를 실시하여 대학 신입생을 약 30%가량 증원했다. 당시 정권을 잡은 신군부가 시민적 저항을 누그러뜨리기 위해 던진 당근책이었다는 측면에서 그에 대한 정치적 평가는 부정적이다. 하지만 그 조치로 생겨난 다수의 대졸자('졸업정원제'라 했지만 실제로는 입학생의 대다수를 졸업시켰음)들이 1990년대 이후 한국이 지식 기반 경제로 업그레이드하는 데 필요한 인적자원을 형성했다는 점에선 다른 평가를 받을 수도 있다.

철학사회과학부를 떼어내 인문·사회과학 중심의 연구기관으로 키운 곳이다. 이들은 석·박사생 양성을 겸하기는 했으나 교육보다는 연구가 중심인 기관이었다. 그런 모체를 배경으로 최근 신설된 두 대학은 학부생 교육을 아우르는 대학이지만 처음부터 연구중심대학(research university)의 면모를 갖추고 있다.[5] 그 덕분에 신설 대학임에도 불구하고 중국 최상위 대학 리스트에 곧바로 이름을 올리고 있다.

중국 대학의 생태계를 업그레이드하는 데 있어 중국과학원의 역할은 그에 그치지 않았다. 중국과학원 상해 분원(分院)은 상해시와 함께 2013년 상해과기대학(上海科技大學) 설립을 주도했다. 상해 포동(浦东)신구의 장장(张江)하이테크파크(ZhangJiang High Tech Park)에 위치한 상해과기대학은 지역의 과학기술 및 기업 자원을 융합하며 상해의 주요 대학으로 발돋움하고 있다. 장쩌민 전 중국공산당 총서기의 아들로 중국과학원 상해 분원의 원장이었던 장몐헝(江绵恒) 박사가 초대 총장을 맡은 이 대학은, 이공계 중심의 5개 단과대학(① 물질과학기술대학, ② 생명과학기술대학, ③ 정보통신과학기술대학, ④ 창업 및 경영대학, ⑤ 창의 및 예술대학)을 두되 그 아래 세부학과를 두지 않는 융합교육(중국식 표현으로는 통식(通识)교육)을 실험하고 있다.

그 밖에도 중국과학원은 2019년 현재 심천시와 함께 높은 수준의 교육과 연구를 담당할 신설 대학인 '심천이공대학(深圳理工大学)' 설립을 준비하고 있는 것으로 알려졌다(深圳市教育局, 2018). 제6장에서 좀 더 자세히 소개하겠지만, 홍콩과 인접한 중국의 남방 도시 심천은 이러한 흐름 속에서 부족했던 지식 기반을 확충해 가고 있다.

---

5 중국사회과학원대학은 대학원생을 양성하는 중국사회과학원 연구생원(研究生院)과 1985년에 설립된 청년정치학원(靑年政治学院)이라는 학부 중심 대학을 통합하여 출범시킨 것이다.

기존의 연구 및 교육 자원을 활용·재편하여 설립 직후부터 높은 수준의 교육과 연구를 수행하고자 하는 신설 대학들은 더 있다. 천진시 빈해신구의 중국핵공업대학(中国核工业大学)도 그중 하나이다(≪教育物语≫, 2018.8. 30). 중국의 국유 기업으로 군용 및 민용 핵에너지 개발과 원자력 발전 및 안전 관리 등을 주도하고 있는 중국핵공업집단유한공사(약칭 중핵집단)와 천진시가 협력하여 이 대학의 설립을 추진하고 있다. 중핵집단은 1955년 중앙정부(국무원) 산하의 부처로 설립되어 중국의 양탄일성(两弹一星, 원자탄, 수소폭탄, 인공위성) 개발을 주도한 제3기계공업부(1982년 핵공업부로 개명)를 전신으로 한다. 이후 1988년 중국핵공업총공사로 개편되며 국유 기업화한 것이다. 과거 제3기계공업부 혹은 핵공업부 산하의 연구 및 교육 기능을 바탕으로 일찍이 지방 도시에 남화대학(南华大学, 호남성 형양시 소재), 동화이공대학(东华理工大学, 강서성 남창시 소재) 등이 건립되었지만 그들은 이른바 '211 공정', '985 공정'에 포함될 정도의 명문대학으로 발전하지는 못했다.[6] 이에 중핵집단과 천진시가 원자력 에너지 개발 및 안전관리 등 분야의 인재를 양성하기 위한 연구중심대학을 천진이라는 대도시에 새롭게 설립하려는 것으로 보인다.

신설 대학을 통해 중국의 대학 생태계를 바꾸는 주체가 국가나 국가기관인 것만은 아니다. 그런 점에서 특별히 주목할 만한 신설 대학은 민영 연구중심대학인 서호대학(西湖大学)이다(≪人民网≫, 2016.12.10; 贺梨萍, 2018.10. 20). 2018년 절강성 항주시에 설립된 서호대학은 그 설립 주체들을 살펴보

---

6   1995년 말 시작된 211 공정은 '21세기에 대비해 중국 내 100개의 중점 대학을 육성한다'는 의미를 이름에 담은 계획이고, 985 공정은 1998년 5월 4일 북경대학 개교 100주년 기념식에서 당시 장쩌민 총서기가 밝힌 세계 일류대학 육성 방안으로 이듬해 '21세기를 향한 교육진흥 행동계획(面向21世纪教育振兴行动计划)'으로 공식화된 것이다.

면 독특성이 더욱 두드러진다. 서호대학의 초대 총장은 중국 과학계의 부패 문제를 ≪사이언스≫에 폭로해 주목받았던 청화대학 생명과학대학의 스이궁 교수(이 책 제4장 참조)가 맡았다. 시진핑 시대에 들어서 청화대학 부총장직에까지 오른 스이궁 교수가 작은 규모의 신설 대학으로 오는 것은 이례적이라 할 만하다.

하지만 그것이 이례적인 한 인물의 기이한 선택으로 볼 일만은 아님을 서호대학의 발기인들의 면면을 살펴보면 알 수 있다. 신설 서호대학의 이사장은 과거 미국 스탠퍼드대학교 교수를 거쳐 청화대학 경제관리학원 원장을 역임했던 세계적인 중국 경제학자 치엔잉이(钱颖一) 교수가 맡고 있으며, 스이궁 교수와 함께 부패 문제를 제기했던 북경대학의 라오이 교수, 그리고 남방과기대학의 총장, 중국과학기술대학의 부총장 등이 발기인으로 함께 참여했다.[7] 이는 서호대학의 높은 학술적 지향을 암시한다.

서호대학은 정부와 기업의 적극적인 지원 또한 받고 있는 것으로 보인다. 서호대학의 전신이라 할 수 있는 절강서호고등연구원의 설립과 이를 서호대학으로 재편하는 과정에 절강성과 항주시의 적극적인 지원이 있었고, 재정적으로는 심천에 본사를 둔 텐센트의 CEO 마화텅(马化腾), 중국의 여성 부호로 손꼽히는 룽후(龙湖)집단의 CEO 우야쥔(吳亚军) 등 기업인들의 지원이 컸던 것으로 알려져 있다. 또한 서호대학은 항주시의 명문 절강대학, 상해시의 명문 복단대학과 공동으로 박사생 융합교육 과정을 운영할 정도로 기존 대학들과 교육부의 지지 또한 얻고 있는 것으로 보인다(≪新浪网≫, 2018.4.2).

이 밖에도 중국의 성공적인 대기업들이 이공계 중심의 실용교육을 강조

---

7   이들을 포함한 7인의 발기인은 2015년 3월 정부에 '신형 민영 연구형 대학의 시범적 건립에 대한 건의(关于试点创建新型民办研究性的大学的建议)'를 제출하여 지지를 얻었다.

하며 세운 대학들도 생겨나고 있다. 알리바바 그룹의 창업자 마윈, 레노보의 류촨즈(柳传志) 등이 설립하고 마윈이 직접 총장으로 재임한 호반대학(湖畔大学), 텐센트가 설립한 청등대학(青腾大学) 등이 그 사례이다. 이처럼 대학의 양적 팽창이 잦아진 최근에도 중국의 대학 생태계는 역동적인 변화를 지속하고 있다.

4. 인재 육성전략

위에서 본 바와 같이, 중국은 1970년대 말부터 대학교육을 정상화시켰고, 1990년대 말부터 그를 크게 확대시켰다. 양적 팽창과 함께, 우수한 인재를 집중적으로 키우고 해외로부터 유치하는 일에도 열을 올렸다.[8]

이러한 움직임을 포괄적으로 뒷받침한 것은 1995년 당시 공산당 총서기 장쩌민이 제기한 이른바 '과교흥국(科教兴国)' 전략이다. 과학과 교육으로 국가의 부흥을 이끌겠다는 말이다. 과교흥국은 1995년 5월 '과학기술진보를 가속화하는 것에 관한 결정(关于加速科学技术进步的决定)'으로 처음 공식화되고(中共中央·国务院, 1995), 이어 제9차 5개년 계획(1996~2000년)과 2010년을 목표로 하는 원경계획(远景计划)에도 담겼다.

1995년은 중국이 과학기술체제 개혁을 추진한 1985년으로부터 10년이 지난 시점이다. 앞서도 언급한 바와 같이, 1985년의 개혁은 종래의 사회주의

---

8 1993년 교육위원회의 과세기우수인재지원계획(跨世纪优秀人才支援计划), 1994년 중국과학원의 백인계획(百人计划), 1995년 인사부, 과기부, 재정부, 국가계획위원회, 중국과학협회, 국가자연과학기금위원회 등 7개 부처가 공동으로 추진한 백천만인재공정(百千万人才工程), 1998년 교육부의 장강학자장려계획(长江学者奖励计划) 등 유능한 인재를 유치하고 지원하는 프로그램이 다양하게 생겨났다.

체제 속에 경직되고 경제사회로부터 괴리된 중국의 대학·연구기관들을 '시장'으로 내몰았던 성격이 강하다. 대학·연구기관에 정부의 재정지원을 늘리기보다는 오히려 줄여 그들로 하여금 시장에서 스스로 돈벌이를 하며 경제사회와 결합하라고 요구했던 것이다. 그런 10년을 지낸 후 중국은 드디어 과학기술과 인재에 대한 전략적 투자를 본격화하기 시작했다.

1990년대 후반의 대표적인 고등교육 강화 프로그램은 앞서도 언급한 211 공정과 985 공정이다. 2017년 기준, 211 공정에 포함되어 지원을 받고 있는 중국 대학은 116곳, 985 공정에 포함되어 지원을 받고 있는 대학은 39곳이다(〈표 5-1〉 참조).[9] 그에 더해 중국 정부는 2017년, '세계 일류대학·일류학과(약칭 쌍일류(双一流))' 육성정책을 추가로 내놓고 전국 대학의 456개 학과(2020년 기준)를 집중 육성하고 있다. 중국 내 주요 대학의 주요 학과에 연구 인프라 및 인력을 확충해 주는 쌍일류 정책의 수혜 학과는 자연과학 및 공학 계열이 71%에 달한다(인문 및 사회과학 계열은 29%).

중국이 고등 인재를 확보하기 위해 대학교육을 확대하고 강화하면서 동시에 추진한 것은 해외 인재의 유치였다. 선진국에 체류하는 중국계 학자와 산업 전문가들을 유치하기 위한 노력을 다방면으로 기울였다. 중국 대학들은 국내 학위자보다 훨씬 높은 수준의 급여를 주고 대우를 하며 (국내파들의 불만과 비판 속에서도) 해외 유학파들을 끌어들였다. 또한 중국 중앙 및 지방(북경의 중관춘 등) 정부는 유학 후 귀국하는 인재들, 이른바 '하이구이(海龜)'들을 위한 정착 및 창업 공간 등을 너그럽게 제공했다.[10]

---

9   985 공정 대학은 모두 211 공정 대학 명단에도 포함되어 있는데, 이들이 세칭 중국의 명문대학들이라 할 수 있다.

10 하이구이(海龜)는 바다거북이라는 뜻인데, 해외에서 귀국하는 이를 지칭하는 같은 발음의 다른 말 '하이구이(海归, 海歸)'를 익살스럽게 변형한 것이다.

표 5-1 **985 공정 대학(2017년 기준)**

지역	대학
북경(8곳)	청화대학
	북경대학
	중국인민대학
	북경항공항천대학
	북경사범대학
	중국농업대학
	중앙민족대학
	북경이공대학
상해(4곳)	복단대학
	상해교통대학
	동제대학
	화동사범대학
천진(2곳)	천진대학
	남개대학
중경(1곳)	중경대학
강소성(2곳)	남경대학
	동남대학
절강성(1곳)	절강대학
섬서성(3곳)	서안교통대학
	서북공업대학
	서북농림과기대학
산동성(2곳)	산동대학
	중국해양대학
광동성(2곳)	중산대학
	화남이공대학
호북성(2곳)	화중과기대학
	무한대학
호남성(3곳)	호남대학
	중남대학
	국방과기대학
안휘성(1곳)	중국과기대학
복건성(1곳)	하문대학
요령성(2곳)	동북대학
	대련이공대학
길림성(1곳)	길림대학
흑룡강성(1곳)	하얼빈공업대학
사천성(2곳)	사천대학
	전자과기대학
감숙성(1곳)	란주대학

주: 985 공정 대학을 한 곳도 갖지 못한 성/자치구는 하북, 하남, 산서, 강서, 영하, 내몽고, 운남, 귀주, 광서, 청해, 신강 위구르, 티베트이다.
자료: 百度百科.

한편, 중국의 독특한 '원사' 제도도 해외에 나가 있는 중국인 과학기술자들을 귀국시키는 데 일조했다. 중국과학원은 탁월하다고 판단한 과학기술자에게 '원사'라는 타이틀을 부여하는데, 이는 중국 명문대학 교수들 사이에서도 최고의 영예이자 권위로 통용되었다.[11] 중국의 원사는 국가적으로 차관급 예우를 받으며 사무실과 비서, 차량 등을 제공받았다. 원사는 우리나라를 포함한 여타 국가들에도 존재하는 학술원 회원에 해당하는 것으로도 이해되곤 하나, 실제로 중국의 원사는 다른 나라의 학술원 회원보다 훨씬 큰 권력을 누렸다는 점에서 차이가 있다. 중국의 특성상, 국가가 주도하는 과학기술 연구 프로젝트가 많고 그에 대규모 예산과 인력을 배정하는 의사결정 등에 각 분야의 원사들이 중요한 역할을 담당했기 때문이다.

　　위와 같은 배경으로 원사제도는 1990년대 이래 중국이 해외에 체류하는 중국인 과학자를 국내로 유치하는 데 있어 중요한 유인책이기도 했다. 선진국의 유명 대학이나 연구소에 안착한 중국인 과학기술자들에게도 중국에 돌아가 원사가 되는 것은 매력적인 꿈이었던 것이다. 원사제도는 중국 전역, 심지어 해외의 과학기술자들을 중국의 국가적·전략적 과학기술 연구에 동원하는 효과적 수단으로 기능했다고도 해석할 수 있다.[12]

11　원사라는 타이틀은 중국과학원 외에 중국공정원에서도 부여한다. 중국과학원과 중국공정원을 합쳐 '양원(兩院)'이라고도 부른다. 단, 중국과학원이 방대한 실체적 조직을 갖고 과학기술 연구를 주도하는 것과 달리, 1994년 신설된 중국공정원은 탁월한 기술자를 중국공정원 원사로 선발하고 그들을 지원하는 행정관리조직에 가깝다. 2016년 현재 중국과학원 원사는 777명, 중국공정원 원사는 835명이다.

12　하지만 앞서 언급한 바와 같이, 스이궁, 라오이 등 유능한 학자들도 원사에 탈락함으로써 그 선발기준에 의혹이 일기도 했고, 원사가 된 이들이 정부의 고위직과 결탁하여 재원을 자의로 배분하는 부패의 혐의도 제기되어 원사제도를 개혁하기에 이르렀다. 2012년 시진핑 집권과 함께 발표된 '과기 체제개혁 심화와 국가혁신체제 건설 가속화에 관한 의견(关于深化科技体制改革加快国家创新体系建设的意见)'을 계승하되 그를 더 구체화한 2015년의 '과기 체제개혁 심화 실시방안 발표에 관한 통지(关于印发深化科技体制改革实施方

하지만 그런 중국 특색의 제도와 중국 당국의 해외 인재 유치 노력이 곧바로 눈에 띄는 결실을 만들어낸 것은 아니었다. 처음부터 최고의 인재가 중국으로 돌아온 것은 아니었던 것이다. 선진국에서 자리를 잡지 못한 2류 인재가 중국으로 회귀할 뿐이라는 평가도 파다했다. 이런 까닭에 그들에게 특별 대우를 하는 것에 대한 비판의 목소리도 국내파들 사이에서 힘을 얻었다. 그런 모순과 반발 속에서도 중국 정부는 해외 인재를 유치하기 위한 정책들을 꾸준히 확대했다. 그렇게 크고 작은 해외 인재 유치 프로그램들이 만들어졌는데, 2008년 시행된 '해외고층차인재유치계획(海外高层次人才引进计划)', 별칭 '천인계획(千人计划)'은 그 정점을 이루는 것이라 할 수 있다.

천인계획은 기존의 다른 프로그램이 제공하는 것보다 훨씬 나은 대우를 약속하며 더 넓은 범주(학자뿐 아니라 다국적 기업, 금융기관의 경영진 및 기술자 포함)의 세계적 인재를 유인했다. 특히 2008년은 미국에서 금융위기가 발생해 세계경제위기로 파급되던 시점인데 중국은 유능한 인재조차 미국 등 선진국에서 좋은 직장을 구해 정착하기 힘들어진 상황을 기회로 보고 그들을 중국 내로 유치하기 위한 전략을 폈다.

천인계획은 중국 공산당 조직부가 직접 관할했다. 공산당이 중국 내 모든 정관계 고위직 인사에 실질적인 권한을 갖고 있는 것을 감안하면 공산당 조직부가 직접 인재를 챙긴 천인계획이 중국인들 사이에서 얼마나 무게감 있게 받아들여졌을지 어느 정도 짐작할 수 있다.

그런데 천인계획의 수혜자는 해외 인재뿐이어서 중국 국내에서 성장한 국내파 인재들의 불만과 상대적 박탈감은 더욱 커졌다. 이 문제를 완화하기 위해 2012년 새로이 수립·추진된 것이 '국가고층차인재특수지원계획

案的通知)'에서는, 원사에 딸린 혜택과 권한을 축소하여 원사에게 순수한 학술적 명예만을 부여하고 그 선발과 퇴출의 메커니즘도 정비하겠다고 밝혔다.

(国家高层次人才特殊支援计划)', 별칭 '만인계획(万人计划)'이다. 만인계획은 세계 최고 수준의 과학자 등 이른바 '걸출인재(杰出人才)' 100명, 과학기술 연구 및 창업, 철학 및 사회과학 분야를 선도할 이른바 '영군인재(领军人才)' 8000명, 그리고 35세 이하의 '청년최고인재(青年拔尖人才)' 2000명을 10년 간 선발·지원하는 프로그램이다(Zhao and Hong, 2013).

2012년은 1999년 이래 급격히 늘어난 대학생들이 학사과정을 마치고 석·박사과정에 진학했거나 산업 현장에서 일정 기간의 숙련을 쌓은 시점이라 할 수 있다. 따라서 만인계획은 단순히 지원 대상에 국내 인재를 포함시켜 오랜 불만을 누그러뜨리려 한 것이라기보다는 중국 내 인재의 단계적 성장에 조응한 것이라고 할 수 있다.

위에서 살펴본 바와 같이, 중국은 '인구대국(人口大国)'을 '인재강국(人才强国)'으로 탈바꿈시키겠다는 장기 비전과 의지를 꾸준히 실천해 왔다. 그리하여 지난 20년간의 인적 자본 축적은 중국 경제의 고도화에도 직간접적으로 기여했고 더욱 중요하게는 미래의 가능성을 확대했다.

위와 같은 정책적 노력과 성과에도 불구하고, 중국 정부의 인재 프로그램에는 한계와 도전도 있다. 우선, 금전적 인센티브 제공을 위주로 하는 우수 인재 프로그램의 한계이다. 1인당 최대 인민폐 100만 위안(한화 약 1억 7000만 원)까지 지원하는 천인계획과 만인계획은 후보가 될 만한 이들의 관심을 끌기에 충분하지만 그런 만큼 배정에 잦은 시비와 힘겨루기가 발생하고 있다(Zhao and Hong, 2013).

또 다른 문제는 중국의 인재 프로그램이 '과학기술 연구자' 육성에 초점을 맞춰 비과학기술 영역의 인재에 대해서는 소홀하다는 점이다. 물론 만인계획의 '영군인재' 8000명 속에는 '철학 및 사회과학 분야'의 인재 1000명도 포함되어 있고, 2000명을 선발하는 '청년최고인재'도 반드시 과학기술자로 국한된 것은 아니다. 하지만 철학 및 사회과학 인재 육성은 공산당 선전부가, 우수한 청년인재 육성은 공산당 조직부가 관할하고 있어, 과연 공산당에 봉사하는 '지식기사(知識技師)'를 넘어 자유롭고 혁신적인 사고를 통해 사회를 이끄는 인재가 키워질지는 의문이다. 중국 당국은 위에 소개한 인재 육성 프로그램을 추진하면서도 대학 내의 자유로운 상상과 토론, 비판은 억압해 왔다.[13] 이는 공산당의 집권을 전제로 하는 중국 정치체제의 경직성과 직결된 문제인데, 이러한 불균형이 어떤 인재의 지형을 만들고 그 지형이 어떠한 역량과 한계를 드러낼지는 앞으로 더 두고 볼 일이다.

외적 환경 측면에서는, 중국이 선진국들을 상대로 펼쳐온 과학기술 인재 유치 및 교류에 대한 도전이 커졌다. 2018년 미국 트럼프 행정부가 중국의 부당한 기술획득을 문제 삼으며 중국이 천인계획 등을 통해 미국 내 과학기술자들을 유치·초빙하는 것뿐만 아니라 중국 이공계 학생들이 미국으로 유학하는 것까지 제한하기 시작했기 때문이다. 중국에 대한 문제제기는 미국의 주도 아래 서구 선진국들이 적어도 부분적으로 호응하고 있어, 이것이 중국 인재전략 및 그 성과에 어떤 제한 효과를 가질지도 지켜볼 일이다.

5. 또 다른 채널을 통한 인재의 양성

중국 정부의 직접적인 인재 육성정책에 의한 것은 아니었지만, 중국의 개방정책 속에서 다국적 기업들이 중국 내에 세운 R&D 센터에서도 인재의 배양은 이루어졌다. 다국적 기업의 중국 내 R&D 센터는 2005년 750개,

---

13 시진핑은 집권 이후 중국 대학에 '교사공작부'라고 불리는 사상교육 전담부서를 설치하여 교직원에 대한 사상교육을 강화했다. 또한 당 기율검사위원회와 감찰부가 주요 대학을 감찰하고 교수들의 사상을 통제하고 있는 것으로 알려졌다(이민자, 2017).

2010년 1200개, 2017년 1700개(주로 상해, 북경, 광동, 강소, 절강에 위치)로 증가한 것으로 추정된다(OECD, 2007; People's Daily, 2010.3.16; Zhuo, 2017.10. 17). 특히 다국적 기업의 중국 내 R&D 센터는 직원의 약 80%를 중국 현지에서 채용함으로써(OECD, 2007), 중국의 엔지니어들이 실제 경험을 통해 역량을 축적할 장으로 기능했다는 점에서 주목할 만하다. 그런 인재들의 성숙 속에서 샤오미(小米, Xiaomi) 같은 기업도 태어날 수 있었다. 레이쥔(雷軍)은 중국 내 다국적 기업(마이크로소프트, 구글, 모토로라 등) R&D 센터에서 일하던 중국인 엔지니어들을 모아 2010년 샤오미를 공동 창업해 스마트폰과 IT기기 산업에서 두각을 나타냈다(허옌, 2014).

한편, 대학 및 연구소 수준 이상의 고등 인재 배양뿐 아니라 현장 '기능 인력'의 고도화도 비슷한 시기에 함께 진행되었다. 그 성과를 엿볼 수 있는 하나의 창구가 2년마다 개최되는 '국제기능올림픽(World Skills)'이다. 한국은 박정희 대통령 시절 이래 어느 나라보다도 그 중요성을 강조해 왔고(그런 차원에서 '올림픽'이라 불렸다), 그런 만큼 지난 반세기 동안 가장 많은 금메달이 한국의 품에 안겼다. 그런데 2013년 대회 때까지 금메달을 따본 적이 없던 중국이 2015년 대회에서 5개의 금메달을 땄고(당시 한국은 13개로 세계 1위), 2017년 제44회 대회에서는 중국(금 15개, 은 7개, 동 8개)이 한국(금 8개, 은 8개, 동 8개)을 2위로 눌러 앉히고 사상 처음으로 세계 1위 자리에 올랐다. 중국의 메달 획득 분야 또한 광범위해, 중국 기능 인력의 고도화를 웅변했다. 2019년에도 중국(금 16개, 은 14개, 동 5개)은 한국(금 7개, 은 6개, 동 2개)을 메달 수에서 2배 이상의 차이를 벌리며 3위로 눌러 앉히고 세계 1위 자리를 고수했다(〈표 5-2〉 참조).

중국 정부도 명문대학 중심의 고등교육 외에 직업교육의 중요성을 인식하며 그를 강화하기 위한 정책들을 추진하고 있다. 2014년 6월 중국 중앙정부(국무원)는 '현대직업교육의 발전을 가속화하는 것에 관한 결정(关于加

표 5-2 **최근 국제기능올림픽 국가별 메달 집계**

제44차 아부다비 대회(2017년)

2017년 순위	국가	참가자(팀)	종합점수	금메달	은메달	동메달
1	중국	47	109	15	7	8
2	한국	42	88	8	8	8
3	스위스	36	81	11	6	3
4	브라질	49	75	7	5	3
5	러시아	51	59	6	4	1
6	대만	42	56	4	1	5
7	프랑스	33	52	5	3	4
8	오스트리아	36	49	4	3	4
9	일본	40	43	3	2	4
10	영국	30	32	1	3	3

제45차 카잔 대회(2019년)

2019년 순위	국가	참가자(팀)	종합점수	금메달	은메달	동메달
1	중국	56	133	16	14	5
2	러시아	56	101	14	4	4
3	한국	47	76	7	6	2
4	대만	45	68	5	5	5
5	브라질	56	62	2	5	6
6	스위스	39	60	5	5	5
7	오스트리아	40	54	5	5	1
8	일본	42	46	2	3	6
9	프랑스	36	41	1	4	3
10	싱가포르	29	32	2	1	2

자료: WorldSkills(www.worldskills.org).

快发展现代职业教育的决定)'에 이어 2019년 1월 '국가직업교육개혁실시방안 (国家职业教育改革实施方案)'을 발표했다. 여기에는 신산업 분야에서 활동할 전문 기술인력을 양성하기 위해 2022년까지 '고등직업학교' 50곳을 신설하고 300곳의 '교육-산업 융합형 실습훈련기지'를 건립하는 내용이 담겼다. 또한 직업기술학교 학생들이 대학에서 기술응용 관련 지식을 심화하는 것을 돕기 위해 진학의 문호를 넓히고 일반대학(普通本科大学) 중 상당수를 기술응용형대학(技术应用型本科大学)으로 재편하기로 했다(国务院, 2019).

한편, 중등교육의 품질 혹은 성과를 측정하는 이른바 'PISA(Programme for International Student Assessment)' 테스트에서도 중국이 기염을 토하고 있음에 주목할 필요가 있다. PISA는 OECD 회원국을 포함해 세계 70여 개 국가가 참여하는 15~16세 대상의 수학, 과학, 독해 테스트인데, 중국은 2012년부터 부분적으로 참여하고 있다(2012년에는 상해시만 참가, 2015년부터는 북경-상해-강소성-절강성 참가).

2015년과 2018년에 치러진 PISA에서 공식적으로 3개 부문 모두 1위를 휩쓴 나라는 싱가포르였다. 하지만 2018년 테스트에서 중국의 '북경-상해-강소성-절강성'은 싱가포르보다도 높은 성적을 기록하여 비공식적으로나마 3개 부문을 모두 석권했다(〈표 5-3〉 참조).

물론 중국의 성적은 전국 평균이 아니다. 중국의 독특한 '호구(戸口)제도'로 인해 외지 이주노동자의 자녀는 부모의 근무지인 대도시에서 중·고등학교에 입학하지 못하고 고향으로 되돌아가는 경우도 많아, 중국 내 선진 지역 중심의 순위에 대한 해석에는 주의가 필요하다. 그럼에도 북경시, 상해시, 강소성, 절강성의 인구가 각각 2100만, 2400만, 8000만, 5700만 명 이상으로 웬만한 국가 규모인 데다가, 2015~2018년 기간 중에도 PISA 순위가 눈에 띄게 상승했다는 사실(2015년 테스트에서는 수학, 과학, 독해의 순위가 각각 6위, 10위, 27위였는데, 2018년에는 모두 1위)은 중국 중등교육의 경쟁력이 강화되었음을 시사한다.

표 5-3 PISA 국가별 순위

2015년 순위	수학 점수		과학 점수		독해 점수	
1	싱가포르	564	싱가포르	556	싱가포르	535
2	홍콩	548	일본	538	캐나다	527
3	마카오	544	에스토니아	534	홍콩	527
4	대만	542	대만	532	핀란드	526
5	일본	532	핀란드	531	아일랜드	521
6	중국(북-상-강-절)	531	마카오	529	에스토니아	519
7	한국	524	캐나다	528	한국	517
8	스위스	521	베트남	525	일본	516
9	에스토니아	520	홍콩	523	노르웨이	513
10	캐나다	516	중국(북-상-강-절)	518	마카오	509
11			한국	516	생략	
생략						
27					중국(북-상-강-절)	494

2018년 순위	수학 점수		과학 점수		독해 점수	
1	중국(북-상-강-절)	591	중국(북-상-강-절)	590	중국(북-상-강-절)	555
2	싱가포르	569	싱가포르	551	싱가포르	549
3	마카오	558	마카오	544	마카오	525
4	홍콩	551	에스토니아	530	홍콩	524
5	대만	531	일본	529	에스토니아	523
6	일본	527	핀란드	522	캐나다	520
7	한국	526	한국	519	핀란드	520
8	에스토니아	523	캐나다	518	아일랜드	518
9	네덜란드	519	홍콩	517	한국	514
10	폴란드	516	대만	516	폴란드	512

자료: Programme for International Student Assessment(www.ecd.org/pisa).

제6장

혁신 지역 및 공간의 조형

1. 혁신 공간 들여다보기

앞서 우리는 주로 중국이라는 나라를 하나로 보고 '국가혁신체제'를 논했다. 물론 국가라는 경계는 현실적으로 유효하다. 경계 안쪽에 존재하는 공간이 (지역적 차이에도 불구하고) 상당한 동질성을 띠며, 경계 바깥의 해외 공간과는 차별성이 크기 때문이다.

국가 수준의 논의, 특히 다른 나라와의 비교 속에서 중국은 '대국(大國)'이라는 점에서 부각되기 마련이다. 과학기술 연구 및 인재 보유 측면에서도 중국은 대국의 면모를 갖추게 되었음을 앞서 보았다. 하지만 그 큰 중국이 항상 '하나의 덩어리'로 작동하는 것은 아니다. 중국을 '크고 단일한 하나'로만 인식하지 말고, 때로 분해하여 관찰하고 사고할 필요가 있다.

이에 이 장에서는 중국을 하나의 단일체 혹은 단일 공간으로 보는 시각을 탈피하여, 중국의 내부 공간이 어떻게 조형되어 왔는지 살펴보고자 한다. 혁신이라는 활동을 담는 그릇이자 장(場)인 공간은 물리적·지리적 오프라인 공간뿐 아니라 온라인 공간까지 포괄할 수 있다. 따라서 이 장에서는 중국 내 인터넷을 기반으로 한 온라인 공간의 조형에도 주의를 기울일 것이다.

2. 특구(特區)를 통한 지역의 재구성

1978년 시작된 중국 개혁개방의 핵심 성격은 '시장화'와 더불어 '분권화'였다. 그런 만큼 중국 내 각 지역은 이전 시기에 비해 더 많은 의사결정권한을 갖고 자신의 이해관계를 드러냈다. '지역 간 무역 분쟁'으로까지 불거진 지역 이기주의와 보호주의(local protectionism)가 1980년대 중국에 두드러지게 나타난 것도 그러한 변화의 부작용이었다. 그렇게 분권화는 개혁개방기의 중국을 분할했다.[1]

1980년대 일본으로부터의 흑백TV 생산라인 도입은 여러 성(省)에 중복적으로 이뤄졌으며 이후 자동차 생산라인의 도입 또한 그러했다. 그리고 그로부터 생산된 제품의 판로 또한 각 지역의 경계 안쪽으로 크게 제한되곤 했다. 그렇게 중국은 대국이면 쉽게 누리리라 기대되는 '규모의 경제(economy of scale, 규모가 클수록 효율성이 높아져 얻는 이득)'를 충분히 누리지 못했다.

중앙정부가 나서 특정 산업의 지역 분산성을 해소하고 전국적 역량을 소수의 선별된 기업에 집중시켜 그들을 육성하는 이른바 '산업정책'이 중국에서도 1980년대 말과 1990년대 초에 자동차 산업을 중심으로 시도되었지만, 그 성과는 과거 한국, 일본에서와 달리 두드러지지 못했다. 중앙의 조율 속에 가졌던 생산 기반을 포기해야 하는 지방정부(주로 성급 정부)의 저항이 그만큼 컸던 것이다. 그렇게 중국의 대국성은 20세기가 저물 때까지도 산업 현장에 제대로 구현되지 못했다(Eun and Lee, 2002).

---

[1] 중화인민공화국이 수립되기 이전 군벌(軍閥)이 중국 각지에 할거했고, 1950년대 후반 대약진 시기에도 (소련식의 중앙집권적 사회주의와 구별되는) 분권적 형태의 사회주의가 추구되었음을 감안한다면, 개혁개방 이후의 분권화가 근대 이후 중국에서도 완전히 새로운 현상은 아니다.

요컨대 개혁개방기의 분권화는 중국 공간을 분할했고 그 결과 대국의 전국적 역량이 한데 모여 빛을 발하게 하는 데는 제약요인으로 작용했다.[2] 그러한 지역 분산성을 어느 만큼이나마 극복할 수 있게 한 것이 특구를 활용한 지역개발 전략 혹은 공간조형 전략이었다. 이 글에서 특구란, '경제특구'처럼 '특구'라는 표현이 공식적으로 붙은 곳뿐 아니라 시범구, 신구 등과 같이 기존 여타 지역과 다른 제도적·정책적 환경을 새롭게 조성한 특별 지역을 통칭한다.

그런 특구는 가용한 국내외의 자원을 특정 지역에 응축시켜 폭발적 성장을 유도하는 곳일 뿐 아니라, 오랜 규제와 관행을 제거해 변화의 사회적 비용을 낮추고 그를 촉진하기 위한 곳이었으며, 새로운 제도적·정책적 실험이 초래할 수도 있는 혼란을 제한된 지역에 국한시키는 방화벽이기도 했다. 중국 중앙정부는 특구를 전략적으로 지정하고 점진적으로 확산·다양화하는 과정을 통해 중국이라는 거대한 지리적 공간에 질서를 부여하고 그에 부합하는 경제활동이 이뤄질 수 있도록 장을 열었다.

중국은 개혁개방 초기인 1980년 광동성의 심천(深圳, 이 도시에 관해서는 뒤에 상술함), 주해(珠海), 산두(汕头), 복건성의 하문(厦门) 등 4개 도시를 '경제특구(经济特区)'로 지정하고 이들 공간에서 기존의 제도적 제약들을 선도적·파격적으로 제거했다. 하지만 이러한 조치의 초점은 중국 기업과 개인의 혁신을 촉발하기 위해서라기보다는 국외(특히 4대 도시 앞바다의 홍콩, 마카오, 대만을 포함한 화교경제권)의 자본을 끌어들여 중국 내 생산을 늘리고 국제무역을 활성화함으로써 성장을 촉진하기 위해서였다.

다시 말해, 특구의 조성은 혁신을 명시적으로 추구했다기보다는 생산요

---

2 그렇다고 지방 자치의 확대가 가져온 또 다른 긍정적 효과(체제 경직성의 완화, 지방 당국자의 책임성과 진정성 제고 등)까지 부정할 필요는 없다.

소(국외의 자본, 국내의 노동)의 투입 및 활용 증대를 통해 성장을 추구하는 전통적인 성장전략이 주를 이뤘던 것이다. 하지만 사회주의 계획경제 시절의 규제가 대폭 완화된 자유의 공간에 혁신의 씨앗이 뿌려진 것도 사실이다. '규제의 중심인 중앙정부가 있는 북경으로부터 멀리 떨어져 있을수록 자유의 크기가 크고 그래서 더 높은 효율과 창의성을 기대할 수 있다'는 뜻으로 '역북경 비율(reverse-Beijing ratio)'이라는 용어가 20세기 후반 해외 언론에 회자되기도 했다.

1980년대 초 4개의 '점(點)'으로도 비유되는 남방 4개 도시에서의 경제특구 실험이 일정한 성과를 거두자, 1984년 연해 지역을 남에서 북까지 길게 잇는 '선(線)'과 같은 14개 도시[대련(大连), 진황도(秦皇岛), 천진(天津), 연태(烟台), 청도(青岛), 연운강(连云港), 남통(南通), 상해(上海), 영파(宁波), 온주(温州), 복주(福州), 광주(广州), 담강(湛江), 북해(北海)]를 '개방도시(開放城市)'로 추가 지정했다. 1988년에는 해남도(海南岛) 전체를 다섯 번째 경제특구로 지정했다.

그리고 이로부터 규제 완화 및 세제 혜택, 정부 지원 등 특별한 조치가 이루어지는 중국 내 지역이 '선'을 넘어 '면(面)'으로 확대되었다. 중국 개혁개방의 특징인 '점진주의(gradualism)'가 중국의 공간 활용 및 개발 전략에도 적용되었던 것이다. 수도인 북경과 산업 중심지인 상해로부터 멀리 떨어진 남쪽 해안 도시로부터 시작한 개혁개방 실험의 성과가 긍정적임을 확인한 뒤, 이른바 '점 → 선 → 면'의 방식으로 개혁개방의 공간을 동남 연해 지역(선)과 내륙 지역 전체(면)로 확대하기에 이른 것이다.

실제로 1990년대 이후 동부 연해 지역 대부분이 초기 개방도시의 정책을 시행하기에 이르렀고, 2000년대 이후에는 중국 내 서부, 중부 지역 또한 특별 육성 지역으로 지정되었다. 우선 2000년에는 총 12개 성·자치구·직할시[사천(四川), 섬서(陕西), 감숙(甘肃), 청해(青海), 운남(云南), 귀주(贵州), 중경

표 6-1 **중국 내 각종 특구**

	경제특구	경제기술개발구	고신기술산업개발구	국가급 신구	자유무역구
개수	7	219	168	19	21
(대표) 사례	심천, 주해, 산두, 하문, 해남도, 카스, 훠얼궈쓰	소주공업원구	북경의 중관촌	상해 포동, 하북성 웅안	상해자유무역구
성격	특별한 경제정책 담당, 해외 지역과의 접경지역에 설치하여 경제교류 진흥	공업 집적지	첨단기술 산업	지역발전 견인	관세, 통관, 심사 간소화, 외자유치

자료: 필자 정리.

(重庆), 광서(广西), 내몽고(内蒙古), 영하(宁夏), 신강(新疆), 티베트(西藏)]를 아우르는 '서부대개발(西部大開發)'이 시작되었고, 2004년에는 중부의 6개 성 [산서(山西), 하남(河南), 호북(湖北), 호남(湖南), 안휘(安徽), 강서(江西)]을 아우르는 '중부굴기(中部崛起)'와 동북 3성[요령(辽宁), 길림(吉林), 흑룡강(黑龙江)]을 중심으로 하는 '노후공업기지진흥계획(东北地区老朽工业基地振兴计划)' 등이 잇달아 추진되었다.

그리고 위와 같은 개발 지역 내에 새로이 육성되는 도시들에는 다양한 '신구(新区)'들이 조성되었다. 신구는 기존 도시의 어느 한 부분을 (때로는 인근 지역과 연계하여) 개발하고 규제 완화 및 우대 정책을 실시하여 새로운 성장점으로 삼는 것이다. '경제기술개발구(经济技术开发区)'와 '고신기술산업개발구(高新技术产业开发区)'도 그러한 신구의 일종으로, 2018년 기준 경제기술개발구는 219곳[대표적으로 소주(苏州)공업원구], 고신기술산업개발구는 168곳(대표적으로 북경 중관촌)이 조성되어 있다(〈표 6-1〉 참조).

중국의 신구들은 다양한 등급으로 분류되는데, 그중 최상위의 것이 규모도 크고 중앙정부의 특별한 정책적 지원을 받는 '국가급 신구'이다.[3] 중국 최초의 국가급 신구는 1992년 상해 포동(浦东)에 조성되었고, 2006년 천진 빈해(滨海)에 조성된 것이 두 번째이다. 그러다 2010년 이후, 특히 시진핑 정권 출범(2013년) 이후, 크게 증가해 최근(2017년) 조성을 시작한 하북성 웅안(雄安, 중국 발음으로는 슝안)신구까지 중국의 국가급 신구는 19개에 달한다(⟨표 6-2⟩ 참조).

신구로 지정된 지역은 인프라 투자와 더불어 상당한 경제성장을 달성해 왔는데, 특히 최근 북경 인근에 조성하기 시작해 2035년까지 완공을 목표로 하고 있는 웅안신구는 중국의 미래형 스마트 시티(smart city)가 될 예정지로서 상당한 이목을 끌고 있다. 북경에서 약 120km 떨어진 웅안신구는 현재 북경의 기능을 일부 흡수하는 한편, 이른바 제4차 산업혁명 시대의 기술들을 집약하고 녹색 생태도시의 면모까지 갖추겠다는 비전을 제시하고 있다. 실제로, 중국 인터넷 3대 기업 중 바이두는 자율주행 시스템, 알리바바는 스마트 물류, 텐센트는 핀테크(fintech)와 원격 의료 등 웅안신구의 혁신 각 면을 담당하고 있다.

국가급 신구의 급격한 증설과 함께 시진핑 시대의 중국은 '자유무역구(自由贸易区)'도 확대해 갔다. 2013년 상해에 처음으로 자유무역구를 조성함에 이어 2015년에는 천진, 광동, 복건 등 3곳에, 2017년에는 요령, 절강, 하남, 호북, 중경, 사천, 섬서 등 7곳에, 2018년에는 해남, 산동, 강소, 광서, 하북, 운남, 흑룡강 등 7곳에, 그리고 2020년에는 북경, 호남, 안휘 등 3곳에 자유무역구를 추가 증설하여 총 21곳으로 늘렸다.[4] 자유무역구에서는 관세

---

3 중국 정부가 특정 지역에 설정하는 '신구'는 다음과 같이 분류할 수 있다. 가장 상급의 것이 '국가급 신구'로, 중앙정부인 국무원이 비준하고 성급 지방정부(성, 자치구, 직할시)가 관리한다. 그다음은 국무원이 비준하되, 신구가 조성된 해당 도시가 관리하는 경제기술개발구, 고신기술개발구 등이다. 그 아래에는 중앙정부 산하의 각 부문이나 성급 지방정부가 비준하고, 신구가 조성된 해당 도시나 지방정부가 직접 관할하는 신형 공업화·도시화시범구, 경제개발구 등이 있다. 더 아래에는 성급 미만의 지방정부가 설립·운영하는 다양한 신구가 있다(盛毅·方茜·魏良益, 2016: 38).

4 자유무역구는 해당 지역 내 도시에 조성된 (국가급) 신구들을 아우르는 경우가 많다.

표 6-2 **중국의 국가급 신구**

설립 순서	신구 명칭	승인 연도	주요 도시	면적(km²)
1	포동신구(浦东新区)	1992	상해(上海)	1210.41
2	빈해신구(滨海新区)	2006	천진(天津)	2270
3	양강신구(两江新区)	2010	중경(重庆)	1200
4	주산군도신구(舟山群岛新区)	2011	절강성 주산(浙江 舟山)	육지 1440 해역 20800
5	란주신구(兰州新区)	2012	감숙성 란주(甘肃 兰州)	1700
6	남사신구(南沙新区)	2012	광동성 광주(广东 广州)	803
7	서함신구(西咸新区)	2014	섬서성 서안, 함양(陕西 西安, 咸阳)	882
8	귀안신구(贵安新区)	2014	귀주성 귀양, 안순(贵州 贵阳, 安顺)	1795
9	서해안신구(西海岸新区)	2014	산동성 청도(山东 青岛)	육지 2096 해역 5000
10	금보신구(金普新区)	2014	요령성 대련(辽宁 大连)	2299
11	천부신구(天府新区)	2014	사천성 성도, 미산(四川 成都, 眉山)	1578
12	상강신구(湘江新区)	2015	호남성 장사(湖南 长沙)	490
13	강북신구(江北新区)	2015	강소성 남경(江苏 南京)	2451
14	복주신구(福州新区)	2015	복건성 복주(福建 福州)	1892
15	전중신구(滇中新区)	2015	운남성 곤명(云南 昆明)	482
16	하얼빈신구(哈尔滨新区)	2015	흑룡강성 하얼빈(黑龙江哈尔滨)	493
17	장춘신구(长春新区)	2016	길림성 장춘(吉林长春)	499
18	감강신구(赣江新区)	2016	강서성 남창, 구강(江西南昌, 九江)	465
19	웅안신구(雄安新区)	2017	하북성 보정(河北保定)	단기 100 장기 2000

주: 일반적으로 국가급 신구는 부성급(副省級) 행정구역으로 간주되므로, 이 책의 표기원칙에 따라 그 명칭을 한문 독음으로 표기했다.
자료: ≪幸福网≫(2017.9.1).

를 낮추고 인허가 등 정부의 기능을 효율화하여 투자와 생산, 무역의 촉진을 추구하고 있다.

이상에서 본 바와 같이, 중국은 개혁개방 이후 분권화 속에서도 특구, 신구 등의 이름으로 특정 지역에 성장 에너지를 응축시켜 성장을 촉발시켰다.[5] 그리고 단계적으로 그런 지역을 확대함으로써 전면적인 성장을 유도해 왔다. 그렇게 수십 년이 지난 지금, '특별히 지정된 곳'조차 그 특별함은 크지 않고 그런 만큼 국내외의 자원을 집중적으로 들여오는 힘이 약해졌다. 오늘날의 중국에 각지의 독특한 매력을 더 심화하고 키워야 하는 과제가 남겨진 것이다. 동시에 이 상황은 중국이 한 단계의 성장과정을 성공적으로 밟아 새로운 단계의 문턱에 섰음을 시사하는 것이기도 하다.

다음 절에서는 1980년 첫 경제특구로 지정되어 가파른 성장과 고도화를 거쳐 오늘날 가장 발전된 중국 도시 중 하나가 된 심천의 사례를 좀 더 자세히 살펴본다.

3. 중국의 대표적 혁신 공간, 심천(深圳)

중국 남부 광동성에서 홍콩과 인접한 해안도시 심천은 특별한 도시이다. 개혁개방과 함께 탄생한 심천은 이민자들의 도시이다. 신생 도시인 심천은 오랜 전통과 역사도 별반 없지만 원주민의 텃세도 적다. 2018년 기준, 심천 인구의 평균 연령은 32세이다(梁宏亮·刘艳美, 2018.8. 21). 2017년에 23만 명의 외지 인구가 심천에 유입되었는데 그들의 평균 연령은 27세였다(≪金羊网≫, 2018.3.16). 심천은 그만큼 역동적이고 자유분방한 도시이다.

위와 같은 특징들로 인해 심천은 중국 내 (대부분 유서 깊은) 주요 도시들과 구별된다. 오히려 심천은 새로운 기회를 찾아 유럽을 떠난 이민자들이 세운 나라 미국과 의외로 공통점이 있다. 미국 이민자들이 고향이자 발전의 역사가 앞선 유럽을 오늘날 혁신으로 선도하듯, 심천은 중국에서 가장

5　구체적으로 '경제특구'라는 이름을 단 지역이 크게 늘어난 것은 아니다. 2017년 현재까지도, 경제특구는 위에 언급한 5곳 외에 2010년과 2014년에 각각 추가 지정한 신강의 카스(喀什, Kashgar), 휘얼궈쓰(霍尔果斯, Khorgas)를 포함해 총 7곳뿐이다.

선도적인 혁신도시로 자리매김하고 있다. 심천은 세계 최대의 통신설비회사이자 대표적인 스마트폰 메이커인 화웨이(华为), 같은 분야에서 그 뒤를 잇는 중싱통신(中兴通讯),[6] 중국 최대의 인터넷 기업 텐센트(腾讯), 중국의 대표적 전기자동차 기업 BYD(比亚迪), 세계 최대의 유전자 염기서열 분석 서비스 기업 BGI(Beijing Genome Institute, 华大基因), 세계 최대의 드론 제조사 DJI[Dajiang Innovation, 중국명 다쟝창신(大疆创新)] 등의 본거지이다.

그런데 그런 심천에 의외의 특색이 또 있다. 성급시(省級市)인 북경, 상해, 중경, 천진을 제외하고는 가장 높은 급인 부성급시(副省級市)인 심천은 그에 걸맞은 명문대학을 (적어도 아직은) 갖고 있지 못하다는 사실이다. 혁신 1번지에 의외로 '지식 기반'이 취약한 것이다.

일반적으로 중국 주요 도시에는 (1950년대 초 대학 개혁의 산물로) 문과 중심의 대학 하나와 이공계 중심의 대학 하나가 쌍두마차처럼 정점을 이루고 있다. 예컨대 북경의 경우 북경대학과 청화대학, 천진의 경우 남개대학과 천진대학, 상해의 경우 복단대학과 상해교통대학, 광주의 경우 중산대학과 화남이공대학이 그런 것이다.[7]

개혁개방 이전에는 한적한 어촌이었던 심천엔 아예 대학이 없었다. 1983년 중국 내 주요 대학들로부터 노하우를 전수받아(문학, 어학 분야는 북경대학으로부터, 공학·건축 분야는 청화대학으로부터, 경제·법률 분야는 중국인민대학으로부터 전수받음) '심천대학(深圳大学)'을 설립했지만 그 교육과 연구의 수준은 심천이라는 도시가 중국 내에서 차지하는 선도적 위치에 내내 못 미쳤

---

6   다만 화웨이, 중싱통신 등은 2018년 이후 미국 트럼프 행정부가 중국에 대해 무역 불균형과 기술 절취 등을 이유로 공세를 펴는 과정에서 미국의 수출통제 대상 기업이 되었고 그로 인해 상당한 타격을 입기도 했다.

7   물론 항주에서와 같이 하나의 대학(절강대학)이 절대적인 비중을 갖는 주요 도시도 있다.

다. 심천대학이 '교육'을 넘어 '연구'를 자신의 역할로 자임한 것도 비교적 최근인 2000년대에 들어서이다. 그런 까닭에, 심천이라는 도시는 '훌륭한 고등교육 및 연구기관을 갖지 못했음에도 급속한 경제성장과 고도화에 성공한 특이한 지역'으로 학자들의 분석대상에 올랐다. 하지만 여기에 풀기 어려운 퍼즐이 있는 것은 아니다.

고도의 과학기술 지식과 고등 인재가 아닌, 해외로부터 이전된 생산 공장과 국내 각지로부터 유입된 저임 노동력이 심천 경제성장의 주 동력이었다는 역사적 사실이 퍼즐을 푸는 한 가지 열쇠이다. 또한 심천 경제의 점진적인 고도화에 따라 국내외 타지로부터의 공급이 원활하게 이뤄지면서 점증한 지식과 인재에 대한 수요도 채워질 수 있었다. 즉, 텃세가 없는 자유롭고 젊은 도시 심천이 타 지역 인재들을 왕성하게 흡수했다는 사실이 퍼즐을 푸는 또 하나의 열쇠이다. 요컨대, 대학 및 연구기관의 포진으로 볼 때 취약해 보이는 심천의 지식 기반은 '짝퉁', 즉 모방품 생산을 중심으로 시작한 심천의 성장 방식과 개방도시 심천의 인재 및 지식 흡인력 덕분에 넘지 못할 커다란 걸림돌은 아니었던 것이다.

하지만 최근에는 심천 시정부도 역내 지식 기반을 강화하는 작업에 적극 나서고 있어 심천시 북쪽에 2002년부터 연구개발 기능을 중점으로 하는 '심천대학성(深圳大学城)'을 조성하기 시작했다(〈사진 6-1〉 참조).[8] 심천대학성은 같은 성·시 내의 대학들을 한데 모아 새로운 캠퍼스를 조성하는 여타 도시의 대학성과는 달리, 심천시 정부가 북경, 하얼빈(哈尔滨, Harbin) 등 타 지역에 소재한 유명 대학들의 분교를 유치하여 조성한 것이다. 여기에는 청화대학, 북경대학, 하얼빈공대의 대학원과, 2011년 심천에 새로이 설립

---

8   2019년 기준, 심천뿐 아니라 중국 전역 45곳에 대학성이 조성되어 있다.

사진 6-1 **확장 중인 심천대학**

자료: 필자 촬영(2017.5.19).

한 남방과기대학(南方科技大学), 그리고 앞서 언급한 바 있는 중국과학원 산하 심천선진기술연구원이 입주해 커다란 지식 기반을 형성해 가고 있다.

더불어 심천의 산업적 수요가 진화함에 따라 그에 조응하여 국내외 명문 대학들이 협력하여 심천에 특별한 단과대학, 즉 '특색학원(特色学院)'을 세우고 실용 분야의 대학원 교육을 실시하는 경우도 늘고 있다. 청화-버클리(Berkeley) 심천학원, 호남대학-로체스터(Rochester) 공업디자인학원, 천진대학-조지아공과대학교(Georgia Institute of Technology) 심천학원, 하얼빈공업대학 심천국제디자인학원, 심천길림-퀸즐랜드(Queensland)대학, 심천 멜버른(Melbourne) 생명건강공정학원, 심천국제우주(太空)과기학원, 화남 이공대학-럿거스(Rutgers)대학 창신학원, BGI(华大基因)학원 등이 그것이다(刘畅, 2016.6.23).

2011년 신설된 남방과기대학(南方科技大学)은 비교적 작은 규모의 분교 유치나 단과대학 신설을 넘어 본격적인 대학 신설이라는 점에서 특별히 주목할 만하다. 이 대학의 설립으로 심천도 중국 내 여타 주요 도시들처럼 쌍두마차(심천대학과 남방과기대학)를 갖게 된 것이다.[9] 물론 쌍두마차라 할 만한 명문대학이 해당 도시의 지식창출 및 인재배양을 장악하던 양상은 개혁개방 이후 다른 도시들에서도 희석되었고, 대표적 개방도시인 심천은 그 다원성의 정도가 더욱 커 쌍두마차라는 것에 절대적 의미를 부여할 필요는 없다. 실제로 심천에는 여타 도시와 홍콩의 명문대학들[홍콩중문대학, 홍콩과기대학, 홍콩대, 홍콩성시(城市)대학 등]도 심천 캠퍼스를 두고 학부 및 대학원 학생을 모집하여 가르치고 또 연구를 진행하고 있어, 심천대학과 남방과기대학이 심천 지식 기반의 전부가 아닌 것은 자명하다.[10] 하지만 심천의 더욱 고도화된 지적 수요에 조응하여 남방과기대학을 설립한 것은 심천이라는 도시의 혁신 역량을 한층 업그레이드한 것이라 평가할 수 있다.[11]

한편, 심천 고신기술개발구의 중심인 난산구(南山区)에 위치한 심천대학의 동남쪽 부근에는 중국지질대학, 북경이공대학, 무한대학, 화중과기대학, 남경대학, 홍콩중문대학, 홍콩과기대학, 홍콩이공대학, 홍콩성시대학 등이 각자의 건물을 지어 대학원 연구실 및 산학연 협력센터를 입주시키고 있어 이곳에 중국 각지 및 홍콩을 심천과 잇는 커다란 산학연 협력 공간이

---

9   남방과기대학은 2018년 이 대학 허젠쿠이(贺建奎) 교수팀이 HIV 바이러스 감염을 막는다는 취지로 유전자 편집기술을 활용하여 특정 유전자를 제거한 인간 쌍둥이를 출산시킴으로써 큰 파장을 일으켰는데 결과적으로 연구윤리상의 문제로 오명을 뒤집어쓰기도 했다.

10   2019년 현재, 심천에서 학부생을 모집·교육하는 대학만 해도 아래 8개 대학에 달한다. 심천대학, 남방과기대학, 심천기술대학, 홍콩중문대학, 심천북리모스크바대학(深圳北理莫斯科大学), 중산대학, 하얼빈공업대학, 기남대학(暨南大学).

11   2017년 5월 필자의 현지 조사 및 전문가 인터뷰에 따르면, 남방과기대학은 심천대학이 아우르지 못하는 과학기술 분야의 확대·심화를 추구하고 있으며, 이 둘이 아직 해내지 못하는 문제는 홍콩과 중국 국내 주요 대학의 심천 캠퍼스가 다리를 놓아 그들 본교의 지원·협력 속에 해결하려 하고 있는 것으로 보인다.

사진 6-2 **조성 중인 각 대학(중국 대륙 및 홍콩)들의 심천 산학연 협력센터들**

자료: 필자 촬영(2017,5,19).

사진 6-3 **심천 소프트웨어 개발구의 쌍창공간**

자료: 필자 촬영(2017,5,19).

조성되고 있다. 또한 그 주변에는 심천 소프트웨어 개발구(深圳软件园)와 이른바 쌍창(창신·창업) 지원 공간 및 서비스 기업들(인큐베이터, 엑셀러레이터 등)이 다수 포진하고 있어 난샨구의 심천대학 인근은 심천 지식산업화 생태계의 중추를 이루고 있다(〈사진 6-2〉, 〈사진 6-3〉 참조).

이상과 같은 대학, 연구기관 등이 심천 지식 기반의 전체는 아니다. 잘

사진 6-4 **심천 시내의 전자상가 거리 화창베이(华强北)**

자료: 필자 촬영(2016.1.7).

보이지 않는, 비공식적인, 심지어 때로는 탈법적인 요소까지도 내포하는 혁신 네트워크가 심천에 있다. 사실 2000년대 초까지만 해도 심천은 짝퉁 전자 제품(주로 휴대폰)을 탈법적으로 제조하여 공급하는 이들을 일컫는 '산자이(山寨)'의 대표적인 근거지였다. 산자이가 그 명칭을 어떻게 얻게 되었는지에 관해서는 (『수호지』의 주인공들처럼 세상의 합법적인 룰을 따르지 않고 산채에 숨어든 사람들이라는 것을 포함하여) 여러 가지 설이 있는데, 그중 하나는 심천이라는 지명의 발음을 변형했다는 것이다. 심천(ShenZhen)과 산자이(shanzhai)는 발음이 비슷하고 약어가 SZ로 같다.

최근에는 외국 브랜드의 가짜 모방품보다는 양질의 중저가 중국산 브랜드의 휴대폰이 호응을 얻고 있고, 지식재산권 보호에 대한 중국 정부의 강화된 조치 등으로 과거와 같은 산자이는 심천에서도 많이 사라졌다. 대신 일정 수준의 IT 제조기술과 영업 노하우를 갖춘 전직 산자이 팀들이 최근 새롭고 다양한 IT기기의 개발과 실험, 모방품의 빠른 출시에 중요한 조력자로 활동하면서 심천 시내의 전자상가 거리인 '화창베이(华强北)'를 중심으로 역동적인 네트워크를 유지하고 있다(〈사진 6-4〉 참조).

4. 창의 및 혁신의 지역 공간 조성

심천과 같이 상당한 동력을 확보한 곳도 있지만, 앞서 언급한 바와 같이, 특구, 신구 등 특정 지구 선정이 전국적으로 늘어나면서 중국 각지는 또 다른 도전에 직면하게 되었다. 각각의 지역이 자기의 특성을 살려 존재의 의미를 증명해야만 하게 된 것이다. 그렇지 않고서는 지역 간 경쟁에서 도태될 것이고, 만약 정부가 그 경쟁을 제한하려 하면 다시 분절적인 지역 구도로 퇴행하고 말 것이기 때문이다.

그리하여 중국 정부도 각 지역이 (외부의 자원을 최대한 끌어들이는 데 치중하기보다는) 해당 지역의 특성을 살리고 새로운 것을 창출하는 쪽에 더 많은 강조점을 두기 시작했다. 중국식 표현으로, '각지 사정에 맞춰 그에 합당한 정책을 편다'는 뜻의 '인지제의(因地制宜)'가 다시 중요해진 것이다.

개혁개방 이후 개방된 도시에 해외의 자본과 기업을 유치해 성장을 주도했던 곳이 '경제기술개발구'였고, 그로부터 한 발짝 더 나아가 첨단 신흥 산업을 중심으로 발전을 추구한 것이 [1988년 이래 중국 과학기술부가 주관하는 이른바 '횃불(火炬)계획'에 따라 조성된] '고신기술산업개발구'였다. 그 고신기술산업개발구 안에 중국은 2009년부터 '자주창신시범구(自主创新示范区)'를 추가로 만들기 시작했다(〈그림 6-1〉 참조). 중국 정부의 공간 조형이 중국 스스로 혁신을 일으킬 수 있는 장(場)을 만드는 쪽으로 관심을 옮겨간 것이다.

혁신(중국식 표현으로는 창신)을 기치로 내건 특구에는 문화창의원구(文化创意园区) 등과 같이 예술과 디자인을 중심으로 한 곳들도 있다. 이는 중국 지역 공간의 진화가 단순한 공단지대에서 첨단 과학기술 지식을 활용하는 산업단지로의 이동뿐 아니라, 새로운 문화창의 공간의 조성으로도 향하고 있음을 보여준다.

대표적인 곳이 북경의 '798 예술구'이다. 과거 북경시 인근의 군수공장이

그림 6-1 국가 자주창신시범구 분포

주: ① 요령 심대(辽宁沈大, 2016년): 요령성(辽宁省) 심양(沈阳)·대련(大连)시

② 산동반도(山东半岛, 2016년): 산동성(山东省) 제남(济南)·청도(青岛)·치박(淄博)·유방(潍坊)·연태(烟台)·위해(威海)시

③ 소남(苏南, 2014년): 강소성(江苏省) 남경(南京)·소주(苏州)·무석(无锡)·상주(常州)·진강(镇江)시

④ 상해 장강(上海张江, 2011년)

⑤ 항주(杭州, 2015년)

⑥ 합무방(合芜蚌, 2016년): 안휘성(安徽省) 합비(合肥)·무호(芜湖)·방부(蚌埠)시

⑦ 복하천(福厦泉, 2016년): 복건성(福建省) 복주(福州)·하문(厦门)·천주(泉州)시

⑧ 심천(深圳, 2014년)

⑨ 주삼각(珠三角, 2015년)

⑩ 무한 동호(武汉东湖, 2009년): 호북성(湖北省) 무한(武汉)시

⑪ 하남 정낙신(河南郑洛新, 2016년): 하남성(河南省) 정주(郑州)·낙양(洛阳)·신향(新乡)시

⑫ 장주담(长株潭, 2015년): 호남성(湖南省) 장사(长沙)·주주(株洲)·상담(湘潭)시

⑬ 성도고신구(成都高新区, 2015년)

⑭ 중경(重庆, 2016년)

⑮ 서안고신구(西安高新区, 2015년)

⑯ 천진 빈해(天津滨海, 2015년)

⑰ 북경 중관촌(北京中关村, 2009년)

자료: 百度百科.

외곽으로 이전하면서 남겨진 자리에 미술가들이 하나둘 작업실을 마련하면서 점차 형성된 798 예술구는 798이라는 옛 공장의 명칭을 그대로 사용했지만 지역 공간의 성격을 완전히 새롭게 바꾸었다. 현재는 북경, 더 나아가 중국의 대표적인 문화예술 클러스터로 자리매김했으며, 798 예술구의 한 부분은 '751 D·Park'라는 이름(역시 옛 공장의 번호명)의 디자인 클러스터로 분화하여 발전하고 있다(〈사진 6-5〉 참조).

도시의 공장지대가 문화창의 공간으로 재생된 사례는 요령성 심양에서도 찾아볼 수 있다. 심양시 중심 기차역 서편의 티에시(鉄西)구는 일본이 러일전쟁(1904~1905년)에서 승리한 후 중국 동북 지역을 식민지화하면서 자국의 국유 기업들을 유입시켜 기계장비 제조업을 키웠던 곳이다. 해방 이후 중화인민공화국이 제1차 5개년 계획(1952~1957년) 기간 중 당시 소련의 지원을 받아 국유 기업 중심의 중공업 기지를 건설했던 곳이기도 하다(Wang et al., 2014).[12] 그렇게 한때 중국 최대의 기계장비 산업기지였던 심양의 티에시구는 개혁개방 이후에는 빛이 바래 활력을 잃은 국유 기업의 동네, 골치 아픈 동북 지역의 노후공업단지로 전락하게 되었다.

하지만 2000년대 들어 (동북 지역 노후공업기지 진흥계획 등에 힘입어) 심양시 정부가 티에시구 외곽에 새로운 '경제기술개발구'를 조성하여 공장들을 이전시키는 한편 티에시구 중심에는 과거 대규모 공단의 영욕을 기억하는 문화창의 공간('1905 문화창의원')을 조성하고 주변을 새로운 주택 및 상업지역으로 재편했다.

남경의 '1865 창의산업원'도 근대 공업화의 역사적 유산을 문화창의 공간으로 재편한 곳이다. 이곳은 청말 양무운동 시기이던 1865년 양강총독

---

12 당시 중국은 소련으로부터 지원을 받아 전국적으로 156개의 중공업 건설 프로젝트를 추진했는데 그중 3개가 티에시구에 집중되었다.

사진 6-5 **북경 751 D·Park**

주: 폐기된 공장 지대가 디자인 공원으로 재편되어 관람객을 끌어들이고 있다. 사진 속 자전거는 스마트폰 결제로 자유롭게 빌려 탈 수 있는 이른바 공유 자전거이다.
자료: 필자 촬영(2017.5.29).

(兩江總督) 이홍장(李鴻章)이 금릉(金陵)기계국을 세워 근대 군수공업을 일으켰던 곳이다. 남경의 '국가영군인재창업원(国家领军人才创业园)'은 1896년 당시 화폐인 은화를 제조하는 강남(江南)조폐창이 세워진 곳이며, 1959년 이후에는 남경 제2기계선반제조창이 있던 곳을 새롭게 조성한 것이다 (≪新浪网≫, 2013.7.3; 崔晓摄, 2017.4.10).

심천의 'Loft 화교성(华侨城) 창의문화원'은 1980년대 초 경제특구로 지정된 심천에 줄지어 들어선 성냥갑 같은 가공 공장과 사무실 건물을 개조하여 미술·공예 전시관 및 기념품점, 카페와 음식점 거리로 재편한 곳이다.

이상의 사례들은 중국의 발전된 도시들이 탈(脫)공업화 과정에서 도심 공업지대의 유산을 새롭게 활용하여 문화창의 공간을 창출하고 있음을 보여준다.[13] 하지만 문화창의 공간의 씨앗은 공장지대의 유산에 그치는 것은 아니다.

상해는 1990년대 말부터 도심 재개발을 통해 '신천지(新天地)'라는 거리를 새로 조성했다. 이곳은 19세기 후반 당시 조계지였던 상해에 흘러든 서양 문물과 양자강 이남의 생활 풍습이 융합되어 나타난 상해 특색의 이른바 '석고문(石庫門) 건축'이 많은 곳이었다. 상해시는 홍콩의 부동산개발회사를 고용하여 이 지역의 석고문 건축물을 보존·개축하고 서양식 카페와 음식점, 미술 전시관 등을 입주시켜 신천지를 상해 도심의 관광·휴식 공간으로 꾸몄다(吳狄, 2015.7.14).

신천지로부터 약 2km 떨어진 곳에 비슷한 시기에 조성된 '톈쯔팡(田子坊)' 역시 상해에서 손꼽히는 문화창의 공간이다. 신천지와 같이 석고문 건축물이 많이 남아 있기는 하지만 신천지와 달리 좁고 후락한 이 지역은 하나둘씩 모여들어 작업장을 낸 화가와 공예가, 사진작가 등의 힘을 얻어 개조와 재생의 기회를 얻었다.

상해 시내에는 이 밖에도 모간산(莫干山)길 50번가라는 주소명에서 이름을 딴 'M50 창의원(创意园)'이라는 곳이 있다. 현재 예술, 패션의류 중심의 문화창의 공간인 이곳은 1930년대부터 중국 휘상(徽商, 중국 안휘성을 중심으로 한 상인 집단)의 한 가문의 방직공장이 있던 곳으로 1950년대 이후 중화인민공화국에서도 '상해 제12모방직공장', '상해 춘밍(春明)방직공장' 등으로

---

13 이를 중국만의 독특한 시도라 할 수는 없지만, 생산 공장들을 흔히 도심에 배치했던 사회주의 계획경제 시절의 유산이 많이 남아 있는 만큼, 현대 중국 도시들의 도심 재생과 공간 재구성이 이와 같은 방식으로 이뤄지는 정도는 여타 국가에 비해 더 클 수 있다.

간판을 바꾸며 내내 방직 산업을 이어온 자리이다(杨静·吳逸悠, 2010.6.26).

위에서 살펴본 바와 같이, 중국의 문화창의 공간은 발전된, 특히 탈공업화 단계에 들어선 주요 도시들을 중심으로 생겨나고 있다. 비록 발전 단계가 높은 동부 지역에 좀 더 편중되어 나타나는 현상이기는 하나, 중서부 내륙의 중심 도시들에서도 비슷한 흐름이 있다는 점에서 전국적인 현상이라고 할 수 있다.

중국 각지의 새로운 공간 조성은 모종의 혁신을 포함한 새로운 경제활동을 촉발한다는 점에서 높이 평가할 만하다. 하지만 그와 더불어 젠트리피케이션(gentrification)의 부작용도 불거지고 있다. 현대적으로 조성된 새로운 공간이 인기를 얻으며 임대료와 주변 생활비가 크게 올라 그곳의 주인공들이었거나 그래야 할 사람들이 오히려 외곽으로 밀려나가는 현상이 생겨나는 것이다.[14] 이러한 상황은 문화창의 공간의 예술인에게도, 새로운 아이디어와 기술로 창업을 준비하는 여러 도시의 젊은이들에게도 벌어지고 있다. 이는 공간의 업그레이드와 관련하여 어느 정도 불가피하고 또 자연스러운 현상이긴 하지만, 자칫 공간의 본질적인 생명력을 해치는 것일 수도 있으므로 중국 내 전개 양상은 앞으로도 지켜볼 일이다.

중국 내 새로운 공간 조형에 그림자를 드리우는 요인은 또 있다. 중앙의 혁신 드라이브 속에서 부동산 개발을 통해 재정수입을 늘리려는 지방정부의 행태가 그것이다. 실제로 중국 내 지역 공간의 변모는 상당 부분 지방정

---

14 북경의 798이 대중의 인기를 얻고 소비 상권으로 탈바꿈하자 높아진 임대료를 감당하지 못한 예술가들은 차오창디(草場地) 등 외곽 지역으로 활동 공간을 옮겨갔다. 그 과정에서 북경의 문화예술구는 지리적으로 더 확대되는 효과도 있었다. 하지만 예술가들에게 새로이 터를 내준 주인들은 내심 798과 같은 상권이 형성되기를 바랐고 그것이 기대만큼 진척되지 않자 돈벌이가 이뤄지지 않는 순수한 예술 공간에 대해서는 폐쇄조치를 취함으로써 예술가들과 갈등을 빚기도 했다.

부의 주도로 이뤄지고 있다. 재정 여건이 풍족하지 않은 중국 지방정부들은 도시 외곽의 농촌 토지를 값싸게 수용한 뒤 그 땅을 새롭게 개발하여 재정수입을 창출해 왔다. 미래의 개발수익을 담보로 지방정부 및 산하기관, 그리고 그에 호응한 개발회사들이 거액의 부채까지 지게 되었다. 당장의 재정수입과 미래에 기대되는 개발이익은 중국 각 도시의 (과도한) 팽창과 개발에 강력한 인센티브로서 작용해 왔던 것이다.

물론, 새로이 조성된 공간에 혁신과 경제활동이 활성화되면 공간 조성에 투입된 비용 부담은 해소될 수 있다. 하지만 새로운 공간의 최초 조성 단계에만 비용이 드는 것이 아니다. 사후 관리와 운영에도 상당한 비용이 소요되기 때문에 그를 부담하고도 남을 가치의 창출이 원활하게 이뤄질 것인지가 관건이다. 과연 중국 정부가 단기적 시각에서 조성한 공간이 모두 그런 경제 활성화를 가져올 수 있느냐에 대해선 회의적이다. 적어도 지역과 사안에 따라 다를 수 있어 중국 전체로는 좀 더 시간을 두고 관찰할 일이다.

5. 중국의 인터넷 공간

현대 중국에 새로 생기고 또 팽창하는 공간은 물리적·지리적 공간에 국한되지 않는다. 매우 중요한 공간이 인터넷상에 형성되고 급속히 팽창했다. 특히 중국의 인터넷 공간은 나름의 특성을 갖고 있어 주목할 만하다.

중국 정부로부터 상당한 통제와 검열을 받고 있는 중국 인터넷 공간은 완전히 열린 공간이 아니다. 그럼에도 14억에 달하는 인구를 보유한 중국의 인터넷 공간은 그 자체로도 거대한 공간이다. 중국의 인터넷 사용자 수는 해마다 크게 증가했는데, 조만간 도시 지역 인구의 대부분을 포함한 10억 이상의 인구가 인터넷 공간에 진입할 것으로 보인다(〈사진 6-6〉 참조).

사진 6-6 **모바일 인터넷 대국, 중국**

주: 사진 속 모든 사람들이 모바일 스마트 기기를 응시하고 있다.
자료: 상해 지하철 안에서 필자 촬영(2017.5.25).

거대한 중국의 물리적·지리적 공간에 대비해 보더라도 중국 인터넷 공간의 거대성은 특별히 주목할 만하다. 땅 위에 그만큼 넓은 하늘이 있는 것처럼 자연스러운 것으로 생각할 수도 있지만 그렇지만은 않다. 그 이유는 다음과 같다.

첫째, 지역 간 격벽이 없는 거대 공간이라는 점이다. 기존 산업이 자리 잡고 성장했던 중국의 물리적·지리적 공간은 '지역 보호주의'로 인해 (시점과 사안에 따라 그 정도는 차이가 있었지만) '분할된 시장(fragmented market)'이었다. '중국에 가서 한 사람당 한 개씩만 팔아도 13억 개가 넘을 것'이라는 기대가 허황된 것임을 알리는 것이 중국 시장에 생소한 투자자에게 중국 투자자문관들이 해주는 첫 마디였을 정도이다.

또한 개혁개방 이후 그 물리적·지리적 공간을 장악한 주체 중 하나는 외래의 다국적 기업들이었다. 규모로만 따지면 웬만한 산업은 중국이 세계 1위이다. 하지만 그 속내를 들여다보면 다국적 기업의 지분과 역할이 상당했다. 중국 땅 위에 다양하고도 거대한 제조업이 자라났지만, 그 모두를 중국의 것 혹은 중국의 힘으로만 해석할 수 없는 사정이 거기에 있다. 반면, 중국의 인터넷 공간은 전체로서 거대할 뿐 아니라, 국내적으로는 지역 간 격벽이 거의 없는 통일적 공간이기에 그 거대성이 더욱 부각된다. 중국 각성 단위로 '분할된 시장'이 아니라 중국 전역의 '통일적 시장(unified market)'이라는 것이다.

둘째, 중국의 인터넷 공간은 중국 정부의 통제와 간섭 속에 시장 주체의 활동이 제한된 '검열된 시장(censored market)'이라는 점에서도 특별하다. 중국은 2016년 '네트워크 안전법(网络安全法)'을 제정하고 2017년 6월부터 시행하고 있는데, 이 법은 '국가안보'라는 관점에서 인터넷을 검열하고 통제하려는 성격이 강하다. 실제로, '네트워크 안전법'은 "국가안전과 사회공공질서를 수호하기 위해 정보통신망에 대한 제한조치를 취할 수 있다"라고 명문화했고(58조), 인터넷 실명제(實名制) 실시를 법적으로 규정했다.

우선적으로는 정치적으로 민감한 정보가 인터넷상에서 유통되는 것을 차단하겠다는 취지이겠지만, 그 과정에서 인터넷 서비스 산업의 발전 방향이 영향을 받는 것도 배제할 수 없다. 중국 국내 주체들은 그렇게 길들여질 것이며, 외래 주체들도 그를 극복하는 데 한계가 있을 것이다. '국가안보'를 이유로 한 중국 정부의 그러한 조치는 WTO 규정을 들이댄다고 해서 쉽게 사라지지 않을 것이기 때문이다.

실제로, 2017년 중국 당국은 정부가 차단시킨 페이스북(Facebook), 구글(Google), 유튜브(Youtube) 등에 국내 인터넷 사용자가 우회채널을 통해 접속할 수 있게 도와주는 가상사설망(Virtual Private Network: VPN) 프로그램들을 대대적으로 단속했다. 미국 기업인 애플(Apple)도 중국 정부의 압력에 굴복하여 자사 앱스토어 아이튠즈에서 VPN 앱을 삭제했다.

위와 같은 상황과 관련하여 모로조프(Morozov, 2009)는 "인터넷과 뉴미디어 기술이 자유민주주의(liberal democracy)를 확산시킬 것"이라고 믿는 자들을 순진한 "사이버 이상주의자(Cyber Utopian)"라고 비판하면서, 중국과 같은 나라에서는 정권이 인터넷 기술을 권위주의적 통치를 강화하는 수단으로 활용하는 데 매우 능숙하다고 주장했다. 중국은 인터넷상에서 비판적 목소리를 단순히 차단·억압하는 것이 아니라, 오히려 불만을 가진 대중에게 목소리를 내게 하되 결국 정권에 유리한 방향으로 유도하기에, 그러한 인터넷은 "스핀터넷(spinternet)"(여론 왜곡을 지칭하는 spin과 internet의 합성어)이라고 해야 한다고 꼬집었다.

셋째, 중국의 인터넷 공간은 부분적으로나마 '보호된 공간' 혹은 '보호된 시장(protected market)'이다. 우선 '중국어'가 자연적 방벽을 만들어준다. 중국어가 익숙한 중국 내국인과 해외 화교 등이 주인공이 되는 공간이라는 것이다. 또한 하드웨어적으로도 중국의 인터넷은 다중의 필터를 거쳐야만 국제 인터넷망에 접속할 수 있도록 설계되어 있다.

공영 및 민영 인터넷 서비스 사업자(Internet Service Provider: ISP)들은 소수(1996년 4개에서 추후 9곳으로 증가)의 인터넷 접속 사업자(Internet Access Provider: IAP, 국영 사업자가 절대적 비중을 차지함)와 국유 기업인 차이나텔레콤이 독점하고 있는 국제 게이트웨이(international gateway)를 통해야만 해외 인터넷과 연결될 수 있다(은종학, 2000; Open Net Initiative, 2005).[15]

이상과 같은 특성을 가진 중국의 인터넷 공간은 물리적·지리적 공간에

---

15   오픈 넷 이니셔티브(Open Net Initiative, 2005)는 중국이 여러 통제지점에서 인터넷 필터링을 수행하고 있으며 지속적으로 새로운 기술과 방식을 도입하여 세계에서 가장 발전된 필터링체제를 구축했다고 평가하기도 했다. 중국이 인터넷을 처음 도입한 1990년대 초중반에는, 당시 IT 선진국이면서도 권위주의적 통제체제를 일부 유지하고 있던 싱가포르로부터 시스템 통제기술을 학습한 것으로 알려져 있으나(Rodan, 1998), 추후 중국은 인터넷 통제기술에 있어 싱가포르 등 여타 국가를 앞서게 된 것으로 보인다.

서 전통 제조업이 다국적 기업의 역할 속에 성장한 것과는 다른 방식으로 자국 인터넷 기업들을 키워냈다.

중국 최대의 검색엔진 기반 인터넷 기업인 '바이두', 중국 최대의 온라인 쇼핑몰 기반 인터넷 기업인 '알리바바', 중국 최대의 커뮤니티 기반 인터넷 기업인 '텐센트'가 모두 거대한 중국의 인터넷 공간에서 자라난 토종 기업이다. 통칭하여 'BAT'라고도 부르는 이 세 기업 외에도, 최근에는 여러 다양한 인터넷 기반 기업이 중국 인터넷 공간에서 싹트고 급성장하고 있다.[16] 그리고 BAT는 스스로 플랫폼이 되어 중국 인터넷 공간에 둥지를 튼 다수의 창업 기업들의 생성과 성장을 뒷받침해 주고 있다. 또한 이들은 그 창업 기업들에 자본을 투자하는 큰 손의 벤처캐피털로서도 작용하고 있다.

주목할 만한 것은 인터넷상의 가상공간을 구축하는 일선에 선 이들 기업이 개인이 창업하여 키운 민영 기업이라는 점이다. 앞서 언급했듯 중국의 인터넷 공간이 정부의 상당한 통제와 검열하에 있음을 생각하면, BAT와 같은 민영 기업이 중요한 역할을 담당한다는 사실이 곧 중국 인터넷 공간의 완전한 자유를 증명하는 것은 아님을 알 수 있다. 오히려 중국의 인터넷 공간은 정부와 주요 (민영) 기업들의 공조 속에서 조형되고 있다고 봐야 할 것이다.

실제로 인터넷상에서 플랫폼 역할을 담당하는 민영 기업들에 대한 중국 당국의 통제도 다방면으로 이뤄지고 있다. 그 포괄적인 수단 중 하나로 짚고 넘어갈 것은 기업 내 공산당 조직이다. 중국은 1993년 '공사법(公司法)' (우리식 표현으로는 회사법)을 제정하면서부터 주식회사, 유한책임회사와 같은 이른바 '현대적 기업제도'를 도입·확산시켰다. 하지만 그러한 현대적 기

---

16 2010년 창업한 스마트폰 기업 '샤오미' 역시 인터넷을 잠재고객을 모으고 제품 스펙을 결정하고 마케팅 및 판매를 수행하는 장으로 활용하여 급성장할 수 있었다.

업 내에도 공산당의 조직 건설과 활동은 법으로 보장되어 있다. '공사법' 19
조는, "중국공산당 당장(黨章)의 규정에 따라 기업 내에 공산당 조직을 설립
하고 공산당 활동을 전개하는 데 필요한 조건을 기업이 응당 제공해야 한
다(在公司中, 根据中国共产党章程的规定, 设立中国共产党的组织, 开展党的活
动. 公司应当为党组织的活动提供必要条件)"라고 정하고 있다. 그리고 기업
내의 공산당 조직 설립·운영에 관한 결정은 해당 기업이 아닌 공산당이 하
는 것으로,[17] 기업은 그에 대한 허가권을 갖고 있는 게 아니라 무조건 허용
하도록 되어 있다.

위와 같은 법·규정과 더불어, 2000년 당시 총서기 장쩌민이 제기하고
2002년 제16차 공산당 당대회를 통해 공산당 당장에까지 삽입된 이른바 '3
개 대표(三个代表)'론은 중국 민영 기업 내 공산당 조직의 설립과 확장을 가
속화했다. 3개 대표란 중국 공산당이 대표해야 할 세 가지로, ① 중국 내 선
진생산력의 발전 요구, ② 선진문화의 전진 방향, ③ 광범위한 인민의 근본
이익을 지칭하는데, 그중 첫 번째인 선진생산력은 개혁개방 이후 현대 중
국 경제에서 과반 이상의 큰 비중을 차지하게 된 민영 기업을 포괄하는 것
이기 때문이었다. 실제로 2000년대 초 민영 기업 내에 공산당 조직 결성이
크게 활성화되었고, 중국공산당 조직부는 2005년 말 현재 97.9%의 비공유
제 기업에 공산당 조직이 결성되었다고 밝혔다(≪新浪博客≫, 2006.9.8)

일례로 중국의 모바일 인터넷 공간을 조형하는 가장 큰 기업 중 하나인
텐센트(1998년 창립)에서는 2011년 사내의 공산당원이 5500명(전체 직원의
약 19.8%)을 넘어서자 기존의 사내 공산당 조직을 재편하여 당위원회를 결

---

17 공산당 당장에 따르면, 기업 내에 3인 이상의 공산당원이 모여 지부(支部)를 설립할 수 있
으며, 50명 이상의 공산당원은 총지부(总支)를, 100명 이상의 공산당원은 당위원회(党委)
를 설립할 수 있다.

성했다(≪人民网-中国共产党新闻网≫, 2016.7.1).

그렇다고 해서, 오늘날 중국의 민영 기업 내에 설립된 공산당 조직이 기업의 주요 의사결정을 좌우하는 것은 (적어도 아직) 아니다. 하지만 물리적·지리적 공간뿐 아니라 인터넷 가상공간에서도 기업과 개인의 활동을 틀 지우는 중국의 당·국가체제가 영향력을 발휘하고 있는 것은 사실이다.[18]

혁신가의 원초적 동력 중 하나는 '새로운 세상을 자기 주도로 만들어보는 것'이라 할 수 있는데, 그러한 개인의 자유를 선택적으로만 용인하는 중국의 공간에서 어떠한 혁신이 일어나는지, 또 어떠한 혁신이 좌절되는지는 더 지켜봐야 할 일이다. 앞서 제2장에서 소개한 노벨경제학상 수상자인 펠프스는, 혁신은 개인들의 금전적 추구로 달성되기보다는 그들 자신이 뜻한 바를 이루고 자신의 흔적을 세상에 남기고자 하는 노력에 의해 이뤄진다고 강조했다. 그에 비춰보면, 재부(財富)를 쌓고자 하는 혁신가의 의욕은 권장하면서도 아래로부터의 사회, 정치, 그리고 삶의 변혁은 선택적으로만 허용하는 중국 공산당 및 중앙정부가 얼마나 역동적인 혁신의 주체들을 키워낼 수 있을지는 중국에 남겨진 핵심적인 문제라 할 수 있다.

---

18 이와 관련하여, 미국 트럼프 행정부의 무역대표부도 2018년 11월 발간한 중국조사보고서에서, "중국 정부는 공산당을 통해 국유 기업뿐 아니라 명목상의 민영 기업(nominally private companies)에 대해서까지 통제권을 행사한다"라고 문제를 제기했다(USTR, 2018b: 40). 물론 공산당 중심의 당·국가체제는 중화인민공화국의 본질적 측면이어서 미국이 대외경제관계 차원에서 제기하는 문제가 중국에 곧바로 수용될 리 없다. 하지만 미국의 공세가 지속되고 중국이 그를 피할 길을 찾지 못하면 민영 기업 내 공산당 조직에 대한 정책이 일부 수정될 수는 있을 것이다.

제7장

중국적 수요와 혁신

1. 수요의 혁신 견인

앞서 우리는 중국 국가혁신체제의 각부(各部)를 살펴보았다. 물론 그것도 중국 국가혁신체제의 줄기를 살펴본 것이지, 그 세부를 모두 들여다본 것은 아니다. 포괄 영역이 방대한 국가혁신체제의 전부를 한 권의 책에 모두 담는 것은 불가능하다. 그럼에도 앞선 논의가 '공급 측'(예컨대, 첨단 과학기술 지식 및 인재 공급자로서의 연구기관 및 교육기관, 제품·서비스 공급자로서의 기업)에 다소 경도되지 않았나 하는 반성은 해볼 만하다.

사실, 혁신 관련 논의가 공급 측에 경도되고 수요 측(혁신적 제품·서비스의 소비자)에 소홀한 것은 (극복되어야 할 것이긴 하나) 이 분야 학술적 논의의 일반적인 경향이기도 했다. 혁신이론의 비조 슘페터도 자본주의 경제의 장기순환을 설명함에 있어 수요에 주동적·능동적 지위를 부여하지 않았다. 수요를 혁신적인 기업가(공급자)에 의해 창출되는 피동적인 것으로 인식했던 것이다(이에 관해서는 제13장에서 자세히 논할 것이다).

물론 후대의 경제학자들, 이른바 신(新)슘페터리언 경제학자들은 그 불균형을 어느 정도 시정했다. 폰히펠(Von Hippel, 1978, 1988, 2005, 2011) 등은 슘페터를 계승하면서도 혁신에서 수요의 역할을 강조했다. 그리하여 현대의 국가혁신체제론에서는 수요가 중요한 한 자리를 차지하게 되었다.

실제로 다른 수요 환경은 다른 빈도로 다른 내용의 혁신을 견인한다. 꼭혁신이 아니더라도, 다른 수요가 만들어내는 다른 시장기회는 경영학 마케팅 분야의 오랜 관심이었고 그런 차원에서 중국과 관련해 논할 바도 무척많다. 하지만 그를 이 책에 다 담기엔 필자의 연구와 이 책의 지면이 모자란다. 따라서 여기에서는 '중국 특색의 혁신'과 '중국 혁신을 이끄는 힘의 변화'라는 차원에서 수요를 간략히 조명해 보고자 한다. 이 장은 마지막으로 중국 국가혁신체제의 구조를 살피는 짧은 장이지만, 이후 중국 관련 혁신논의에서 수요 요인을 빠뜨리지 않도록 하는 장치이기도 하다.

수요는 양적 혹은 질적 측면에서 살필 수 있다. 양적 측면에서는 수요자의 규모(인구)와 지불 능력(가처분소득)에 의해 결정되는 수요의 크기를 논할 수 있고, 질적 측면에서는 수요그룹(혹은 소비계층)의 속성과 취향에 좌우되는 수요를 논할 수 있다. 중국 도시와 농촌의 수요 차이, 중국의 젊은층을 일컫는 바링허우(80后, 1980년 이후 출생자), 주링허우(90后, 1990년 이후 출생자), 링링허우(00后, 2000년 이후 출생자)들의 독특한 소비성향 분석 등이 후자에 해당한다. 특히 혁신을 견인할 수요와 관련해서는, 고급품에 대한 수직적 지향과 다양성에 대한 수평적 지향, 새로운 제품·서비스에 대한 수용성 정도 등이 주된 논의 대상이다.[1] 그런데 세계 최대의 인구와 지역적격차, 세계 평균 수준의 1인당 GDP(약 1만 달러), 세계 최고 수준의 경제성장률을 보이는 중국을 두고서는 서구 선진국 중심의 전형적인 논의와는 다

---

1 수요가 일반 개인인 최종 소비자에게 국한되는 것은 아니다. 전문적 사용자나, 중간재·생산설비를 여타 기업에서 구매하여 최종 재화·서비스를 생산·공급하는 기업도 중요한 수요자이며 혁신을 견인하는 주인공들이다.

른, 적어도 그에 추가되어야 하는 논점들이 등장할 수 있다. 이 장 아래에서는 그에 좀 더 초점을 두어 중국의 수요를 살펴보고자 한다.

2. 해외 수요(수출) 대 국내 수요(내수)

개발도상국의 경제성장에 관한 논의에서도 수요는 중요한 이슈이다. 20세기 중반 이래 대표적인 개발도상국 경제권인 동아시아와 라틴아메리카는 서로 다른 수요(즉, 해외 수요 대 국내 수요)를 지향했고, 그것만으로도 서로 다른 '모델'로 평가받는다. 일본에 이어 한국, 대만, 홍콩, 싱가포르 등 동아시아 국가들은 '해외 선진국의 수요'를 향해 '수출지향형 경제발전'을 추구한 데 반해, 브라질, 아르헨티나 등 라틴아메리카 국가들은 '자국 수요'를 전제로 '내수지향형 경제발전'(혹은 '수입대체지향형 경제발전')을 추구했다. 그리고 수십 년이 흐른 후 양자의 성과 차이는 분명해졌다. 선진국의 문턱을 넘거나 가까워진 동아시아 국가들과 달리 라틴아메리카 국가들은 정체 속에서 경제위기를 반복적으로 경험하고 있는 것이다.

그러한 거시적 성과 차이의 미시적 기초는 수요와 혁신의 관점에서 다음과 같이 설명할 수 있다. '까탈스러운 해외 선진국의 수요'에 부응하기 위해 동아시아의 기업들은 생산하는 제품과 기업의 역량을 지속적으로 갈고 닦지 않을 수 없었던 데 반해, '어리숙한 (그리고 애국심에 호소하여 유도되곤 하는) 국내 수요'를 상대하면 되었던 라틴아메리카의 기업들엔 개선을 향한 절실함과 긴장감이 상대적으로 덜했던 것이다. 동아시아 모델 속에서, 수요를 충족시킨다는 것은 선진국의 높은 눈높이에 맞추는 것이었고, 따라서 해야 할 일은 기술을 더 갈고 닦는 것으로 귀결되었다. 그렇게 수요는 곧 기술의 문제로 환치되었다.

중국도 개혁개방 초기부터 동아시아 모델을 추종했다. 덩샤오핑이 1978년 개혁개방을 개시한 후 곧바로 방문한 국가가 일본과 싱가포르, 그리고 미국이었다는 사실은 당시 중국이 무엇을 배우고 실천하려 했는지를 상징적으로 보여준다. 하지만 중국은 동아시아 모델 속의 작은 나라들과는 규모가 다른 국가이다. 물론 영토 면적과 인구수가 곧바로 경제규모를 대변하는 것은 아니다. 실제로 1992년 한국과 중국이 수교할 때까지도 중국의 GDP는 한국 GDP의 1.5배 정도에 지나지 않았다. 하지만 2020년에는 중국 GDP가 한국 GDP의 9배를 넘을 정도로 커졌다. 그와 같은 대국성(大國性)의 실현 과정에서 중국이 수요를 바라보는 방식 또한 변화했다. 초기엔 동아시아 소국(小國)과 같이 해외 수출시장에 전념했지만, 이제는 국내 수요를 성장과 혁신의 토대로 삼고자 하는 지향도 강해졌다.

개혁개방 이후 대략 30년 동안 중국은 '수출을 향한 제조업 기지의 팽창'이라는 방식으로 고도성장을 이룩해 왔다. 당연히 설비 투자와 수출이 성장의 주된 엔진이었다. 하지만 2008년 미국발 세계금융위기와 연이은 유럽의 재정위기로 세계경제 성장세가 꺾이면서 중국의 기존 성장방식도 달라지지 않을 수 없었다. 중국은 그러한 변화가 일시적인 것이 아니라 새로운 지속적 상태가 형성된 것이라고 보고, 이를 '신창타이(新常态, New Normal)'라 부르기 시작했다.[2] 또한 그에 대응하여 성장률 목표치를 다소 낮춰 '중속(中速)성장'을 추구하되 국내 소비 수요 등에서 새로운 성장 동력을 확충하는 쪽으로 정책을 선회하기 시작했다. 실제로 중국의 GDP 성장률은 2010년 이후 추세적으로 꾸준히 낮아졌다(2010년 10.6%, 2011년 9.6%, 2012년 7.9%, 2013년 7.8%, 2014년 7.3%, 2015년 6.9%, 2016년 6.7%, 2017년 6.7%, 2018년

---

2 '신창타이'라는 표현은 2014년 시진핑이 하남성 등을 지방 시찰한 뒤 처음 제기했고, 이후 제13차 5개년 계획(2016~2020년)에서도 중국 경제가 처한 현실을 기술하는 데 활용되었다.

6.6%, 2019년 6.1%).

더욱 극적인 것은, 2019년 말 이래 코로나19 바이러스가 중국을 포함한 전 세계에 확산되고 그로 인해 각국의 경제활동과 국가 간 교역이 크게 위축되어 대부분의 국가가 2020년 마이너스 경제성장률을 기록하게 된 것이다. 이는 단순히 경제성장률의 하락이 아닌 인간의 삶과 경제활동의 패턴을 바꾸는 계기로 작용했다. 중국은 그 와중에도 다른 나라보다 빠른 회복을 거쳐 플러스 경제성장률을 재연했지만, 향후 중국의 성장을 이끄는 동력은 해외 수요가 아닌 국내 수요로 적잖이 치환될 것으로 보인다.[3]

그 한 단면은 중국 국경을 넘나드는 인파의 흐름을 통해 상상해 볼 수 있다. 〈그림 7-1〉은 코로나19 사태의 충격이 본격화하지 않은 2019년까지 10년간 중국의 출입국 인원이 변화한 추이이다. 이를 보면, 중국인의 해외 출국은 10년 사이 5700만 회에서 1억 6900만 회로 급증하고, 외국인의 중국 입국은 2600만 회에서 3200만 회로 완만히 증가했음을 알 수 있다. 그런데 코로나19 사태 및 미국 트럼프 행정부 출범 이후 강화된 대중국 압박(이에 관해서는 이 책 제15장에서 상술)으로 인해 이런 추세가 2020년 이후 한동안 억압되면, 중국인의 거대한 대외 지향성은 (그 근본적인 활력을 잃지 않는 한) 방향을 바꿔 내향형 내수기반 경제를 키우는 힘으로 작용할 수도 있을 것이다.

더욱이 중국이 2021년부터 시행할 제14차 5개년 계획에는 내수경제에 무게중심을 더하는 이른바 '쌍순환(双循环, 국내대순환과 국제순환을 아우르는 말)' 전략이 핵심적인 기조로 담겼다(≪新华网≫, 2020.10.29). 거대한 국토

---

3 코로나19 사태에 대응하며 행해진 중국 정부의 재정지출 증가도 중국 경제 시스템의 자기완결성과 효율성을 높이는 첨단 인프라(5G, 데이터센터, 인공지능, 산업용 인터넷, 특고압송전, 신에너지 차량 충전소, 도시 간 고속철도 및 도시 내 궤도 교통 인프라) 투자에 집중되어 그러한 변화를 뒷받침할 것으로 보인다(赛迪研究院电子信息研究所, 2020).

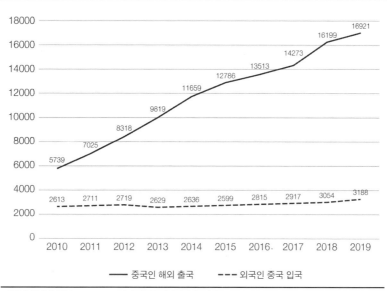

그림 7-1 **중국인의 해외 출국과 외국인의 중국 입국 추이(2010~2019년)** 단위: 만 회

자료: 国家统计局(data.stats.gov.cn)의 자료를 필자가 검색·정리.

면적과 인구에 제대로 부합할 만큼 커진 중국의 경제규모와, 그 경제를 떠받치는 성장 동력의 변화 속에서 국내 수요가 중국의 혁신체제 속에서도 더 본격적인 의미를 가지게 되는 것이다. 물론 이것이 중국에 수요견인형 혁신이 만개할 것임을 보증하는 것은 아니다. 중국 내수가 혁신을 견인하려면 그 수요가 내용적으로 새로울 뿐 아니라 그러한 수요에 조응하기 위한 생산자들의 혁신 경쟁을 이끌어낼 수 있어야 하기 때문이다. 그런 건강한 경쟁 환경을 조성하는 데 실패하면 내수지향형의 국내 기업은 혁신 없이 보호된 시장을 독식할 뿐이어서, 중국의 과제가 외향에서 내향으로의 전환으로 끝나는 것은 아니다.

3. 제조업을 추월한 서비스 산업과 내수 경제

중국 국내 수요가 국가혁신 시스템 속에서 더 큰 역할을 한다는 것은 서비스 산업의 성장과 혁신 가능성을 암시하는 것이기도 하다. 상당한 수출 비중을 갖는 중국의 제조업과 달리 서비스 산업(3차 산업)은 중국 국내 수요에 절대적으로 기대어 성장한다.[4]

그런 서비스 산업이 2015년 중국 GDP의 절반을 넘어섰다. 그리고 2019년, 중국 GDP 생산에서 1, 2, 3차 산업의 비중은 각각 7.1%, 39.0%, 53.9%로 서비스 산업의 지속적인 팽창을 확인할 수 있다(〈그림 7-2〉 참조). 또한 서비스 산업은 2019년 중국의 GDP 성장 중 59.4%를 담당했고, 제조업이 담당한 것은 그보다 적은 36.8%, 나머지 3.8%는 1차 산업이 담당했다.[5] 2016~2019년 평균으로도 서비스 산업의 GDP 성장 기여도는 60%에 달하는 반면 제조업의 기여도는 35% 수준임을 확인할 수 있다(国家统计局, www.stats.gov.cn).

한편, 앞 장에서도 살펴보았듯, 중국의 여러 지역 공간은 단순한 제조업 생산 클러스터를 넘어, 공급 측과 수요 측이 한데 어우러지는 곳으로 진화하고 있다. 북경의 798 예술구와 같은 각 도시의 문화창의 공간이 대표적이다. 문화창의 공간은 창의적 생산의 장이면서 동시에 수준 높은 소비와 향유의 장이기도 하기 때문이다.

4　과거 중국의 주된 성장 동력은 수출과 그를 위한 투자와 생산이었다. 하지만 최근 중국의 GDP 대비 수출액 규모는 2010년 26.0%에서 2015년 20.5%, 2019년 17.4%로 낮아졌다. 그와 함께 중국의 무역의존도(수출 및 수입 총액/GDP)는 2010년 49.0%에서 2015년 35.6%, 2019년 31.8%로 낮아졌다. 또한 2019년 중국의 GDP 성장 중 소비, 투자, 순수출이 기여한 바가 각각 57.8%, 31.2%, 11.0%로 소비의 역할이 커졌음을 알 수 있다.

5　중국에서 성장하는 서비스 산업에는 일반 소비자를 대상으로 하는 서비스 외에, IT 서비스, 금융, 연구개발(R&D), 디자인 같은 기술집약적인 생산자 서비스(producers' service)도 포함된다.

그림 7-2 **중국 GDP 중 1차, 2차, 3차 산업의 비중 추이**　　　단위: %

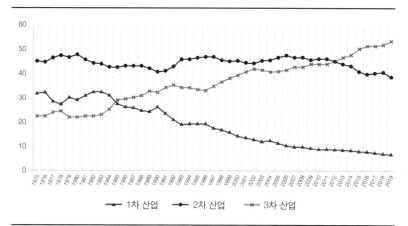

중국의 인터넷 공간 역시 (비록 정치적 자유가 제약되기는 하지만) 수요 측의 목소리와 역할이 큰 공간이다. 뒤이은 장에서 좀 더 자세히 보겠지만, 스마트폰 기업인 샤오미가 창업 직후 약진할 수 있었던 이유 가운데 하나는 인터넷 공간에서 수요 측의 목소리에 귀 기울이고 그들과 긴밀히 소통한 데 있다.

더불어 본격적인 소비의 장도 중국 전역에 조성되고 또 업그레이드되고 있다. 완다(万达) 등 중국 국내 부동산 개발회사들이 중국 각 도시에 대규모 종합 쇼핑몰을 짓고 여기에 많은 사람들이 몰리면서 중국인들의 소비 활동이 새롭게 조형되고 있다. 완다그룹은 2019년 말 현재 중국 전역의 188개 도시에 약 300개의 대형몰, 이른바 완다광장을 짓고 운영하고 있다. 북경 산리툰(三里屯)과 사천성 성도(城都)시에는 홍콩에 상장된 영국계 다국적 부동산 개발회사 스와이어[Swire, 중국명 타이구리(太古里)]가 고품격 상권을 조성했다. 해외 부동산 개발회사가 들어와 중국 도시의 어느 한 구역에 소비의 특구를 조성한 사례이다. 이런 오프라인 매장은 인터넷 온라인 매장과 쉽지 않은 경쟁을 벌이고 있지만, 양자의 경쟁 속에서 중국의 소비와 수요 측의 목소리가 활성화되는 측면도 있는 것으로 보인다.

한편, 중국 정부도 수많은 제품과 서비스를 구매하는 큰손의 수요자로서 그 힘을 활용해 혁신을 돕고 있다. '중국 화물은 중국 선박으로 수송하고, 중국 선박은 자국에서 건조한다'는 정부정책으로 조선 산업을 키웠던 것이 대표적이다. 또한 중국 주요 도시를 모두 고속철도망으로 연결한다는 비전을 제시하고 추진함에 있어, 자국 기업의 고속철도 차량 제조 및 철로 시공 기술의 향상을 독려한 것도 중국 정부가 큰손의 수요자로서 수행한 역할이었다(고속철도 사례의 자세한 소개는 이 책의 「보론 C」 참조).

공식적으로도 중국 공산당과 중앙정부는 2015년 공동명의로 발표한 '체제 및 제도 개혁을 심화하고 혁신추동형 발전전략을 신속히 실시하는 것에 관한 의견' 속에 '정부조달'을 수단으로 자국 기업의 혁신을 지원하겠다는 방침을 밝힌 바 있다.

중국은 아직, 정부의 제품 및 서비스 구매에 있어 외국 기업을 차별하지 않기로 하는 '정부조달협정(Government Procurement Agreement: GPA)'에 가입하지 않았다. 사실 중국은 2001년 WTO에 가입하면서 정부조달협정에도 가입하겠다는 의사를 밝혔고, 2007년과 2014년 가입 신청을 하기도 했다. 하지만 지방정부와 국유 기업의 각종 구매에 있어 외국 기업에 동등한 기회를 주는 것을 약속하지 않아 회원국들(현재 47개국)의 반대로 신청이 거절되었다.

그 이후 2018년, 중국의 시진핑 국가주석은 보아오(博鰲, Boao) 포럼에서 정부조달협정 가입 의사를 다시 한번 공식화했다. 미국의 트럼프 행정부가 외국 기업에 대한 중국 정부의 강압적 기술이전 요구와 취약한 지식재산권 보호 등을 이유로 중국에 고율 관세를 부과하기 시작하던 시점이었다. 이어 2019년 초, 역시 그러한 미국의 압박 속에 중국은 '외상투자법(外商投資法)'(2020년 1월 1일 시행)을 서둘러 제정하고, 그 안에 중국 정부의 조달업무에 있어 외상투자 기업에도 동등한 기회를 제공한다고 명시했다. 이는 해외의 모든 기업이 아니라 중국에 투자한 외자 기업에 한하는 것이지만 중국의 정부조달협정 가입에 한발 다가선 조치로 해석할 수 있다.

요컨대, 큰손의 수요자인 중국 정부가 성장과 혁신을 견인하는 방식이 국제관계 속에서 장기적으로 용인되기는 어렵겠지만, 적어도 최근까지 작동해 왔고 앞으로도 한동안은 지속될 것으로 보인다.[6]

4. 검약식 혁신

중국 내에 독특한 수요가 크다면 그것은 중국으로 하여금 그 방면의 혁신을 주도하게 하는 동력원일 수 있다. 개발도상국의 독특한 수요가 새로운 혁신을 일으킬 수 있는 가능성과 관련하여 학계의 이목을 끄는 한 가지 개념은 '검약식(儉約式, frugal) 혁신'이다. 형편이 넉넉지 않은 나라의 실질적 수요에 맞게, 때로 기술적 스펙 및 기능을 낮추고 비워 만든 새로운 제품·서비스를 창출하는 것이 '검약식 혁신(frugal innovation)'이다.[7]

---

6 만약 중국이 조건을 충족시켜 정부조달협정에 가입한다면 그것은 중국의 개방 폭 확대로 평가할 만하다. 그간 미국을 포함한 국제사회는 그러한 방향으로 중국을 유도해 왔다. 하지만 2021년 새로이 행정부를 구성할 미국 민주당은 정부조달 사업에 있어 자국 기업을 우대하고자 하는 경향이 강해, 향후 각국이 보다 개방된 세상에서 만날지, 아니면 각자 자국 보호주의 속에 갇힐지는 더 지켜봐야 할 것이다.

7 이러한 혁신을 '저비용 혁신(low cost innovation)'이라 칭하기도 한다. 하지만 그 혁신을 수행하는 데 드는 공급자의 비용(cost)이 높은지 낮은지가 핵심이 아니고, 혁신을 통해 개발된 제품·서비스가 저소득층 수요자에게도 부담스럽지 않은 가격(price)에 적당한 기능

그림 7-3 프라할라드의 책 표지와 피라미드 개념도

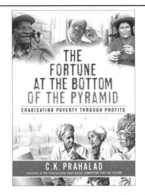

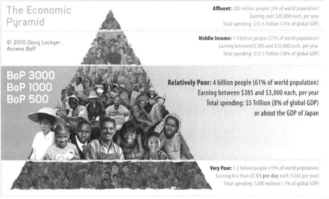

자료: Google Image, Access BoP 2010, D. Lockyer.

검약식 혁신은 혁신이 고가(高價)의 고기능(高技能) 제품·서비스로 고소
득층(高所得層)에게 호응을 얻는 것, 그래서 선진국에서만 기대할 수 있는

을 갖춰 제공될 수 있는지가 관건이므로, 필자는 '검약식 혁신'이라 칭하는 것이 더 낫다
고 판단했다. 실제로 저렴하고 간소한 기능을 갖춘 혁신 제품·서비스를 개발하는 과정에
서도 높은 비용이 발생할 수도 있다. 비슷한 맥락에서 검약식 혁신의 주체가 반드시 중소
기업인 것만은 아니며, 초대형 다국적 기업도 그 주체가 될 수 있다.

것이라는 통념을 깬다는 점에서 큰 의미가 있는 개념이다. 그럼에도 검약식 혁신이 중국의 실제에 얼마나 부합하는지는 면밀히 관찰해 볼 필요가 있다.

사실, 검약식 혁신 논의의 주된 발의자는 중국이 아닌 인도이다. 인도 출신의 저명한 경영학자 프라할라드(Prahalad, 1941~2010) 교수는 저소득층이 형성하는 이른바 '피라미드 하단(Bottom of the Pyramid)' 시장의 특성과 그것이 주는 새로운 종류의 혁신과 비즈니스 기회에 대해 논하고 그를 효과적으로 활용한 (주로 인도) 기업들을 소개한 바 있다(프라할라드, 2006)(〈그림 7-3〉 참조).

이어 카플린스키(Kaplinsky, 2010)는 과거 생태환경 차원에서 관심을 모은 '지속가능한 성장(sustainable growth)'과 '적정 기술(appropriate technology)'에 관한 논의[『작은 것이 아름답다(Small is beautiful)』(1974)의 저자 슈마허(Schumacher, 1911~1977)로 대표되는 논의]가 인도와 중국과 같은 대형 개발도상국의 부상에 따라 이들 지역에서의 혁신과 성장에 관한 슘페터적인 논의와 접점을 이룰 수 있음을 보여주었다. 카플린스키가 세계 최고의 혁신학 학술지인 ≪리서치 폴리시(Research Policy)≫에 실은 논문 제목도 「슈마허가 슘페터를 만나다(Schumacher meets Schumpeter)」였다. 티와리와 에르스타트(Tiwari and Herstatt, 2012)는 인도가 검약식 혁신을 주도하는 국가가 될 수 있음을 사례를 바탕으로 논증해 보기도 했다. 2012년 『주가드 이노베이션(Jugaad Innovation)』[주가드는 힌두어로, 열악한 현장에서 기지를 발휘해 해법을 찾아낸다는 뜻이다]이라는 책을 낸 인도학자 라드주와 프라부(Radjou and Prabhu)는 2014년 검약식 혁신을 일으키기 위한 구체적인 경영 방법론을 소개하기도 했다(Radjou and Prabhu, 2014; Radjou Prabhu and Ahuja, 2012).

인도 정부의 제12차 5개년 계획(2012~2017년)에는 저소득 계층, 이른바 '피라미드의 하단(bottom of pyramid)'을 위한 혁신, 즉 검약적이고 지속가능하며 저소득층이 감당할 수 있는(affordable) 혁신을 명시적인 정책 목표로 내세우고 있다(Government of India Planning Commission, 2011; 은종학, 2012a). 하지만 같은 시기 중국 정부의 제12차 5개년 계획(2010~2015년), 제13차 5개년 계획(2016~2020년)에는 그와 같은 언급이 거의 보이지 않는다. 이처럼 중국이 아닌 인도가 검약식 혁신 논의를 주도하는 데는 그들이 도달한 발전의 수준 차이가 한몫했다. 실제로 2019년 IMF 통계 기준, 중국과 인도의 1인당 GDP는 각각 1만 98달러와 2171달러이다. '검약'의 추구가 인도에 더 절실한 것이다.

하지만 이는 양국의 체제 차이에서 기인하는 바도 있다. 중국은 인도에 비해 정치경제체제의 중앙집권성이 강하고, 기술적 문제의 해법을 찾는 데 있어 저소득층의 접근 가능성을 중시하는 시민사회의 목소리가 크지 않다. 더불어 전략적 과학연구에 국가적 자원을 집중시키고 그러한 연구성과를 기업에 이전하는 하향식(top-down) 지식산업화를 주된 정책으로 삼았던 중국 정부의 접근법도 검약식 혁신에 소홀했던 배경일 수 있다.

어쨌든 저소득층이 누릴 수 있는 것들을 새로이 기획하는 데 중국 기업이 적어도 아직 전면에 나서지 않고 있는 점은 일정한 한계로 평가될 수 있다. 그것은 프리미엄 시장을 향하되 선진 기업들의 길을 모방하는 데 머물러 있는 것이거나, 새로운 삶의 양식을 독자적으로 제안할 수 있는 비전과 능력을 중국의 기업들이 아직 갖추지 못했음을 드러내는 것일 수 있기 때문이다.

사실 기존 제품에서 몇 가지 기능과 부품을 단순히 제거하는 것만으로 검약식 혁신을 쉽게 이뤄낼 수 있는 것은 아니다. 소득수준이 낮고 생활환경이 열악한 사람들에게 유용한 혁신적 제품을 만들어 공급하기 위해서는 때로 완전히 새로운 기술적 얼개가 필요하고 그를 위해 상당한 투자가 이뤄져야 할 수도 있다. 이는 검약식 혁신을 일으키는 주체가 실력 있는 기업,

심지어 강력한 자본력을 가진 다국적 기업일 수도 있음을 암시한다.

오늘날 중국의 많은 기업들은 상당한 제조 역량과 자본력을 갖추고 있고, 이른바 '피라미드 하단'의 상황이 그들의 오래지 않은 기억 속에서 생소하지 않을 것이니만큼 검약식 혁신의 잠재적 주체로 볼 수 있다. 하지만 저소득층에 새로운 해법과 생활의 양식을 제안할 혁신이 과연 중국 기업가들에 의해 주도될지는 앞으로 더 지켜봐야 할 것이다.

소득 피라미드의 하단을 성공적으로 공략하는 검약식 혁신이라 하더라도 그 혁신의 주체가 개발도상국 현지의 로컬 기업인 것만은 아니다. 그들이 외래 주체들보다 현실의 문제를 미리 파악하고 그에 현명한 솔루션을 찾는 데 더 진정성 있는 노력을 할 수는 있지만 그것만으로 검약식 혁신의 주인공 자리를 도맡는 것은 아니다. 최근 싱가포르와 같은 선진국은 인도와 중국을 중개할 수 있는 역량을 바탕으로 검약식 혁신의 구상과 기획에 적극적인데, 이 점은 한국도 참고할 만한 가치가 크다.

5. 중국 특색의 수요

검약식 혁신이 아니더라도, 중국 소비자의 또 다른 취향과 수요 특성에 조응하는 혁신을 중국 기업들이 주도할 가능성은 열려 있다. 그와 관련해 많은 중국인들의 소비 행태는 검약적 소비보다는 '과시적 소비(conspicuous consumption)'를, 혹은 검약적 소비와 더불어 과시적 소비를 지향한다는 것을 유념할 필요가 있다. 북경과 상해, 심천의 도로를 가득 메운 외국 브랜드의 자동차들, 대도시마다 들어선 명품 매장, 젊은이들로 북적이는 외국 브랜드 의류 전문점 등이 이를 뒷받침한다.

같은 맥락에서 필자는, 기업이 마주하는 중국의 수요 특성은 (전면적 검약이 아니라) "알뜰한 과시성(Chinese characteristic frugal conspicuousness)"일 수 있다고 지적한 바 있다(은종학, 2012a). 알뜰한 과시성이란, 모든 소비 영역에서 최고의 제품·서비스만을 사용하려는 초고소득층을 제외한 나머지 대다수 중국인들은 비록 일정 영역에서는 과시적 소비를 추구하더라도 나머지 영역에서는 경제성을 앞세워 나름의 소비 묶음을 구성한다는 것이다. 중국 시장을 좀 더 중층적이고 복합적으로 이해해야 하고, 일견 무질서해 보이는 그 혼재 속에 체계성을 발견하고 그에 조응하려는 기업의 노력은 그 나름의 혁신을 가져올 수 있음을 상기시킨 것이다.

한편, '검약'과 '과시'의 한 극단이 아닌, 이른바 '굿 이너프(good enough)' 제품·서비스가 중국적 수요를 반영한 혁신의 큰 방향일 수 있다. 굿 이너프란, 최고의 것은 아니지만 '꽤 괜찮은' 혹은 '실제 필요에 비춰볼 때 그 정도면 충분히 좋은' 제품·서비스를 일컫는다. 중국 기업들은 가격을 낮게 유지하면서도 품질을 상당히 개선해 온 경력이 있는 만큼 '굿 이너프' 영역에서 자신의 혁신 경로를 개척할 수도 있을 것이다.

'실제 필요에 비춰볼 때 충분히 좋은 것'을 만들어내는 일은, 실제 필요의 변화에 기민하게 조응해야 하는 만큼 의외로 어려운 일이다. 하지만 중국은 그를 잘해낼 유력한 후보 중 하나임은 분명해 보인다.

중국이 굿 이너프 제품·서비스를 주도적으로 창출·공급하게 된다면 검약식 혁신이 기대되던 영역의 상당 부분을 잠식할 수 있을 것이다. 더불어 굿 이너프 제품·서비스는 '판을 뒤엎는 혁신(disruptive innovation)'으로 이어질 가능성도 있어(이에 관한 자세한 내용은 이 책 제9장 참조), 고성능·고품질·고가의 프리미엄 시장을 겨냥해 온 전형적 혁신의 한 부분도 잠식할 수 있다는 점에서 주목할 만하다.

그럼에도 동시에 유념할 것은 중국과 같은 개발도상국의 수요가 견인하는 혁신이 '고급-중급-저급'의 수직적 스펙트럼에서 항상 중간 아래쪽에 머무는 것은 아니라는 점이다. 국가 전체의 역사는 길다 하더라도 산업 경제의 근대화와 고도화 역사가 짧은 중국은 서구 선진국에 비해 관행과 제도의 제약을 적게 받는 영역이 많다. 그런 공백의 자유 속에서는 새로운 제품이나 서비스에 대한 수용성이 높을 수 있다. 미리 구축한 시스템이 없거나 간단해서 새로운 것으로의 전환비용(transformation costs)이 낮기 때문이기도 하다. 결과적으로, 혁신을 견인하는 수요층으로 주목받는 이른바 '얼리 어답터(early adopter)'(갓 출시된 제품·서비스가 아직 기술적으로 원숙하지 않고 가격도 비싸지만 그를 선도적으로 채택·사용하는 수요층)가 중국에 두텁고, 그러한 수요 특성이 최첨단의 혁신을 견인할 수도 있다. 중국이 현금결제에서 신용카드를 건너뛰고 모바일 결제 시스템으로 선진국들보다 먼저 나아간 것이 그 한 사례라 할 수 있다. 그러한 양상은 기존 선진국들이 여러 제도와 관행, 이해관계의 뒤얽힘 속에 쉽게 채택하지 못하는 바이오·의약, IT 분야의 신기술 제품·서비스를 중국이 먼저 구현할 가능성을 시사하는 것이기도 하다.

제3부

중국식 사다리 오르기

제8장

중국의 성장 사다리 오르기

1. 접근법

중국은 생산량이나 시장 점유율 기준으로 볼 때 세계 1위 제조업을 가장 많이 보유한 국가이며, 2위 국가와의 격차도 크다. 중국에는 연매출액이 2000만 위안(한화 약 34억 원) 이상인 제조업 기업만 해도 2017년 기준 36만 개가 넘는다. 그들의 변화 또한 빠르다.

이처럼 중국의 산업은 급변하는 거대한 세계라고 불러도 과언이 아닌데, 그에 대한 경제·경영 학자들의 연구는 각기 제한적인 주제에 초점을 맞추고 있어 중국의 전체상을 잘 드러내지 못한다. 거대한 세계의 작은 각부에 관한 논문과 보고서들은 지금도 쏟아지고 있는데 그 양이 무척 많을 뿐 아니라 빠른 변화 속에 이내 철지난 것이 되어버려 독자들을 당혹케 한다.

그러한 문제를 이 글도 완전히 피해갈 수는 없다. 다만, 기존의 방식과는 좀 다른 접근으로 중국 산업의 성장과 혁신에 대한 이해를 새로이 추구해 보고자 한다. 제8, 9, 10장으로 구성된 이 부에서는 다양한 산업에 걸친 다수의 중국 기업 사례를 다각도로 살펴보고 그를 종합해 보고자 한다.[1] 특히 경영·경제학계의 전형적 관심 혹은 가설에 집중하기보다는 중국이라는 한 나라에 대한 지역학적 이해의 방편으로 산업·기업을 살펴보고자 한다.

이 부에서는 중국 산업 및 기업의 성장을 시간의 흐름 속에서 관찰하며 그 속에서 중국적인 패턴이나 현상을 포착하려 한다. 과도한 단순화는 경계할 것이다. 그것은 자칫 중국의 다양성과 복잡성에 대해 눈을 가리고 그 속에 깃든 주목할 만한 현상들에 대한 관찰과 숙고를 방해할 수 있기 때문이다.

다만 관찰의 시선이 길을 잃지 않도록 포괄적인 가이드라인으로서 다음과 같은 질문을 염두에 둘 것이다.[2] 중국의 산업 및 기업 성장을 촉진하거나 억제한 중국적 요인은 무엇인가? 그런 환경 속에서의 중국적 성장은 어떤 양상을 띠는가? 중국 산업 및 기업의 성장은 국제적으로 어떠한 영향을 미치며 또 어떤 현상을 초래하는가? 광범위한 질문들이지만 그것에만 국한되지 않고 중국 산업 및 기업의 성장을 살피고 그를 종합적으로 그려보고자 한다.

---

1   물론 이 역시 결함이 없는 것은 아니다. 중국 경제가 크고 복잡해짐에 따라 제한적인 사례를 통해 전체와 본질에 다가가는 것이 어려워졌다. 제한된 수의 사례를 통한 실증이 또 다른 반례에 의해 뒤집힐 가능성도 커졌다. 그럼에도 이 부의 시도는 기존 학계에서 대세를 이룬 양적·분석적 연구에 대한 보완으로서의 가치를 지닐 수 있을 것이다.

2   이 부에서 중국 산업과 기업의 성장을 논하기 위해 참조한 것은 '성장', '학습', '혁신'에 관한 다양한 연구들이다. 특히 말러바(Malerba, 2002)의 산업 부문별 혁신체제론(Sectoral Systems of Innovation: SSI)은 참고할 만한 가치가 컸다. 말러바는 산업 부문별로 성장과 혁신의 양상이 다를 수 있음을 간파하고 그 다름을 구성하는 요인으로 네 가지, 즉 ① 지식 기반, ② 미시 주체와 그들 간의 네트워크(actor and network), ③ 제도(institution), ④ 수요(demand)를 지목했다. 사실 이것만으로도 매우 광범위한 관찰 영역이 생겨난다. 하지만 이 부의 연구대상이 (서구 선진국의 일반적인 사정과 다를 수 있는) 개발도상국인 중국이라는 점을 고려하여 좀 더 다양한 관찰 포인트를 추가했다. 말러바는 특정 국가 내 산업 발전의 역사적 과정을 크게 강조하지 않았고, 모방을 포함한 개발도상국의 다양한 학습채널, 선진국 기업의 역할, 국내시장 수요의 구조와 성격, 정부의 역할 등 개발도상국, 더구나 사회주의를 표방한 중국과 특히 관련이 높은 이슈들에 특별히 주목하지는 않았기 때문이다.

이 작업은 완벽함을 추구한다면 마무리할 수 없을 것이다. 따라서 이 부의 작업은 '예비적'이거나 '잠정적'인 것일 수밖에 없음을 미리 밝힌다. 하지만 독자는 이 예비적·잠정적 논의를 통해서도 중국 산업 및 기업에 대한 이해를 높일 수 있을 것이다. 그리고 추후 이 부를 넘어서는 새로운 발견과 더 나은 결론에 도달할 수도 있을 것이다. 그 미래의 성과에 부분적인 기여를 하는 것이 이 부의 취지이자 의미라 할 수 있다.

중국의 수많은 산업 및 기업 사례가 들려주는 다양한 성장과 혁신에 관한 이야기를 효과적으로 종합하기 위해 이 부에서는 '사다리'의 비유를 활용하고자 한다. 성장과 혁신을 '사다리 오르기'로 형상화하고, 그 시각적 이미지 위에 구체적인 사례에서 발견되는 다양한 현상들을 덧입히고자 한다.

이 장과 뒤이은 두 장에서 논의할 내용은 사다리 이미지를 이용하려고 한다. 〈그림 8-1〉은 사다리 이미지 위에 이 장에서 논할 사다리 하단의 현상들을 간략히 투영해 본 것이다. 그 구체적인 내용의 이해는 잠시 뒤로 미루더라도 사다리의 형상만은 여기서 일별해 두는 것이 좋을 것이다.

사실 '사다리'는 성장과 관련하여 일상에서도 흔히 쓰이는 수사이다. 2002년에 출간된 장하준 교수의 『사다리 걷어차기』(원제: Kicking Away the Ladder: Development Strategy in Historical Perspective)는 그러한 수사를 학계에 널리 퍼뜨린 계기가 되었다. 하지만 이 글이 선진국과 개발도상국 간의 관계에 집중한 장하준 교수의 논의를 직접적으로 잇는 것은 아니다.

오히려 '하단(下段)·중단(中段)·상단(上段) 시장이 모두 갖춰질 때 원만한 성장이 이루어진다'는 주장을, 중국의 3개 산업 사례를 바탕으로 논증한 브란트와 선(Brandt and Thun, 2016)의 연구를 잇는 성격이 더 강하다. 사다리를 상단·중단·하단으로 나누는 것 역시 브란트와 선의 아이디어를 참고했다. 하지만 이 부에서는 더 많은 중국 산업 및 기업을 검토하고, 성장뿐 아니라 혁신에 관한 다양한 현상을 기술하고 이론적으로 논할 것이다.

그림 8-1 **중국의 사다리 오르기(하단)**

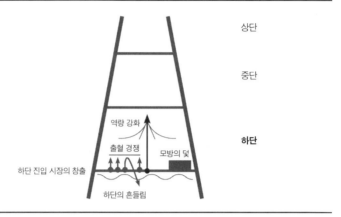

상단

중단

하단

역량 강화

출혈 경쟁

하단 진입 시장의 창출

모방의 덫

하단의 흔들림

자료: 필자 작성.

이 부는 브란트와 선이 강조한 사다리 각 단의 시장 조성에 대해서도 관심을 기울이지만 그와 더불어 '사다리를 오르는 중국 기업의 조직 역량이 어떻게, 그리고 얼마나 구축되었는가'에 대해서도 주의를 기울인다. 다시 말해, '외부적 시장 요인'뿐 아니라 '내부적 기업 요인'까지를 종합적으로 고려할 것이다.

이 부의 작성을 위해 필자는 브란트와 선이 다룬 것보다 훨씬 많은 수의 산업(자동차, 오토바이, e-바이크, 고속철도, 건설 중장비, 가전, 통신, 컴퓨터, 풍력 발전설비, 휴대폰, 반도체, 디스플레이, 스포츠용품, 인터넷 비즈니스 등)들과 해당 산업 내 주요 기업 총 100여 곳의 성장과정을 면밀히 검토했다. 검토에는 다양한 자료(해당 기업 홈페이지, 국제 학술논문 및 단행본에 언급된 해당 기업 관련 정보, 중국 국내외의 언론 보도, 바이두백과 등 인터넷 검색 자료, 산업 및 기업별 특허 검색 자료 등)를 종합적으로 활용했다.[3]

그를 바탕으로 아래에서는 중국 내 사다리 각 곳의 다양한 현상들을 포착해 보려 한다. 더불어 그러한 현상이 중국 국내외 기업에 주는 영향과 그들의 대응에 대해서도 주의를 기울일 것이다. 특히 중국 관련 현상이 성장과 혁신에 관한 새로운 개념과 이론에 기여할 바가 있다고 판단되면 그 초보적 논의라도 이끌어내 훗날의 보다 본격적인 학술적 논의에 기여하고자 한다.

사실 성장 사다리의 하단·중단·상단의 경계를 명확히 규정하기는 어렵다. 구체적인 사례는 보는 각도에 따라 사다리상의 다른 지점에 위치하는 것으로 다양하게 해석될 수 있다. 이 글에서도 그 가능성을 배제하지 않는다. 다만, 사다리상의 위치를 가늠하는 개략적 기준은 다음과 같다. 우선 해당 기업의 기술력이다. 기술적 첨단(technological frontier)에 가까울수록 사다리 높은 곳에 도달한 것으로 볼 것이다. 더불어 비기술적 요소(예컨대, 디자인, 비즈니스 기획, 마케팅 등에서의 조직 역량)를 바탕으로 질적 개선을 이룬 경우도 사다리 높은 곳에 오르는 것으로 인식할 것이다. 특히 사다리 상단에 도달한다는 것은 해당 산업 내에서 최고로 인정받는 기업들과 어깨를 나란히 하거나 그들조차 없는 새로운 영역을 개척하여 진입한 것을 의미한다.

이 장과 뒤에 이어지는 두 개의 장에서는 사다리 하단으로부터 올라가는 흐름을 상정하여 순차적으로 논의를 전개한다. 즉, 사다리 하단에 초기 성장을 위한 시장 공간이 어떻게 조성되고, 그 공간에 진입한 기업이 어떻게 성장하고 업그레이드하여 더 높은 층위의 시장(사다리 중단 혹은 상단)에 진입하며, 또 어떠한 공간이 새로이 조성되는지 살펴볼 것이다. 그렇게 중국 성장 사다리의 하단, 중단, 상단에서의 동학(動學), 그 다이내믹스(dynamics)

---

3   이 부는 은종학, 「중국이 '성장 사다리'를 오르는 방법: 산업사례의 예비적 종합」, 국민대학교 중국인문사회연구소 HK사업단 제9회 국내학술대회 자료집(2016.12.16)을 대폭 추가·보완한 것이다.

를 차례로 들여다볼 것이다.

2. 사다리 하단(下段)

사다리 하단은 사다리를 타고 위로 오르고자 하는 이가 일반적으로 첫발을 내딛는 곳이다. 경제적·산업적 측면에서는 특별한 기술과 능력을 (아직) 갖지 못한 기업도 쉽게 진입할 수 있는 공간이다. 그저 싼 맛에 사는 저가제품 시장이 그 전형이다. 품질, 기능, 브랜드 이미지 등에 대한 큰 기대라고는 없는, 최소한의 필요를 최소의 비용으로 만족시키는 이른바 '로엔드 마켓(low-end market)'이 그곳이다.

그런 사다리 하단의 중요성은 흔히 놓치기 쉽다. 기술적 수준으로 보나 기업이 창출하는 부가가치로 보나 그리 대단치 않기 때문이다. 하지만 사다리 하단은 위를 향해가는 성장의 첫 발판이라는 점에서 그 의미가 작지 않다.

높은 품질과 완성도를 요구하지 않는 로엔드 마켓은 후진국 혹은 개발도상국의 기업들이 '시행착오(trial and error)'를 통해 경험적 지식을 쌓는 '스스로의 시도·실천을 통한 학습(learning by doing)'과 '점진적 역량 구축(incremental capability building)'을 할 수 있는 소중한 장일 수 있다. 로엔드 마켓에서는 소비자들의 기대 수준이 높지 않아, 기업은 큰 부담 없이 다양한 시도를 할 수 있고 또 시행착오 속에서 지식 축적과 역량 강화를 꾀할 수 있다. 물론 이곳의 기업들은 이윤이 작기 때문에, 큰돈이 들어가는 연구개발에 엄두를 내지 못하고, 그런 박한 사정에 전전긍긍하여 새로운 시도를 일절 하지 않는 기업도 다수 존재한다.

요컨대, 성장 사다리의 하단은 비록 하찮지만 첫발을 디딘 기업들의 성장 스토리가 시작되는 지점이라는 점에서 주목할 만하다.

3. 밑 빠진 성장 사다리: 자동차 산업

개혁개방 이후 중국 산업성장사(産業成長史)의 첫 장은 해외로부터 이전받은 저가·저부가가치 산업으로 쓰이는 것도 합당할 것이다. 그러한 산업으로는 염색, 피혁, 의류, 봉제, 플라스틱 범용품 등이 대표적이다. 이들 산업은 당시 중국보다 한발 앞선 국가들(한국, 대만, 홍콩 등)에서 임금상승, 환경오염 부담 등으로 인해 한계에 이르면서, 사업주들은 자국보다 발전 단계가 더 낮은 개발도상국에서 연명(延命)의 도피처를 찾고 있었다. 개혁개방 직후인 1980년대 중국의 성장은 그들을 받아들임으로써 시작되었다 해도 과언이 아니다.

앞서 제1장에서 린이푸의 설명을 빌려 소개했듯, 개혁개방 초기 중국의 경제성장은 당시 중국의 '비교우위'에 부합했던 노동집약적 산업이 자율과 개방의 새로운 환경 속에서 자연스럽게 확장되면서 달성된 것이었다.

그런 성장의 토대 위에서 중국 정부는 1980년대 말 (일본과 한국에서 성과를 낸 것으로 평가되는) '산업정책'에 관심을 갖고 그를 통해 새로운 산업의 성장도 함께 도모했다. 산업정책이란 특정 산업 내 자국 기업의 성장을 유도하기 위한 정부의 개입정책이라 할 수 있다.

당시 중국이 산업정책의 주요 대상으로 삼은 것은 자동차 산업이었다. 중국 정부는 1989년과 1994년에 자국의 자동차 산업을 소수의 대형 기업으로 재편해 그들로 하여금 국제경쟁력을 확보하는 것을 목표로 하는 산업정책을 추진했다. 일본, 한국 등 동아시아 선도국가들이 앞서 걸었던 길을 따라가고자 한 것이다(은종학, 2000; Eun and Lee, 2002).

그런데 중국의 자동차 산업정책은 기대에 부응하는 성과를 거두지 못했다. 100개에 육박하는 각지에 산재한 소규모 자동차 공장들은 중앙정부의 산업정책 속에서도 효과적으로 정비되지 못했다. 산업정책의 취지에 따른

다면 도태와 통폐합을 통해 '규모의 경제' 효과를 누릴 수 있는 대규모 자동차 기업 몇몇으로 재편되어야 했으나 그리되지 못했다. 지역마다 해당 지역 정부의 보호를 받는 기업들이 경쟁력과 무관하게 살아남았으며, 광대한 중국이라지만 자동차 시장은 지역적으로 분할(fragmented market)되어 그 대규모성을 실현하지 못했다. 중국 각 지방의 강력한 보호주의와 (과거 한국 등의 중앙정부가 보유했던 것에 비하면) 상대적으로 약한 중앙정부의 조정 능력이 산업정책을 가로막는 주된 걸림돌이었다(은종학, 2000; Eun and Lee, 2002).[4]

그렇게 중국의 자동차 산업정책은 경쟁력을 갖춘 자국 대형 기업, 이른바 '내셔널 챔피언(national champion)'을 키워내지 못했지만, 중국 자동차 시장 자체는 팽창했다. 2010년 즈음 중국은 자동차 생산과 판매에서 모두 세계 최대의 국가가 되었다. 소득수준이 향상됨으로써 차량 구매가 늘고, 그에 조응하여 다국적 브랜드들이 중국 내 생산설비를 확장한 데 힘입은 것이었다. 하지만 그러한 양적 팽창이 중국 자국 기업의 성장과 고도화에 의해 온전히 달성된 게 아닌 까닭에 중국도 스스로의 자동차 산업을 자랑스러워하지 못하는 게 현실이다.

실제로 중국 주요 대도시 지역에서는 독일, 일본, 미국, 한국 등 글로벌 메

---

4   한 산업 내에서 소수의 기업만을 선정, 집중 육성하여 국제경쟁력을 확보토록 하는 것을 목표로 하는 산업정책이 중국에서는 그 선정과정에서 각 지방의 이해 다툼으로 제대로 이뤄지지 못했다. 비슷한 설비투자가 여러 지역에 걸쳐 과도하게 중복되어 일어나도 중앙정부가 효과적으로 조율하지 못하거나, 중국 전역의 '과잉 생산 능력'을 제거하려는 중앙정부의 노력이 각 지역(특히 성(省)급 지방정부)의 반대 속에 진척의 어려움을 겪는 것은 중국의 고질적인 애로사항이었다. 하지만 중국 지방의 강한 목소리와 독자성은 긍정적으로 작용하기도 한다. 지역마다 각지 사정에 맞춰 다양한 실험을 벌이는 경우가 대표적이다. 중국의 개혁가들이 자주 강조하는 '인지제의(因地制宜)'(각지의 구체적인 상황에 따라 적절한 방안을 제정한다는 뜻)가 이뤄지는 경우이다.

이커의 브랜드를 단 차들이 거리의 주인공이다. 물론 그들 중 다수는 글로벌 메이커(외자 기업)들이 중국 현지 기업(대부분 국유 기업)들과 합자하여 설립한 중국 현지 공장에서 생산된 이른바 '메이드 인 차이나(made in China)'이다. 하지만 그 속에 중국 기업 스스로의 역량은 여전히 제한적이다.

이런 중국 자동차 산업의 근본적인 취약성은 발전 초기 단계에 성장 사다리의 하단이 제대로 조성되지 않았던 탓이 크다. 자동차 산업에서 사다리 하단은 저가의 소형차 시장이라 할 수 있다. 사실 성공적인 기업 성장의 역사를 썼던 한국의 현대자동차도 초창기에는 소형차 시장에 초점을 맞추었다. 값싼 소형 승용차로 국내외 시장에서 자리를 잡고 거기서 구축한 명성을 딛고 점진적으로 중형차, 대형차로 옮아가며 더 높은 부가가치를 추구했다(Kim, 1997).

그런데 중국은 자국의 자동차 산업 발전 초기에 저가의 소형차 시장, 즉 로엔드 마켓에 관심을 두지 않았다. 개혁개방 이전에 중국은 사실상 폐쇄 경제체제를 지향하고 있었고, 그런 까닭에 자국 자동차 산업의 육성에 있어서도 자국의 '비교우위'와 '수출경쟁력'을 중심으로 사고하지 않았다. 따라서 수출시장 개척을 위한 자기 역량 강화의 압박도 크지 않았다. 1953년 설립된 제1자동차(第一汽车) 등 중국의 주요 자동차 기업들은 초창기부터 당·정 기관에서 사용할 중대형 관용차 생산에 초점을 맞추었다. 그런 만큼 시행착오를 거치며 기술 기초를 익히는 경험을 하지 못하고 처음부터 높은 스펙의 제품 생산을 위해 해외 기술에 크게 의존했고 그렇게 접한 해외 기술을 흡수하는 데도 한계가 많았다.

개혁개방 이후 중국 내 자동차 수요가 증가하자 중국 각 지방정부는 경쟁적으로 외국 기업을 유치하여 관내의 국유 기업과 짝을 지워 조인트 벤처(joint venture)로 자동차 기업을 설립하고 중국 내의 팽창하는 수요에 편승하여 덩치를 키웠다. 하지만 중국 스스로 기술력을 축적하지 못해 차량 모델이 바뀔 때마다 또다시 외국 파트너를 통해 기술을 재수입해야 하는 의존의 굴레에서 벗어나지 못했다. 중국의 국유 자동차 기업들은 급팽창하는 국내 수요 덕택에 이윤을 누리며 성장했지만, 학습을 통해 스스로의 역량을 강화하는 노력은 부족했다. 그 결과, 사다리 더 높은 곳으로 오를 뒷심을 만들어내지 못했고, 전체적으로 중국 자동차 산업은 개혁개방 이전에 형성된 대외의존적 경로를 벗어나지 못했다.

브란트와 선(Brandt and Thun, 2016)은 만약 중국이 일찍부터 자동차 산업에 민영 기업의 진입을 자유롭게 허용했다면 그들은 로엔드 마켓을 중심으로 성장을 도모했을 것인데, 중국 당국이 민영 기업의 자동차 산업 진입을 제한했고, 이것은 중국 자동차 산업의 성장 사다리 하단을 상당 기간 비워두게 되는 결과를 낳았다고 꼬집었다.

실제로 중국은 한국보다 앞선 1950년대에 자동차 양산을 시작했지만, (중국과 달리 중대형 관용차가 아닌 저가 소형차 중심으로 성장한) 한국의 현대자동차가 미국 수출시장을 확대해 가던 1980년대 말까지도 중국 자동차 주요 기업의 규모와 경쟁력은 보잘것없었다. 중국에는 자동차 산업의 성장 사다리 하단이 제대로 조성되지 않아, 거기서 축적되어야 할 기업의 경험과 역량마저 생략되었던 듯하다.

2000년대에 들어 중국 정부는 뒤늦게나마 자동차 산업에 대한 진입 규제를 완화하여 지리(吉利, Geely) 등 민영 자동차 기업이 (주로 중국 내 2, 3선 도시와 농촌에 형성된) 로엔드 마켓을 중심으로 성장할 수 있게 했다. 특히 지리는 2010년 스웨덴의 명차 브랜드 볼보(Volvo)의 승용차 부문을 인수하여 로엔드에서 일약 하이엔드 마켓까지를 아우르는 시도로 기염을 토하고 있다. 하지만 가솔린·디젤을 연료로 하는 내연기관 자동차 산업은 이제 세계적으로 10개 미만의 브랜드를 중심으로 과점(寡占) 시장이 구축되었다고 볼 수 있는데, 중국 자동차 기업들은 기회의 창(窓)이 열려 있는 동안 그 속에 설 자리를 만들지 못했다.

물론 신에너지(전기, 수소전지 등) 자동차와 같은 새로운 영역에서 중국 자동차 기업들이 보여줄 성장 스토리가 무엇일지는 더 지켜봐야 한다. 기술적 레짐(technological regime), 산업의 패러다임 자체가 바뀌는 것이기 때문이다. 특히 신에너지 자동차 산업은 기존의 내연기관 자동차 산업과 달리 '개별 차량을 잘 만드는 것'을 넘어 (충전 및 배터리 교체 등을 위한) '도시 인프라를 체계적이고도 효율적으로 재구축하는 것'과 밀접하게 연관되어 있어 중국과 여타 국가 간의 우열이 달라질 수 있는 영역이다. 이에 관해서는 뒤에 붙일 「보론 B」에서 더 자세히 논하기로 한다.

4. 성장 사다리 하단의 흔들림: 2G 휴대폰 산업

이상에서 살펴본 바와 같이, 중국의 자동차 산업은 성장 사다리 하단의 부재가 초래한 성장 장애를 잘 보여준다. 하지만 성장 사다리 하단의 부재가 중국 산업 전반의 양상을 대표하지는 않는다. 사실 중국 국내에는 성장 사다리 하단의 발판이 크게 조성된 산업이 많다. 주지하듯, 중국은 저가 제품 생산대국이다. 그렇다면 사다리 하단에 북적이던 기업들의 사다리 오르기는 어떠했는지를, 휴대폰 산업을 중심으로 살펴보자.

스마트폰이 등장하기 이전 이른바 '피처폰(feature phone)' 시기의 중국 시장은 1990년대 말까지도 노키아, 에릭슨, 모토로라 등 세계 3대 메이저가 장악하고 있었다. 스마트폰의 원조라 할 수 있는 애플의 아이폰(iphone)이 출시된 것이 2007년이고, 스마트폰 사용을 가능하게 하는 3세대(3G) 이동통신 서비스가 중국에서 개통된 것은 2009년이다. 그 이전의 중국 휴대폰 시장의 주종은 2세대(2G) 이동통신 서비스에 기반한 피처폰이었다.

그림 8-2 **2G 휴대폰 업체의 중국 국내 시장 점유율 추이(1998~2007년)** 단위: %

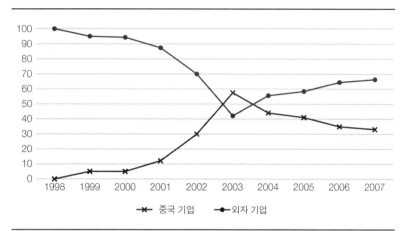

자료: Lee, Cho and Jia(2009).

1990년대 말, 글로벌 3사의 중국 휴대폰 시장 점유율은 80%를 넘었다. 그러나 2000년대 초 중국 토종 브랜드들이 시장 점유율을 급속히 높이며 급기야 2003년에는 중국 휴대폰(피처폰) 시장의 근 60%를 토종 브랜드들이 장악하기에 이른다(〈그림 8-2〉 참조). 놀라운 약진이었다.

당시 중국 토종 브랜드들은 놀랍도록 저렴한 휴대폰을 만들어 판매함으로써 중국 내 서민층의 호응을 얻었다. 하지만 남다른 기술력이 있었던 것은 아니다. 오히려 이를 가능하게 한 데는, 복잡한 휴대폰 부품을 표준화·모듈화하여 기술력이 없는 기업도 휴대폰을 손쉽게 조립·생산할 수 있는 길을 연 미디어텍(MediaTek) 등 대만 기업들의 공헌이 컸다(은종학·장영석·조성재, 2010). 더불어 타사의 브랜드와 디자인을 도용하거나 모방한 이른바 '짝퉁' 제품을 만드는 중국 생산업체들, 이른바 '산자이'들은 (정상적인 납세까지 피하며) 매우 저렴한 가격으로 주머니가 가벼운 소비자들을 끌어들였다.

기술력이라는 차원에서는 보잘것없다고 할 수 있지만, 어찌되었든 중국 토종 기업들이 휴대폰 시장의 로엔드 마켓에 대거 진입한 것은 사실이었다. 성장 사다리 하단에 넓은 발판이 만들어지고 그 위에 많은 기업들이 올라섰다고 할 수 있다. 그러나 성장 사다리 하단에 올라선 기업에 남은 일이 더 높은 곳으로의 이동만은 아니었다. 성장 사다리 '하단의 흔들림'이라 부를 만한 현상이 발생했고 그로 인해 적잖은 기업이 사다리 하단도 아닌 바닥으로 떨어졌다.

저가의 모방품으로 성장 사다리 하단에 발을 올린 기업들 중 다수는 저부가가치 제품을 팔아 얻은 미미한 이윤으로 기업 내 자본 축적을 충분히 이뤄내기 어려웠다. 그래서 취약했고 새로운 경쟁자에 의해 쉽게 대체되거나 도태되었다. 당시 중국의 미약한 지식재산권 보호체제는 누군가 새로운 시도로 혁신을 일궈냈다 하더라도 그로부터 특별한 이윤을 누리며 성장하는 것을 제대로 뒷받침하지 못했다. 그렇게 흔들흔들하는 사다리 하단의 발판에 발을 디뎠던 기업 중 다수는 사다리를 더 올라가지 못했을 뿐 아니라 발을 디뎠던 하단에서도 떨어졌다. 많은 산자이들이 그렇게 부상당하고 사라졌다.[5]

실제로 2003년 60%에 가까운 수치로 시장 점유율의 정점을 찍었던 중국 토종 브랜드들은 그로부터 채 5년도 지나지 않아 30%대로 주저앉았다(〈그림 8-2〉 참조). 여기에는 기능을 간소화한 저가 제품으로 시장 탈환을 노린 노키아 등 다국적 기업의 반격도 주효했다.

물론 흔들리는 사다리 하단의 발판에서 떨어지지 않고 버티고 또 오르기를 계속한 중국 토종 기업들도 있다. 이들 중 일부[진리(金立), 쿨패드(酷派,

---

5   산자이의 일부는 기술력을 갖춰 자체 브랜드를 가진 기업으로 성장하고 있고, 또 일부는 창업 아이디어를 가진 이에게 시제품을 신속히 만들어주는 창업 생태계의 중요한 한 부분으로 오늘날 새로이 자리매김하고 있다.

Coolpad) 등는 휴대폰 시장이 스마트폰(세계적으로는 2007년, 중국 기준으로는 2009년 소개됨)으로 재편된 이후까지도 연명했다.

이와 같은 사정은 휴대폰 산업에 국한된 것은 아니다. 고만고만한 기업들이 사다리 하단의 산업에 대거 진입하여 치열한 경쟁을 벌이고, 신선한 아이디어도 곧바로 모방되어 빛을 잃고, 박한 이윤으로 인해 재투자를 위한 자본 축적도 쉽지 않았지만, 적어도 일부의 중국 기업들은 거기서 살아남았고 또 남보다 한발 더 높은 곳에 발을 올릴 수 있었다. 사다리 하단에서 버티고 오르는 힘의 원천은 기술력일 수도 있고, 영업력일 수도 있었다.

물론 그 생존과 성장이 영원을 기약하는 것은 아니었다. 2002년 심천에서 설립된 진리는 중국 로컬 기업들이 시장 점유율에서 외자 기업을 누르고 기염을 토하던 시기(〈그림 8-2〉 참조)의 주인공 중 하나였고, 뒤이은 로컬 기업 퇴조기에도 살아남아 성장을 지속해 스마트폰 시대에까지 진입할 수 있었다. 하지만 '중국 자체 브랜드'임을 강조하는 TV 및 옥외 광고전과 낮은 가격으로 소박한 소비자의 호응을 이끌어내는 데 주력했던 진리는 2018년 12월 자금난 속에서 파산했다. 화웨이 등 중국 자체 브랜드의 스마트폰 생산업체들도 세계적 수준의 기술력을 갖추기 시작했고, 소득수준이 향상함에 따라 눈높이가 높아진 중국 소비자들도 '싼 비지떡'을 더 이상 원치 않게 된 것이 진리가 퇴장하게 된 주된 배경이었다.

살아남은 소수마저 영원하지 못함은 사다리 하단에서 버티고 또 오르는 일이 부질없음을 보여주는 듯도 싶다. 하지만 앞서 제6장에서 심천 산자이들의 변모를 소개하며 논했듯, 도태되어 사라지는 이들도 다음 단계에서 새로운 역할을 맡거나 적어도 새로운 시대에 비옥한 토양을 조성하는 데 일익을 담당할 수 있다는 점에서 의미를 부여할 수 있다.

5. 지탱의 방식과 모방의 덫: 오토바이 산업

기술의 축적은 사다리 하단의 발판에서 떨어지지 않고 버티며 또 오르기를 계속할 수 있게 하는 유용한 자산이지만, 그것이 유일한 필요충분의 조건은 아니다. 성장 사다리 하단에서 흔들림을 견디고 추가로 어느 정도 사다리를 더 오르는 또 다른 해법은 중국 오토바이 산업에서 찾아볼 수 있다.

중국 서부 내륙 중경(重庆)시의 오토바이 클러스터는 21세기 초반 중국 최대, 나아가 세계 최대의 오토바이 생산기지로 발돋움한 곳이다. 그런데 중경 오토바이 기업들이 사다리 하단에 자리 잡고 팽창하며 추가적 상승을 꾀할 수 있었던 힘은 개별 기업 하나하나의 기술력이 아니었다. 그보다는 지역적 산업 클러스터의 형성 덕분이었다(은종학, 2015b).

중경 오토바이 산업 클러스터의 생존과 성장 비결은, 오토바이의 각 부분을 생산하고 그를 조립·완성하는 업체들 간에 수평적 네트워크를 형성하고 그 기반 위에서 (주로 일본의 제품을) 값싸고 신속하게 모방할 수 있는 협력체제였다. 다시 말해, 개별 기업이 성장 사다리를 수직으로 따라 올라 더 많은 축적과 더 높은 역량을 보유함으로써 생존과 성장을 지켰다기보다는, 여러 기업들이 중저위 수준에서 수평적으로 그물망 연계를 형성함으로써 생존과 성장을 지켰던 것이다.

하지만 중경의 오토바이 클러스터는 '모방에서 혁신으로'라는 구호가 모두에게 실제 구현되는 것은 아님을 보여주었다.[6] 오히려 '모방의 덫(imita-

---

6   탭스코트·윌리엄스(2009)는 중경 오토바이 클러스터 내의 서로 다른 부품 및 완성품 기업 간에 구현된 협업체제를 개방형 혁신(open innovation), 모듈화에 기초한 아키텍처 혁신(architecture innovation)의 사례로 높이 평가했으나, 이후의 전개와 성과를 종합할 때 그것은 과도하게 긍정적인 평가로 보인다.

tion trap)'에 빠지거나 '모방에 고착(lock-in)'되는 현상이 발생할 수 있음을 보여주었다. 그리고 '모방에서 모방으로' 맴도는 경로가 개발도상국 앞에 넓게 펼쳐져 있다는 사실도 상기시켰다. 더불어 중경 오토바이 클러스터와 같은 모듈(module) 기반의 협업적 클러스터가 모방에 고착될 위험을 키울 수 있음도 보여주었다.

실제로 중경 오토바이 클러스터의 각 부품 생산업체들은 모방의 대상이 되는 (주로 일본) 오토바이 모델 중 자신이 맡은 부분을 그대로 생산하여 클러스터 내 시장에 내놓을 뿐, 여타 부품과의 결합에 문제가 생길 수 있는 (모방 대상의 설계와 다른) 독창적인 제품 생산은 시도하지 않았다. 부품을 조립해 완성품을 생산하는 업체들 역시 신제품 개발을 주도할 의지와 역량이 부족했고, 같은 이유로 오토바이 부품 공급사슬 전체를 아우르는 리더십을 발휘하지 못했다. 그 결과 중경 오토바이 클러스터의 생산품도 일본 등 선진국의 모델 변화에 조응하여 진화하는 듯 보여도 모방을 반복하는 성격이 강했다(Ge and Fujimoto, 2004; 은종학, 2015b).

한편, 브란트와 선(Brandt and Thun, 2016)은 중국 오토바이 산업의 성장이 일정한 성장을 거친 뒤 한계에 부닥친 이유를 중국 내 중고위 시장의 부재에서 찾았다. 중국의 오토바이 생산업체들이 더 올라갈 사다리의 윗부분이 없었다는 것이다. 실제로 중국은 1990년대 말 이래 오토바이를 대기오염의 주범으로 지목하여 오토바이의 대도시 도심 진입을 제한하기 시작했다. 이로 인해 대도시의 고소득층이 오토바이 구매에 관심을 보이지 않게 되자 고급 오토바이 시장이 성장하지 못했고 이것이 중국 오토바이 산업의 한계로 작용했다는 것이 브란트와 선이 주장하는 요지이다.

성장 사다리의 하단, 중단, 상단이 모두 일국(一國) 내에 존재해야만 한다면 그들의 주장은 옳다. 하지만 과거 한국 등의 사례에서 보듯, 로엔드 마켓과 하이엔드 마켓 사이의 사다리 각 부분은 국내가 아닌 해외 수출시장에서 찾을 수도 있다. 물론 사다리의 하단이 부재한 경우 역량이 부족한 개도국 기업이 처음부터 수출시장을 공략하는 것은 매우 어려운 일이지만, 기업이 어느 정도 성장한 후에는 더 높은 단계의 시장을 해외에서 찾는 것은 합당한 수순이다.

그런데 중국 오토바이 생산업체들은 중국보다 한 단계 높은 수준의 시장(예컨대, 브라질 시장)을 해외에서 찾고 그 수출시장을 공략함에 있어 기술적 한계를 드러내며 선전하지 못했다. 그들은 브라질 현지 시장이 요구하는 바이오 연료 주입이 가능한 내연기관 오토바이를 개발하지 못했고 환경기준을 맞추는 데도 어려움을 겪었다(은종학, 2015b).

따라서 중국 국내 오토바이 생산업체에 한 단계 높은 수준의 시장이 부재했다기보다는 사다리를 한 단계 더 오를 수 있는 기술 역량을 개별 기업이 충분히 축적하지 못한 것이라고 볼 수 있다. 그들은 사다리 하단에서 최소한의 축적을 시작할 수 있었음에도 모방의 덫에 빠져 기술적 고도화를 일궈내지 못했던 것이다.

현재 중경 오토바이 클러스터의 주요 기업들은 각기 오토바이 이외의 산업 영역(예컨대, 자동차 제조, 항공물류 등)에서 새로운 살길을 찾고자 횡보하고 있다. 그들이 오토바이와 많이 다른 산업 영역에서 기존에 축적한 역량을 어떻게 발휘할지는 두고 볼 일이나 그 성공을 낙관하기는 쉽지 않아 보인다(은종학, 2015b).

제9장

사다리 중단에서 벌어지는 일들

1. 사다리 중단(中段)

이 책에서 사다리는 중국 산업 및 기업의 고도화 과정과 그 과정의 각 지점에서 벌어지는 현상들을 편리하게 종합하기 위한 이미지이자 비유이다. 앞서 논한 사다리 하단은 기술적 장벽이 매우 낮아 진입이 쉽지만 그런 만큼 경쟁, 특히 가격경쟁이 치열하여 그에 진입한 기업이 이윤을 축적하기 힘든 저부가가치 부문이라 할 수 있다. 이 장에 뒤이어 논할 사다리의 상단은 기존 산업 내에서 부가가치가 가장 높은 부문과 더불어 기존에 없던 새로운 고부가가치 산업 전체를 일컫는다고 할 수 있다.

이 장에서 논할 사다리 중단은 말 그대로 사다리의 중간이다. 사다리 중단에 특별히 주목하는 것은 중국의 성장과 고도화 결과, 세계적으로 중국의 존재감이 가장 커진 영역이 이곳이고, 중국의 부상(浮上) 이전과 이후의 모습이 가장 크게 달라진 곳이 이곳이며, 그렇기에 오늘날의 '중국적 현상', '중국적 특색'을 논하기에 적합한 곳이 이곳이기 때문이다.

이에 아래에서는 중국 기업들이 어떻게 사다리 중단에 진입했으며, 그곳에서의 추가적 성장과 고도화가 어떤 현상을 만들어내는지 다각도로 살

그림 9-1 **사다리 중단의 동학**

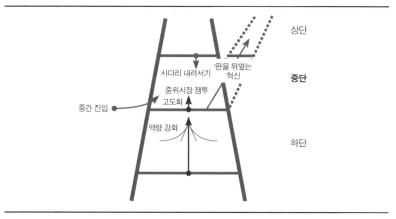

자료: 필자 작성.

퍼보고자 한다. 〈그림 9-1〉은 아래에서 논할 사다리 중단에서의 동학을 우선 사다리 이미지 위에 투영해 본 것이다. 독자가 이 장의 다면적 논의를 이해하고 또 그를 넘어 새로운 발견을 해나가는 데 활용하길 바란다.

2. 사다리 중간 진입: 대학·연구기관을 배후에 둔 기업

사다리 하단에서 중단으로 올라서거나, 더 나아가 상단으로 가는 과도기를 성공적으로 수행하기 위해 기업에 핵심적으로 요구되는 것은 기업 역량의 구축·강화이다. 기업 역량의 구축·강화는 주로 기업 차원의 '학습(learning)'을 통해 이뤄진다는 것이 학계의 통설이다(Lundvall, 2004, 2010; 스티글리츠·그린월드, 2016).

그런데 학습과 그를 통한 기업 역량의 증대를 촉진하기 위해서는 외부의 지식을 기업 내로 흡수하는 이른바 '흡수 능력(absorptive capacity)'이 뒷받침되어야 한다(Cohen and Levinthal, 1989). 일반적으로 흡수 능력은 학습과정속에서 점진적으로 커진다. 그리고 더 큰 흡수 능력을 가진 기업은 더 고도화된 학습을 할 수 있게 된다. 그렇게 학습과 흡수 능력은 '상호증강적(相互增强的)'이다. 따라서 흡수 능력은 사다리 하단에서의 학습과정을 통해 점진적으로 축적될 수 있고 그에 힘입어 사다리 중단에 오를 수 있다.

하지만 적어도 일군의 중국 기업들은 대학 및 연구기관에 축적된 특정산업기술 관련 지식과 연구 역량을 이전받아 처음부터 상당 수준의 흡수능력을 갖고 성장하기 시작했다. 사다리 중단으로 '중간 진입'하여 그곳에서부터 오르기를 시작했던 것이다.

사다리 중간 진입의 대표적인 사례이면서 동시에 중국적 특색이 농후한것은 '교판(校办)기업'과 '원판(院办)기업'이다. 앞서 제3장에서 소개한 바와같이, 교판·원판기업은 중국의 체제개혁 과정에서 등장해 한때를 풍미했고 문제점들(국유자산의 독점적 사용, 연구·교육 기능의 훼손 등)이 불거지면서 2000년대 이후 개혁의 대상이 되어 재편되면서 종래의 중국적 특색은 많이탈색되기에 이르렀다. 하지만 현재 중국의 산업을 이루는 기업 주체 중 적지 않은 수가 교판·원판기업의 역사, 혹은 대학·연구기관이라는 배경을 가졌다는 점은 짚고 넘어갈 만하다.

실제로 광범위한 산업에 걸쳐 있는 중국의 주요 기업들 중 일부는 대학이나 연구기관이 설립·운영한 교판·원판기업으로부터 시작했다. 또 일부는 기존의 연구기관이 통째로 기업으로 개편되어 탄생한 것이다. 어떠한경우든 대학이나 연구기관이 쌓아온 지적 역량을 신생 기업으로 옮겨옴으로써 그 신생 기업은 처음부터 일정 수준 이상의 기술 역량과 흡수 능력을갖고 성장 사다리 중간에서부터 성장을 시작할 수 있었다.

예컨대 컴퓨터 산업에서 세계적인 규모의 기업으로 발돋움한 레노보도 중국과학원 컴퓨터연구소가 차린 원판기업을 그 시작점으로 한다(Eun, 2005). 전자와 반도체 부문에서 두각을 나타냈던 청화 통팡과 청화 유니 (Tsinghua Uni) 그룹은 청화대학 산하의 교판기업이었다. 건설 중장비 산업에서 주요 기업 중 하나인 중롄중커(中联重科, Zoomlion)는 호남성의 공공 연구기관인 장사(長沙)건설기계연구원을 그 뿌리로 한다.[1] 석탄액화 청정 에너지 산업의 중과합성유, 자동차 특수 플라스틱 산업 분야의 제스제(杰士杰) 등도 중국과학원의 관련 연구소에서 시작된 기업들이다(은종학, 2012a; 은종학, 2012b 등). 인공지능 기술이 주목받는 오늘날, 중국어 음성인식 기술에서 선도적인 기업인 아이플라이텍도 중국과기대학을 배후로 탄생한 기업이다.

서구에서도 대학이나 연구기관발 창업 기업의 경우 처음부터 상당한 흡수 능력을 갖고 성장을 시작하니만큼, '사다리 중간 진입'이 중국만의 현상이라고 할 수는 없다. 하지만 중국의 경우 광범위한 기존 산업들(기계, 화학, 전자, 에너지 등 포함)을 뒷받침하던 국공립 대학·연구기관들이 관련 분야 산하 혹은 유관 기업에 (기술 및 비기술) 자원과 역량을 이전·주입해 줌으로써 그들이 성장 사다리 중·상단에 중간 진입할 수 있게 해온 점은 여타 국가에 비해 두드러진다고 할 수 있다.

요컨대, 여러 산업 부문에서 중국 기업들이 성장 사다리 중단에 다수 포진할 수 있게 된 것은, 개별 기업이 사다리 하단에서 점진적으로 축적한 역량 덕분만은 아니며, 중국의 국공립 대학·연구기관이 그들의 자원과 역량을 기업에 공유해 줄 수 있었기 때문이기도 하다.

---

1   교판기업·원판기업 모델을 통한 기업의 성장은 그간 주로 IT 등 하이테크 산업에서 주목을 받아왔으나 성장 사다리의 중간 부분이라 할 수 있는 미드테크(Mid-tech) 산업에서도 의미 있게 발견된다. 중롄중커는 그 대표적인 사례 중 하나라고 할 수 있다.

3. 국내 수요와 소통: 스포츠용품, 스마트폰, 컴퓨터 산업

세계적 수준, 혹은 사다리 상단에 올랐다고는 할 수 없어도, 사다리 하단을 배회하던 단계는 확실히 넘어선 중국 기업 사례들 중에는 중국 내 고객과 긴밀하게 소통하며 수요에 조응했던 노력이 주효했던 경우가 적지 않다.

중국 스포츠용품 산업 중 탁구용품 산업에서 두각을 나타낸 상해 홍솽시(红双喜, DHS)주식회사는 각기 당대 세계 최고의 탁구선수였던 덩야핑(邓亚萍), 왕타오(王涛), 왕리친(王励勤), 왕하오(王皓), 마룽(马龙) 등 자국 선수들에게 탁구용품을 공급하고 그들로부터 피드백을 얻어 제품을 개선했다. 탁구선수라고 하는 '전문적 사용자'와 끊임없는 상호작용을 통해, 독일, 일본 등 선진국 제품보다 우월하다고 할 수는 없지만 제 나름의 특장점을 가진 제품을 개발할 수 있었고 그로써 사다리 중상위권에 스스로 자리매김할 수 있었다.

중국 탁구선수들은 수십 년째 탁구 세계랭킹 최상위권을 독식하다시피 하고 있는데, 그들은 길고도 고된 훈련을 바탕으로 경기에서 빠르고 강한 공격을 하는 것으로 정평이 나 있다. 홍솽시는 그런 중국 선수들에게 최적화된 탁구용품(주로 탁구채 러버 및 목판)을 개발하여 공급했고, 그들을 통해 제품 기능의 우수성을 과시해 왔다.

홍솽시 탁구채의 특장점은 레저로 탁구를 즐기는 일반인들보다는 많은 연습량을 바탕으로 강력한 스윙을 구사하는 선수들에게서 더 잘 발휘되는 것으로 알려져 있다. 하지만 세계 최고의 (중국) 선수들이 쓰는 탁구채라는 후광효과와 함께, 홍솽시의 범용제품은 독일, 일본 주요 메이커의 제품보다 크게 저렴하면서도 내구성이 좋다는 사실 등에 힘입어 시장의 한 부분을 차지하고 있다. 중국에서 높은 인지도를 갖고 있을 뿐 아니라, 중국 선수들이 연이어 세계대회를 제패하는 등 좋은 성과를 보임에 따라 그들이 사용하는 용품에 대한 국제적 관심도 생겨, 훙샹시는 탁구용품 시장에서 무시할 수 없는 지위를 확보하게 되었다.

물론 탁구용품 산업은 중국 경제 전반에 비춰볼 때 매우 작은 산업이다. 하지만 중국 내에 높은 수준의 전문 사용자가 다수 존재하는 산업에 주는 함의는 결코 작지 않다.[2] 그러한 산업의 경우, 탁구용품 산업에서처럼, 중국 생산자는 중국 내 사용자와의 긴밀한 소통 속에서 독특한 제품군을 개발할 수 있고, 비록 그러한 제품군이 처음엔 생소하게 받아들여질지라도 그 성과가 입증되어 감에 따라 국제적 관심과 시장 점유율을 높여갈 수 있으리라는 것을 보여준다.

국제적으로 널리 통용되는 것과 다른 것을 독자 개발할 경우 자칫 국제표준과 멀어져 고립되는 이른바 '갈라파고스 현상'(주로 일본 IT 산업에서 발생하는 현상을 가리키는 데 사용되는 표현)을 초래할 수도 있다. 하지만 대규모 국내시장을 가진 중국 산업들은 고립될 가능성이 상대적으로 적다.[3]

오히려 국제적인 표준을 제정하는 각종 위원회들은 거대 잠재시장을 가진 중국을 적극 참여시키고 있으며, 중국적 맥락에서 창출된 기술을 여타 선진국 기술들과 함께 국제표준으로 공동 인정하는 경우도 많다. 대표적인 것이 중국 다탕(大唐)이동통신설비유한공사가 독일 지멘스와 합작하여 개발한 3세대 이동통신 표준 TD-SCDMA로, 이는 W-CDMA, CDMA2000과

---

2   홍샹시는 최근에는 축구공 개발에도 도전하여 성과를 낸 바 있다. 2016년 홍샹시가 개발한 축구공 'FS180'은 높은 원도(圓度, 완벽한 구에 가까운 정도)와 낮은 수분 흡수율로 FIFA의 최고품질인증(FIFA Quality Pro)을 획득했다. 당시까지 이 인증을 받은 100여 가지의 축구공은 대부분 아디다스, 나이키 등 글로벌 기업의 제품이었는데 홍샹시로 인해 중국도 FIFA 인증을 받은 첫 축구공을 갖게 된 것이다(红双喜, 검색일: 2019.5.8).
3   국제적 갈등 속에서 중국에 대한 의도적 제약이 강력하고도 효과적으로 가해지지 않는 한 말이다.

공동으로 국제표준으로 인정받았다.

잠재고객과의 소통을 통한 성공적인 학습의 사례로 언급할 만한 또 하나의 중국 기업은 2010년 스마트폰 산업에 뛰어들어 중국 내에서 급속한 성장을 거둔 샤오미이다. 비록 적지 않은 이들이 샤오미의 성장 요인을 그럴싸한 모방 제품(특히 애플의 아이폰을 모방한 제품)을 낮은 가격에 판매한다는 점에서 찾곤 했으나, 샤오미는 단순히 값싼 모방품을 만드는 이른바 '산자이'와는 구별된다.

스마트폰뿐 아니라 배터리팩, 동영상 카메라, 공기 청정기, 전기 자전거, 스마트 TV, 스마트 헬스기구 등을 판매하는 샤오미는 폭스콘(Foxconn) 등 대만계 기업을 위시한 다양한 외주 생산업체와의 협력을 통해 완성도 높은 제품을 시장에 내놓고 있다. 비록 놀랍도록 저렴한 가격에 제품을 내놓지만 샤오미의 제품은 과거 저열한 품질의 중국산 제품과 일정 정도 결별하고 있다는 점에서도 주목할 만하다.

샤오미가 스마트폰의 가격을 크게 낮출 수 있었던 것은, 오프라인 대리점이 아닌 인터넷 판매를 통해 매장 운영 및 물류비용을 낮추고, 불특정다수를 향한 값비싼 광고가 아닌 '미펀(米粉)'이라 불리는 팬(fan)들을 관리·육성해 우호적인 사용자의 입소문을 통해 판매를 했기 때문이다.

그와 함께 샤오미는 'MIUI'라는 안드로이드 기반 고객 맞춤형 운영체제를 기술 마니아인 팬들의 피드백을 적극 수용하며 지속적으로 진화시켜 고객의 호응을 얻었다. 즉, 샤오미는 중국 내 고객(특히 기술에 밝은 전문적 사용자 집단)과의 긴밀한 소통을 통해 제품을 개발하고 그를 통해 성장 사다리의 발판을 밟아 올라갔다.

고객들로부터 제품 개발의 아이디어를 직접 얻은 것은 아닐지라도, 잠재된 중국적 수요가 사다리 중단 이상에 기업을 진입시키고 발전을 이끈 사례도 있다. 교판기업의 대표격인 북경대학 산하의 북대 팡정(北大方正)이 그 한 사례이다.

1980년대 북대 팡정의 주력 제품은 중국어 처리용 컴퓨터 조판(타이프세팅) 시스템이었다. 그 제품은 1974년 8월, 중국 내 다수의 관련 기관들(신화통신사, 국가출판국, 중국과학원, 제1 및 제4기계공업부)이 공식 제기하여 시작된 국가 연구개발 프로젝트, 이른바 '748 프로젝트'의 산물이었다(Lu, 2000).

당시 중국 정부는 컴퓨터 시대의 도래 속에서, 종래 납으로 된 활자들을 일일이 배열하여 판화 찍듯 인쇄하던 활판인쇄를 대체할 컴퓨터 조판 시스템을 절실히 원했다. 일본도 자국어에 한자(간지)를 섞어 쓰는 만큼 관련 기술을 개발하고 있었지만, 일본식 한자와 중국어에 차이가 있을 뿐 아니라 중국 내에서 본격적으로 사용하기 위해 중국 정부는 자체적인 시스템 개발에 착수했다. 그것은 중국 내에 잠재된 방대한 수요에 조응하는 것이기도 했다.

잠재된 국내 수요를 반영하여 정부가 '748 프로젝트'를 출범시키고, 그 속에서 주도적인 역할을 한 북경대학 왕쉬안(王选, 1937~2006) 교수팀이 '화광(华光)' 시스템을 개발했으며,[4] 북경대학은 이를 바탕으로 북대 팡정이라는 기업을 설립, 중국 내 주요 컴퓨터 기업으로 발전시킬 수 있었다. 그에 중국 정부는 산하의 각종 언론·출판사로 하여금 화광 시스템을 도입하도록 독려하여 사실상 '정부구매' 혹은 '정부조달(government procurement)'을 통해 기업 발전을 뒷받침하기도 했다.

사실 컴퓨터상에서 중국어를 처리하는 문제는 중국의 골칫거리이자 솔루션에 대한 강력한 수요를 형성해 자국 컴퓨터 기업 성장을 이끈 원동력

---

4   화광 시스템은 당시 일본의 2세대 기술보다 앞선 고해상도의 3세대 기술로 평가되었다(Lu, 2000).

이기도 했다. IBM 컴퓨터의 중국 내 대리상으로 시작해 훗날 세계적 규모의 기업으로 성장한 레노보도 초기엔 개인용 컴퓨터에 중문 워드프로세서 카드를 장착하여 호응을 얻었고, 청화대학 산하의 청화 통팡도 중문 인식 스캐너로 초창기에 기업 입지를 구축할 수 있었다.

수십 개의 자음과 모음을 조합하면 되는 다른 많은 언어들(영어, 한글 등)과 달리, 수만 자의 그래픽 문자를 다뤄야 하는 중국어는 한때 중국의 컴퓨터 및 IT 산업 발전을 저해할 주범으로 지목되기도 했다. 하지만 그러한 핸디캡 혹은 문제가 오히려 강력한 수요를 만들어내어 다른 영역보다 더 두드러진 기업 발전을 가져왔던 것이다.

4. 신국화운동: 품질 개선과 모방의 고도화

샤오미의 창업자 레이쥔은 2016년을 전후하여 '신국화운동(新国货运动)'을 샤오미의 미래 비전이자 중국 기업들이 가야 할 길로 제시하고 각종 연설과 인터뷰에서 이를 강조했다. 품질이 낮지만 값이 싸다는 이유로 사다리 하단의 시장에서 연명했던 종래 중국산 제품을 좋은 품질과 디자인을 갖춘 제품으로 탈바꿈시켜 사다리 중단 이상에서 호응을 얻도록 하자는 것이 그의 취지였다.

원래 중국의 '국화운동'은 1911년 청나라 왕조를 붕괴시키고 근대적 국민 국가 중화민국(中華民國)을 탄생시킨 신해혁명(辛亥革命) 이후, 국민의 소비 생활에 있어 '국산품(国货)을 애용하자'는 계몽적·민족주의적 운동이었다. 이와 비교해 볼 때, 신국화운동은 수요 측인 소비자를 향한 것이기보다는 공급 측인 생산자(기업)의 각성을 독려한 것이라는 점에서 차이가 있다.

역사적 무게에 있어서도 레이쥔의 신국화운동은 1920년대 정점을 이루었고 1930~1940년대까지도 이어졌던 국화운동에 비할 바는 못 된다. 하지만 레이쥔의 신국화운동 정신은 샤오미의 여러 제품 속에 구현되었고, 다른 많은 중국 기업들도 신국화운동이 제기하는 변화의 방향으로 함께 나아갔다는 점에서 의미가 있다. 비록 모두가 레이쥔의 주장에 직접적으로 감화를 받은 것은 아닐지라도 말이다.[5] 최근 중국 제품들의 포장과 디자인, 제품 완성도가 과거에 비해 크게 개선된 것은 그 결과라고도 할 수 있다. 샤오미가 퍼뜨린 비즈니스 유전자가 중국 산업 각계에 널리 복제되고 있는 것이다.

레이쥔이 주장하는 신국화운동은 여전히 '가성비'에 집착한다는 비판도 있을 수 있지만, 과거보다 높은 수준에서의 가격-성능 균형을 추구하는 것이라는 점에서 주목할 만하다. 과거에는 중국 제품들이 낮은 품질과 성능에 대한 불만을 그보다 더 낮은 가격으로 무마했다면, 이제는 꽤 괜찮은 품질과 성능의 제품을 그리 비싸지 않은 가격에 제공함으로써 경쟁력을 갖게 된 것이다. 가격 대비 성능 비율, 즉 가성비를 높게 유지하는 지점이 달라진 것은 의미 있는 일이다.

샤오미의 배터리팩을 포함한 몇몇 제품들(〈사진 9-1〉 참조)은 한국 내에서 속칭 '대륙의 실수'(의외로 잘 만든 중국 제품을 지칭하는 속어)의 대표 상품으로 꼽혔다. 그리고 이젠 여러 산업 분야의 다양한 중국 기업 제품이 '대륙의 실수'라 불리고 있다. 이는 중국산 제품의 양호한 품질이 '실수'라 불릴

---

5   역시 '신국화운동'이라 부를 만한 또 다른 맥락의 흐름도 있다. 사라져가던 중국의 전통 브랜드를 민족적 자긍심과 복고풍 소비 속에서 되살려내는 것이 그것이다. 최근의 대표적인 사례로는, 1930년대 상해를 거점으로 태동하고 성장해 20세기 후반까지 중국 내에 널리 퍼졌다가 이후 거의 사라지다시피 했던 중국 국산 운동화 브랜드 '페이위에(飞跃)', '후이리(回力)'의 재기이다. 그들에 관해서는 '제품에 새로운 의미를 부여하는 디자인 혁신'을 논하는 제14장에서 좀 더 자세히 소개하기로 한다.

사진 9-1 **샤오미의 스마트 기기들**

주: 샤오미의 로고(좌측 상단)는 180도 회전하면 마음 '심(心)'자가 된다(좌측 상단 두 번째 그림 참조). 간단하면서도 세심한 로고 및 제품 디자인은 샤오미의 스마트폰 및 부속기기뿐 아니라 전동휠, 액션 카메라 등에도 적용되어 상당한 호응을 얻어내고 있다. 샤오미의 멀티탭 전기코드(우측 상단)는 깔끔한 디자인으로 해당 섹터를 선도하고 있는데, 그 디자인 감성은 애플의 창업자 스티브 잡스(Steve Jobs)의 디자인 감성을 이어받은 듯하지만, 애플이 생산한 적이 없는 제품인 만큼 그저 모방이라 할 수도 없으며 완전히 독창적인 것이라고도 할 수 없는 그 어떤 것이다. 중국의 '고도화된 모방'을 상징적으로 보여주는 제품이다.

자료: 샤오미 홈페이지(www.mi.com) 및 홍보자료 종합.

만큼 우연이나 예외적인 것이 아님을 반증하는 것이기도 하다.

　이와 관련해 주목할 만한 현상 중 하나는 '역모방(reverse imitation)'이다.[6] '대륙의 실수'가 잦아지고 '중국산 제품의 품질과 가성비가 좋다'는 평가가 널리 퍼지자, 여타 국가의 기업(주로 중소기업)들이 자신의 제품을 중국 기업의

6　흔히 혁신은 선진국에서 먼저 발생하고 추후 개발도상국에 확산되는 것으로 인식된다. 하지만 반드시 그런 것은 아니다. 개발도상국에서 먼저 혁신이 이뤄지고 그것이 추후 선진국에 도입·확산되는 경우도 있을 수 있다. 이를 특별히 '역혁신(reverse innovation)'이라 부른다. 개발도상국의 필요에 따라 이뤄진 검약식 혁신이 선진국에까지 확산되는 경우가 대표적이다. 반면, 모방은 선진국을 뒤에서 따라가는 개발도상국의 몫이라는 게 통념이다. 하지만 여기서도 그 반대가 있을 수 있다. 즉, 선진국이 개발도상국을 모방하는 것이다. 필자는 이를 '역모방'이라 부르고자 한다.

제품인 양 모방하는 현상까지 생겨난 것이다. 일부 한국의 중소기업들도 자신의 제품에 중국식 제품명을 달아, 비싼 유명 브랜드 제품 대신 가성비 좋은 중국 제품을 구매하고자 하는 소비자들의 관심을 끌고 있다. 모방자에게 영감을 얻어 그들을 재모방하는, 웃을 수만은 없는 풍속도가 한국에서도 그려지고 있는 것이다.

중국산 제품의 품질이 개선되었다는 사실이 곧 중국이 '모방'의 굴레를 벗어났다는 뜻은 아니다. 샤오미의 레이쥔은 처음부터 애플의 창업자 스티브 잡스를 모방했다. 심지어 신제품 시연장에도 스티브 잡스처럼 청바지에 운동화, 검은색 셔츠를 입고 나타났다. 뻔뻔한 따라 하기가 저열한 인상을 증폭시키기도 하지만 샤오미 사례에서 알 수 있듯 오늘날 중국의 모방은 낮은 수준의 복제가 아니다. 샤오미는 스티브 잡스의 디자인 감성을 그의 사후에, 그도 생전에 시도하지 않은 다양한 제품군에 적용하고 있다.

그 한 예가 샤오미의 멀티탭(〈사진 9-1〉의 우측 상단 참조)이다. 샤오미의 멀티탭은 한화 1만 원가량의 사소하다면 사소한 제품이지만, 종래의 제품들과는 확연히 다른 면모가 있다. 깔끔하고 세련된 디자인과 USB를 직접 꽂을 수 있는 기능적 배려가 그것이다. 샤오미가 공식적으로 인정할 리 없지만, 여기에는 애플사의 디자인이 녹아 있는 듯하다. 애플이 멀티탭을 만든 적은 없으므로 법정 다툼을 할 일도 없겠지만, 샤오미는 마치 애플이 멀티탭을 만들면 어떻게 만들 것인지를 상상한 듯 이런 제품을 내놓았다. 고도화된 모방의 한 단면이다.

샤오미의 창업 멤버들을 살펴봐도 그들이 단순 복제를 통해 얄팍한 이윤을 추구하던 '산자이'와는 다른 기업을 지향했음을 감지할 수 있다. 우선 레이쥔은 과거 진산(金山)이라는 백신 프로그램과 WPS라는 오피스 프로그램 등으로 중국 내에서 유명한 소프트웨어 개발회사인 킹소프트(Kingsoft)의 CEO였고, 훗날 아마존(Amazon)에 매각한 조요닷컴(Joyo.com, 卓越网)을 창립·운영했으며, 엔젤 투자자로서도 널리 활동했던 인물로 40대에 들어 샤오미를 창업했다. 공동 창업자인 린빈(林斌), 황장지(黃江吉), 홍펑(洪峰), 리완창(黎万强), 저우광핑(周光平) 등은 마이크로소프트, 구글, 모토로라 등 다국적 기업의 본사 및 중국 내 연구개발센터에서 경험을 쌓은 책임자급의 엔지니어들이었다(허옌, 2014; 은종학, 2015b). 또 다른 공동 창업자인 류더(刘德)는 아트 센터 칼리지 오브 디자인(Art Center College of Design) 출신의 산업디자이너로 샤오미가 스마트폰을 넘어 다양한 제품군을 아우르며 이른바 샤오미 생태계를 구축하는 데 있어 주도적인 역할을 맡았다. 이는 스티브 잡스가 조너선 아이브(Jonathan Ive)를 수석 디자이너 겸 부사장으로 가까이 두고 맥북과 아이팟, 아이폰, 아이패드 등 애플의 주요 제품의 기획을 이끌도록 했던 것(Isaacson, 2011; Kahney, 2013)을 연상시키기도 한다.

샤오미의 예를 보면 중국 기업은 여전히 모방을 하되 그 모방의 수준은 과거와 비교하여 크게 고도화되었다고 평가할 수 있다. 비록 모방이지만 단순 복제 단계에서 창의적 모방으로 진화했음을 알 수 있다. 그리고 그 모방의 고도화 과정에서 조직 학습과 기업 역량의 구축·강화가 이루어진 것으로 판단된다.

중국의 변화를 관찰함에 있어 '모방'과 '혁신'을 이분법적 잣대로 사용하는 것은 이상적이지 않다. 어떤 '모방'을 '혁신'이 아니라는 이유만으로 무시해 버리면 중국의 사다리 오르기를 제대로 관찰할 수 없기 때문이다. 지극히 엄밀한 잣대를 적용하면 인간의 문물 중 완전히 새로운 것이란 있을 수 없다. 일례로, 개발도상국의 자동차 생산 기업이 선진국 기업의 기존 모델을 모방하여 문제가 되곤 하지만, 선진국의 가장 독창적·선도적인 기업도 자동차 디자인에 있어 동물의 눈, 코, 입 등 자연이나 다른 인공물에서 영감을 얻어왔다. 즉, 그들을 모방해 왔던 것이다. 반대로, 중국의 모든 유의미한 성장과 고도화를 '혁신'이라는 말로 포장하고자 한다면 과장이 있을 수밖에 없다. 사실 그런 이분법적 사고가 우리 사회의 대중(對中) 인식을 혼란스럽게 해왔던 것이다.

비록 세계를 선도하는 최전방(frontier)에서의 혁신이 아니더라도, 중국의 적지 않은 기업들은 학습을 통해 역량을 쌓고 제품 품질을 개선하여 성장 사다리 중단을 지나고 있다.

5. 모방 시간의 단축과 가속적 일상용품화[7]

비록 '혁신'이라 부르기에 미흡한 경우에라도 중국 기업이 모방 단계에서 보여주는 성과 중 주목할 만한 것이 있다. 더 신속한 모방, 즉 '모방 시간의 단축'이 그것이다. 물론, 이것이 혁신으로의 질적 변환의 전조라고 보장할 수는 없다. 하지만 분명한 것은 중국 기업들이, 과거 혁신자들(innovators)이 누렸을, 그리고 현재의 혁신자들도 여전히 기대하는 '특별한 이윤을 누리는 달콤한 기간'을 단축시키고 있다는 사실이다. 다시 말해, 중국 기업들의 신속한 모방은 출시 시점에서 혁신적인 것으로 인정받았던 제품들을 빠르게 '일상용품화(commoditization)'한다.

물론 과거에도 혁신에 의해 창출된 새로운 영역에서 발생하는 이윤이 모두 혁신자에게 귀속되지는 않았다. 그 뒤를 따르는 모방자들이 그 전체 이윤의 상당 부분을 (혁신자는 원치 않았지만) 나눠 가졌다(Nordhaus, 2004; 센카, 2011). 그런데 최근 중국 기업들의 모방 시간 단축은 혁신가가 일회의 혁신

---

7   이 절은 필자가 2017년 한·일 중국전문가 학문대화에서 발표한 논문, 은종학, 「중국이 오른 성장사다리 中段에서의 다이나믹스: 모방과 혁신」(2017)의 내용을 일부 발췌·정리한 것이다.

으로 누릴 수 있는 기간과 이윤의 크기를 더욱 축소하여 또 다른 곳을 찾아 나서게 하는 압박으로 작용하고 있다.

중국 기업들의 그러한 압박은 사다리 상단에 위치한 선진 기업들로 하여 금 우선 더 높은 곳을 향해 움직이도록 한다. 즉, 더 높은 수준의 기술, 새로 운 산업 영역을 모색케 하는 것이다. 하지만 그 모색의 여지가 크지 않다고 느끼는 선진 기업들도 많다.

세계적으로도 알려져 있는 한국의 전자부품(디스플레이 패널, 스마트폰 부품) 제조 기업인 L사의 기획팀 A부장은 필자와의 인터뷰에서 다음과 같이 밝혔다. "우리 회사의 제품 중 일부는 세계 최고라 자부해 왔지만 요즘 중 국에 가보면 가격이 저렴하면서도 품질에 손색이 없는 제품들도 많다. 우 리가 그들보다 앞서 있다지만 우리 제품의 특성상, 기술적으로 더 고도화 할 만한 여지가 많지는 않다. 이제 그들과 같은 물에서 치열한 경쟁을 해야 할 것 같다."[8]

사실 L사와 유사한 처지에 있는 수많은 선진 기업들은 좁아진 사다리 위 쪽 공간을 모색하기보다, 비록 중국 기업들과 경쟁해야 하는 곳이지만 사 다리 아래쪽, 즉 중위시장에서 새로운 가능성을 모색하곤 한다. 중위시장 은 사다리를 타고 올라온 중국 기업들이 다수 포진하여 녹록지 않은 경쟁 이 예상되는 곳이기도 하지만,[9] 그 시장 공간 자체가 팽창하는 만큼 새롭게

---

8 필자의 인터뷰(2016.11.17).

9 일례로 오포(OPPO), 비보(Vivo) 등 중국의 후발 스마트폰 기업들은 일정 수준 이상의 제 품 품질과 완성도를 기반으로 각자의 개성을 추가하여 중위시장을 공략하고 있다. 오포 와 비보는 공히 부부가오(步步高, BBK, 1995년 설립)라는 중국의 소형 가전기기 제조업 체에서 떨어져 나온 일종의 자매 기업이다. 부부가오는 어학학습기, DVD 플레이어 등 가 전 메이저 기업들이 크게 관심을 두지 않던 가전 틈새시장에서 성장하며 중국 내에 오프 라인 판매망을 넓게 구축해 왔다. 오포와 비보는 그러한 배경을 공유하는 한편, 연구개발 및 디자인 부문을 강화하여 품질과 개성[여성 취향, 하이파이(Hifi) 음향 강화 등]을 살린

숨 쉴 공간이 만들어지는 곳이기도 하다. 과거 무조건 저렴한 것만을 찾던 중국 소비자들의 눈높이가 높아진 만큼, 가격이 다소 높더라도 품질이 좋은 제품을 찾는 이가 많아진 덕분이다.

앞서 소개한 한국 L사의 A부장도 "과거엔 조금 비싸다는 이유로 우리 제품에 관심을 갖는 고객층이 중국 내에 적었는데 이제는 가격만이 아닌 품질을 함께 보는 고객층이 두터워져 이른바 가성비 경쟁을 해야 하는 미래를 비관적으로만 보지는 않는다"라고 술회했다. 사다리 상단에서 누릴 수 있는 이윤 및 그 지속 기간이 축소됨과 더불어 대형 개발도상국들이 형성하는 중위시장의 팽창이 선진 기업들로 하여금 사다리 중단으로 내려와 중국 기업들과 경쟁을 벌이도록 유도하고 있는 것이다.

요컨대, 사다리 중단에 형성된 중위시장은 공급 측도 커지고 수요 측도 커졌다. 그렇게 불룩해진 사다리 중단에서 사다리를 타고 올라오는 중국 기업과 사다리 위쪽에서 내려오는 선진 기업들 간의 경쟁이 벌어지고 있다. 브란트와 선(Brandt and Thun, 2010)의 표현을 빌리자면, "중위시장을 둘러싼 전투(fight for the middle)"가 벌어지고 있는 것이다.

6. '판을 뒤엎는 혁신'의 가능성과 조건

사다리 중단에 올라간 기업들의 전형적인 경쟁 수단은 '웬만한' 혹은 '괜찮은' 제품이다. 싼값으로만 경쟁하던 기존의 저열한 제품이 아닌 충분히 좋은, 최고의 제품은 아닐지라도 괜찮은, 이른바 '굿 이너프' 제품이다. 앞

중가(中價)의 스마트폰으로 중국 및 해외 개발도상국 시장을 공략했다.

서도 언급한 바와 같이, 중국 기업들은 다양한 학습 경로를 거쳐 역량을 쌓고 굿 이너프 제품을 시장에 내놓고 있다. 굿 이너프 제품은, 중국 기업들을 사다리 중단에 오르게 하고 또 그곳에 자리 잡게 하는 중요한 수단이었다.

더불어 굿 이너프 제품은 '판을 뒤엎는 혁신(disruptive innovation)'을 가능케 하는 (충분조건은 아니지만) 하나의 조건이라는 점에서 특별히 주목할 만하다. 다만, 한국의 언론·출판계에서는 'disruptive innovation'을 '파괴적 혁신'으로 자주 번역·소개했는데, '파괴'라는 단어의 강한 어감 때문인지 '혁신 중에서도 가장 강력한 혁신'으로 잘못 이해되거나 부정확하게 이해되고 있으므로 이 점은 짚고 넘어가야 할 듯하다.[10] 이를 위해 'disruptive innovation' 개념을 창안한 하버드 경영대학원의 클레이튼 크리스텐슨(Clayton Christensen) 교수의 설명을 옮겨본다.

크리스텐슨 교수에 따르면, 전형적인 'disruptive innovation'은 다음과 같은 수순을 밟아 발생한다. 먼저, 시장에서 주류를 형성하고 있는 기존 제품에 비해 기술적으로 더 열등하지만 제 나름의 경쟁력(예컨대, 낮은 가격)을 가진 새로운 제품이 비주류 대체품 시장, 혹은 시장 중·하단에 진입한다. 이후 기술 개선을 거쳐 고객이 느끼기에 충분히 괜찮은, 즉 '굿 이너프'한 제품으로 진화한다. 비록 기존의 주류 제품이 여전히 기술적으로 더 우월하다 하더라도 고객들은 어느 시점부터인가 그 추가적인 기술적 우위가 굳이 필요치 않다고 느낄 수 있다. 그 경우 시장의 판도는 중·하단에서 진입하여 굿 이너프하게 진화한 새로운 제품으로 기울어질 수 있다. 한편, 기존 시장의 주류 기업들은 자신이 보유한 기술보다 열등한 기술을 구사하는 이들의 기술 개선 노력에 별반 주의를 기울이지 않는다. 따라서 열등했던 기

---

10 중국에서는 'disruptive innovation'을 '전복성 창신(顚覆性 創新)'으로 번역하는데, 그들의 번역이 원뜻을 더 정확하게 살리고 있다고 볼 수 있다.

술이 상당한 진화를 이룰 때까지 그를 제대로 파악하거나 체득하지 못한다. 그런 상황 속에서 주류와 비주류의 구도가 뒤엎어질 수 있다는 것이다(Christensen, 1997; Wan, Williamson and Yin, 2015).[11]

위의 설명과 같은 원개념에 좀 더 부합하도록, 이 장에서 필자는 'disruptive innovation'을 '파괴적 혁신'이라는 말 대신 '판을 뒤엎는 혁신'으로 번역하길 제안한다.

크리스텐슨이 설명한 '판을 뒤엎는 혁신'의 경로를 감안할 때, 사다리 중단 혹은 중위시장에 진입한 중국 기업들 중 적어도 일부는 그러한 색다른 혁신의 주인공이 될 수 있다. 특히 그들이 사다리 중단에까지 오른 것이 나름의 독특한 기술이나 새로운 비즈니스 모델에 기초한 것이라면 그 가능성은 더욱 커진다.

물론 현재 사다리 중단에까지 이른 중국 기업들 중 얼마나 많은 수가 판을 뒤엎는 혁신을 이뤄낼지는 누구도 단언할 수 없다. 하지만 그러한 가능성이 존재함을 인식할 필요는 있다. 비유컨대, 현재 놓여 있는 나무 사다리 중간의 어느 한 귀퉁이에서 싹이 트고 자라 새로운 사다리 상단이 만들어질 수도 있는 것이다. 이러한 일이 실제 발생하기 전까지는 고요해 보일지라도 그 이면에 다이내믹스가 이미 작동하고 있을 수 있다.

크리스텐슨이 제기한 판을 뒤엎는 혁신의 가능성은 실제로 중국 독서계에서 뜨거운 호응을 얻었다. 사다리 하단과 중단을 거쳐온 중국 기업이 세계적인 선두 기업을 앞설 수 있는 가능성을 이론적으로 제기한 것이었기 때문이다.

---

11 기술의 진보는 프리미엄 제품의 성능을 불필요하게 고도화하는데, 실용적인 고객들은 그 추가 성능(performance overshoot)에 대해 추가 비용을 내려지 않기 때문에 더 저렴하고 굿 이너프한 제품을 선호할 수 있다.

앞서 교판·원판기업 논의에서 언급했던 '중과합성유'도 판을 뒤엎는 혁신의 후보라는 관점에서 주목해 볼 수 있다. 중과합성유는 중국과학원 산서 메탄화학연구소에서 태동한 기업으로, 중국에 풍부하게 매장되어 있는 석탄을 액체연료화하는 기술을 개발·상업화하고 있다. 여타 선진 기업들이 석유 및 셰일가스 탐사와 채굴방법을 혁신하고 신재생에너지 관련 기술을 개발하는 것과는 다른, 다시 말해 선진국이 크게 관심을 두지 않은 기술 개발 경로를 걷고 있는 것이다. 그 속에서 중과합성유는 최근까지도 석탄액화 분야의 연구성과를 국제 학술지에 다수 게재하고 특허 등록을 늘려왔다.

그 밖에, 판을 뒤엎는 혁신의 사례를 중국 내에서 탐구하는 학자들이 주목한 또 다른 사례는 중국의 'e-바이크(e-bike)' 산업이다(Ruan et al., 2013; Hang Chen and Subramian, 2010). e-바이크는 전동 스쿠터를 중심으로 전기 자전거와 전기 오토바이를 아우르는 것으로 전통적인 페달식 자전거와 휘발유 오토바이의 영역을 잠식하는 신상품군이다.

실제로 중국의 e-바이크 업계는 판을 뒤엎는 혁신이라 할 만한 조건들을 어느 정도 갖춰왔다. 첫째, 중국 내의 전통적인 오토바이·자전거 메이커들이 크게 관심을 기울이지 않던 모터기술[예컨대, BLDC 모터(Brushless Direct Current Motor)]을 새로운 부류의 e-바이크 기업들[야디(雅迪, Yadea), 아이마((爱玛, Aima), 신르(新日, Sunra), 뤼위안(绿源, Luyuan), 리마(立马, Lima), 샤오뉴(小牛, Xiaoniu) 등]이 지속적으로 개선하고 활용하여 e-바이크라는 새로운 섹터를 키워냈다.[12] 둘째, 중국 내 e-바이크 판매량이 2005년 전통적인 오토바이를 추월했고, 2010년에는 중국의 e-바이크 생산 및 판매가 전 세계

---

12 그렇다고 중국의 e-바이크 기업들이 자전거 및 오토바이 산업과 전혀 무관한 곳에서 태어나고 자란 것은 아니었다. 그들 중 다수는 기존의 자전거 및 오토바이 제조업체에 부품을 제조·공급했고 그 과정에서 쌓은 경험과 노하우를 바탕으로 새로운 섹터를 개척했다.

시장의 90% 이상을 차지(Ruan et al., 2013: 55)할 정도로 압도적인 비중을 갖게 되었다. 요컨대 비주류의 기업들이 평범해 보이는 기술을 개진(改進)하여 판을 뒤엎은 것이다.

그러나 중국 e-바이크 기업들이 이뤄낸 성과를 '기술(technology)' 중심으로 평가하는 것은 다소 과장의 소지가 있다. 그들의 '굿 이너프' 제품이 시장에서 폭넓은 호응을 얻은 것은 사실이지만, 그들이 여타 기업의 추격을 불허할 만큼의 기술적 격차를 벌린 것은 아니기 때문이다. 사실 그들의 모터 및 배터리 기술은 전기 스쿠터 및 오토바이 시장 공략을 준비 중인 미국의 할리 데이비슨(Harley-Davidson), 독일의 BMW, 일본의 야마하(Yamaha) 등 글로벌 메이커에 비해 많이 뒤떨어지는 것으로 평가된다.

영국의 경제전문지 ≪이코노미스트(The Economist)≫는 "판을 뒤엎는 혁신의 주체는 당초 크리스텐슨이 예견한 (개발도상국의 여러 기업들이 해당될) 비주류의 기업이기보다는 다른 산업의 선진 기업들일 가능성이 더 크다"라고 설득력 있게 지적한 바 있다(The Economist, 2015.11.28). 디지털화, 기술의 융·복합화로 산업의 경계가 허물어지면서, 구글, 페이스북, 애플 등 새로운 주자들이 여타 전통 산업(예컨대, 전자기기, 자동차 산업) 분야로 넘어와 그 판을 뒤엎는 현상이 대표적이라는 것이다. 그렇게 볼 때, 사다리 중단을 타고 오르는 중국 후발 기업들의 미래는 크리스텐슨이 그려준 것보다 어두울 수 있다.

그리고 중국 e-바이크 산업의 성장에는 '제도'와 '정책'이라는 비기술적 요인이 큰 역할을 했음을 인식할 필요가 있다. 1990년대 후반, 당시 심각했던 배기가스에 의한 대기오염을 완화하기 위해 중국 주요 도시들이 오토바이의 도심 진입을 금지하는 제도적 조치를 잇달아 내놓았는데 이것이 e-바이크라는 대체재의 성장 환경을 조성했다. 더 근본적으로는 중국 전역에 조성되어 있던 (e-바이크가 다닐 수 있는) 자전거 전용차선이라는 독보적인 제도적 인프라가 e-바이크의 급속한 팽창을 가능하게 했다.[13] 여타 국가 대비 중국의 e-바이크 산업 규모가 급격히 커질 수 있었던 이유는 바로 이러한 제도적 유산과 정책 덕분이었다고 할 수 있다.

한편 2010년 이후 중국의 e-바이크 산업의 팽창은 둔화되었는데 그 또한 제도와 정책의 간섭이 주효했다. e-바이크 산업의 둔화는 빠른 속도로 질주하는 e-바이크로 인한 교통사고가 증가하자 정부가 e-바이크의 자전거 전용차선 통행을 제한한 것이 직접적인 원인이었다. 더불어 승용차가 중국 도로의 주된 교통수단으로 자리 잡으면서 기존의 자전거 자체가 e-바이크와 함께 사라지기 시작한 것도 e-바이크의 팽창을 제한한 원인이 되었다.

추가로, e-바이크 업계에 혜성처럼 등장했던 '샤오뉴(小牛)' 사례는 기업의 성장과 혁신 가도에 비기술적 요인이 결정적으로 작용할 수 있음을 상기시킨다. 샤오미와 이름도, 창업 멤버 구성 및 비즈니스 방식도 비슷한 샤오뉴는 2015년 리이난(李一男)이 창업한 니우디엔(牛电)과기유한공사가 출시한 전동 스쿠터의 상품명이다. 리이난은 15세에 호북성 소재 명문 화중과기대학에 입학하고, 26세에 중국 최고의 기술 기업이자 통신설비 부문에서 세계 최대의 기업인 화웨이의 부총재까지 역임한 영재 엔지니어이다. 그런 그가 또 다른 엔지니어와 디자이너들을 창업 파트너로 끌어들여 개발·출시한 샤오뉴는 기존의 특별할 것 없던 전동 스쿠터와 달리 세련된 외양과 스마트한 기능(스마트폰과 연계, GPS 위성추적 도난방지장치 등)을 갖춰 중국 젊은 층의 큰 호응을 얻었다. 하지만 리이난이 주식 내부거래 혐의로

---

13 중국의 웬만한 차로 변에는 '자전거 전용차선'이 마련되어 있다. 10여 년 전만 해도 중국은 '자전거 왕국'이라 불릴 정도로 자전거가 주된 교통수단이었다. 그것은 (승용차를 타기엔 미흡한) 소득수준 때문만이 아니라, 직장 주변에 거주지가 배정되는 과거 계획경제 시절의 이른바 '단웨이' 체제와 밀접한 관련이 있다. 모두가 직장 주변에 주택을 배정받아 살던 그 시절의 단거리 출퇴근에는 자전거만 한 것이 없었던 것이다.

2017년, 2년 6개월의 징역형에 처해져 수감됨에 따라 기업의 성장 동력은 급작스럽게 타격을 받았다.

요컨대, '비주류가 부득이 선택한 차선의 기술이 주류가 가진 최선의 기술을 앞지른다'는 판을 뒤엎는 혁신의 전형이 중국 e-바이크 산업의 현실을 완전히 설명하지는 못한다.

물론 크리스텐슨도 최초 자신의 논리를 조금 완화하여 '기술' 이외의 요인을 통해서도, 예컨대 '비즈니스 모델(business model)'을 바꾸는 것을 통해서도 판을 뒤엎는 혁신이 일어날 수 있다고 했던 만큼(Christensen and Raynor, 2003), 중국 e-바이크 산업과 또 다른 산업들을 '판을 뒤엎는 혁신'의 후보 사례로 논의하는 것 자체가 부적절한 것은 아니다.

하지만 판을 뒤엎는 혁신의 사례로 회자되었고 '당장 열등한 기술이더라도 훗날 그것이 선진 기업을 앞설 수 있는 도구가 된다'는 담론으로 인해 중국을 기대에 부풀게 했던 중국 e-바이크 산업의 실제는, 오히려 '판'은 기술적 요인뿐만 아니라 비기술적 요인에 의해서도 만들어지고 또 훼손될 수 있다는 사실을 부각시킨다.[14]

---

14 앞서 소개한 중과합성유도 진정 판을 뒤엎는 혁신의 주체가 될 수 있는지 여부는 자체의 기술적 문제 해결 능력뿐 아니라, 경쟁하는 여타 에너지원의 상대 가격, 그리고 관련 제도와 정책에 의해서도 결정될 것이다.

제10장

사다리 상단 오르기 혹은 만들기

1. 사다리 상단(上段)

성장 사다리의 상단이란 가장 선도적인 기업들이 포진한 곳이다. 선도적인 기업들은 해당 산업 내에서 기능적·감성적 요구수준이 가장 높은 고객들을 상대할 것이며 그 대가로 높은 이윤을 누릴 가능성이 높다. 아직 높은 이윤이 실현되지 않았다 하더라도, 전에 없던 새로운 산업 영역을 개척하는 곳 역시 사다리 상단이다.

그런 사다리 상단에 중국 기업들이 등장하고 있다. 사다리 하단과 중단을 차근히 밟고 올라온 기업도 있고, 중간 진입하여 성장한 기업도 있으며, 해외의 선진 기업을 인수·합병하여 올라선 기업도 있다. 또한 새로이 생겨나는 이른바 신흥 산업에 중국 기업들이 선진국의 기업들과 큰 시차를 두지 않고 진입함으로써 그들과 함께 프런티어(frontier)를 개척하고도 있다. 특히 최근 빨라진 산업과 기술 지형의 변화가 사다리 중단까지 오르며 역량을 구축한 중국 기업들로 하여금 글로벌 프런티어에, 다시 말해 사다리 상단에 발을 디딜 기회를 더 많이 제공하고 있다.

〈그림 10-1〉은 이 장에서 논할 사다리 상단에서의 중국적 동학을, 앞선

그림 10-1 **사다리 상단·중단·하단의 동학**

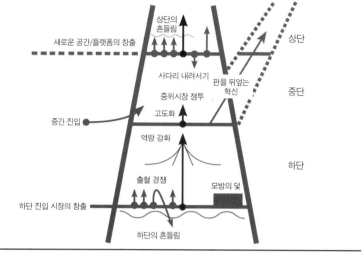

자료: 필자 작성.

장들에서 이미 살펴본 사다리 중단 및 하단의 이야기에 얹어서 완성한, 중국 성장 사다리에 대한 종합적인 이미지이다.

사다리 상단은 다른 영역보다 그 변화가 빠르고 그 양상이 복잡하다. 무엇보다 현재진행형이어서 그들을 기록하고 평가하기 어렵다. 그런 만큼 불완전하지만, 이 장에서는 사다리 상단과 그 인근에서 벌어지는 중국 기업과 산업의 주목할 만한 현상들을 포착해 보고자 한다.

2. M&A를 통한 점프

중국은 개혁개방 직후부터 해외직접투자(Foreign Direct Investment: FDI)를 받아들여 경제성장의 동력을 보충했다. 그들이 하는 투자와 고용, 수출이 중국 경제 전반에 기여한 것도 사실이지만, 좀 더 미시적인 차원에서 주목할 점은 해외직접투자라는 이름으로 진입한 외자 기업들을 통해 중국 기업이 '학습'을 할 수 있었다는 점이다. 물론 그에는 모방이라는 행위가 큰 비중을 차지했다. 하지만 앞서도 논의했듯, '모방의 덫'에 걸리지 않고 빠져나올 수 있었던 중국 기업들은 그러한 모방을 통해서도 기업 역량을 구축·강화할 수 있었다. 외자 기업이 중국 내 비즈니스의 효율을 높이기 위해 중국 측 파트너에게 적극적으로 기술 지도를 하는 경우도 없지 않았다.

그렇게 사다리 하단과 중단을 거쳐 올라온 중국 기업들 중 일부는 스스로 해외직접투자에 나섰다. 해외직접투자를 통해 해외 자본을 끌어오는, 이른바 '인진라이(引進來)' 외에, 국내 자본이 해외로 투자처를 찾아 나아가는 직접투자, 이른바 '쩌우추취(走出去, Going Global)'가 일어나기 시작한 것이다. 중국 당국도 국가전략 차원에서 쩌우추취를 적극 지원했다.

1990년대 말부터 당시 장쩌민 공산당 총서기가 다양한 자리에서 쩌우추취에 대해 공식적으로 언급하기 시작했다. 그리고 마침내 2002년 (장쩌민이 후진타오에게 권력을 이양한 때이기도 한) 중국공산당 제16차 당대회에서 '쩌우추취를 인진라이와 결합하는 것'을 국가전략으로 격상시켜 선포했다. 21세기 초입에 정립된 중국의 쩌우추취는 장쩌민에서 후진타오로 이어지며 본격화된 정책이라 할 수 있다.

쩌우추취의 주된 목표는 ① 중국의 성장에 필요한 자원을 해외에서 확보하거나, ② 해외에 거점을 마련해 수출을 촉진하거나, ③ 해외 선진 기업이 갖고 있는 기술과 브랜드를 사들이는 것이었다. 특히 마지막 목표는 중국 기업들이 성장 사다리의 상단에 발을 올리기 위한 것으로, 구체적인 수단은 '인수·합병(Merger & Acquisition: M&A)'이었다. 그런 흐름의 비교적 초기에 대규모로 이뤄진 중국 기업의 해외 M&A 사례는 중국과학원 컴퓨터연구소에서 발원한 컴퓨터 제조 기업 레노보가 2005년 IBM의 퍼스널 컴퓨터 부문을 17억 5000만 달러에 인수한 것이었다. 그리고 10여 년이 지난 2017년에는 중국의 국유 화학 기업 중국화공(中國化工, ChemChina)그룹이 스위스의 세계적인 종자 기업 신젠타(Syngenta)를 430억 달러라는 거액(당시까지 중국 기업의 해외 M&A 중 가장 큰 규모의 거래)에 인수하면서 농업 분야에서의 '중국굴기(中國崛起)'를 세계가 체감케 했다.

그 밖에도 여러 산업에 걸쳐 주목할 만한 중국 기업의 해외 M&A 사례들이 있다. 중국 건설장비 산업의 대표 주자인 싼이중공(三一重工)도 그중 하나이다. 싼이중공은 1990년대 초반까지는 저가·저부가가치 제품 영역에서 벗어나지 못하다가, 1995년 기계공업부 산하 기계공업자동화연구소의 이샤오강(易小剛) 박사를 기술책임자로 영입하여 기술 역량 강화의 길을 걷기 시작했다. 이후 중국 경제의 고도성장과 건설 수요 증가에 수혜를 입으며 성장한 싼이중공은 2011년 드디어 중국 내 굴삭기 시장에서 다국적 브랜드들을 모두 물리치고 판매 1위를 달성했다. 그렇게 자체 노력과 국내 연구기관의 역량을 흡수하여 질적 개선과 양적 팽창을 달성한 싼이중공은 2012년 세계 최대의 콘크리트기계 제조업체인 독일의 푸츠마이스터(Putzmeister)를 완전히 인수했다.

독일의 푸츠마이스터는 카를 슐레히트(Karl Schlecht)가 1958년 설립한 가족 기업이다. 2010년대에 유럽은 재정위기와 경기위축이 심화되었고, 싼이중공 등 중국 기업의 규모 및 기술력 성장으로 인해 유럽 전통 기업의 이윤 공간이 축소된 상황이었다. 당시 80세에 가까워진 슐레이트 회장은 후계자를 찾지 못하고 있었고, 그러던 차에 중국의 싼이중공에 기업을 매각하기로 결정했다(何真臨, 2013; 孫春艶, 2015).

중국 디스플레이 산업의 대표주자인 BOE(京東方)도 2003년 한국 현대그룹 산하의 하이디스(Hydis)를 인수하여 도약의 발판을 마련했다. 하이디스 인수 이전인 1990년대 초중반에 BOE는 일본, 대만 등의 디스플레이 선진 기업들과 조인트벤처를 설립, 어깨너머로 기술학습을 해왔고, 1990년대 말에는 독자적으로 디스플레이 개발을 추진하기도 했다. 하지만 그러한 노력만으로 도달하기 힘들어 보였던 수준에 하이디스 인수라는 국제적 M&A를 통해 일거에 올라서게 되었다.

중국의 일부 오토바이 기업들도 해외 M&A를 통해 기술과 브랜드를 확보하고 있다. 중경의 신위안(鑫源)은 BMW가 인수했던 과거 세계 2위의 산악 오토바이 생산 기업인 허스크바나(Husqvarna)의 이탈리아 내 공장 설비와 제품 모델을 2014년 2500만 유로에 재인수했다. 하지만 '허스크바나'라는 브랜드는 산악 오토바이 분야 세계 1위의 KTM에 따로 매각되었고, 신위안은 브랜드의 부재를 극복하기 위해 1984년에 문을 닫은 당시 유럽 3위의 브랜드인 SWM을 사들여 유럽의 공장, 기술, 브랜드를 조합해 레저 오토바이 분야에서 선두권 도약을 도모했다(≪重庆商报≫, 2014.11.12).

1998년 신강풍력에너지연구소(新疆风能研究所)가 설립한 원판기업으로부터 시작하여 현재 중국 풍력발전설비 산업의 대표 주자가 된 진펑(金风, Goldwind)과기주식회사는 설립 초기에 독일 기술을 수입하여 풍력 터빈을 생산했으며, 2004년부터는 영구자석을 활용한 직렬 추동형 풍력 터빈을 세계 최초로 개발한 회사 중 하나인 독일의 벤시스(Vensys)와의 연합 설계로 풍력 터빈을 생산하기 시작했다.[1] 그리고 2008년에는 벤시스의 지분 70%를 인수하여 이 분야의 기술을 확보하기에 이른다(娄样, 2014).

진펑-벤시스 M&A와 관련하여 한 가지 특기할 만한 사실은, 벤시스는

---

[1] 남과 스타인펠드(Nahm and Steinfeld, 2014)에 따르면, 중국은 독일의 기술을 라이선스 받아 풍력 터빈에 들어가는 팬(fan)을 생산하고 있었는데, 중국 측이 자국의 수요 특성에 비춰 그 생산비를 낮추기 위한 새로운 설계를 시도해 성공함으로써 독일에 거꾸로 라이선스(reverse licensing)를 주는 일도 있었다.

설계 중심 기업으로 인수 당시 직원 수가 40명 정도의 중소 규모 기업이었다는 점이다. 이는 세계적 수준의 기술을 보유한 기업이 대형 기업에 국한되지 않는다는 점을 보여주는 것임과 동시에, 그러한 기술 중심의 중소기업에 대해 대규모 생산 기반과 시장을 갖춘 중국 기업들은 상당한 협상력을 가지고 협력과 연계, 통합을 추진하고 있음을 보여준다(杜德斌·赵剑波, 2014).

3. 중국 기업의 해외 M&A 배경과 한계

해외 선진 기업을 M&A하기 위해서는 상당한 자본을 축적해야 하는 경우가 많아 그를 통한 사다리 오르기가 개발도상국의 전형적인 경로라고 보기는 어렵다. 물론, 과거 일본이나 한국도 개발도상국 단계에서 서구 선진 기업들을 간헐적으로 인수합병하곤 했다. 하지만 21세기의 중국 기업들은 그보다 더 광범위하게 해외 M&A에 나섰다고 볼 수 있다. 여기에는 중국적 상황과 시대적 맥락이 함께 작용했다.

적은 마진의 중저가 제품을 주력으로 삼아왔지만 거대한 자국시장을 기반으로 상당한 자본을 축적한 중국 기업들이 등장했던 것이다. 더불어 중국 기업의 추격이 대세로 굳어지고 기존 선진 기업의 이윤 공간이 지속적으로 축소되는 상황(사다리 중단에서 벌어지는 일들 참조)에서 중국은 M&A 협상에서 유리한 고지를 차지하며 대규모 자금을 들이지 않고도 계약을 성사시켰다. 특히 2008년 미국의 금융위기, 2012년 유럽의 재정위기가 퍼뜨린 세계적인 경기 침체로 인해 선진국(특히 유럽)의 전통 제조업 기업 중 많은 수가 경영난을 겪으면서 새로운 주인을 찾아야 했다. 실제로 중국 기업의 총 M&A 건수는 2003~2007년 778건, 2008~2012년 1454건, 2013~2017년

1979건으로 가파르게 증가했다. 지역별로는 아시아 기업에 대한 중국의 M&A 비중이 2003~2007년 59%에서 2013~2017년 37%로 낮아진 반면, 유럽 기업에 대한 중국의 M&A 비중은 15%에서 33%로 증가했다(남대엽, 2018.3.15).[2] 그런 선진국의 기업주들은 중국의 새 주인에게 지분을 넘기면서도 중국의 생산기반과 거대 시장이 자신들의 오랜 브랜드를 대신 지켜주리라는 희망을 품기도 했다.

해외 M&A가 중국 기업들을 마침내 '사다리 상단'에 안착시키고 그 성장의 경로를 완성한 마지막 한 수였다고 볼 수는 없다. 사실 해외 M&A는 모방 단계에서 스스로 벗어날 수 없었던 중국 기업들, 다국적 기업의 브랜드 파워 등으로 사다리를 더 올라갈 수 없게 하는 '유리천장(glass ceiling)'에 부닥친 중국 기업들의 모험인 경우도 적지 않았다. 심지어 중국의 일부 기업주들은 해외 M&A를 자산의 해외 도피 수단으로 활용했다. 선진국의 기업을 인수하여 해외 자회사로 두고 그에 두둑이 자금을 불려준 다음 중국 기업주 자신이나 그의 자식들이 해당 선진국으로 이주하여 살 수 있는 기반을 닦아놓았던 것이다. 후자의 경우는 물론 전자의 경우에도 다수는 M&A를 통해 명목상 획득한 외부의 역량을 기존의 조직에 제대로 체화시키지 못했다.

실제로 중국 기업들은 스스로의 경영 능력이 미흡하여 M&A한 해외 선진 기업의 경영에 간여하는 정도를 크게 낮춘 이른바 '소프트 터치 접근법(soft touch approach)'을 택하곤 했다. 그것은 당장은 현명한 선택일 수 있어도 중국 기업들이 과연 프런티어에서 마주해야 하는 불확실성을 스스로의

---

2   한편, 중국의 한국 기업 M&A는 2003~2007년 24건에서 2013~2017년 100건으로 4배 이상 증가했다. 2013~2017년 중국의 M&A 대상이 된 한국 기업은 하이테크 기업이 22%로 가장 많았고, 미디어·엔터테인먼트 19%, 금융 9%, 소재 8%, 헬스케어 6%순이었다(남대엽, 2018).

창의성과 실력으로 헤쳐나갈 수 있을지는 아직 더 관찰의 시간이 필요함을 시사하는 것이기도 하다.[3]

더욱이 최근에는 중국의 해외 M&A를 경계하는 미국의 견제가 (특히 트럼프 대통령 취임 이후) 크게 강화되어, 해외 M&A를 중국이 사다리 상단에 오르는 손쉬운 수단으로 활용할 수 없게 되었다.[4] 실제로 미국 외국인투자심의위원회(Committee on Foreign Investment in the United States: CFIUS)는 2017년 트럼프 대통령 취임 이후 1년 동안 중국계 기업의 미국 기업 M&A 시도를 12차례 저지했다(같은 기간 중 승인된 것은 6건이다).[5] 이는 2016년에 4차례 저지했던 것에 비해 크게 늘어난 수치이다(같은 기간 중 승인된 것은 22건이다). 미국 트럼프 대통령은 또 2018년 10월 '국방수권법(National Defense Authorization Act)'을 발효시켜, 외국인 투자가 국가안보에 위협이 되는지를 심사하는 CFIUS의 권한을 더욱 강화하기로 했다.[6]

중국의 해외 M&A에 대한 미국 등 선진국의 직접적인 견제와 더불어, 자본 유출과 외환보유고 감소를 우려하는 중국 당국 스스로의 자제로 중국 기업의 해외 M&A는 급팽창의 시대를 뒤로하게 될 것으로 보인다.

---

3   '소프트 터치' 전략을 성공적으로 활용해 M&A한 외국 기업의 기술과 경영 노하우를 본격적으로 흡수하는 단계로 진화한 예는, 볼보를 인수한 중국 민영 자동차 회사 지리에서 찾아볼 수 있다(「보론 B」 참조).

4   2018년 상반기 중국의 미국 기업 M&A는 총 16억 달러로 전년 동기 대비 79.1%나 감소했다. 다만, 유럽 기업에 대한 M&A는 여전히 늘어 전년 동기 대비 13%의 상승세를 보였다.

5   대표적인 사례는, 싱가포르의 브로드컴(Broadcom)이 미국의 퀄컴(Qualcomm)을 인수하려는 것을 저지한 것이다. CFIUS는 퀄컴의 5세대 이동통신 기술이 브로드컴의 고객사인 중국 화웨이에 넘어갈 것을 우려한 것으로 알려졌다.

6   종전에는 외국 측이 지배 지분을 갖게 되는 투자 건만 심사하던 것을 주요 인프라나 기술 기업에 대한 투자의 경우 지분율에 상관없이 심사할 수 있도록 하는 등 조사 대상을 크게 확대한 것이다(김현석·강동균, 2018.6.19; 유승호, 2018.8.15).

4. 자체 연구개발을 통한 기술 역량의 제고

기업이 사다리 상단에 오르는 가장 교과서적인 방법은 자체 연구개발(R&D)을 강화하여 남보다 강한 기술 역량을 구축하는 것이다. 중국에도 그런 기업들이 있으며, 그들 중 가장 두드러진 성과를 보인 기업은 거의 논란의 여지없이 '화웨이'이다.

화웨이는 중국 기업들 중 R&D 지출규모가 가장 큰 기업일 뿐 아니라 세계적으로도 최상위권에 속한(2018년 기준, 세계 5위) 기업이라 할 수 있다. 〈표 10-1〉은 2018년 기준 R&D 지출이 가장 큰 중국 기업 50곳의 명단이다. 이를 보면 화웨이의 위상이 독보적임을 재차 확인할 수 있다. 그에 이어 중국의 대표적인 인터넷 기업인 알리바바, 텐센트, 바이두 등이 상위권에 자리매김하고 있다. 그 아래에는 석유화학, 전력, 토목건축, 철강 등 에너지 및 인프라 관련 대형 국유 기업들, 세계적인 규모로 성장한 중국의 컴퓨터·가전·디스플레이 기업들, 반도체 파운드리(foundry, 반도체 설계를 스스로 하지 않고 타사의 위탁을 받아 반도체를 생산하는 기업), 전기 자동차 기업으로 변신을 도모하는 중국 내 자동차 기업 등이 눈에 띈다.

화웨이는 1987년 런정페이(任正非)가 심천에 설립한 통신설비 제조회사이다. 그보다 약 10년 전 런정페이는 개혁개방의 기치를 올리던 덩샤오핑이 '전국과학대회'(1978년 3월 개최)에서 "과학기술이 제1의 생산력(科学技术是第一生产力)"이라고 힘주어 말하던 연설을 현장에서 듣고 있던 청중 중한 명이었다. 당시 런정페이는 엔지니어로서 중국인민해방군에 입대, 군대 내의 연구소에서 일하고 있었으며, 기술 개발 성과를 인정받아 그 자리에 초청된 것으로 알려져 있다(Zhang and Alon, 2009).

런정페이가 1982년 군을 제대한 후 한동안의 준비 기간을 거쳐 설립한 (적어도 명목상) 사영 기업 화웨이는 처음엔 전화교환기(PBX)를 만드는 홍콩

표 10-1 R&D 지출액 상위 1~50위 중국 기업(2018년 기준)

R&D 지출액 규모 기준		기업명	R&D 집중도
국내 순위	세계 순위		
1	5	华为(HUAWEI)	14.7%
2	51	阿里巴巴(ALIBABA GROUP)	9.1%
3	61	腾讯(TENCENT)	7.3%
4	76	中兴(ZTE)	12.9%
5	81	百度(BAIDU)	15.3%
6	86	中国建筑(CHINA STATE CONSTRUCTION ENGINEERING)	1.2%
7	88	中国石油(PETROCHINA)	0.6%
8	130	携程(CTRIP.COM)	30.8%
9	143	联想集团(LENOVO)	2.6%
10	144	中国电建(POWER CONSTRUCTION CORPORATION OF CHINA)	2.9%
11	166	中国石化(CHINA PETROLEUM & CHEMICALS)	0.3%
12	182	比亚迪(BYD)	5.8%
13	200	中冶(METALLURGICAL OF CHINA)	2.2%
14	219	招商银行(CHINA MERCHANTS BANK)	2.1%
15	222	TCL	4.3%
16	224	上海建工(SHANGHAI CONSTRUCTION)	3.3%
17	226	青岛海尔(QINGDAO HAIER)	2.9%
18	235	网易(NETEASE)	8.1%
19	237	东风汽车(DONGFENG MOTOR)	3.4%
20	251	宝钢(BAOSHAN IRON & STEEL)	1.4%
21	271	中国能建(CHINA ENERGY ENGINEERING)	1.5%
22	281	吉利汽车(GEELY AUTOMOBILE)	3.6%
23	282	长城汽车(GREAT WALL MOTOR)	3.5%
24	290	长安汽车(CHONGOING CHANGAN)	4.3%
25	303	中船重工(CHINA SHIPBUILDING)	8.1%
26	308	上海电气(SHANGHAI ELECTRIC)	3.8%
27	327	中芯国际(SEMICONDUCTOR MANUFACTURING, SMIC))	13.8%
28	359	京东方(BOE)	2.7%
29	374	福田汽车(BEIQI FOTON MOTOR)	4.9%
30	410	烽火科技(FIBERHOME TELECOM)	10.3%
31	429	江铃汽车(JIANGLING MOTORS)	6.8%
32	430	河钢(HESTEEL)	1.9%
33	442	江淮汽车(ANHUI JIANGHUAI AUTOMOBILE)	4.3%
34	444	均胜电子(NINGBO JOYSON ELECTRONIC)	7.5%
35	456	三一重工(SANY HEAVY INDUSTRY)	5.1%
36	457	太钢不锈(SHANXI TAIGANG STAINLESS STEEL)	2.8%
37	464	乐视(LESHI)	26.6%

| R&D 지출액 규모 기준 | | 기업명 | R&D 집중도 |
국내 순위	세계 순위		
38	465	中航科工(AVICHINA INDUSTRY & TECHNOLOGY)	5.7%
39	475	中国化学(CHINA NATIONAL CHEMICAL ENGINEERING)	3.1%
40	478	特变电工(TEBIAN ELECTRIC APPARATUS STOCK)	4.9%
41	482	大华(ZHEJIANG DAHUA TECHNOLOGY)	9.8%
42	484	创科集团(TECHTRONIC INDUSTRIES)	4.5%
43	488	欧菲科技(O FILM TECH)	5.2%
44	494	新浪(SINA)	16.9%
45	496	中海油(CNOOC)	0.9%
46	497	百济神州(BEIGENE)	111.8%
47	501	中国葛洲坝(CHINA GEZHOUBA)	1.6%
48	525	艾派克微电子(APEX TECHNOLOGY)	8.0%
49	535	中国生物制药(SINO BIOPHARMACEUTICAL)	10.9%
50	537	国电南瑞(NARI TECHNOLOGY DEVELOPMENT LIMITED)	6.7%

주: R&D 집중도(%)=R&D 지출액/매출액x100. 위 도표에서 R&D 집중도가 가장 크게 나타난 바이지선저우(百济神州, BEIGENE)(46위)는 신약을 연구개발하는 생명과학 기업이다.

자료: ≪简书≫(2019.1.7)에서 필자 재계산(대만 기업 제외).

기업 제품의 판매 대리를 맡았다.[7] 하지만 이내 연구개발에 나서 독자적인 PBX를 개발하고, 1993년에는 C&C09라는 디지털 전화교환기를 선보였다. 당시 중국 교환기 시장은 지멘스(Siemens)와 알카텔(Alcatel) 등 다국적 기업이 장악하고 있었다. 그에 런정페이의 화웨이는 '농촌에서 도시를 포위하는' 마오쩌둥식 전략으로 자국 농촌의 교환기 시장으로부터 시장 점유율을 높여갔다(1990년대 중반 화웨이 매출의 대부분은 농촌에서 발생했다). 그렇게 자국의 시장 점유율을 높여간 화웨이는 1990년대 말 금융위기를 맞은 동남아

7　화웨이는 주식시장에 상장되지 않은 일종의 종업원 지주제 회사이며 창업주인 런정페이는 그중 1%대의 지분만을 보유하고 있는 것으로 알려져 있다. 하지만 동시에, 화웨이에 대한 실질적 영향력을 중국 공산당과 정부가 행사하는 것 아니냐는 국제적 의혹은 끊이지 않고 있다.

시아 개발도상국들에 교환기를 저가에 공급하면서 국제 시장 점유율도 높이기 시작했다.

2000년대 들어 화웨이는 미국 등 선진국에 본격 진출하며 매출액의 10% 이상을 R&D에 쏟아부었다.[8] 화웨이는 중국 내 주요 도시(심천, 북경, 상해, 남경, 서안, 성도, 항주, 중경, 무한 등)는 물론, 미국, 유럽, 일본, 러시아, 인도, 싱가포르 등 여러 나라에 16개의 연구소를 두고 R&D를 수행하고 있다(华为技术有限公司, https://www.huawei.com/cn/).

그와 같은 기술 역량 강화에 힘입어 화웨이는 2012년 에릭슨(Ericsson)을 추월해 세계 최대의 통신설비 제조 기업이 되었다. IHS 통계에 따르면 2018년 세계 통신장비 시장 점유율에서 화웨이는 31%로 1위이며, 그 뒤를 에릭슨(27%), 노키아(22%), ZTE(11%), 삼성전자(5%)가 잇고 있다.

한편 그와 같은 화웨이의 급성장에 또 다른 힘이 작동한 것은 아닌가 하는 의심도 남아 있다. 군 엔지니어 출신의 런정페이의 개인 경력이나, 초기 중국 농촌 각지의 교환기 시장을 국유 기업도 아닌 사영 기업인 화웨이가 빠르게 개척했다는 사실 등으로부터 화웨이의 성장 이면에 중국 군부나 정부의 유·무형의 지원이 있었으리라는 의심이 제기되고 있다. 이는 미국 의회에서도 언급된 문제이고, 미국을 포함한 서구 국가들이 보안에 민감한 통신설비를 중국 화웨이에 맡기길 꺼리는 이유이기도 하다.

그럼에도 화웨이의 성장에 탄탄한 기술력이 핵심적인 역할을 했음은 자명하다. 화웨이는 일찌감치 중국 기업 중 PCT(patent cooperation treaty)를 통한 국제특허 출원이 가장 많은 기업이 되었을 뿐 아니라,[9] 2017년과 2019

---

8 2017년 기준, 제조업 분야 매출액 2000만 위안 이상의 중대형 중국 기업의 매출액 대비 R&D 지출 비중은 1.14%이다(国家统计局, 2018). 이에 비하면 화웨이의 R&D 투자 강도가 매우 높음을 알 수 있다.

년에는 인텔(Intel), 미쓰비시(Mitsubishi), 퀄컴 등 세계 유수 기업들을 누르고 전 세계에서 국제특허 출원이 가장 많은 기업이 되었다(WIPO, 2018, 2020). 이동통신 기술이 5세대(5G)로 진화하고 있는 가운데 2017년 화웨이의 관련 분야 R&D 지출 규모는 에릭슨, 노키아 등 경쟁 기업에 비해 2.5배가량 많은 것으로 알려졌다(Morris, 2018).

또한 화웨이는 스마트폰 분야에서도 두각을 나타냈는데,[10] 중국 국내시장에서 1위를 굳힌 데 이어 2019년 전 세계 시장에서 점유율 17.6%를 기록, 애플을 제치고 삼성전자(21.8%)에 이어 세계 2위에 올랐다(구가인·조유리, 2020.5.23).

그러나 그렇게 첨단기술 영역에서 기염을 토한 화웨이는 미국 트럼프 대통령 취임 이후 강력한 도전에 직면했다. 중국의 추격과 추월을 경계하는 미국 트럼프 행정부가 사실상 중국의 대표 기업인 화웨이를 표적으로 삼아 제재조치를 잇달아 내놓았기 때문이다.[11] 미국 행정부는 2018년 8월, 국가 안보상의 이유로 미국 정부기관과 군대에 화웨이, ZTE 등 중국 기업의 통신장비 사용을 금지했다(김현석·주용석, 2019.5.16). 그리고 2019년 1월에는 미국 정부의 요청으로 캐나다가 화웨이의 최고재무책임자(CFO)이자 런정

---

9   중국 국내 특허 통계를 살펴보면, 2017년 기준 발명특허 출원이 가장 많은 기업은 국가전력망(国家电力网, 3622건)이었고 화웨이는 그에 이어 2위(3293건)를 차지했다(国家知识产权局, 2018).

10   화웨이는 신제품 P20에 카메라 명가 라이카(Leica)와 협력하여 세계 최초로 트리플 렌즈(광각, 망원, 흑백) 카메라를 장착하는 등 고급화를 선도하기도 했다.

11   그 여파로 2020년 3분기에 화웨이 스마트폰의 전 세계 시장 점유율은 14%로 급감하며 1위인 삼성전자(22%)와의 거리가 벌어졌다. 하지만 같은 시기, 또 다른 중국 스마트폰 브랜드 샤오미의 시장 점유율이 13%로 급증하고, 오포와 비보 또한 각각 8%의 시장 점유율을 지킴으로써 중국 스마트폰 산업의 역동성이 사라진 것은 아님을 보여주었다(IDC, 2020.10.29). 2020년 3분기의 성과를 1년 전과 비교해 보면 위에 언급한 중국 스마트폰 4대 브랜드의 전 세계 시장 점유율은 43%로 거의 동일하다.

페이의 친딸인 멍완저우(孟晚舟)를 이란 제재 합의 위반 등의 혐의로 체포·억류했다.[12]

뒤이어 미국 행정부는 화웨이를 미국 기업의 거래금지 대상에 올렸고 (2019년 5월), 미국산 장비 및 소프트웨어를 사용하는 세계 모든 반도체 제조업체에 화웨이에 반도체를 판매하려면 사전승인을 받도록 요구했다 (2020년 5월)(구가인·조유리, 2020.5.23). 5G 이동통신 기술에서도 세계 최고 수준의 기술을 가졌다고 자부하는 화웨이지만 그의 머리 위에 짙은 먹구름이 낀 것이다. 화웨이가 그러한 국제적 제약 속에서 중국 내의 자원과 내수시장, 그리고 제약이 덜한 제3세계 시장을 바탕으로 사다리 상단을 계속 지켜낼지는 앞으로 더 지켜봐야 할 일이다.

위에서 살펴본 바와 같이, 화웨이는 R&D에 집중하는 중국의 첨단기술 기업의 대표 격이다. 하지만 중국의 수많은 기업이 화웨이와 같다고 보기는 어렵다. 화웨이는 오히려 그 남다른 성과로 인해 중국 기업의 전형이기보다는 예외적 존재로까지 인식된다. 하지만 최근 수많은 중국 기업들도 R&D에 더 많은 노력을 기울이고 있다.

2020년 중국의 R&D 총지출 규모는 GDP 대비 2.40%로, 2006년의 1.39%에 비해 크게 증가했다.[13] 또한 그 지표의 수위는 비록 한국, 이스라엘, 일본,

---

12 멍완저우를 포함해 런정페이의 친자녀들은 이례적으로 외가의 성(姓)을 따라 멍(孟) 씨이다. 여기에는 고위 공산당 간부로 사천성 부성장까지 지낸 런정페이의 장인 멍둥보(孟东波)의 흔적이 남아 있다. 이러한 주변 정황과 런정페이의 중국 인민해방군 경력 등으로 인해, 화웨이는 순수한 사영 기업이 아닌 중국 정부의 물밑 지원을 받아 성장한 국가적 기업으로 인식되곤 한다.

13 참고로, GDP 대비 R&D 총지출 비율이 1%를 넘으면 해당 국가가 '지식 기반 경제'의 초입에 들어선 것으로 보고, 2%를 넘으면 지식 기반 경제가 본격화한 것으로 보는 게 일반적이다. 하지만 그 총량적 모습에 더해, 실제적인 R&D 주체가 누구인지(국내 기관·기업인지, 혹은 외국 기관·기업 등인지), R&D를 통해 창출되고 확산되는 신지식이 실질적으로

독일 등에 비해서는 낮지만, 영국, 캐나다, 이탈리아, 스페인보다는 높은 수준이며, 유럽연합 회원국 평균 수준보다 높고, 개발도상국 중에서는 가장 높다.

〈표 10-2〉는 중국의 제조업을 31개 분야로 세분한 뒤 그중 R&D 지출액 기준 상위 15개 분야의 R&D 지출액과 R&D 집중도(매출액 대비 R&D 지출 비중)를 정리한 것이다. 우선 'R&D 지출액' 기준으로는 화웨이가 속한 '컴퓨터·통신·전자설비 제조업'[2017년 기준, 약 2000억 위안(한화 34조원)]이 가장 두드러진다. 그 뒤로 전기기계·장비, 자동차, 화학원료·제품, 각종 설비제조, 금속, 의약 산업 등이 이어진다.

한편 'R&D 집중도' 기준으로는 '철로·선박·우주항공·운수설비 제조업'(2.53%)과 '검측설비·장비 제조업'(2.11%)이 가장 두드러진다. 그 뒤를 '의약 제조업'과 '컴퓨터·통신·전자설비 제조업'이 잇고 있다.

적어도 여기에 언급된 산업들은 R&D를 통해 사다리 상단에 오르고자 하는 중국 기업들이 많이 포진된 분야로 추정할 수 있다. 더불어 일반적으로 하이테크 부문의 대표로 손꼽히는 'BT(Bio Technology)', 'IT(Information Technology)' 분야보다도 '철로·선박·우주항공·운수설비 제조업', '검측설비·장비 제조업'의 R&D 집중도가 더 높은 것은 중국의 특징으로 특기할 만하다. 그 한 분야인 고속철도 산업은 뒤에 이어지는 절과 「보론 C」에서 더 자세히 논하기로 한다.

위에서 우리는 사다리 상단에 오르고 그 지위를 지키는 중요한 수단의 하나로 R&D에 주목했다. 하지만 R&D가 기업의 성장과 혁신을 추동하는 유일한 동력은 아니며, 더 많은 R&D가 더 큰 성공을 보장하는 것도 아님을

누구에게 귀속되는지 하는 미시적 상황에 대한 고찰이 추가적으로 필요하다.

표 10-2 **주요 제조업 분야 R&D 지출액 및 R&D 집중도(2017년 기준)**

	산업(R&D 지출액 기준 상위 15개 분야)	R&D 지출액 (억 위안)	R&D 집중도(%) (순위)
1	컴퓨터·통신·전자설비 제조업(计算机, 通信和其他电子设备制造业)	2002.8	1.88% (4)
2	전기기계·장비 제조업(电气机械和器材制造业)	1242.4	1.73% (6)
3	자동차 산업(汽车制造业)	1164.6	1.38% (8)
4	화학원료·화학제품 제조업(化学原料和化学制品制造业)	912.5	1.11% (10)
5	통용설비 제조업(通用设备制造业)	696.8	1.53% (7)
6	흑색금속 야금 제련 압연 가공업(黑色金属冶炼和压延加工业)	638.7	0.99% (12)
7	전용설비 제조업(专用设备制造业)	636.9	1.78% (5)
8	의약 산업(医药制造业)	534.2	1.97% (3)
9	유색금속 야금 제련 압연 가공업(有色金属冶炼和压延加工业)	461.6	0.85% (14)
10	철로·선박·우주항공·운수설비 제조업(铁路,船舶,航空航天和其他运输设备制造业)	428.8	2.53% (1)
11	비금속광물제품업(非金属矿物制品业)	362.8	0.61% (15)
12	금속제품업(金属制品业)	343.2	0.95% (13)
13	고무 플라스틱 제조업(橡胶和塑料制品业)	307.2	1.01% (11)
14	검측설비·장비 제조업(仪器仪表制造业)	210.2	2.11% (2)
15	화학섬유 제조업(化学纤维制造业)	106.1	1.34% (9)
*	제조업 전체	11624.7	1.14%

주: R&D 집중도(%)=해당 산업 분야의 R&D 지출액/해당 산업 분야의 매출액×100.
자료: 国家统计局(2018).

환기할 필요도 있다. 그러한 사실은 한때 중국의 성공적 기업사례로 많이 언급되던 화루이풍력발전과기주식회사(华锐风电科技股份有限公司)를 통해 확인할 수 있다.

화루이는 국유 기업인 대련중공·기중(大连重工·起重)집단이 벤처캐피털 등의 자금을 유치하여 2006년에 설립한 풍력발전설비 생산 기업으로, 2010년에 이르러서는 중국 최대, 세계 3위(2010년 신규 시공 시장 점유율 기준)의 풍력발전설비 업체가 되었고 2011년 상해 주식시장에 상장되었다(은종학, 2015).

화루이는 창업 초기부터 대용량 풍력발전기 연구개발에 집중하며 선도기업의 위치를 차지하고자 노력했다. 화루이는 1998년 설립된 동종 업계의 경쟁자 진펑보다 야심찬 행보를 보였다.[14] 일례로, 진펑은 1.5MW 풍력 터빈을 3년간 생산하며 경험을 쌓은 뒤 2010년에야 2.5MW와 3.0MW 풍력 터빈의 자주개발을 전개하기 시작한 반면, 화루이는 2011년 중국 최초로 6MW 풍력 터빈을 개발했다고 선언하며 곧바로 정식 생산을 시작했다(娄样, 2014). 같은 시기, 화루이의 발명특허 및 실용신안 출원 건수도 빠르게 늘어났는데, 특히 2011년 이후 2~3년간은 화루이가 진펑을 월등히 앞섰다(〈표 10-3〉 참조).

하지만 이처럼 급속한 팽창을 추구하던 화루이는 회계장부를 조작해 재무성과를 부풀렸다는 사실이 뒤늦게 드러나면서,[15] 2011년 상장 당시 90위안에 달하던 주가는 2015년 3위안 수준으로 떨어졌으며 2018년에는 1위안 수준으로 내려앉았고, 마침내 2020년 6월 상장 폐지되기에 이르렀다. 급속히 치솟던 발명특허와 실용신안 출원 건수도 급격히 줄어 2015년 이후에는 연구개발 활동이 사실상 중단되었음을 짐작케 한다.

물론 화루이를 포함한 신에너지 장비제조 산업의 부진은 미국의 셰일가스(Shale gas) 생산 증대와 장기화된 세계적 경제침체 속에 원유가격이 오랫동안 낮게 유지된 데 따른 여파가 크다. 하지만 화루이의 부침은 야심찬

---

14 진펑은 중국 정부가 제9차 5개년 계획 기간(1996~2000년) 중 '공관(攻关)계획'의 일환으로 추진한 풍력발전기 자주개발 프로젝트를 담당했던 신강풍력에너지연구소(新疆风能研究所)가 설립한 원관기업 '신강신풍연구생산무역유한책임회사(新疆新风科工贸有限责任公司)'에서 진화한 기업이다. 진펑은 2019년 현재 풍력터빈 산업에서 세계 3위의 점유율을 가진 기업으로 성장했다.

15 2013년 화루이의 새로운 경영층은 종업원을 기존 4000여 명에서 1600여 명으로 줄이는 등 구조조정을 취했으나 성과와 시장의 평가는 크게 개선되지 못했다.

표 10-3 **진평과 화루이의 발명특허 및 실용신안 출원 건수 비교**

연도	발명특허		실용신안	
	진평	화루이	진평	화루이
2008	5	0	4	0
2009	5	3	4	16
2010	1	5	7	34
2011	11	4	7	53
2012	17	56	3	128
2013	14	61	6	69
2014	14	24	15	2
2015	32	2	38	0
2016	33	2	47	6
2017	23	0	14	0
2018(상반기)	60	2	77	1

자료: 国家知识产权局(www.sipo.gov.cn)의 자료를 필자가 검색·정리.

R&D만으로 기업의 성공이 보장되지 않음도 상기시킨다. 더불어 화루이의 사례는 선도 기술에 대한 야심찬 추구가 품질의 보장 없이 성급하게 이루어지면 오히려 부실한 제품 시공으로 기업의 성과를 크게 갉아먹을 수 있음을 보여주었다. 실제로 화루이 제품의 품질 불량 문제로 손해배상 소송을 벌인 화닝(华能)신에너지는 2015년 화루이로부터 4억 7000만 위안을 보상받기로 하는 등 화루이는 자사 제품의 품질 불량 문제에 뒷다리를 잡혀 성장 사다리를 더 오르지 못하고 사다리에서 오히려 끌어내려졌다(陆佳, 2015.8.19).

R&D를 통한 기술 역량의 강화와 기업의 생존 및 성장 사이에는 양(+)의 상관관계가 있겠지만, R&D가 중국 기업의 사다리 상단 오르기를 보장하는 '충분조건'이 되지는 못함을 화루이 사례가 보여준다. 이는 과학기술과 연구개발 이외의 요인들이 얼마나 중요한지에 대해 생각해 보도록 한다.

5. 중국 정부의 사다리 상단 공간 만들기

중국 기업이 사다리 상단에 오르는 것은 해당 기업의 노력이 결정적인 경우도 있겠으나, 적지 않은 경우 중국 정부의 상당한 역할이 감지된다. 특히 중국 정부가 사다리 상단의 공간에 새로운 산업을 창출하고 그곳에 중국 기업들을 세우려고 다방면으로 노력하는 점은 주목할 만하다.

고속철도 산업은 그 대표적인 사례이다. 현재 중국에 건설된 고속철도 총연장은 세계 전체의 총연장보다도 길다. 원천기술은 독일, 프랑스, 일본, 캐나다 등 기술 선진국으로부터 들여왔다. 하지만 남차(南车)와 북차(北车)라 불리는 중국의 대형 국유 기업이 중앙정부의 강력한 지원을 받고 중국 내의 다양한 자원(대학 및 연구기관의 연구 역량 등)들을 동원·활용하며 수입 기술을 단계적으로 흡수했다. 그리고 중국 내 다양한 지리적 환경 속에서 직접 시공 및 운행 경험을 쌓아 사다리 상단의 주체로 올라섰다. 중국은 과학기술 자체에서는 후발자였지만 시장을 대규모로 조성하고 시공 경험을 쌓는 데 있어서는 선발자였다고 할 수 있다(자세한 내용은 「보론 C」 참조).

고속철도의 사례는 중국 정부가 (국유) 기업의 기술 역량 강화를 돕는 공급 측과 새로운 산업 공간이 창출될 수 있도록 국내의 잠재수요를 (정부조달 등을 통해) 현실화하는 수요 측의 역할을 동시에 수행함으로써 중국을 사다리 상단에 진입시키고 있음을 잘 보여준다.

기술 그 자체로는 세계 최고 수준이라고 하기에 부족함이 있었음에도, 정부가 창출한 시장의 견인을 받아 사다리 상단의 첨단 산업에 진입하는 중국 기업 사례들은 또 있다. 중국은 TD-SCDMA라는 3세대 이동통신 표준을 자체적으로 개발하고, 그 표준을 따르는 시장을 국내에 대규모로 조성함으로써 관련 제조 및 서비스 업체의 성장을 견인했다. 그 과정에서 경험을 쌓고 스스로의 시도·실천을 통한 학습(learning by doing)을 수행한 중국 기업들이 차세대 TD-LTE 관련 산업에서도 앞서 나갈 수 있는 계기를 마련했다.

중국은 아직 자국 산업 발전 정도가 미흡한 반도체 산업을 크게 육성하겠다는 이른바 '반도체 굴기' 프로젝트를 2015년 이래 야심차게 추진하고 있는데, 그러한 흐름에서 가장 큰 주목을 받은 칭화유니(清华紫光, Tsinghua Uni)그룹 산하의 반도체 설계 기업인 잔쉰(展讯, Spreadtrum)과 RDA(瑞迪科微电子)도 중국이 3세대 이동통신 표준 TDS-CDMA를 자체 개발하는 과정에서 경험을 쌓아 성장한 중국 기업들이다.

자국 기업들이 사다리 상단의 산업에 발을 디딜 수 있게 하는 중국 정부의 시장 창출 혹은 조성 노력은 '중앙정부'만의 일이 아니다. 광동성 심천의 전기 자동차 제조업 및 관련 서비스업(버스 및 택시 사업)의 발전은 심천시 '지방정부'의 적극적인 역할 속에 이루어졌다. 현재 심천에는 전기 자동차 판매 수량 기준 세계 1위인 비야디(比亚迪, BYD)라는 제조 기업이 있을 뿐 아니라 시내 전기 버스 및 전기 택시의 보급률 또한 세계 최고 수준이다. 심천시의 역할을 전기 버스 사업을 중심으로 예시하면 다음과 같다.

버스 사업자의 입장에서 전기 버스를 운영하는 것은, 차량 구매에 있어 중앙 및 지방 정부의 보조금을 받는다 해도 초기 자본이 상대적으로 많이 소요되고, 배터리의 충전 및 그 효율적인 관리에 부담이 많은 일이다. 이에 심천시 정부는 푸톈(普天, Potevio)이라는 공기업(시정부 산하의 국유 기업)을 세우고 그로 하여금 (비야디 등으로부터) 차량을 구매하여 보유하고 이를 버스 사업자에게 리스해 주며 배터리의 충전 및 관리까지도 도맡아 하도록 했다. 이렇게 함으로써 민영 버스 사업자들의 자금 부담을 경감해 주고 배터리의 사용 효율성을 극대화함으로써 심천시의 전기 버스 판매 및 운행이 늘어날 수 있도록 했다(Li et al., 2016).

심천시의 위와 같은 처방은 산하의 국유 기업으로 하여금 (긴 자금 회수 기간, 향후 배터리 가격 하락 및 성능 개선 가능성 등으로 인한) 상당한 사업 리스크를 떠안게 함으로써, 민영 기업들(전기 자동차 제조 기업 및 버스·택시 사업자)이 번창할 수 있도록 도운 것이라 할 수 있다. 이처럼 중국 정부는 단순히 세제 혜택, 보조금 지급 등과 같은 전통적인 금전적 지원에 머무르지 않고 국유 기업과 민영 기업을 아우르는 산업 생태계를 짜는 방식의 개입을 통해 새로운 산업 발전을 추동하기도 한다.

하지만 이러한 중국 중앙정부와 지방정부의 노력이 항상 양호한 결실을 맺는다고 확신하긴 어렵다. 심천의 전기 자동차 사례 역시, 푸톈 등이 차량 구매를 위해 진 부채와 사업상의 리스크가 국유 기업이라 해서 사라지는 것은 아니다. 국가가 위험부담자(risk-taker)의 역할을 자처하며 '기업가적 국가(entrepreneurial state)'라 부를 수 있는 대안적 체제를 제시한 것은 이론적으로 그리고 당장 현실적으로 유의미하게 받아들여질 수 있지만(이에 관한 추가적 논의는 제12장 참조), 그러한 운영 메커니즘이 미래에 효율적이고도 지속가능할지는 더 지켜봐야 할 문제이다.

6. 사다리 상단의 흔들림: 반도체 산업

기업가적 국가라 하더라도 사다리 상단에 자국 기업의 성장 공간을 항상 만들어낼 수 있는 것은 아니다. 대표적으로 중국 반도체 산업은 중국 중앙 및 지방 정부가 시장 조성을 통해 기회를 창출하고 그 기회를 실현할 수 있는 공급 측 주체를 강화하려는 양방향 노력을 기울여 왔음에도 그 성과가 기대에 못 미치는 사례이다. 이 절에서는 중국의 반도체 산업 사례를 통해 그 산업의 특수성과 더불어 사다리 상단의 흔들림에 대해 생각해 보고자 한다.

중국은 1960년대에 소련과 거리가 벌어지면서 자체적으로 반도체에 대한 연구를 시작했다. 연구는 중국과학원이 주도했는데 그 실험실에서의 연구가 실제 산업 현장의 생산라인으로 연결되지는 않았다. 실험실에서 연구되었던 것이 10년이 지나도록 생산라인에 구현되지 못한 것은 당시 중국 혁신체제의 분절성을 드러내는 것이기도 했다.

개혁개방 이후 1980년대에는 컴퓨터혁명과 함께 반도체에 대한 수요가 본격적으로 늘기 시작했는데, 중국은 해외의 선진 반도체 기업들을 유치하여 중국 내에서 중국 측 파트너와 함께 조인트벤처 기업을 설립하도록 했다. 외자 기업으로부터의 학습을 기대한 것이다. 하지만 그 성과는 신통치 않았다. 외자 기업이 친절히 기술을 가르쳐 줄 리 없었고 중국 측이 어깨너머로 많은 것을 학습할 의지와 역량을 갖추지 못했던 것이다.

이어 1990년대 중반 이후에는 한국의 삼성 등 성공적인 개도국의 대형 기업에 자극받아 중국도 국가를 대표할 대형 기업, 이른바 '내셔널 챔피언'을 육성하기 시작했다. 이를 주도한 것은 당시 장쩌민 공산당 총서기 겸 국가주석과 팀을 이뤄 경제 분야를 담당했던 주룽지(朱鎔基) 총리였다. 한국의 삼성전자처럼 반도체 생산의 전후방 공정(설계, 생산, 패키징, 테스트 등)을 하나의 대형 기업이 아우르는 이른바 IDM(Integrated Device Manufacturer) 기업을 키워내려고 했던 것이다.

화징(Huajing, 华晶)그룹이 그 첫 시도였는데 실패했고 화징그룹은 결국 대만인이 경영하는 홍콩 기업에 매각되고 말았다. 이어 상해시 지방정부는 좀 더 적극적인 역할을 하여 화홍(Huahong, 华虹)그룹을 육성했다. 부분적인 성과는 있었지만 화징, 화홍 등 국유 기업들은 중국 반도체 산업을 약진시키지 못했고 외국 기술 혹은 합자를 맺은 외국 파트너(화홍의 경우 일본의 NEC)에 크게 의존적이었다. 그 사이 한국, 대만의 반도체 기업이 크게 성장하여 중국의 시장기회를 잠식했다.

2000년대 들어서는 대만 출신 사업자들이 중국 본토(대표적으로 상해)에 들어와 반도체 위탁생산을 전문으로 하는 파운드리를 설립했다. SMIC (Semiconductor Manufacturing International Corporation, 中芯国际), 상해 홍리 (宏力, Shanghai Grace)가 그들이다.[16] 하나의 초대형 반도체 기업이 모든 것을 한데 아우르기보다 국제적인 반도체 분업 구조 속에서 자신의 몫을 찾는 방향으로 선회한 것이다. 다시 말해, '한국식 모델'에서 '대만식 모델'로 옮아간 것이다(Li, 2016).

이후 중국은 파운드리와 팹리스(fabless, 스스로 반도체 생산 공장을 갖고 있지 않아 파운드리에 생산을 발주하는 설계 전문 기업)를 중심으로 어느 정도 발전을 이뤄왔다. 하지만 최근까지도 반도체는 중국이 수입하는 물품 중 가장 큰 비중을 차지한다. 중국은 세계 최대의 IT 제품 생산대국이지만 그에 소요되는 반도체 중 중국이 스스로 생산하는 것은 10%도 되지 않았다. 이러한 상황을 타개하기 위해 시진핑 정부는 2014년 6월 이른바 '반도체 굴기'를 선언하며 반도체 산업 육성정책을 펴기 시작했다.

중국의 새로운 반도체 산업 육성 노력은 그 성과를 더 지켜봐야 한다. 하지만 2020년에 이르기까지 중국 정부의 육성 노력이 적어도 기대에 미치지 못하는 성과에 머물고 있는 것은 사실이다. 물론 여기에는 여러 가지 요인 (국유 기업의 한계 등)이 뒤섞여 있다. 하지만 중국의 반도체 산업이 (국유 기업이 주도적인 역할을 한) 고속철도 등 다른 산업에 비해 큰 성과를 내지 못한

---

16 상해 홍리는 장쩌민 공산당 총서기의 아들로 중국과학원 연구원을 역임한 장몐헝(江绵恒) 박사가 대만의 재벌 왕용칭(王永庆)의 아들 왕원샹(王文洋, Winston Wang)과 함께 2000년대 초 설립한 반도체 기업이다. 이후 2011년, 상해 홍리는 화홍 그룹을 합병하여 상해화홍홍리반도체제조유한공사(上海华虹宏力半导体制造有限公司)가 되었다. 장몐헝은 2013년 상해시와 중국과학원이 함께 설립한 신설 상해과기대학의 초대 총장을 맡기도 했다.

데는 다음과 같은 요인들도 작용한 것으로 보인다.

우선, 반도체 산업에서는 최신의 최고 기술로 만든 제품이 최고의 가성비를 갖는 경우가 많다. 따라서 반도체를 사서 쓰는 중국 전자업체일지라도 (자사 전자제품의 경쟁력을 위해) 자국 반도체를 선택하지 않으려는 경향이 강하다. 그만큼 반도체 시장은 중국 내에까지 국제적 경쟁 시장이 펼쳐져 있다. 이런 상황이다 보니 기술적으로 뒤떨어진 반도체 기업 혹은 제품은 설자리가 없거나 매우 좁다. 다시 말해 반도체 산업은 성장 사다리의 중·하단이 없거나 매우 좁은 셈이다. 따라서 아직 기술력이 충분치 않은 중국 반도체 기업이 딛고 올라설 사다리 중·하단의 발판이 마땅치 않다. 이처럼 성장 사다리의 중·하단이 갖춰지지 않은 것은 앞서 논의했던 중국 자동차 산업과 유사한 부분이 있지만, 자동차 산업과 달리 반도체 산업은 정책이 아닌 위에 언급한 바와 같은 산업 자체의 속성 탓이 크다고 볼 수 있다.

또한 반도체 산업에서 최신의 최고 기술 제품을 생산하기 위해서는 신속하고 과감한 대규모 설비투자가 지속적으로 이뤄져야 한다. 그런데 중국의 민영 반도체 기업은 사다리 중·하단에서 축적의 시간을 갖지 못해 투자재원이 부족했다. 중국 정부의 재정적 뒷받침을 받았던 국유 기업도 그렇게 신속하고 과감한 설비투자 결정을 내리는 데는 한계가 있었던 듯하다. 하지만 이는 관료화된 공공 부문이 의사결정 과정에서 일반적으로 드러내는 경직성과 비효율성 탓만은 아니었을 것이다. 이른바 '무어(Moore)의 법칙', 즉 마이크로칩에 집적시킬 수 있는 트랜지스터의 수가 18개월마다 2배씩 증가한다는 법칙이 통용될 정도로 반도체 산업의 최첨단 영역은 그 변화의 속도가 매우 빨랐던 점도 중국 정부와 국유 기업의 목표설정과 추격을 어렵게 한 요인이라 할 수 있다. 다시 말해 반도체와 같은 산업에서는 '사다리 상단의 흔들림'이 중국의 사다리 오르기를 방해했던 듯하다.

그런데 무어의 법칙은 이제 종점에 다다르고 있다는 평가도 있다(The

Economist, 2015.4.19). 집적도를 추가로 더 높이는 것이 가성비를 개선하지 못하고 오히려 그를 악화시킬 가능성마저 있는 단계에 접어들 수 있다는 것이다. 이는 반도체 산업의 성장 사다리 상단에 흔들림이 잦아드는 것이라 해석할 수 있다. 또한 최근 중국이 야심차게 추진하는 이른바 '반도체 굴기'가 부분적으로나마 성공할 수 있는 기술적 환경이 조성되고 있음을 시사하는 것이기도 하다.

물론 산업의 기술적 특성 변화만이 중국의 성패를 결정짓는 유일한 요인은 아니다. 특히 중국의 반도체 굴기에 대해 미국이 적극적인 견제를 가하고 있어 중국이 자국 반도체 산업의 미래를 낙관할 수만은 없다. 일례로, 중국이 2016년 설립한 대표적인 DRAM 메모리 제조업체 복건진화(福建晋 华)는 협력 파트너인 대만의 UMC를 통해 미국 마이크론(Micron)의 DRAM 기술을 불법 취득한 혐의로 소송에 휘말렸고, 이에 미국 트럼프 행정부가 2018년 10월 미국의 반도체 관련 장비·기술·재료가 복건진화로 수출되는 것을 봉쇄하는 금수조치를 취함에 따라 복건진화에 심각한 타격을 주었다. 중국 최고의 기술역량을 과시하는 화웨이도 자회사인 하이실리콘 (HiSilicon, 海思)을 통해서 자체 설계한 스마트폰용 반도체 칩셋 기린(麒麟, Kirin)의 생산을 2020년 9월 중단해야 했다. 같은 해 8월, 미국 정부가 미국 산 장비와 기술, 소프트웨어를 활용해 생산한 반도체와 부품을 정부 허가 없이 화웨이에 공급할 수 없게 함으로써 핵심 부품의 조달이 어려워졌기 때문이다.

그럼에도, 사다리 상단의 흔들림에도 몸을 가눌 수 있었던 종래 선발 기업들은 또 다시 기민성과 유연성을 발휘할 수 있는 영역을 개척하지 못하면 중국의 추격에 맞닥뜨리게 될 것으로 보인다. 사다리 꼭대기의 흔들림은 그에 올라선 선도자에게도 곤혹스러운 일이지만, 그 흔들림이 잦아드는 것은 오히려 후발자의 추격을 허락한다는 점에서 더 큰 위협일 수 있다.

위에서 언급했듯, 2018년 이래 본격화한 미국의 대중 제재조치는 중국이 세계 반도체 산업의 사다리 상단에 안착하는 것을 가로막는 또 하나의 커다란 장애물로 작용할 것이다. 어쩌면 중국은 미국의 전방위적 압박을 완화하기 위해서 반도체 굴기라는 야심찬 정책을 표면적으로나마 일정 부분 포기할지도 모른다. 하지만 그 압박 속에서도 중국의 반도체 산업이 자국 시장을 중심으로 자급자족적 발전의 토대를 마련할 수 있다면 사다리 중·상단에 색다른 발전의 경로를 만들고 추후 '판을 뒤엎는 혁신'을 이뤄낼 가능성도 완전히 배제할 수는 없다. 또한 자급자족의 단계에까지 이르진 못한다 하더라도, 중국은 반도체 기술의 꾸준한 축적을 통해 더 큰 대외협상력을 발휘하며 미국 정부의 봉쇄에서 벗어날 수도 있다.

7. 인터넷 공간의 중국식 비즈니스

인터넷 공간은 사다리 상단에 새로 놓인 장이라 할 수 있다. 과거에 없던 인터넷 공간에서 새로운 기업들이 성장과 혁신을 도모한다면 그곳은 사다리 상단이라 부를 만하기 때문이다.

중국의 인터넷 공간은 넓다. 중국 내 물리적 공간에서 아직 남아 있는 지역 간 장벽이 인터넷 공간에는 없거나 매우 낮다. 개혁개방 이후 한 세대에 걸친 기간 동안 수많은 기업가들이 중국 내 '13억의 시장'을 꿈꾸었다가 현실에서는 중국이 '지역적으로 분할된 시장(fragmented market)'임을 깨닫고 좌절했다.[17] 그에 비하면 중국의 인터넷 공간은 사용자가 10억을 넘는 '전

---

17 중국 인구가 13억을 넘어선 것은 공식 통계상 2005년이고, 14억을 넘어선 것은 2019년으로 추정된다(国家统计局, 2019). 2018년 말 현재 (홍콩, 마카오를 제외한 본토) 중국의 인

국적 통일시장'이다.

하지만 외국의 관점에서 중국 인터넷 공간이 기회의 땅인 것만은 아니다. 중국의 인터넷 공간은 또 다른 특성이 있기 때문이다. 무엇보다 중국 정부는 '국가안보' 등의 명목으로 인터넷 공간에 개입하고 외자 기업의 활동을 제약하지만 그러한 행위가 WTO 규정 등 경제적 협약의 범주를 넘어서는 것으로 인식되어 저지되지 않는다.

더욱이 중국 인터넷 공간은 중국어가 제1언어이다. 이러한 언어 장벽은 이 거대 공간을 중국 기업들의 몫으로 더 많이 떼어주는 데 기여한다. 중국은 그간 수많은 산업 분야에서 자국시장을 세계 최대 규모로 키웠지만 자국 내에서도 다국적 기업과 함께 세계적 경쟁을 치러야 했고 그 과정에서 도태되거나 성장이 제약되기도 했다. 그에 비하면 인터넷 가상공간은 중국 기업들에 더 많은 기회를 제공한다.

이상과 같은 성격의 인터넷 공간에서 중국 기업들이 성장했다. 초창기인 1990년대 후반의 주종은 포털(portal) 사이트였다.[18] 하지만 중국 인터넷 기업의 본격적인 성장은 전자상거래 등 수익성 높은 비즈니스 모델이 구축되기 시작하면서부터이다. 1999년 마윈이 창업한 알리바바(Alibaba.com)는 중국의 이름 없는 수많은 제조 기업들과 해외의 바이어를 연결시키는 기업 간(business to business: B2B) 전자상거래와 더불어, 일반 소비자가 활용하는

구는 13억 9438만 명으로 집계된다(国家统计局, 2019).

18 인터넷 검색 기능을 중심으로 한 소후(搜狐, Sohu.com), 뉴스와 정보 제공을 중심으로 한 신랑(新浪, Sina.com), 이메일 기능 제공을 중심으로 한 넷이즈(网易, 163.com)가 대표적인 기업이었다. 포털 사이트란 인터넷 사용자가 거쳐 가야 할 관문과 같은 사이트로, 그를 운영하는 인터넷 기업의 입장에서는 범용성이 높은 정보와 기능을 제공해 사용자를 최대한 끌어들이고 그들을 바탕으로 광고 수입을 올리는 것이 수익모델이었다(吳曉波, 2017a).

B2C(business to customer) 및 C2C(customer to customer) 온라인 쇼핑몰[텐마오(天猫, Tmall) 및 타오바오(掏宝)]을 개설하고 여기에 인터넷 및 모바일 결제 시스템을 구축함으로써 급팽창하여 오늘날 세계 최대의 전자상거래 업체 중 하나로 발돋움했다.

전자상거래 외에 중국 인터넷 산업의 또 다른 한 축은 인터넷 게임이다. 1998년 설립된 카드보드 게임 중심의 롄중게임(联众游戏, ourgame.com), 같은 해 설립된 성다게임(盛大游戏, Shanda) 등이 초기 중국 인터넷 게임 산업의 주력군이었다. 하지만 2010년대 이후에는 텐센트가 절대적인 지위를 구축했다.

텐센트 역시 중국에서 인터넷 창업 붐이 일던 1998년 창립된 기업이다. 텐센트는 'QQ'라는 컴퓨터상의 메신저 소프트웨어를 보급하여 성장했다. QQ는 여타 메신저 소프트웨어보다 사이즈가 작고 다운로드 및 인스톨이 빨라 개인 PC를 갖지 못하고 주로 PC방에서 컴퓨터를 사용하던 당시 중국 젊은 층에게 큰 호응을 얻었다. 이어 스마트폰 시대에 접어들어서는 위챗(Wechat, 微信)이라는 모바일 커뮤니티 및 메시지 서비스로 텐센트는 큰 성공을 거두었다. 그렇게 구축한 모바일 인터넷상의 플랫폼을 바탕으로 텐센트는 게임을 포함한 다양한 애플리케이션 서비스(지도, 차량 호출, 음식점 검색 및 예약, 영상 및 문화 콘텐츠 등)와 모바일 결제 시스템을 결합하여 (알리바바와 더불어) 중국 모바일 인터넷 생태계의 양대 산맥을 이루고 있다.[19]

텐센트 전체 비즈니스에서 약 40%를 차지(2017년 기준)하는 게임 부문은 원래 한국 기업이 개발한 게임을 중국에 들여가 서비스하는 것에서 시작했다. 자체 개발이나 혁신이 초기 성장의 동력은 아니었던 것이다. 오히려 텐

---

19 알리바바와 텐센트는 수많은 인터넷 서비스 업체들을 협력 파트너로 끌어들이거나 인수하여 거대한 자체 생태계를 구축하고 있다.

센트는 거대 플랫폼의 우위를 바탕으로 사업 아이템을 확장해 가면서도 모방과 표절을 일삼았다. 그 과정에서 중국 내에서 텐센트보다 더 혁신적인 중소 개발자들도 밀려났다. 그 탓에 텐센트의 창업자 마화텅은 '표절대왕'이라는 지탄 섞인 별칭까지 얻었다(吳曉波, 2017).

그런 오명을 아직도 다 씻지 못했지만 텐센트는 2017년 현재 한국 내 모든 게임업체들의 연구개발비를 합친 것보다 더 큰 금액을 연구개발에 쏟아부을 정도로 업계에서 선도 기업이 되었다. '모방에서 혁신으로' 발돋움하는 양상이 나타나고 있는 것이다.

특히 텐센트는 PC에서 즐기던 인터넷 게임을 스마트폰 등 모바일 기기에 맞게 재편하여 서비스하는 능력이 탁월하여, 그러한 모바일 게임을 과거 게임 종주국이었던 한국을 포함한 세계로 수출하고 있다. 후발국 기업이 도리어 혁신을 선진국에 수출하는 이른바 '역혁신(reverse innovation)'의 사례를 텐센트가 보여주고 있다.

텐센트가 웅변하는 또 하나의 변화가 있다. 오프라인의 전통적 산업에서는 장인(匠人)에 의한 높은 공예적 완성도가 '명품'의 위치에 오르기 위한 필수조건인 경우가 적지 않은데, 온라인·디지털 영역에서는 그 공식이 깨진다는 것이다. 그리고 그것은 오랜 기술 축적이 없는 중국에 유리하게 작동할 수 있다. 인터넷 메신저 QQ, 위챗이라는 SNS 커뮤니티 서비스를 기반으로 온라인상에서 게임, 문화 콘텐츠, 미디어, 금융결제 및 개인 자산관리, 전자 상거래 등으로 거대한 영역을 개척해 가고 있는 중국의 텐센트가 그한 사례이다.

한편, 알리바바, 텐센트와 더불어 중국의 3대 인터넷 기업으로 'BAT'로도 불리는 '바이두'는 검색과 지식백과 부문에서 중국 최대의 인터넷 기업이다. 거대한 플랫폼에 모바일 결제 시스템을 구축한 알리바바, 텐센트에 비해서는 사세가 상대적으로 작지만, 넷플릭스(Netflix)류의 인터넷 영상 서비스 부문에서 '아이치이(爱奇艺, IQIYI)'라는 산하 기업을 앞세워 알리바바, 텐센트에 대적하고 있다.[20] 바이두는 수도 북경 인근에 새로 조성 중인 국가급 신구 슝안(雄安)신구에서 자율주행 자동차 기술을 구현하는 데 앞장서는 등 신기술 부문으로 사업 확장도 추진하고 있다.

이상에서 살펴본 바와 같이, 중국의 인터넷 기업들은 자국의 거대한 인터넷 공간을 장악하며 빠르게 확장했다. 물리적 공간 내의 전통 산업들에서 중국이 도달했던 것보다 더 높은 수준의 자국 기업 비중도 확보해 가고 있다. 더욱이 온라인 비즈니스가 오프라인 비즈니스를 통합하고, 인터넷 공간이 물리적 공간을 아우르는 새로운 통합(Online to Offline: O2O)의 기류는 중국에 추가로 힘을 실어줄 것으로 보인다.

이상과 같은 중국 인터넷 기업의 활기 속에서 한 번쯤 반추해 볼 만한 일은 그 지극한 상업성이 중국의 활력이면서 약점일 수도 있다는 점이다.

사실 인터넷 그 자체는 상업적 의욕의 산물이 아니었다. 우선 인터넷은 1969년 미국 국방성이 핵공격에 대비해 네트워크 형태의 분산형 지휘체계를 구축하기 위해 연구개발한 것이다.[21] 이후 인터넷을 전 세계가 공유하고 이를 바탕으로 수많은 비즈니스가 생겨난 데는, 인터넷을 일국의 군사전략적 필요에 국한시키는 데 반대하고 개방된 공간에 새로운 삶의 양식을 제시하고자 했던 미국의 저항적이고 창의적이며 자유주의를 추구하는 젊은 이들의 역할이 컸다. 오늘날 컴퓨터와 인터넷 혁명은 1960년대의 저항적인 히피 정신을 미국 서부의 엔지니어들이 계승했기 때문에 가능했던 것이다

---

20 알리바바도 산하에 유쿠(优酷, Youku)를 보유하고 있고, 텐센트도 그 산하에 텐센트 채널[腾讯视频(V.QQ)]을 두고 서비스를 제공하고 있다.

21 연구를 주도한 것은 미국 국방부 산하의 국방고등연구계획국(Defence Advanced Research Projects Agency: DARPA)이었고, 연구에 참여한 연구소들 간의 네트워크 연결이 처음 이루어진 1969년 10월 29일이 인터넷의 탄생일로 간주된다(정지훈, 2014: 72).

(정지훈, 2014; 뭣晓波, 2017).

중국은 그런 미국의 주도로 정립된 인터넷 비즈니스 모델들을 뒤이어 수용하거나 모방·변용했다. 중국의 인터넷 비즈니스 리더들은 기존 체제에 저항적이지 않을뿐더러 새로운 삶의 양식을 제안한 바도 상대적으로 적다. 그들에겐 서구에서 검증된 비즈니스 모델을 중국의 인터넷 공간에 재빨리 이식하여 이윤을 취하려는 상업적 성격이 두드러진다.[22] 그리고 이 점은 중국 비즈니스 리더들의 개인적인 문제라기보다는 체제에 대한 저항과 새로운 삶의 방식에 대한 적극적인 제안을 폭넓게 수용하지 못하는 중국 체제의 경직성에 기인하는 것이라 할 수 있다.

인터넷을 새로운 체제와 새로운 삶의 양식을 제안하는 수단으로 바라봤던 서구 선구자들과 달리, 그 상업적 가능성은 최대한 활용하되 체제와 삶의 양식에 도전하는 정치적·이념적 움직임을 억압하는 중국의 한계 혹은 특성은 '블록체인(block chain)'의 새로운 시대에도 이어질 가능성이 크다.

블록체인이란 중앙 컴퓨터의 통제와 조율 없이 네트워크에 연결된 수많은 컴퓨터들이 상호 검증을 통해 인터넷상에서 이뤄지는 개인 간 정보거래의 진실성을 확인해 주는 분산형 운영체제이다. 수많은 컴퓨터가 정보를 공유하고 서로 감독하는 만큼 위·변조의 위험이 지극히 낮고, 일반적으로 거래를 주저하게 하는 '신뢰 부족'을 블록체인이라는 시스템이 확보해 줌으

---

22 중국에서 인터넷은 미국에서와 달리, 비판적이고 자유로운 사고를 하는 젊은이들이 주도하는 '비상업적 단계'를 거치지 못했다. 현대 중국에서도 자유로운 비판정신이 크게 고무되었던 적은 있다. 개혁개방 직후인 1980년대에 널리 퍼진, 이른바 '문화열(文化熱)' 속에서 현실 비판을 위주로 하는 '상흔(傷痕)' 문학과 미술이 활성화되었다. 곧이어 '85 미술운동'으로 대표되는 전위예술 또한 크게 자라났다(가오밍루, 2009: 36~47). 하지만 그들은 1989년 천안문 유혈 진압과 함께 크게 위축되었고, 1990년대에 본격화된 중국의 경제발전과 인터넷 비즈니스의 확산에 정신적 기초를 제공하지 못했다. 인터넷은 비즈니스를 통해 부를 창출하는 도구로만 인식되었다(뭣晓波, 2017: 2~19).

로써 인터넷 비즈니스를 활성화할 수 있을 것으로 기대된다. 비트코인 등 '암호화폐(cryptocurrency)'는 블록체인 체제 속에서 새로이 발생한 거래의 진실성을 확인하고 정리하는 컴퓨터에 주어지는 일종의 보상으로 블록체인 체제의 한 부분이라고 할 수 있다.

위와 같은 블록체인 기술의 등장에 대해 당초 중국 당국은 경계하는 입장이었다. 중앙 당국의 검열과 통제를 회피할 수 있는 탈중앙적 분산형 P2P(person to person) 운영체제라는 블록체인 기술의 본질적인 성격 때문이었을 것이다(드레서, 2018).

하지만 2016년 12월 중국 국무원이 '13차 5개년 국가정보화계획(国家信息化规划)'에 '블록체인'을 전략적 선도 기술의 하나로 명시하고 그 활용을 적극적으로 모색하기 시작했다. 이후 전개된 중국의 연구 동향을 훑어보면, 중국의 관심은 개인 및 기업에 대한 신분 확인 및 신용평가 시스템, 공산품 품질 및 식품 안전 관리를 위한 물류 이력 추적 시스템, 디지털 정부 행정 시스템, 디지털 화폐 및 자산 거래 등 금융 시스템, 원격 의료 및 전자 처방 시스템 등 사회 관리 IT 인프라 구축에 집중되어 있음을 알 수 있다.[23] 민간 기업들에도 블록체인 기술의 다양한 응용 방안을 모색하도록 하고 있지만 중앙정부의 규율과 통제도 강화하고 있다.

2019년 10월 전국인민대표대회에서 통과된 '암호법(密码法)'(2020년 1월 1일 시행)은 중국에서 암호화 기술이 적용된 상품을 유통하려면 정부의 사전허가를 받도록 요구하고 있다. 위와 같은 법의 정비는 블록체인의 상업

---

23 중국은 중앙은행이 직접 발행하는 디지털 화폐(Central Bank Digital Currency: CBDC, 중국식 영문 표기로는 Digital Currency Electronic Payment: DCEP)를 주요국에 앞서 개발하고 2020년 심천 시민 5만 명을 참여시켜 사용 실험까지 마쳤다. 이 또한 블록체인 기술을 활용한 것인데 주목할 점은 그 기술을 중앙집권적으로 사용한다는 점이다.

적 활용을 촉진하는 제도적 뒷받침이기도 하지만, 블록체인 기술의 탈중앙적 성격을 국가안보라는 잣대로 광범위하게 규율·통제하고자 한 것이기도 하다.

그와 함께 주목할 점은 중국의 블록체인 관련 과학기술 연구가 이미 세계 선두권에 있다는 사실이다. 2019년 현재 국제적인 과학기술 학술지(SCI 등재 학술지)에 실린 블록체인 관련 논문 중 중국의 학자들이 쓴 논문의 수가 미국보다도 많아 세계 1위를 차지했다. 블록체인 관련 특허 출원에 있어서도 중국 기업의 행보가 눈에 띈다. 2013~2018년 세계 블록체인 출원특허 8996건 가운데 중국이 4435건으로 전체의 48%(아시아 지역의 85%)를 차지하는 것으로 나타났다(한중과학기술협력센터, 2019).

초기 인터넷의 등장에 있어 미국과 중국 간의 시차가 30년(1960년대 말 대 1990년대 말)가량 벌어져 있었던 데 반해, 새로운 인터넷 블록체인에 있어서는 세계적 프런티어와 중국 간의 시차 및 기술 격차가 매우 좁혀져 있음을 알 수 있다. 그러한 실력을 바탕으로 중국은 블록체인 위에 중국적 성격이 농후한 공간을 만들 가능성이 크다. 다만, 그것이 중국 정부의 사회 관리·운영 효율을 높이는 것을 넘어, 다양한 민간 경제 주체들의 창의성을 일깨워 경제의 역동성을 키우는 혁신에 얼마나 기여할지는 더 지켜봐야 할 것이다. 과학기술로 사다리 상단에 오른다고 해도 혁신의 관점에서 궁극적으로 중요한 것은 그 상단 공간에 활성화되고 역동적인 경제를 구현하는 것이기 때문이다.

중국 자동차 산업의 탈바꿈

엔진 속에 휘발유나 경유를 주유하고 폭발시킨 힘을 변환하여 차량을 구동하는 내연기관 자동차 산업에 있어 중국은 그리 성공적이지 못했다. 그러한 전통적인 자동차의 생산량과 판매량에서 중국은 세계 최대가 되었지만 최고의 자동차 산업을 갖지 못했다. 매출액 기준 중국 최대 기업 리스트에도 자동차 기업들[상해자동차(上海汽车), 제1자동차(第一汽车), 동풍자동차(东风汽车), 북경자동차(北京汽车) 등 주로 국유 기업]이 즐비하지만 그들을 최고의 자동차 기업이라고 인식하는 사람은 중국 내에도 많지 않다. 오히려 외국의 기술과 제품에 의존하여 중-외(中-外) 합자 기업을 세우고 국내에서 쉽게 돈을 벌어 규모를 키웠을 뿐이라는 냉소를 받곤 한다(Huang, 2003). 그들이 진정 경쟁력이 있다면 해외 수출시장을 공략할 수 있었어야 하는 것 아니냐는 것이다.

하지만 그런 자동차 산업의 기술적 패러다임이 변화하면서 중국의 가능성이 새롭게 부각되고 있다. 뒤처진 엔진과 트랜스미션 대신 모터와 배터리로 구동되는 전기 자동차 분야의 중국의 기술력은 중국으로 하여금 전통적 자동차 선진국들과 그리 멀지 않은 출발선상에 다시 서게 했다. 중국에 새로운 '기회의 창'이 열린 것이다.

대단한 것을 갖지 못한 만큼 버리고 떠나더라도 아쉬울 것이 적은 중국은 다른 어느 나라보다도 내연기관 자동차에서 전기 자동차 산업으로의 변화를 재촉했다. 중국 남부 심천시에 본사를 둔 비야디(比亚迪, BYD)는 배터리 생산업체에서 세계 최대의 전기 자동차 기업으로 급속히 발돋움했다.

비야디와 같은 전기 자동차 생산업체가 성장하는 데에는 중국 정부의 역할도 상당했다. 정부의 막대한 보조금이 투입된 것이다. 2013년 270억 위안(한화 약 4조 6000억 원)이던 중국 중앙 및 지방정부의 전기 자동차 보조금이 2016년에는 8420억 위안(한화 약 143조 원)으로까지 치솟았다. 중국 정부는 2017년 4540억 위안, 2018년 3640억 위안 등 이후 보조금을 단계적으로 줄였고 2020년대엔 보조금을 없앴으나, 중국 전기 자동차의 질주가 멈출 것으로 보이진 않는다. 그 사이 이미 중국 내 배터리 생산 능력이 급속히 향상되고, 그와 함께 전기 자동차 생산비가 낮아져 내연기관 자동차에 대해 가격경쟁력을 갖기 시작했기 때문이다.

복건성 영덕(宁德)시에 위치한 중국 배터리 제조업체 CATL(Contemporary Amperex Technology, 宁德时代)은 2011년 설립된 신생 기업임에도 중국 내에 팽창하는 전기 자동차 제조업체들의 거대한 수요에 견인되어 급속히 성장하여 전기 자동차 배터리 부문에서 세계 최대의 기업이 되었다. CATL은 일본 TDK의 자회사였던 시절의 지식 축적과 BMW에 배터리를 납품하며 얻은 컨설팅을 통해서도 기술적 고도화를 달성할 수 있었던 것으로 알려져 있다.

주목할 만한 점은 중국 정부의 전기 자동차 산업 육성이 직접적인 생산 및 구매 보조금 지급만으로 이뤄진 것은 아니었다는 점이다. 정부는 택시 및 버스 서비스 사업자가 비야디 등 전기 자동차 생산업체의 차량을 구매하는 부담을 제도적으로 경감시켜 주었다.

중국 정부가 푸톈(普天, Potevio)이라는 국유 기업을 통해 전기차를 (비야디 등 자국 전기차 제조 기업으로부터) 대량 구매한 뒤 그를 시내버스 사업자들에게 임대해 주고 그들에게 배터리 관리 및 충전 서비스도 제공함으로써, 민간 전기차 제조 기업의 판로를 틔워주고, 교통 서비스 사업자의 위험을 줄이며, 그들의 투자 회수 기간을 단축시켜 주었음은 앞서 제10장에서 소개한 바 있다. 그에 더해 중국 정부는 전기 자동차 산업의 발전을 뒷받침할 다차원의 생태계 조성에도 노력을 기울였다. 전기 자동차 생태계의 핵심은 충전소이다. 중국은 2018년 기준, 전기 자동차 충전기 설치대수 기준으로 세계 1위이다. 북경시에만도 세계 3위인 독일보다 많고 상해시에만도 세계 4위인 네덜란드보다 많은 충전기가 설치되어 있다. 중국은 2020년, 코로나19 바이러스의 확산 속에 위축된 경제를 회복시키기 위한 재정 팽창 계획 중 상당 부분을 전기차 충전 인프라 구축에 투입하기로도 결정했다.[1]

그러한 생태계 위에서 중국 내에 여러 전기 자동차 기업이 성장하고 또 새로이 탄생했다. 대표격인 비야디는 물론, 과거 외자에 의존하여 덩치를 키웠던 중국 국유 자동차 기업들(북경자동차, 상해자동차 등)도 그 의존도를 줄이며 전기 자동차 산업에 진입했다. 세계적인 자동차 부품회사로 성장한 중국의 민영 기업 완상(万向)은 미국에서 테슬라(Teslar)와의 경쟁에 밀려 재정적 어려움을 겪던 고급 전기차 생산업체 피스커(Fisker)를 인수하여 되살리는 작업에 착수했다. 2014년에 설립된 NIO(중국명 蔚来)는 미려한 전기 스포츠카로 이목을 끈 뒤 전기 자동차 양산에 들어가 2018년에는 뉴욕 증권거래소에 상장되었다. 그리고 2014년 샤오펑(小鹏, XPeng, 2020년 8월 뉴욕증권거래소 상장), 2015년 리샹(理想, Li Auto, 2020년 7월 미국 나스닥 상장), 웨이마(威玛, Westmeister), 2017년 바이텅(拜腾, Byton) 등도 설립돼 중국 내 전기차 브랜드 간 경쟁도 치열해졌다. 그 속에서 생존조차 보장되지 않지만 다수는 수출 혹은 선진국 현지 생산을 통한 해외시장 공략에 대해서도 잇달아 포부를 밝히고 있다. 그리고 이들은 북경과 상해의 모터쇼 풍경도 완전히 바꿔놓았다. 과거 뻔뻔한 모방품의 전시장으로 비난받았던 중국의 모터쇼가 새로운 디자인과 기술적 구성을 선보이는 자리로 크게 업그레이드되었다.[2]

사실 전기 자동차는 내연기관 자동차와 제품의 기술적 구성 측면에서만 다른 것이 아

---

1 중국은 코로나19로 인한 경기 침체에 대응해 신형 인프라 건설(新基建)을 앞당겨 대규모 투자를 일으키기로 했다. 중국이 신형 인프라로 손꼽은 것은 5G, 데이터센터, 인공지능, 산업용 인터넷, 특고압송전, 신에너지 차량 충전소, 도시 간 고속철도 및 도시 내 궤도 교통 인프라 등이다(赛迪研究院电子信息研究所, 2020).

2 NIO 등은 레드닷 디자인 어워드(Reddot Design Award)와 같은 세계적인 디자인상을 다수 수상하기도 했다.

사진 B-1 **중국의 새로운 자동차 산업**

주: (좌측 상단에서부터 시계 방향으로) NIO의 콘셉트 스포츠카, 'Connected car', 'More than a car'를 모토로 내건 링크 앤 코의 SUV, 비야디의 새로운 크로스오버 전기차, 완상 피스커의 전기차.
자료: 각 사 홈페이지[NIO(www.nio.com), 링크 앤 코(www.lynkco.com/en/car), 비야디(www.byd.com), 피스커 (www.fiskerinc.com)].

니다. 사회문화적 측면에서도 다르다. 주유소에 들러 여분의 기름까지 싣고 나면 포장된 도로도 없는 머나먼 서부로도 떠날 수 있는 미국식 자유주의 문화의 상징이었던 내연기관 자동차와 달리, 전기 자동차는 곳곳의 충전소 시설이 필수인 도심 중심의 시스템 산업이다. 그런 전기 자동차 산업과 그 속성을 공유하는 수소 자동차 등 미래 신에너지 자동차 산업, 더 나아가 도시의 스마트 교통 인프라가 뒷받침할 자율주행 자동차 산업은 국가 차원의 체계적인 시스템을 갖추는 데 능숙한 중국이 강점을 발휘할 수 있는 산업이기도 하다. 중국은 북경 인근에 조성 중인 스마트 도시 웅안신구 등에 자율주행 보조 첨단 스마트 교통 인프라를 구축할 것으로 보이는데, 그와 같은 인프라가 중국 내에 광범위하게 확산될 경우 중국의 자율주행 신에너지 자동차는 여타 국가보다 빠르게 일반에 보급될 수 있을 것으로 보인다.

위와 같은 중국 자동차 산업의 진화 속에 또 하나 눈여겨볼 만한 기업은 지리(吉利, Geely)이다. 절강성을 기반으로 한 민영 자동차 기업인 지리는 2010년 스웨덴의 볼보를 인수, 재정적 지원을 하되 그 기업 가치를 해치지 않는 이른바 '소프트 터치' 방식의 경영을 성공적으로 수행했다.[3] 그리고 점진적으로 기술적 측면에서 양자의 협력을 강화했고 그 가시적 성과로서 2016년, 전 세계 시장 진출을 목표로 하는 새로운 합자 기업 링크 앤 코(Lynk & Co, 领克)를 설립했다.

링크 앤 코는 CMA(Compact Modular Architecture)라는 생산방식을 개발하여 주요 부품을 모듈(module)화한 뒤 그를 다양한 차종(전기 자동차 포함)이나 차형에 유연하게 활용하여 생산성을 높이고 있을 뿐 아니라, 젊은 층의 취향에 맞게 인터넷 연결성을 높이고 고객 커뮤니티를 조성하고 있으며, 차량의 구매 또한 대리점을 통하지 않고 인터넷에서 직접 할 수 있게 하는 방식 등을 시도하고 있다.

이상과 같은 새로운 중국 자동차 기업들의 움직임은 스마트폰 산업을 성공적으로 공략한 샤오미 같은 중국 IT 기업들의 모습을 부분적으로나마 떠올리게 한다. 실제로 자동차 산업은 내연기관 자동차에서 전기 자동차와 신에너지 자동차로 그 초점이 옮겨가면서, 종래 기계 산업과 유사했던 산업 속성이 (부품 모듈과 시스템으로 구성되는) IT 산업과 유사해지고 있다. 하지만 그럼에도 자동차의 운동 성능과 승차감 등을 수준 높게 구현하기 위한 기술력은 새로운 자동차 시대에도 자동차 기업에 요구되는 것이어서 중국 자동차 산업이 넘어야 할 높은 산이 사라진 것이라 할 수는 없다.

---

3   지리는 2017년 말레이시아의 국민차 프로톤(Proton)의 지분도 다수 인수하여 현지의 신에너지 자동차 산업을 공략하고 있다. 지리는 또 2018년, 최초의 자동차 회사이기도 한 다임러(Daimler)의 지분 약 10%를 인수하여 최대주주가 되기도 했다.

보론 C

중국의 고속철도: 기업가적 국가의 성취와 한계

2019년 말, 중국의 고속철도 총연장은 3만 5000km에 이르렀다(齐中熙, 2019.11. 29). 전 세계 고속철도 총연장의 3분의 2 이상이 중국에 깔린 것이다. 한국이 2004년 KTX를 개통한 것보다 늦은 2008년 북경-천진 간 고속철도를 처음 개통한 중국은 이후 10여 년 사이 엄청난 변화를 만들어냈다.

2004년 발표된 중국의 '중장기철로망계획(中长期铁路网规划)'에는 2020년까지 시속 200km가 넘는 고속철도를 총연장 1만 2000km까지 시공·운행하겠다고 했다. 그런데 2019년 중국에 신규 개통된 고속철도의 속도는 시속 350km에 다다르며, 누적 총연장은 3만 5000km에 이르러 당초 계획을 크게 초과 달성했다.[1] 중국 주요 도시들을 '4종 4 횡(四縱四橫)'으로 연결하겠다던 당초의 고속철도 건설 계획도 이젠 2030년까지 '8종 8 횡(八縱八橫)'으로 훨씬 더 촘촘히 짜겠다는 계획으로 진일보했다(〈그림 C-1〉 참조).

철도는 국토의 인적·물적 이동을 체계화하고 대규모 수송을 담당하는 교통수단으로

---

[1] 후진타오 시대에 본격적으로 개통된 중국 고속철도는 당시의 국가적 모토였던 '화해(和諧)'(사회경제 각 부문의 조화와 균형을 회복하겠다는 의미)라는 이름으로 달리기 시작했고, 뒤이은 시진핑 시대에 들어서는 역시 국가적 모토인 '중화민족의 위대한 부흥'에서 이름을 따 한 차원 더 고속화된 열차를 '부흥(復興)'호라 칭하고 주요 선로에 투입했다.

그림 C-1 **중국의 '8종 8횡' 고속철도 건설계획(2030년 목표)**

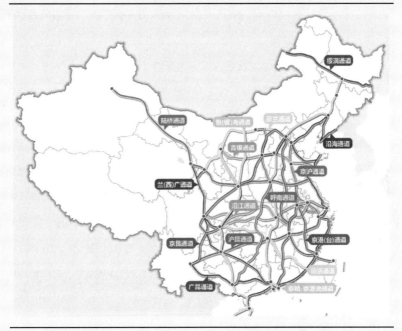

자료: ≪人民網≫(2018.6.9).

사회주의 국가에서 전통적으로 그 지위가 높았다. 개인주의와 자유주의에 기초한 미국에서 자동차가 더 상징적인 교통수단인 것과 대조된다. 그런 맥락에서 일찍이 장관급 부처로 존재하던 중국 철도부는 1997년부터 기존 철도의 속도 높이기, 이른바 '제속(提速)' 작업에 본격적으로 돌입했다. 총 여섯 차례에 걸친 개선 작업과 함께, 새로운 철도 시스템 개발에도 관심을 기울였다.

2001년 중국은 '중화지성(中华之星, China Star)'이라는 이름의 고속철도 자체 개발에 돌입했다. 부분적으로 해외 기술에 의존하지 않을 수 없었지만 주된 초점은 '자체 개발'에 두었다(Chan and Aldhaban, 2009). 중화지성은 2002년 시속 321km를 기록하기도 했으나 베어링 과열, 제동장치 이상 등 핵심적인 기술적 문제들을 해결하지 못했다.

결국 중국 당국은 국내 기술의 미비성을 인정하고 중화지성의 상용화 불가 판정과 함께 개발 사업을 종료시켰다. 2005년 시작된 진황도−심양 간 시범운행도 1년 만에 중단되었다(주강강·박재찬, 2018).

이후 중국의 고속철도 개발 사업은 외국 기술을 전면적으로 도입·활용하는 쪽으로 선회했다. 하지만 나태한 의존은 아니었다. 중국은 자국에 잠재된 거대한 고속철도 수요를 협상카드로 활용했지만 단순한 '시장환기술'로의 회귀는 아니었다.

정부가 주도적인 역할을 담당하고 나섰다. 철도부가 사실상의 대외협상 대표를 맡아 프랑스의 알스톰, 일본의 가와사키, 독일의 지멘스, 캐나다의 봄바르디어의 기술이전을 이끌어냈다(Chi and Javernick-will, 2011). 전면적 기술이전을 꺼리는 외국 기업의 방어벽을 넘기 위해, 외국 기업 각사로부터 서로 다른 부문 기술을 도입하고 이를 재결합하는 노력을 정부가 국가적 차원에서 조율했다. 중국 정부는 11개의 공공 연구소, 25개의 대학, 2대 국유 기업(북차와 남차) 및 그 하위 기업들을 아우르는 방대한 산학연 협력체제를 조율하고 작동시켰다(Sun, 2015; Liu, Liu and Huang, 2016; 주강강·박재찬, 2018). 또한 고속철도 관련 분야에 연구개발 자금도 쏟아부었다(国家统计局, 2018).[2] 한편, 철도의 고속화를 위해서는 엔진 등 구동체계의 개선 못지않게 철로의 직선화가 관건인데, 토지 국공유제하의 중국 정부는 이를 매우 높은 수준으로 달성할 수 있었다.

물론 정부가 산업 발전에 적극적인 역할을 자임한 것이 다른 나라에 전례 없는 일은 아니다. 서구 선진국의 정부들도 미래의 산업을 가늠하고 그 성장을 뒷받침할 연구개발

---

2   중국은 2010년대에 걸쳐 줄곧 '철로·선박·우주항공 및 운수설비 제조업'의 R&D 집중도 (R&D 경비지출/산업생산액)가 모든 제조업 분야 중에서 가장 높았다. 2017년 기준, 중국 제조업 전체의 R&D 집중도는 1.14%, 철로·선박·우주항공 및 운수설비 제조업의 R&D 집중도는 2.53%였다. 여타 선진국에서는 생물의약(BT), 정보통신(IT) 관련 분야의 R&D 집중도가 가장 높은 편인데 중국에서는 의약 제조업(1.97%), 컴퓨터·통신 및 전자설비 제조업(1.88%)보다 철로·선박·우주항공 및 운수설비 제조업의 R&D 집중도가 더 높다. 이러한 중국적 특색은 (우주항공 분야와 더불어) 고속철도 개발에 막대한 R&D 자금을 투입한 데 따른 것이기도 하다.

을 지원한다. 과거 동아시아의 '발전주의 국가(developmental state)'들은 자국 산업의 선진국 추격을 더 직접적으로 지원했다. 하지만 고속철도 부문 육성에 있어 중국 정부는 '기업가적 국가'의 면모를 드러냈다고 할 수 있다(Sun, 2015). 시장에 잠재된 기회를 포착하고 이를 실제 비즈니스로 구현하는 '기업가(entrepreneur)'처럼, 중국 정부가 고속철도 산업에서 새로운 기회를 포착하고, 이를 실제로 구현하기 위해 휘하의 다양한 주체들을 아울러 연구개발 활동을 전개하며, 생산 기업들의 조직 역량과 학습을 강화하고, 제품의 고도화를 추구하는 일련의 과정을 기획하고 조율했던 것이다.

참고로 중국은 2016년 공표한 '제13차 5개년 국가과학혁신계획(十三五国家科技创新规划)'에서 '신형거국체제(新型举国体系)'를 가동하겠다고 밝혔다(新华社, 2016.8.8). 거국체제란, 국가적으로 중요한 목표를 달성하기 위해 국내의 다양한 물적·인적 자원을 동원하고 체계적으로 배치·운용하는 체제를 일컫는다. 여기에 '신형'임을 강조한 것은 자원의 배치에 있어 강제적인 행정수단보다는 시장 메커니즘을 활용하고, 생산품이 아닌 상품, 기술 그 자체가 아닌 시장 가치를 중시하며, 목표의 달성 여부뿐 아니라 그 달성의 경제적 효율을 함께 고려한다는 취지였다(闪电新闻, 2019.2.25). 중국의 고속철도 건설은 이러한 공표에 앞서 추진된 것이지만, 거국체제를 통한 추진의 대표적인 사례라 할 수 있다. 더불어 중국이 2019년 1월 3일, 인류 최초로 달 뒷면에 착륙시킨 탐사위성 '창어(嫦娥) 4호', 중국 자체의 위성항법 시스템 '베이더우(北斗, BeiDou)'의 개발도 거국체제를 통해 이뤄진 것이라 할 수 있다.[3]

---

3   중국은 미국 공군이 운영하는 GPS 시스템에 대한 의존을 줄이기 위해 1993년부터 자체 위성항법 시스템 베이더우를 개발했다. 그리고 마침내 2020년 6월, 55번째 베이더우 위성을 쏘아 올림으로써 시스템을 완성했다. 30cm의 오차범위를 갖는 GPS와 달리, 해상도 높은 최신 기술을 적용한 베이더우는 (적어도 아시아 태평양 지역에서는) 10cm의 오차범위만을 갖고 있는 것으로 알려졌다. 즉, 중국은 미국의 GPS, 유럽의 GALILEO, 러시아의 GLONASS보다 늦었지만 그보다 앞선 기술의 위성항법 시스템을 갖추게 된 것이다. 1997년부터 미국도 기존의 GPS 시스템을 업그레이드하고 있지만 그 작업은 2030년대 중반에야 마무리될 것으로 전망된다(The Economist, 2020.7.18).

현재 중국의 고속철도 차량을 제조하거나, 철로를 시공하고, 고속철도를 운행하는 기업은 대부분 '국유 기업'이다. 대체로 낮은 효율성과 낮은 혁신 지향성을 갖고 있는 것으로 알려진 중국 국유 기업들이 고속철도 산업 부문에서 일궈낸 성과는 일견 놀랍다. 하지만 그 성과의 본질적 주체는 개별 국유 기업이 아닌 국가(혹은 중앙정부)였음을 확인하고 나면 그 의아함은 적잖이 사라진다.

그럼에도 국가의 주도로 중국 고속철도 관련 기업들이 상당한 실력을 쌓게 되었음은 부정할 수 없다.[4] 무엇보다 중국 내 아열대에서 냉대 지방까지, 늪지와 사막, 고원지대에 이르기까지 다양한 고난도 환경에서 시공·운행 경험을 쌓아가면서 중국 고속철도 기업들은 과학적 원리의 이해를 넘어 현장에서 습득하지 않고서는 쌓을 수 없는 암묵적 지식을 축적했음에 주목할 필요가 있다(Zhen, 2016).

중국 고속철도 부문에는 빛나는 성과만 있는 게 아니다. 천문학적 부채의 누적이라는 그림자도 드리워졌다. 중국국가철도집단유한공사(中国国家铁路集团有限公司)의 부채는 2005년 4768억 위안에서 2016년 4조 7200억 위안(한화 약 800조원)으로 10년 사이 10배가량 증가했다.[5] 부채의 절대 규모 또한 어마어마한데 그 상당 부분이 고속철도를 건립하는 과정에서 발생했다(Zhao, 2019).

하지만 이러한 부작용 또한 개별 기업 차원에서 논할 일만은 아니다. 성과의 주체가 개별 기업이기보다는 국가였던 만큼, 그 부작용 또한 국가적 차원에서 평가되어야 한다. 물론 (더 이상 정부기구가 아닌) 기업화된 주체들이 막대한 부채를 안고 있고 이윤 또한

---

4 중국 고속철도에 대해 일군의 비평가들은 서구의 기술을 이전받은 것일 뿐이라 폄하하고, 그 반대편에서는 '자주적 혁신'의 개가라고 치켜세우는 것이 사실이다. 하지만 진실은 그렇게 일면적이지 않다는 게 필자의 판단이다.

5 중국국가철도집단유한공사는 2013년 시진핑 정부 출범 초기에 (새 정부의 조직 개편과 더불어 지난 정부 시기 고속철도 개발·건설 과정에서 불거진 부패문제 등의 처리를 위해) 오랜 '철도부'를 해산하고 기업화한 '중국철도총공사'를 다시 개편하여 2019년 설립한 기업이다. 과거의 부채 규모는 철도부 시절의 것을 추정하여 비교한 것이다.

크지 않은 상황은 지속가능성을 의심케 한다는 점에서 부정적이다. 하지만 중국의 고속철도가 중국의 지역 공간을 재편하고 지역 간 거리를 단축함으로써 가져온 사회경제적 편익에 대한 긍정적인 평가도 더해질 필요가 있다.

중국은 지난 15여 년의 고속철도 개발 과정에서 축적한 지식과 기술, 경험을 '일대일로(육상 및 해상 실크로드 개발 계획)' 전략 위에서 여타국에 수출할 수 있기를 바라고 있다. 축적된 중국의 고속철도 공급 능력을 인근 국가 및 세계 시장에 풀어놓고자 하는 것이다. 하지만 중국의 지정학적 팽창을 견제하는 미국 및 주변국들의 경계 속에 그 보폭은 중국의 기대처럼 빠르진 못할 것이다. 2018년 이후 불거진 미중 분쟁이 양국 간 타협점을 찾더라도 고속철도에 구현된 기술의 원천과 그 지식재산권에 관한 문제가 제기될 가능성이 크기 때문에 중국의 고속철도가 해외로 뻗어나가기까지는 넘어야 할 산이 적지 않다.

중국 제약 및 의료 서비스 산업의 혁신 가능성

제약 및 의료 서비스 산업은 제조업과 서비스업을 아우르는 광범위한 분야이다. 선진 국들과 한국, 중국에서도 급속히 진행 중인 고령화로 인해 미래의 수요가 더 커질 분야이기도 하다. 따라서 선진 각국은 이 분야에 거액의 연구개발비를 투입하고 있고 중국도 예외는 아니다. 현재 중국의 제약·의료 서비스 산업은 여러 차원에서 세계적 수준에 미달한다는 평가를 받지만, 중국 특색의 성장과 혁신의 가능성 또한 품고 있다. 뒤처진 중국의 현실을 둘러보면, 중국 제약 업계에서는 품질 미달의 복제약으로 인한 스캔들, 바이오 신약을 개발하며 새로운 장을 여는 글로벌 기업들에 못 미치는 중국 기업의 역량에 관한 비판이 있고, 또 한편에서는 양질의 병원 의료 서비스가 충분치 않고 그 비용마저 매우 높아 환자 가족들의 불만에 찬 목소리가 있다.

그에 중국 정부는 21세기 들어 공공 의료보험의 확대를 적극적으로 추진해 왔다. 그 성과로, 2000년대 초 60%에 달하던 개인의 의료비 분담 비율은 2015년 이후 30% 미만으로 줄어들었고, 반면 10%대 후반이던 정부의 분담 비율이 30%에 근접하는 수준으로까지 높아졌다. 그럼에도 병원에 갈 일이 많아진 중국 국민들은 여전히 무거운 혹은 커져가는 의료비 부담에 아직 웃지 못하고 있다. 한편 정부는 확대된 공공 의료보험을 뒷받침하기 위한 재정지출이 과도하게 늘어날 것에 대한 우려와 경계심을 갖고 정책을 꾸려가고 있다. 그 일환으로 중국 정부는 약값을 최대한 낮게 유지하기 위해 노력하고 있는데, 그러한 압박 때문에 이윤율이 낮은 중국 제약 업체들은 신약 연구개발에 쏟아부을 자금이 부족한 실정이다.

개별 기업 차원의 제품 혁신과 높은 이윤율 달성이라는 잣대로만 보면 현재 중국 제약 업체들의 평균 점수는 높다고 할 수 없다. 하지만 질병 예방과 치료를 통한 국민건강 유지라는 국가적 차원의 목표에 비춰보면 위와 같은 중국 정부의 정책이 잘못된 것이라고만 단정할 수는 없다. 대다수 국민의 건강을 광범위하게 책임지고자 하는 정부의 제약·의료 서비스 부문은 하나의 사회적 시스템으로 공공성·공익성을 우선에 둘 수밖에 없기 때문이다.[1] 개별 기업 수준의 혁신성과 이윤율을 잣대로 보면 미국 제약 업계가 가장 탁월하지만, 국가적 차원에서 보면 국민들이 의료비로 쓰는 비용이 유독 높아 GDP 대비 17%에 달하는 미국(한편, 기대수명은 OECD 평균 수준에 못 미치는 78.6세에 지나지 않음)이 GDP 대비 의료비 지출 비중이 10%대 초반인 유럽 선진국들, 8%대인 한국(기대수명 82.7세), 5%대인 중국(기대수명 76.5세)보다 더 성공적이라고 보기는 어려운 측면이 있다(〈그림 D-1〉 참조). 2020년 코로나19의 세계적 확산 속에서 미국이 가장 많은 수의 사망자(2020년 한 해 동안 코로나19로 인한 미국인 사망자는 30만 명을 초과함)를 기록한 것은 그를 웅변한다.

하지만 그러한 중국 정부도 제약·의료 서비스 산업 부문의 혁신을 촉진하기 위한 정책을 적극적으로 추진하고 있다. 생물의약(Bio Medical) 산업, 이른바 BT 산업은 2010년대 이후 중국 정부가 야심차게 추진해 온 7대 전략적 신흥 산업 육성정책, 중국 제조 2025 전략에 빠짐없이 들어가 있다. BT 산업 분야의 세계적 화두라 할 수 있는 바이오 신약 개발에도 중국 정부가 상당한 관심을 갖고 중국과학원을 위시한 공공 연구기관, 대

---

1   이 점에 있어 의료 부문은 여타 일반 산업들과 구별되는 특성을 지닌 것으로도 볼 수 있다. 그러한 특성을 고려하여 혁신 논의도 '사회적 혁신(social innovation)'에 관한 것으로 확장될 필요가 있다. 이 책의 혁신 정의[즉, '무언가 새로운 것을 시장에 도입하여 성공(상업적 가치의 창출)을 거두는 것']에 기초하여 '사회적 혁신'을 정의해 본다면 그것은 '무언가 새로운 것을 사회에 도입하여 사회적 가치를 성공적으로 창출하는 것'이 될 것이다.

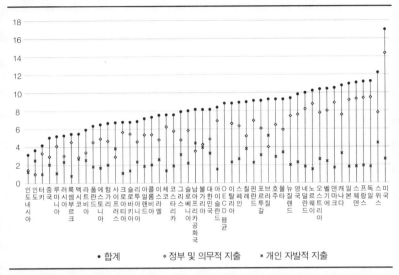

● 합계　◇ 정부 및 의무적 지출　✕ 개인 자발적 지출

자료: OECD(검색일: 2019.12.6).

학, 기업 내의 연구개발에 박차를 가하고 있다.[2] 더불어 기업－대학－연구소 간 산학연

연계 강화를 통해 혁신을 가속화하고 있다.

　신약 개발을 추진함에 있어 중국은 여타 국가들과 구별되는 또 하나의 강조점을 갖고

있다. '중의약(中醫藥) 현대화'를 통한 신약 개발이 그것이다. 우리나라에서는 전통 한방

에 담긴 과학적 지식의 수준에 대한 논란이 적지 않지만, 중국에서는 주목할 만한 성과

를 내고 있다. 2015년 중국 최초의 노벨 생리의학상도 중국의 전통 치료법을 참고하여

식물에서 추출한 물질로 말라리아 치료제를 개발한 투유유(屠呦呦)가 수상했다. 2019년

2　바이오 신약이란, 기존의 화학적 합성약과 달리, 생물체에서 유도한 생물학적 제제(製劑)
　나 유전자 조작기술 등을 활용해 만든 새로운 의약품으로, 환부가 있는 표적 장기에만 작
　용하여 부작용이 적고 치료효과가 크다는 장점이 있으며, 복잡한 분자구조로 인해 후발자
　가 쉽게 모방할 수 없어 혁신 기업의 높은 이윤이 보장된다는 특징이 있다(노성호·이승
　호·은종학, 2017).

말 세계의 이목을 집중시킨 중국 뤼구(绿谷)제약의 알츠하이머, 즉 치매 치료제 개발·시판도 중의약 현대화 노력 속에 이루어진 성과였다. 신약 개발 연구팀을 이끈 겅메이위(耿美玉)는 1997년 일본 동경대학교에서 박사학위를 마치고 귀국하여 중국해양대와 중국과학원 산하 상해약물연구소에 몸담고 있으면서, 중의약 현대화를 기치로 내건 민영기업 뤼구제약과 협력하여 해양 갈조류에서 추출한 생약물질로부터 알츠하이머 치료제를 개발·상품화했다(杨帆·陈斯斯, 2019.11.3).

겅메이위 연구팀이 1997년 시작한 첫 번째 연구 프로젝트라는 뜻에서 'GV-971'이라고 이름 붙인 알츠하이머 치료제는 대학(중국해양대), 공공 연구기관(중국과학원 상해약물연구소), 민영 기업(뤼구제약)이 산학연 연계를 구축해 이뤄낸 성과이기도 하다(杨帆·陈斯斯, 2019.11.3; 百度文库, 2013). 다만, 중국 정부의 승인에도 불구하고 그 약효에 대한 의구심은 중국 내에서도 일부 일고 있어, 최종적 판단은 현재 진행 중인 미국 내 임상시험 결과를 기다려봐야 할 것이다.

앞서 언급한 대로, 현재 중국 개별 제약 기업들의 혁신 역량은 세계적 기업에 비춰볼 때 취약한 편이지만, 국가혁신체제하의 다양한 주체들, 즉 공공 연구기관과 대학 등이 중국 국내외의 기업들과 협력 네트워크를 구축하며 의약 산업의 혁신을 추구하고 있어 미래의 가능성은 상당히 남아 있다.[3] 중국의 대학 및 공공 연구기관의 생물의약 관련 과학연구는 이미 국제 학계에서도 상당한 비중을 차지하는 수준으로 팽창했고,[4] 아직 중국의 약점으로 지적되는 임상연구도 임상연구 대행 전문 플랫폼 기업[대표적으로, 야오밍캉더(药明康德, Wuxi Apptec)] 등이 성장하면서 강화되고 있다.[5] 한편 2019년 6월, 흑자

---

3   맥마흔과 소스타인도티르(McMahon and Thorsteindottir, 2013)는 공공 연구기관이나 대학, 공공 병원이 상당한 역할을 담당하는 중국 등 개발도상국의 첨단 의약·의료 산업의 실제 사례를 바탕으로, '기업'만을 혁신의 주체로 상정하는 기존의 통념은 수정될 필요가 있다고 지적한 바 있다.

4   BT 관련 SCI 학술논문 출간편수 기준으로 중국은 2014년에 영국을 추월하여, 미국에 이어 세계 2위 자리에 올랐다(Tang and Du, 2016).

를 내지 못한 창업 초기 단계의 과학기술 기업도 상장을 통해 재원을 조달할 수 있도록 하는 새로운 '과창판'이 상해 주식시장에 추가 개설됨에 따라, 중국 제약 혁신 기업들이 신약 개발 재원을 조달하는 데 도움을 얻을 수 있을 것으로 기대되고 있다.

코로나19 치료제 및 백신 연구

중국은 코로나19 바이러스 확산의 진원지였지만, 그에 대한 치료제 및 백신 개발에도 신속히 착수해 선진국에 필적하는 모습을 보여주었다(西安交通大学图书馆, 2020. 6.16). 2020년 8월까지 중국은 4종의 백신 후보를 임상 3상 단계까지 진입시켰다. 영국 옥스퍼드대학교와 아스트라제네카(AstraZeneca)의 공동 연구팀, 미국 화이자(Pfizer)와 독일 바이오엔테크(BioNTech)의 공동 연구팀, 미국의 모더나(Moderna), 존슨앤존슨 (Johnson and Johnson)의 연구팀 등이 (백신의 종류와 개발기술은 다르지만) 중국과 비슷한 진도를 보이는 것으로 알려졌다.[6]

물론 중국이 동시다발적으로 내놓은 백신이 진정 안전하고 효과적인 것인지는 추후에나 드러날 일이다. 그러므로 최종적 평가는 훗날로 미루더라도, 전개과정을 기록하는 차원에서 코로나19 백신 개발과정에서 두각을 나타낸 중국 제약 부문의 주요 주체들을 간단히 살펴보고자 한다.

우선, 아데노바이러스 벡터 백신(Ad5-nCoV)을 개발하여 임상 3상에 진입시킨 중국

---

5 중국의 수많은 (잠재) 환자들은 신약개발 연구팀이 필요로 하는 소중한 임상 자원이기도 하여, 중국을 중심으로 한 신약개발이 많아지고 있는데, 그 과정에 참여하는 중국 기업들의 실력 향상도 기대해 볼 수 있는 일이다. 반면, 해외 선진국의 연구팀이 자국 내에서는 윤리적 제약으로 시행이 어려운 임상 실험을 중국에서 시행하는, 이른바 '윤리적 덤핑(ethics dumping)' 문제도 불거지고 있다(The Economist, 2019.2.2).

6 한편 러시아의 푸틴 대통령은 2020년 8월 11일, (1957년 소련이 세계 최초로 발사한 인공위성 스푸트니크호의 이름을 따서) '스푸트니크 V'로 명명한 자국의 코로나19 백신의 등록을 승인했다고 밝혔다. 하지만 스푸트니크 V는 임상 3상을 거치지 않은 상태에서 성급히 등록·승인됨으로써 그 안전성과 신뢰성에 있어 국제적 의심을 샀다.

군사과학원 생물공정연구소[소장 천웨이(陈薇)]와 캔시노 바이오로직스(CanSino Biologics, 康希诺生物股份公司)를 꼽을 수 있다. 군사과학원 생물공정연구소는 인민해방군 산하 기관으로, 군인들 중에서 임상 실험 대상을 대규모로 모집하여 개발 속도를 더 높일 수 있었던 것으로 추정된다. 그 협력회사이자 상품화 개발 주체인 캔시노 바이오로직스[CEO 위쉐펑(宇学峰)]는 사노피 파스퇴르(Sanofi Pasteur), 아스트라제네카, 화이자 등 다국적 제약회사에서 경험을 쌓고 귀국한 중국인 연구자들이 위주가 되어 2009년 국가급 신구인 천진 빈해신구에 설립한 창업 10년을 갓 넘긴 젊은 기업이다(康希诺生物股份公司, 2020.7.20). 특히 군사과학원 생물공정연구소의 여성 과학자 천웨이 소장(중국공정원 원사)은 2020년 9월 8일, 시진핑 총서기로부터 코로나19 사태에 대응해 쌓은 공로로 '인민영웅(人民英雄)' 영예칭호를 받음으로써, 그녀가 백신 개발에 있어 주도적인 역할을 수행해 상당한 성과를 냈음을 시사했다.[7]

천웨이 소장과 함께 코로나19에 대한 대응으로 인민영웅 영예칭호를 받은 또 한 사람은 천진 중의약(中医药)대학의 총장 장보리(张伯礼) 교수(중국공정원 원사)이다.[8] 그는 천진시, 강소성, 호남성 등 중국 전역의 중의들을 모집해 '중의국가대표단(中医国家队)'을 꾸리고 코로나19 바이러스가 창궐한 무한 현장에 내려가 머물며 치료를 진두지휘했다(中国教育报, 2020.3.7). 더불어 그는 코로나19 바이러스의 치료제 개발에 있어 중의약 지식을 접목시킨 공로를 높이 인정받았다. 그에 대한 포상은, 중국이 자국의 생물의

---

7 이날 시진핑 총서기는 코로나19 사태에 총괄책임을 맡은 중난산(钟南山) 광주의과대학 부속 제1병원 의사이자 중국공정원 원사에게 가장 큰 상인 공화국 훈장을 수여하고, 천웨이 소장을 포함한 3명에게 인민영웅 영예칭호를 수여했다.

8 천웨이, 장보리와 함께 인민영웅 영예칭호를 받은 장딩위(张定宇)는 코로나19 바이러스가 창궐한 무한 현장의 병원장이다. 한편, 코로나19 바이러스의 확산 초기, 그 위험을 경고하려다 당국의 징계를 받았고 결국 코로나19 바이러스 감염으로 사망한 무한의 안과의사 리원량(李文亮)은 인민영웅으로 추서되지 않았다. 2020년 초 그를 추모하는 한편 중국 당국의 억압적 조치를 비판하는 포스터들이 다수 제작되어 중국 인터넷에 유포되었으나 현재는 대부분 삭제되어 찾아보기 어렵다.

약 산업을 발전시킴에 있어 자국의 오랜 전통 속에 축적된 지식을 적극적으로 활용하려 함을 드러내 보인 것이기도 하다. 일찍이 투유유가 축적된 중의약 처방전 속에서 말라리아 치료제 개발의 아이디어를 얻고 마침내 노벨 생리의학상을 수상했던 것을 재연해 보고자 하는 것이다.

중국 군사과학원 생물공정연구소와 캔시노 바이오로직스 외에도, 중국의 코로나19 백신 개발은 이른바 '양치(央企, 중앙 국유 기업)' 중 하나인 중국의약집단(中国医药集团, SinoPharm) 산하 중국생물기술주식회사(中国生物技术股份有限公司, CNBG)의 북경과 무한 연구소에서도 각각 이뤄졌다. 코로나19 확산의 진원지이기도 한 무한 연구소의 경우엔 그 지역에 위치한 중국과학원 무한 바이러스 연구소(中国科学院 武汉病毒研究所)와의 협력을 통해 불활화 백신 개발에 착수한 것으로 알려졌다. 또 다른 개발 주체는 북경커싱중웨이(科兴中维)생물기술유한공사(Sinovac)로, 이곳에서도 불활화 백신을 개발 중인 것으로 알려졌다. 북경커싱중웨이 역시 2009년 설립된 젊은 기업인데 그 창업의 중심인물인 인웨이둥(尹卫东) 이사장 겸 CEO는 2003년 중국에 사스(SARS)가 퍼졌을 때 그에 대한 불활화 백신을 개발하는 국가중점 연구과제의 책임자를 맡았던 경력의 소유자로 알려져 있다.

이상과 같은 신약 개발 및 제조 부문 외에, 중국의 또 다른 중요한 혁신은 의료 서비스 부문에서 일어날 수 있다. 즉, 의료 빅데이터와 인공지능 기술을 활용한 원격 의료 서비스가 중국에서 빠르게 확산되고 고도화될 가능성이 크다.[9] 한국에서는 의료법, 개인정보법 등의 규제가 많고, 대형 병원, 소형 의원 소속 의사들의 이해관계가 충돌하며 의료 서비스의 혁신을 제약할 가능성이 상당한데 중국의 사정은 그와 다르다. 오프라인으로 충

---

9 그 한 배경으로 주목할 만한 곳은 심천에 본사를 둔 BGI(Beijing Genome Institute, 华大基因)이다. BGI는 1990년대 인간 유전자 염기서열을 밝혀내는 국제적 협력연구 프로젝트(이른바, 인간 게놈 프로젝트)에 중국이 참여하면서 설립한 중국과학원 산하의 연구소가 진화하여 기업화한 것으로, 현재는 세계 최대의 생물 유전자 정보 보유 및 처리 기업으로 발돋움했다.

분한 의료 서비스가 제공되지 못하는 중국의 현 상황은 오히려 온라인 의료 서비스의 장을 키우고, 이미 빅데이터와 인공지능 기술의 활발한 응용 단계에 들어간 중국 기업들이 정부의 뒷받침으로 의료 서비스 혁신을 주도할 가능성이 크다. 신용카드의 보급이 크게 뒤처져 현금으로만 결제가 이루어지던 중국의 소매금융 시스템이 신용카드를 건너뛰고 스마트폰 모바일 결제 시스템으로 다른 어느 나라보다도 빠르고 전격적으로 이동했던 양상이 의료 서비스에서도 일부 재연될 가능성이 있다.

제4부

중국과 혁신에 대한
이론적 재조명

제11장

중국 성장의 이론적 조명과 반영

1. 중국과 이론, 서로에 비춰보기

앞서 우리는 중국 기업들이 '성장 사다리'를 오르는 모습을 다각도로 살펴보며 주목할 만한 현상들을 정리해 보았다. 많은 사례를 통해 다양한 현상을 포착하려 했지만, 중국 기업 및 산업의 방대함을 감안하면 충분하지는 않다.

이 장에서는 좀 다른 각도에서 그 부족함을 채우는 한편, "중국의 사례와 경험이 요구하는 이론적 확장과 새로운 인식은 무엇인가?"라는 질문에 답해 보고자 한다. 그 거대한 학술적 질문에 대한 이 장의 대답은 완전할 수 없겠지만, 중국에 대한 관찰을 이론과 인식의 틀 차원으로 고도화하는 논의에 물꼬를 튼다는 점에서 의미가 있을 것이다.

이 장의 전개는 다음과 같다. 우선, 기업 성장에 관한 기존의 경영학 이론, 이른바 '기업이론(theory of the firm)'을 간단히 정리하고 그에 중국의 경험을 비춰본다. 그를 통해 중국적 특색을 부각시키고 중국의 경험이 이론적 측면에서 기여할 바를 찾는다. 그다음, 미시적(micro)인 기업이론을 넘어, 중국적 현상에 대한 이해를 높일 거시적(macro) 판도에 관한 논의를 더

한다. 그리고 앞으로 더 많은 이론적·실증적 탐색이 필요할 것으로 보이는 중시적(meso) 수준의 논의, 특히 '장'에 관한 논의를 열어보고자 한다.

2. 기업이론 돌아보기

경영학은 기업 성공의 조건과 성공적인 기업들의 특징을 분석하고 그를 이론화해 왔다. 이를 담은 경영학 교과서에는 미국을 중심으로 한 서구 세계의 경험과 뒤이은 일본의 경험이 주로 반영되어 있다. 최근 중국 기업들에 대한 관심이 증가하면서 대표적인 중국 기업 사례를 교과서에 소개하는 경우가 늘고 있으나, 중국의 경험을 반영하여 이론을 확장하려는 노력은 아직 초보적 단계에 있다고 해도 과언은 아니다.

경영학, 때론 경제학의 한 분야라 할 수 있는 '기업이론' 분야에서도 사정은 마찬가지이다. 물론 이론화·일반화의 과정을 거친 것이니만큼 기업이론이 중국 등 여타 국가의 기업 현상을 아예 설명하지 못하는 것은 아니다. 하지만 서구와 일본, 즉 선진 자본주의 국가의 경험이 주로 녹아 있는 기업이론에 중국의 사례들을 비춰봄으로써 이론을 충실화하는 한편 중국에 대한 이해를 심화하는 것은 이 글을 넘어서도 지속되어야 할 작업이다.

그런 작업의 첫 단추로, 우선 기존의 기업이론을 간단히 살펴보고자 한다. 기업이론을 관통하는 하나의 핵심 질문은 "기업은 어떻게 해야 성공적으로 성장할 수 있는가?" 하는 것이다. 그리고 그 해답을 추구했던 수많은 이론가와 기업 분석가의 연구는 크게 두 줄기로 나뉜다.

하나는 기업을 둘러싼 '외부 환경'에 초점을 맞춘 것이고, 다른 하나는 '기업 내부 역량'에 중점을 둔 설명이다. 앞의 것을 '시장 기반 관점(market-based view)', 뒤의 것을 '자원 기반 관점(resource-based view)'이라고도 부른다. 전자는 기업이 대면하고 또한 그 속에서 살아가야 하는 '시장'(제품시장, 요소시장 등 포함)에 주목하고, 후자는 기업 조직 내부에 축적되는 '자원'에 초점을 맞추기 때문이다. 이를 하나씩 소개하면 다음과 같다.

시장 기반 관점의 대표 주자는 경영전략 분야의 대가로 손꼽히는 마이클 포터(Michael Porter)이다. 포터(Porter, 1979, 1985, 1990)는 기업의 성과에 영향을 미치는 환경을 다음의 5가지 요소로 파악했다. ① 신규 진입자의 등장 가능성, ② 대체재의 등장 가능성, ③ 구매자/소비자의 협상력, ④ 공급업체의 협상력, ⑤ 경쟁 기업의 분포이다. 즉, 우리 기업이 터를 잡은 영역에 신규 진입이 쉽지 않고, 우리 제품을 대체할 제품이 등장하지 않고, 우리 제품을 구매하는 소비자의 목소리가 약하고, 우리 기업에 납품하는 공급업체의 목소리가 약하고, 경쟁 기업이 지지부진하면 우리 기업의 성과는 좋고 또 그렇게 성장할 수 있다는 것이다(〈그림 11-1〉 참조).

그런데 포터가 다섯 가지 요소로 구조화한 외부 환경은 산업별로 차이가 나기 마련이다. 따라서 "유리한 외부 환경을 누릴 수 있게 전략적으로 포지셔닝(strategic positioning)하라"라는 포터의 조언은 현실적으로는 '성과를 내기 좋은 환경을 갖춘 산업으로 옮겨가며 성장하라'라는 말이기도 했다.

포터의 위와 같은 분석과 제언은 경영학계와 컨설팅 업계를 오랫동안 풍미했다. 하지만 이는 해당 기업 내부를 도외시한 외부 환경 중심의 관점, 그리고 '산업을 옮겨 다니라'라는 주문의 비현실적인 측면 때문에 비판을 받았다. 기업이 특정 산업에서 오랜 기간에 걸쳐 경험과 지식을 습득하여 역량을 쌓고 그러한 일종의 진화과정 속에서 성장하는 측면, 또한 그렇게 뿌리내린 특정 산업 영역에서 쉽게 다른 산업으로 옮겨 다닐 수 없는 측면 등을 간과했다는 것이다(Tidd, Bessant and Pavitt, 2009).

시장 기반 관점의 허점은 새로운 기업이론의 발전에 자리를 내어주었다. 바로 자원 기반 관점의 기업이론이다. 자원 기반 관점의 기업이론은 서로

그림 11-1 **마이클 포터의 다섯 가지 요소**

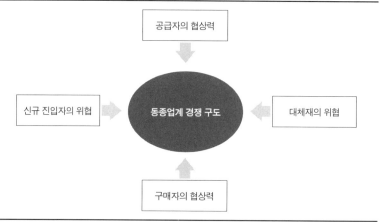

자료: Porter(1985: 5).

다른 강조점과 용어를 구사하는 다수의 학자들(Penrose, 1959; Richardson, 1972; Wernerfelt, 1984; Barney, 1991; Conner, 1991; Kogut and Zander, 1992; Conner and Prahalad, 1996)에 의해 진화·발전했다. 그 이론적 진화를 간략히 들여다보면 아래와 같다.

'자원'의 범주와 관련해서는 기업이 보유한 유형의 자원뿐 아니라 무형의 자원(Itami, 1987)까지로 연구 대상이 확대되어 왔다. 특히 후자와 관련해 '지식'을 중심으로 한 논의(Demsetz, 1988; Kogut and Zander, 1992; Nonaka, 1994)가 다각도로 전개되었다. 한편, 자원 자체보다는 가용한 자원을 조합해 내는 기업의 '역량'에 초점(Prahalad and Hamel, 1990)을 맞추거나, 변화하는 외부 환경을 감지하고 끊임없이 재적응하는 '동태적 역량(dynamic capability)'에 주목(Teece, Pisano and Shuen, 1997)하는 것도 자원 기반 관점으로 포괄할 수 있는 연구의 줄기이다. 더불어 기업이 가진 외부적 연계와 네트워크를 중요한 자원으로 파악하는 '관계적 관점(relational view)'(Dyer and Singh,

1998; Burt, 2003) 역시 자원 기반 관점의 한 줄기로 볼 수 있다.

하지만 그 다양한 줄기들에 공통적인 것은 성공적인 기업 성장을 이끄는 것은 기업 조직에 꾸준히 축적한 경영자원과 역량이라는 인식이다. 또한 자원 기반 관점은 (같은 산업, 즉 같은 외부 환경 속에 놓인 개별 기업들 간의 차이를 인식하지 못했던 포터 등의 시장 기반 관점과 달리) 개별 기업들이 각기 다른 성장 혹은 진화의 과정을 거치며 형성한 나름의 개성 혹은 특이성에 주목했다.

그런데 위와 같은 자원 기반 관점은 경영학자들이 1980년대와 1990년대를 거치며 일본 기업들이 조직적 역량(organizational capability)을 바탕으로 미국 기업들을 추월하는 것을 목도하며 그에 대한 반성 속에 발전시킨 경영학 이론이기도 했다. 일본 기업들은 생산 공정을 체계적이고도 유연하게 다듬고, 치밀한 품질관리를 통해 성과를 냈다. 그러한 노력을 통해 부상한 일본 기업의 사례들(도요타, 혼다, 캐논, 마쓰시타, NEC, 샤프 등)은 미국의 대일 반성적 경영학 이론이라 할 수 있는 자원 기반 관점의 기업이론으로 정리되었고, 그것은 다시 미국 기업이 일본 기업을 거꾸로 벤치마킹하는 교재로 MBA 스쿨 등에서 널리 활용되었다.

3. 중국, 기업이론에 비춰보기

'시장 기반 관점', 특히 포터의 다섯 가지 요소들을 살펴 평범하게 해석할 수 있는 기업의 성공 혹은 실패 스토리는 중국에도 많다. 사다리 하단 부근에 수많은 중국 민영 기업들이 진입했지만 제대로 성장하지 못하고 정체하거나 사다리 아래로 추락했던 일도 포터의 5요소 이론으로 설명할 수 있다. 즉, 중국의 개혁개방은 새로운 시장기회를 창출했지만, 진입이 쉬운 저위

기술 산업(low-tech industry)에서는 별반 대단할 것도 없는 고만고만한 민영 기업들이 대거 진입하여 서로가 서로를 대체하는 치열한 경쟁에 빠져들었고, 구매자에 대해서나 부품 공급업체에 대해서 높은 협상력을 갖지 못했기에 기업의 축적과 성장을 일궈내기 어려웠다고 해석할 수 있다. 반면, 일부 산업(예컨대, 자동차)에서 각 지방정부의 비호 아래 있던 국유 기업이 해당 지역에서 독점적 지위를 누리며 신규 진입자나 대체재의 위협이 차단된 상태에서 수요자나 공급업체에 대해 큰 발언권을 갖고 적어도 그 지역 안에서 어느 정도까지 성장할 수 있었던 것도 포터의 틀로 설명할 수 있다.

중국적 특색이 더 농후한 현상도 포터류의 시장 기반 관점에서 어느 정도 해석할 수 있다. 2010년에 창업하여 5년 만에 중국 스마트폰 시장에서 삼성전자를 추월하고 다양한 스마트 기기 및 가전제품으로 영역을 빠르게 확대한 샤오미의 기업 사례, 다양한 공급업체 풀(pool)을 활용하여 급속히 성장하는 중국 전기 자동차 산업의 사례를 포터는 협상하기 쉬운 다수의 다양한 공급업체들이 기업의 성장을 촉진한 경우로 해석할 것이다.

하지만 그러한 포터류의 해석은 세계 어느 나라보다도 다양한 제조업 생산 기반을 갖춘 중국의 산업 생태계를 그저 하나의 조건으로 해석할 뿐, 특별한 중국적 환경의 조성에 대해선 논하지 않는다는 점에서 부족한 설명이라 할 수 있다.

한편, '자원 기반 관점'에서 중국을 바라보는 학자들이 가장 주목하는 현상은 중국의 '연구개발비'와 '특허'의 증가 추이이다.[1] 우선 그 현황을 들여

---

1   기업의 연구개발 활동은 새로운 지식을 창출하고자 하는 노력으로 해석할 수 있고, 그에 투여한 금액의 많고 적음에 따라 해당 기업에 향후 축적될 역량과 지식을 어느 정도 가늠할 수 있다는 점에서 유의미한 관찰 대상이다. 특허 또한 해당 기업이 축적 혹은 획득한 기술 지식이 어느 정도인지를 가늠하는 유용한 잣대이다.

그림 11-2 **중국의 R&D 집약도 추이**   단위: %

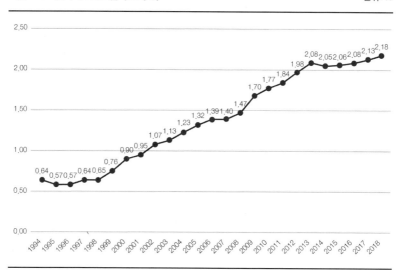

주: R&D 집약도=R&D 지출총액/GDP
자료: 国家统计局(각 연도).

다보면 〈그림 11-2〉와 〈그림 11-3〉과 같다.

〈그림 11-2〉는 중국의 GDP 대비 연구개발비 지출 총액 비율, 즉 중국의 R&D 집약도를 보여준다. 주지하듯, 1990년대 이래 중국의 GDP 성장률은 세계에서 가장 높은 수준을 기록했는데, 중국의 R&D 지출은 그보다 더 빠른 속도로 늘어나 R&D 집약도가 지속적으로 상승했음을 볼 수 있다. 중국의 R&D 집약도는 2002년 처음 1%대에 접어들었고, 2013년에는 2%를 넘어섰으며, 2020년에는 2.40%를 기록했다.

〈그림 11-3〉은 중국 내 발명특허 등록 건수의 증가 추이를 보여준다. 2007년에는 중국의 특허 당국[즉, 지식산권국(知识产权局)]에 발명특허를 등록하는 외국인이 중국인보다 많았다. 그러나 2010년경부터는 중국인의 발명특허 등록이 외국인을 크게 넘어서기 시작했고, 2014년에는 중국인의 발

그림 11-3 **중국 내 발명특허 등록 건수 추이**   단위: 만 건

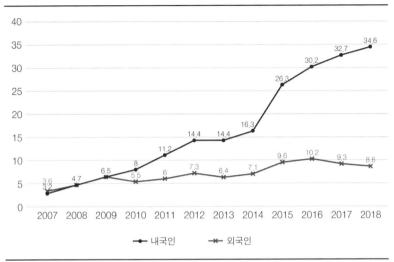

자료: 科學技術部(2019b).

명특허 등록이 폭발적으로 증가하여 2018년 현재 양자 간의 차이는 4배가
량으로 벌어졌다. 이는 중국 기업의 지적(知的) 고도화가 이뤄져 왔음을 보
여주는 증거라 할 수 있다.

위와 같은 중국 기업의 R&D와 특허 출원 증가는 그 자체로서 기업의 기
술력 향상을 보여주는 것이기도 하지만, 외부의 지식을 흡수할 수 있는 기
업 능력(즉, 흡수 능력)의 증강이라는 점에서 더 큰 의미가 있을 수 있다.

그런데 기업 조직에 축적되는 무형의 자원, 혹은 지식은 연구개발비와 특
허 건수로 완전히 파악할 수 있는 것이 아니다.[2] 과학기술 전문가들이 포진

---

2   이 두 가지는 기업의 무형 자산을 (이례적으로) 금액이나 건수 등 명확한 숫자로 파악할
     수 있게 한다는 점에서 그간 계량적 연구를 하는 많은 경제학자들이 선호했다. 하지만 그
     들도 연구개발비와 특허 건수로 기업이 축적한 무형의 자원을 모두 파악할 수 있다고 믿

된 연구개발 센터가 기업의 유일한 지식 창출 및 축적 기관인 것은 아니다.

룬드발 등은 기업이 지식을 획득하는 다양한 학습 채널이 존재함을 이론적·실증적으로 증명한 바 있다. 흰 가운을 입은 사내 연구소의 과학기술자가 아니더라도 각 현장의 담당자는 '스스로의 시도·실천을 통한 학습(Learning by Doing)', '타인의 제품·서비스 활용 경험을 통한 학습(Learning by Using)', '타인과의 상호작용을 통한 학습(Learning by Interacting)' 등 약칭 'DUI'를 통해 지식의 창출과 축적을 이뤄낼 수 있다는 것이다. 그리고 그러한 현장 경험을 통해 사람에게 체화되는 '암묵적 지식(tacit knowledge)'이 과학기술 연구를 통해 밝혀져 논문이나 책, 특허에 명기되는 '명시적 지식(explicit knowledge)'보다 덜 중요하지 않으며 두 가지가 한데 어우러져 기업의 소중한 지적 자산을 구성한다는 것이다.[3]

사실 기존 학계나 일반의 논의는 혁신을 과학기술 개발과 동일한 것으로 오해하는 경우가 많았다. 또한 혁신은 경제 시스템 내부가 아닌 외부의 과학기술계에 의해 촉발되는 것이라는 생각에 빠져 있곤 했다. 경제학자들이 연구개발 활동과 특허 건수에 주목해 온 것은 그 계측의 용이성과 연구의 편의성 때문이지, 그것이 기업 내에 축적된 지식의 전부이기 때문은 아니

지는 않는다. 공식적인 연구개발 활동으로 잡히지 않는 다른 다양한 활동을 통해서도 기업은 학습할 수 있으며, 기업의 지적 성과가 모두 특허로 등록되는 것도 아니기 때문이다. 지적 성과물의 성격상 특허로 보호받을 수 없는 경우도 많으며, 기업이 전략적으로 자신의 지적 성과를 공개·공유하거나 특허가 아닌 다른 방식(예컨대, 영업비밀)으로 그를 보호하는 경우도 많다.

3 룬드발과 그의 동료들은 외부의 과학·학술계에서 도입하거나 사내에서 연구개발한 과학기술 지식을 활용한 혁신을 'STI(Science-Technology-Innovation)'라 칭하고 그와 대별하여 현장의 학습을 'DUI(Doing-Using-Interacting)'라 칭한 뒤, 양자를 계측하고 그들이 기업 성과에 미치는 영향을 실증·분석하여 후자의 중요성을 밝혔으며 STI와 DUI가 '상호 보완적'이라는 사실도 검증했다(Jensen et al., 2007).

었다. 룬드발은 이 점을 새삼 바로잡고자 한 것이다.

이상과 같은 룬드발 등의 논의는 기업의 내부 자원, 특히 지적 자원 및 역량을 구축하는 활동으로서의 '학습'에 주목케 하고 또 그 학습의 채널이 다양하게 존재함을 보여주었다.[4] 그런데 중국과 같은 개발도상국의 관점에서 생각해 보면, 선진국 사례 기반의 이론적 논의가 놓치거나 충분히 강조하지 않은 유용한 학습 채널이 더 있을 것으로 보인다.

우선, 흔히 비난의 대상일 뿐이지만 '모방(copying)'도 후발 기업의 중요한 학습 채널일 수 있다. 쉽사리 베끼고 마는 (기업의 역량 강화에 대한 기여가 없는) 모방도 있지만, 상당한 노력과 실력을 요구하고 또 그를 이뤄내는 모방도 있다. 특히 후자의 경우는 모방이라는 행위 자체가 지식과 역량을 쌓는 학습의 과정일 수 있다는 사실을 인정할 필요가 있다.

또한 선진국의 기업이 개도국 현지 기업에 기술과 지식을 넘겨주는 '이전(transferring)'도 사전적·사후적으로 학습을 일으킬 수 있다. 선진국이 낮은 이윤율로 인해 흥미를 잃은 산업 부문을 포기하듯 개도국에 넘기는 경우도 있겠지만, 적잖은 경우 '이전'은 개도국 혹은 개도국 기업이 가진 실력에 의해 유도되고 또 그 성공적 완수를 위해 추가적인 학습이 필요하기 때문이다.

물론 위의 두 가지(모방과 이전) 외에도 개발도상국에 특수한 학습채널이 더 있을 수 있다. 하지만 위의 두 채널은 중국에 매우 전형적인 것으로 보인

---

4   룬드발은 '지식' 그 자체보다는 그를 획득·체화하는 과정으로서의 '학습'을 중시했다. 그는 현대는 제품·서비스에 녹아든 '지식의 총량'이 많아서 과거와 구별되는 것이 아니라, 제품·서비스에 새로이 추가되는 '지식의 부가분(附加分)'이 많고 또 그것이 신속히 갱신된다는 점에서 과거와 차별적이라고 보았다. 따라서 지식이라는 '저량(貯量, stock)'이 아니라 학습이라는 '유량(流量, flow)'으로 현대 경제의 특징이 더 잘 포착된다고 보았다. 그와 같은 맥락에서 룬드발은 현대를 '지식 기반 경제'라고 규정하기보다는 '학습 경제(learning economy)'라고 하는 것이 더 적합하다고 주장했다.

다. 모방(C)과 이전(T)도 부분적으로는 룬드발의 DUI 범주 안에 포함될 수 있겠지만,[5] 중국의 경험에 비춰 기업 학습의 채널을 'DUI'에서 'DUICT'로 확장하는 것이 이론적·실제적으로 유용할 것으로 판단된다. 중국적 경험에 비춰 기업의 내적 역량을 키우는 데 기여하는 채널로 추가한 '모방'과 '이전'에 관해서는 아래 두 소절에서 좀 더 상술하고자 한다.

4. 모방

중국은 '모방 대국', '짝퉁 천국'이라는 오명을 안고 있다. 이는 중국에 대한 도덕적 질책이자 중국의 창의성과 기술 수준에 관한 폄하를 담고 있는 말이다. 하지만 모방이 후발국가 혹은 기업에 유용한 학습의 채널일 수 있다는 점도 주목해야 한다. 사실, 거의 모든 학습에는 모방의 행위가 담겨 있다. 배우고자 하는 이 혹은 그 대상을 따라해 보고자 하는 것이 학습의 기본 과정이기 때문이다. 언어를 배우거나, 자전거 타는 법을 익히거나, 여러 대에 쌓여온 지식을 습득하는 데도 모방은 빠뜨릴 수 없는 과정이다.

인지심리학자 로버트 와이스버그(Robert Weisberg)는 천재 화가 피카소가 대작(大作) 〈게르니카〉를 완성하고 제임스 왓슨(James Watson)과 프랜시스 크릭(Francis Crick)이 'DNA의 이중나선구조'를 밝혀내는 과정에서도 타인의 작업에 대한 모방이 중요한 공헌을 했음을 보였다(와이스버그, 2009). 모방과 창조(혹은 혁신)의 경계가 의외로 흐릿하고 서로 연결되어 있다는 사

---

5 '이전'은 룬드발이 지적한 '상호작용(interacting)'을 통한 학습의 한 유형이라고도 할 수 있어 완전히 누락되었던 것이라 할 수는 없지만, 중국과 같은 개발도상국을 상정할 때 외자 기업-현지 로컬 기업 간 상호작용을 좀 더 특정하여 다룰 필요가 있다.

실을 드러낸 것이다. 다만, 서구의 많은 논자들이 모방을 학습의 한 채널로 적극적으로 인정하지 않는 이유는 성장의 방식이 이미 고도화된 선진국의 맥락에서 모방은 상대적으로 덜 중요할 뿐 아니라, 지식재산권 보호라는 (주로 선진국의 이해관계에 부합하는) 국제적 규범에 배치되는 측면이 있어서 일 수 있다.

그러나 일본, 한국, 대만, 중국 등 동아시아의 나라들뿐 아니라 과거 미국과 서구 유럽의 여러 나라들도 개발도상국 단계에서 모방을 학습 및 추격의 유효한 수단으로 활용했다(장하준, 2004). 또한 라우스티알라와 스프링맨(Raustiala and Sprigman, 2012), 센카(2011) 등은 모방이 오늘날 선진국에도 엄존하고, 기업 성장의 중요한 전략일 수 있으며, 적어도 일부 산업(예컨대, 요리, 패션의류 등)에서는 해당 산업의 역동성을 뒷받침하는 핵심 요소라고 평가한다.

물론, 모방을 넘어 혁신으로 가기 위해서는 충족시켜야 할 '이행조건'이 있다. 김인수(Kim, 1997)는 『모방에서 혁신으로』라는 저작에서, 한국 기업들이 '복제성 모방(duplicative imitation)'에서 시작해 '창의적 모방(creative imitation)'으로, 그리고 '혁신'을 수행하는 단계로 나아간 과정을 탐구하면서, 그러한 이행의 중요한 한 가지 조건이 '집중적인 학습(intensive learning)'이었음을 포착했다.

모방은 흔히 손쉬운 것이라 형용되지만, 학습과 역량을 구축하는 과정으로서의 모방은 수고스러운 노력을 요구한다. 수입 완제품을 해체하고 분석해 그 제조 방법을 터득하는 이른바 '리버스 엔지니어링(reverse engineering)'은 동아시아의 개발도상국들이 추격의 수단으로 삼았던 것인데, 사실 그것은 친절히 설명해 주는 교사라고는 없는 고단한 독학의 과정이기도 했다.

요컨대 모방은 혁신의 전(前) 단계일 수 있지만 그 이행이 저절로 이뤄지는 것은 아니다. 이 점은 중국도 일찌감치 파악하고 있는 바이다. 중국 정부의 과학기술 발전전략을 수립하는 데 핵심적인 역할을 하는 과학기술부 산하 중국과학기술발전 전략연구원의 왕위안(王元) 부원장은 일찍이 필자와의 인터뷰(2011.6.14)에서 "현재 중국 기업들은 다른 어느 나라의 기업들보다도 신속하게 양질의 모방품을 만들어낼 수 있는 수준에 이르렀다. 우리는 중국 기업들이 단순한 복제에 그치지 않고 모방과정에서 기술 역량을 키워가고 있는 것에 주목하고 있다"라고 말했다. 이는 중국의 정책 당국이 모방을 단순히 숨겨야 할 치부나 선진화를 위해 제거해야 하는 독소로 인식하기보다는, 모방의 구체적인 성격과 모방과정에서 발생하는 학습 및 기업 역량 강화에 관심을 기울이고 있음을 보여준다.

이미 오늘날 중국 내수시장은 그저 저렴하기만 하면 통하는 곳이 아니며, 중국 기업의 모방도 그저 조악한 눈속임 수준에 머물러 있지 않다. 중국의 많은 기업들은 모방의 수준을 높여 품질까지 챙기면서 소비자의 호응을 얻어내고 있다. 저열한 모방품을 만들던 3류 기업에서 2류, 1.5류 기업으로의 향상이 이뤄지고 있는 것이다. 서구 중심 경영학의 오랜 관심은 1류 기업의 '베스트 프랙티스(best practice)'이고 그를 벤치마킹하려는 것이었지만, 현대 중국의 기업 현상은 3류가 2류, 1.5류로 올라서는 것의 중요성을 웅변한다.

주기적으로 대중매체는 세계에서 가장 큰 기업들이라는 '글로벌 500'(경제전문지 《포춘(Fortune)》 발표)에 포함된 중국 기업이 몇 개나 되는지 세곤한다. 글로벌 500 속에 포함된 100여 개에 달하는 중국 기업들 중 상당수는 중국 중앙정부가 직접 관할하는 대형 국유 기업, 이른바 '양치(央企)'(중앙급 국유 기업의 약칭)이다.[6] 그런데 글로벌 500 중 5분의 1 이상이 중국 기업이라는 것을 한껏 추켜세우며 중국의 부상을 이야기하다가도, 덩치가 아니라

---

6   자세한 기업 현황은 제12장의 〈표 12-2〉를 참조할 것.

실력으로 주목할 만한 민영 기업이 많지 않음을 근거로 중국의 허구성으로 논점을 돌려버리기도 한다.[7]

하지만 중국 기업 성장의 진면목을 보기 위해서는 그러한 리스트에 포함되지 않은 기업들도 살펴야 한다. 세계 500대 기업에 포함된 중국 기업들은 주로 광대한 중국 국내에 독점적 서비스를 제공함으로써 덩치를 키운 석유, 전력, 통신 등 국유·서비스 기업이다. 알리바바, 텐센트, 화웨이 등 주목할 만한 민영 기업의 부상도 일부 눈에 띄지만 이들은 민영경제라는 빙산의 꼭대기 일각이다. 따라서 그들만을 기업 성장의 성공 사례로 보는 것은 부족할 뿐 아니라 부정확하기도 하다. 모방의 고도화를 통해 성장하는 중국 기업들은 세계 최대, 1류라는 이름을 단 자리에까지는 잘 오르지 못하지만 3류에서 2류, 1.5류로 발돋움하며 중국 경제의 무게중심도 그만큼 끌어올리고 있다는 점을 유념할 필요가 있다.

그럼에도 모방을 통해 현대 중국 기업들이 광범위한 진화를 일궈내고 혁신 주체에 가까워지고 있다고 단정 지을 수는 없다. 그들 중 많은 수는 모방에 창의를 더해 혁신으로 옮아가지 못하고 모방에 고착되어 지속적인 성장은 하지 못한 채 생존의 위기에 부닥치고 있다.

그것은 모방에서 혁신으로 가는 이행의 궁극적인 조건이 '새로운 인식의 틀'을 갖추는 것임을 상기시킨다. 철학자 김상환(2015)은 창조적 행동에 상응하는 인간의 인식 능력은 '사실에 대한 기억'이나 '이성적 사유'와는 다른, 기존의 실재로부터 벗어나는 '탈문맥화된 상상력'이라 했다. 모방에 갇힌

---

7   《포춘》의 2020년판 '글로벌 500'에는 미국 기업 121곳과 중국(홍콩 포함) 기업 124곳이 포함되어 처음으로 중국이 미국을 넘어섰다. 2020년판 '글로벌 500' 중 1위 기업은 미국의 월마트(Walmart)였고, 그 뒤로 중국의 중국석유화공(Sinopec), 국가전력망(State Grid), 중국석유천연가스(CNPC)가 2~4위를 이었다.

마인드 셋(mind set)으로는 비록 집중적 학습을 통해 역량을 키운다 하더라도 혁신을 주도하기는 어렵다는 뜻이기도 하다.

모방을 학습의 수단으로 보고 그를 통해 역량을 강화하는 데 적극적이고 전략적인 중국이지만, 인식의 틀마저 새롭게 하여 혁신을 주도하는 단계에 안착할 수 있을지는 아직 더 두고 봐야 할 일이다.

5. 이전

이전을 통한 중국 기업의 역량 강화는 선진 외자 기업의 중국 내 직접투자로부터 시작한다. 하지만 외자 기업은 개발도상국 정부가 유치한다고 해서 곧바로 그리로 움직이고 지식을 이전해 주는 수동적 객체가 아니다.

따라서 외자 기업을 능동적 주체로 보고 그들의 행동을 이해할 필요가 있다. 타국에서 겪어야 하는 이른바 '외국인 비용(liability of foreignness)'을 치러야 함에도 기업이 국경을 넘어 해외직접투자(Foreign Direct Investment: FDI)를 하는 경우들을 더닝(Dunning, 1991)은 다음과 같이 정리했다. 기존의 여러 이론을 종합했다고 하여 더닝의 주장은 '절충이론(eclectic theory)'이라는 이름으로 불린다.

첫째, 기업이 독보적인 기술력이나 경영 노하우, 브랜드 등을 보유하고 있는 경우(즉, '소유 우위(ownership advantage)'인 경우)이다. 둘째, 기업에 요긴한 자원(천연자원, 저임 노동력, 값싼 공장부지 등)을 해외에서 유리하게 구할 수 있는 경우('입지 우위(location advantage)'인 경우)이다. 셋째, 기업이 해외로 확장하는 과정에서 해외 현지의 업무를 타사와의 계약을 통해 위탁 처리하는 것보다 직접 관할하는 것이 효과적이라고 판단하는 경우('내부화 우위(internalization advantage)'인 경우) 등이다.

더닝이 종합한 것 외에, 외자 유입(기업의 입장에서는 해외직접투자)은 해당 산업이 성숙·노화하여 선진국에서 후진국으로 이전되는 경우에도 발생한다. '산업의 생명주기(industry life cycle)'를 바탕으로 한 설명이다. 또한 해당 지역이 높은 무역 장벽에 둘러싸여 있어 수출 등 다른 방법을 통한 진입이 어려운 경우 해당 지역에 직접투자해 기업을 설립하여 운영하고자 하는 경우에도 발생한다. 그런데 위의 어떤 경우에도 해외직접투자를 감행하는 기업이 기술이나 지식의 이전 그 자체를 목표로 하는 경우는 없다. 불가피하여 염두에 둔다 하더라도 그것을 '필요 최소한'으로 제한하려 노력하는 것이 일반적이다.

일찍이 덩샤오핑은 1978년 개혁개방 직후 싱가포르를 방문했다. 외자 기업 유치를 경제성장 전략으로 삼던 싱가포르 순방길에 그는 자국 언론을 통해 외자 기업을 유치하는 것의 장점을 중국 전역에 설명했다. 기술과 경영 노하우를 습득할 수 있고, 국내 고용과 세수를 창출할 수 있다는 것이 주된 내용이었다(吳曉波, 2007). 하지만 실제로 외자가 스스로 이전하는 것은 자본과 설비였지, 기술과 경영 노하우는 아니었다. 후자는 오히려 외자가 보호하고 싶어 하는 것이었기에 그를 얻어내는 것은 중국의 노력에 달린 것이었다.

실제로 FDI가 중국의 지식 축적에 얼마나 기여했는지에 대해서는 계량적 연구 결과가 긍정적이지만은 않다. 장샤오쥐안(江小涓, 2002), 류와 왕(Liu and Wang, 2003)을 포함한 많은 연구는 FDI가 중국의 경제성장과 기술 수준 향상에 기여했음을 보인 바 있다. 그러나 상해, 강소, 광동 등 중국 내 주요 지역을 대상으로 한 첸과 첸(Chen and Chen, 2004)의 연구는 FDI와 현지 중국 기업의 기술 능력 간에 통계적으로 유의한 정(正)의 관계가 존재하지 않음을 보였다. FDI의 대중 지식 이전 효과에 대한 회의적인 연구 결과는 이 밖에도 많다(王允貴, 1998; 王軍, 1999; Young and Lan, 1997; Huang,

2001; Huang, 2003). 21세기로 접어들던 시점에 종래의 '시장환기술' 전략에 대한 반성이 중국 내에서 크게 일어난 것도 그와 같은 맥락에서였다.

개발도상국의 FDI 유치가 해당국 경제에 미치는 효과에 대해서는 국제적으로도 이론 및 실증 연구의 결론이 긍정(Kokko, 1994; Liu et al., 2000)과 회의 혹은 부정(Haddad and Harrison, 1993; Damijan et al., 2001; Aitken and Harrison, 1999)으로 엇갈려 왔다. 그런 가운데 더 최근 연구의 초점은 FDI가 개도국 현지의 경제성장과 기술 능력 향상에 긍정적으로 기여하게 하는 경제사회적 조건의 탐색에 모아지고 있다. 1970년대 멕시코의 자료를 바탕으로, 외자 기업과 현지 기업 간의 '기술적 격차가 작을수록' 외자 기업으로부터의 기술 파급이 활발해지고 경제성장이 촉진된다는 사실을 밝힌 코코(Kokko, 1994)와, 1990년대 영국 제조업의 자료를 바탕으로 비슷한 결론을 도출한 거마, 그린어웨이, 웨이클린(Girma, Greenaway and Wakelin, 2001)의 연구를 대표적으로 꼽을 수 있다. 톨렌티노(Tolentino, 1993)도 라틴 아메리카의 경험을 토대로, 해외직접투자를 유치하는 개도국이 '일정 수준 이상의 기술 역량을 보유'하고 있지 못할 경우에는 대량의 해외직접투자가 '종속적 발전'을 야기하고 심지어 개도국의 기존 기술 기반을 무너뜨릴 수도 있다고 지적했다.

한편, 해외직접투자를 유치하여 기술을 획득하려 한 중국의 전략 혹은 희망이 기대만큼 이뤄지지 않은 데는 중(中)-외(外) 합작·합자 기업의 중국 측 파트너가 대부분 '국유 기업'이었다는 사실과도 관련이 있다. 그리고 그러한 미시적 구조는 중국 정부가 정책적으로 유도한 측면이 강하다. 중국 정부는 외자(外資) 단독으로 중국 내에 기업을 설립하는 것을 제한하는 한편, 국내 사영 기업들이 진입할 수 있는 산업 영역 또한 제한함으로써, 국유 기업이 외국 자본의 파트너가 되어 주요 산업을 떠받치도록 했다. 이 제한은 시간이 지남에 따라 단계적으로 완화되었지만, 1978년 개혁개방 이후

근 한 세대 동안 중국 국유 기업들은 외자로부터 지식을 이전받거나 그들을 학습해야 하는 주요 주체로 설정되어 있었다. 그런데 그들은 국유 기업의 특성상 학습에 그리 강력하게 동기부여가 되지 않았다. 그 결과, 지식의 이전과 그를 바탕으로 한 중국 토종 기업의 추격과 성장은 기대에 미치지 못했던 것이다. 재미 중국계 교수 황야성은 위와 같은 정책적 설계가 중국 내 사영 기업의 성장을 가로막고 중국이라는 국가에 생겨나는 많은 비즈니스 기회를 외국 자본이 독식할 수 있게 한 것이라며 강하게 비판하기도 했다(Huang, 2001, 2003).

하지만 외자 기업을 통한 기술·지식의 학습과 중국 기업의 역량 강화가 없었다고는 할 수 없다. 이전을 통한 학습과 역량 강화의 길이 완전히 막혀 있었던 것은 아니다. 일정한 조건, 즉 기업의 강력한 '학습 의지(willingness to learn)'와 외래 기술을 습득할 수 있는 일정 수준 이상의 '흡수 능력'을 갖춘 기업들은 외자 기업으로부터의 이전을 통한 학습과 역량 강화를 실현했다. 때로 그 둘의 조건이 미비한 기업들이라 하더라도 (중국 내 거대 시장에 대한 접근권을 바탕으로 하는 등의) '협상력(bargaining power)'을 바탕으로 외자의 기술을 흡수하여 역량을 강화할 수 있었던 것으로 보인다.

되짚어보면, 고도성장 초입 단계에서 유입된 외국 자본이 자국 경제에서 차지하는 비중은 중국이 과거 개발도상국 시기의 일본이나 한국보다 훨씬 높았다. 〈그림 11-4〉를 보면, 일본의 FDI/GDP 비율은 1% 미만을 내내 유지했고, 한국은 1997년 외환위기 이전에는 1% 미만, 이후엔 1~2% 정도였음을 알 수 있다. 반면, 중국은 FDI/GDP 비율이 1994년 6%까지 치솟고 이후 점차 낮아졌지만 2010년 즈음까지도 4%대를 오르내리는 높은 수준이 유지되었음을 알 수 있다.[8]

그와 같이 높은 중국의 외자 의존도는 1990년대 이후 중국이 고도성장을 거듭하던 중에도 중국 경제를 이끄는 주인공이 중국 토착 기업이라 볼 수

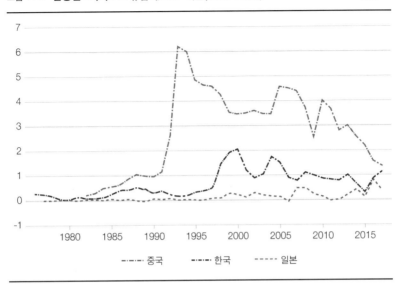

자료: World Bank(https://data.worldbank.org/indicator).

없다는 해석을 낳았다. 중국 성장의 주인공은 오히려 다국적 기업(multi-national corporations: MNCs)들이라는 것이다.

실제로 1990년대는 다국적 기업들의 '글로벌 아웃소싱(global outsourc-ing)' 등 글로벌 경영이 본격화된 시기이다. 이 시기에 거대 다국적 기업들은 한 산업의 생산 공정을 본국에서 모두 수행하지 않고, 생산 공정을 여러

---

8   중국은 1992년 덩샤오핑의 남순강화(南巡讲话, 1989년 천안문 시위 유혈 진압사건 이후 정지되다시피 한 개혁개방을 재개하고 더 가속화한 덩샤오핑의 남부지역 순회연설)와 더불어 1994년 주룽지 총리의 환율 개혁 조치 등에 힘입어 외자 유입이 급팽창했다. 주룽지 총리는 당시 중국의 이중환율제를 단일환율제로 변경하여 사실상 중국 위안화를 대폭 평가 절하함으로써 제조 및 수출 기지로서의 중국의 매력을 높였고 이에 호응한 외국 기업의 중국 진입이 크게 늘어났다.

개(예컨대, 연구개발/핵심부품/단순부품/조립포장 등)로 분할하여 각각을 수행하기에 가장 적합한 곳에 해당 공정을 배치하고 이를 연결하는 글로벌 경영을 본격화했다. 놀란(Nolan, 2002)은 이와 같은 다국적 기업 주도의 경영혁신을 '빅 비즈니스 혁명(big business revolution)'이라 칭했다.

'중국의 부상(China Rising)'이 새로운 시대의 화두가 되었지만, 변화는 다국적 기업이 주도한다는 인식 속에서 많은 학자들은 중국 기업이 경영학혹은 기업이론에 기여할 바를 찾지 못했다. 과거 1980년대 '일본의 부상(Japan Rising)' 속에서 일본 기업들이 보여준 새롭고 효과적인 경영 기법[도요타의 '린 생산방식(Lean production)' 등]과 기술 역량을 중국 기업에서는 관찰하기 어려웠기 때문이기도 했다.

하지만 중국이 다국적 기업에 자국 공간을 내어주고 그들이 주도하는 생산 증대 속에 국내총생산(GDP)의 양적 팽창만을 얻은 것은 아니다. 외자 기업, 특히 다국적 기업의 중요한 역할 속에 중국이 성장했다는 점을 인정해야 하지만, 그것이 곧 중국의 '소외'와 '종속'을 의미하는 것은 아니었다.

그보다 더 긍정적이고 중국의 능동성을 크게 인정하는 해석은 절강대학의 우샤오보(吳曉波) 교수에게서 들을 수 있다. 그는 중국 기업은 외자 기업으로부터의 이전을 통해 역량을 강화했을 뿐 아니라, 외자 기업을 넘어서는 혹은 그들이 하지 않은 '2차적 혁신(secondary innovation)'(선진 외자 기업의 원천적 혹은 1차적 혁신에 추가적으로 일으키는 혁신)을 일으켜 왔다고 주장한다. 더 나아가 그는, 과거 전통산업에서보다 최근 신흥산업에서 중국 기업의 2차적 혁신이 더 빠르게 이뤄지고 있다고 평가했다(〈그림 11-5〉 참조).

그는 중국 기업이 외자 기업의 기술을 완전히 소화·흡수하고 더욱 발전시켜 최종적으로 외자 기업을 추월하는 것까지는 아니더라도, 그 중간 단계에서 중국 내수시장에 통할 개선품을 만들어 성공을 거두기도 하는데 그또한 2차적 혁신이라고 보았다.

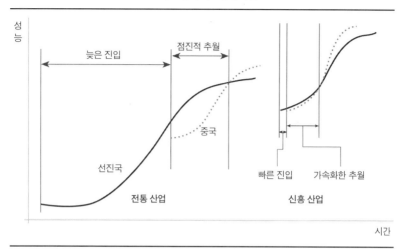

그림 11-5 **우샤오보의 주장: 가속화하는 중국의 2차적 혁신**

주: 종래 중국(점선)은 선진국(실선)의 성숙 산업을 뒤늦게 이전받아 그를 점진적으로 개선했는데(왼쪽 그래프), 최근 중국은 선진국에서 신흥 산업이 성숙하기도 전에 그를 받아들이고 빠르게 개선하여 혁신의 원조인 선진국을 넘어선다 (오른쪽 그래프)는 우샤오보의 주장을 그림으로 표현한 것임.
자료: Wu, Ma and Xu(2009)를 참조하여 필자가 정리·작성.

　　우샤오보는 거대한 내수시장을 가진 중국은 일본이나 한국과 달리 선진 국 수출시장에 통할 최고의 제품을 완성하기 전에라도 자국시장을 기반으 로 혁신을 이뤄낼 수 있었다고 보았고, 그것은 동아시아의 선발국가들(일 본, 한국)과 구별되는 중국 특색의 경로라고 규정했다(Wu, Ma and Xu, 2009; Wu and Li, 2015).

　　진지한 관찰자들에게 있어, "중국 기업들이 외자를 통해 역량을 강화하 고 외자를 넘어서는 새로운 혁신을 일궈낸다"라는 우샤오보 교수의 주장은 아직 더 많은 검증이 필요한 '가설'이다. 하지만 그러한 주장은 '국제적·거 시적 판도' 위에서 중국 기업의 질적 성장을 이해할 필요가 있음을 새삼 일 깨운다. 이에 다음 절에서는 국제적·거시적 차원에서 중국의 부상과 고도 화를 논해보고자 한다.[9]

6. 국제적·거시적 판도: GVC와 GPN

'글로벌 가치 사슬(global value chain: GVC)'이라는 개념을 세상에 널리 퍼뜨린 학자로 유명한 게리 제레피(Gary Gereffi)는 다국적 기업의 본사와 해외 현지 기업 간의 관계(혹은 가치 사슬)를 다음의 다섯 가지로 유형화했다 (Gereffi, Humphrey and Sturgeon, 2005). ① 수직적 위계형(hierarchy), ② 포획형(captive), ③ 상호관계형(relational), ④ 모듈형(modular), ⑤ 수평적 시장형(horizontal/market)이다.

① 수직적 위계형은 상명하복의 관계이며, ② 포획형은 그보다는 덜하지만 다국적 기업 본사가 일방적 우위임을 시사한다. ③ 상호관계형은 양자 간 상호의존 관계가 형성된 것을 뜻한다. ④ 모듈형은 해외의 공급업체가 표준화된 인터페이스의 범용성 부품을 생산하고 다국적 기업 본사에 납품하며 형성되는 관계이다. ⑤ 수평적 시장형은 말 그대로 대등한 관계를 의미한다.

중국 내 수많은 제조업체들이 다국적 기업의 본사와 맺는 관계는 위 ①~⑤ 중 어떤 것일까? 물론 다양한 사례가 있기 때문에 이에 간단히 답하기는 어렵다. 하지만 중국에서 그 관계의 분포는 여타 개발도상국에 비해 수직적 위계형, 포획형의 비중이 낮고 상호관계형의 비중이 높은데 최근 상호관계형의 비중이 더욱 높아졌다고 볼 수 있다.

중국은 개방 초기, 외국 자본 단독으로 중국 내에 기업[이른바 '독자(獨資)

---

9   아시아 수준의 국제적·거시적 판도에서 아시아 각국의 성장을 설명했던 과거의 대표적인 이론 틀은 '안행형 모형(flying geese model)'이었다. 그 모형은 중국의 부상과 색다른 역할 속에 이제 더 이상 크게 주목받지 못하지만 그 변모를 짚어보는 것은 의미 있는 일이라 판단하여 이를 이 장 다음에 이어지는 「보론 E」에 추가했다.

기업')을 설립하는 것을 크게 제한했다가 단계적으로 풀어주었다. 따라서 다국적 기업 본사가 중국 내에 설립한 지사를 100% 좌지우지하는 '수직적 위계형'의 경우는 상대적으로 적었다.

대신 중국 국유 기업이 외국 자본과 파트너를 이뤄 합자 기업을 세우는 경우가 일반적이었는데, 앞서 얘기했듯 국유 기업은 외자에서 치열하게 학습하고자 하는 동기부여가 약하다는 단점이 있었지만 다국적 기업 본사의 일방적 명령을 따르거나 그에 '포획'되는 경우는 적었다. 중국 국유 기업은 중국 시장(마케팅, 유통)에 대한 장악력뿐 아니라 중국 내 합자 기업의 노동자들(노무)에 대한 통제력까지 갖고 다국적 기업 본사를 상대했기 때문이다. 인허가권을 쥔 중국 정부가 그 뒤를 봐주기도 했다. 비록 기술과 브랜드를 외자에 의존했다 하더라도 중국 측 국유 파트너는 그 나름의 '협상력(bargaining power)'을 갖고 있었던 것이다. 그렇게 '상호 관계'를 형성시켰고, 그를 통해 (때로 정부의 독려 속에) 외자로부터 지식을 부분적으로나마 이전받았다.

외자 기업과 협력 관계를 맺는 주체로 중국 민영 기업의 비중이 점차 증대하고, (이 장 앞부분에서 논한) 다양한 경로를 통한 중국 기업의 실력 향상이 이뤄짐에 따라, 모듈형, 수평적 시장형의 대(對)외자 관계도 일반화되었다. 중국의 민영 기업은 국유 기업과 달리 국내시장에 대한 독점적 권한을 정부로부터 직접 부여받지는 못했지만, 중국이라는 잠재적 거대 내수시장을 후광으로 삼아 다국적 기업 본사 등 외자 기업에 대한 협상력을 어느 정도 유지할 수 있었다. 그 협상력을 바탕으로 더 많은 지적 이전을 요구하고 학습할 수도 있었다.

이상에서와 같이, 중국 기업의 학습과 그를 통한 질적 성장은 제레피가 제시한 다국적 기업 본사와 현지 기업 간의 다섯 가지 관계 속에서의 (중국 현지 기업의 목소리가 더 커지는 방향으로의) 변천으로 설명해 볼 수 있다.

한편, 이바르손과 알브스탐(Ivarsson and Alvstam, 2010)은 제레피의 다섯 가지 유형에 해당하지 않는 또 하나의 유형, 즉 여섯 번째 유형을 찾아 '개발형(developmental)'이라 이름 붙였다. '개발형'은 다국적 기업 본사가 해외 각지의 파트너 기업들에 최대한 기술을 이전시켜 현지 기업의 기술력을 극대화하려는 경우이다. 물론 그것은 자선 행위로서가 아니라 새로운 비즈니스 모델 위에서 집행되는 것이다. 다국적 기업 본사가 제조와 관련된 기술을 자신의 핵심 역량으로 삼지 않고 대신 새로운 콘셉트 혹은 디자인의 창출 등에 집중하는 경우가 그에 해당한다. 이바르손과 알브스탐은 스웨덴의 가구업체 이케아(IKEA)가 중국 및 동남아 국가의 가구 생산업체들과 맺은 관계를 그 대표적 사례로 소개했다. 이 경우 중국 기업의 기술적 역량 강화가 이뤄졌음은 당연했다. 그런 토대 위에서 이케아의 하청 기업이었던 일부 중국 가구 생산업체[예컨대 자이메이(嘉宜美)]는 이케아의 비즈니스 모델을 모방하여 독립을 시도, 일정한 성공을 거두기도 했다(竺慧昉, 2013).

위에서 본 바와 같이, 제레피와 그를 잇는 학자들의 연구는 다국적 기업 본사와 그들이 투자한 해외 현지 기업들 간의 관계가 단순히 '지배'와 '종속'으로만 이뤄진 것이 아님을, 그리고 그 관계는 (개도국 현지의 기업의 성장을 허용·유도하는 방향으로) 진화할 수도 있음을 보여준다. 실제로, 현대의 중국 기업은 선진국의 다국적 기업 본사가 이어놓은 한 줄기의 글로벌 가치 사슬 하단에 머물러 있는 것만은 아니다. 중국 기업 나름의 협상력을 높여 쌍방향 관계를 만들고 있으며, 심지어 국가의 힘을 빌려 선진국의 다국적 기업 본사를 압박하기도 한다.[10]

---

10 제레피는 선진국의 다국적 기업 본사가 주도하는 국제적 기업 간 관계에 초점을 맞췄지만, 중국의 경우 자국의 방대한 시장과 강력한 정부의 개입 속에서 자국 기업이 더 큰 협상력을 갖고 다국적 기업 본사에 대응하기도 한다. 그러한 예로 양(Yang, 2014)은 중국

하지만 제레피의 위와 같은 이론적 틀, 그리고 그에 기초한 글로벌 가치 사슬이라는 개념은 비판을 받기도 하는데, 그 이유는 '기업 간 관계'에만 집중하여 그를 둘러싼 (특히 개발도상국 현지의) 다양한 제도와 비즈니스 생태계를 논하지 않고, 또한 그 기업 간 관계에 있어서도 선진국의 선도 기업만을 과도하게 중시하고 있다는 것 때문이다(Lundvall et al., 2009). 글로벌 가치 사슬이라는 개념도 한 줄기의 사슬을 따라 한 방향으로 전개되며 가치가 누적되는 '선형 모델(linear model)'을 상정한다는 점에서 약점이 있다.

그러한 한계와 약점은 중국에 비춰보면 더 두드러진다. 독특한 시장 특성과 시장 규모, 제도와 정부 정책이 중요하게 작동하는 곳이 중국이기 때문이다. 그런 중국을 놓고 보면, GVC와 같은 한 줄기의 '선(線)'이 아닌, 다방면으로 짜인 '네트워크(network)'를 중심으로 생각해야 한다는 주장이 더 큰 설득력이 있다. 실제로, '글로벌 생산 네트워크(Global Production Network: GPN)' 논자들(Henderson et al., 2002; Coe, Dicken and Hess, 2008; Ernst, 2006)은 단선적인 사슬(chain)을 강조하는 GVC보다 GPN이 개발도상국의 추격과 성장을 다루기에 더 적합한 개념이라고 주장한다.

사실 GVC와 GPN 개념은 상호 보완적인 측면이 있고 공존 가능한 것이기에 극단적인 양자택일은 불필요하다. 하지만 GPN 논자들의 위와 같은 비판은 한 줄기로 이어진 체인인 듯 세상을 단순화하는 '선형 모델'을 넘어 다차원의 제도와 시스템을 갖춘 지역이나 공간에 대한 고려가 필요하다는 점을 부각시킨다는 점에서 유효하다고 본다. 그러한 고려는 이미 이 책 앞부분의 국가혁신체제에 관한 논의에도 녹아 있으며, 다음 절의 '장'에 관한

심천의 LCD 디스플레이 기업 화싱광전(华星光电, CSOT)이 해당 산업 분야의 글로벌 리더인 삼성전자와의 관계 속에서 성장하는 데 있어 중국 심천시 정부의 적극적이고 전략적인 노력이 주효했음을 밝히기도 했다.

논의에서도 다시 이어질 것이다.

중요한 점은 GVC 및 GPN의 국제적 판도는 고착된 것이 아니라 그를 구성하는 외자와 현지 기업의 변화(특히 개도국 기업의 역량 구축과 추격) 속에 진화하는 것이라는 점이다.[11] 앞서 보았듯, 다국적 기업 본사와 개도국 현지 기업 사이의 관계는 제레피의 다섯 가지 유형 혹은 그를 넘는 새로운 유형으로 옮아갈 수 있으며, 그것은 GVC 및 GPN의 재편을 가져오는 것일 수 있다. 또한 GVC 및 GPN의 재편은 '제4차 산업혁명'이라고 일컬어지는 최근의 일련의 기술적 변화와 '미중 무역 분쟁'으로 대표되는 정치적 요인에 의해서도 크게 영향을 받을 수 있다. 이 기술적·정치적 요인에 대해서는 이후 제15장에서 좀 더 자세히 논하고자 한다.

7. '장' 기반 관점

GVC와 GPN 같은 국제적·거시적 판도가 중국에 중요한 환경을 조성하는 것이 사실이지만, 그에 완전히 종속되지는 않는 상대적으로 작고 자율적인 공간이 조성되고 그 속에서 기업 성장과 혁신이 촉진될 수 있다. 따라서 거시적 판도보다는 작지만 미시적 개별 기업의 범주를 넘어서는 중시적(中視的) 공간에 관한 논의도 추가될 필요가 있다. 이 절에서 필자는 그와 같은 공간을 '장(場)'이라 칭하고 이론적 논의를 전개해 보고자 한다.

---

11   개도국 기업의 추격과 지위 상승 방식에 관한 이근 교수팀의 연구는 개도국 기업이 GVC에 편입된 정도를 지속적으로 높여만 가는 것이 능사가 아니라, 오히려 '편입-거리두기-재편입'이라는 비선형적 전개를 통해 중간 단계에서 개도국 기업 스스로의 역량을 강화할 기회를 가져야 도약이 이뤄질 수 있다는 사실을 한국과 중국의 경험을 바탕으로 밝힌 바 있다(Lee, Szapiro and Mao, 2018).

사실 오늘날 사회과학계에 장이라는 개념은 이미 낯설지 않다. 프랑스의 저명한 사회학자 피에르 부르디외(Pierre Bourdieu, 1930~2002)의 영향이 컸을 듯싶다. 부르디외 이론의 핵심적 개념인 프랑스어 'champ'이 '장'으로 번역되어 쓰이기 때문이다. 부르디외에게 장이란 차별적 실천을 가능하게 하는 제도적 공간으로, 전체에 대해 '상대적 자율성(relative autonomy)'을 가진 '소우주'에 비견될 수 있다.[12]

그와 별개로, 심리학자 쿠르트 레빈(Kurt Lewin, 1890~1947)의 연구도 장이라는 이름으로 소개된 바 있다. 레빈은 개인의 행동은 상호의존적인 공존하는 사실들의 총체로부터 도출되며, 그 총체는 '역동적 장(dynamic field)'의 성질을 갖는다고 했다.[13]

하지만 이 절에서 필자가 제기하려는 장에 관한 논의는 부르디외나 레빈의 개념을 그대로 활용하는 것은 아니다. 필자의 장 논의는 '성장과 혁신을 유도하는 지역적, 산업적, 혹은 그 복합적 공간'에 관한 '경영·경제학적 논의'이고, 그 장을 성공적으로 조성하기 위해 갖춰야 할 요건들에 관한 아래 이어질 논의도 부르디외나 레빈에 직접 기대고 있는 것은 아니다. 하지만 전체에 비춰 준(準)독립적인 공간으로서 그 안에 참여하고 있는 사람들의 행동과 지향에 영향을 미치는 일종의 '자기장(磁氣場)'이 형성된 듯한 공간이라는 점은 그들의 장 개념과 일맥상통하는 바가 있다.

좀 더 직접적으로 장 개념은 '플랫폼'을 중심으로 기업(특히 인터넷 기업)의 성장을 설명하는 논의로부터 발전시킬 수 있다. 주지하다시피, 플랫폼에 관

---

12 부르디외는 종교장, 정치장, 과학장, 예술장 등을 분석 대상으로 삼아 그들을 구별하고 장을 형성하는 공통의 요인을 철학적으로 논했다(김동일, 2016).

13 레빈의 '장이론(field theory)'은 개인의 행동을 생활공간(life space)이라는 장 속에서 설명하는 '미시적 장이론'으로 시작했으나, 추후 '집단'이나 '사회'를 대상으로 한 이른바 '거시적 장이론'으로 발전했다(Lewin, 1951; 박병기, 1998).

한 경영학적 논의는 아마존, 에어비앤비(Air bnb), 우버(Uber) 등 이른바 인터넷 플랫폼 기업들이 기존 전통의 음반, 도서, 쇼핑, 호텔, 택시 등 관련 업계를 뒤엎으며 대거 약진함에 따라 촉발된 것이다. 관련 논의를 이론적으로 심화하는 데 앞장선 상지트 폴 초더리(Sangeet Paul Choudary)는 '플랫폼'을 '파이프(pipe)'에 대별시켰다(Choudary, 2013). 그의 설명에 따르면, '파이프'는 기존의 비즈니스 모델을 상징하는 것으로, 수도관의 물이 한 방향으로 흐르듯 상류(공급자)에서 가치가 창출되어 하류(수요자)로 전달·사용되는 선형 모델 혹은 선형적 가치 사슬(linear value chain)이다. 반면 플랫폼 기반 비즈니스 모델에서는 공급자와 수요자가 플랫폼 위에서 쌍방향으로 상호작용하며 공동으로 가치를 창출한다.

위와 같이 초더리는 플랫폼을 중심으로 한 새로운 비즈니스 모델을 논한 것이지만, 그를 좀 더 확장하고 변환하면 새로운 기업이론이 만들어질 수 있다. 다만, 그를 위해선 무엇보다 '인터넷 플랫폼 기업'에 국한되었던 기존의 플랫폼 논의를 오프라인 공간의 일반 비즈니스에까지 적용 가능하도록 이론적 틀을 확장할 필요가 있다.

'장'은 그렇게 한층 확장된 보편적 개념이다. 그리고 그러한 장을 기반으로 한 기업이론은 장 기반 관점(Field-based View: FBV)의 기업이론이라 부를 수도 있을 것이다. 장 기반 관점의 기업이론이 기존의 전통적 관점으로부터 구별되는 이유는 '시장 기반 관점'이 '외부시장'을 중시하고, '자원 기반 관점'이 기업 조직의 '내부자원'을 중시하는 데 반해, 장 기반 관점은 그 어느 한쪽만을 중시하기보다는 '외부'에 존재하는 '자원'을 끌어들여 장을 조성하고 그 위에서 다양한 기업들이 공존하며 성장하는 것에 주목하기 때문이다.[14]

기존의 학자들 중에도 외부로 펼쳐진 '네트워크'까지를 기업의 자원으로 폭넓게 인식하여 외부와 내부의 이분법과 양자택일을 극복한 바 있다(Dyer and Singh, 1998; Burt, 2003). 하지만 앞서 언급한 바와 같이, 장은 그 안에 참여하고 있는 사람/기업들의 행동과 지향에 영향을 미치는 일종의 '자기장'이 형성된 듯한 공간이라는 점에서 단순한 네트워크와 구별된다. 또한 장은 전체에 비춰 준독립적인 공간이라는 점에서, GVC·GPN 중심의 거시적 판도만으로 기업을 이해하려는 접근과도 다르다고 할 수 있다.

물론 새로운 이론적 정립을 이 절에서 간단히 마무리할 수 있는 것은 아니다. 추후에 더 많은 연구들이 뒷받침되어야 할 것이다. 다만 이 절은 장기반 관점의 기업이론이 만들어질 수 있으며, 그를 통해 중국의 현상을 더잘 이해할 수 있고, 여타 국가도 그러한 이론적 인식에 따라 정책을 새로이구상할 수 있다는 가능성을 제기하고자 한다. 한발 더 나아가, 기업의 성장과 혁신을 성공적·지속적으로 이뤄낼 장을 구축하기 위한 조건도 초더리(Choudary, 2013)의 논의를 응용·보충하여 다음과 같이 제시해 볼 수 있다.[15]

---

14 플랫폼을 새로운 비즈니스 모델의 중심으로 보는 논자들 중 일부는 비즈니스의 초점을 기업 내부 활동에서 외부로 옮겨야 한다고 주장하면서 기업 내부에 역량을 축적하는 것에 더 이상 중요성을 부여하지 않기도 한다(파커·밴 앨스타인·초더리, 2017). 심지어 그들은 플랫폼이 기존의 자원 기반 관점의 기업이론을 무력화하리라 전망하기도 한다. 기술이 급변하는 변화무쌍한 세상 속에서 기업 조직 내부에 특정 자원을 쌓아봐야 그것으로 경쟁우위를 지속적으로 누릴 수 없으리란 것이 그 주장의 논거이다. 하지만 그들은 자원 기반 관점에서 자원이라 함이 유형의 물리적 자원에 국한되는 것이 아니라 무형의 기술과 지식, 더 나아가 동태적 역량(dynamic capability)을 포괄하는 것임을 간과하고 있다. 또한 외부의 다양한 자원을 활용할 수 있게 된 상태에서, 기업 내부에 갖춰야 할 것들 중 백과사전적 지식의 중요성이 낮아지고 유연성(flexibility), 민첩성(nimbleness), 기민성(agility)과 같은 소양의 중요성이 커질지라도 그것이 곧 자원 기반 관점의 기업이론을 폐기하는 것은 아니다. 같은 맥락에서, 필자가 제기하는 장 기반 관점의 기업이론에서는 장에 참여하는 주체들의 장 내 학습과 조직 역량 강화 및 유·무형자원 축적에 여전히 중요성을 부여한다. 이런 점에서 이 장의 '장 기반 관점'은 플랫폼 논의의 극단적 확장이 아니며 앞서 소개한 '자원 기반 관점'을 완전히 대체하는 것도 아니다.

15 초더리는 '플랫폼'이 성공적으로 구축되기 위해서는 다음의 세 가지 요소가 잘 갖추어져

첫째, 자기장에 비유할 수 있는 장을 형성하기 위해서는 '자석(magnet)'에 해당하는 무언가가 필요하다. 다양한 주체들을 이끌어들일 자력(磁力)이 필요한 것이다. 자석에 해당하는 그 무언가는 긍정적인 외부경제효과(external economy effect, 특별한 사용료를 지불하지 않은 이들도 함께 혜택을 누리는 현상)를 품은 경우가 많다. 따라서 '자석'의 창출에 있어서는 민간 기업의 주도적 역할을 배제하지 않으면서도, 정부의 적극적인 역할이 필요하다. 특히 사회 내에 존재하는 다양한 자원들을 재조직하여 외부효과를 품은 자석을 경제사회 공간에 창출하는 데서 정부의 역할이 기대된다.

둘째, 자석에 이끌려서 가까이 온 다양한 주체들이 실제로 장에 도킹(docking)할 수 있도록 돕는 제도들이 갖춰질 필요가 있다. 장에 들어와 참여할 수 있도록 돕는 창구, 입구에 해당하는 제도들이다. 초더리의 용어를 조금 수정하여 이름 붙이면 '플러그-인 지원 제도(plug-in supporting institutions)'라 할 수 있다.

셋째, 장에 들어온 다양한 주체들 사이에 상호작용, 특히 상호 탐색과 학습, 협력을 촉진함으로써 장의 생명력, 즉 '역동성'을 유지할 필요가 있다. 역동성을 강화하기 위해선 개인 및 팀 단위의 조직이 누리는 자유의 정도가 높아야 하고 상당한 수준의 경쟁도 유지되어야 한다. 협업도 역동성을 유지하는 한 축이지만 경쟁의 역할을 완전히 대체할 수는 없을 것이다.[16]

야 한다고 했다. ① 자석: 공급자와 수요자를 동시에 끌어당겨 시장을 형성할 수 있게 하는 어떤 매력, ② 도구상자(toolkit): 사람들이 플랫폼에 접속·결합하는 것을 기술적으로 쉽게 해주는 것, ③ 중매쟁이(matchmaker): 플랫폼상의 데이터를 수집·분석·처리하는 시스템(Bonchek and Choudary, 2013; Choudary, 2013).

16 심리학자 레빈도 인지 '구조'는 그 자체로서 정신 활동의 동인이 되지 못하고, '긴장'이 에너지를 만들고 활동의 동인으로 기능한다고 했다. 그는 인간은 긴장이 소멸된 상태에서 생존하는 것이 아니라, 긴장이 균형을 이루는 상태를 지향하며 생존하는 것이라 했다(박병기, 1998: 28~29).

더불어 장의 개방성을 견지하여 외부로부터 에너지가 지속적으로 유입될 수 있도록 할 필요가 있다.

넷째, 참여 주체들이 상호작용을 통해 결실을 이루도록 뒷받침하기 위해 장은 '지속가능성'을 확보해야 한다. 물론 장의 영속성은 보장될 수는 없고, 외부의 충격에 의해 사라질 수도 있지만, 적어도 자기 붕괴가 빠르게 일어나지 않도록 하는 예방책을 갖고 있어야 한다. 지리학적 차원에서 자주 관찰되는 유사한 문제는 젠트리피케이션(gentrification)의 부작용, 즉 장을 창출하는 데 기여한 원주민이 장의 형성과정에서 유발되는 지가 상승 등의 문제로 인해 도리어 밀려나는 현상이다. 꼭 지리적 공간, 지가의 상승에 국한되는 것이 아니더라도 본질적으로 이와 유사한 자기 붕괴 메커니즘이 빠르게 작동하는 것을 막는 장치를 고안할 필요가 있다.

물론, 위에 제시한 성공적인 장의 조건을 완벽하게 갖췄다고 확언할 수 있는 사례를 찾기는 쉽지 않다. 하지만 어느 정도 조건을 갖춰 형성된 장이 기업의 성장과 혁신을 유도한 사례들은 중국에서 어렵지 않게 찾아볼 수 있다.

고속철도 산업이 그 한 예이다. 중국 정부는 고속철도로 전국 주요 도시를 연결한다는 과업을 설정하여 하나의 장을 조성했고, 그에 다양한 주체들을 끌어들였다. 그리고 그 장 내의 기업과 대학 및 연구소들은 산학연 연계 네트워크를 구축해 기술의 자체 개발과 더불어 외국으로부터의 기술 도입·흡수를 가속화했다. 고속철도의 실제 건설과 운영 과정에서도 장 내의 주체들이 상호학습을 통해 역량을 구축, 성장의 토대를 마련했다.

또 다른 예로, 중국의 3세대 이동통신표준 TD-SCDMA 개발의 장을 꼽을 수 있다. 세계적으로 통용되는 여타 표준들에 비해 기술적 완성도와 효율성이 낮다는 비판에도 중국 정부는 자체 이동통신표준 개발의 장을 열었고, 결과적으로 그에 참여했던 중국 기업들은 소중한 경험적 학습의 기회를 얻었다. 훗날 청화유니(Tsinghua Uni) 그룹에 편입되어 중국 반도체 굴기의 씨 앗으로 작용한 잔쉰(展讯, Spreadtrum)과 RDA 등의 기업도 TD-SCDMA 개 발과정에서 성장한 기업들이다. 중국이 4세대 이동통신에서 자체 표준인 TD-LTE를 상용화할 수 있었던 것도 그 직전 세대에 조성했던 장의 진화 덕 으로 볼 수 있다.

지방정부 차원에서 조성된 장으로는 심천시의 전기차 대중교통 시스템 을 꼽을 수 있다. 심천시는 버스, 택시 등 시내 공공 교통수단을 전기 자동 차로 대체하기 위한 장을 조성했다. 공급 측(전기 자동차 제조업체)과 수요 측 (버스 및 택시사업자)을 함께 끌어들일 제도적 방안들을 마련하고 관련 기업 들이 제조기술 및 운영 노하우를 쌓을 수 있도록 했다.

위의 산업 사례들을 중국의 '정부 주도형 경제건설', '산업정책'이라는 더 익숙한 개념으로 설명할 수 있는 여지도 없지는 않다. 하지만 '시장' 대신 '정부'가 나섰기 때문에 성과를 낸 것이라고만 볼 수는 없다. 전형적인 산업 정책, 즉 정부가 특정 산업 내 자국 기업들의 통폐합을 유도해 대형 기업을 중심으로 해당 산업을 육성하려는 조치가 주된 처방도 아니었다. 그를 넘 어, 다양한 주체들을 끌어들여 장을 조성하고 참여 주체들의 (DUICT 등 다 양한 경로의) 학습과 혁신 활동을 촉진할 수 있었던 것이 주효했다. 그럼에 도, 지속적으로 추진될 것이라는 신뢰를 다양한 참여자들에게 심어줄 수 있는 정부의 정책적 어젠다는 그 자체가 '자석'의 기능을 수행할 수 있다는 점에서 특기할 만하다.[17]

---

17 앞서 언급했듯, 장을 조성하는 중요한 한 가지 기둥이 사회적·경제적 '자석'이다. 그 사례 로 우선은, 사람들을 끌어들이는 물리적인 인프라를 떠올리게 되지만, 장기에 걸쳐 지속 되는 정책 그 자체도 끊임없이 자기장을 만들어내는 자석과 같은 역할을 한다는 점을 유 념할 필요가 있다.

중국에서도 장이 꼭 정부 주도로 형성된 것은 아니다. 인터넷 공간에 장을 연 중국의 주요 인터넷 플랫폼 기업들은 알리바바, 텐센트 등 민영 기업들이다. 그뿐 아니라, 중국 각 도시에 소비와 문화 활동의 장을 연 것은 완다와 같은 민영 상업부동산 기업이었다. 완다는 2019년 6월 현재 전국에 285개에 달하는 복합 쇼핑몰, 이른바 '완다광장'을 운영할 정도로 소비의 장을 연 주요 민간 주체이다(万达集团, http://www.wanda.cn/).

물론 민간이 조성하려는 장은 때로 정부의 규제와 억압에 직면할 수 있지만, 중국의 민간 주체는 정부와의 교감 속에서 적어도 일정 영역에서 적극적 지지와 지원을 얻어내기도 한다. 완다광장이 광범위하게 조성될 수 있었던 배경에는, '투자'와 '수출'이라는 중국 경제의 오랜 성장 동력을 '소비'로 대체 혹은 보완하려는 중국 정부의 정책 기조가 작용했던 것이다.

한편, 중국의 인터넷 공간과 소비의 장이 짧은 시기에 크게 활성화된 데는 '모바일 금융·결제 시스템'[알리바바의 '알리페이(Alipay)', 텐센트의 '위챗페이(WeChat Pay)' 등]이 전면적으로 구축된 덕이 크다. 물론, 그 또한 알리바바와 텐센트, 그리고 수많은 민영 핀테크(fintech) 기업이 주도했다. 하지만 소매 판매업자들이 상품·서비스 대금으로 법정통화(해당국 내의 모든 거래에 있어 결제의 수단으로 쓸 수 있음을 국가가 법으로 보증한 화폐)인 인민폐 현금을 거부하고 알리페이나 위챗페이만으로 지불을 요구하는 것을 중국 정부가 버젓이 허용할 정도로 이들을 지지하고 있는 점은 특기할 만하다.

특정 지역 공간을 중심으로 형성된 장으로는 북경의 798 예술구와 그와 유사한 중국 여러 도시의 문화창의 공간을 예로 들 수 있다. 문화창의 공간은 과거의 공업단지가 도시의 탈공업적 발전 속에 공동화하면서 남겨진 빈자리를 예술가들이 새로 채우면서 형성된 장들로, 일부는 자연발생적이고 일부는 인위적인 기획에 의해 조성되었다. 이들은 장 내에 새로운 기업의 성장과 혁신을 유도하는 데 일조하고 있다.

하지만 중국의 모든 장들이 성공적인 모습만을 연출하고 있는 것은 아니다. 정부의 기획으로 만들어진 장에 국유 기업이나 정부 부문만이 주요 참여자로 들어찬 경우, 자유와 창의, 경쟁과 긴장, 그리고 그로 인한 역동성이 확보되지 못하고 정체하는 모습도 관찰할 수 있다. 공간을 새로운 장으로 재편했을 때, 의도와 달리 핵심 주체가 밀려나는 등 젠트리피케이션의 부작용이 커져, 장이 장 내 다양한 주체의 상호 학습과 역량 강화, 협력을 본격 추동하기도 전에 지속가능성이 훼손되는 것은 구체적인 지리적 공간에만 국한되는 것은 아닌 듯하다.

요컨대, 중국은 '장 기반 관점'에서 기업의 성장을 다시 보게 하는 대표적인 나라이기는 하지만, 구체적인 사례로 완벽한 모범을 보였다고는 할 수 없다. 그런 점에서 가능성과 한계를 함께 보여주고 있으며, 그 한계를 극복할 도전과제를 여타 나라들에 제시하고 있다고 할 수 있다. 더불어 이상과 같은 장 중심의 논의는 혁신을 추동하기 위한 정책이 종전과 같이 특정 과학기술 분야나 특정 산업 내의 공급자(연구자, 생산 기업)에만 초점을 맞추기보다 '다양한 주체가 참여하는 공간에 대한 기획'이라는 차원에서 추진되어야 함을 시사한다. 그것은 혁신에 비과학기술적 요소가 중요할 수 있음을 암시하는 것이기도 하다. 같은 맥락에서 혹자는 '규제 완화'가 혁신을 유도하는 핵심 요인이라 주장하기도 한다. 하지만 장 기반 관점은 자유로운 공간을 만드는 규제 완화가 필요조건일 수 있지만, 그것만으로 충분하지는 않음을 동시에 보여준다. '공백'이 곧 '장'인 것은 아니며, 전자를 후자로 전화(轉化)하는 것은 파편적 개인들의 자유만으로 되는 것이 아니라 세련되게 기획 혹은 디자인되어야 하기 때문이다.

아시아 기러기 떼의 변모

1950년대 일본은 한국전쟁(1950~1953)의 특수를 누리며 고도 성장기에 진입했다. 그렇게 본격화된 일본의 부상은 1980년대에 정점에 다다랐다.[1] 일본의 추격과 추월을 저지하고 싶은 선진국들의 속내는 1985년 '플라자 합의(Plaza Agreement)'로 귀결되었다. 일본 엔화를 대폭 평가 절상하여 일본의 수출 성장세를 누그러뜨리려 한 것이었다. 1년 사이 일본 엔화 가치가 두 배까지 높아져 일본 수출품의 가격경쟁력은 그만큼 나빠졌지만 일본 주요 기업들은 '싼 값' 이외의 경쟁력(품질, 혁신)을 키워가며 이후로도 한동안 성장세를 이어갔다. 1992년 일본경제의 장기침체가 시작되어 이후 20여 년이 지나도록 일본은 경제의 활력소를 다시 마련하는 데 어려움을 겪고 있지만, 동아시아 지역에서 일본은 경제적인 측면에서 선도적인 지위를 줄곧 유지해 왔다.

일본에 이어 고도성장의 바통을 이어받은 곳은 한국, 대만, 홍콩, 싱가포르로, 이른바 '동아시아의 네 마리 용(龍)'이었다. 이들은 지리적으로 중국 인근에 있고, 한자 및 유교

---

[1]   그런 일본의 자신감을 반영하여 1989년 이사하라 신타로(石原慎太郎) 전 도쿄 도지사는 『No라고 말할 수 있는 일본』이라는 책을 펴냈다. 중국의 저자가 그를 참고하여 1996년에 중국의 자신감을 내비친 『No라고 말할 수 있는 중국(中国可以说不)』을 출간했다(송치앙 외, 1997).

문화권에 속하며, 상대적으로 작은 규모의 자국 경제를 바탕으로 '수출지향형' 경제성장을 도모해 1970~1980년대에 매우 높은 성장률을 지속했다는 공통점이 있다.

사실 그런 공통점으로 흔히 한데 묶이는 네 마리 용 간에도 중요한 차이점이 있다. 한국은 나머지 셋과 달리 중국계 이민들의 경제, 즉 화교경제권이 아니다. 화교경제권 속에서도 홍콩은 '자유방임(laissez faire)'과 '자유주의(liberalism)'라는 이념적 기초 위에 시장경제가 작동해 온 곳인 데 반해, 싱가포르는 권위주의적 국가(authoritarian state)의 역할이 큰 곳이다. 산업 조직 측면에서 한국은 대기업 중심인 데 반해 대만은 중소기업의 비중이 크다. 또, 한국과 대만은 자국 기업 중심인 데 반해 싱가포르는 다국적 기업의 역할이 큰 국가이다. 도시경제인 홍콩과 싱가포르는 서비스업의 비중이 훨씬 높은 반면 한국과 대만은 제조업과 그를 뒷받침하는 산업기술이 국가경제에서 차지하는 비중이 크다.

따라서 네 마리 용은 동질적 주체들이기보다는 공통점과 차이점을 함께 갖고 있어 서로에게 중요한 참조와 비교의 대상이라 보는 것이 더 합당하다. 다만 그 차이들을 잠시 접어두고 보면, 이들 네 마리 용이 일본에 뒤이어 동아시아 경제의 고도성장과 역동성을 담당했던 주체였음은 분명한 사실이다.

성장점의 이동은 네 마리 용 다음으로도 더 이어졌다. 말레이시아(IMF 추정치에 따르면 2020년 1인당 GDP는 1만 192달러), 태국(7295달러), 인도네시아(4038달러), 필리핀(3373달러) 등 동남아시아 국가의 성장이 뒤를 이었다(참고로 2020년 중국의 1인당 GDP는 1만 839달러). 이들의 성장은 앞선 동북아 국가들에 비해 극적이지도 안정적이지도 않았다. 하지만 일본이 플라자 합의 등으로 인해 자국의 생산비가 높아지고 수출품의 가격경쟁력이 약화된 것을 타개하는 한편 미래의 시장을 개척하기 위해 1980년대 이후 동남아에 대한 투자를 늘린 데 힘을 얻으며 성장세를 높여갔다.

위에서 본 바와 같이 일본을 선두주자로 한 아시아 각국의 층차적 포진은 기러기 떼가 하늘을 나는 모습과 유사하다고 하여 '안행형(雁行型, flying geese)' 모형이라는 이름으로 이론화되었다. 아카마쓰(Akamatsu, 1962) 등 일본의 경제학자들이 정립한 안행형 모형은 선도국가에서 임금 등 비용이 상승하면서 노동집약적 성숙 산업이 뒤따르는 후발국가에 단계적으로 이전된다는 것이다. 특정 산업에 갖는 선도국가의 비교우위가 사라지며 후발국가가 그 산업에 새로 비교우위를 갖게 되는 순차적 과정을 논한다는 점에서 '동태적 비교우위(dynamic comparative advantage)'에 기초한 개념이라고도 할 수 있다.

요컨대, 1990년대 이전까지 아시아 기러기 떼의 모습은 첫째 줄, 둘째 줄, 셋째 줄에 각기 자리 잡은 국가들이 그 위치에 걸맞은 산업(기술집약적 산업~노동집약적 산업)에 특화하는 것이었다. 서로 다른 산업을 맡고 있다는 점에서 '산업 간(inter-industry) 분업'이었다.

그런데 1990년대에 두 가지 중요한 변화가 있었다. 하나는 중국이 (1989년 천안문 사건 이후의 개혁개방 퇴조기를 거친 뒤) 개방을 가속화하며 세계 경제무대에 본격적으로 등장한 것이고, 다른 하나는 다국적 기업이 전 세계를 무대로 한 글로벌 경영을 본격화[놀란(Nolan)의 '빅 비즈니스 혁명']한 것이다. 이 두 가지 변화는 아시아 기러기 떼 속에 거대한 덩치의 새 한 마리(중국)가 새로이 끼어들었고, 그들 간의 역할과 움직임이 달라지기 시작했음을 의미하는 것이기도 했다.

저임 노동력을 바탕으로 노동집약적 산업 혹은 단순 조립 생산기지의 역할을 맡고자 했던 셋째 줄의 동남아 후발국가들 앞으로 중국이 끼어들어 그들의 역할을 상당 부분 대체했다. 그리고 중국이 맡게 된 것은 노동집약적인 전통 산업뿐 아니라 첨단 산업으로까지 넓어졌다. 물론 중국이 초기에 맡은 첨단 산업이란 다국적 기업이 주도하여 잘게 나눈 하단의 (단순 조립 등의) 공정들이었지만, 중국은 첨단 산업의 끝자락에 발을 디디고 훗날 더 높은 곳으로의 상승을 꾀할 계기를 마련하게 되었다.

그런 변화는 안행형 모델의 유효성을 떨어뜨렸다. 안행형 모형은 변화의 원점을 주로 선도국가 안에서 찾는다. 즉, 선도국가의 임금상승이 노동집약적 산업을 후발국에 넘기도록 하는 원동력이라 인식한다. 변화의 동력이 후발국가들 안에 있을 가능성을 크게 보지 않았다. 하지만 중국에서 보듯, 후발국가도 (학습과 역량 강화, 그리고 추격을 통해)

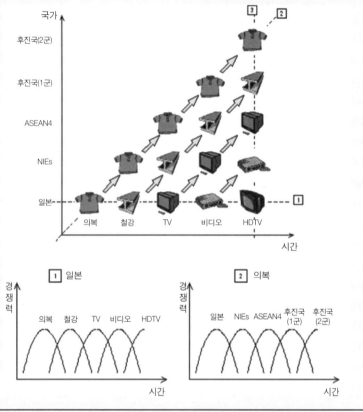

주: NIEs(Newly Industrialized Economies)는 한국, 대만, 싱가포르, 홍콩을, 그리고 ASEAN4는 말레이시아, 인도네시아, 태국, 필리핀을 지칭함.
자료: Okita(1985).

변화를 일으키는 주체일 수 있다. 톱–다운(top-down) 방식의 변화만을 상정하는 안행형 모형은 그 한계를 드러낸 것이다.[2]

　아시아의 기러기 떼 모습도 바뀌었다. 개별 국가들이 서로 다른 '산업'에 특화하여 '산업 간 무역(inter-industry trade)'에 참여하던 종래의 양상이, 개별 국가들이 각 산업 내의 특정 '공정'에 특화하여 '산업 내 무역(intra-industry trade)'을 하는 것으로 판도가 달라졌다. 그리고 그 안에 '글로벌 가치 사슬' 혹은 '글로벌 생산 네트워크'가 뻗어 들어왔다.

1990년대 이전에 아시아의 전형적인 기러기 떼 모형은 아시아의 각국이 서로 다른 산업 생산물(예컨대, 첨단 전자 제품, 자동차, 석유화학 제품, 플라스틱 제품, 섬유, 의류 등)을 미국 등 해외에 수출하는 구조를 갖고 있었다. 하지만 1990년대 이후에는 각 산업에서 아시아 내의 생산 네트워크가 구축되어 첨단 부품이나 고난도 공정은 일본, 한국, 대만 등 앞선 국가가 맡더라도 최종 조립공정은 주로 중국에서 마무리되어 'Made in China'라는 표지와 함께 미국 등지로 수출되는 구조를 갖게 되었다. 중국은 그렇게 수출 대국이 되었다.

중국의 부상은 중국산 제품의 가장 큰 해외시장인 미국에서 극적으로 감지되었다. 종래에 미국은 여러 종류의 제조업 제품들을 아시아 여러 나라로부터 수입했고 미국의 무역적자 역시 그들 나라에 분산되어 있었으나, 중국이 아시아의 (심지어 세계 각국의) 대미 수출 최종 창구 역할을 집중적으로 수행하게 되자 미국은 중국으로부터의 엄청난 수입, 그리고 그에 따른 대규모 대중 무역적자에 놀라게 되었다.[3]

그러한 직감적 반응은 중국 수출 배후의 구조(GPN 및 GVC)를 이해하면 상당 부분 누그러질 것이었지만, 미국 대중과 정치권에서는 중국 관련 무역통계의 표면적 변화에 자극받아 중국을 크게 경계하기 시작했다. 21세기 초입부터 '중국위협론'과 '글로벌 불균형(global imbalance)'(중국은 생산과 수출에, 미국은 소비와 수입에 치우쳐서 각기 과

---

2   아카마쓰는 선도국가가 노동집약적 산업을 후발국가에 물려주고 대신 첨단산업을 키워 그 제품을 후발국가에 수출하면, 후발국가는 국제수지 적자를 메꾸기 위해 (자신의 역량을 강화하는 데 힘을 쏟지 못한 채) 당장 비교우위가 있는 노동집약적 수출산업에만 집중하여 선진국–후진국 간 역량의 격차가 커지고 양극화할 수 있다는 주장도 폈다. 하지만 그것은 동아시아의 네 마리 용과 중국이 보여준 추격의 역사적 사례들로 반증(反證)된 셈이다.

3   구체적인 수치는 이 책 제15장의 〈그림 15-1〉을 참조할 것.

표 E-1 **중국의 수출입 구조(2000년 대 2018년)**

		원자재	중간재	최종재
중국의 수출	2000년	3%	30%	67%
	2018년	1%	45%	54%
중국의 수입	2000년	15%	63%	22%
	2018년	25%	53%	22%

자료: UN Comtrade(comtrade.un.org).

도한 무역흑자와 무역적자를 지속하고 있으며, 개별 국가의 국제수지 균형이 달성되지 않고 있는 상황을 지칭하는 개념)에 관한 담론이 미국으로부터 제기된 것도 이와 맥을 같이한다.

물론 중국위협론이 완전히 근거가 없는 것은 아니었다. 여러 공정으로 이루어진 하나의 산업을 '가치 사슬'이라는 관점에서 파악하면, 중국이 이른바 '글로벌 가치 사슬'에서 담당하는 지위는 하단에 치우친 것으로부터 시작한 것이 사실이지만, (다양한 경로의 학습을 통해 추격하는) 중국에 그 지위가 고착된 것은 아니었기 때문이다.

중국은 실제로 실력을 쌓아 성장의 사다리를 타고 올랐고 글로벌 가치 사슬에서 중단 이상을 차지하는 산업들도 갖게 되었다. 이 같은 사실은 중국의 수출입 구조를 통해서도 확인할 수 있다(〈표 E-1〉 참조). UN Comtrade의 자료를 분석해 보면 2000~2018년 사이, 중국의 수출에서 (기술 함량 및 부가가치가 높은 것으로 추정되는) 중간재의 비중이 늘어났으며(30%→45%), 반대로 중국의 수입에서는 중간재의 비중이 줄어들고(63%→53%),[4] 원자재의 비중은 늘어났다(15%→25%).[5]

---

4 중국이 수입하는 중간재 역시, 선진 공업국으로부터의 수입이 줄어들고 중국보다 발전 단계가 낮은 후발 개도국으로부터의 수입이 증가하는 추세이다. 이는 중국이 국제적 혹은 지역적 가치 사슬의 상층부에 올라 후발 개도국들을 그 아래에 두는 구조를 만들고 있음을 시사하는 것이기도 하다(张会清·翟孝强, 2018).

5 중국 수입에서 원자재 비중이 높아진 것은 중국 스스로 원자재(예컨대, 원유, 철광석)를

물론 중국이 각 산업의 모든 공정을 장악할 수 있는 것은 아니다. 이미 2010년대 이후 중국의 임금 수준이 가파르게 상승하면서 일부 산업과 여러 산업 내의 단순 공정들이 발전된 동부 연해 지역에서 내륙 중서부 지역으로 이동하다가 급기야 중국을 떠나 동남아 등지의 저개발국가로 옮겨가고 있다.[6]

그럼에도 현재 중국이 가진 여러 산업의 다양한 공정이 순차적으로 후발 개도국에 완전히 이전되는 것은 시간 문제일 뿐이라고 볼 수는 없다. 상당수의 산업 혹은 공정들이 중국의 특정 지역에 '끈적끈적(sticky)'하게 들러붙어 있어 웬만한 원심력에도 중국 바깥으로 나가지 않을 수 있기 때문이다. 실제로 중국 각 지역에는 다양한 산업 클러스터들이 발달되어 있는데 그 속에 생겨난 '집적의 경제(economy of agglomeration)' 효과로 인해 클러스터는 (비록 변모할지라도) 쉽게 해체되지 않는다. 또한 중국의 대안으로 고려할 만한 후발 개도국에 현재 중국이 가진 인프라를 다 갖춰 그곳에 새로운 집적의 경제효과를 만들어내는 것도 쉬운 일은 아니다.

일부 산업 기반이 중국보다 낮은 발전 수준의 국가로 이전되고 난 뒤에도 중국은 그에 대해 지배적인 역할을 수행하기도 한다. 그 한 예로, 중국 광동성 광주시의 섬유·의류 산업을 들 수 있다. 섬유·의류 산업은 흔히 노동집약적인 전통산업의 대표로 꼽히고, 안행형 모형을 제기했던 아카마쓰(Akamatsu, 1962) 역시 그의 주장을 뒷받침할 사례로 제시했던 산업이다.

광주시는 중국 내에서도 임금상승이 가팔랐던 곳이고, 그 여파로 섬유·의류 산업의 일부 생산거점이 중국 내륙 및 동남아 후발국가로 옮겨갔다. 하지만 위 산업의 발달과 함께 광주시에 조성된 세계 최대 규모의 의류 원단 및 부자재 시장은 이를 대체할 후보도 없이 지속적으로 작동하고 또 팽창하고 있다(〈사진 E-1〉 참조). 광주시 섬유·의류 산

가공하여 제품을 생산할 수 있는 시설과 능력을 갖춘 데 따른 것이기도 하다.

6 1980년대 말 민주화와 함께 억눌렸던 노동 임금이 크게 오르자 한국을 떠나 중국에 둥지를 틀었던 한국의 중소 사업자들 또한 다시 중국을 떠나 동남아 등지로 이동하고 있다.

사진 E-1 **광주시 의류 원단·부자재 시장(중산대학 부근 경방시장의 일부)**

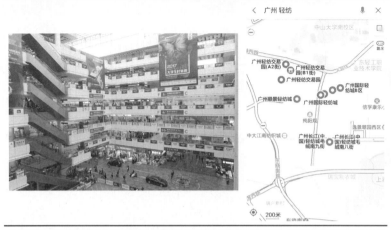

주: 광주시의 의류 원단·부자재 시장은 가히 세계 최대 규모라 할 수 있다. 왼쪽 사진은 오른쪽 지도에서 확인할 수 있
는 여러 시장들(동그라미 표시) 중 하나일 뿐 아니라 그 국부임에도 매우 큰 규모임을 확인할 수 있다. 지도에서 보듯
반경 약 500m에 걸친 지역 전체가 의류 관련 시장으로 조성되어 있으며 인근에 대학 및 전문대학이 자리 잡고 있어
산학연계 클러스터도 형성되어 있음을 알 수 있다.
자료: 필자 촬영(2018.1.20); 지도 검색(중산대학 인근 경방시장 밀집 지역).

업의 곁가지를 해외로 이전시키더라도 광주시가 해당 산업의 핵심적인 역할을 지속하
고 있는 것이다.

위 사례는 아시아의 기러기 떼 가운데로 끼어든 '커다란 새' 중국이 '새로운 것을 물려
받고 기존의 것을 물려주는' 종래 기러기 떼의 규율을 따르지 않음을 보여준다. 대신
GVC·GPN 속에서 더 많은 역할을 담당하고, 특히 인근 후발 개도국들에 대해서는 '지
역적 허브(regional hub)'로서 자리매김하려 하고 있음을 보여준다.

제12장

중국 경제체제의 성격

1. 사회주의 대 자본주의

1992년 한중수교 이후 (시진핑이 사회주의를 재차 강조하고, 미국의 대중 압박이 체제문제로까지 불거지기 전인) 2010년대까지 중국을 다녀온 한국인들의 흔한, 그리고 점차 더 잦아진 소회는 '한국보다도 더 자본주의적인 것 같다'라는 것이었다. 공식적으로 중국은 줄곧 사회주의체제를 표방했지만, 현장에서 느껴지는 중국 경제의 운용은 상당히 자본주의적이었던 것이다. 가는 곳마다 값비싼 입장료를 받고, 뭐든 돈이면 되는 듯한 분위기에, 한국보다도 훨씬 큰 빈부격차가 그런 직관적 인상을 뒷받침했다.

중국은 1978년 개혁개방을 시작한 이래 40여 년에 걸쳐 지속적으로 변화했다. 그 과정을 통해 현대 중국의 경제 시스템은 공식적으로 자본주의를 표방하는 여타 국가의 시스템과의 공통점이 커졌고 그러한 국가들과 하나의 세계체제 속에서 더욱 긴밀히 연계되었다.

그렇다고 오늘날의 중국을 그저 자본주의체제로 규정하고, 그들의 여전한 사회주의 표방을 거짓 구호로 단정 짓는 것은 옳지 않다. 중국의 체제 성격을 논함에 사회주의와 자본주의라는 상반된 두 개념이 혼용된다고 해서 중국의 실체가 두 개념이 만드는 긴 스펙트럼의 한가운데 자리 잡고 있는 것도 아니다.

사실 '사회주의(socialism)', '자본주의(capitalism)'라는 용어는 쉽게 정의할 수 없다. 둘 중 같은 것을 구현했다고 하는 국가들 사이에서도 체제의 성격 차이는 발견된다. 각자 나름의 역사적 맥락에서 서로 다른 뉘앙스를 품는다. 그렇게 사회주의와 자본주의는 순수 이론 공간에서 정제된 명확한 개념이 아니다.

『경제학 원리(Principles of Economics)』(1848)의 저자이자 케임브리지 경제학파, 더 나아가 신고전학파 경제학의 창시자라 할 수 있는 앨프리드 마셜(Alfred Marshall, 1842~1924)은 '자본주의'라는 용어에 내포된 의미가 모호하다며 이를 학술적 용어로 받아들이지 않았다. 20세기까지 세계 최고의 백과사전이라 일컬어졌던 브리태니커 백과사전(Encyclopaedia Britannica)에 '자본주의'라는 용어가 수록된 것도 마셜 사후인 1926년에 이르러서이다. 자유주의 경제 학계와 대척점에 있었던 카를 마르크스(Karl Marx)도 '자본주의'보다는 '자본가(capitalist)'라는 용어로 시대를 논했다(황런위, 2001).

이론보다는 현실적인 이유에서였지만 덩샤오핑도 개혁개방 초기, 중국이 도입하던 새로운 정책들이 사회주의적인 것인지 자본주의적인 것인지를 따지던 논쟁을 소모적인 '성사성자(姓社姓資)' 논쟁이라며 막아 세웠다. 또한 슘페터는 말년의 역작 『자본주의·사회주의·민주주의』(1942)라는 책에서 자본주의의 미래를 어둡게 전망했지만, 자본주의 이후의 세상을 '사회주의'라 부를 것인지 '수정된 자본주의'라 부를 것인지는 그저 이름 붙이기의 부차적인 문제일 뿐이라고 했다.[1]

---

1 슘페터(1942)는 경제체제를 '자본주의'와 '사회주의'가 아닌, '상업주의'와 '비상업주의'로 구분하는 것이 더 본질적이라고 보았다. 슘페터는 자본주의는 상업주의의 구체적인 발현

위의 일들을 상기하면, 현대 중국에 인위적인 잣대를 들이대어 사회주의와 자본주의 중 어느 하나로 판정해 보려 하는 것은 일견 거창하지만 내실 없는 시도일 수 있음을 깨닫게 된다. 따라서 이 장에서는 그 양자택일적 판정을 목표로 하지 않는다. 다만, 두 개념을 둘러싼 현실적·이론적 논의를 이정표로 삼아 개혁개방 이후 중국이 어떠한 변환의 과정을 밟아왔는지 살펴보고, 그를 통해 형성된 오늘날의 중국 체제가 품게 된 다면적 성격을 드러내보고자 한다. 더불어 중국이 현재 품은 다면적 성격이 향후 또 어떻게 진화하여 미래를 구현할 것인지에 대해서도 생각해 보고자 한다.

2. 개혁개방 이후의 체제 이행

중국은 정치체제와 공식적으로 표방하는 이념에 있어서는 사회주의를 고수하면서도 경제 시스템의 작동에 있어서는 전통적인 사회주의체제를 변형시키고 그로부터 이탈해 왔다. 1978년 이래 농촌·농업 부문에서 먼저 본격화된 '개혁개방'이 도시·공업 부문으로 본격 파급된 것은 1984년경부터이다.[2] 그리고 얼마 지나지 않은 1987년 중국 공산당은 제13차 당대회에서 '사회주의 초급 단계론'을 공식 채택했다.[3]

가운데 하나이고, 사회주의는 비상업주의의 구체적인 발현 가운데 하나라고 했다. 그리고 그 구체적 발현들의 실제적 양상을 선험적으로 명확히 규정할 수는 없다면서 미래의 불확정성을 받아들였다.

2 개별 농가가 자신의 책임하에 경작하고 정부 수매량 이상의 농업 생산물에 대해서는 시장에 내다 팔아 부가 소득을 누릴 수 있도록 하는 개혁 조치(이른바 농가책임생산제)로 인해 농민들의 일할 의욕이 고취되었고, 그로 인해 농업 생산량이 증가했으며, 점차 필수 불가결한 인력만 농업 부문에 남고 나머지 사람들은 비농업 분야에 더 많이 종사하게 되면서 상공업도 확대되었다.

그 함의는 다음과 같다. (마르크스주의의 교과서적 설명에 따르면) 사회주의는 자본주의가 고도로 발전된 뒤에 도래하는 세상인데,[4] 중국의 발전 단계는 아직 낮기(즉, 초급 단계에 처해 있기) 때문에 모든 자본주의적 요소를 배척할 필요는 없다는 것이다. 그와 같은 맥락에서 중국 공산당은 '사영 경제'를 중국에 '필요한 보충물'로 인정했다.[5] 요컨대, 사회주의 초급 단계론은 중국이 자본주의적 요소를 더 많이 수용하는 것을 가능하게 해준 이론적 면죄부였다.

1987년의 중국 공산당 제13차 당대회에서는 또 중국 경제의 성격을 '계획이 있는 상품경제(有计划的商品经济)'로 규정했다. (자본주의로의 이행이라는 인상을 줄 수 있는) '시장경제'라는 민감한 용어를 피하면서도 부분적으로나마 그를 인정하되, 여기에 '계획'을 얹어 정부의 역할을 강조한 것이었다.

그로부터 다시 5년이 지난 1992년에 열린 중국 공산당 제14차 당대회에서는 현재까지도 중국의 체제를 설명하는 가장 대표적인 화법 중 하나인 '사회주의 시장경제(socialist market economy)'라는 용어를 공식적으로 채택했다. '시장경제는 자본주의 태동 이전부터 있던 것이니만큼, 시장경제는 자본주의의 전유물일 수 없고 사회주의체제에서도 채택할 수 있는 것'이라는 논리로 그를 뒷받침했다.

---

3   중국 공산당은 보통 5년마다 당대회(전국대표대회)를 개최하여 새로운 회기를 시작한다. 중국어로는 그 5년의 회기를 届(jie)라 하는데 우리말로는 흔히 '기(期)' 혹은 '차(次)'로 언급된다.

4   마르크스와 엥겔스는 자본주의에서 물질 생산력의 발전이 미래 무계급 사회(공산주의)를 위해 필요한 물질적 및 사회적 조건들을 준비한다고 생각했다(리민치, 2010: 288에서 재인용).

5   이어서 1988년 전국인민대표대회는 헌법 수정안에 사영 경제의 지위를 인정하고 그의 합법적 권익을 보호하는 내용을 포함시켰다. 개혁개방 이후 10년이 지나도록 애매한 회색지대로 남아 있던 사영 기업이 합법화되기에 이른 것이다.

사실, 교역이 이뤄지는 곳을 '시장'이라 한다면 그것은 자본주의 태동 이전 고대부터 존재했던 것이 맞다. 하지만 그 고대의 시장은 전체 경제의 보조적인 것일 뿐, 생산에 동기부여를 하고 분배를 행하는 경제의 중추는 아니었다(하일브로너·밀버그 2010: 55). 시장이 생산과 분배를 주도하는 메커니즘으로 작동하는 본격적인 시장경제는 인류에 교역이 발생한 시점보다 훨씬 뒤의 일이자 자본주의 시대에 들어서야 꽃을 피웠다.

돌이켜보면 1987년의 '계획이 있는 상품경제'란, (시장) 교역을 확대하는 것은 인정하되, 생산과 분배의 핵심적인 기능을 시장에 부여하진 않은 것이라 할 수 있다. 반면 1992년의 '사회주의 시장경제'란, (공산당의 영도 등 이념적·정치적 체제는 유지하되) 교역을 넘어 생산, 분배 등 경제의 중추적 메커니즘으로 시장을 받아들인 것이라 해석할 수 있다.

다만 여기서 한 가지 유념할 점은 공산당 당대회에서의 공식적인 선언이 그러한 질적 변화를 창출해 냈다기보다는, 시장이 생산과 분배의 기능을 점진적으로 확대해 가는 중국 경제 현실의 변화를 공산당이 사후적(事後的)으로 그리고 단계적으로 추인했던 것이라는 점이다. '실험 후 추인 및 확대'는 중국 개혁개방 초기 역사를 가로지르는 관행이었다.

제13차와 제14차 공산당 당대회 사이의 5년(1987~1992년)은 굴곡진 기간이었다. 1978년 이래 개혁개방 초기 10년의 성과와 한계가 더 높은 수준의 기대와 불만을 형성했고 그것이 천안문 광장에 시민의 목소리로 터져나왔다. 하지만 그에 대한 유혈 진압(천안문 사건, 1989년 6월 4일)은 개혁개방에 찬물을 끼얹고 중국에 대한 국제사회의 신뢰 역시 위기에 빠졌다. 그러한 냉각을 다시 풀어낸 것이 1992년 덩샤오핑의 남순강화(南巡讲话, 광동성 심천 등 1980년 '경제특구'로 지정하여 개혁개방의 실험적 조치들을 우선적으로 시행했던 남쪽 도시들을 순회하며 개혁개방 노선이 옳고 또 그를 지속·확대하겠다고 밝힌 일)였고 그를 공식적으로 추진한 것이 제14차 공산당 당대회였다. 종전에 주저했던 사회주의 시장경제라는 용어가 중국에 간판처럼 내걸린 것도 바로 이때이다.

원론적으로 따지면, 국가의 계획과 명령을 바탕으로 한 사회주의 계획경제 시스템과 개인의 자유와 경쟁에 기초한 시장경제 원리는 서로 부합하지 않아, '사회주의 시장경제'라는 표현은 일종의 '모순형용'이라 할 수 있다. 그럼에도 1992년 중국은 시장경제가 자본주의의 전유물이 아니라고 선언했다. 정치체제는 공산당이 주도하지만 경제의 작동은 시장 메커니즘에 주로 맡기겠다고 밝힌 것이다. 사회주의의 정체성을 뒷받침하는 것들(이에 관해서는 뒤에 상술) 중 '계획경제'는 버리고 다른 무언가로 사회주의를 지켜보겠다는 것이기도 했다.

1992년 이후 중국은 '시장경제'를 제도적으로, 점진적으로 완비해 갔다. 1992년 상해와 심천에 주식시장을 개설하고, 이어 1993년에는 '공사법'을 제정, 이듬해부터 시행하여 유한책임회사 및 주식회사의 설립과 운영, 주식시장 상장에 관한 법적 틀을 마련했다. 유한책임회사나 주식회사는 대부분 여럿의 출자자나 주주가 기업의 주인이 되는데 그들이 모두 국가기관이 아닌 이상, 기업을 개인이 사적(私的) 소유하는 길이 넓어진 것이다.[6]

이러한 사전 포석에 이어 1990년대 후반에는 (주룽지 총리의 주도하에) 국유 기업 개혁을 추진하여 방만한 조직과 취약한 지배구조를 가진 구식의 국유 기업들을 주식회사 혹은 유한회사로 재편했다. 더불어 사영 기업들(민영화된 국유 기업 포함)도 그러한 이른바 '현대적 기업 제도' 속에서 성장할 수 있도록 유도했다.

---

6 예외적으로 유한회사의 경우 단일한 개인 혹은 법인이 100% 지분을 소유하는 1인 독자(獨資)기업으로 설립할 수도 있다. 특별한 경우, 국가기관이 단독으로 출자자가 되어 1인 독자 유한책임회사 형태의 국유 기업을 설립하기도 한다.

표 12-1 **공산당 당대회의 체제 및 발전 지향 관련 주요 언급**

개혁개방 이후 공산당 당대회	체제 및 발전 지향과 관련된 주요 언급
제12차(1982년)	중국 특색의 사회주의, 국유경제의 주도적 지위 유지
제13차(1987년)	사회주의 초급 단계, 계획이 있는 상품경제
제14차(1992년)	사회주의 시장경제
제15차(1997년)	비공유제를 사회주의 시장경제의 중요한 구성 부분으로 인정, 국유 기업 개혁, 혼합소유제
제16차(2002년)	중국공산당 3개 대표론
제17차(2007년)	창신(혁신)형 국가, 과학발전관, 자주적 혁신
제18차(2012년)	전면개혁 심화, 서비스형 정부, 자원배분에 있어 시장의 결정적 역할, 중화민족의 위대한 부흥
제19차(2017년)	시진핑 신시대 중국 특색의 사회주의

자료: 필자 정리.

이를 뒷받침하는 선언이 1997년 중국 공산당 제15차 당대회에서 채택되었다. '비공유제 경제'를 '사회주의 시장경제의 중요한 구성 부분'이라 인정한 것이다. 그리고 이즈음부터 중국은 자국 경제의 소유 구조가 공적 주체와 사적 주체가 함께하는 '혼합소유제(混合所有制)'임을 강조하기 시작했다. 이는 10년 전인 1987년 제13차 당대회에서 '사영경제'를 중국에 '필요한 보충물'로 평가했던 것으로부터 한발 더 나아간 것이라 평가할 수 있다.[7]

---

7 한 가지 유념할 점은 국유 기업을 주식제 기업으로 재편한 것을 단순히 '사유화(privatization)'라고만 볼 수 없는 또 다른 측면이 있다는 점이다. 물론 주식제 개편은 개인도 기업의 지분을 소유할 수 있도록 한 것이니만큼 사유화의 진척이라 할 수 있고 그것은 이론을 넘어 중국의 현실이었다. 하지만 중국 당국은 주식제는 다수의 주주가 기업을 함께 소유하는 만큼 '공유제'의 한 형태라 볼 수 있고, 따라서 국유 기업의 주식제 개편은 (사유화라기보다는) 오히려 '사회화(socialization)'의 진척이라고 주장한다. 이 같은 주장은 사영경제를 전면적으로 인정하고 확대하는 것이 사회주의체제의 본질을 크게 뒤흔들 수 있다는 경계심을 갖고 있는 중국 당국의 보수적 해석인 측면이 강하지만, 정부와 대중 조직이 지분 확보를 통해 주식제 기업을 통제하는 것이 기술적으로 불가능하지 않은 만큼 중국 당국의 해석도 무리한 것만은 아니다. 비록 정부와 대중 조직이 수많은 중국 기업의 다수 지분을 차지하는 것은 불가능하겠지만, 선별된 주요 기업들에 대한 지분 통제는 가능한 만큼, 이에 관한 향후의 전개는 중요한 관찰 포인트 중 하나로 남아 있다.

앞서 살펴본 것처럼, 중국은 기존의 사회주의체제에 자본주의적 요소를 혼합해 왔다. 그 과정은 점진적이었고 조심스러웠다. '시장경제'를 선언하기 전에 '상품경제'를 얘기했고 그마저도 '계획이 있는' 상품경제임을 강조했다. (자본주의 세계의) 글로벌 스탠더드에 맞춰 유한책임회사와 주식회사에 관한 '공사법'을 제정하면서도 그 총칙 1조에는 "사회주의 시장경제의 발전을 위한 것"이라 적시했다.

이러한 점진적 혼합은 구체제를 새로운 체제로 변환시키되 격변을 방지해 (정치적·사회적) 안정성을 유지하기 위한 실용적 해법이었다고 할 수 있다. 때로 모순형용으로 보이는 개념이 전환기적인 중국의 현실을 더 잘 보좌할 수 있었던 것으로 보인다.

3. 이행 방향성의 둔화와 남겨진 모호성

체제 변환의 큰 방향이 분명할 때는 '혼합'이라는 것 자체가 초래하는 혼란이 크지 않을 수 있다. 어디에서 어디로 가야 하는지를 모두가 알기 때문이다. 하지만 그 방향성이 둔화되면 혼합성은 드디어 복잡성을 드러낸다.

중국 체제 변환의 방향성이 둔화하기 시작한 것은, 중국이 1980년대 중반 이래 추구하던 WTO 가입이 드디어 성사(2001년)되고 나서이다. 시장경제 확대에 주력했던 장쩌민 정권(1989~2002년)이 막을 내린 2000년대 초반이기도 하다. 좀 더 가시적인 변화를 발견할 수 있는 시점으로 늦춰 잡자면, WTO 가입 후 5년간의 경과 기간이 종료되고 장쩌민에게서 정권을 이어받은 후진타오가 집정의 청사진[제11차 5개년 계획(2006~2010년), 중장기과학기술발전계획(2006~2020년) 등]을 밝힌 2005~2006년 전후라 할 수 있다.

그러한 중국의 내적 변화와 더불어, 2008년 미국발 세계금융위기와 그에 뒤이은 유럽의 재정위기, 그리고 세계적인 경제 침체는 중국이 개혁개방 이후 배우고 모방했던 선진 (자본주의) 국가들이 중국의 온전한 롤모델(role model)일 수는 없으며 중국은 (적어도 일정 부분) 스스로의 길을 개척해야 한 다는 생각에 힘을 더하기도 했다.

시진핑 시대가 출범한 2012년 중국 공산당 제18차 당대회 이후에는 수 년간 '자원배분 과정에 있어 시장이 결정적(決定性) 역할을 수행하도록 한 다'는 점을 강조했다. 이는 분명 자유로운 시장경제체제의 심화를 선언한 것으로 보인다. 당시 시진핑의 포괄적인 정책 모토도 '개혁의 전면(全面) 심 화'였다. 하지만 그때 이후 중국의 경제체제가 서구의 전형적인 자본주의 에 가속적으로 수렴할 것이라 전망했다면 성급한 판단이 되었을 것이다. 그 선언의 내용과 달리, 2010년대 중반 이후 시진핑의 중국은 [비록 과도한 부채의 축소·조정 과정에서 사영 기업의 위축이 상대적으로 컸고, 늘어난 국가급 신 구(新区) 및 일대일로(一带一路) 관련 프로젝트 등에 국유 기업의 역할이 클 수밖에 없었던 등의 이유가 있었지만] 민간보다 오히려 국가의 영역이 확대·강화되었 기 때문이다. 더욱이 뒤이은 제19차 당대회에서는 '시진핑 시대 중국 특색 의 사회주의'를 강조함으로써 중국의 체제 지향이 단순히 서구를 모델로 삼 는 것이 아님을 분명히 드러냈다.

또한 제18차 당대회의 정신을 구체화한 18기 3중전회에서 중국은 '법치' 또한 강화키로 결정하고 이를 '부패 척결'과 함께 추진해 나가기로 했는데, 이를 만인이 법 앞에 평등한 법치(rule of law)의 확대로만 보기엔 어려움이 있다. 공산당의 영도가 지속적으로 강조되는 상황에서 법치란 '법을 수단 으로 하는 권위주의적 통치(authoritarian rule by law)'를 의미할 가능성이 크 기 때문이다. 시진핑 집권 이후 중국 공산당은 2014년부터 '4개 전면(四个 全面)'이라 하여 '소강사회(小康社会)', '개혁심화', '의법치국(依法治国)', '종 엄치당(从严治党, 당내 규율 강화)'을 전면적으로 추진해 가고 있는데, 그중 법치를 강조하는 '의법치국'의 영문표기도 'rule of law'가 아닌 'rule by law'로 쓰고 있음에 주목할 필요가 있다.[8]

18기 3중전회 직후인 2013년 중국 공산당 중앙위원회 산하에 신설된 '국가안전위원회(国家安全委員会)'는 국방 및 대외관계뿐 아니라 국내적인 모순에 대응하여 사회통치체제를 강화하는 역할도 부여받았다. 같은 맥락에서 중국은 2016년 '네트워크안전법(网络安全法)'을 제정했는데, 이 법은 인터넷을 포함한 통신망에 실명제(實名制)를 실시하며(제24조), 국가가 금지한 정보를 통신망에 유통시키는 것을 차단하며(제50조), 국가 안전과 사회 공공질서를 수호하기 위해 필요한 경우 특별한 임시 조치를 취할 수 있도록 하고 있다(제58조). 인터넷 등 정보통신망 사용자의 편의보다는 인터넷 공간의 대중을 통제하려는 국가의 의지가 드러나는 조문들이다.

인터넷 공간이 국민의 일상과 경제활동에 있어 실제의 물리적 공간 못지않게 중요해진 현대에, 정부가 자국의 인터넷 공간을 어떻게 조형하고 규율하는지는 그 나라 경제 시스템의 성격을 규정하는 중요한 측면이라는 점에서 주목할 만하다. 요컨대 시진핑 시대의 중국은 권위주의적 통제를 강화했다.[9]

한편 시진핑 집권하의 중국 당국은 (1990년대 후반 이미 소개되고 추진했던)

---

8 법을 권위주의 통치의 수단으로 효과적으로 활용해 온 것으로 평가받는 대표적인 국가는 리콴유(李光耀, 1923~2015) 치하의 싱가포르이다(Rajah, 2012). 말년의 리콴유는 중국의 시진핑에게 법치와 부패 척결, 권위주의적 통치에 관한 구상을 직간접적으로 제공한 것으로 판단된다.

9 중국은 그간 WTO 가입 등을 통해 자유주의적 규범의 지배를 더 크게 받게 되었다. 하지만 최근 새로운 비즈니스 창출의 주된 장이 되고 있는 인터넷 공간에서는 중국 정부가 강력한 규범 제정자로서 역할을 하고 있음도 유념할 필요가 있다. 요컨대, 중국식 자본주의는 사적 자본주의에 그대로 동치될 수 없는데, 이는 정부와 국유 기업이 산업 전반을 장악하고 있어 서라기보다는 미래의 생장점 주변에서 그들이 주효하게 작동하고 있기 때문이다.

'혼합소유제'를 재차 강조했는데 그것이 가리키는 방향은 1990년대만큼 명확하지 않았다. 공유제와 비공유제의 혼합이라는 동일한 레시피이지만, 전자를 줄이고 후자를 키운다는 이행의 방향성이 흐려져 그 혼합의 의미는 복잡해졌다. 즉, 1990년대 말의 혼합소유제 강조는 비공유제를 인정하고 또 그 비중의 확대를 추인하는 것이었지만, 20년 뒤 시진핑 시대에는 같은 용어가 다른 함의를 가질 수 있게 되었다. 여전히 진행 중이니만큼 더 지켜봐야겠지만, 시진핑 시대의 혼합소유제는 오히려 공유제를 강화하는 데 주안점이 놓일 수 있다. 분명한 것은 양자의 혼합이 더 이상 일방향성을 띠지 않고 양면성, 불확정성을 띠는 시대에 접어들었다는 것이다.

4. 현대 중국의 경제체제 진단

복잡성이 커진 중국의 혼합적 체제를 두고 그것이 '사회주의'인지 아니면 '자본주의'인지를 다투는 것은 자칫 소모적일 수 있다. 하지만 자본주의와 사회주의체제에 관한 기존의 이론적 논의들에 비춰 현대 중국 경제체제를 좀 더 깊이 있게 진단해 보는 것은 유의미한 시도일 수 있다. 따라서 이 절 이하에서는, 기존의 이론적 논의 속에서 자본주의 혹은 사회주의의 정체성을 뒷받침하는 핵심 요소들로 추출된 것이 무엇이었는지를 되새겨 그를 중국에 투영해 보고자 한다.

일반적으로 자본주의는 자유로운 시장경제체제를 지지한다. 반면, 사회주의는 시장경제 속에 내포된 무질서, 중복, 낭비, 경쟁을 불필요한 것으로 인식하여 중앙집권적 정부가 계획을 수립하고 그를 집행하는 '계획경제(planned economy)'를 대안으로 추구했다.

그런데 앞서 보았듯, 중국은 체제 이행의 과정에서 '계획경제' 혹은 '명령경제(command economy)'는 폐기해 왔다. 그에 대비되는 '시장경제'가 자본주의의 전유물이 아니며 사회주의 국가에서도 경제 운용의 원리로 채택 가능한 것이라고 중국 당국이 누차 밝혀온 것은, 거꾸로 계획경제의 폐기를 확인해 준 것이라 할 수 있다.[10] 따라서 '계획경제'는 중국이 사회주의체제임을 밝히는 혹은 자본주의체제가 아님을 밝히는 증거로 더 이상 활용될 수 없게 되었다.

자본주의 시장경제체제의 중요한 한 특징은 '화폐화(monetization)'이다. 화폐화란, 시장경제의 분업 구조 속에서 노동은 (노동자 자신이 필요로 하는 물건의 생산이 아닌) 화폐 소득을 창출할 수 있는 생산으로 향하고, 대부분의 거래에서 화폐가 매개로서 활용되어, 모두가 화폐를 갈구하는 세상으로 변해가며, 경제가 양적 잣대로 관리·운용되며, 화폐의 축적을 통해 형성된 자본이 경제활동을 조직하는 데 주도적인 역할을 해가는 과정을 의미한다.

중국에서 화폐화는 개혁개방 이후 시장이 확대되면서 점진적으로 이뤄졌으나, 특히 1990년대 말에 이르면 주택, 교육, 의료 등 과거 '단위(單位) 체제'를 통해 국가가 무상 제공하던 대표적인 복지 서비스들조차 대부분 상품화하여 매매되기에 이른다. 이와 같은 변화 속에서 중국에서도 화폐는 만인이 추구하고 또 축적해야 하는 대상이 되었고, 체제는 전형적인 사회주의로부터 멀어졌다.

한편, 자본주의는 '자본가적 생산방식(capitalistic mode of production)'으로

---

10 중국 중앙정부는 여전히 '5개년 계획'을 수립하고 또 집행하고 있지만 그 성격은 '명령'이 아닌 '계도' 혹은 '가이드라인'으로 바뀌어왔다. 과거 계획경제 시절의 계획 당국이라 할 수 있는 '국가계획위원회'(1952년 설립)도 1998년 '국가발전및개혁위원회(国家发展和改革委员会)'로 개편되었다. 더욱이 제11차 5개년 계획(2006~2010년) 때부터는 중국 스스로 '계획(计划)'이라는 말을 버리고 '규획(规划)'이라 칭하고 있다. 다만, 두 용어의 뜻은 거의 같고 '규획'이 한국어에서 거의 쓰이지 않는 말이기에 이 책에서는 '계획'이라 쓴다.

그 실체가 드러난다고도 볼 수 있다. 비판론자들이 지적하는 자본가적 생산 방식이란 자본이 노동을 고용하고 노동 착취를 통해 이윤을 축적하는 방식을 일컫는다. 그리고 그러한 비판 위에서 사회주의 국가들은 자본가적 생산 방식을 폐기하기 위해, 자본가가 점유하고 있는 생산수단(토지, 생산 설비 등 생산 요소와 그를 아우르는 기업 그 자체)을 국유화(혹은 사회화)했던 것이다.

오늘날 중국에 사적(私的) 자본이 노동을 고용하여 생산을 하는 방식은 광범위하게 퍼져 있다. '노동 착취'의 정도를 직접적으로 파악하기는 어렵다. 하지만 기업들이 '손익 계산서'를 작성해 가며 최종적으로 노동자가 아닌 기업주(혹은 주주)에게 귀속될 이윤(순이익)의 극대화를 위해 노력하는 것이 여타 자본주의 국가의 모습과 기본적으로 다르지 않다.

중국의 노사 관계(혹은 노동자-자본가 관계)도 체제의 자본주의성을 부정할 정도가 되지 못함은 분명해 보인다. 오히려 한국을 포함, 서구 자본주의 국가에도 일반화된 이른바 '노동3권(단결권, 단체교섭권, 단체행동권)' 중 가장 강력한 저항 수단이라 할 수 있는 단체행동권이 중국에서는 명확히 보장되어 있지 않고, 노조에 해당하는 '공회(工會)'는 어용화되어 노동자를 대표하는 데 한계가 있다는 평가가 최근까지도 이어졌기 때문이다.

자본가적 생산방식의 존재 여부는 노사 관계가 아니라 생산수단의 소유 구조를 통해서도 살펴볼 수 있다.[11] 생산수단의 소유 구조를 파악하는 대표

---

11 현대 지식 기반 경제에서는 기술을 포함한 지식의 생산과 확산, 활용이 생산활동의 중요한 한 축을 이룬다. 따라서 그에 관한 국가 시스템, 이른바 '국가혁신체제'를 살펴보는 것도 일국 경제체제의 성격을 파악하기 위해 필수적인 작업이고, 우리는 이미 이 책의 앞부분에서 중국의 국가혁신체제를 검토했다. 다만, 국가혁신체제를 두고는 '자본주의냐 사회주의냐'의 논쟁이 크게 벌어지지 않는다. 무엇보다, 새로운 지식을 창출하고 그것을 널리 확산하여 최대한의 경제적 기여를 하도록 하는 데 있어, '시장'이 항상 최적의 메커니즘이 되지 못한다는 것(즉, 시장 실패)은 이념적 좌우를 떠나 다수의 학자들이 공감하기 때문이다(Arrow, 1962b; Lundvall, 1985, 2004; 스티글리츠·그린왈드, 2016).

적인 방법은 기업 소유제를 살펴보는 것이다. 우리는 앞서 중국의 체제 이행과정을 일별하면서 중국에서 사영경제 혹은 비공유제 기업의 지위와 비중이 커진 것을 이미 확인한 바 있다. 그에 부연하여, 중국의 기업 소유제 현실을 좀 더 자세히 살펴보면 다음과 같다.

중국 내에 연 매출 2000만 위안(한화 약 34억 원)이 넘는 제조업 부문의 기업[이른바 '규모 이상 공업 기업(規模以上工业企业)']은 2015년 기준 38만 3100여 개이다(国家统计局, 2016). 그런데 그중 국유 기업은 3200여 개로 총수 대비 1% 미만이다. 주식회사나 유한책임회사 등에서 국가기관이 대주주로 지배적 의사결정권을 갖고 있는 경우[이른바 국유콩구(国有控股) 기업]까지 포함해도 그 수는 1만 9200여 개로 총수 대비 4.9%에 머문다.

규모와 부문을 막론한 중국 내 전체 국유 및 국유콩구 기업은 약 15만 5000개인 것으로 추정되는데(The Economist, 2014.8.30), 이는 중국 전체 법인 수 1370만 개 대비 약 1.1% 남짓이다(国家统计局, 2016). 이를 다시 위에 소개한 통계수치에 비춰보면, 중국 내 국유 및 국유콩구 기업 중 상당수는 제조업 부문이 아닌 서비스 기업이거나, 그 규모가 작은 (연 매출 2000만 위안 이하) 기업임을 알 수 있다. 실제로 15만 개 국유 및 국유콩구 기업 중 10만 개가량은 지방정부 산하의 국유 기업이고 여기에는 중소형 숙박시설이나 음식점 등도 다수 포함되어 있어, 중국에서 국유 기업이라고 알려진 기업들이 모두 전략적으로나 경제적으로 중요한 역할을 담당한다고 볼 수는 없다(The Economist, 2014.8.30).

위의 사실은 중국 내에서 국유 기업이 차지하는 비중이 ('사회주의 중국'이라는 통념에 비춰볼 때) 의외로 크지 않음을 보여준다. 기업의 개수가 아니라 그들의 생산액 규모로 보면 국유 및 국유콩구 기업의 비중은 더 크지만, 그 역시도 규모 이상 공업 기업 전체 생산액의 약 25% 수준이고 모든 기업 전체 생산액에 대비해서는 10%대에 지나지 않는다.

물론 매출액을 기준으로 중국의 100대 기업(즉, 중국 내 전체 법인 중 0.001% 미만에 해당하는 기업)을 꼽아보거나 주식시장에 상장된 기업들을 살펴보면 국유 기업의 비중이 상당하다. 하지만 그러한 거대 국유 기업들을 면밀히 살펴보면, 석유·석탄 등 에너지, 금융, 전력·수도·난방 등 유틸리티, 통신, 토목·건설 등 본연의 '규모의 경제' 효과가 커 '자연 독점'이 생기기 쉬운 부문의 '서비스' 기업이 상당 비중을 차지하고 있음을 알 수 있다(〈표 12-2〉 참조).

그들의 대규모성은 중국의 광활한 국토와 많은 인구로 인해 당연한 측면이 있고, 해당 서비스 부문은 여타 자본주의 국가에서도 공기업이 담당하는 비중이 높아서, 위의 사실만으로 사회주의체제의 증거를 찾았다고 보기엔 부족함이 있다.

그러나 위와 같은 판도의 인식 위에 새로이 유의할 부분도 생겨나고 있다. 2010년대 중반 이후, 즉 시진핑 시대 들어 중국의 은행대출이 국유 기업으로 더욱 쏠리고, 사영 기업의 투자 및 생산이 국유 기업에 비해 상대적으로 위축되는 현상이 나타났다(Lardy, 2019). 중국경제의 무게중심이 민간에서 국가로 일정 정도 이동한 것이라 평가할 만한 것이다. 하지만 이러한 현상은 2008년 미국발 세계경제위기에 대응하여 중국이 수년간 집행한 대규모 경기부양책 탓에 자국 내에 형성된 거품을 줄이고, 급속히 팽창해 위험요인이 되어버린 기업부채를 통제하기 위한 조절정책을 실시한 결과인 측면이 크다. 또한 시진핑이 새로운 비전으로 제시한 '일대일로(一帶一路)' 발전 전략 등에 따른 인프라 건설에 국유 기업의 역할이 컸던 까닭이기도 하다. 요컨대, 최근 국유 기업에 경도된 자금 흐름이 나타난 것은 사실이나, 그것만으로 중국의 경제체제가 과거 사회주의의 그것으로 회귀했다고 보기는 이르다.

위에서 논의한 기업 소유제와 더불어 여기에 추가로 언급할 만한 것은 토지의 소유 구조이다. 토지는 중요한 생산요소 중 하나이고 경제활동의

표 12-2 **100대 중국 기업(2018년 주 영업수입 기준)**

순위	기업 명칭	한글명(축약)	지역	민영 기업	주 영업수입 (억 위안)
1	中国石油化工集团有限公司	중국석유화공	北京		27428
2	中国石油天然气集团有限公司	중국석유천연가스	北京		25994
3	国家电网有限公司	국가전력망	北京		25603
4	中国建筑股份有限公司	중국건축	北京		11993
5	中国工商银行股份有限公司	중국공상은행	北京		11664
6	中国平安保险(集团)股份有限公司	중국평안보험	广东		10821
7	中国建设银行股份有限公司	중국건설은행	北京		9735
8	中国农业银行股份有限公司	중국농업은행	北京		9229
9	上海汽车集团股份有限公司	상해자동차	上海		9022
10	中国银行股份有限公司	중국은행	北京		8448
11	中国人寿保险(集团)公司	중국런쇼우보험	北京		7684
12	中国铁路工程集团有限公司	중국철로엔지니어링	北京		7417
13	中国移动通信集团有限公司	중국이동통신	北京		7415
14	中国铁道建筑有限公司	중국철도건축	北京		7306
15	华为投资控股有限公司	화웨이	广东	○	7212
16	中国海洋石油集团有限公司	중국해양석유	北京		7152
17	国家开发银行股份有限公司	국가개발은행	北京		6818
18	中国华润有限公司	중국화룬	广东		6085
19	苏宁控股集团有限公司	쑤닝	江苏	○	6025
20	东风汽车集团有限公司	동펑자동차	湖北		6015
21	中国第一汽车集团有限公司	중국제일자동차	吉林		5940
22	中国交通建设集团有限公司	중국교통건설	北京		5830
23	中国中化集团公司	중국중화	北京		5811
24	太平洋建设集团有限公司	태평양건설	江苏		5730
25	中国邮政集团公司	중국우전	北京		5664
26	国家能源投资集团有限责任公司	국가에너지투자	北京		5423
27	中国南方电网有限责任公司	중국남방전력망	广东		5355
28	中国五矿集团有限公司	중국우쾅	北京		5297
29	正威国际集团有限公司	정웨이국제	广东	○	5051
30	中国人民保险集团股份有限公司	중국인민보험	北京		5038
31	北京汽车集团有限公司	북경자동차	北京		4807
32	中粮集团有限公司	중량	北京		4711
33	中国中信集团有限公司	중국중신(CITIC)	北京		4674

순위	기업 명칭	한글명(축약)	지역	민영 기업	주 영업수입 (억 위안)
34	恒大集团有限公司	헝다	广东	○	4662
35	北京京东世纪贸易有限公司	북경징동(JD.com)	北京	○	4620
36	中国兵器工业集团有限公司	중국병기공업	北京		4549
37	中国电信集团有限公司	중국전신	北京		4545
38	中国化工集团有限公司	중국화공	北京		4458
39	中国航空工业集团有限公司	중국항공공업	北京		4388
40	中国宝武钢铁集团有限公司	중국바오우강철	上海		4386
41	交通银行股份有限公司	교통은행	上海		4340
42	中国电力建设集团有限公司	중국전력건설	北京		4050
43	中国医药集团有限公司	중국의약	北京		3968
44	碧桂园控股有限公司	비구이위엔	广东	○	3791
45	阿里巴巴集团控股有限公司	알리바바	浙江	○	3768
46	恒力集团有限公司	헝리	江苏	○	3717
47	招商银行股份有限公司	초상은행	广东		3656
48	广州汽车工业集团有限公司	광주자동차	广东		3641
49	中国太平洋保险(集团)股份有限公司	중국태평양보험	上海		3544
50	绿地控股集团股份有限公司	뤼디	上海		3484
51	中国建材集团有限公司	중국건재	北京		3480
52	山东能源集团有限公司	산동에너지	山东		3390
53	联想集团有限公司	레노보	北京	○	3376
54	兴业银行股份有限公司	흥업은행	福建		3373
55	河钢集团有限公司	허강	河北		3368
56	上海浦东发展银行股份有限公司	상해포동발전은행	上海		3344
57	国美控股集团有限公司	궈메이	北京	○	3341
58	浙江吉利控股集团有限公司	절강지리자동차	浙江	○	3285
59	中国民生银行股份有限公司	중국민생은행	北京		3200
60	腾讯控股有限公司	텐센트	广东	○	3127
61	中国保利集团公司	중국바오리	北京		3056
62	中国船舶重工集团有限公司	중국선박중공업	北京		3050
63	招商局集团有限公司	초상국	北京		3038
64	物产中大集团股份有限公司	우찬중다	浙江		3005
65	中国机械工业集团有限公司	중국기계공업	北京		3005
66	中国铝业集团有限公司	중국알루미늄	北京		3002
67	万科企业股份有限公司	완커	广东	○	2971

순위	기업 명칭	한글명(축약)	지역	민영 기업	주 영업수입 (억 위안)
68	陕西延长石油(集团)有限责任公司	섬서옌창석유	陕西		2951
69	中国联合网络通信集团有限公司	중국연합망통신	北京		2922
70	山东魏桥创业集团有限公司	산동웨이차오	山东	○	2845
71	厦门建发集团有限公司	하문지엔파	福建		2826
72	中国远洋海运集团有限公司	중국원양해운	北京		2818
73	陕西煤业化工集团有限责任公司	섬서석탄화공	陕西		2806
74	中国航空油料集团有限公司	중국항공유류	北京		2803
75	中国华能集团有限公司	중국화넝	北京		2786
76	中国光大集团有限公司	중국광다	北京		2770
77	厦门国贸控股集团有限公司	하문국제무역	福建		2741
78	雪松控股集团有限公司	슈에송	广东	○	2688
79	海尔集团公司	하이얼	山东	○	2661
80	美的集团股份有限公司	메이디(Midea)	广东	○	2618
81	兖矿集团有限公司	옌쾅	山东		2572
82	中国航天科工集团有限公司	중국항천과공	北京		2505
83	中国航天科技集团有限公司	중국항천과기	北京		2496
84	厦门象屿集团有限公司	하문상위	福建		2415
85	江苏沙钢集团有限公司	강소샤강	江苏	○	2410
86	冀中能源集团有限责任公司	지중에너지	河北		2363
87	潍柴控股集团有限公司	웨이차이	山东		2354
88	江西铜业集团有限公司	강서동업	江西		2307
89	中国中车集团有限公司	중국중차	北京		2294
90	青山控股集团有限公司	칭산	浙江	○	2265
91	国家电力投资集团有限公司	국가전력투자	北京		2264
92	中国能源建设集团有限公司	중국에너지건설	北京		2261
93	中国兵器装备集团有限公司	중국병기장비	北京		2242
94	中南控股集团有限公司	중남항공	江苏		2225
95	阳光龙净集团有限公司	양광룽징	福建	○	2209
96	金川集团股份有限公司	진추안	甘肃		2209
97	中国电子科技集团有限公司	중국전자과기	北京		2204
98	中国电子信息产业集团有限公司	중국전자정보산업	北京		2184
99	鞍钢集团有限公司	안강	辽宁		2158
100	中国华电集团有限公司	중국화전	北京		2145

자료: ≪经济观察网≫(2019.9.1); 민영 기업 여부 판정에는 기업 홈페이지 및 언론보도 등 참조.

토대이기도 하기 때문이다. 중국은 토지 소유에 있어 국·공유제(도시의 경우 국유, 농촌의 경우 농민집체 공유)를 고수하고 있다. 이는 중국의 경제체제를 사회주의적인 것으로 평가하는 증거로 흔히 활용된다.

하지만 사회주의라는 형용을 거의 받지 않는 싱가포르와 같은 나라에서도 국토의 상당 부분이 국유로 되어 있고, 그 외에도 '토지 공개념'을 수용하는 서구 선진 국가들도 많다. 따라서 국·공유제로 되어 있는 중국의 토지가 사회주의적 면모를 보여주는 것은 사실이지만, 중국의 사회주의가 토지의 국공유제로 보증되었다고는 볼 수 없다.

이 절에서 우리는 일국의 경제체제를 자본주의와 사회주의로 가름하는 대표적 이론적 잣대들에 비춰 중국의 경제체제를 진단해 보았다. 하지만 그 진단 결과는 중국을 현실 속의 여타 자본주의 국가들과 확연히 구분할 수 있는 증거를 명확히 드러내지는 못했다. 이에 다음 절에서는 또 다른 각도에서 중국 체제에 대한 진단을 이어가 보고자 한다.

5. 자본주의 정신, 기업가 정신, 그리고 중국의 경제체제

자본주의에 관한 기존 연구들을 섭렵했던 돕(Dobb, 1980)은 자본주의 연구는 화폐화, 자본가적 생산방식에 관한 연구 외에도 '자본주의 정신에 관한 연구'가 또 다른 한 축을 이루고 있다고 했다. 따라서 이 절에서는 자본주의 정신에 관한 논의에 비춰 중국의 경제체제를 새롭게 조명해 보고자 한다.

자본주의 정신에 관한 가장 대표적인 저작은 막스 베버(Max Weber, 1864~1920)의 『프로테스탄티즘의 윤리와 자본주의 정신』(1905/2018)이다.[12] 베버는 프로테스탄티즘이 자본주의 시대의 기업가들로 하여금 근면 성실하게 일하고 번 돈을 절약하고 재투자하여 끊임없이 자본을 축적하게 하는 정신적 혹은 종교적 근간이라고 해석했다.[13]

슘페터(Schumpeter, 1942)도 자본주의 시대 기업가들의 행태를 일정 부분 베버의 해석에 기대어 이해했다. 하지만 그는 기업가가 (사업에 성공하여 부를 축적할 경우 결국 일원이 될) 부르주아지 계급과 (새로운 지지 세력과 부를 원했던) 국왕의 정치적 뒷받침 속에서 비즈니스와 이윤 창출에 전념했던 사회정치적 구조를 중시했다.

위와 같은 '자본주의 정신'에 관한 연구는 자본주의의 작동이 무엇에 의해 지속되는지를 설명하고자 한 것이고, 그 해답을 종교나 정치·사회 구조의 영향하에 기업가 개개인에게 체화된 신념 체계에서 찾으려 한 것이다. 그리고 그러한 신념 체계가 온전할 때 자본주의가 제대로 작동한다고 주장한 것이기도 하다.

하지만 위와 같은 자본주의 정신에 관한 연구는 자본주의의 태동과 초기 자본주의의 모습을 그려내는 데 초점을 맞추었다. 따라서 그 연구의 맥락을 현대에 접목하려면 적어도 부분적으로 수정할 필요가 있다. 현대의 자본주의가 특정 종교적 신념이나 부르주아지, 국왕과 같은 구시대의 사회정

---

12 베버는 독일의 유심론적 전통을 따라 자본주의 정신을 논했다. 이는 유물론적 관점에서 자본주의 생산관계에 천착하던 영국을 중심으로 하던 학자들(마르크스 포함)과는 다른 시각의 자본주의 분석이었다(황런위, 2001: 303).

13 베버는 이 책에서 자본주의 정신의 근간을 프로테스탄티즘, 특히 칼뱅주의에서 찾았다. 종교개혁가인 장 칼뱅(Jean Calvin, 1509~1564)은 이른바 '예정설'을 통해, 구원받을 자와 구원받지 못할 자가 이미 신에 의해 정해져 있다고 했고, 칼뱅주의를 전파하던 그의 제자들은 사후의 운명이 어떠할지가 현생의 삶 속에서 힌트처럼 드러난다며 청렴하고 엄격하고 근면한 삶을 살도록 가르쳤다(하일브로너·밀버그, 2010: 122~123; 황런위, 2001: 303~304). 칼뱅주의는 종래의 가톨릭과 달리 부(富)의 축재(蓄財)를 사악한 것으로 보지 않았고 오히려 성공적 삶의 증거이자 구원의 힌트로까지 여겼다.

치적 구조에 의해 여전히 뒷받침되고 있다고 보기는 어렵기 때문이다.

자본주의 정신에 관한 연구자들은 결국 '기업가'의 신념과 행동에 주목했다.[14] 따라서 자본주의 정신에 관한 기존의 논의에서 태동기 혹은 초기 자본주의의 특수한 역사성을 탈색하고 그를 현대에 적용해 보려 한다면 자연스레 '기업가' 및 '기업가 정신'에 관한 논의로 이어질 수 있다. 현대 경영학에서 '기업가 정신'이란 '새로운 비즈니스 기회를 모색하여 포착하고 그를 구현하여 이윤을 창출하려는 추구와 행동'이고 '기업가'란 그러한 추구와 행동의 주체로 정의된다.

개인 기업가에게 체화된 기업가 정신은 현대 중국에도 충만하다. 중국인들은 상업적 기질이 강하다는 평가를 듣는다. 안정적인 직장을 선호하는 것은 공통적이지만 중국인은 창업을 통해 자기 사업을 해보고자 하는 열망이 한국인보다 강하다는 것이 많은 관찰자들의 전언이다. 공무원이나 공기업 등 입사 후 정년이 잘 보장되고 경쟁이 치열하지 않은 직장에 대한 선호는 중국이나 한국이나 다를 것이 없지만, 고연봉의 사영 대기업이 상대적으로 덜 발달된 중국에서는 젊은이들이 평범한 사기업에 입사하기보다는 아예 스스로 창업하려 한다는 조사결과도 있다(은종학, 2012b).

중국 각지에서 벤처 창업도 활발한 편이다. 그런데 주목할 점은 중국에서 기업가 정신은 새로운 아이디어를 가진 개인 창업가에 의해서만 발현되는 것이 아니라는 사실이다. 앞서 소개한 전기 자동차, 고속철도 등의 사례에서 발견할 수 있듯, 중국에서는 중앙정부나 지방정부, 그리고 국유 기업

---

14 베르너 좀바르트(Werner Sombart, 1863~1941)는 1913년 출간된 자신의 책 『자본주의의 본질(The Quintessence of Capitalism)』에서 자본주의 정신은 '기업가 정신(spirit of enterprise)'과 '부르주아 정신(bourgeois spirit)'의 혼합으로 이뤄져 있다고 했다(황런위, 2001: 306).

이 새로운 산업의 창출과 발전에 매우 큰 역할을 하고 있다. 앞서 「보론 C」에서 언급했듯, 최근 중국은 '신형거국체제'라 하여 중요한 과학기술 혁신에서는 국가적 역량을 한데 모으는 체제를 구축해 가고 있다. 이러한 사실은 '사적 자본주의'로 요약할 수 없는 중국 체제의 또 다른 성격을 드러내는 것이다.

새로운 비즈니스 기회를 탐색, 포착, 구현하는 데 있어, 다시 말해, 기업가 정신을 발휘하는 데 있어 국가의 역할이 상당하다는 것이다. 이는 자본주의 초기, 혹은 서구 자본주의 국가들의 전형과 비교해 볼 때, 현대 중국에서는 '개인'이 아닌 '국가'가 기업가 정신의 담지자인 측면이 강함을 시사한다.

그간 여러 평론가들(The Economist, 2012.5.1; Janjigian, 2010.3.22; Epstein, 2010.8.21)은 중국 경제체제를 '국가 자본주의(state capitalism)'로 명명해 왔다. 국가 자본주의는 '영리활동을 하는 민영 기업 등에 자본주의적 요소를 허용하되 주요 기업 및 경제운용에 있어서의 통제권을 국가가 장악하는 체제'로 정의된다.[15] 중국을 국가 자본주의로 규정하는 이들의 주된 논거는 대규모 국유 기업이 국가의 주요 부문을 장악하고 있고, 국가가 중국투자유한책임회사(China Investment Corporation: CIC) 등 이른바 '국부펀드(sovereign wealth fund)'를 통해 대규모 자본을 운영하고 또 축적하고 있다는 것 등이다.

하지만 앞서도 언급했듯, 중국의 국유 기업이 중국 경제에서 차지하는 비중은 의외로 절대적이지 않다. 국부펀드는 아랍에미리트, 싱가포르, 한국 등 다른 여러 나라에서도 큰 규모로 운영하는 것이기도 하다. 따라서 어느 한 정태적(靜態的) 시점에서 국유 기업의 비중이나 대규모 국부펀드의

---

15   레닌은 1921년 이른바 '신경제정책(NEP)'을 선포하고 소련의 체제를 '국가 자본주의'라고
     불렀는데, 그 정책의 내용은 대규모 공업, 운수업, 대외무역은 국가가 관장하지만 농업 및
     소규모 공업 생산은 개인의 경영을 허용하는 것이었다(황런위, 2001: 468).

존재만으로 '국가 자본주의' 여부를 가르게 되면, 중국에도 그 이름이 붙겠지만 그를 중국 체제의 독특한 성격이라 하기에는 부족함이 있다.

비슷한 맥락에서 하버드대학교 역사학 교수 니얼 퍼거슨(Niall Ferguson)은 "우리는 이제 모두 국가 자본주의자이다(We're all state capitalists now)"라는 표제의 글을 통해, 중국을 '국가 자본주의'로, 미국을 '시장 자본주의'로 대별시켜 세상을 양분해 이해하려는 것은 실제의 상황을 과도하게 단순화하는 것이라고 비판하기도 했다(Ferguson, 2012.2.10).

따라서 '국가 자본주의'는 혼합적 성격을 띤 중국 경제체제를 부르는 다양한 수사(修辭) 중 하나라고 봐야 할 것이다. 그 개념을 완전히 부정하는 것도, 그렇다고 그를 중국 경제체제의 본질을 꿰뚫는 유일무이의 답으로 받아들이는 것도 정답은 아닐 듯싶다.[16]

그러한 관점에서 여기서는 중국 경제체제에 대한 기존의 평론들을 인정하면서, 좀 더 동태적(動態的)인 관점에서 새로운 해석을 한 가지 더하고자 한다. 중국은 '국가'가 새로운 산업 기회를 모색·포착하고 그를 구현하려는 '기업가 정신'을 가진 '기업가적 국가(entrepreneurial state)'라는 것이다. 국가가 자본주의의 과도한 발현을 억제하는 데 관심을 갖기보다는 (고속철도의 사례에서도 본 바와 같이) 산업 성장의 가능성을 찾아 키우는 데 관심이 많다

---

16 2018년 이후 중국과 미국 간 관세전쟁으로 시작한 힘겨루기가 고조되면서 미국은 중국의 국가주도적 경제운용을 '국가 자본주의'라는 용어로 비판하는 일이 잦아졌는데, 중국 당국은 2018년 국무원 신문판공실 명의의 『중-미 경제무역마찰에 관한 사실과 중국 측의 입장 백서(关于中美经贸摩擦的事实与中方立场白皮书)』를 통해 '국가 자본주의'는 중국에 대한 잘못된 명명이자 비난이라면서 그러한 성격 규정을 공식적으로 부인했다. 뒤이어 2019년 4월 1일, 중국 공산당 당기관지 ≪인민일보≫는 시진핑의 과거 발언을 재인용하며 중국의 체제는 사회주의이지 국가 자본주의 등 여타의 주의가 아니라고 천명하기도 했다. 물론, 이와 같은 중국 당국의 공식적인 입장 표명이 중국 경제체제에 관한 학술적 논의를 뒤바꿀 수 있는 것은 아니다.

는 것이다. 그를 '국가 기업가주의(state entrepreneurialism)'라고도 부를 수 있다.[17]

물론 현대 중국의 기업가적 국가 모습이 유례가 없는 것이라 할 수는 없다. 20세기 후반 일본, 한국, 대만 등 동아시아 국가들에서 채택된 '산업정책'이라는 것도 정부가 장래의 가능성을 보고 자국 내 특정 산업을 육성하기 위해 깊숙이 개입했던 것이기 때문이다. 다만, 그러한 산업정책을 구사하던 '개발형 국가(developmental state)'와 달리 기업가적 국가는 선진국이 이미 지나간 길을 따라 (후진국의 낮은 비용을 활용해) 추격하는 데 그치지 않고 시장의 첨단(frontier)에서 새로운 기회를 개척하는 것을 독려한다는 점에서 차이가 있다. 하지만 더 짙은 중국적 특색은 국가 기업가주의의 배후에 공산당이 있다는 사실이다. 이에 관해서는 다음 절에 이어서 논의한다.

6. 중국 공산당과 '당·국가 기업가주의'

자본주의 정신 혹은 기업가 정신에 관한 기존의 연구들은 그것이 '개인'인 기업가에게 종교적 신념이나 직업 및 생활의 윤리로 체화된 것에 주목

---

17 물론 중국의 '국가 기업가주의'가 성공적인 측면만 있는 것은 아니다. 실제로 중국이 기업가적 국가의 모습을 드러내며 성과를 거둔 대표적 사례로 평가되는 고속철도 산업은 국가의 역할이 많던 기간(특히 미국발 금융위기에 대응하여 극적인 재정팽창을 감행했던 2008년 이후 수년간)에 빠른 속도로 성장했지만, 그 기간 중 거액의 부채가 누적되고 이후 성장의 둔화가 나타나 국유 기업의 효율성 문제 등이 중국 국내에서도 제기되고 있다는 사실에도 주의를 기울일 필요가 있다. 즉, 고속철도 서비스에 대한 민간의 현실적 수요를 넘어 국가 주도적으로 산업을 팽창시키는 과정에서 국가와 관련 국유 기업들의 부채가 급격히 증가하는 것은 이런 방식의 행태가 갖는 지속가능성의 문제를 드러내는 것이기도 하다. 요컨대, 국가가 기업가 정신을 체화하고 있다는 것은 중국의 특징으로 꼽을 수 있는 것이지만, 그 사실 자체가 중국의 우수성을 말해주는 것은 아니다.

했다. 그렇다면 기업가 정신의 담지자가 '국가'인 경우 기업가 정신은 국가에 어떻게 체화될 수 있는가?

원론적으로 기업가적 국가(구체적으로는 중앙정부 혹은 지방정부)도 기업가 개인이 신념과 윤리를 갖듯 나름의 지향과 규율을 가질 수 있지만, 현실적으로는 공식적으로 내건 명목상의 지향과 규율을 진정성 있게 지속적으로 추구하지 않는 경우도 많다. 즉, '거버넌스(governance)'상의 문제가 남아 있다.

거버넌스란 '어떤 조직이 당초의 취지와 목표를 온전히 추구하며 그 길에서 일탈하지 않도록 틀을 지워주는 조직 내외부의 제도'를 통칭하는 것이다. 개인은 대체로 자신의 신념과 윤리에 따라 행동하기 마련이고 기업가 정신을 체화한 개인이 기업가 정신을 발휘하는 데는 별다른 장애가 없다. 하지만 국가라고 하는 거대한 조직은 어떤 지향과 규율을 공식화하더라도 그를 스스로 무시하거나 방기하고 또 다른 조직논리에 따라 공식적으로 표방한 길과 다른 길을 걸을 수도 있다.

중국 정부는 때로 새로운 산업 혹은 비즈니스의 기회를 선도적으로 포착하고, 그를 구현하기 위한 자원(자금, 기술, 인재 등)을 국내외로부터 수집·동원하고, 국유 기업을 사업 주체로 내세워 집행하거나 민간 기업에 집행을 맡기되 그에 대한 통제를 유지하며, 그 생산품에 대한 수요를 정부구매 등을 통해 창출·확대하곤 한다. 새로운 산업을 키우기 위한 정부의 역할이 (서구 선진국들도 공히 수행하는) 관련 과학기술 연구를 뒷받침하고 법과 제도를 정비하는 데 그치지 않고, 정부가 시장경제의 운영을 책임지는 '심판'의 역할을 넘어 직접 그라운드에서 뛰는 '선수'의 역할도 마다하지 않는 것이다.

중국 정부가 그러한 경로에서 벗어나지 않도록 잡아주는 거버넌스 역할은 일차적으로 중국 정부를 '영도(領導)'하는 중국 공산당이 한다고 봐야 한다.[18] 중국은 공산당이 국가를 영도하는 당·국가 체제를 갖고 있다. 중국 공산당은 정부 행정 각부에 존재하기 마련인 서로 다른 이해관계와 모순을 통합하고 전체적으로 일관된 지향을 갖고 나아가도록 하는 데 중요한 역할을 담당하고 있다. 특히 중국 공산당은 각부 요직에 인사권을 행사할 뿐 아니라 이른바 '노멘클라투라(nomenclature)' 시스템을 통해 공산당의 고위인사가 주요 국가기관(국무원, 인민대표대회, 정치협상회의 등)의 주요 직위를 겸직하도록 하여 공산당의 의지와 결정이 여러 국가기관의 운영에 일관성 있게 반영되도록 하고 있다.

중국 공산당의 지향점은 5년마다 열리는 당대회나 그 사이 1년에 한두 차례씩 개최되는 중앙위원회 전체회의를 통해 드러난다. 2012년 11월, 공산당 제18차 당대회에서 공산당 총서기로 중국 최고지도자 자리에 올라선 시진핑은 그 자리에서 '중화민족의 위대한 부흥(中华民族伟大复兴)'이 '중국의 꿈(中国梦)'이며, 그 꿈을 실현해 가겠다고 밝혔다. 더불어 100주년(两个一百)에 맞춘 2개의 목표로, 중국공산당 창립 100주년이 되는 2021년까지 다수 국민이 중산층 단계에 도달하는 이른바 '소강사회(小康社会)'를 전면적으로 건설하고, 중화인민공화국 창립 100주년이 되는 2049년까지 '사회주의 현대화 강국'을 건설하겠다고 밝혔다.

'부강한 국가'를 향해 진력하고자 하는 중국 공산당의 모습은 (베버의 설명에 등장하는) 신의 구원을 확인하기 위해 끊임없이 일하고 축적하는 자본주의 기업가의 모습과 중첩되는 측면이 있다. 아이러니하지만 중국이라는 국가의 자본주의 정신, 기업가 정신을 공산당이 일정 부분 뒷받침하고 있는 셈이다. '당·국가 기업가주의'라고도 부를 만하다.

정당은 국가와 달리 이념적 결사체이기에 특정한 신념과 정신을 체화하

---

18 2018년 3월 중국은 헌법을 개정했는데, 개정된 헌법의 제1장 제1조에 "중국 공산당의 영도는 중국 특색 사회주의의 가장 본질적인 특징이다"라고 적시했다. 공산당의 영도 원칙이 정치적으로만이 아니라 헌법적으로도 명확히 규정되기에 이른 것이다(이남주, 2018).

고 일관성 있게 추구할 가능성이 더 크다. 따라서 중국 공산당은 중국이라는 국가의 배후에서 신념과 정신의 주체일 수 있다. 하지만 중국 공산당은 더 이상 노동자 계급의 이익을 대변하는 혁명 정당이 아니다. 장쩌민 전 총서기(1989~2002년)가 제기했고 2002년 공산당 당장에 명기된 '3개 대표(三个代表)'론은 그를 웅변적으로 보여준다. "중국 공산당은 ① 선진 생산력의 발전 요구를 대표하고, ② 선진 문화의 전진 방향을 대표하고, ③ 최대 범위 인민의 근본 이익을 대표한다"라는 것이 3개 대표론이다. ①을 통해 기업 및 기업인의 이해까지도 아우르고,[19] ②를 통해 새로운 문화적 흐름과 예술가·지식인의 역할을 긍정하고, ③을 통해 노동자 계급에 국한되지 않은 전체 국민을 위한 정당으로 나아가겠다는 뜻을 담은 것으로 해석된다. 중국 공산당은 위와 같은 자기 정체성 수정을 통해 계급 혁명 정당이 아닌 일종의 지배 엘리트 그룹(ruling elite group)으로 자리매김했다.[20] 그런 중국 공산당이 영구 집권하며 중국이라는 국가의 지향을 설정하는 정신적 주체로서 기능하려 하고 있는 것이다.

물론 앞서도 언급했듯, 중국 민간의 개인 기업가들에게 체화된 기업가 정신도 상당하다. 그들은 중국 경제 내의 역동적 행위 주체들이다. 하지만 중국의 당·국가 체제가 스스로 담당하고 있는 기업가 정신, 심지어 자본주의 정신은 중국 경제체제에 독특성을 더한다.[21]

---

19 실제로 3개 대표론이 제기되고 채택된 이후부터 기업가들의 중국 공산당 입당이 본격화되었다.

20 이런 점에서만 보면, 이념적으로는 공산당과 대척점에 있지만 국가 수립 이래 한 번도 권력을 놓치지 않은 싱가포르의 집권 '인민행동당(People's Action Party)'과 중국 공산당 사이에 일정한 유사성이 있다고 할 수 있다.

21 당·국가 기업가주의는 기업가 정신이 자유로운 개인에게 체화되어 있는 것이 아니라 정당과 국가조직에 체화되어 있다는 점에서 전형적인 자본주의와 다르다. 또한 새로운 성

당·국가 체제가 발휘하는 기업가 정신은 신산업의 추동과 발전을 가속화할 수 있지만 부작용도 있다. 개인 기업가의 치밀한 계산보다 둔탁할 수밖에 없는 당·국가의 밀어붙이기식 추진은 과잉 투자로 귀결되기 쉽다는 것은 2008년 이후 10년간 중국이 실제 경험한 사실이다. 더불어 당·국가의 주도는 민간 개인 기업가의 활동을 위축시키는 '구축효과(驅逐效果, crowding-out effect)'를 부작용으로 낳을 수 있다.

하지만 현재 진행 중인 세계 경제의 전환과 국가주도적인 중국 체제의 특성이 제대로 맞물린다면 중국은 의외로 좋은 성적표를 받아들 수도 있다. 앞 장에서 논의했듯, 현재 세계 경제는 '플랫폼 기반 경제(platform-based economy)'로 이행 중이다. 플랫폼 기반 경제가, 제약이 없는 시장에서 개인이나 개별 기업들이 자유롭게 경쟁하는 전통적인 인식 속의 '개인 기반 자유시장경제(individual-based free market economy)'를 적잖이 대체하고 있다. 그런 상황에서 신산업의 성장 공간과 틀을 만드는 주체로서 국가가 기업가 정신을 발휘한다면 성과는 클 수 있다.

중국의 많은 인구와 광활한 국토는 개혁개방 이후 최근까지 저임 노동력과 공장 부지로 활용된 측면이 크다. 그들이 '거대한 내수시장'을 만들 것이라는 기대는 여전히 충분히 현실화되지 못했다. 하지만 네트워크 형태의 플랫폼(고속철도망, 전기차 충전 시스템, 인터넷, 방송·통신 인프라, 모바일 금융결제망 등)을 기반으로 많은 비즈니스가 생겨나는 새로운 시대에는 거대한 중국 내수시장이 더 현실화할 수 있을 것이다.

그러한 플랫폼을 창출하고 관리·규율하는 데 있어 국가(중앙정부 혹은 지방정부)가 큰 역할을 하는 중국의 체제는 새로운 시대에 크게 이단아적인

장의 기회를 탐색하고 그를 구현하기 위한 모험적 시도를 독려한다는 점에서 분배에 초점을 맞춘 사회주의와도 구별된다.

것이 아닌 것으로 재인식될 수도 있다. 그러한 플랫폼은 과거 '사회간접자본(SOC)'이라는 이름으로 정부가 담당해 왔던 것의 연장선상에 있는 것이기도 하나, 새로운 경제에서는 더 이상 간접적이지 않고 직접적·핵심적인 것이기에 시장(특히 자유로운 빈 공간으로서의 시장이 아닌 조직된(organized) 플랫폼으로서의 시장] 속에서 국가의 역할은 더 크게 기대되기 때문이다.[22]

그러나 미래 경제가 플랫폼 그 자체로 완성되지는 않을 것이기에 중국에는 가능성과 한계성이 동시에 존재한다. 플랫폼 위에 올라서야 할 수많은 창의적 기업들을 플랫폼의 조성자, 특히 당·국가가 모두 창출해 낼 수 없기 때문이다. 공산당이 국가를 이끌 수 있지만, 기업 내에 공산당 조직을 강화한다고 하여 창의적 기업들을 온전히 이끌 수 있는 것은 아니다. 오히려 그 생명력을 감퇴시킬 수도 있다.

---

22 아무런 제약이 없는 진공과 같은 자유시장은 제대로 작동할 수 없으며, 사실상 존재하지도 않는다(Lundvall, 1985).

제13장

슈페터 다시 읽기

1. 중국 경제론의 이론적 기둥: 비교우위론과 혁신론

이 책 제1장에서 살펴보았듯, 개혁개방 이후 중국의 성공적인 고도성장을 (개혁개방 이전 계획경제 시절의 성과에 대비해) 설명하는 중국 경제론의 굵직한 이론적 기둥은 '비교우위론'이었다. 요컨대, 비교우위가 있는 산업에 특화하여 생산한 제품을 갖고 국제무역에 참여하여 후생을 증대시킨다는 것이다. 1978년 개혁개방 이후 21세기의 초입에 이르기까지 중국은 그러한 고전적 경제 원리를 대체로 충실히 따랐다.

하지만 그 후, 특히 중국이 개방된 국제 교역체제의 일원이 되었음을 확인하는 WTO 가입(2001년) 이후 중국 경제의 나침반은 새로운 것에 이끌리기 시작했다. 바로 '혁신(중국식으로는 창신)'이다. 이러한 변화는 시장화와 개방에 대한 1차적 추구를 마무리한 뒤 다음 단계의 성장을 모색하는 것이기도 했으며, 시장화와 개방만으로 중국이 이룰 수 있었던 것과 없었던 것에 대한 비판적 점검에 의한 것이기도 했다.

당시 혁신을 새로운 국정 기치로 들고 나온 것은 후진타오 총서기(2002~2012년)였고 그를 지적으로 보좌한 이들은 자유주의자들보다는 개발도상국 혹은 후진국의 관점에서 보호주의적 조치에 관심을 갖는 일군의 학자들이었다. 그렇게 중국은 자신의 맥락에서 혁신을 추구하기 시작했고, 21세기 중국 경제론의 새로운 기둥을 '혁신론'으로 채우기 시작했다.

혁신에 관한 경제학적 논의가 조지프 슘페터(Joseph Schumpeter, 1883~1950)로부터 시작되었음은 누구도 부인하기 어렵다. 현대 중국은 비록 자신들의 특색이 있다 해도 슘페터로부터 이어져 온 혁신에 관한 논의들과 무관하지 않다. 슘페터에 닿기 위해서는 현재로부터 근 100년의 세월을 거슬러 올라가야 하는 만큼, 슘페터 원전에 대한 논의가 현대 중국과 자본주의의 전개에 완전히 부합하지는 않을 것이다. 하지만 슘페터의 전제와 논리를 현대에 비춰 살피면 슘페터의 한계를 발견할 수도 있고, 더욱 중요하게는, 혁신론의 원조가 현대에 주는 함의를 새롭게 도출할 수도 있을 것이다. 따라서 아래에서 우리는 슘페터에게로 거슬러 올라가 보고자 한다.

2. 슘페터 대 케인스

슘페터는 현대 교과서 경제학의 상당 부분을 채우고 있는 굵직한 경제학자 케인스와 같은 해에 출생했다. 잘 알려져 있다시피 케인스는 그 이전의 경제학이 오랫동안 초점을 맞췄던 '공급'이 아닌 '수요'의 문제에 주목하면서 새로운 경제이론을 펼쳤고, 그의 생전에 가장 큰 이슈였던 '대공황(Great Depression, 1929~1933)'의 발생 원인과 해결 방안에 대한 유의미한 주장을 폈다. 그렇게 케인스는 슘페터보다 당대에 훨씬 큰 유명세를 누렸다. 그의 영향하에 오늘날에도 각국 정부는 '총수요 관리'를 경제의 안정적 성장을 위한 핵심적인 정책이라 믿고 또 실천하고 있다.[1]

슘페터는 케인스와 같은 시절을 살며 그의 그늘에 가려졌다. '수요의 부족'이 대공황의 한 가지 유력한 원인으로 지목되었고, 그 해법으로 수요의 부족을 메우기 위한 정부의 재정지출 확대(예컨대, 루스벨트 대통령의 뉴딜정책)와 시장 개입이 당대의 시류였기에 스타는 케인스일 수밖에 없었다.

슘페터와 케인스 이전 시기의 '고전학파' 경제학자들은 공급이 수요를 창출한다는 이른바 '세이(Say)의 법칙'을 받아들였다. 새로운 재화를 생산하는 과정에서는 동시에 그에 참여하는 이들에게 소득(노동자에게는 노동 소득, 자본 대여자에게는 이자 소득, 토지 대여자에게는 임대료 소득 등)이 창출되기 때문에 새로 공급되는 재화에 대한 수요 부족을 걱정할 필요는 없다는 논리이다. 이는 물적 풍요의 정도가 상대적으로 낮은, 다시 말해 부족한 것은 공급이지 수요가 아니었던 과거의 현실에는 부합했을 수 있다. 하지만 대공황기에 사람들은 만들어진 물건이 팔리지 않아 재고가 쌓이고 기업이 도산하는 것을 목도했다. 케인스가 수요 부족을 메우기 위한 정부의 적극적인 노력을 주문한 것이 열광적인 호응을 얻은 것은 그러한 배경 때문이었다.

그런 케인스와 달리 슘페터는 여전히 공급 측면에 초점을 맞췄다.[2] 이는 일견 고전학파 경제학자들과 궤를 같이하는 것이지만 슘페터의 맥락은 달

---

1   GDP의 구성을 '소비', '투자', '순수출(수출 - 수입)', '정부지출'로 인식하고, 앞의 세 가지 민간수요가 불충분할 때 정부가 스스로 지출을 늘려서라도 GDP를 떠받치는 것이 각국의 기본적인 경제관리 기법이 되었다.

2   슘페터는 1936년 미국 통계학회 학술지에 케인스의 대표 저작인 『고용, 이자 및 화폐의 일반이론』에 대한 혹독한 서평을 실었다. 슘페터는 자본주의의 본질은 기업가의 새로운 결합 수행에 의해 생산함수가 끊임없이 변혁되는 것인데, 케인스의 이론은 인구, 기술, 자본 설비 등이 고정되어 있는, 즉 생산함수가 불변인 단기(短期) 상황을 상정하고 있어, 그 이론이 그 자체로서는 옳을지라도 그것은 현실과 다른 세상을 설명하는 것이라고 했다 (이토 미쓰하루·네이 마사히로, 2004: 136~137). 실제로 케인스의 『고용, 이자 및 화폐의 일반이론』은 슘페터가 논하는 자본주의 진화의 과정을 담을 수 없는 단기적인 상황을 상정하고 있는 것이며 그런 까닭에 공급 측면에 대한 논의[대표적으로, 기업(가)들이 일구어내는 혁신]는 축소되었다. 그런 케인스에 대해 슘페터는 공급 측면을 무시하고 있다고 비판했으며, 공급 측면에 대한 자신의 초점을 드러냈다.

랐다. 슘페터는 자본주의가 주기적으로 위기에 봉착하지만 그 위기를 극복하여 붕괴되지 않고 지속할 수 있는 생명력을 '혁신'에서 찾았고, 그러한 혁신을 일으키는 주체로 기업가와 기업을 지목했던 것이다. 다시 말해, 슘페터가 몸을 향한 곳은 (수요 측면이 아닌) 공급 측면이지만 그곳에서 주목했던 것은 일상화된 공장 생산이 아니라 창의적이고 혁신적인 기업(가)의 활동이었던 것이다.

케인스가 대공황과 그 극복의 시기에 '총수요 관리'와 '거시경제학(macro-economics)'이라는 새로운 장을 열어 생전에 많은 주목을 받은 반면, 슘페터는 역사적 관점에서 자본주의의 동태적 과정을 관찰하고 그를 지속시키는 생명력으로 기업(가)의 혁신을 지목하여 훗날 경영학이 딛고 설 경제학적 토대를 제공했다. 하지만 슘페터는 현실에서 혁신이 다중의 화두로 부각된 20세기 후반 이후, 즉 그의 사후 뒤늦게 조명을 받았다.

3. 슘페터 I, 슘페터 II

슘페터의 '공급' 중심의 사고는 그의 저작들을 관통하며 일관성 있게 유지되었다. 다만 공급 측 중 구체적으로 누가 혁신의 주체인지를 두고서는 슘페터 초기의 저작과 슘페터 후기의 저작의 내용이 다소 상이하다. 그의 초기 저작이라 할 수 있는 『경제발전의 이론: 기업가 이윤, 자본, 신용, 이자, 경기순환에 관한 연구』(1911년 독일어로 출간되었고 1934년에 영문으로 번역 출간됨)에는 도전적이고 창의적인 '개인 기업가'가 혁신을 주도하는 것으로 그려져 있다. 반면 그의 후기 저작인 『자본주의·사회주의·민주주의』(1942)에서는 연구개발 센터를 보유한 '대규모 기업 조직'이 혁신을 주도하는 것으로 그려져 있다.

후대의 학자들은 이와 같은 차이점을 부각시켜 전자를 '슘페터 I', 후자를 '슘페터 II'로 구별하여 논하기도 한다. 일각에서는 슘페터가 나이가 들어가며 생각이 바뀐 것으로 이해하기도 하지만, 사실 슘페터는 자본주의의 역사적 전개 혹은 진화의 과정이 이른바 슘페터 I과 같은 단계에서 슘페터 II와 같은 단계로 진행됨을 인식했던 것이다. 초기 저작인 『경제발전의 이론』에서 슘페터는 이미 자본주의의 시기를 아래와 같이 상이한 두 시기로 구분한 바 있다.

> 오늘날 모든 국가에서 더욱더 그리되고 있는 것처럼, 경쟁적 경제(competitive economy)가 거대 기업(great combines)의 성장에 의해 깨어진다면 새로운 결합(new combinations)의 수행은 점점 더 동일한 경제 주체의 내부적 관심사가 될 것이다.[3] 이렇게 생겨난 차이는 매우 커서 자본주의 사회사를 두 시기로 가르는 분수령이 될 수 있다(Schumpeter, 1934/2000: 67).

다시 말해 슘페터는 자본주의를 멈춰 있는 하나의 정태적 체제로 보지 않았고 진화의 과정으로 이해했다. 그는 다음과 같이도 썼다.

> 자본주의는 본질적으로 경제적 변화의 한 형태 혹은 방식이며 정태적이지 않으며 정태적일 수도 없다. (중략) 우리가 자본주의를 다룰 때 이해해야 하는 핵심 포인트는 그것이 진화적 과정이라는 것이다. 카를 마르크스가 오래전에 강조하기도 했던 그 분명한 사실을 인식하지 못하는 것은 이상한 일이다(Schumpeter, 1942/2008: 82).

---

3   슘페터는 새로운 결합을 혁신으로 보았고, '혁신'보다 '새로운 결합'이라는 말을 더 자주 사용했다.

그런데도 현대의 많은 학자들은 '슘페터 I'과 '슘페터 II'를 역사적 단계로 보기보다는 서로 다른 유형의 혁신(개인 기업가가 주도하는 혁신 대 대규모 기업 조직이 주도하는 혁신)을 지칭하는 용어로 사용한다. 이는 일정 부분 슘페터에 대한 오독(誤讀)이라 할 수 있다. 하지만 그것은 현대에 슘페터 I에 해당하는 혁신과 슘페터 II에 해당하는 혁신이 공존하기 때문이기도 하다. 그리고 이러한 현실은 슘페터가 전망하지 못한 어떤 현상이 현대에 존재함을 드러내는 힌트이기도 하다. 아래 절들에서 우리는 자본주의에 대한 슘페터의 전망과 그 한계를 현대의 현실에 비춰 되짚어 볼 것이다.

4. 슘페터가 본 자본주의의 미래

슘페터가 당대에 집중했던 논의는 오늘날의 많은 경제·경영학자들의 관심사인 '어떤 정책과 시스템이 혁신을 추동하여 경제성장에 기여하는가?'도 아니고, '기업은 혁신을 위해 어떠한 전략을 구사해야 하는가?'도 아니었다. 그는 역사적·진화적 관점에서 자본주의의 전개과정을 읽고 미래를 전망하려 했다.

어쨌든 그런 슘페터에게서 영감을 받고 그의 주장을 일부 계승하여 새로운 논의를 이끌어내는 현대의 경제·경영학자들을 '신슘페터리언(neo-Schumpeterian)'이라 부른다. 필자도 자임컨대 그들 중 한 명이다. 그런데 슘페터를 계승한다는 신슘페터리언 학자들이 자신들의 논의 속에 잘 담지 않는 슘페터의 주장이 있다. 이른바 슘페터 II 단계 이후 자본주의의 미래에 관한 슘페터의 주장이 그것이다.

슘페터는 말년의 주요 저작 『자본주의·사회주의·민주주의』(1942)에서, 슘페터 II 단계에 이른 자본주의는 점차 '사회주의(라고 불러도 무방한 체제)'

로 이행할 것이라 전망했다. 그러한 이행은 다음과 같은 동시다발적인 변화 속에서 불가피하게 이뤄질 것으로 보았다.

우선 (슘페터 II 단계에 접어들어) 혁신의 주체가 된 대기업에 대해 다양한 사회적 통제가 가해질 것으로 보았다. 과거 국왕과 귀족 계층의 보호와 지원 속에 활동했던 지식인 계층이 이제는 일반 대중에게 봉사하면서 대중의 반(反)자본주의적 정서를 공유하고 대기업과 자본주의를 비판할 것으로 보았다. 민주주의의 확대 속에서 의회도 대중의 정서를 반영하여 반자본주의적 입법과 정책을 늘려갈 것으로 보았다.

더불어 '신의 은총을 입은 국왕'이 사라지며 기업가와 부르주아지가 의탁했던 '정치적 참호'가 제거될 것으로 보았다. 근면과 절약, 끝없는 축적을 통해 후대의 번영을 추구하고 부르주아의 일원이 되기를 추구했던 기업가들의 규율과 가족적 유대도 합리주의의 확대 속에서 해체될 것으로 보았다. 또한 혁신이라는 활동 자체가 (개인 기업가의 영웅적 과업이 아닌) 조직의 일상적 업무가 되고 비인격화되고 자동화되어, 관료와 위원회의 역할이 기업가들의 활동을 대체하고, 기업가의 역할과 사회적 지위가 약화되는 가운데 자본주의 과정은 종말을 맞을 것으로 보았다(Schumpeter, 1942/2008: 131~134).

요컨대, 슘페터는 자본주의의 동태적 생명력을 담고 있는 혁신 주체가 개인 기업가에서 대기업으로 바뀌고, 대기업의 혁신 동력이 사회적·정치적·기술적 변화 속에 감퇴되어, 자본주의는 사회주의라 불러도 무방할 새로운 체제로 이행할 것이라 전망했다. 그러한 슘페터의 전망은 '자본주의 체제'라는 전제 위에서 그저 '경제성장'을 달성할 효과적 수단으로서 '혁신'을 인식하고 그러한 혁신을 촉진하기 위한 방책만을 고민해 온 이들에게는 당혹스러운 것이었다.

물론 슘페터가 언급한 사회주의가 마르크스주의자들의 그것과 완전히 같다고 볼 수는 없으며, 사회복지를 포함해 정부의 역할이 다양하게 확대된 오늘날의 일반적인 국가의 모습을 담고 있는 것이라 볼 수도 있다. 사실 슘페터는 슘페터 II 단계 이후의 세상을 일종의 '자본주의'로 볼 것인지 아니면 일종의 '사회주의'로 볼 것인지는 본질적으로 중요하지 않다고 보았다. 슘페터는 그를 결국 용어 선택상의 문제일 뿐이라고 했다. 그는 다음과 같이 썼다.

> 이행기의 국가들은 순수한 자본주의와도 다를 것이고 완전한 사회주의도 아니다. 정치적 다툼 속에서 그러한 국가들은 필요에 따라 자본주의로도 사회주의로도 불릴 수 있다. (중략) 자본시장과 노동시장, 가격, 소득분배에 대한 정부의 통제는 이미 상당히 이뤄지고 있어, 생산 일반을 지도하는 정부의 조치를 통해 그 통제가 조금 더 체계적으로 보완되기만 하면, 광범위한 국유화조치 없이도, 현재의 '조절된(regulated)' 혹은 '제약된(fettered)' 자본주의를 '가이드된(guided)' 자본주의로 전환시킬 수 있고 그것은 사회주의라고 불러도 무방하다. 따라서 자본주의적 질서가 살아남을 것인지 살아남지 못할 것인지는 부분적으로나마 용어상의 문제(matter of terminology)이다(Schumpeter, 1946: 208~209).

그렇다 하더라도 슘페터를 계승한다고 자처하는 오늘날의 많은 혁신 연구자들조차 슘페터의 자본주의 전망에 대해 제대로 알지 못하는 것은 문제이다. 그리고 그 문제는 학문 후대에까지 유전되고 있는 듯하다. 현재 서점에 나와 있는 혁신 관련 경제·경영 서적 대부분에 슘페터의 자본주의 전망이 빠져 있다는 사실이 그를 방증한다.

그러한 지적 지형은 슘페터가 강조한 '진화적 과정으로서의 자본주의'를 인식하고 이해하는 것을 방해한다. 사실 '슘페터 I', '슘페터 II'라는 용어도 원래는 슘페터가 자본주의의 역사적 단계를 구분하고자 한 데서 유래한 것인데, 오늘날의 논자들은 여기에서 시간성 혹은 역사성을 제거하고 그저 서로 다른 유형의 혁신을 구분하는 용어로 쓰고 마는 듯하다.

왜 이렇게 되었을까? 슘페터의 역사적 전망을 그대로 받아들인다면, 슘페터 II 단계 이후의 세상에서는 자본주의도, 자본주의의 동태적 생명력인 혁신도 논할 것이 없어서일 수 있다. 하지만 더 중요한 원인은, 현대의 학자(특히 경제학자)들이 특정한 역사적 단계에서의 특수한 논의가 아닌 보편적 원리 혹은 과학을 추구하면서 그들이 수행하는 학문의 성격이 몰(沒)역사적인 것으로 바뀐 데 있는 듯하다.[4]

한편 위와 같은 반성에 더해 한 가지 더 진지하게 고민해 볼 것이 있다. 바로 슘페터의 전망 자체에 오류가 있었을 가능성이다. 그의 전망처럼 개인 기업가가 혁신을 주도하는 시대(슘페터 I)가 역사의 뒤안길로 사라지고 대규모 기업 조직이 혁신의 주인공이 되는 시대(슘페터 II)가 도래하는 것이라면, (슘페터 생전에 그 전환이 상당히 이뤄지고 있다고 했으니만큼) 이미 한참 전에 슘페터 II 단계에 들어선 오늘날, '슘페터 I' 유형의 혁신은 발견할 수 없어야 할 것이다. 더불어 슘페터 II 단계의 전개 속에서 혁신과 자본주의는 더 짙은 종말의 먹구름 아래 놓였어야 한다. 하지만 그렇지 않다. 대규모 기업 조직이 굵직한 혁신을 주도하고 있지만, 개인이나 작은 규모의 신생 기업이 추동하는 혁신도 여전히 적지 않다. 혁신의 의미와 그 활기는 잦아들지 않고 있다.

물론, 100년 뒤의 미래를 정확히 예견하지 못했다고 해서 가혹한 비판을 가할 만큼 우리는 인색하지 않다. 혜안을 가졌던 슘페터의 부분적 오류가

---

4   사실 몰역사성은 여러 유파의 현대 경제학이 공통적으로 지닌 모습인데, 그것은 겉으로는 더 완전한 이론체계인 듯 보이지만 역사적 전환이 일어나는 시기에 놓이면 현실 설명력을 잃고 취약한 모습을 드러내기도 한다.

무엇으로부터 불거졌는지 살피고 그 부분을 수정하여, 죽은 슘페터를 오늘날에 되살려 그로 하여금 현대에 유의미한 얘기를 이어가게 하고자 할 뿐이다. 이를 위해 다음 절에서는 슘페터의 오류를 점검하고 수정한 뒤, 새로운 (비록 슘페터 자신의 주장은 아니지만 그의 사고를 연장한다는 취지에서 필자가 이름 붙인) '슘페터 III' 단계를 제시하고자 한다.

5. 슘페터를 넘어 '슘페터 III'로

슘페터는 개인 창업 기업가가 혁신을 주도하는 단계(이른바 슘페터 I)가 강력한 연구개발 조직을 자체 보유한 대기업이 혁신을 주도하는 단계(슘페터 II)에 의해 대체되어 가는 것을 목도했고, 그러한 이행을 필연적인 것으로 받아들였다. 천재의 번뜩이는 영감 속에서나 떠오르던 혁신 방안이 이후에는 연구원들의 엄밀한 계산을 통해 도출될 것이기 때문이라고 했다 (Schumpeter, 1942/2008: 132).

그렇게 슘페터는 영웅적 개인이 혁신을 주도하던 낭만의 시대가 저물고 전문가들이 혁신을 일상적으로 수행하는 합리의 시대가 올 것으로 내다보았다. 이러한 슘페터의 전망은 현대의 기업들이 R&D 센터를 설립하고 (모두 천재라고는 할 수 없는) 이공계 석·박사를 채용하여 매년 크고 작은 혁신을 수행해 가는 현실에 대한 정확한 예측이었다고 할 수 있다.

하지만 문제는 그다음이다. 앞 절에서 소개한 바와 같이 슘페터는 슘페터 II 단계 이후 자본주의의 종말을 이야기했다. 혹자는 20세기 초의 야만적 자본주의는 세월을 거쳐 많이 순화되었고, 21세기의 자본주의는 그때와 크게 다른 모습이니 슘페터의 전망이 틀린 것은 아니라고 할 수도 있다. 하지만 현대에 개인이나 소규모 기업이 혁신을 주도하는 현상이 재등장 혹은 확산하고 있는 현상에 대해서는 새로운 설명이 필요하다. 슘페터 I, II 단계를 거쳐 자본주의의 종말로 가는 직선적 인식의 틀 속에서는 설명이 불가능하기 때문이다.[5]

그렇다면 현대의 개인이나 소규모 기업이 주도하는 혁신은 역사적 역류로 봐야 할 것인가? 그렇지 않다. 현대의 모습을 슘페터 I 단계로의 단순 복귀로 보거나 슘페터 I의 남아 있는 잔재로 보는 것은 옳지 않다. 오히려 현대의 현상은 슘페터가 보지 못한 새로운 단계가 있음을 시사한다. 실제로 현대에 들어서는 첨단기술을 개발·보유한 기업 중 적지 않은 수가 중소 규모의 기업들이며, 반대로 거대한 규모를 갖춘 기업이라도 혁신을 주도하지 못하는 경우가 많다.

오늘날 개인 창업가나 소규모 기업이 혁신의 주인공으로 재등장할 수 있는 배경에는 그들이 뛸 수 있는 플랫폼이 형성되어 있기 때문인 경우가 많다. 표준화·모듈화의 진전, 혁신 생태계(innovation ecosystem)의 고도화, 기술을 개발하는 기술인 이른바 '메타(meta) 기술'의 발전 등도 그를 뒷받침한다(이민화, 2018). 수많은 애플리케이션 개발자가 애플이나 구글이 구축해 놓은 앱 스토어(app store)에 자신들의 혁신적인 제품을 선보이는 게 대표적이다. 사실 인터넷 공간을 주된 장으로 해서 벌어지는 현대의 수많은 혁신이 그와 같은 방식이다.

이러한 혁신의 주체와 방식이 인터넷 가상공간에 국한된 것은 아니다. 오프라인 공간에서도 플랫폼을 제공하는 기업(주로 대기업)과 그를 기반으로 활동하는 크고 작은 다수의 기업들이 협업 속에 경쟁을 하는 경우가 많아졌다.[6] 그 속에서 새로운 기술과 지식은 개별 기업 내에서 보호되고 배타

---

5   슘페터는 슘페터 II 단계에서 I 단계로 되돌아갈 수 있는 가능성을 상정하지 않았다.

적으로 활용되기보다 외부(적어도 협업 파트너)에 공유되고 그를 통해 비즈니스 기회를 확대하는 '개방형 혁신(open innovation)'이 늘어나게 되었다. 앞서 제11장에서 필자가 제기한 기업 성장에 관한 '장' 기반의 관점도 플랫폼 및 네트워크 기반의 슘페터 III 단계를 논한 것이라 할 수 있다.

위와 같이 볼 때, 슘페터 I, II 단계 뒤에 곧바로 자본주의의 종말이 오는 것이 아니고 새로운 단계가 있다고 보는 것이 더 합당하다. 그 새로운 단계에 대해 슘페터가 언급한 적은 없고, 따라서 그의 이름을 붙이는 것이 다소 어색할 수도 있지만 필자는 그 단계를 '슘페터 III'라고 명명하고자 한다. 슘페터가 보지 못한 그의 사후에 나타난 새로운 단계이지만, 그 단계를 기존 슘페터 논의의 연장선상에 둘 수 있고, 또 그렇게 하는 것이 학술적으로 더 풍부한 논의를 도출할 수 있으리라 보기 때문이다.

슘페터 I, II, III 단계의 성격을 다시 정리해 보면, 슘페터 I은 '개인' 기반의 단계(individual-based stage), 슘페터 II는 '조직' 기반의 단계(organization-based stage), 그리고 슘페터 III는 '플랫폼' 혹은 '네트워크' 혹은 '장' 기반의 단계(platform or network or field-based stage)라고 할 수 있다.

위와 같은 단계적 변화는 근대 경제학의 주된 논의 흐름에 이미 반영된 것이기도 하다. 고전학파 이래 경제학자들은 오랫동안 '자유로운 시장(free market)'을 이론적·정책적 논의의 중심에 두었다. 시장과 정부의 역할 경계에 관한 논쟁이 있었지만, 시장, 그리고 그 안의 개인(기업가 포함)들이 주인

---

6   앞서 언급했듯, 슘페터는 지식인들이 대중(大衆)에 영합하고 사회 전반에 반(反)자본주의 정서가 확산되는 가운데, 축적·투자·혁신을 주도해 온 기업가들에 대한 정치적 뒷받침이 붕괴되며 혁신과 자본주의의 역동성도 사라질 것으로 보았다. 반면 펠프스는 혁신은 상업적 이득과 부의 추구에 의해서만 추동되는 것이 아니며, 자신의 족적을 세상에 남기고 세상을 변화시키려는 개인의 자아실현 의지에 의해 추동되는 바가 더 크다고 논증함으로써, 슘페터가 주목한 사회적 변화 속에서도, 즉 슘페터 II 단계 이후에도, 개인의 자유와 창의가 허용되는 한 혁신이 지속될 수 있음을 시사했다.

공이었다. 이는 개인 기반의 단계(슘페터 I)에 조응하는 것이다.

그러다 20세기 후반, '기업 조직'에 관한 경제학적 논의가 확산되었다. 대기업 조직이 개인 기업가와 시장의 영역을 밀어내며 그 위상을 강화하는 상황이 벌어졌고, 시장 대 정부의 역할 논쟁 속에 기업이라는 조직에 대한 관심이 상대적으로 부족했다는 자각에서였다.

허버트 사이먼(Herbert Simon, 1916~2001, 1978년 노벨경제학상 수상)은 1980년대의 미국을 가리켜 '시장경제'라기보다는 발전된 기업 조직이 주도하는 '조직경제(organization economy)'라고 평했다(Simon, 1991). 또 올리버 윌리엄슨(Oliver Williamson, 2009년 노벨경제학상 수상)은 자신의 책 『시장과 위계(Markets and Hierarchies)』(1975)에서 상명하복의 위계가 작동하는 기업을 자유로운 시장과 대별되는 또 하나의 자원배분 기제로 조명했다. 이는 조직 기반의 단계(슘페터 II)에 조응하는 것이었다고 할 수 있다.

그리고 보다 최근, 경제학자들은 전형적인 자유시장도 위계적 기업도 아닌 네트워크 형태의 조직과 연계를 경제학적 논의 속에 깊숙이 끌어들였다. 이는 슘페터 III 단계에 조응한다고 할 수 있다. 슘페터 III 단계에서는 네트워크의 기반이 되는 플랫폼의 중요성이 커지고 그를 구축하는 데 있어 정부의 직간접적인 역할이 더 부각될 수 있다. 비록 플랫폼의 구축은 민간 기업이 스스로 해낼 수도 있지만, 그를 뒷받침하는 제도적 환경의 조성(표준의 제정 포함)에 있어서는 정부의 역할이 이전보다 커지고, 때로 정부 스스로 장을 조성하는 데 선도적이고 적극적인 역할을 해야 하기 때문이다.

슘페터는 슘페터 II 단계 직후에 '자본주의의 종말'을 상정했지만, 슘페터 II 단계 뒤에는 슘페터 III 단계가 있고 그 모습은 대기업과 창업 기업을 포함한 중소형 기업이 혁신의 주체로 혼재(混在)하여 슘페터 I, II 단계의 모습을 부분적으로나마 모두 갖고 있는 것이라 해야 할 것이다. 또한 슘페터 III 단계의 플랫폼 혹은 장 조성과 관련하여 정부의 역할과 위상이 확대되면서 시장의 영역을 일부 잠식할 수도 있겠지만, 슘페터 스스로 '자본주의 과정 (capitalist process)'의 핵심으로 꼽은 '혁신'이 활발히 진행되는 한 이 단계를 자본주의의 종말(혹은 사회주의의 도래) 단계로 볼 수는 없다.[7] 슘페터의 자본주의 종말론은 슘페터 III 단계에서 작동하는 혁신이 체계적으로 소멸하거나 경제에 역동성을 부여하는 위상을 상실하는 미래의 어느 시점으로 다시 가져다 놓아야 할 것이다.

6. 슘페터의 한계와 오류

슘페터는 왜 슘페터 III 단계와 같은 것을 전망하지 못했을까? 무엇보다 '플랫폼 혹은 네트워크 기반의 경제'가 도래할 것을, 그 싹조차 보이지 않던 시절에 상상하기는 어려웠을 것이다. 또한 개인보다 조직, 특히 거대 조직이 갖는 우월성이 명확해지는 상황에서 다시 개인과 소기업이 혁신의 주체로 등장하는 것을 상상하기는 어려웠을 것이다.[8]

그렇게 슘페터는 이른바 슘페터 I, II 단계를 거쳐 자본주의의 종말로 가는 것을 돌아오지 않는 '직선적 이행'으로 인식했던 것 같다. 개인과 소기업의 역할이 있다는 점에서 슘페터 I 단계와 유사하지만, 개인이 아닌 플랫폼 (혹은 네트워크)이 기반이 되는 슘페터 III 단계로의 '나선형 발전'을 상상하지 못했던 것이다.[9]

---

7   슘페터는 이윤율 하락으로 동력을 잃어가는 단계에서 다시 활력을 불어넣는 것이 바로 혁신이고, 자본주의는 그러한 동태적 과정을 품고 있는 것이라고 보았다.

8   슘페터는 완전 경쟁 속의 소규모 기업들은 독과점적 대형 기업들에 비해 기업 내부의 기술적 효율이 낮아 새로운 기회를 포착하지 못하며, 생산방식의 개선 노력조차 결국 자본을 낭비하는 일이 될 수 있다고 주장했다(Schumpeter, 1942/2008: 106).

너그럽게 보자면, 아니 너무 가혹하게 보지만 않는다면, 슘페터의 여러 예측과 전망은 지금까지 유의미한 것이 많다.[10] 슘페터가 슘페터 III 단계를 전망하지 못한 것도, 그저 현대를 관찰할 기회를 생전에 갖지 못했기 때문일 것이다. 그러나 슘페터의 논의에는 중요한 오류와 한계가 잠재되어 있다. 그것이 슘페터로 하여금 슘페터 III 단계를 전망하지 못하도록 한 측면도 있다고 판단된다. 더욱 중요하게는, 혁신론의 원조인 슘페터가 가진 오류와 한계는 오늘날의 혁신 논의까지 제약하는 측면이 있어 아래에서 이를 짚고 넘어가고자 한다. 아래 상술할 이 장의 슘페터 비판 논점은 ① 과학기술 중심의 혁신론, ② 공급 측 중심의 혁신론 등 두 가지이다.

첫째, 슘페터가 비판받을 만한 한 가지는 과학기술에 과도하게 경도된 혁신론을 폈다는 점이다. 슘페터는 자신이 쓴 주의사항을 때로 망각한 듯 혁신을 과도하게 과학기술 중심으로 사고했다. 사실 슘페터는 일찍이 『경제발전의 이론』(독일어판 1911년 출간, 영문판 1934년 출간)에서 혁신에 반드시 새로운 과학기술이 필요한 것은 아니라며, 과학적 발명, 기술적 진보와 혁신을 구별했다. 그리고 슘페터는 과학기술적 발명 그 자체에 매몰되지 않고 더 다양한 혁신의 원천을 제시했다.

슘페터는 혁신을 '새로운 결합(new combination)'이라는 표현으로 더 자주 언급했는데 그 원천으로 다음의 다섯 가지를 꼽았다. ① 새로운 재화 또는 새로운 품질의 재화, ② 새로운 생산방법(결코 과학적으로 새로운 발견에 기

---

9   슘페터 III 단계는 작은 규모의 혁신 주체가 다시 중요한 역할을 한다는 점에서 슘페터 I 단계와 유사하고, 대기업의 혁신 역시 중요한 역할을 한다는 점에서 슘페터 II와도 유사하지만 이전 단계들과 또 다른 질적 특징(특히 플랫폼, 네트워크, 장 기반)을 갖는다.

10 경제적인 측면뿐 아니라 사회적인 측면, 예컨대 국왕과 귀족이 아닌 대중에 봉사하게 된 지식인 집단이 띠게 될 반자본주의적 태도, 기업가 개인과 가정의 규율 및 윤리 변화 등은 현재까지 곱씹어 볼 만한 것들이다.

초할 필요는 없다고 명시함), ③ 새로운 판로/시장의 개척, ④ 원료 혹은 반제품의 새로운 공급원 획득(최초로 만들어낸 것인지 아닌지는 중요치 않다고 명시함), ⑤ 새로운 조직의 실현이다. 이는 기술적 진보를 경제학적 논의에 본격적으로 도입한 마르크스(기술 진보가 생산력을 높이고 생산관계와 생산양식을 변화시키는 근본적인 힘으로 작동한다는 설명)를 부분 계승하면서 그보다 한발 더 진전된 것이었다.

초기 저작『경제발전의 이론』속에 명확히 밝힌 그러한 자각에도 불구하고 슘페터는 훗날의 저작『자본주의·사회주의·민주주의』(1942)에서 혁신을 기술 진보에 동치시키곤 했다. 그는 혁신과 기술 진보라는 개념을 구분 없이 섞어 쓰며 그것은 훈련된 전문가로 이뤄진 팀의 몫이 되어갈 것이라고 전망했다. 그리고 그 까닭은, 혁신과 관련된 많은 것들이 더 이상 천재적인 영감에 기댈 필요 없이 엄밀한 계산을 통해 도출될 수 있고, 전문가들은 그러한 일을 맡기에 적임자들이기 때문이라고 설명했다(Schumpeter, 1942/2008: 132). 슘페터는 20세기 초 당대의 거대 기업들이 사내에 구축한 연구개발 조직이 추동하는 기술 중심의 혁신에 압도되어 그에 필적할 혁신 성과를 개인 기업가나 소규모 기업 조직에서는 기대하기 힘들다고 보았던 것 같다.

혁신을 기술 진보에 동치시키는 그러한 인식의 오류, 즉 그렇게 좁아진 시야 속에서는 과학기술 연구를 체계적으로 수행하는 대기업 연구개발팀이 개인 기업가와 소규모 기업을 혁신의 장에서 밀어내는 것이 불가역적 필연으로 보였을 것이다. 그리고 슘페터 III 단계에서처럼 창의적 개인과 소기업에 다시 역사적 기회가 돌아오는 것도 상상하기 힘들었을 것이다.

사실, 첨단의 과학기술 연구에 전적으로 의존하지는 않은, 예컨대 디자인이나 비즈니스 모델을 새롭게 한 '비과학기술 혁신'의 경우, 대기업 연구개발팀의 역량이 창의적 개인이나 소규모 기업보다 항상 우월하지는 않다

(Som, 2012). 같은 맥락에서, 슘페터가 사라질 것이라 예언했던 상업적 모험의 낭만과 번뜩이는 아이디어를 가진 천재들이 설 자리는 여전히 남아 있고 때로 더 확대되기도 한다.[11] 대기업 연구개발팀만큼 강하지 않은 소규모의 창업 벤처가 산업을 재정의하는 혁신을 일으키는 사례들이 지금도 계속 발견되고 있음이 그 방증이다.

요컨대, 슘페터는 혁신을 과학기술 진보만으로 보는 시각에서 벗어나야 한다고 일찌감치 지적해 놓고도 미래를 전망함에 있어서는, 대기업 연구개발팀이 이끄는 과학기술 혁신에 경도되어 스스로 제기했던 다양한 혁신의 가능성조차 미래에 제대로 투영하지 못했다. 그렇게 그는 스스로 경계했던 좁은 인식의 덫에 걸리면서 이른바 슘페터 II 단계 이후의 새로운 자본주의, 즉 슘페터 III 단계를 내다보지 못했다.[12]

슘페터에 대해 제기할 수 있는 두 번째 비판은 혁신이라는 현상을 과도하게 공급 측 중심으로 인식했다는 점이다. 앞서 소개했듯 수요 측을 새롭게 조명했던 동갑내기 케인스와 달리 슘페터는 고집스레 공급 측 중심의 경제이론을 펼쳤다. 슘페터는 소비자 혹은 수요자는 일반적으로 자신에게 아직 충족되지 않은 수요가 무엇인지 명확히 인식하지 못하고, 따라서 그 잠재된 수요의 구체적인 내역을 기업에 전달하지 못한다고 보았다. 잠재된 수요를 포착

---

11 그렇다고 개인이나 소규모 조직이 주도하는 혁신은 모두 비과학기술 혁신일 수밖에 없는 것은 아니다. 앞서 논의했던 바와 같이, 첨단의 과학기술 지식이 핵심적이고 전형적인 과학기술 혁신인 경우에도, 혁신 활동에 필요한 다양한 자원을 공유할 수 있는 열린 플랫폼이나 네트워크가 존재한다면 개인이나 소규모 조직이 혁신을 수행하는 것이 가능하다.

12 혁신과 발명을 개념적으로 구별할 줄 알면서도 혁신의 문제를 결국 과학기술 혹은 발명의 문제로 동치시켜 생각하곤 하는 현대의 사회과학자들(신슘페터리언들 중 일부도 포함)과 정책 담당자들(과학기술계가 그리 인식하는 것은 사회적으로 바람직한 것은 아니지만 그들의 집단적 이해관계에 비춰 어느 정도 이해할 수는 있다)도 슘페터가 빠졌던 덫에 수시로 빠지고 있어, 슘페터의 실수가 지금까지 반복되고 있는 것은 안타까운 일이다.

하고 그를 구현하는 것은 기업(가), 즉 공급자의 혁신 행위이고 수요자는 여기에 수동적이고 사후적으로 반응하는 것으로 보았다. 그는 다음과 같이 썼다.

> 혁신은 소비자의 자발적 욕구가 먼저 생겨나고 생산 부문이 그에 조응하는 방식으로 이뤄지지 않는 법이다. (중략) 변화를 일으키는 것은 공급자이며 소비자는 기존에 이미 익숙해진 것과 다른 새로운 것을 원하도록 공급자에게 교육받는다. (중략) 순환적 흐름에 관한 이론에서 소비자의 욕구를 독립적이고 근본적인 요인으로 간주하는 것은 허용될 수 있고 또 필요하기도 하지만 '변화(change)'를 분석함에 있어서 우리는 반드시 그와 다른 태도를 취해야만 한다(Schumpeter, 1934/2000: 65).

이처럼 확신에 찬 공급 측 경제학자로서의 슘페터의 면모는, 위에서 필자가 첫 번째 비판의 포인트로 잡은 '과도한 과학기술 중심의 혁신론'과는 달리 실수나 오류라고 보기는 어렵다. 하지만 슘페터의 '과도한 공급 중심의 혁신론'은 슘페터 III 단계의 도래를 전망하기 더욱 힘들게 한 또 하나의 한계였다고 할 수 있다.

다시 한번 상기하건대, 슘페터는 혁신이 점차 대기업 중심으로 이뤄질 수밖에 없는(즉, 슘페터 II로 이행할 수밖에 없는) 핵심 이유로 대기업 내의 연구개발 조직을 지목했고, 훈련된 전문가들이 영감이 아닌 '엄밀한 계산(strict calculation)'을 통해 혁신을 더 잘 수행할 것이기 때문이라 했다. 이는 혁신을 위해 필요한 지식의 원천이 오직 자연의 원리를 탐구하고 응용하는 과학기술에 있다고 믿은 것이다. 동시에 그것은 사람들의 사용 경험 속에 누적된, 혁신에 유용한 또 다른 지식의 원천을 간과한 것이다.

물론 현대에도 일반 소비자가 자신의 잠재수요를 명확히 인식하거나 그를 효과적으로 표현하지 못하는 것은 여전한 사실이다.[13] 하지만 슘페터의 공급 중심 혁신론에 수정을 요구하는 현대적 요인은 크게 늘었고 또한 늘고 있다.

대중의 교육수준이 대폭 향상되었고, 소비자 혹은 수요자로서 그들의 목소리를 담을 수 있는 다양한 조직과 채널이 등장했다. 중국의 경우, 5% 미만이던 대학진학률이 1990년대 말 이후 급속히 증가하여 현재는 고등학교 졸업자 중 약 50%가 대학(전문대 포함)에 진학한다. 이렇게 만들어진 대규모의 인재풀은 샤오미와 같은 기업이 자사의 스마트폰 스펙을 결정하고 운영 소프트웨어를 개선하는 데 있어 지적으로 고도화되고 목소리를 내는 마니아 수준의 사용자들을 수없이 만나고 또 그들에게서 혁신의 아이디어를 얻는 것을 가능하게 했다. 인터넷이라고 하는 효율적인 소통 채널이 그에 크게 기여했음은 물론이다.

슘페터의 판단과 달리, 수요 측은 피동적인 객체에 머무는 것이 아니라 때로 능동적인 주체로 그 역할을 하고 있는 것이다. 더욱이 최근에는 대중이 자신들이 원하는 새로운 제품 개발에 자금을 대는 '크라우드 펀딩'에 참여하고, 소비자가 직접 생산에까지 참여하는 이른바 '프로슈머(prosumer)'(producer와 consumer의 결합어)로 진화하는 양상이 나타나고 있어, 슘페터의 공급 중심 혁신론은 수정될 필요가 있다.

슘페터의 위와 같은 문제점은 신슘페터리언 학자들의 연구를 통해 이미 상당 부분 수정·보완되었다. 기업 간 거래에서 수요 측 기업이 공급 측 기업에 혁신에 필요한 지식을 제공하고 혁신의 방향까지 설정해 주는 경우가

---

13 IT 신제품에 관심이 많은 이들도 기업의 신제품 발표장에서 놀라움 속에 환호하곤 하는 데, 이는 기업, 즉 공급 측이 혁신을 주도하고 있음을 보여주는 한 장면이라 할 수 있다. 비록 소비자가 발표된 신제품에 실망했다 하더라도 그의 마음속에 기업이 제공해야 할 신제품의 기능과 외양 등을 명확히 떠올리는 사람은 소수이다.

적지 않음이 밝혀졌고(Pavitt, 1984; Lundvall, 1992), 일반 사용자들이 혁신을 주도할 수 있는 다양한 가능성이 탐구되고 있다(Von Hippel, 1988, 2005). 그러한 노력의 결과, 1990년대 이후 정립된 이른바 '국가혁신체제'라는 개념적 틀 속에는 혁신에 영향을 미치는 인자로 과학기술뿐 아니라 수요 혹은 고객이 중요한 자리를 차지하고 있다.[14]

위와 같은 이론적 수정·보완에 덧붙여 주목할 만한 또 다른 한 가지는 디자인과 디자이너의 역할이다.[15] 디자이너들은 주로 생산 기업, 즉 공급 측과 파트너를 이뤄 작업하지만 그들의 본질적 정체성은 수요 측의 선호를 대변하는 데 있다(Utterback et al., 2006: 136). 디자인 및 디자이너의 역할 확대는 슘페터 당대에 관찰하거나 예측하기 어려운 것이었을 수도 있다. 하지만 현대에 들어 디자인과 디자이너의 중요성은 커지고 있다. 그들은 수요 측의 관점에서 혁신을 주도할 수 있고 비과학기술 혁신의 한 축을 담당하고 있기 때문이다. 디자인이 큰 역할을 담당하는 현대의 혁신에 대해서는 다음 장에서 좀 더 자세히 다루도록 한다.

---

14 이 책 앞부분에서 중국 국가혁신체제의 각부를 검토하는 데 '중국적 수요'를 포함시켰던 것도 이와 같은 고려에서이다.

15 21세기 초입에서 가장 주목받는 혁신을 꼽으라면 스티브 잡스가 이끄는 애플이 출시한 아이폰, 즉 스마트폰을 가리키는 이들이 많을 것이다. 그런데 그 아이폰은 순전히 전에 없던 과학기술의 산물이라기보다는, 새로운 '디자인 콘셉트'를 창출하고 그에 과학기술 지식을 응집시키고 추가 개발하여 탄생시킨 제품이라 보는 것이 더 합당하다. 애플이라는 기업을 이끈 최고위 경영층이 디자이너들로 구성되어 있고, 애플 내에 과학기술자들로 구성된 연구개발팀은 오히려 스마트폰 산업에 뒤늦게 진입한 후발 기업들보다 더 작은 규모로 조직되어 있음은 디자인의 주도적 역할이 과학기술 자체보다 더 컸음을 방증하는 것이다(Isaacson, 2011; Kahney, 2013).

보론 F

슘페터 대 커즈너:
혁신과 기업가에 대한 이견, 그리고 수렴

슘페터는 '기업가'의 역할을 부각시킨 경제학자이다. 주기적으로 동력을 상실하는 자본주의 경제체제에 새로운 활력을 불어넣는 혁신과 그를 추동하는 주체로서 기업가를 지목했기 때문이다.

한편, 경제학의 주류를 차지하는 '신고전학파(neo-classsical)' 이론을 중심으로 하는 경제학 교과서들은 기업가와 기업에 관한 서술에 생각보다 많은 지면을 할애하지 않는다. 시장의 균형(equilibrium) 분석에 초점을 맞추느라, 끊임없이 새로운 것을 꾀하는 기업가들의 움직임에 제대로 눈을 돌리지 못하는 것이다. 같은 이유로 경제학 교과서에서 기업은 간단한 생산함수로 대체되곤 한다.[1]

그렇게 경제학이 남겨둔 빈자리는 오늘날 기업가 혹은 기업가 정신에 관한 연구를 주도하는 경영학이 상당 부분을 채우고 있다. 그리하여 슘페터는 경제학과보다 경영학과에서 더 자주, 더 높이 받들어지는 인물인 듯하다.

그런데 기업가·기업가 정신에 관한 연구에서 슘페터 못지않게 큰 비중을 차지하는

---

1   기업을 그저 생산요소를 생산품으로 전환시키는 단위로 보고, 그를 수학적 모델 속에 간단한 생산함수로 표기하며, 개별 기업 간 존재하는 이질성(heterogeneity)에 대해 충분히 주목하지 못했다는 것은 신고전학파 경제학이 흔히 받는 비판 중 하나이다.

이들이 있다. 바로 '오스트리아 학파(Austrian School)' 경제학자들이다.[2] 이들의 연구를 전면적으로 소개하기엔 필자의 능력도, 이 책의 지면도 부족하여, 여기서는 오스트리아 학파의 현대적 계승자인 이즈리얼 커즈너(Israel M. Kirzner, 1930년 출생)를 슘페터에 대비시켜 간단히 소개하고자 한다.

오스트리아의 빈은 사실 슘페터의 고향이지만, 슘페터는 오스트리아 학파와 생각의 결이 달랐다. 특히 슘페터와 커즈너는 '기업가'의 역할과 그들이 주도하는 '혁신'을 경제학적 논의의 중심에 끌어들였다는 점에서는 공동으로 기여했지만 기업가와 혁신에 대한 인식은 서로 달랐다.

슘페터는 더 새로울 것이 없는 일상의 경제에서는 이윤을 얻을 수 있는 공간이 점점 좁아지고 결국 사라지는데, 그를 타개하는 것이 기업가의 혁신이라고 보았다. 즉, 슘페터에게 있어 '기업가의 혁신'이란, 동력을 상실하며 암울한 균형점에 도달해 가는 시장에 새로이 활력을 넣는 '탈균형적 힘(disequilibrating force)'이었다. 슘페터에게 있어 혁신을 일궈내는 기업가는 중세시대의 영웅적 군인을 떠올리게 하는 위대한 리더와 같은 존재이다.

반면 커즈너는 일상의 시장에도 아직 포착·활용되지 않은 기회는 항상 남아 있기 마련이고 기업가는 그 기회를 발견(discover)하여 이윤을 얻을 수 있는데,[3] 기업가의 그 행

---

2   오스트리아 학파는 카를 멩거(Carl Menger, 1840~1921), 루트비히 폰 미제스(Ludwig Von Mises, 1881~1973), 프리드리히 하이에크(Friedrich Hayek, 1899~1992, 1974년 노벨경제학상 수상) 등을 아우르는 경제학파로, 개인의 취향(taste)과 선호(preference), 한계적(marginal) 변화, 기회비용(opportunity costs) 등의 개념을 개발하여 현대 미시경제학 발전에 크게 기여했다. 하지만 (역사적 맥락이나 체제, 네트워크 등보다는) 개별 행위자 중심의 경제학 연구방법론인 '방법론적 개인주의(methodological individualism)'와 '주관주의(subjectivism)' 등을 고수하여, 수학과 통계학을 활용한 실증주의 방법론을 주로 구사하는 현대 주류 경제학과는 일정한 거리가 있다. 대체로 개인의 자유와 시장의 자율을 크게 강조하는 한편 정부의 개입에 대해서는 비판적인 태도를 취한다.

3   커즈너는 시장은 항상 모종의 불균형 상태에 있고 균형은 영원히 달성되지 않는다고 보았다. 그러한 영원한 불균형 속에는 이윤 창출의 기회가 항상 남아 있기에, 커즈너는 (슘

위를 혁신이라 부를 수도 있지만 그가 일으키는 변화는 소소한 경우도 많다고 보았다. 즉, 커즈너에게 있어 기업가의 행위는 '영원히 도달되지는 않을 균형점'에 현실의 시장을 좀 더 가까이 위치시키는 '균형에 다가가게 하는 힘(equilibrating force)'이었다(Kirzner, 1973).[4]

또한 슘페터에게 있어 기업가는 (중세의 장군을 떠올리게 하는) 영웅적 주체이며, 혁신은 무언가 크고 중대한 변혁을 암시하는 경향이 있는 반면, 커즈너에게 있어 기업가는 일상의 시장에서 흔히 관찰할 수 있는 평범한 사람들일 수 있고 그들이 시도하는 새로운 변화 혹은 혁신은 작은 변화일 수도 있다.[5]

따라서 슘페터에게 있어 '모방'은 혁신의 꽁무니에 따라붙어 혁신이 창출한 이윤 공간에 무단 진입한 저열한 것으로 혁신과 구별되지만, 커즈너에게 있어 모방은 아직 다 충족되지 않은 시장의 수요를 메우는 기업가의 또 다른 행위로 담담하게 인정된다. 다시 말해, 커즈너에게 있어서는 '혁신'-'모방' 사이의 간극이 줄어들고 그 경계는 모호해진다. 이상과 같은 차이에 주목하여 후대의 학자들은, 슘페터의 혁신은 '근본적(fundamental)' 혹은 '급진적(radical)' 혁신을 주로 지칭하고, 커즈너의 혁신은 '점진적(incremental)' 혁신을 주로 지칭하는 것으로 (부정확하지만) 단순화하여 이해하기도 한다(Shane, 2003).

슘페터가 역사적 관점에서 굵직한 혁신과 신산업의 등장에 주목했던 반면,[6] 커즈너는

페터와 달리) 혁신의 둔화나 자본주의의 종말을 상정할 필요가 없었다.

4   커즈너와 오스트리아 학파 경제학자들은 완전한 균형을 허구적인 것으로 본다. 현실에는 항상 불균형이 존재하고 그렇기에 기회가 존재하는데, 기업가들은 그 기회를 포착하여 구현하려 하기 때문에 균형을 지향한다고는 할 수 있지만, 경제에 완전한 균형이 달성되어 안정적으로 유지되지는 않는다고 보았다. 따라서 이들에게 있어 기업가적 행위는 영속적이며, 자본주의의 종말, 사회주의의 도래는 상정할 필요가 없는 이슈이다.
5   커즈너는 보통 사람들의 일상적 시장행위도 '기업가적'이라고 보았다.
6   슘페터의 논의는 경제학의 경기순환론에서 가장 긴 사이클에 해당하는 콘드라티에프(Kondratiev) 사이클에 부합하는 것으로 일반적으로 받아들여진다.

일상의 시장 속에서 기업가들이 시도하는 끊임없는 노력을 포착한 것이라고도 볼 수 있다. 다시 말해, 슘페터는 굵직한 혁신이 주된 역할을 하는 자본주의체제의 동태적 과정을 '자본주의 과정(capitalist process)'이라 하여 주목한 데 반해, 커즈너는 (굳이 영웅적일 필요는 없는) 다수의 사람들이 시장 속에서 빈틈(기회)을 찾고 또 그를 메우는 행동을 지속하는 것을 '과정으로서의 시장(market as a process)'이라 보고 그에 천착했던 것이다. 그렇게 슘페터와 커즈너의 논의는 서로 다르지만 상호 보완적인 측면도 있다. 큰 그림은 슘페터의 관점으로, 작은 그림은 커즈너의 관점으로 보는 것이 유용할 수도 있다.

하지만 슘페터와 커즈너에 대한 비판도 있는 만큼 그 한계를 유념하고 또 극복해야 할 필요가 있다. 슘페터에 대해 가할 수 있는 비판은 제13장에서 살펴본 바와 같이, 과도하게 공급 측 중심으로 혁신을 논하고, 과학기술만이 혁신의 원동력이 아님을 스스로 주장하면서도 결국 그에 경도된 논의를 했다는 것 등이다. 더불어 슘페터는 개인 창업 기업가가 혁신을 주도하는 세상(슘페터 I)과 거대 기업 조직이 R&D 센터를 통해 체계적으로 혁신을 추진하는 세상(슘페터 II)을 순차적으로 제시했지만, 그 뒤 플랫폼 혹은 장을 중심으로 다수의 이질적 주체들이 함께 참여하여 혁신을 일으키는 현재의 세상을 내다보지는 못했다는 점을 지적할 수 있다.

한편 커즈너에 대해서는 다음과 같은 문제점이 지적되곤 한다. 즉, 커즈너는 기회란 (영원히 균형에 도달하지 못하는) 시장에 객관적으로 상존하는 것이어서 기업가 개인이 그를 발견하여 활용하는 것이 관건임을 강조했는데, 그 논의가 과도하게 현재적 관점에 머물러 있다는 지적이다. 다시 말해, 현재에는 아직 존재하지 않는 미래의 기회를 상상하고 그에 선제적(proactive)으로 대비하는 기업가의 창의적(creative) 노력에 대한 논의가 약하다는 것이다(Korsgaard et al., 2016).

하지만 커즈너의 제자들은 커즈너가 미래적 관점의 논의들을 키워갔으나 학계에 아직 잘 알려지지 않은 것일 뿐이라고 주장한다. 그들은 (슘페터의 제자들이 한 것을 본떠) '커즈너 I'과 '커즈너 II'를 제안하고 있다. 즉, 현재적 관점에서 (아직 찾아내지 못했을 뿐) 이미 존재하는 기회를 찾아내는 기업가에 주목하는 커즈너 I뿐 아니라, 미래적 관점에서

(아직 존재하지 않지만 미래에 생겨날 수 있는) '상상된 기회(imagined opportunity)'를 구현하기 위해 창의적·선제적 행동을 하는 기업가에 주목하는 커즈너 II에 주목할 필요가 있다는 것이다(Korsgaard et al., 2016).

흥미로운 점은, 기존에 잘 알려진 슘페터(슘페터 I과 슘페터 II)와 커즈너(커즈너 I)에 대한 반성과 비판적 계승(즉, 슘페터 III와 커즈너 II)은 두 학자의 대비를 완화시키고 양자를 어느 정도 수렴시킨다는 것이다. 슘페터 III에서는 첨단 과학기술 이외의 요소가 중요한 역할을 하는 혁신의 가능성이 더해지고, 하나의 거대한 기업 조직 내부가 아닌 그 바깥에 조성된 장을 중심으로 다종의 다수 주체가 참여하여 일으키는 혁신의 가능성이 더해졌다. 한편 커즈너II에서는 현실의 시장 속에 이미 존재하는 기회를 기업가가 발견해 활용하는 것 외에 기업가가 아직 오지 않은 미래를 상상하고 그에 선제적으로 대비하거나 그를 앞장서 건설해야 한다는 생각이 더해졌다.

이렇게 슘페터와 커즈너의 논의를 최신의 버전(슘페터 III, 커즈너 II)으로 업그레이드해서 보면, 자본주의의 거대한 맥락을 다루던 슘페터의 판은 작은 곳으로까지 세밀해지고, 현재 시장의 작동에 천착했던 커즈너는 미래로까지 시야가 넓어진다. 즉, 기존의 슘페터보다는 좀 더 작은 규모의 혁신을 받아들일 수 있게 되고, 기존의 커즈너보다는 좀 더 야심찬 혁신을 생각할 수 있게 된다. 주목할 점은 이렇게 양자가 수렴하는 곳에서는 상상과 구상을 통해 미래 혁신의 장을 구축하고 조성하는 것의 중요성이 부각된다는 점이다.

제14장

혁신의 지평 넓히기: 과학기술을 넘어

1. 혁신 논의의 다면(多面)

'혁신(innovation)'은 이제 모두의 용어가 되었다. 크고 작은 조직의 수장
들은 너나 할 것 없이 혁신을 강조한다. 기업은 말할 것도 없고 정치와 행정
의 영역에서도 그러하다.

그렇게 '혁신'은 '일상용어'가 되었지만 혁신은 슘페터가 자본주의의 장
기적 역동성을 설명하기 위해 끌어올린 묵직한 사회과학적 개념이기도 하
다. 물론 일상의 화자들은 그 정의를 제대로 따르지 않고 제 나름의 주장을
펼칠 수도 있지만, 더 많은 건설적 논의들을 위해 슘페터가 소개하고 후대
의 경제학자들이 정립한 혁신의 원뜻은 '무언가 새로운 것을 시장에 도입하
여 성공을 거두는 것(a successful introduction of something new to the market-
place)'임을 기억해 둘 필요가 있다. 파격적인 변화이기만 하면 혁신이라 생
각거나, 혁신은 반드시 파격적인 변화를 수반해야 한다고 생각하는 것은
슘페터의 혁신 개념에 비춰보면 편향이자 오해이다.[1]

그리 복잡하지 않게 정의되는 혁신도 자세히 들여다보면 다양한 부류가
있다. 슘페터를 계승하는 오늘날의 이른바 신슘페터리언 학자들은 그 다양

한 혁신들을 포착하여 새로운 개념들을 파생시켰다. 그를 간략히 정리해 보면 다음과 같다.

'혁신의 정도'가 심대한 것을 두고는 '근본적(fundamental) 혁신'이라 한다. '혁신의 속도'에 주목하여 '급진적(radical) 혁신'이라고도 하는데 둘의 반대 개념은 '점진적(incremental) 혁신'이다. '혁신의 원천'이 어디에 있는지를 놓고는 '기술추동형(technology-push) 혁신'과 '수요견인형(demand-pull) 혁신'을 대별시킨다. 또 '혁신의 대상'이 무엇인지에 따라서는 '제품(product) 혁신', '공정(process) 혁신', '조직(organization) 혁신', '비즈니스 모델 혁신'으로 나누기도 한다.

최근 인터넷 및 정보통신 기술의 발달에 따라 '혁신의 방식'이 변화하면서, 기업 안팎 다수의 다양한 주체가 협업에 기초하여 혁신을 수행하는 '개방형 (open) 혁신'이 주목받고 있다. 이는 단일의 혹은 소수의 혁신 주체가 스스로의 역량 구축과 비밀주의에 입각하여 혁신을 수행하는 '폐쇄형(closed) 혁신'과 대별된다.

또한 최근 혁신 논의에 개발도상국을 끌어들이면서 새로운 논의가 추가되었다. '검약식(frugal) 혁신', 혹은 그 인도식 표현인 '주가드(jugaad) 혁신'이 그 한 가지이다. '검약식 혁신'이란 저소득층도 쉽게 사서 활용할 수 있도록 (제품의 성능을 부분적으로 희생시키더라도) 고가의 부품이나 기술을 생략하여 가격을 낮춘 혁신 제품을 일컫는 말이다. 이는 으레 '혁신적 제품은 더 비싸고 좋은 것'이라고 믿는 프리미엄 시장 중심의 혁신 관념에 도전하는 것이자, '혁신의 목표시장'이 어디인지에 따른 분류를 제시한 것이기도

---

1   앞 장에서 자세히 논한 바와 같이, 과학기술은 혁신에 유용한 수단이지만 그것이 혁신을 구성하는 필수요건은 아니다. 다시 말해, 기술혁신은 혁신의 한 부류이지 혁신의 전부는 아니다.

하다.

역시 개발도상국과 연관 지어 주목을 받고 있는 개념이 '판을 뒤엎는 (disruptive) 혁신'이다. '판을 뒤엎는 혁신'이란 초기 단계에 혁신의 정도와 속도가 미미하고 오히려 어설프고 초라하지만 점진적으로 기술의 완성도를 높여 결국 기존의 제품을 대체하고 산업을 뒤바꾸는 혁신을 말한다.[2] '혁신의 지리적 위치와 주체'에 따라서도 혁신 앞에 다양한 접두어를 붙일 수 있다. 그중에서도 특히, 개발도상국에서 먼저 혁신 제품·서비스가 구현되고 그것이 차후에 선진국에 수출되는 이른바 '역혁신(reverse innovation)'이 최근 주목을 받고 있다.

위에 소개한 다양한 혁신에 관한 연구 속에 중국의 사례들도 다수 소개되고 있다. 그런 연구 속에 등장한 중국의 혁신 사례들에 주로 어떤 수식어(예컨대, 근본적, 점진적, 개방형, 검약식 등)가 붙어 있는지를 확인해 중국의 혁신 특성을 파악해 보고자 할 수도 있겠다. 그 엄밀한 분석은 아직 이뤄진 바 없지만, 대략의 양상은 다음과 같다. 우선 중국에는 '근본적·급진적 혁신'보다는 '점진적 혁신'이 주종을 이룬다. 혁신의 원천과 관련해서는 중국이 아우르는 산업 분야가 넓은 만큼, 거의 모든 유형의 혁신이 시도되고 있다. 혁신의 방식에 관한 한 '개방형 혁신'을 적극적으로 시도하고 있다.

중국은 개발도상국의 대표 주자이지만 '검약식 혁신'에 대한 관심과 추구는 인도에 미치지 못하는 듯하다. 하지만 동남아, 아프리카 등 중국보다 발전 단계가 낮은 국가로의 진출에 있어 검약식 혁신의 아이디어가 접목되곤 한다. 야심찬 중국이 오히려 기대에 찬 관심을 갖는 것은 '판을 뒤엎는 혁

---

2   '판을 뒤엎는 혁신'을 한국에서는 흔히 '파괴적 혁신'이라고 번역하여 쓰는데, '파괴'라는 말의 어감 때문인지 '근본적' 혹은 '급진적' 혁신과 같은 것으로 잘못 이해하고 사용하는 사람이 많다.

신'인 듯하다. 더불어 중국발 혁신의 국제적 확산인 '역혁신'의 증거들도 조금씩 쌓이고 있다. 그 반대편에서는 선진국이 오히려 중국의 방식을 모방하는 '역모방(reverse imitation)' 현상이 새롭게 등장하고 있다.

위에서 살펴본 바와 같이, 혁신은 다양한 면모를 갖고 있다. 그에 비춰본 중국의 양상 또한 다채롭다. 위에 언급된 것이 혁신과 중국의 다면을 모두 아우른 것도 아니기에 이 같은 서술은 더 길게 이어질 수 있다. 하지만 그와 같은 기다란 나열이 곧 최선은 아니다. 나열 속에서 다양성 혹은 다채로움 그 자체를 인식하는 것은 유의미하지만, 나열된 것들이 하나로 뭉쳐지지 않는 한 전체상을 파악하기 어렵고 그 전체가 어디로 가는지를 가늠하는 것은 더욱 어렵기 때문이다. 따라서 위의 논의에 대해 보완적이면서도 대안적인 논의가 필요하다.

이에 아래에서는, 오늘날의 혁신을 통합적 관점에서 새롭게 이해해 보고자 한다. 그 작업은 혁신의 본질적 의미를 되짚어 현대적으로 재정의하는 것에서부터 시작한다. 그리고 그 바탕 위에서 '디자인'이 혁신에서 갖는 위상과 의미도 새롭게 조명해 볼 것이다. 또한 '제4차 산업혁명'이라고도 일컬어지는 최근의 기술적 변화 속에서 혁신의 의미를 다시 생각해 보고자 한다.

2. 혁신의 재정의

앞서도 언급했듯, 혁신을 간단히 정의하면 '무언가 새로운 것을 시장에 성공적으로 도입하는 것'이다. 사실 이 간단한 정의를 곱씹어 보는 것으로도 혁신의 본질에 다가갈 수 있다. 그에 필자가 새삼 상기시키고자 하는 것은 위 정의에 '과학', '기술'이라는 말이 등장하지 않는다는 것이다. 물론 그

'무언가'에 새로운 과학·기술적 지식이 포함될 수는 있지만 그들이 혁신의 필수조건은 아님을 슘페터가 일찍이 강조하여 설명한 바 있다. 그럼에도 현실 속에서 혁신은 자주 '기술 진보(technological progress)' 혹은 '기술 혁신(technological innovation)'과 동일시된다. 앞 장에서 살펴보았듯, 이러한 오류의 원죄는 슘페터 본인에게도 있다.[3] 슘페터가 후기의 저술 『자본주의·사회주의·민주주의』(1942)에서 혁신을 기술혁신으로 좁혀 논의를 전개했던 것이다.

하지만 혁신에 대한 오늘날의 부정확한 인식을 슘페터 탓으로만 돌릴 수는 없다. 『자본주의·사회주의·민주주의』(1942)의 저술 배경이 되었던 1930년대 전후는 기술 개발 역량을 갖춘 초대형 기업의 압도적 위세 속에 기술혁신 외에 다른 종류의 혁신들은, 비록 일찍이 슘페터가 그 가능성을 명시적으로 인정했음에도 불구하고, 역할과 파급력이 상대적으로 작았고 그러한 현실이 슘페터의 인식에 새롭게 반영된 것이었기 때문이다. 즉, 자본주의의 전개가 이른바 슘페터 I 단계에서 슘페터 II 단계로 이행하면서 슘페터의 혁신 인식도 기술혁신으로 좁혀진 것이라 할 수 있다.

그런데 앞 장에서 필자가 주장했듯, 이제 우리는 슘페터 I, II를 넘어 새로운 단계(슘페터 논의의 맥락을 부정하지 않는다는 의미에서 필자는 그를 '슘페터 III'라 이름 붙였다)에 접어들었다. 따라서 기존의 오류를 씻고 과거의 관점을 극복하여 우리의 현재에 부합하도록 혁신의 정의를 새롭게 정비할 필요가 있다. 씻어야 할 오류는 혁신을 '파격적 변화', '창조', '발명'과 동일시하는 것이며, 극복해야 할 과거의 관점은 '과도한 기술 중심의 사고', '과도한

---

3   특별히 아시아에서 그러한 인식의 오류는 앞서 제2장에서 살펴보았듯, 일본을 거쳐 아시아에 소개된 혁신이라는 개념이 당시 '기술입국론'의 영향하에 왜곡된 데 따른 것이기도 하다.

공급 측 중심의 사고'이다.

그러한 오류의 수정과 극복을 거치면 혁신은 다음과 같이 재정의될 수 있다. 즉, 혁신은 '잠재수요를 발굴하고, 그를 만족시킬 수 있는 해법을 구상·기획하고, 그 해법을 새로운 비즈니스 모델(BM), 기술, 디자인 등을 통해 구현함으로써, 잠재수요를 충족시키고 그에 따른 보상을 얻는 것'이다.

다소 길어진 혁신의 새로운 정의에는 다음과 같은 생각들이 담긴 것이다.[4] 혁신은 세상에 아직 충족되지 않은 잠재수요를 찾아 그를 충족시키는 과정이다. 그런데 잠재수요는 수요자들의 것임에도 불구하고 그들이 (슘페터도 지적했듯) 스스로 입을 열어 구체적인 내용을 명확히 말하지(articulate) 못하는 경우가 많다.[5] 따라서 누군가 관찰력을 발휘하여 빈자리(충족되지 않은 잠재수요)를 찾아야 하고, 상상력을 발휘해 여기에 채워 넣을 내용을 구상하고 기획해야 한다. 또 그렇게 만들어진 구상을 유효한 수단들을 동원

---

4   이 장에서 제시하는 혁신 개념의 재정의는 기존의 혁신 정의, 즉 '무언가 새로운 것을 시장에 도입하여 성공을 거두는 것'을 폐기하려는 것이 아니라, 그를 승계하면서도 현대적 관점에서 좀 더 풍부히 이해하고 가능성과 실천의 여지를 확대하려는 것이다.

5   여기서 한 가지 유념할 점은 혁신이 충족되지 않은 잠재수요를 채우는 과정이라고 해서, 혁신의 주체가 기존 시장의 고객을 더 잘 섬기고 그로부터 경제적 이익을 얻고자 하는 생각으로 움직이는 것만은 아니라는 점이다. 때로 혁신은 기존 시장의 판도와 관행을 거부하거나 심지어 경멸하고 그에 저항하는 자들에 의해 추동되며 그 기술적 구현도 정규 과학기술 연구자들이 아닌 마니아들에 의해 이뤄지곤 한다. 20세기 말 한국의 댄스와 음악, 게임 엔터테인먼트 산업을 일으켰던 현장의 인물 중 다수도 그러한 사람들이었다. 또 다른 대표적인 사례는 20세기 말의 대표적 혁신이라 할 수 있는 인터넷이다. 인터넷은 핵공격을 당했을 때 통신체계가 붕괴되지 않도록 분산적인 네트워크를 구축하고자 했던 미국 국방부가 산하의 국방고등연구계획국을 통해 1969년 개발한 ARPA net을 그 효시로 한다. 하지만 탄생 이래 오늘날에 이르기까지 인터넷의 진화와 발전은 국가의 통제와 대기업의 지배에 저항하며 공유와 해방을 외친 이들이 주도했다. 이른바 '68세대'의 저항문화를 체화하고 때로 공식적인 교육도 거부했던 자생적인 IT 마니아들이 그 주인공이었다(정지훈, 2014). 그렇게 인터넷은 과학이 스스로의 논리와 경로를 따라 필연적으로 귀결시킨 것이 아니라 인간이 디자인한 것이었다.

그림 14-1 **혁신 사이클**

해법의 구현
(BM, S&T,
디자인의 활용)

잠재수요,
문제 발견

구상과 기획

자료: 필자 작성.

해 구현해야 한다. 신기술(제품기술 혹은 공정기술)은 그 수단 가운데 하나일
수 있다. 하지만 유일한 수단은 아니다. 기술을 통한 기능적(functional) 향
상 외에도, 디자인을 통한 미적(aesthetic), 감성적(emotional) 개선이 가능하
고, 새로운 비즈니스 모델을 구축하여 잠재수요를 더 효과적으로 충족시킬
수도 있다.

이와 같이 재정의된 혁신은 잠재수요의 발견, 해법의 구상과 기획, (다양
한 수단을 통한) 해법의 구현이라는 단계를 아우르는 하나의 '사이클(cycle)'
로 볼 수 있다(〈그림 14-1〉 참조). 주의할 점은 혁신이 반드시 '잠재수요 찾아
내기'에서 '시작'되어야 하는 것은 아니라는 점이다. 혁신의 사이클은 새로
이 생겨난 수단(예컨대, 아직 용도가 불분명한 신기술)의 활용 방안을 찾는 과
정에서 시작될 수도 있다. 또한 기존의 제품을 대신할 새로운 구상으로부
터 시작될 수도 있다.[6] 다시 말해, 〈그림 14-1〉 속에 세 단계로 표시된 각 과
정 중 어느 것이 항상 시작점이고 또 끝점인 것은 아니다. 그리고 혁신의 과

정에서 각 단계는 전후방으로 상호작용한다.

또한 혁신 사이클은 한 바퀴를 도는 것으로 종료되는 것이 아니다. 특히 현대의 기업들은 1회의 혁신으로 긴 기간 동안 특별 이윤을 누리지 못한다. 하나의 혁신이 창출해 내는 특별 이윤이 전보다 빠른 속도로 사라지는 것이 현대의 전형적인 상황이다.

한 번의 혁신이 한 세대를 풍미하는 산업적 성장과 경제적 번영을 일궈 낸 것은 주로 산업혁명 이후 20세기까지의 영웅 서사이다.[7] 굵직한 발명이 새로운 산업을 탄생시키고 대규모 고용을 창출하며 경제성장을 이끌었다.[8] 슘페터의 혁신 논의가 경기 순환에 관한 경제학에서 30여 년의 주기를 갖는다는, 이른바 콘트라티에프(Kondratiev) 장기 순환 사이클과 결부되어 논의되는 것도 그와 같은 배경에서이다.

하지만 혁신을 통한 경쟁이 일반화된 오늘날에는 한 번의 혁신을 통해 기업이 특별 이윤을 누릴 수 있는 기간이 짧아졌다. 그에 따라 기업들은 혁

---

6 근대의 디자인은 산업화 시기 공장에서 대량생산된 제품의 품질과 품위를 개선하기 위한 노력 속에서 형성, 발전했고 현대에 들어 혁신의 중요한 추동력 중 하나로 평가받고 있다.

7 성공한 한 번의 혁신도 혁신 사이클을 여러 차례 돌리는 반복적인 시도 속에서 탄생하고, 핵심적 혁신을 떠받치는 (비록 크게 주목받지는 않지만) 다수의 보완적인 혁신들이 존재하는 경우도 많다. 따라서 하나의 혁신이라 해서 한순간에 이뤄지는 단일한 사건으로 이해하는 것은 과도한 단순화이다.

8 지질탐사, 토목, 화학공학 등 과학기술 지식의 축적 속에서 석유가 새로운 산업 에너지원으로 광범위하게 활용되면서 세계 경제의 성장을 떠받쳤고, 건축 및 도시공학은 초고층 빌딩과 대도시의 탄생을 가능하게 하여 효율성을 배가하고 소비경제를 활성화했다. 자동차, 항공기 등 새로운 교통수단의 발명과 광범위한 확산은 수많은 연관 산업의 발전을 이끌었을 뿐 아니라 세계인의 삶을 새롭게 주조했다. 컴퓨터와 인터넷이 이끈 정보통신혁명은 기업 활동과 일반인의 일상을 재편하며 수많은 비즈니스 기회를 만들어냈다. 그렇게 과학은 끊임없이 새로운 가능성을 제시하는 '영원한 최전선(Endless Frontier)'(Office of Scientific Research and Development, 1945)으로 많은 이들에게 각인되었다(은종학, 2015c: 247~248).

신의 사이클을 더 빠르고 지속적으로 돌려야 하는 부담을 안게 되었다. 일회적 혁신이 그들의 생존과 성장을 보장할 수 없게 된 것이다.

그러나 앞서 누차 얘기했듯, 혁신의 동력이 기술에 국한되는 것이 아님을 상기할 필요가 있다. 혁신을 '해법 구현' 단계의 여러 수단 중 하나인 '기술'과 동일시하는 좁은 시각을 떨쳐내고, 해법에 대한 구상·기획의 중요성에 눈떠야 한다. 비기술적 혁신의 가능성과 디자인적 사고(design thinking)를 통한 혁신의 가능성을 열어, 혁신 가능 공간에 대한 인식을 확대해야 한다.

기능을 중심으로 하는 기술적 혁신은 우열의 구분이 대체로 분명하여 열등한 많은 것들이 도태(판을 뒤엎는 혁신은 예외)되기 때문에 경쟁이 승자독식으로 흐르기 쉽고 공존을 꾀하기 어려운 반면, 비기술적 혁신은 그와 반대의 성향을 갖고 다양한 해법의 공존을 허용하는 경우도 많다. 따라서 그것은 혁신을 끊임없이 지속해야 하는 현대의 수많은 기업, 그리고 그들 다수의 공존을 바라는 국가가 주목해야 할 점이기도 하다.

특히 선진국들을 추격하는 데 몰두했던 한국과 같은 개발도상국은 비록 기술력 측면에서 많은 개선을 이루었지만, 혁신 사이클에 비춰보면 불균형한 모습이었음을 알 수 있다. 한국 등이 초점을 맞추었던 것은 〈그림 14-1〉의 좌측 상단, 즉 해법의 구현 부문이었다. 〈그림 14-1〉의 우측 상단, 즉 잠재수요 및 문제의 발견은 스스로의 관찰을 통해 이뤄지기보다는 선진국의 선도 기업이 정의한 스펙을 따랐을 뿐인 경우가 많다. 또한 〈그림 14-1〉의 가운데 아래쪽, 즉 구상과 기획, 디자인적 사고와 상상 또한 주도하지 못했다. 그러면서 강조한 혁신은 결국 기술의 문제로 좁아졌던 것이다. 이 같은 불균형과 좁은 시야를 넘어서기 위해 아래에서는 디자인에 대해 좀 더 근본적인 고찰을 해보고자 한다.

3. 디자인, 그에 담긴 변혁적 지향

월시(Walsh, 1996)는 그간의 혁신 연구들이 기술과 기능(function), 연구개발에 초점을 맞추고 '디자인'은 등한시했다고 평했다. 오늘날에까지 그 영향력이 대단한 혁신이론의 대가들도 그러한 비판을 온전히 피해가진 못한다.

한 산업의 생명주기(industry life cycle) 속에서, 초기에 '제품혁신'이 다양하게 시도되고 중기에 이르면 '공정혁신'이 혁신의 주된 양식으로 자리 잡았다가 그 역시도 잦아들며 산업이 노화하는 동태적 과정을 탁월하게 설명했던 제임스 어터백(James Utterback)과 윌리엄 애버내시(William Abernathy)도 혁신을 주로 기술적인 측면(제품기술, 공정기술)에서 바라보았다(Utterback and Abernathy, 1975; Utterback, 1994). 비록 제품혁신 위주의 초기 단계가 공정혁신 위주의 중기 단계로 전환되도록 하는 것이 이른바 '지배적 디자인(dominant design)'의 출현임을 발견하고 그를 강조했지만 기술적 스펙 위주로 디자인을 이해했다.

한편, 선진국을 공간적 배경으로 은연중 가정했던 어터백과 애버내시의 논리를 개발도상국의 관점에서 새롭게 재구성하고, 그를 바탕으로 한국의 산업성장사를 잘 설명했던 김인수도 기술을 중심으로 한 논의에 집중했다(Kim, 1997). 그와 그를 따른 후대 학자들 대다수도 개발도상국의 추격을 기술 역량의 강화라는 관점에서 이해했다. 또한 '국가혁신체제'라는 포괄적 개념을 창시하고, 혁신의 지적 원천이 과학적 지식에만 있지 않고 '스스로의 시도·실천을 통한 학습', '타인의 제품·서비스 활용 경험을 통한 학습', '타인과의 상호작용을 통한 학습'으로부터 얻은 실천적 지식에 있음을 주장한 룬드발 역시 논의의 중점은 기술에 두었다. 그가 주목한 경험을 통해 체득되는 암묵적 지식(tacit knowledge)도 기술적·기능적 측면의 것이었다.

이상과 같이 한쪽으로 경도된 지적·학술적 전통은 비판적 목소리를 낳

왔다. 일례로 브라운(Brown, 2009)은 "혁신을 전적으로 기술 중심적으로 보는 시각은 이제 그 어느 때보다도 지속가능하지 못하다"라고 지적했다.[9] 실제로, 21세기 초의 가장 대표적인 혁신 중 하나라 할 수 있는 스티브 잡스의 스마트폰도 순전히 기술적 혁신이라기보다는 오히려 새로운 개념의 설정과 디자인이 큰 비중을 차지하는 혁신이라고 할 수 있다(Isaacson, 2011; Kahney, 2013). 위와 같은 담론과 현실 속 증거 속에서 디자인은 오늘날 혁신의 주요 동력으로 새롭게 받아들여지고 있다.

디자인이 산업 경제에 적극적인 역할을 하기 시작한 것은 근대 산업혁명 시기로까지 거슬러 올라간다. 기계를 활용한 대규모 공업 생산으로 조악한 품질의 제품이 쏟아져 나온 당시 세태에 대한 비판적 담론이자 대안적 실천으로서 등장한 것이 곧 근대 디자인이다.

1907년 결성된 '독일 공작연맹(Werkbund)'은 산업화 시기에 대량생산된 제품의 질과 품위에 문제를 제기하며 그를 개선하기 위한 조직이었다. 그리고 그로부터 진화한 것이 근대 디자인의 발원지라 할 수 있는 독일 바이마르공화국의 디자인 스쿨 '바우하우스(Bauhaus, 1919~1933)'였다(무카이 슈타로, 2016). 신기술의 등장으로 인한 산업혁명이 결과적으로 디자인에 대한 각성을 촉발했다는 이 역사적 사실은, 이른바 '제4차 산업혁명'이 회자되는 오늘날에도 상기할 일이다.

근대 디자인의 태동과 발전에는 한 줄기의 사상사도 얽혀 있다. (애덤 스미스도 우려를 표했던) '극단적 분업'의 폐해를 지적하고(이 책 제1장 참조), '파편화하지 않은 온전한 노동'과 '인본주의'를 지지했던 인도주의(人道主義) 경제학자 존 러스킨(John Ruskin, 1819~1900)이 그 초창기 인물이다. 러스킨은

---

9   더불어 그는, 기술 개발 외의 경영전략은 기존에 알려진 것들 중에서 일부를 선별하여 쓰면 된다고 생각하는 기업들은 안팎의 새로운 발전에 의해 밀려나갈 것이라고 했다.

『나중에 온 이 사람에게도(Unto this Last)』라는 책에서 다음과 같이 썼다.

> 분업이라는 이름은 잘못 붙인 것이다. 사실대로 말해서 쪼개진 것은 노동이 아니라 인간이다. 집단의 한 부분으로 줄어들고, 단편적이고 피상적인 삶속으로 전락한 결과, 인간은 자신에게 남겨진 조그만 지성으로는 핀 하나, 못하나 제대로 만들지 못하고 겨우 핀의 끝이나 못 대가리 하나 만들고 나면 다소진해 버린다. (중략) 노동자를 파멸시키는 편의, 아름다움, 저렴함을 단호히 배격해야 한다(송승철, 1997에서 재인용).

러스킨에 이어 산업혁명에 비판적인 목소리를 내며 디자인을 기치로 올린 또 한 명의 대표적 인물은 윌리엄 모리스(William Morris, 1834~1896)이다. 공예가이자 사상가인 모리스는 러스킨의 영향하에 19세기 말 이래 '미술공예운동(Arts and Crafts Movement, 대략 1880~1920년 기간)'을 주도하고 현대 디자인의 기틀을 놓은 바우하우스의 설립(1919년)에 기여함으로써, 오늘날 '디자인의 아버지'로 불린다.

그렇게 그들은 근대적 분업체계의 내재적 문제점을 인식하고 디자인에서 해법을 찾는 또 하나의 흐름을 만들어냈다. 그들은 당시의 자본주의적 양태를 비판했을 뿐 아니라, 마르크스주의자들에 대해서도 과도한 '경제주의'에 빠졌다고 봤다. 마르크스주의자들과는 또 다른, 상상력, 심미성, 인간주의에 기초한 대안적 세상을 모색했던 것이다(송승철, 1997).

이처럼 근대 이후의 디자인은 자본주의 본류에 변화를 가하고 새로운 길을 모색하려는 움직임이었다. 마르크스주의자들의 자본주의 극복과 공산주의 지향과는 다른 경로에서였지만 근대 디자인을 떠받쳤던 이들도 변혁을 추구하는 세력이었다. 그들은 전형적인 자본주의적 생산에 훼손되는 인간성을 회복하고 제품에 혼을 담으려 했고, 겉치레의 번잡한 장식주의를 걷어내고 단순함 속에서 미를 추구했다.

따라서 디자인을 그저 장식과 포장, 혹은 미적 외양에 관한 것만으로 인식한다면 그것은 매우 잘못된 이해이다. 비록 1970, 1980년대의 한국을 포함한 여러 나라들이 과거에 디자인을 그와 같이 좁게 이해, 아니 오해했던 것 또한 역사적 사실이지만 말이다.

4. 디자인 중심의 혁신

혁신의 주된 내용이 (신기술이 아닌) 새로운 디자인일 수 있다. 디자인은 미적(美的) 외양과 포장을 포함하지만 그것이 디자인의 전부도 본령도 아니다. 과거 기술 중심의 혁신 논의를 이끌다가 디자인의 중요성에 새로이 눈뜬 어터백 등(Utterback et al., 2006)도 디자인이 미적 외양이나 스타일링 그 자체는 아니라고 지적한다. 디자인은 제품에 의미를 부여하고 사용자에게 그 의미를 전달하는 것을 담당하는, 다시 말해 제품의 '의미론적·소통적 측면(semantic, communicative dimension of product)'을 책임지는 것으로, 미적 외양은 그 한 부분일 뿐이라는 것이다(Utterback et al., 2006; Verganti, 2009).

그와 같이 의미론적 관점에서 디자인을 이해할 경우, '디자인 혁신'은 새로운 '의미(meaning)'를 부여한 제품·서비스로 시장의 호응을 얻어내는 것이라 할 수 있다. 예컨대, 찻잔이나 커피잔도 단순히 음료를 담아 마시는 기능을 넘어 '사색을 위한 도구'로 새롭게 의미 부여될 수 있다. 그 새로운 의미가 새로운 설계를 통해 구현될 수도 있다. 심지어 제품 자체에는 큰 변화를 주지 않되 그 의미를 새로 부여한 혁신 사례도 있을 수 있다. 1970년대 골목길 좌판에서 판매하던 군것질거리를 오늘날 '추억의 먹거리'로 다시 파는 것은 비록 같은 제품이지만 그 의미를 새롭게 부여한 것이라 할 수 있다.

사진 14-1 **복고풍 소비와 중국 민족자본 브랜드의 재생**

주: 페이위에의 대표 상품인 운동화(왼쪽), 추억을 떠올리게 하는 후이리의 농구화 광고(오른쪽).
자료: 飞跃(검색일: 2017.8.5); ≪火名网≫, 2016.7.18.

비슷한 사례를 중국에서도 찾아볼 수 있다. 1930년대 비록 '반(半)식민지·반(半)봉건'의 국가적 상황 아래에서나마 국제 도시로 번성했던 상해에서 태동하고 성장한 중국 브랜드들(운동화, 화장품 등)이 최근 중국에서 새롭게 호응을 얻고 있다. 대표적인 것이 운동화 브랜드 '페이위에(飞跃, Feiyue)'와 '후이리(回力, Warrior)'이다(〈사진 14-1〉 참조).

'페이위에'는 중국 시장에서 한때 사라졌는데, 상해에 와서 생활하던 프랑스인 파트리스 바스티앙(Patrice Bastian)이 사용권을 얻어 2005년 유럽에서 되살린 브랜드이다. 바스티앙은 유럽(프랑스, 영국, 네덜란드, 벨기에 등)의 소비자들에게 이국적인 동양의 제품을 소개하여 호응을 얻었고, 뒤이어 중국은 그를 다시 국내에 재도입했다. '유럽에서도 인기 있는 중국 민족자본의 제품'이라는 점을 새로이 부각해 중국 소비자들의 자긍심을 높이고 복고풍 소비 붐을 유도한 것이다. 역시 1930년대 상해에 거점을 뒀던 운동화 브랜드 '후이리'도 오랜 전통의 자국 브랜드에 대한 복고풍 소비 풍조 속에서 새롭게 조명받고 있다.

경제전문지 ≪이코노미스트≫는 스위스의 기계식 시계, 몽블랑 만년필, LP 레코드판, 소규모 독립 서점들이 사라지지 않을뿐더러 새로이 부상하는 것은 그 오랜 제품과 기술에 새로운 의미와 가치를 부여하기 때문이라고 분석한 바 있는데(The Economist, 2014.6.14), 이 또한 같은 맥락에서 이해할 수 있다. 새로운 외양만이 아닌, 오래된 유산(heritage)에 새로운 의미를 부여하는 것도 디자인 혁신을 추동할 수 있음을 보여주는 것이다.

위에서와 같이 디자인 개념을 확장하면 디자인 중심 혁신의 가능성 또한 확대된다. 이는 더 잦은 빈도의 혁신이 필요한 현대에 일반화된 '혁신 강박증'을 다소 완화시키는 데도 기여할 것이다. 기술적 개선을 통한 혁신 혹은 기술혁신만이 혁신의 전부가 아니라 디자인을 중심에 둔 혁신의 가능성 또한 넓게 존재함이 드러나는 것이기 때문이다.

서울대학교 이근 교수는 혁신의 빈도가 상대적으로 더 높은 '짧은 사이클(short cycle)'의 산업과 그렇지 않은 '긴 사이클(long cycle)'의 산업을 구분한 바 있다(Lee, 2013). 그는 전자의 대표 격으로 IT 산업, 후자의 대표 격으로 생물의약, 우주항공 산업을 예시했다. 짧은 사이클의 산업은 후발 주자에게 더 많은 추격의 기회를 주지만, 추격을 넘어 선도하는 입장에 서게 된 주자는 긴 사이클 산업을 장악해야 안정적인 성장이 가능하리라는 것이 그의 주장이기도 하다.

그런데 그의 연구에 이 장의 디자인 논의를 투영시켜 보면, 긴 사이클이 생물의약, 우주항공 등 첨단 과학기술을 기반으로 하는 산업의 전유물은 아님을 알 수 있다. 오랜 유산에 지속적 의미를 부여할 수 있다면 긴 사이클을 누릴 수 있다. 또 새로운 의미를 부여하는 디자인 혁신을 지속함으로써 제품의 기술적 스펙을 크게 바꾸지 않고도 시장에서 오랫동안 호응을 얻는 것, 즉 긴 사이클을 가지는 것이 가능하다.

식품산업은 소소한 신제품(즉, 제품혁신)이 쏟아지는 짧은 사이클 산업이지만, 이탈리아의 초콜릿 브랜드 페레로 로쉐(Ferrero Rocher)는 수십 년째 동일한 맛과 포장으로 시장에서 호응을 얻고 있다. 기술 혁신의 주기를 길게 갖는 것이 첨단의 기초과학 기반 산업에 국한된 것은 아님을 보여주는 사례라 할 수 있다.

5. 광의의 디자인, 디자인적 사고

위에서 살펴본 바와 같이 디자인에 대한 의미론적 접근은 디자인과 그를 통한 혁신의 범주와 가능성을 확대한다. 그런데 더 최근의 디자인 개념은 보다 파격적인 확장을 거쳤다. 디자인은 이제, '문제를 정의하고 그 해법을 창의적으로 구상·기획하는 행위'를 아우르고 있다. 이는 앞서 제시한 〈그림 14-1〉에서 디자인의 영역이 좌측 상단에서 중하단으로까지 확대됨을 의미한다. 디자인의 범주를 크게 넓히는 이러한 이해는 현대의 디자인 학자들(하라 켄야, 2007; 무카이 슈타로, 2016) 다수가 공히 제안하는 바이기도 하다.[10]

그런 광의(廣義)의 디자인은 '디자인적 사고(design thinking)'가 작용하는 전 영역을 포괄하는 것이기도 하다. '디자인적 사고'는 IDEO의 설립자 팀 브라운(Tim Brown)이 널리 퍼뜨린 개념이다. 브라운은 디자인적 사고가 거쳐야 할 3단계로 '영감(inspiration)' — '아이디어 구상(ideation)' — '실행(implementation)'을 언급하고, 각 단계는 고정된 수순에 따라 한 방향으로 진행되는 것이 아니라는 점에서 3개의 중첩된 공간이라고 설명했다(Brown, 2009). 브라운의 이 같은 디자인 개념은 앞서 우리가 논의하고 '혁신 사이클'(〈그림

---

10 일찍이 디자인을 폭넓게 인식하고 정의한 주목할 만한 학자는 1978년 노벨경제학상 수상자이기도 한 허버트 사이먼(Herbert Simon, 1916~2001)이다. 그는 디자인을 "원하는 목표를 성취하고 제대로 작동하게 만들기 위한 이상적인 상황에 대한 시나리오"라고 정의했다(Simon, 1969). 그의 정의는, 디자인이란 '새로운 의미 있는 무언가를 만들기 위해 어떠해야 하는지에 관한 것'이자, '문제 해결'과 연결된 것임을 시사한 것이다(Manzini, 2015).

14-1))로 정립한 것에도 조화롭게 어우러진다.

그렇게 디자인을 폭넓게 정의하고 나면, 디자인을 행하는 주체 또한 확대된다. 통념 속의 직업 디자이너(시각, 제품, 인테리어 디자이너 등)에게만 국한되지 않는다. 문제를 발견하고 그 해법을 구상·기획하는 데 참여하는 모든 사람들이 디자인 활동에 참여하는 것이 된다.[11]

물론 다양한 디자인 활동에 전문적인 트레이닝을 받은 전문 디자이너의 역할은 사라지지 않을 것이다. 그리고 최근엔 그런 전문 디자이너들은 기존의 시각, 제품, 인테리어 등의 영역에 국한시키지 않고 스스로 자신의 영역을 확대하고 있다. 어느 곳에서든 문제를 발견하고 해법을 구상·기획하는 작업에 디자인 노하우를 활용하고자 하는 것이다.

그러한 흐름 속에서 디자인에 참여하는 다수의 일반인들이 더 넓은 공간으로 나온 디자이너들과 협업하기 시작했다. 기업 내의 제품 혁신뿐 아니라 마을 공간의 재편 작업에 이르기까지 디자인의 대상이 확대되고 있다.

과거 한국이나 중국은 선진국 시장을 향한 수출지향형 경제성장에 몰두하여 디자인을 협소하게 인식하고 광의의 본질적 디자인 개념에는 각성 수준이 낮았다. 그들이 중시했던 해외 수요는 선진국 시장이 정하는 것이었고, 풀어야 할 문제의 지정과 그 해법의 구상 및 기획도 선진국의 선도 기업이 도맡은 상황에서, 그들은 혁신 사이클의 말단, 즉 해법 구현 단계의 작업만을 담당하다 보니 디자인에 대한 시각과 인식이 좁을 수밖에 없었다. 그러한 상황을 극복하고 혁신의 가능성을 확장하기 위해, 광의의 디자인에

---

11   전문적 디자인 기능교육을 받지 않은 대중들의 디자인 활동 참여가 늘어나는 것을 '매스 아마추어라이제이션(mass amateurization)'이라고 한다. 이러한 경향은, 과거 일반인이 접근하기 어렵던 디자인 관련 기술들을 손쉽게 활용할 수 있도록 돕는 '메타 기술(meta technology)' 도구들(컴퓨터 프로그램을 쉽게 짤 수 있도록 돕는 소프트웨어, 실험적 이미지를 곧바로 시제품으로 만들어주는 3D 프린터 등)이 발전하면서 더욱 강화되고 있다.

눈뜨고 그를 통해 더 넓은 혁신 영역에 도전하는 것은 한국, 중국 등과 같은 국가에 주어진 시대적 과제라 해도 과언이 아니다.

한편, 광의의 디자인 개념하에서 디자인을 반드시 '비기술적'인 것만으로 규정할 필요는 없다. 비록 기존의 혁신관이 '기술'에 과도하게 경도되어 있어 디자인 혁신으로 비기술적 혁신의 가능성을 강조하는 것이 인식의 확장을 위해 유익할 수 있지만 디자인 혁신이 새로운 기술적 요소를 배제하는 것은 아니다.

더욱이 기술 고도화의 최고점은 디자인에 수렴하기도 한다. 2015년, 서울대학교 공과대학 교수 26명은 한국의 산업과 공학을 돌이켜보며 비판과 제언을 담은 단행본 『축적의 시간』을 펴냈다. 이들은 한국 산업계를 다음과 같이 진단했다. 외국 제품을 모방하는 것에서 시작한 한국의 기업들은 구체적인 제작과 말단의 디자인에 대해서는 어느 정도 운용 능력을 길렀지만 세부적 설계의 근간이 되는 '아키텍처(architecture)'를 개발하고 근본적인 '개념설계(concept design)'를 하는 데 있어서는 충분한 능력을 갖추지 못한 경우가 많았다는 것이다. 이어지는 그들의 정책 제언도 기획 및 설계 능력, 특히 근본적인 '개념설계' 능력을 배양하는 데 초점을 맞춰야 한다는 것이었다. 그들이 강조하는 개념설계는 물론 기술력과 기초과학 지식의 축적을 바탕으로 하는데 종국적으로 이는 디자인의 영역과 중첩되는 것이다.

요컨대, 디자인은 혁신의 지평을 넓히고 또 그를 주도하는 요인으로 자리매김하고 있으며, 기술 및 비기술 영역의 사람들은 각기 그 나름의 디자인 혹은 디자인적 사고를 통해 혁신을 추동할 수 있어야 하는 시대로 접어들고 있다. 이러한 시대적 흐름은 한국과 중국에서도 다를 바 없다. 하지만 한국은 변화하는 중국에 대응하는 전략 차원에서도 디자인에 좀 더 관심을 둘 필요가 있다. 이 책의 앞 장들에서 살펴본 바와 같이 중국의 과학 기반이 강화되고 기술력 또한 크게 상승하여 한국을 압박하고 있지만, 개인의 자유분방함과 시민사회의 성숙이라는 점에서는 한국에 우위가 있는 만큼 그를 디자인 역량으로 전화(轉化)하여 혁신을 추동하는 것이 유의미한 대중 전략일 수 있기 때문이다.[12]

이상에서 우리는 혁신이라는 개념 속에서 디자인의 위상과 비중이 확대되고 있음을 보았고, 혁신은 새로운 디자인적 접근을 통해서도 가능한 것임을 확인했다. 그런데 그렇게 새로운 인식을 요하는 혁신은 오늘날 또 다른 한 줄기의 흐름에 의해서도 커다란 영향을 받고 있다. 이른바 '제4차 산업혁명'이라는 흐름이 그것이다. 다음 절에서는 이를 추가로 짚어보고 혁신의 새로운 모습을 좀 더 그려보고자 한다.

6. '제4차 산업혁명'과 혁신의 미래

'제4차 산업혁명'이라는 말은 세계경제포럼(World Economic Forum: WEF)의 클라우스 슈바프(Klaus Schwab) 회장이 2016년 1월 WEF 개막 연설에서 그 도래를 언급한 뒤 세계적으로 확산되었다. 이후 혁신에 관한 정책적 논의에서도 '제4차 산업혁명'이라는 단어가 빠지지 않고 등장하게 되었다. 이는 세계적으로 대체로 공통된 현상이었지만 한국과 중국(중국은 이를 '제4차

---

12 그렇다고 중국이 디자인의 중요성에 대한 각성에서 뒤처진 것은 아니다. 2008년 이래 심천, 상해, 북경 무한이 연이어 유네스코가 지정한 '디자인 도시(design city)'로 선정되는 등 중국의 디자인 중시는 현실적 정책으로 구현되고 있다. 또한 주요 기업 CEO들의 디자인 각성 수준도 높아졌다. 대표적으로, 샤오미 창업자 레이쥔은 2018년 3월 양회[전국인민대표대회(전인대)와 전국인민정치협상회의(정협)] 기간 중 전국인민대표대회 대표로서 중국 디자인 산업을 발전하기 위한 제안을 내놓기도 했다. 즉, 그는 '국가급 디자인촉진기구'를 설립하고, 선진 도시들에 '디자인 전문 클러스터'를 조성하며, 중국의 '디자인상'을 한 차원 업그레이드하여 국제 디자인계에서 중국의 위상을 강화하자고 제안했다(雷軍, 2018.3.5).

공업혁명'이라 씀)에서는 더욱 그러했다.[13]

조금 거슬러 올라가 보면, 제4차 산업혁명이라는 개념의 기원은 2013년 독일 연방정부(교육연구부와 경제정보부)가 2013년 하노버 산업박람회에서 공식화한 '인더스트리 4.0' 정책에서 찾을 수 있다. 그들에 따르면, 인더스트리 1.0은 18세기 초 증기기관 기반의 기계화이고, 인더스트리 2.0은 19세기 말 전기 기반의 대량생산, 인더스트리 3.0은 20세기 후반 컴퓨터·인터넷 기반의 자동화를 의미하는데, 인더스트리 4.0은 21세기 들어 인터넷 기반의 연결성이 확대되고, 빅데이터, 인공지능 기술 등이 접목되면서 물리적 세계와 인터넷 공간이 네트워크로 결합되는 시대이다(김희수, 2018). 화법과 용어는 다소 달랐지만 그보다 조금 앞선 2012년 미국 기업 GE가 주도한 '산업 인터넷' 발전 방안 등에서도 비슷한 생각과 비전이 담겨 있었다.

그런 제4차 산업혁명의 화두가 세계적으로 호응을 얻은 배경에는 다음과 같은 맥락이 있다. 낮은 임금의 대규모 노동력과 값싼 공장부지가 없어도 제조업을 할 수 있다는 가능성이 새로운 기술들(인공지능, 로봇, 스마트 공장 등)에 의해 높아지자, 제조업을 후발국에 물려주고 '탈공업화'의 길을 걷던 선진국들이 다시 제조업을 자신의 안마당에서 발전시키고 쇠락하는 경제를 되살릴 수 있다는 희망과 의지가 커진 것이다. 다시 말해 제4차 산업혁명이라는 이슈는 선진국의 '재(再)공업화' 기조 속에서 더 뜨겁게 달아올랐다. 그리고 그런 선진국 주도의 담론이 현재 '세계의 공장', '제조업 대국' 중국에 위기감과 자극을 주어 발 빠른 대응을 재촉했고, 선진국과 중국 사

---

13 2017년 출범한 한국의 문재인 정부는 대통령 직속으로 '4차산업혁명위원회'까지 설립하고, 과학기술정보통신부, 산업통상자원부, 고용노동부, 중소벤처기업부 장관과 대통령 비서실 과학기술보좌관 등 5명의 정부위원과 20명의 민간위원을 위촉해 4차 산업혁명에 대한 종합적인 국가전략 및 실행계획을 짜도록 했다(4차산업혁명위원회, www.4th-ir.go.kr).

이에 낀 한국도 제4차 산업혁명을 선도하는 경쟁에서 벗어날 수 없게 되었다.

사실 '제4차 산업혁명'이 지칭하는 바가 정확히 무엇인지는 아직 불분명하다. 인공지능, 기계학습(machine learning) 혹은 딥러닝(deep learning), 3D 프린터, 사물인터넷(internet of things: IoT), 빅 데이터, 5세대 통신 등의 분야에서 연구 및 상업화 노력이 어우러져 다양한 혁신을 일으키리라는 전망과 그에 따른 다양한 미래상이 그려지고 있지만 말이다.

물론 제4차 산업혁명의 구체적인 실상이 무엇인지를 답하라고 재촉할 일은 아니다. 현재 진행형이거나 미래에 발생할 현상들을 아우르기 위해 우선 이름부터 붙여놓은 것이니 그 함의가 불확실하고 불확정적인 것은 불가피하다. 하지만 그 불분명한 것이 대중 앞에 뜨거운 화두로 제기되고 또 유행처럼 회자되어 오히려 현명한 눈을 가릴 가능성을 경계할 필요는 있다. 상기할 것은 훗날 역사가들의 검증을 거친 뒤에도 과연 지금 이 시대가 제4차 산업혁명 시기로 지칭될지는 아직 모른다는 것이다.

현재 진행 중이고 머잖은 미래에 펼쳐질 것이라 예측되는 그 어떤 현상을 또 한 차수의 산업혁명, 즉 '제4차 산업혁명'이라 부르는 것이 온당한가에 대한 질문에 학술적 엄밀성을 담아 응한다면 대답은 긍정적이기보다는 회의적이다. 인터넷을 포함한 새로운 정보통신 기술이 만든 새로운 조류를 제3차 산업혁명이라 부른 지도 얼마 되지 않았다.[14] 더욱 근본적으로는, '제4차 산업혁명'이라 칭하려면, 제1, 2, 3차 산업혁명과 구분되고 그에 못지않은 규모와 정도의 변화와 발전을 이끌어내야 하는데, 그것이 아직 증명되지 않았기 때문이다.

---

14   제러미 리프킨은 새로운 통신과 에너지 기술에 주목하여 2011년 『제3차 산업혁명』이라
      는 책을 펴낸 바 있다(Rifkin, 2011).

제1, 2, 3차 산업혁명은 대체로 다음과 같은 의미를 담고 있다. 즉, 제1차 산업혁명은 증기기관이라는 기계의 힘을 빌려 종래의 방직업 등이 크게 확대된 18세기의 변화, 제2차 산업혁명은 전기와 석유, 내연기관의 다양한 활용을 통해 수많은 산업(전기, 석유화학, 기계, 자동차, 항공기, 현대적 도시 건축 및 토목 등)이 연이어 생겨나고 발전한 19~20세기의 변화, 제3차 산업혁명은 컴퓨터와 정보통신 기술의 발전이 이끈 20세기 이후의 변화를 일컫는다.[15]

그런데 그들을 '산업혁명'이라 부르는 것은 커다란 기술적 변화 이상의 것이 있었음을 의미한다. 새로운 산업적 성장과 경제사회적 발전을 아울렀던 것이다. 만약 당시의 기술적 변화가 경제사회적 성장과 발전에 기여하지 못했다면 그를 '기술혁명(technological revolution)'이라 부를 수는 있어도 '산업혁명'이라 기록하기엔 부족했을 것이다. 그들을 '혁신'이라 부르기에도 모자람이 있었을 것이다. 혁신의 기본적 정의가 '무언가 새로운 것을 시장에 도입하여 성공을 거두는 것'인데, 새로운 기술 그 자체가 혁신을 완성하는 것은 아니기 때문이다.

기존의 산업혁명을 논할 때 그를 기술혁명과 특별히 구분하지 않은 이유는 양자의 괴리가 크지 않았기 때문이다. 비록 기술적 변혁이 일어나던 당대에는 새로운 기술이 인간 사회경제를 위협하리라는 우려와 저항[대표적으로, 러다이트(Luddite) 운동]이 없지 않았지만,[16] 장기적으로는 사라지는 산업보다 새로 생겨나는 산업이 제공하는 취업 기회와 그로 인한 성장이 더 컸다.

---

15 이들은 각기 독일 정부가 인더스트리 1.0, 2.0, 3.0으로 지칭한 시대와 조응한다.

16 러다이트 운동은 기계에 의한 자동화로 일자리를 잃은 이들의 저항이라기보다는, 기계의 작업 흐름에 맞춰 반복적 노동을 지겹고 힘들게 지속하는 것을 강요받은 인간들의 저항이라는 성격이 강했다. 이런 점에서 제4차 산업혁명기에 인공지능을 장착한 로봇이 인간[혹은 인간의 지적(知的) 노동]을 대신하는 것은 새로운 성격의 경제사회적 도전이자 위협일 수 있다.

좀 더 자세히 들여다보면, 제1, 2, 3차 산업혁명기 사이에도 경제적 발전의 차이는 있었다. 대규모의 성장과 발전이 이뤄진 것은 주로 제2차 산업혁명 시기이다. 컴퓨터·정보통신 산업의 발전을 지칭하는 제3차 산업혁명은 현생 세대 다수가 겪은 가장 큰 변화일지 몰라도 생산성 증대 측면에서는 종전의 산업혁명에 크게 못 미친다는 평가도 많다.

따라서 기존의 산업혁명에 대해서도 차수(次數)를 두어 논하게 되면 각 차수의 산업혁명을 동급의 것으로 오인하게 하는 부작용이 있을 수 있다. 그래서 제4차 산업혁명이 대중적 화두로 등장하기 전에는 산업혁명을 제1, 2, 3차로 나누어 논하는 것도 그리 흔한 일이 아니었다. 이런 문제점을 염두에 두되, 오늘날 일상화된 논의와 접점을 유지하기 위해 이 장 아래에서도 제4차 산업혁명이라는 표현은 (문제의 소지가 남아 있지만) 그대로 쓰기로 한다.

이제 한발 더 나아가, 이른바 '제4차 산업혁명'이 산업과 경제성장, 혁신이라는 측면에서 어떤 역할과 파급효과를 가질지 좀 더 구체적으로 생각해 보자.

제4차 산업혁명이 가리키는 곳은 스마트한 네트워크에 상시적인 접속이 이뤄진 세상이다. 사람뿐 아니라 사물도 인터넷으로 연결되어 데이터가 신속히 수집·공유되며, 그렇게 수집된 방대한 데이터를 연산 능력이 대폭 강화된 컴퓨터가 처리하여 인간과 로봇의 작업을 도울 것이다. 로봇이 스스로 학습하며 그 지능을 개선함으로써 인간의 팔·다리뿐 아니라 두뇌의 역할을 대신하여 인간의 많은 지적 활동을 대체할 것이다. 한편 로봇의 운동 성능도 꾸준히 개선되어 인간이 힘들어하는 노동을 더 많이 대체할 것이다. 공장 생산방식에 있어서는 종래의 소품종 대량생산, 다품종 소량생산을 넘어 완전 개인맞춤형 제조가 이뤄질 것이다.

이상의 스케치는 제4차 산업혁명이 만들 세상의 한 단면이다. 물론 그 외에 더 많은 변화가 있겠지만 이상과 같은 변화만으로도 다면적인 파급효과가 있을 수 있다. 우선, 적은 수의 노동만을 고용하는 온라인 네트워크상의 서비스가 기존 오프라인의 산업 경제활동을 대체하며 고용 문제를 악화시킬 수 있다. 스마트폰에서 쉽게 내려받을 수 있는 하나하나의 애플리케이션(예컨대, 라디오, 카메라, 손전등, 어학사전, 통·번역기 등)이 과거에는 각지에 제조공장과 유통망을 가진 오프라인 산업들이고 그에 고용된 다수의 사람들이 있었음을 생각하면 고용 문제의 악화는 충분히 현실적인 우려이다. 신규 온라인 사업자들은 전통적인 사업자보다 훨씬 더 큰 고객 기반을 갖지만 수많은 인간 노동자를 고용하기보다는 강화된 로봇의 인공지능과 컴퓨터의 도움을 받아 일을 처리할 것이기 때문에 더욱 그러하다.

물론 새로이 창출되는 사업에 신규 고용될 인력이 있으므로 일시적인 '마찰적 실업'만을 거친 후에 다시 정상화하고 더 나아가 개선되는 것을 상상할 수도 있으나, 적어도 이미 물질적 풍요 수준이 높아진 선진국에서는 이른바 제4차 산업혁명으로 생겨나는 일자리가 사라지는 일자리의 수보다 많아질 가능성은 적다.

개별 국가 차원의 논의에서라면, 제4차 산업혁명의 기회를 수출 산업화하여 오히려 고용을 늘리고 경제를 활성화할 수도 있다. 다만 그 전제는 해당 분야의 세계적 경쟁에서 이겨야 한다는 것이다. 즉, 해당 분야의 세계적 고용 총량이 줄어들더라도 그 분야를 선도하는 특정 국가는 자국 내에 과거보다 더 많은 고용을 일으키고 경제를 활성화할 수 있다. 그런 일국 차원의 전망은 그 나라가 각 분야의 세계적 경쟁에서 얼마나 높은 승률을 기록할 것이냐에 달려 있다. 승률이 높다면 낙관해도 되지만 낮다면 그렇지 않다. 그렇게 국가 간 운명은 갈릴 것이고, 낙관할 전자보다는 비관할 후자의 수가 훨씬 많을 것이다.

그런 경쟁에서의 승률을 높이기 위한 정책이 우선일지 모른다. 하지만 극히 높은 승률을 기록하는 것 이외의 더 넓은 가능성을 모색할 필요가 있다. 그것이 패배주의적인 것은 아니다. 그것은 거의 모두에게 현실적인 것이며 우리에게도 마찬가지이다. 기술혁명이 실제로 경제성장을 추동했던 과거 경험에서 얻은 위안과 미래에 대한 막연한 낙관이 '할 수 있다'는 자신감을 어느 정도 지켜줄 수는 있어도 그것으로 진정 미래에 대한 준비가 충분한 것은 아니다. 변화 앞에서 우려가 다시 안심으로 바뀌었던 경험이 인류에 쌓였다 하더라도, 그것이 미래에도 반드시 작동하는 원리라 할 수는 없다. 미래는 본질적으로 불확실한 것이니만큼 단언할 수 없지만, 종래의 경험 속에서 낙관론이 생성되었다고 해도 그것이 특별한 노력 없이 미래에 그대로 실현되지는 않는다. 요컨대 중요한 것은, 그 특별한 노력이다. 제4차 산업혁명을 추동한 신기술 영역에 대한 좁은 집중을 넘어서, 제4차 산업혁명을 진정 산업혁명으로 기록하게 할 새로운 사회경제 영역을 폭넓게 개척하기 위한 노력이 필요하다.

특기(特記)할 것은, 그 넓은 영역이 전부 '기술적인' 영역은 아니라는 점이다. 앞서 논의했듯, 오늘날 새로운 혁신의 동력으로 부상한 '디자인'도 제1, 2차 산업혁명기의 우악스러운 신기술 적용에 대한 비판과 대안으로서 생겨난 것이다. 즉, 제4차 산업혁명을 진정한 산업혁명답게 하는 것은 기술 그 자체를 넘어서는, 인간의 가치와 삶 중심의 디자인 혁신에 대한 재인식이다. 그러한 재인식하의 정책적 논의는 이 책의 마지막 장에서 좀 더 이어가도록 한다.

제5부

새로운 현실과 대응 모색

제15장

글로벌체제의 변혁과 중국:
미국과의 갈등 속에서

1. 글로벌체제 속 중국의 역량 축적

1978년 개혁개방 선언 이래 중국은 글로벌 경제체제 속으로 점차 깊숙이 편입되었다. 1994년에는 '쌍궤제(雙軌制, two track system)'라는 이름으로 이원화되어 있던 환율을 단일화하는 과정에서 사실상 위안화를 대폭 평가절하함으로써 중국은 세계의 생산기지 겸 수출기지로 자리매김할 수 있었다. 그렇게 '세계의 공장' 중국이 등장했다. 그리고 2001년, 15년에 걸친 고단한 협상과정을 마무리하고 마침내 WTO에 가입함으로써 중국은 글로벌 경제체제의 일원으로 확실한 지위를 획득했다.

그 후 중국은 글로벌 경제체제, 다시 말해, '글로벌 가치 사슬(GVC)' 혹은 '글로벌 생산 네트워크(GPN)'라 불리는 국제 분업체제 속에서 점점 더 중요한 역할을 수행하며 (적어도 2017년 미국 트럼프 대통령의 등장 이전까지) 대체로 순항했다. 더 나아가 중국은 GVC, GPN 속에서 자신의 위치를 고부가가치 영역으로 이동·확장시키려 노력했으며 성과도 있었다.

최근 중국은 '생산'을 넘어 '혁신'에 있어서도 자신의 위상을 강화하기 시작했다. 글로벌 생산 네트워크를 넘어 '글로벌 혁신 네트워크(Global Innovation Network: GIN)' 속에서도 중국의 역할을 찾을 수 있게 된 것이다. 중국은 혁신이 시도되는 매우 다양한 분야의 제조업 현장들을 갖고 있을 뿐 아니라 대규모 시장 수요도 국내에 보유하고 있어, 세계적 규모의 혁신을 도모하는 해외의 혁신가들도 그 과정의 어느 한 부분을 중국에 맡기는 것이 자연스러운 일이 되었다.[1]

특히 중국이 담당하는 부분이 매우 크거나 핵심적인 경우, 그를 '중국 기반의 혁신(China-based innovation)'이라 부를 수 있다. 광동성 심천을 위시한 중국 각지의 선진 개방도시가 그러한 토대를 구축했고, 중국 기반의 혁신은 지난 10여 년에 걸쳐 유의미하게 증가해 왔다. 남과 스타인펠드(Nahm and Steinfeld, 2014)는 그 배후의 중국적 매력으로, ① 혁신적 아이디어의 수용·구현 속도(tempo)가 빠르고, ② 그를 양산체제로 전환하여 대규모(scale)로 생산할 수 있는 제조 기반을 가까운 곳에 갖추고 있으며, ③ 그를 낮은 비용(cost)으로 수행할 수 있다는 점을 꼽았다.

그 외 또 다른 중국적 매력은 중국에 이공계 출신의 젊은 중·상위 엔지니어들이 대거 포진하고 있다는 점이다. 새로운 아이디어를 가진 발명가 혹은 기업가가 대규모 산업화 생산을 위해 중국을 찾는 것은, 그곳에 물리적 생산 기반이 대규모로 조성되어 있을 뿐 아니라, 다양한 기술적 업무를 수행할 엔지니어들을 다수 확보할 수 있어서이기도 하다(은종학, 2015b).[2]

---

1 여러 단계의 생산공정을 갖는 제품의 경우, 그 혁신을 위해 조율해야 할 여러 주체들이 지리적으로 가까운 곳(혹은 같은 국가 안)에 위치한다면 신속하고 효율적인 상호작용에 큰 도움이 된다. 이러한 점에서, 중국이 광범위한 제조업 기반을 국내에 구축한 것은 혁신에 있어서도 '범위의 경제(economy of scope)'를 누릴 수 있는 조건을 마련한 것이라 할 수 있다.

2 경제학에는 '루이스 변곡점(Lewis turning point)'이라는 개념이 있다. 농촌 잉여 노동력의 도시 유입으로 도시 산업 부문에 저임 노동력이 풍부하게 공급되고 그것이 개발 초기 단순 제조업 중심의 고도성장을 뒷받침하지만, 그러한 노동력의 유입이 감소하기 시작하

'중국 기반의 혁신'은 초기의 아이디어나 기술이 외국에서 도입되고 핵심 인물 또한 외국인인 경우가 많지만, 중국인 연구개발자들의 참여가 늘고 실제 혁신과정이 중국의 생산 및 수요 환경에 조응함에 따라, 중국에 다양한 지식 및 경험의 전수와 축적의 기회를 제공하게 된다. 그리고 그 학습을 통해 중국은 스스로 혁신 추동의 주체가 되는 길을 좀 더 본격적으로 모색할 수 있게 되었다.

2. '중국제조 2025'의 딜레마

앞서 언급한 중국의 순항이 먼 미래까지 보장된 것은 아니다. '제4차 산업혁명'을 떠올리게 하는 오늘날의 굵직한 기술적 변화들도 중국 앞에 놓인 커다란 도전 중 하나이다. 새로운 기술을 마스터하는 것이 어려워서만은 아니다. 그보다도, 그 기술들이 촉발할 새로운 패러다임이 지난 수십 년간 중국이 뿌리내리고 자라난 토양이었던 글로벌 경제체제를 재편할 가능성이 있기 때문이다.

중국도 그간 GVC, GPN, GIN 속에서 자신의 위상을 업그레이드하며 글로벌 경제체제의 변화를 초래해 왔다. 하지만 향후 기술과 산업 패러다임

는 이른바 '루이스 변곡점'을 지나면 도시 임금이 크게 올라 새로운 성장 방식을 모색하지 않으면 성장을 지속할 수 없다는 것이다. 그러한 변곡점 개념을 응용·변용하여, 중국 중소도시 및 농촌 출신의 유능한 학생들이 주요 대학 이공계 학과에 진학하려는 추세의 변곡점을 상정해 볼 수 있다. 2015년 필자의 예비적 조사에 따르면, 중국의 대입시험 최고 득점자들과 대도시의 유복한 가정 출신 학생들의 경우 대학 진학 시 이공계보다는 상경계를 희망하는 비율이 높아졌으나, 중소도시 및 농촌 출신의 유능한 학생들은 이공계를 지망하는 경향이 여전히 높아 중국 이공계의 위축을 우려할 단계는 아닌 것으로 나타났다. 다시 말해, 중국은 아직 그 변곡점에 도달하지 않은 것으로 판단된다(은종학, 2015b).

의 변화는 더 극적인 단절과 재편을 가져올 수 있다. 그것은 선진국들로 하여금 자국 국내에 좀 더 완결된 (따라서 중국에 의존할 필요가 적은) 가치 사슬 (혹은 생산 네트워크)을 구축하게 할 수 있다. 선진국들이 현재 중국이 차지하고 있는 '제조업 대국'의 타이틀을 박탈하고 제조업을 다시 주도할 가능성이 생긴 것이다.[3] 그 경우, 세계 여러 나라에 걸쳐 형성·심화되었던 GVC, GPN, GIN은 희석될 수 있다. 세계화의 조류가 뒷걸음치는 탈세계화 혹은 디글로벌라이제이션(de-globalization)이 진행되며 중국이 익숙했던 성장과 혁신의 토양이 얇아질 수 있다는 것이다.[4]

중국도 이를 모르지 않는다. 신중한 이들은 중국이 현재의 글로벌 분업 구조 속에 안주할 수 없다는 것을 인식하고 있다. 현재 '세계의 공장'인 중국이 스마트 제조업으로 재편되는 그 관건적 기간을 거치며 위축될 것인지, 아니면 중국의 장점을 살리며 더욱 강력한 제조 기반을 구축하게 될 것인지의 기로에 서 있다는 것을 알고 있다.

중국의 실력이 아직 탄탄하게 갖춰진 것도 아니다. 특히 미래 산업, 이른바 '제4차 산업혁명'의 담론과 함께 떠오르는 산업에서는 중국의 기초가 튼튼하지는 않다. 중국은 기존의 제조업 분야에서는 추격에 상당한 성과를 거

---

3 과거 선진국은 자국 경제의 고도화(임금상승과 환경규제 강화 등) 속에서 부득이한 것으로 인식하며 제조업을 개발도상국[20세기 중반의 일본, 후반의 동아시아 4마리 용(한국·대만·싱가포르·홍콩), 그리고 지난 30여 년은 중국]에 순차적으로 이전했다. 그러던 제조업을 기술 진보와 제조업 패러다임의 변화 속에서 다시 챙길 수 있는 환경이 조성되기 시작한 것이다.

4 디지털화·자동화·지능화·서비스화한 스마트 제조업이 그 주 무대를 선진국으로 옮겨가면 중국에 충격이 가해질 수 있다. 그 경우, 부가가치 생산과 혁신의 글로벌체제, 즉 GVC, GPN, GIN에서 중국이 담당하는 부분이 위축될 수 있기 때문이다. 그와 함께, 국제적 공간에 드리워진 가치 사슬의 길이 자체가 짧아지고 네트워크는 선진국을 중심으로 다시 응축될 수 있다. 개혁개방과 WTO 가입 등을 거치며 '글로벌라이제이션'의 최대 수혜자였던 중국에 전환기적 충격이 가해질 수 있는 것이다(은종학, 2018c).

두었지만, 제4차 산업혁명으로 일컬어지는 새로운 변화의 중추를 담당할 산업 부문, 예컨대 센서(sensor), 반도체, 미세전자제어 시스템(Micro-Electro Mechanical Systems: MEMS), 정밀기기·장비 산업 등에서는 아직 선진국에 많이 뒤처져 있다(한중과학기술협력센터, 2017b). 그 격차는 의외로 쉽게 좁혀지지 않는데, 해당 분야의 기술적 변화가 매우 빠르거나 다품종 소량생산 위주이기 때문이다. 일례로, 미국 기업이 생산하는 센서는 1만 7000여 종에 달하는데 중국 기업이 생산할 수 있는 것은 6000여 종에 그치는 것으로 알려져 있다(한중과학기술협력센터, 2017b). 이러한 분야에서의 경쟁력은 궁극적으로 기업이 경험과 지식을 쌓아 구축해야 하는데, 해당 분야 중국 기업의 발전 정도는 아직 미진하여 특별한 조치가 없는 한 중국이 이 분야를 주도하기까지는 상당한 시간이 더 필요할 것으로 보인다.[5]

이러한 우려에 중국은 야심찬 정책으로 대응했다. 2013년 출범한 시진핑 정부는 2015년에 야심찬 정책 비전, '중국제조 2025'를 내놓았다. 중국제조 2025는 중국이 종래 추진해 오던 과학기술과 산업 고도화 정책들(대표적으로, 중장기 과학기술 발전계획, 7대 전략적 신흥 산업 육성정책)을 계승·확장하면서(〈표 15-1〉 참조) 중국의 야심도 드러냈다.

중국제조 2025는 다음과 같은 3단계의 야심찬 비전을 제시했다. 1단계

---

5   물론 중국에 승산이 없는 것은 아니다. 중국의 장점 중 하나는, 현재 다른 어느 나라보다도 많은 종류의 제조업을 보유하고 있다는 것이다. 가장 넓은 제조업 포트폴리오를 갖고 있는 것이다. 그것은 유의미한 '현장(現場)'을 많이 갖고 있다는 의미이다. 그 제조업 현장은 제조와 관련된 중요한 경험과 데이터가 생성되는 장이다. 자동화된 공장도 아무것도 없는 곳에 세워지는 것이 아니라, 컴퓨터에 입력되어야 할 많은 파라미터(parameter) 값의 축적 위에서 건설될 수 있는 것이기에 그 의미는 크다. 비록 기계학습으로 로봇이 스스로 지식과 판단력을 높여갈 수도 있다지만 최적화된 산업설비가 모두 그런 방식의 학습만을 기다려 구축될 수 있는 것은 아니다. 당장은 스마트 공장의 하드웨어와 소프트웨어 시스템을 구축·운영하는 기술·노하우를 갖춘 것도 GE 등 외국 기업인 경우가 많지만 중국 기업이 주인공으로 등장할 미래를 상상하는 것도 비현실적인 것만은 아니다.

표 15-1 **7대 전략적 신흥 산업과 '중국제조 2025'의 10대 산업**

7대 전략적 신흥 산업 육성(2011년~)	중국제조 2025(2015년~)
1. 신흥 IT 산업(新兴信息产业)	1. 차세대 IT기술 산업(新一代信息技术产业)
2. 첨단장비 제조업(高端装备制造业)	2. 고급 수치제어선반 및 로봇(高档数控机床和机器人)
3. 에너지 절약 및 환경(节能环保)	3. 우주항공장비(航空航天装备)
4. 신에너지(新能源)	4. 해양 엔지니어링장비 및 하이테크선박 (海洋工程装备及高技术船舶)
5. 신에너지 자동차(新能源汽车)	5. 선진궤도교통장비(先进轨道交通装备)
6. 신재료(新材料)	6. 에너지 절약 및 신에너지 자동차(节能与新能源汽车)
7. 생물 산업(生物产业)	7. 전력장비(电力装备)
	8. 농업기계장비(农机装备)
	9. 신재료(新材料)
	10. 생물의약 및 의료기기(生物医药及高性能医疗器械)

주: 중국제조 2025는 앞서 2011년부터 추진된 7대 전략적 신흥 산업 육성정책을 계승하고 확장한 것임을 알 수 있다.
자료: 필자 정리.

는 2025년까지로, 인터넷 연결과 신기술 응용을 통해 중국 제조업을 질적으로 고도화하여 현재 비슷한 수준에 있는 영국, 프랑스, 한국 등을 제치고 독일, 일본이 속한 제조강국 대열에 진입하겠다는 것이다. 2단계인 2035년까지는 독일, 일본을 제치고, 최종 3단계인 2045년까지는 미국을 따라잡아 세계 제조업을 선도하는 국가로 자리매김하겠다는 것이다.

중국제조 2025는 독일과 미국, 일본 등 선진국이 대규모 저임 노동력을 요하는 전통적 제조 방식 대신 지능을 갖춘 로봇과 스마트 공장으로 자국 내에 제조업을 되살리는 재공업화 정책을 연이어 추진하는 시점에 수립된 정책이다. 그런 만큼 선진국들의 움직임에 적극적으로 대응하여 그들을 극복하겠다는 의지를 밝힌 것이라 할 수 있다.

하지만 중국의 자기 호흡과 보폭에 비춰보면 제조업을 자동화하는 것이 중국에 그리 절실하거나 시급한 것은 아니다. 오히려 중국은 그 변화의 속도를 제어해야 할 필요가 있다. 비록 최근 중국 젊은이들이 도시 외곽이나 지방 소재 공장에서 일하는 것을 기피하는 경향이 커지고 임금상승이 기업의 부담으로 작용하고 있지만,[6] 제조업이 담당하고 있는 중국의 고용 비중이 상당하며 제조업의 급격한 위축은 사회불안을 초래할 것이기 때문이다.[7]

그런 점에서 중국제조 2025는 중국에 꼭 맞지는 않는 옷을 서둘러 챙겨 입은 것이기도 하다.[8] 물론, 중국제조 2025는 기술 진보, 제조업 패러다임의 변화, 선진국의 재공업화 등에 대한 대응으로서 필요했으며 그간 쌓아 올린 중국의 기술과 산업 토대 위에서의 연장이었지만, 적어도 일정 부분 '피동적'이었다.

그런데 우려를 야심찬 비전으로 덮으려 한 중국제조 2025는 미국의 트럼프 행정부를 자극하고 그로부터 강력한 대중 압박을 초래하기에 이르렀다. 중국제조 2025를 뜯어보면 그럴 만한 사정도 읽을 수 있다. 중국제조 2025가 최종 3단계의 종료 시점으로 잡은 2045년은 시진핑 정부가 장기 이정표로 설정한 '2개의 100년[两个一百年, 중국 공산당 창당(1921년) 및 중화인민공화국 창립(1949년) 100주년]' 중 하나로서 중화인민공화국 창립 100주년인 2049년과 대체로 일치하는 시점이다. 그리고 중국이 그때까지 구현하겠다고 밝

6　상해 복단대학 경제학과 교수 인터뷰(2017.5.20).

7　팍팍해진 고용 상황에 그나마 숨을 돌리게 하는 것은, 온라인 쇼핑을 중심으로 한 중국 내 소비와 서비스 부문의 팽창이다. 물류 및 상품 배송 부문이 단순 공장 노동자의 줄어든 일자리를 벌충해 주고 있다. 실제로 중국은 2016년을 기점으로 GDP에서 차지하는 서비스업(3차 산업)의 비중이 제조업(2차 산업)을 추월했다. 하지만 그러한 변화도 고용 우려를 완전히 불식시키지는 못한다. 미래의 자동화·지능화된 물류센터와 드론 등을 활용한 무인 배송 시스템 등은 서비스업 분야의 일자리도 위축시킬 수 있기 때문이다.

8　중국의 제조업 및 정보통신 산업을 총괄하는 부처인 공업신식화부(工业和信息化部)의 쑤보(苏波) 부부장은 "중국은 인더스트리 2.0, 3.0, 4.0을 동시에 추진해야 하는 난감한 상황에 있다"라고 토로한 바 있다(마화텅 외, 2016: 346).

한 '사회주의 현대화 강국'의 비전이 중국제조 2025의 최종적 비전과 조응하는 것임을 주목할 필요가 있다. '사회주의 국가'로서 중국이 미국을 추월하여 세계를 이끌겠다는 야심을 표출한 것으로도 읽을 수 있는 지점이다.

다음 절에서 자세히 다루겠지만, 중국은 미국의 압박으로 인해 더 큰 도전 앞에 서게 되었다. 2018년 본격화된 미국 트럼프 행정부의 대중 압박은 표면적으로는 양국 간 무역불균형과 중국 정부의 불공정 행위를 문제 삼았지만 실질적으로는 중국의 과학기술과 산업 고도화 기세를 꺾기 위한 조치였다.[9] 그 과정에서 중국제조 2025는 미국의 명시적인 압박 대상이 되었고 중국은 높이 쳐들었던 깃발을 어느 정도 내려잡을 수밖에 없게 되었다. 아이러니하게도 중국제조 2025는 중국에 남겨진 응전의 시간을 스스로 더욱 고단하게 만든 셈이 되었다. 그 여파 속에서 중국 중앙정부는 2018년부터 중국제조 2025에 대한 공식적인 언급을 자제하기 시작했으며 지방정부에 대한 정책 가이드라인에서도 그를 잠정 삭제했다. 중국 중앙정부의 공식 인터넷 홈페이지에 부속되어 있는 중국제조 2025 전용 게시판은 2018년 2월 23일 이후 더 이상 새로운 글이 올라오지 않고 사실상 중단되었다(〈사진 15-1〉 참조). 이후 중국은 내부적으로 중국제조 2025가 품은 야심찬 도전의 성격을 완화하고 대외개방 및 협력의 여지를 키우는 방식의 수정안도 고려한 것으로 보이는데, 그 지향점과 그를 추구하는 방식의 수정안은 미국과의 줄다리기 속에서 구체화할 것으로 보인다.

---

9   2018년부터 미국 트럼프 행정부는 중국에 대해, 환율조작(즉, 자국 화폐의 인위적 평가절하)을 통한 수출 진흥 및 수입 억제를 문제 삼는 데 그치지 않고, 기술이전을 강제하거나 기술을 탈취하고 기술 습득을 목적으로 미국 기업을 M&A하는 것, 중국제조 2025 등에 대해서 강력히 문제를 제기하기 시작했다.

사진 15-1 **업데이트가 중단된 '중국제조 2025' 홈페이지**

주: 중국 중앙정부 국무원의 공식 홈페이지(www.gov.cn) 내의 중국제조 2025 전용 게시판 캡처 사진. 2018년 2월 23일 이후 새로운 글이 올라오지 않고 사실상 중단된 상태이다
자료: 中国制造2025_中国政府网(검색일: 2020.3.30).

3. 미중 분쟁의 전개

2017년 트럼프 대통령 취임 이후 중국에 대한 미국의 공세가 본격화되었다. 초기의 전개를 정리하면 다음과 같다. 2017년 8월 트럼프 대통령의 지시로 미국 무역대표부가 미국 국내법인 1974년 '무역법' 301조를 근거로 중국에 대한 조사에 착수했다. 그 결과 「중국의 기술이전, 지식재산권, 혁신에 관한 법, 정책, 관행에 대한 조사 결과」라는 이름으로 이듬해인 2018년 3월 22일 보고서가 공개되었다(USTR, 2018a)(이 보고서와 후속 보고서의 자세한 내용은 「보론 G」 참조). 215쪽에 달하는 이 장문의 보고서를 바탕으로 미국 정부는 곧바로 500억 달러 규모의 중국산 수입 물품에 대해 25%의 고율 관세를 부과했다.

그에 맞서 중국도 두 달 후 같은 규모, 즉 500억 달러의 미국산 수입 물품에 대해 25%의 고율 관세를 부과했다. 하지만 양자 간 공세의 규모는 2018년 7월 미국이 추가로 2000억 달러 규모의 중국산 수입 물품에 대해 10% 관세를 부과함으로써 기울어지기 시작했다. 중국도 미국산 수입 물품 600억 달러에 대해 5~10%의 추가 관세를 부과했지만, 원천적으로 중국의 미국산 제품 수입이 미국의 중국산 제품 수입보다 훨씬 적어 중국의 관세 보복은 상대적으로 제한적일 수밖에 없었다. 2018년 기준, 미국의 전체 무역 적자액은 8788억 달러였고, 그중 4176억 달러(47.5%)가 중국에 대한 무역 적자액이었다. 중국은 그만큼의 무역흑자를 미국을 상대로 거두고 있었던 것이다(〈그림 15-1〉 참조).

그러한 상황에서 중국 정부(国务院 新闻办公室)는 2018년 9월 24일 『중-미 경제무역마찰에 관한 사실과 중국 측의 입장 백서(关于中美经贸摩擦的事实与中方立场白皮书)』를 공개 출간했다. 현안 경제문제에 중국 정부가 장문(중문판 3만 6000자, 영문판 약 70쪽)의 백서를 이렇게 신속히 작성, 공개한 것은 이례적이었다.

백서는 미국의 공세를 '패릉주의(霸凌主义, bullyism)', 즉 힘센 자가 남을 업신여기고 못살게 구는 행위로 적시했다. 또한 미국의 대중 공세는 WTO와 같은 국제 규범이 아닌 미국의 국내법(1962년 '무역확장법' 232조, 1974년 '무역법' 201조 및 301조 등)에 근거한 것이라는 점을 들어 미국의 일방주의를 비판했다. 그리고 "중국은 미국과 무역전쟁을 벌이고 싶지 않지만, 그 전쟁이 두렵지 않으며, 또 필요하다면 부득불 그 전쟁을 치를 것(贸易战, 中国不愿打, 不怕大, 必要时不得不打)"이라고 했다.

그림 15-1 **미국의 대중 수출, 수입, 무역적자**   단위: 억 달러

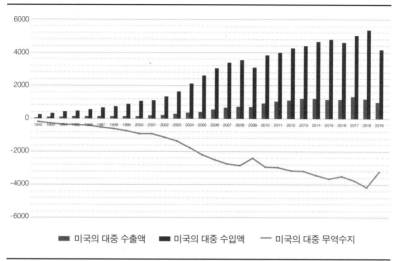

자료: 한국무역협회(stat.kita.net).

중국의 국가 존엄과 핵심 이익을 지킬 것임을 선언한 백서이지만, 미국
과 협력적 관계를 복원하고자 하는 유화적 언급도 각 곳에 담았다. 백서는
1979년 중-미 수교 이후 양국 간 무역이 233배나 증가해 온 성과를 평가하
는 한편, 미국은 중국에 자본재·중간재를 수출하고 중국은 미국에 소비재·
최종재를 수출하는 등 '상호보완성'이 큰 관계임을 강조했다. 또한 중국의
수출품 중 상당 부분은 여타 선진국에서 생산된 부품 등 중간재를 수입·활
용해 노동집약적 공정을 거쳐 완성한 것이어서 중국의 몫은 의외로 크지
않다고 밝혔다. 그리고 중국은 무역흑자를 의도적으로 추구하지 않으니,
WTO 다자무역체제 속에서 협력하며 문제를 풀어나가자고 제안했다. 또
중국 내 외자 기업의 권익과 지식재산권 보호를 더 강화하고 개방 폭을 확
대하겠다는 의지도 내비쳤다.

요컨대 중국 측의 백서는 공세적이기보다는 미국의 오해를 풀고 양자 간 협력을 도모하자는 설득의 기조가 상대적으로 강한 것으로, 중국 측의 당혹감도 묻어 있었다. 실제로, 미국 측의 강력한 공세 속에 중국 공산당은 2018년 가을 개최 예정이었던 제4차 중앙위원회 전체회의조차 열지 못했다.[10] 하지만 미국 무역대표부는 2018년 11월 20일 기존 조사 보고서에 대한 약 50쪽 분량의 업데이트 보고서(USTR, 2018b)를 추가 발간하면서 고삐를 늦추지 않았다(이에 관한 자세한 내용 분석은 「보론 G」 참조).

그렇게 미국의 공세, 중국의 수세 속에 진행된 양자 간 무역분쟁 혹은 경제전쟁은 2018년 12월 아르헨티나에서 개최된 G20 정상회담에서 트럼프-시진핑 사이의 합의를 통해 잠시 누그러졌다. 추가 보복 관세의 부과는 일단 유예하고 협상을 지속해 가기로 한 것이다. 그 유예 기간이 끝날 즈음인 2019년 3월 북경에서 열린 양회(전국인민대표대회, 정치협상회의)에서는 중국이 유화책을 더욱 구체적으로 드러냈다. 중국에 투자하는 외국 기업에 대해 기술이전을 강제할 수 없도록 하고 중국 시장 진입과 퇴출을 더 자유화하는 '외상투자법'을 전국인민대표대회에서 처리하고, 더불어 지식재산권 침해에 대해 징벌적 배상을 부과하는 등의 내용을 담은 특허법 개정을 조속히 추진하기로 한 것이다.[11]

이러한 유화책에도 불구하고 2019년 5월 미국은 유예했던 2000억 달러 규모의 중국산 제품에 대한 관세를 10%에서 25%로 올리는 조치를 취했다. 이에 중국도 600억 달러 규모의 미국산 제품에 대한 관세를 5~10%에서

---

10 4중전회는 약 1년이 미뤄져 2019년 10월에 개최되었다. 2019년 10월은 야당인 민주당이 추진한 탄핵안이 하원을 통과하여 트럼프의 정치적 위상이 위축되었던 시점이기도 하다.

11 실제로 중국은 2020년 10월 전국인민대표대회에서 제4차 특허법 개정안을 통과시키고 2021년 6월 1일부터 시행키로 했다(자세한 내용은 제4장 참조).

5~25%로 올렸다. 더불어 2019년 6월 2일 두 번째 백서『중-미 경제무역협상에 관한 중국 측의 입장 백서(关于中美经贸磋商的中方立场白皮书)』를 통해 미중 무역협상에 대한 중국의 입장뿐 아니라 서운한 감상까지도 일부 드러냈다(国务院 新闻办公室, 2019).

중국의 두 번째 백서가 잦아들지 않는 미국 측의 공세에 맞서 중국도 '전면전'을 선언한 것이라는 내용의 국내외 보도도 잇따랐다. 하지만 두 번째 백서는 다음과 같은 몇 가지 기조를 아우르는 것이었다. ① 중국은 협상에 성의를 다해 인내심을 갖고 진지하게 임했음에도 미국이 중국의 주권을 침해하려 한다는 것에 대한 비판, ② 미국의 조치는 미국 경제에도 타격이 있을 것(대두와 자동차의 중국 수출이 각각 50%, 20% 하락할 것이며 미국 일자리 230만 개가 사라질 것)이라는 훈계와 설득, ③ 중국은 앞으로도 개방을 지속·확대하고 지식재산권 보호를 강화하고 외국 자본의 진입을 더 넓게 허용하며 거시경제 정책 조율에 있어 국제사회에 협조할 것이라는 약속이다. 요컨대, 협상을 통한 타결을 희망하는 중국 측의 의사가 담긴 것이었다.

그럼에도 미국은 2019년 8월 7일, 25년 만에 중국을 '환율조작국'으로 지정·발표했다. 9월에는 아직 고율 관세를 매기지 않은 나머지 중국산 수입품에 대해 고율 관세를 예고하고 1100억 달러 규모의 중국산 수입품에 15% 관세를 부과했다(이에 대해 중국도 곧바로 750억 달러 규모의 미국산 수입품에 10% 관세 부과를 발표했다). 더불어 홍콩의 반중(反中) 시위가 격화되는 가운데 미국 상원이 11월 19일 '홍콩인권법'을 통과시키고, 27일 트럼프 대통령이 그에 서명함으로써 중국에 대한 다방면의 압박을 고조시켰다.[12]

---

12 '홍콩인권법'에 따라, 미국은 매년 홍콩의 자치 수준을 평가하여 기대에 못 미칠 경우 중국 본토보다 유리한 무역 및 비자발급에서의 특례를 제거하고 중국 본토와 같은 고율 관세를 적용할 수 있게 되었다.

표 15-2 **미중 경제전쟁의 전개과정 일람**

미국	시기	중국
트럼프 대통령 취임	2017년 1월	
트럼프 대통령 지시로 무역대표부의 대중조사 착수	2017년 8월	
	2017년 10월	공산당 19차 당대회(시진핑 2기 출범)
무역대표부 대중 조사 보고서 발표	2018년 3월	
500억 달러 규모의 중국산 수입품에 25% 관세 부과	2018년 4월	
	2018년 6월	500억 달러 규모의 미국산 수입품에 25% 관세 부과
추가로 2000억 달러 규모의 중국산 수입품에 10% 관세 부과	2018년 7월	
	2018년 8월	추가로 600억 달러 규모의 미국산 수입품에 5~10% 관세 부과
	2018년 9월	미국과의 무역마찰에 관한 중국 국무원 입장 백서 발표
	2018년 가을	공산당 19기 4중전회 연기
무역대표부 대중 조사 업데이트 보고서 발표	2018년 11월	
G20 정상회담	2018년 12월	G20 정상회담
	2019년 3월	외상투자법 입법 처리, 특허법 개정 추진
2000억 달러 규모의 중국산 수입품의 관세 인상(10% → 25%)	2019년 5월	
	2019년 6월	600억 달러 규모의 미국산 수입품의 관세 인상(5~10% → 5~25%), 미국과의 무역협상에 관한 중국 국무원 입장 백서 발표
중국을 환율조작국으로 지정	2019년 8월	
추가로 1100억 달러 규모의 중국산 수입품에 15% 관세 부과	2019년 9월	추가로 750억 달러 규모의 미국산 수입품에 10% 관세 부과
미 하원, 대통령 탄핵 조사 개시	2019년 9월	
	2019년 10월	공산당 19기 4중전회 개최
1단계 미중 무역합의 발표	2019년 10월	1단계 미중 무역합의 발표
미 상원 '홍콩인권법' 통과, 대통령 서명	2019년 11월	
트럼프 대통령 탄핵안 하원 통과	2019년 12월	
중국에 대한 환율조작국 지정 철회	2020년 1월	
1단계 미중 무역합의안 서명	2020년 1월	1단계 미중 무역합의안 서명
트럼프 대통령 탄핵안 상원 부결	2020년 2월	
백악관, 대중국 전략보고서 발표	2020년 5월	양회 개최, '홍콩보안법' 제정 의결
홍콩에 대한 특별 지위(관세, 무역, 외환, 비자, 학력 인정 등) 박탈	2020년 7월	
텍사스 휴스턴 중국 총영사관 폐쇄	2020년 7월	사천성 성도(成都) 미국 총영사관 폐쇄
	2020년 10월	공산당 19기 5중전회 개최
미국 대통령 선거 [트럼프(공화당) 낙선, 바이든(민주당) 당선]	2020년 11월	

자료: 다양한 언론보도를 필자가 정리.

하지만 미국의 야당인 민주당이 장악한 하원이 트럼프 대통령에 대한 탄핵을 추진하고, 2019년 9월 24일 낸시 펠로시(Nancy Pelosi) 미 하원의장이 의회의 탄핵 조사 개시를 선언하고, 같은 해 12월 18일 트럼프 대통령에 대한 탄핵안이 하원에서 가결되는 과정에서 트럼프의 위세는 어느 정도 수그러들 수밖에 없었다. 그 사이 중국은 1년을 미뤄온 공산당 19기 4중전회를 2019년 10월 개최할 수 있었다.

위와 같은 밀고 당김 속에서 2019년 12월 13일 미국과 중국은 1단계 합의를 이뤄냈다고 발표했고, 2020년 1월 15일 양측이 합의문에 서명했다 (USTR, 2000). 미국은 그 서명 하루 전날, 중국에 대한 '환율조작국' 지정을 5개월 만에 철회해 주었다.

그렇게 타결된 1단계 미중 합의문에는 다음과 같은 내용이 담겼다. ① 중국은 미국 농산물을 연 400억 달러 이상으로 구매하며 향후 2년간 농산물을 포함해 2000억 달러 이상의 미국산 제품을 추가 구매, ② 기업의 영업비밀 보호, 온라인상의 지식재산권 침해 근절 등 지식재산권 보호 조치를 강화, ③ 환율조작 금지, ④ 증권투자, 자산운용, 신용평가, 보험, 선물 거래 등에 있어 금융시장 추가 개방 등. 그리고 미국은 그 대가로 초기 2500억 달러 규모의 중국산 제품에 부과한 관세는 25%로 유지하고 그 이후 추가된 관세장벽은 낮추거나 세우지 않기로 했다. 다만, 중국이 합의사항을 불이행할 경우 축소·철회한 관세를 원래 계획대로 복원키로 했다.

1단계 미중 합의문은 미국의 기준을 중국이 따를 것을 강제하는 조항이 많아 중국에 일방적으로 부담이 가해진 것이라 할 수 있지만, 중국이 더 민감해 할 국유 기업에 대한 보조금 지급, 정부의 산업 육성정책 및 계획 등에 대한 언급은 포함되지 않아 중국에 숨을 돌릴 여지를 준 것이기도 하다. 하지만 1단계 미중 합의로 양국 간 힘겨루기와 갈등이 사라지지는 않았다. 더 깊고 민감한 단계의 협상이 남아 있음은 자명했다. 더욱이 재선을 향한 미국 트럼프 대통령의 정치적 움직임, 2020년 미국에 심각한 타격을 가한 중국발 코로나19 확산 사태가 양국 관계를 더욱 거칠게 만들었다. '단계적 심화'도 '협상'도 아닌 방식의 공세가 머잖아 뒤따랐다.

　그 결정판으로, 미국 백악관은 2020년 5월 20일, 「중국에 대한 전략적 접근(United States Strategic Approach to the People's Republic of China)」이라는 보고서를 홈페이지에 띄워 공표했다. 위 전략보고서는 대중 협상의 수위를 단계적으로 심화하거나 조정하려 했던 그 이전의 모습과 달리, 중국에 대한 공세를 전면화(全面化)했다. 특히 '중국 공산당'과 '중국 국민'을 분리 대응하는 태세를 취함으로써 중국 공산당에 대한 적대적 공세 수위를 크게 높였다. 같은 맥락에서, 중국에서는 사교(邪敎)로 지정한, 해외에서 반(反)공산당 운동에 적극적인 파룬궁(法輪功)을 '종교 탄압'의 사례로 기독교, 티베트 불교, 이슬람과 함께 나란히 적시했다. 그 밖에도 1단계 미중 합의문에 언급하지 않았던 광범위한 문제들을 제기했다. 그리고 미국은 덩샤오핑이 개혁개방을 추진하던 시기(즉, 장쩌민 시기까지)와는 다른 21세기 이후의 중국(즉, 후진타오, 시진핑 시기)에 대해 완전히 새로운 인식을 가질 것임을 사실상 선언했다.[13]

13　하지만 트럼프 대통령 임기 말년에 밝힌 이와 같은 미국의 대중 전략적 인식이 2021년 이후 신임 바이든 대통령하에서도 그대로 유지될지는 확실치 않다. 트럼프 행정부에 비해 바이든 행정부는 중국 공산당과 중국의 체제 자체를 극적으로 비난하여 중국을 정서적으로 자극하기보다는 중국의 인권 문제와 정부의 보조금 지급 문제 등을 중심으로 동맹국들과 함께 중국을 꾸준히 압박하려 할 것으로 전망된다. 트럼프 행정부 시절 미중 갈등의 가장 표면적인 양상이었던 관세전쟁도, 바이든 행정부가 (미국 기업들은 보호하지만 미국 소비자들에겐 손해가 돌아가는) 관세장벽을 대중 압박의 주된 무기로 사용하는 데 유보적인 만큼 어느 정도 완화될 가능성이 있다. 하지만 트럼프 대통령 시절에 고조된 미국의 반중 분위기는 곧바로 잦아들지 않을 것이고, 2020년 대선과정에서 크게 분열된 미국 국내 여론을 통합하기 위해서라도 바이든 행정부가 중국에 대한 적대적 공세를 누그러뜨리지 않을 가능성도 배제할 수 없다.

이즈음 중국은 코로나19 사태로 미뤄진 양회(전국인민대표대회, 정치협상회의)를 열고 '홍콩보안법' 제정을 의결했다. 홍콩의 민주주의와 반중국 시위를 억압하기 위한 것으로 비춰진 '홍콩보안법'은 미중 관계가 악화되는 또 하나의 계기가 되었고, 급기야 미국 트럼프 대통령은 7월 14일, 홍콩에 대한 특별 지위를 박탈하는 행정명령에 서명했다. 그간 홍콩이 중국 본토와 달리 누렸던 특별한 대우(낮은 관세 적용, 첨단기술 교역 허가, 양국 통화의 자유로운 환전, 쉬운 비자 발급 등)를 폐기한 것이었다.

이와 같은 양국 관계의 악화 속에서 미국은 2020년 7월 21일, 미국 텍사스 휴스턴에 소재한 중국 총영사관을 72시간 내에 폐쇄하도록 했고, 중국은 그에 대한 대응조치로 사천성 성도(成都)에 소재한 미국 총영사관을 폐쇄 조치했다. 미국이 휴스턴의 중국 총영사관 폐쇄에 내건 이유는 '지식재산권 절도 방지'와 '미국인의 개인정보 보호'였다.[14]

이를 전후하여 미국은 중국 최고의 기술 기업(2019년 PCT를 통한 국제 특허 출원 세계 1위)으로 평가받는 화웨이에 대한 제재를 강화했고,[15] 중국의 가장 성공적인 유니콘 기업(〈표 4-4〉 참조)으로 손꼽히는 바이트댄스의 미국 내

---

14 반면, 중국은 성도 소재 미국 총영사관 폐쇄 이유에 대해 미국이 일방적으로 휴스턴 소재 중국 총영사관을 폐쇄하면서 국제법과 국제관계 기본준칙, 중미 영사조약에 관한 규정 등을 위반했다고 밝혔다.

15 미국 상무부는 2020년 5월 15일, 제3국의 반도체 기업들도 미국의 장비와 기술을 활용해 생산한 반도체를 화웨이 등 중국 기업에 판매할 때는 미국 정부의 허가를 얻도록 했다. 이 조치로, 대만 TSMC 등 해외 반도체 기업에 크게 의존하던 화웨이의 부품 조달에 큰 차질이 생겼다. 이후 중국은 TSMC와 유사한 자국 반도체 파운드리(위탁생산) 업체인 SMIC에 대한 제도적 지원을 강화했다. 비록 SMIC가 단시일 내에 해외 반도체 공급원을 대체하기에는 기술과 생산 능력 면에서 크게 부족하지만, 악화된 대외 환경 속에서 중국 자체의 활로를 개척하고 추후 대외 협상력을 높이기 위한 조치로는 평가할 만하다. 하지만 뒤이어 미국 정부가 SMIC에 대해서도 미국의 반도체 장비와 부품, 소프트웨어 수출을 제재하기 시작함에 따라 이 게임의 승부는 더 지켜봐야 알 수 있게 되었다.

틱톡 서비스(15초 이내의 짧은 동영상을 모바일 기기로 촬영해 공유하는 플랫폼 서비스)를 제한했다. 미국 젊은 층에서 광범위한 인기를 얻은 틱톡은 바이트댄스가 인공지능 기술을 활용해 개발한 것인데, 미국 정부는 광범위한 미국인 개인 정보가 중국 공산당에 흘러들어갈 수 있다는 이유를 들어 틱톡 서비스를 중단하거나 미국 기업에 매각할 것을 요구했다.

그보다 앞서 미국은 안면인식·음성인식·감시카메라 등 인공지능 분야의 중국 첨단 기업들을 (신강 위구르 지역의 인권침해에 연루되었다는 등의 이유로) '거래제한기업'으로 지정한 바 있고, 대형 기업이자 중국의 대표적인 R&D 주체로 성장한 중국의 전자상거래 및 인터넷 플랫폼 기업들에 온라인상에서의 지식재산권 침해에 대해 더 무거운 책임을 지도록 하는 조치를 강화하는 등 중국의 주요 기업에 대한 견제의 강도를 높였다.

위와 같은 양자 대결, 특히 미국의 대중 견제와 억제책은 중국의 성장과 혁신 경로에 커다란 장애물로 등장했다. 비록 그를 주도한 트럼프 대통령이 2020년 11월 치러진 대통령 선거에서 재선에 실패하고 바이든이 새로운 미국 대통령으로 당선됨에 따라 일부 냉정을 회복할 것으로 기대할 수도 있지만, 양국의 협력 및 상호의존 관계가 갈등 이전의 원점으로 완전히 복귀하지는 못할 것이다. 중국에 대한 비판과 경계는 미국 공화당과 민주당을 관통하는 공통된 기조일 뿐 아니라, 미국이라는 기존 강대국의 견제는 거대하게 성장한 중국에 불가피한 것이기도 하기 때문이다. 그런 만큼 향후 중국의 성장과 혁신 추구는 종전과는 다른 판도와 구조 속에서 전개될 것이고 그 추진의 동력 또한 상당 부분 교체되지 않을 수 없을 것이다. 그 결과로서의 미래상은 불확실하지만, 이 책에서 다각도로 논의한 다양한 변수들의 경합과 상호작용 속에서 그려질 것이라는 점은 분명하다.

4. 판의 전쟁

2018년 이래 미중 갈등은 관세장벽을 높이는 방식으로 시작되었다. 그리고 그 배경에 중국이 기술력을 강화하고 첨단산업 발전을 본격화한 데 대한 미국의 견제가 있었음은 훤히 드러나 보이는 것이었다. 따라서 '미중 관세전쟁의 진실은 기술전쟁'이라는 흔한 해석은 본질을 꿰뚫었다기보다는 그저 표면적 양상을 스케치한 것에 가깝다.

만약 상대를 군사적으로 파괴하기 위한 기술을 획득하기 위해 상호 경쟁하고 있다면(예컨대, 제2차 세계대전 당시 원자탄 기술 개발 경쟁) 그를 '기술전쟁'이라 부를 수 있다. 또한 더 나은 경제를 구현하기 위한 민수용(民需用) 산업기술이라 하더라도 그를 먼저 획득하거나 상대의 것을 서로 탈취하려고 치열하게 경합한다면 그 또한 '기술전쟁'이라 부를 만하다. 하지만 최근 미중 관계의 주된 갈등 양상은 그와는 다르다.

비록 중국이 미국의 특허 기술을 부당하게 취득·사용했다는 믿을 만한 혐의들이 있지만, '기술 탈취'가 중국이 미국을 향해 갖는 근본적·전략적 추구라 보기는 어렵다. 오히려 중국은 스스로의 과학기술 연구개발 역량을 강화하는 데 중점적 노력을 기울이고 있다. 물론, 미국이 그런 중국의 기술을 탈취하려고 혈안이 된 것도 아니다.

사실 미중 갈등을 새로이 규정하는 핵심적 변화는, 미국이 중국의 추가적 부상과 세력 확장을 막기 위해 (불법적인 것은 물론 종래에 인정해 왔던) 중국의 미국 기술 활용을 강하게 제약하고 중국이 개발한 기술의 세계적 구현을 가로막기 시작했다는 데 있다. 다시 말해, 기술의 개발이나 획득을 둘러싼 경쟁(혹은 전쟁)보다는,[16] 기술 사용의 국가적·공간적 제약을 둘러싼 마찰이 미중 사이에 일고 있는 것이다.

그런 인식을 확장해 보면 오늘날 미중 양국의 갈등과 경합은 '기술전쟁'

이라기보다는 '판(plate)의 전쟁'에 가깝다.[17] 중국은 GPN, GIN 안에서 자신을 키워준 21세기 첫 20년의 국제적 판도를 지키고자 하는 반면, 미국은 그런 21세기 초반의 판도를 뒤엎어 중국의 추격과 미국의 상대적 위축이라는 추세를 반전시키고자 하는 것이다.

미국도 덩샤오핑의 시대, 즉 20세기 후반까지 미중 양국에 공히 우호적인 판도가 존재했음은 인정하고 있지만(White House, 2020.5.20), 향후 그런 윈(win)-윈(win)의 판도가 어떻게 다시 조성될 수 있을지는 아직 불분명하다. 적어도 한동안은 미중 갈등 속에 기존의 판도가 깨지고 파편이 부딪히는 파열음이 각 곳에서 들리는 것은 불가피할 것으로 보인다. 그런 과정을 거쳐 이뤄질 판도의 변화는 GIN의 재편을 가져오고 중국의 성장 및 혁신 경로에도 영향을 줄 것이다. GIN 내 중국의 위치와 위상에 변화를 주고 그 변화는 중국의 국가혁신체제에도 영향을 줄 것이다.

우선 그 영향은 중국에 부정적일 것이다. 미국의 경계 속에 중국 과학기술자의 대미 교류·협력은 둔화될 것이고, 젊은 인재들의 미국 유학도 제한을 받아 중국의 지적·인적 네트워크에 훼손이 불가피할 것이기 때문이다. 또한 미국의 중국 내 거래제한기업 지정, 중국 기업의 미국 내 직접투자 제한, 반도체 등 핵심 부품의 중국 기업 공급 제한 등의 조치로 GPN이 중국을 배제하는 쪽으로 진화하게 되면 중국 기업들의 국제적 네트워크와 그를 통한 학습 채널들이 위축될 것이기 때문이다.

---

16 기술은 권력과 달리 제로섬(zero sum)이 아니어서, 그를 향해 경쟁하지만 그를 공유할 수도 있고 서로 다른 기술을 갖고 공존할 수도 있다. 따라서 '기술 패권 전쟁'이라는 항간의 표현은 미중 갈등의 본질을 정확히 기술하는 것이라 보기 어렵다.

17 지구상에 대륙과 해양이 오늘날의 모습으로 자리 잡고 또 움직이는 역동적 과정을 설명하는 지질학 이론이 '판구조론(plate tectonics)'이다. 앞으로 글로벌체제에 관한 논의는 판구조론에서 얻은 개념과 영감을 더 많이 사용하게 될지도 모른다.

하지만 전화위복의 가능성도 완전히 배제할 수는 없다. 핵심 기술 및 부품에 대한 해외 조달 환경이 단계적으로 악화되면, 중국에서 그간 미뤄졌던 국내 기술 및 산업 생태계의 자기완결성을 높이려는 노력이 좀 더 강하고 지속적으로 일어날 수도 있다. 그 노력의 결과가 세계 최고의 것을 뛰어넘지는 못하더라도, 중국 국내 및 중국에 우호적인 해외 수요의 눈높이에 맞출 수 있는 '굿 이너프' 제품·서비스의 성장으로 연결되면, 그를 바탕으로 '판을 뒤엎는 혁신'을 추구할 수도 있다. 비록 그 경로를 통한 화려한 성과를 최종적으로 증명하지 않더라도 그 과정이 순조롭게 진행됨을 시연할 수만 있어도, 중국의 대외 협상력은 높아질 수 있다. 그리고 그 협상력을 바탕으로 중국은 다시 대외 환경을 자신에 유리한 것으로 전환시킬 수도 있음을 간과할 수는 없다.

따라서 미중 사이에 벌어지는 판의 전쟁은 초기 단계일지 모를 현재의 공세와 수세가 미래의 승패로까지 직선적으로 이어져 확정되는 것은 아니라고 봐야 한다. 그런 만큼 양국의 치열한 전략적 경합은 앞으로도 상당 기간 지속될 것이다. WTO 체제 개혁을 둘러싼 양국의 힘겨루기도 그 한 사례이다. 아래에서는 그를 통해 논의를 좀 더 구체화해 보고자 한다.

돌이켜보면, WTO 체제로 대표되는 국제적 판도 속에서 중국의 처지와 위상은 시간의 흐름 속에 달라져 왔음을 알 수 있다. 그 시기를 구분해 보면 대략 3단계로 나누어진다.

제1단계라 할 수 있는 개혁개방 이후 2001년 중국의 WTO 가입까지의 시기이다. 이 시기에 세계 경제 공간은 중국에 고도성장을 허락한 공간이었지만 WTO 회원국이 아닌 중국에는 불안정하게만 열려 있어 그에 대한 안정적인 접근이 중국의 숙제였다. 한편 WTO에 있어 중국은 진정한 세계무역기구가 되기 위해 품어야 할 대상이었다.

제2단계인 2001년 WTO 가입 이후 대략 2016년까지는, 중국이 정회원국으로서 WTO 체제 속에서 넓은 세계 경제 공간을 누리는 한편 그를 넘어 중국만의 비전을 키워가며 전통적 선진국들을 상대적으로 위축시킨 시기이다. WTO 가입 시점에서 중국은 '자주적 성장을 포기해야 하는 것이 아닌가' 하는 우려를 떨쳐버리지 못했는데, 그 우려는 내용을 바꿔 오히려 선진국들의 몫이 되었다.

제3단계는 2017년 미국 트럼프 행정부의 출범과 미중 분쟁, 그리고 그 여파로 WTO 체제 개혁 논의가 재점화한 최근 시기이다. 이 시기에 미중 양국의 갈등 양상은 WTO를 통해 세계적 무대로 확산되었다. WTO 체제에 대한 개혁 필요성이 다시 불거지고 그를 둘러싼 이견들이 충돌하고 있는 것이다.

중국에 대해서뿐 아니라 중국이 적응하고 뿌리내린 WTO 체제에 대한 불만을 강하게 제기하는 미국은 GATT(General Agreement on Tariffs and Trade, 관세와 무역에 관한 일반 협정)를 넘어 WTO가 WTO이게 하는 핵심적 장치인 '분쟁해결 시스템(Dispute Settlement System)'을 사실상 정지시키는 데까지 압박하며 대폭적인 개혁을 요구하고 있다.[18] 그런 분위기 속에서 2018년 9월 유럽연합은 WTO 체제 개편안을 내놓았고 뒤이어 캐나다와 미국이 개혁 방안에 대한 목소리를 냄으로써 선진국 주도의 WTO 개혁론이 본격화했다. 선진국 각국의 구체적인 요구는 서로 상이하나, 사실상 중국을 겨냥한 개혁 요구가 주를 이루고 있는 것은 공통적이다.[19]

---

18 미국은 WTO 분쟁해결 시스템의 한 축인 상소기구(appellate body)가 미국에 부당하게 작동하고 있다며 2016년부터 상소기구 위원의 선임절차를 거부함으로써 2020년부터는 위원 정족수 미달로 상소기구의 심리가 중단되는 데에 이르게 했다.

19 중국 정부의 보조금과 국유 기업에 의한 불공정 행위를 규제하기 위한 것으로 추정되는 '투명성 강화 및 통보 개선', 중국의 지식재산권 및 영업비밀 이전 강요를 막기 위한 것으로 추정되는 '신무역규범 제정', 중국 등 주요국의 개발도상국 지위를 박탈하기 위한 것으

그에 대해 중국도 제 나름의 WTO 개혁안을 마련해 대응했다. 낮은 관세의 자유무역과 다자주의적 접근이라는 WTO 기본원칙에 대해선 이제 미국보다도 더 강력한 옹호자가 된 중국은 자국의 이익을 추구하면서도 WTO로 대표되는 기존의 글로벌체제가 깨지지 않게 하는 데도 노력을 기울이고 있다. 그런 맥락에서 중국은, ① 다자무역체제, ② 개발도상국의 이익, ③ 모든 회원국의 총의를 모으는 방식의 의사결정 시스템(이른바 컨센서스 시스템)을 지키는 한도 내에서의 WTO 개혁을 제안하고 있다.[20]

요컨대, WTO 개혁 논의에 있어 선진국들은 (중국을 염두에 두고) 공세적인 태도를 취하고 있는 반면, 중국은 21세기 들어 자국의 성장을 촉진했던 WTO 체제가 근본적으로 훼손되지 않도록 하는 선에서 나름의 WTO 개혁안을 마련해 수세적으로 대응하고 있는 것으로 보인다. 이런 구도 속에서 WTO 체제 개혁은 전보다 보폭이 빨라질 수도 있지만, 그 결과가 '하나의 커다란 세계'일지 아니면 '미국과 중국이 서로 다른 그룹에 속하는 양분된 세계'일지는 아직 불확실하다. 하나의 커다란 세계 속에서 이득을 얻었고 여전히 그 여지가 많은 중국이 양보해 타협을 이룰 가능성도 있지만, 물리적 국제 통상의 지형뿐 아니라 인터넷 공간마저도 미국과 중국이 서로 다른 그룹에 속하는 양분된 혹은 그보다도 더 세분된 세계로 진화할 것이라는 전망(The Economist, 2010.9.2)도 힘을 얻고 있다.

로 추정되는 '개발도상국 세분화' 등이 미국을 위시한 선진국들의 주된 WTO 개혁 요구 내용이다(서진교·박지현·김민성, 2018).

20 중국은 또 WTO 분쟁해결 시스템의 정상화 등 현안 문제의 조속한 해결을 촉구하면서, 선진국의 농업보조금 문제, 중국에 '시장경제지위(Market Economy Status: MES)'를 부여하지 않고 덤핑 판정을 남발하는 문제 등을 제기했다(商务部, 2018.11.23)(참고로, 한국은 주요국 중에서 이례적으로 일찍이 2005년 중국에 시장경제지위를 부여했다). 더불어 중국은, 중국의 수출 및 무역흑자가 과장되어 보이는 현재의 총액 기준 무역통계를 부가가치생산액 기준 무역통계로 바꾸는 등의 기술적 개선을 더하려 하고 있다.

세계의 판도가 바뀌고 더 잘게 쪼개지는 데는 2019년 말 중국을 시작으로 2020년 전 세계를 뒤덮은 코로나19도 큰 몫을 할 것으로 보인다. 코로나19로 인해 각국의 경제활동, 특히 국경을 넘어 진행되는 경제 교류가 급격히 위축되었고 그로부터 회복이 지연되는 가운데, 달라진 환경에 적응함으로써 디글로벌라이제이션이 고착화할 수 있기 때문이다.

그렇다고 다양한 힘의 작용 속에 양분되거나 쪼개진 세계의 각 지역이 현지의 토착적 요인만으로 채워지는 것은 아닐 것이다. 다국적 기업들은 오히려 이전보다 '본국'의 개념을 희석시키며 쪼개진 세계 각 곳에 분산 진입할 가능성이 크다. 이전처럼 최적의 입지 한 곳을 찾아 그곳에 '세계의 공장'을 두고 글로벌 비즈니스를 효율화하지는 못하더라도, 중요한 시장이 있는 곳에는 그 시장만을 위한 공장과 서비스 센터를 둘 것이다. 중국은 그 대표적인 한 곳일 수 있다. 그렇게 중국은 '세계의 공장'이라는 별칭을 내려놓더라도 국내외 기업이 설립한 '중국을 위한 중국의 공장과 서비스 센터'로 또 다양하게 채워질 수도 있다.

물론 이를 실현하는 데에는 조건이 있다. 여타 단일 국가에 비해 광활한 면적과 방대한 인구를 가진 것이 우선 장점으로 작용하겠지만 중국 국내에 역동적인 성장과 혁신의 장을 조성할 수 있는지가 관건이다. 그리고 그러한 조건을 형성하는 것은 중국뿐 아니라 경쟁하는 세계 각국의 숙제가 될 것이다. 다시 말해, 새로운 국제적 판도는 중국뿐 아니라 각국에 드리우는 것이니만큼, 그 새로운 판도에서의 승패는 '덜 세계화된 세계(less globalized world)'에서 누가 어떻게 성장과 혁신의 동력을 복원하느냐에 의해 결정될 것이다. 세계로 널리 뻗어나간 것이기보다는 상대적으로 국내에 응축된 새로운 혁신의 장을 만들고 활성화하는 것이 각국에 중요한 과제로 주어질 것이다.

한편, 양분된 혹은 더 잘게 쪼개지는 세계 경제 공간은 후발 개발도상국들에 힘겨운 도전을 부과할 것이다. 사실, 중국이 성장하고 혁신 역량을 강화하는 과정에서 중국보다 낮은 발전 단계에 있는 개발도상국들은 추격의 기회를 얻기 힘들었다. 과거 일본과 동아시아 네 마리 용과 같은 중소 규모 국가의 성장과는 달리 방대한 영토와 인구를 가진 중국은 후발 개도국에 산업을 물려주는 정도가 낮았을 뿐 아니라, 다양한 산업이 중국 내에 응집하면서 '범위의 경제', '집적의 경제' 효과까지 누리며 자기 강화하는 측면이 있었기 때문이다.

물론 최근 전개된 미국의 대중 압박은 중국의 상대적 위축과 여타 제3세계의 대안적 가능성을 키운 측면이 있다. 하지만 과거 중국의 성장을 가능케 했던 열린 세계, 그리고 그 부속이라 할 수 있는 WTO 등 국제기구에 대한 미국의 지지가 사라지면 제3세계는 미국과 중국 사이에서 어려운 선택의 기로에 서게 될 것이다.

사실 그러한 사정은 후발 개발도상국에만 국한되지 않는다. 실제로 미국은 유럽연합, 캐나다 등과의 전통적 유대 위에 인도-태평양 지역의 호주, 일본, 한국, 대만, 인도 등과의 연대를 강화해 중국을 포위하려 하고 있다. 또한 인도-태평양 구상에 베트남까지 포함시켜 이른바 '경제 번영 네트워크(Economic Prosperity Network: EPN)'를 구축하여 중국을 배제하거나 우회하는 국제적 공급망을 갖추려 하고 있다.[21] 반면 중국은, 북한, 베트남, 라오스 등과의 전통적인 통일 전선을 유지하며 러시아, 중앙아시아, 동유럽, 중동, 아프리카 국가들과의 연대를 확대해 나가고 있다. 더불어 동북아의 한국과 동남아의 아세안(ASEAN) 국가들과의 연대도 강화하려 하고 있다(汪

21　미국은 또한 중국의 대외 확장 프로젝트인 '일대일로' 전략에 대응해, 일본, 호주 등과 함께 '투명한 자금조달', '높은 품질의 인프라', '사영 부문의 주도'를 원칙으로 하는 이른바 'Blue Dot Network'도 구축하려 하고 있다(White House, 2020.5.20).

洋, 2020.5.21; 李克强, 2020.5.22).

　한편 미국과 중국은 코로나19 바이러스의 치료제 및 백신 개발과 보급을 통해서도 국제적 리더십 경쟁을 할 것으로 보인다.[22] 이처럼 미국과 중국이 각기 자기중심의 판도 위에 더 많은 나라들을 끌어들이려 노력하는 가운데, 양국의 영향권이 중첩되는 국가들(한국, 베트남 등)은 자국의 성장과 혁신 비전에 부합하는 국제적 포지셔닝을 해야 하는 난제를 안게 되었다.

22　중국은 2020년 10월 9일, 저개발국에도 코로나19 백신을 보편적으로 공급하기 위한 국제 협력 프로젝트인 COVAX(COVID-19 Vaccine Global Access)에 가입함으로써 제3세계에 대한 국제적 리더십을 강화하고자 했다. 반면 미국 트럼프 행정부는 2020년 7월 세계보건 기구(WHO)가 중국의 과도한 영향을 받는다며 탈퇴를 선언했고, WHO가 감염병대비혁신 연합(CEPI), 세계백신면역연합(Gavi)과 함께 추진하는 COVAX에도 가입하기를 거부했다.

보론 G

2018년 USTR의 다층적 대중(對中) 문제제기

여기에서는 미국 트럼프 행정부가 중국에 압박을 본격화하는 데 기초로 삼은 2018년 미국 무역대표부(USTR)의 대중 조사 보고서 두 편의 내용을 좀 더 자세히 살펴보고자 한다. 2018년 이후 미국의 대중 문제제기는 특히 2020년 중순을 지나며 감정적으로도 극단을 향해 치달았지만, 2021년 새로이 출범할 미국 행정부가 중국 문제를 다시 냉정하게 풀어가려 할 경우 되돌아볼 만한 보고서라는 점에서 상론(詳論)의 가치가 있다. 더욱이 두 편의 보고서에는 중국을 바라보는 미국의 다층적 심리구조가 투영되어 있는 듯하여 흥미롭기도 하다.

USTR은 2017년부터 자국 '무역법' 301조를 근거로 중국에 대한 조사를 실시하고, 2018년 3월 22일 「중국의 기술이전, 지식재산권, 혁신에 관한 법, 정책, 관행에 대한 조사 결과(Findings of the Investigation into China's Acts, Policies, and Practices related to Technology Transfer, Intellectual Property, and Innovation)」라는 명칭의 보고서(여기서는 이를 '301조 원본 보고서'라 칭함)를 내놓았다. 그리고 같은 해 11월 20일 그에 대한 업데이트 보고서(여기서는 이를 '업데이트 보고서'라 칭함)를 발표했다.

이 두 편의 보고서는 그 제목에 명시된 바와 같이, 기술, 지식재산권, 혁신에 관한 중국의 움직임에 대해 초점을 맞추고 있다. 미국의 문제제기가 중국의 막대한 대미 무역흑자에서 비롯되었다고 생각하고 있었다면 이는 다소 의외일 수 있다.

사실 중국의 '기술'과 '혁신'을 본격적으로 문제 삼은 것은 무언가 달라진 상황을 시사하는 것이다. 즉, 미국은 쏟아져 들어오는 값싼 중국산 제품 그 자체가 아닌, 그 배후에 중국이 구축하는 기술력과 혁신 역량이 문제라고 보고, 그에 본격적으로 문제를 제기한 것이다. 더불어 수많은 미국 기업들이 중국에 투자하고 중국에서 물품을 만들어 수출하고 있는 상황에서 (무역불균형을 시정하는 직접적인 수단일 수 있는) 환율만을 논점으로 해서는 미국의 이익 확보라는 목적을 달성할 수 없다고 판단한 것이기도 했다.

301조 원본 보고서와 업데이트 보고서는 주로 다음의 세 가지 이슈를 크게 부각시키고 있다. [이슈 1] 외자 기업에 대한 차별적 제약(인허가, 합자법인에 대한 지분 제한 등) 및 기술이전 강요, [이슈 2] 중국 정부의 지원을 받은 기업들의 해외 M&A를 통한 기술획득, [이슈3] 중국 정부의 부당한 정책적 개입을 통한 산업 육성(중국제조 2025도 그중 하나로 인식).

미국은 이와 같은 중국의 문제들이 전례 없는 것이 아님은 인정하고 있다. 하지만 '작은 개발도상국(smaller developing countries)'에나 '눈감아 줄 수 있는(tolerable)' 행위를 부(富)와 상업적·기술적 고도화를 달성한 중국에 허용할 수 없다고 서술함으로써, 미국 인내심의 한계와 조바심의 근거를 동시에 드러내고 있다(USTR, 2018a: 17). 이는 미국 트럼프 행정부의 대중 공세가 세계 산업 주도권과 패권을 둘러싼 전략적 경쟁의 일환임을 시사하는 것이기도 하다.

구체적으로, [이슈 1]과 관련해서 미국은 외국인 투자 금지/제한 부문의 축소, 합자 기업의 외자 지분 제한 철폐, 중국 시장 진입에 대한 조건으로서 기술이전·연구개발센터 설립 등 요구 금지, 외자 기업에 차별적인 인허가 제도 개선, 특허 행정·사법 제도의 개선을 요구했다. 한마디로 외자를 차별하지 말고 '내국인 대우(National Treatment)'를 확실하게 하라는 것이었다.

[이슈 1]과 관련된 미국의 요구는 종래에도 다양한 채널을 통해 피력해 온 것으로, 중국으로서는 상대적으로 받아들일 준비가 되어 있었다. 실제로 중국은 미국의 301조 원본 보고서와 업데이트 보고서가 발표된 후 열린 2019년 3월의 전국인민대표대회에서

'외상투자법'을 서둘러 제정·통과시킴으로써 미국의 요구를 상당 부분 반영했다.

'외상투자법'(2020년 1월 1일 시행)은 '네거티브 리스트[negative list, 정식 명칭은 외상투자진입허가특별관리조치(外商投资准入特别管理措施)]'에 명기되지 않은 분야의 외국인 투자에 대해서는 기본적으로 모두 허용하고, 자국 기업과 차별을 두지 않는 '내국인 대우' 원칙을 천명했다.[1] 또한 중국의 표준 제정과정에 외자 기업의 참여를 허용하며 중국 정부구매에 있어서도 입찰자로서 불이익을 당하지 않도록 했다. 중국의 행정기관은 인허가과정에서 알게 된 외자 기업의 영업비밀에 대해서는 비밀유지 의무를 지는 등 외자 기업의 지식재산권 보호를 강화했다. 다만, 중국에 대해 차별적인 대우를 하는 외국에 대해서는 상응하는 보복 조치를 가능케 하는 부칙을 추가해, 미국의 대중 압박에 유연하게 대처할 장치를 두기도 했다.

그런데 [이슈 1]과 관련한 중국의 발 빠른 대응조치는 미국의 무역불균형 시정 요구가 촉발한 것으로만 보기 어렵다. 비록 미국이 제기하는 가장 '표면적'인 문제가 양국 간 무역불균형이고 당장 눈에 보이는 조치가 고율의 관세 부과였지만, 중국의 대응을 가속화한 것은 더 '심층'의 문제제기들이 주는 압박이었을 것이다.

실제로 두 편의 보고서에 녹아 있는 미국의 문제제기는 '다층적'이다. 물론, 그 구조를 미국 당국이 (외교적·전략적 문서일 수밖에 없는) 이 두 편의 보고서에 솔직하고 명확하게 정리해 보여줄 리는 만무하다. 하지만 실무적 운용에 관한 표층의 문제에서부터 체제와 이념에 관한 심층의 문제까지 이 두 편의 보고서 문장과 행간에 녹아 있는 것은 사실

---

1   중국은 1995년 처음 '외상투자산업지도목록(外商投资产业指导目录)'을 만들어 산업별로 해외직접투자를 '장려(鼓励)'하거나 '제한(限制)' 혹은 '금지(禁止)'하며 자국 산업정책의 주요 수단으로 활용해 왔다. 이후 1997년, 2002년, 2004년, 2007년, 2011년, 2015년, 2017년에 자국 산업 발전 정도 등 국내외 사정을 고려하여 목록의 내용을 수정했다. 그 과정에서 '제한' 혹은 '금지' 대상 산업은 2011년 180개에서 2015년 93개, 2017년 63개로 축소되는 등 개방 폭이 점진적으로 확대되었다. 그리고 2017년 전국적으로 시행된 '네거티브 리스트' 제도하에서 '제한' 및 '금지' 대상 산업은 2017년 63개, 2018년 48개, 2019년 40개, 2020년 33개로 더욱 축소되고 개방 폭은 더욱 확대되었다.

표 G-1 **중국에 대한 미국의 다층적 문제제기**

표층

1. **무역불균형 시정**
   - 중국의 미국산 농산물, 재화·서비스 수입 증대 요구

2. **중국이 구축하는 기술력과 혁신 역량에 대한 문제제기**
   - 외자 기업에 대한 기술이전 강요, 인허가, 중국 내 합자법인에 대한 지분 제약 문제
   - 중국 정부의 지원을 받는 중국 기업들의 해외 M&A 문제

3. **중국 정부의 역할과 국가계획**
   - 국유 기업 보조금 문제
   - 중국제조 2025
   - 국가계획: 5개년 계획(14차: 2021~2025년), 중장기 과기계획(2차: 2021~2035년)

심층

4. **사회주의 당·국가 체제**
   - 민영 기업 내 공산당 조직
   - 공산당 영도하의 당·국가 체제

자료: 필자 작성.

이다. 그 다층적 구조를 필자 나름대로 분석하여 도식화해 본 것이 〈표 G-1〉이다. 〈표 G-1〉에 드러낸 층차는 보고서에 숨겨진 구조이기도 하지만 중국을 향한 미국의 심리구조라고도 할 수 있다. 다만, 개인이 아닌 국가 간의 관계인 만큼 '표층의 것은 허구이고 심층의 것만이 진실'이라고 할 수는 없다. 오히려 그 구조 속에서 위아래로 부침하며 중국을 전략적으로 다루려는 것이 미국의 접근일 수 있다.

〈표 G-1〉에 비춰보면, 두 편의 보고서는 1단계의 문제제기(무역불균형 시정)를 지나 2단계의 문제제기(중국이 구축하는 기술력과 혁신 역량)에 많은 지면을 할애하고, 3단계(중국 정부의 역할과 국가계획), 4단계(사회주의 당·국가 체제)의 문제에 있어서는 양적 비중을 점차 낮추되 그 지적의 날카로움은 더하는 방식으로 서술되어 있다고 할 수 있다.

보고서의 [이슈 2]와 [이슈 3]은 표층에서 좀 더 깊숙이 내려간 문제들이다. 그만큼 중국이 흔쾌히 수용하기 힘든 것일 수 있다. [이슈 2]는 자국 정부의 지원을 받은 중국 기업들이 해외에서 M&A를 통해 첨단기술을 획득하는 것에 대한 문제제기이다. 이에 관해

미국은 중국의 동의와 양해를 구하기보다는 일방적 조치를 통해 문제의 소지를 축소·제거하려 하고 있다.

미국은 이미 중국 자본의 미국 기업 M&A에 대한 심사를 강화했고, 호주, 캐나다, 일본 등의 유사조치를 독려하며 유럽연합의 동참도 호소 혹은 압박하고 있다.[2] 또한 미국은 중국계 벤처캐피털의 미국 내 투자도 신기술 획득의 수단으로 인식하여 이에 대한 제한도 강화했다.

중국 측의 기술 획득을 저지한다는 맥락에서 미중 양국에 걸친 학술교류 및 산학연협력 네트워크의 약화도 뒤따를 것으로 보인다. 미국은 301조 원본 보고서와 업데이트 보고서에 중국의 부당한 기술 획득에 관한 구체적인 사례를 언급하며 청화대학, 남경항공항천대학 등 주요 이공계 대학들을 특정함으로써 중국 대학들에 대한 견제와 감시도 강화할 것임을 시사했다.[3]

[이슈 3]은 중국 정부의 정책적 개입을 통한 산업 육성에 관한 것으로 좀 더 심층의 문제제기라 할 수 있다. 그런 만큼 중국도 전면적 수용이 어려워 앞으로도 상당 기간에 걸쳐 마찰과 공방이 이어질 영역으로 보인다.[4] 이미 전면에 드러난 '중국제조 2025'에 대

---

2   다만, 유럽연합의 경우 각 회원국의 처지와 입장이 달라(일부 회원국의 경우 중국 자본의 유입을 기대·환영), 중국 자본의 M&A 시도를 미국처럼 강력히 제재하려 하지는 못할 것으로 보인다.

3   중국과 미국의 과학연구 협력이 크게 위축될 경우 그것이 양국에 주는 충격이 어떠할지에 관한 시뮬레이션 분석은 은종학(2020a, 2020b)의 연구를 참고할 수 있다. 그에 따르면, 여전히 중국은 과학연구에 있어 미국을 가장 중요한 지식원천이자 협력 파트너로 삼고 있지만, 대미 과학연구 협력이 크게 위축될 때 중국이 받을 악영향은 지난 10년 사이 크게 감소했고, 더욱이 인공지능 분야와 같은 신생 부문에서는 중국의 독자적 역량이 더욱 큰 것으로 나타났다.

4   산업별로 보면, 두 편의 보고서가 중국에 대한 경계 차원에서 가장 자주 언급한 것은 항공산업이다. 이는 중국이 자체적으로 항공기를 개발하고 우주항공 산업을 확장하는 것이 미국에 산업적·국가안보적 차원에서 부담이 될 수 있음을 드러낸 것이라 할 수 있다. 또한 5세대(5G) 이동통신 설비 및 관련 기술에 대해서도 같은 맥락의 경계가 분명히 드러난다. 그다음은 바이두, 알리바바, 텐센트와 같은 중국의 대형 인터넷 플랫폼 기업과, 중국

한 문제제기는 (제15장에서 본 바와 같이) 중국이 전술적으로 그 언급을 자제하는 방식으로 긴장을 낮추려 하고 있으나, 미국의 요구는 그것으로 그치지 않을 것임을 예고하고 있다.[5]

〈표 G-1〉에서 보듯, 중국에 대한 미국의 좀 더 심층적인 문제제기는 중국의 당·국가 체제에 관한 것이다. 미국의 301조 원본 보고서와 업데이트 보고서는 그를 큰 비중으로 다루지 않았지만 빠뜨리지도 않았다. 미국은 중국의 국유 기업뿐 아니라 명목상 사영 기업조차도 공산당의 영향력 아래 있는 것을 문제 삼을 기미를 내비쳤다. 이는 기업 내 공산당 조직을 강화하는 시진핑 시기의 움직임과 충돌하는 것일 뿐 아니라, 중국 체제의 본질적 성격에 대한 문제제기이기도 하여 이를 둘러싼 문제를 풀어가는 것은 중국 지도부에게 큰 도전일 것이다.

그리고 그러한 도전은 2020년 5월 20일 백악관이 추가로 발표한 「중국에 대한 전략적 접근」이라는 보고서에 보다 도발적인 방식으로 제기되었다(제15장 참조). 다만, 2020년 11월 치러진 미국 대통령 선거를 통해 2021년 초 미국에 새로운 행정부가 구성되면 4단계의 문제제기로 치닫던 미국의 대중 압박은 〈표 G-1〉과 같은 층차적 구조 속에서 그 적절한 수위와 전략을 새롭게 재설정할 것으로 보인다.

〈표 G-1〉의 층차 구조에서 가장 깊은 심층보다 한 단계 위에 위치한 것을 살펴보면

정부의 통치 차원에서 활용될 수 있는 인공지능 등 첨단기술을 개발하는 기업들일 수 있음이 행간에서 드러난다.

5   미국은 시진핑 집권 이전 후진타오 총서기 시절부터 추진되어 온 '중장기 과학기술 발전 계획(2006~2020년)', '7대 전략적 신흥 산업 육성계획'(2010년 이후 지속)에 대해 제대로 대응하지 못했다고 자평하며 그 연장선상에서 시진핑 집권기에 시작된 '중국제조 2025'(2015년 이후 지속)에 대해서만은 확실한 견제를 가하겠다고 벼른 바 있다. 특히 미국을 자극한 것은, 중국 정부가 중국제조 2025 등 산업정책 속에 "어느 시점까지 몇 퍼센트의 국내 및 국제 시장 점유율을 달성하겠다"라는 목표를 명시함으로써 경쟁과 시장의 원리를 무시한 것이었다. 그에 관한 미국의 문제의식은 중국도 파악했을 것이고, 향후 중국 정부는 중국제조 2025 정책의 재편뿐 아니라 여타 산업정책과 국가계획을 입안하는 데 있어서도 그 점을 감안하여 명시적인 시장 점유율 목표 설정은 자제할 것으로 전망된다.

정부의 역할과 함께 국가계획이 있다. 중국의 대표적인 국가계획이라면 단연 (1953년 이래 지속되어 온) '국민경제와 사회발전 5년 계획(国民经济和社会发展五年规划)', 흔히 '5개년 계획'이라 부르는 것을 꼽을 수 있다.

중국은 2020년 미국과의 갈등이 고조된 상황에서 당장 이듬해 시작해야 할 제14차 5개년 계획(2021~2025년)을 마련해야 했다. 그리고 그 개략적인 내용을 2020년 10월 말 개최된 중국공산당 19기 5중전회에서 조심스레 드러냈다. 국가주도적 경제운용에 대한 미국의 공세 가능성을 의식한 듯, 5개년 계획이 중국의 오랜 전통이자 제도임을 강조하면서 말이다.

윤곽을 드러낸 제14차 5개년 계획은 미중 갈등 등 엄혹한 국제상황에 대응하려는 듯, 중국 국내의 내수경제를 키워 이른바 '쌍순환(双循环, 국내대순환과 국제순환)'을 작동시키는 것을 핵심 기조로 삼았다. 그러면서도 대외개방을 확대·심화하는 것 또한 중국의 명확한 지향으로 밝혔다(≪新华网≫, 2020.10.29).

제14차 5개년 계획의 베일을 벗김과 동시에 중국공산당 19기 5중전회는 중장기에 걸친 중국 현대화 건설의 모든 국면에 혁신(중국어로는 创新)을 핵심적 지위에 두고, 과학기술의 자립(自立)과 자강(自强)을 추구하겠다고도 밝혔다. 더불어 2035년까지를 내다보는 장기목표(远景目标)를 언급함으로써 2006~2020년 기간 중 상당한 성과를 낸 '중장기 과기계획(2006~2020년)'을 잇는 또 하나의 '중장기 과기계획(2021~2035년)'이 무르익고 있음을 시사했다. 그와 함께, 공산당의 전면적 영도(全面领导), 당중앙의 집중통일영도(集中统一领导)의 필요성을 강조함으로써, 〈표 G-1〉의 심층에 자리 잡은 미국의 대중 공세에는 물러서지 않겠다는 뜻을 천명하기도 했다.

이상과 같은 흐름을 종합할 때, 미중 간의 전략적 경쟁은 〈표 G-1〉의 3단계 지점을 중심으로 상하로 부침하며 앞으로도 상당 기간 지속될 것으로 보인다.

제16장

싱가포르의 대응: SUTD를 중심으로*

1. 작은 용들의 대응

한국, 대만, 홍콩, 싱가포르는 '동아시아의 네 마리 작은 용(龍)'으로 불리며 세계 경제학계에 '수출주도형 경제성장'의 성공사례로 자주 소개되었다. '커다란 용', 즉 중국의 인근 국가(혹은 지역)들임을 시사하는 그 별칭에도 불구하고, 20세기 중반 이래 이들의 중요한 협력 대상 국가는 주로 서구 영미권에 있었다. 한국과 대만은 체제적 이유로 미국에 의존하는 바가 특별히 컸음은 주지의 사실이다. 홍콩과 싱가포르는 국제적인 중계무역항 겸 아시아의 금융허브를 자임하며 미국 중심의 세계경제에 깊숙이 편입되었으며 과거 영국령이었던 연유로 영국 및 영연방국가(영국, 호주, 캐나다 등)들과 긴밀한 관계를 유지해 왔다.

---

* 이 장은 은종학, 「중국 부상기 싱가포르의 지식 기반 강화와 그 이론적 토대」, ≪중국지식네트워크≫, 제11권(2018), 5~36쪽; 은종학, 「싱가포르 신설 국립대학 SUTD의 대중·대미 연구협력 네트워크 분석」, ≪아태연구≫, 제15권 제2호(2018), 171~197쪽의 내용 일부를 발췌하여 재구성한 것이다.

그러나 최근 중국의 부상이 다방면에서 본격화되면서, 동아시아의 네 마리 작은 용들이 중국과 맺는 관계 또한 변화하지 않을 수 없게 되었다. 1997년 중국에 반환된 홍콩은 물론, 나머지 3국도 때로는 능동적으로 중국과의 협력 및 경쟁구도의 변화를 추구하고 때로는 수동적으로 받아들이게 되었다.

특히 21세기 들어 중국이 과학대국화(은종학, 2009c, 2015d)하면서, 과학기술 분야에 있어서 대중국 관계 또한 이들 아시아 소국들의 중요한 전략적 고려사항이 되었다. 또한 동아시아의 작은 용들도 이젠 모두 1인당 GDP가 3만 달러[구매력 평가(PPP) 기준]가 넘는 고소득국가의 반열에 올라, 종래와 같이 저가의 제품을 대량 생산·수출하는 방식으로 경제를 유지·발전시킬 수 있는 단계는 넘어섰다. 따라서 이 작은 용들이 커다란 용, 중국과 정립해 가는 새로운 관계는 중요한 관찰대상이다.

그러한 맥락에서 필자는 중국이 정책적으로 과학기술을 크게 강조했던 2002~2012년(후진타오 총서기 재임 기간)의 10년 동안 동아시아의 작은 용(중국에 편입된 홍콩을 제외한 한국, 대만, 싱가포르)들이 중국과의 과학연구 협력을 어떻게 발전시켜 왔는지를 분석했다(Eun, 2015).

동아시아의 소국들이 과학연구 방면에서 중국과 맺는 관계가 10년간 어떻게 변화했는지에 관한 필자의 분석 결과는 〈그림 16-1〉과 같이 요약된다. 〈그림 16-1〉의 가로축은 한국, 대만, 싱가포르가 행한 국제협력 과학기술 연구 중 중국과의 양자(兩者) 협력 연구가 차지하는 비중, 세로축은 각국의 과학기술 연구 내용이 중국이 수행하는 과학기술 연구 내용과 유사한 정도를 보여준다.[1] 가로축의 값이 커지면 중국과의 과학연구 협력이 긴밀

---

1   국가 간 과학기술 연구 내용의 유사성 정도(세로축)는 다음과 같이 측정했다. 과학기술 분야를 241개로 세분한 뒤, 각국의 전체 과학기술 연구가 241개 세부 영역에 걸쳐 분포하

그림 16-1 **한국, 대만, 싱가포르와 중국 간 과학연구 관계 변화(2002년→2012년)**

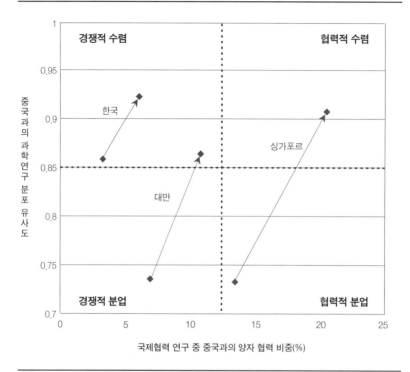

국제협력 연구 중 중국과의 양자 협력 비중(%)

자료: Eun(2015: 141).

해지는 것으로, 세로축의 값이 커지면 과학연구가 내용적 측면에서 중국과
유사하게 수렴하는 것으로 해석할 수 있다. 따라서 〈그림 16-1〉의 4개 분
면은 우측 상단에서부터 시계 반대방향으로 각각 '협력적 수렴(collaborative
conversion)', '경쟁적 수렴(competitive conversion)', '경쟁적 분업(competitive

는 양상을 파악하고, 그 분포의 양상을 코사인 유사성 분석(cosine similarity analysis)이
라는 수학적 기법을 활용해 비교했다(Eun, 2015: 139~142).

division)', '협력적 분업(collaborative division)'이라 명명된다(Eun, 2015).

동아시아 3국의 10년(2002~2012년) 간의 변화를 표시해 보면 〈그림 16-1〉의 세 화살표와 같다. 화살표가 가장 긴 싱가포르는 가장 큰 변화를 겪었음을 보여준다. 그리고 그 변화의 방향은 과학기술 연구에 있어 중국과 '협력적 수렴'의 관계를 진척시키는 쪽이었다. 한국과 대만의 화살표 역시 추세적으로는 협력적 수렴을 향해 우상향하는 모습을 보여주지만 싱가포르만큼은 아니었다.

한국은 과학기술 연구 내용에 있어 중국과 수렴의 정도가 가장 높은 반면 중국과의 양자 협력 정도는 3국 중 가장 낮아 '경쟁적 수렴'(2사분면)의 관계에 있다고 평가된다. 과학기술 부문의 한국-중국 관계에 있어 높은 정도의 수렴은 양국이 그 유사성에 기초해 협력을 일궈갈 미래의 가능성을 시사하는 것이라고 긍정적으로 해석할 수도 있지만, 양국 간 협력 정도가 낮다는 현실은 그 수렴이 적어도 당장에는 경쟁 압력으로 작용할 가능성이 더 크다는 것을 보여준다.

대만도 한국과 같이 '경쟁적 수렴'에 속한 것으로 평가되었으나, 과학기술 연구 내용에 있어 대만이 중국과 유사한 정도는 한국에 비해 낮았다(Eun, 2015: 141~142, 153). 그런데 싱가포르는 중국과의 협력을 크게 강화하면서도 전통적인 협력 대상 국가인 미국, 영국 및 영연방 국가들과의 관계를 긴밀히 유지하고 일본과의 협력을 추가로 확대하는 등 기민한 움직임을 보인 것으로 평가되었다(Eun, 2015: 153).

이상의 분석은, 많은 공통점(작은 국가 규모, 수출지향형 경제성장 전략, 중국과의 지리적·문화적 인접성, 20세기 후반의 고도성장을 통해 도달한 경제발전 단계)을 가진 동아시아의 소국들이 최근 (특히 과학대국으로) 부상하는 중국과 관계를 어떻게 변화·발전시켜 왔는지에 대한 국가 수준의 '거시적' 비교 분석이다. 그리고 그 분석의 결과는 싱가포르가 자국의 변화와 중국의 부상에 조응하는 기민성과 전략적 균형성이 높음을 보여주었다. 이에 이 장 아래에서는 변화하는 중국을 대하는 싱가포르의 '미시적' 움직임을 좀 더 면밀히 살펴 귀감으로 삼고자 한다.

2. 싱가포르의 대중 협력 및 자기 변신

1965년 말레이 연방으로부터 독립한 싱가포르는 중국계가 인구의 75% 이상을 차지하는 국가이지만, 말레이계 및 인도계와 함께 다민족·다종교 국가를 구성하고 중국과의 공식적 연계에 대해서는 유보적인 태도를 상당 기간 유지했다. 1970년대 들어 동남아시아 국가들이 중국과의 외교 관계를 정상화하기 시작했지만, 싱가포르는 자신을 제외한 동남아국가연합(Association of South-East Asian Nations: ASEAN) 회원국들이 모두 중국과 수교한 뒤에야 중국과 수교하겠다는 방침을 정하고 실제로 1990년 그들 중 마지막으로 중국과 수교했다. 중국과의 성급한 연계가 주변국 및 자국 내 비중국계 사회의 오해를 살 수 있을 뿐 아니라, 아시아에 서구 선진국 사람들이 이질감을 느끼지 않는 이른바 '제1세계 공간'을 만들겠다는 리콴유 초대 총리의 비전에 따라 의식적으로 중국과의 거리를 유지했다(Zheng and Lye, 2016).

그럼에도 중국의 개혁개방을 이끈 덩샤오핑과 리콴유 총리 사이에는 상당한 상호 존중과 유대가 형성된 것으로 알려져 있다(Zheng and Lye, 2016). 덩샤오핑은 1978년 개혁개방을 선포하고 같은 해 싱가포르를 방문해 싱가포르가 외자를 도입해 경제발전을 이룩한 것을 높이 평가하고 이를 중국 개혁개방의 한 모델로 삼았다(吳曉波, 2007).

싱가포르는 1990년 중국과의 공식 수교 이후 중앙정부 차원의 협력하에 1994년 중국 강소성(江苏省)에 '소주공업원구(苏州工业园区, Suzhou Industrial Park)'를 조성했고,[2] 후진타오 집권기인 2008년에는 천진 빈해신구(濱海新区)에 '천진생태도시(天津生态城, Tianjin Eco-city)'를 함께 조성했다. 시진핑 시기에 들어서는 중국이 야심차게 추진하고 있는 '일대일로' 프로젝트 및 '서부 대개발', '장강경제권(长江经济带)' 개발 사업과도 연결될 수 있는 중국 내륙의 교통 요지 중경(重庆)에 세 번째 양국 중앙정부 간 협력 개발 사업, 이른바 '전략 상호연결시범사업(战略性互联互通示范项目, Initiative on Strategic Connectivity)'을 2015년 이래 추진하고 있다.[3]

또한 중앙정부 수준의 공식적인 개발 협력이 아니더라도 싱가포르는 민간 주도 방식으로 중국 각 지방정부의 개발 프로젝트에 적극 참여하고 있다. 대표적으로 중국 광동성 광주지식성(广州知识城, Guangzhou Knowledge City), 길림성 중-싱 길림식품구(中新吉林食品区, Jilin Food Zone), 싱가포르-사천 혁신과기원(新川创新科技园, Sichuan Hi-tech Innovation Park), 싱가포르-남경 생태과기섬(新加坡-南生态科技岛, Singapore-Nanjing Eco Hi-tech Island) 등이 있다(Zheng and Lye, 2016).

이상과 같은 싱가포르-중국 간 개발 협력 내용을 살펴보면, 초기에는 외자 기업을 끌어들일 수 있는 현대적 공단의 조성과 운영에 관한 협력(예: 소

---

2 싱가포르와 중국의 양자 간 협력은 1990년 수교 이후 리콴유와 덩샤오핑의 지도력과 상호 유대 속에 진전되었으나, 1994년 소주공업원구가 조성되기 시작하면서 제도화되기 시작했다. 이때 양국 부총리급 협의기구인 JMC(Joint Ministerial Council)와 그 아래 실무기구인 JWC(Joint Working Committee)가 만들어졌다. 이후 2003년에는 JMC가 JCBC(Joint Council for Bilateral Cooperation)로 재편되고, 그 아래 소주공업원구 JSC(Joint Steering Committee), 천진생태도시 JSC 등이 잇따라 설립되었다(Zheng and Lye, 2016: 23~25).

3 이 사업은 중국 서부 내륙의 하운(河運) 중심이자, 신강 위구르를 거쳐 유럽으로 가는 육상 실크로드의 철도 교통 종착점인 중경시에 싱가포르의 수자원 관리, 유통·물류, 금융 분야 등의 개발 경험과 사물인터넷(IoT) 등 첨단 정보통신 기술을 활용한 협력 사업 기반을 구축하는 것으로, 중국 시진핑 총서기가 2015년 싱가포르를 방문했을 때 공식화되었다(Calder, 2016: 155; ≪新浪网≫, 2015.11.8).

주공업원구)을 중심으로 했지만, 점차 도시 생태 환경과 지식 기반, 혁신이라는 더 폭넓은 분야에서 싱가포르가 쌓아온 지식과 경험을 활용하는 협력이 늘어나고 있음을 알 수 있다. 그러한 협력의 확대·심화 속에 '과학기술'은 여전히 핵심적 위치를 차지하지만 그 외에 다양한 측면의 '디자인'(도시설계, 공간 디자인, 제품 디자인 등)도 싱가포르가 중국과의 협력에 활용할 수 있는 중요한 요인으로 부상하고 있음을 감지할 수 있다.

또한 변화하는 중국에 대한 싱가포르의 대응이 양국 간 협력체제의 제도적 구축을 넘어 싱가포르 스스로의 지식 기반 재편에까지 이르렀음은 주목할 만하다. 국제 산학연 협력체제를 강화한 싱가포르 과기연구국(科技研究局, A*STAR, Agency for Science, Technology and Research) 산하에 2003년 생명과학 연구단지 바이오폴리스(Biopolis), 그리고 2008년 과학엔지니어링 연구단지 퓨저노폴리스(Fusionopolis)를 조성·확대한 것도 그와 같은 맥락에서이다(Calder, 2016).

더 최근의 움직임으로, 싱가포르는 2012년 '기술'과 '디자인'을 학교명에 담은 제4의 국립대학 SUTD(Singapore University of Technology and Design)를 설립했다. 싱가포르는 국립대학 위주의 고등교육 및 연구 체제를 갖고 있는데 '대학교(university)' 레벨의 국립대학으로는 신설된 SUTD가 네 번째이다.[4] 그런 만큼 SUTD의 설립은 싱가포르의 맥락에서 상당한 전략적 의

---

4 SUTD를 신설하기 전 싱가포르의 대학은 싱가포르국립대학교(National University of Singapore: NUS), 난양이공대학교(Nanyang Technological University: NTU), 싱가포르경영대학교(Singapore Management University: SMU) 등 3개의 국립대학교가 주축을 이뤘다. 그 외에, 기술학교인 폴리테크닉에서 올라오는 학생들을 주로 교육하는 싱가포르 이공대학(Singapore Institute of Technology: SIT)과 싱가포르 경영대학(Singapore Institute of Management)[2017년 싱가포르 사회과학대학(Singapore University of Social Sciences: SUSS)로 개편]이 있다. 더불어 라살 예술대학(Lasalle College of the Arts) 등 예술대학과 다수의 외국 대학교의 분교가 싱가포르의 고등교육계를 형성하고 있다[Wikipedia, "Edu-

미를 갖는 것이다. 이에 다음 절에서는, 싱가포르가 SUTD를 구상하고 설립하는 과정을 좀 더 면밀히 살펴봄으로써 싱가포르의 전략과 구상을 엿보고자 한다.

3. 싱가포르의 대학 신설 구상과 접근법

싱가포르 정부는 2007년 당시 25%이던 자국의 대학진학률을 2015년까지 30%로 높이는 것을 목표로 설정했다.[5] 그리고 그 구체적인 방안을 마련하기 위해 위원회, 이른바 '대학 부문 확대 위원회(Committee on the Expansion of the University Sector)'를 구성·가동했다. 대학 부문 확대 위원회는 공공 부문과 학계뿐 아니라 산업계의 인사들을 망라하여 구성되었다.[6] 그리고 이 위원회는 싱가포르의 대학 부문을 확대하는 조치가 싱가포르 경제에 미칠 영향을 우선적으로 고려했다. 이는 위원회의 활동이 마무리되는 시점에서 위원장과 교육부 장관 사이에 오고 간 공개서한에 잘 드러나 있다.

---

cation in Singapore"(검색일: 2017.8.16)].

5 싱가포르에서는 매년 8월 국경군중대회(國慶群衆大會, National Day Rally)에서 총리가 국정기조를 밝히는 연설을 하는데, 2007년 8월 19일 그 자리에서 리셴룽 총리가 대학진학률을 2015년까지 30%로 상승시키겠다고 공표했다. 여기서 대학진학률은 싱가포르 정부의 재정지원을 받는 자국 국공립대학교에 진학하는 비율(subsidized university cohort participation rate)을 뜻한다.

6 운영 위원회는 싱가포르 교육부, 인력자원부, 통상산업부, 경제개발위원회 등 정부 인사 6인과 싱가포르 내 주요 대학 및 기업(싱가포르에 투자한 다국적 기업 포함) 인사 7인으로 구성되었다. 그 아래 대학 신설과 관련된 실무 그룹(working group)은 교육부 2인, 인력자원부 1인, 경제개발위원회 1인, 국방과기청(DSTA) 1인, 국책 연구기관 A*STAR 1인, 폴리테크닉 2인, 다국적 기업(Sun Microsystems, GlaxoSmithKline) 2인으로 구성되었다(Committee on the Expansion of the University Sector, 2008).

2008년 7월 31일 위원장 루이 틱 유(Lui Tuck Yew)가 교육부 장관 응엥헨
(Ng Eng Hen)에게 보낸 서한에는 "대학진학률을 올리는 방안을 마련하되,
교육의 품질을 높은 수준으로 유지하여 우리 경제를 이끌 역량을 갖춘 졸
업생을 배양하는 것을 목표로 삼았다"라고 적시했다. 또한 "위원회의 제안
이 싱가포르 경제를 더욱 고도화하는 데 힘을 보탤 것이며, 젊은이들의 선
택권과 탁월함을 발휘할 공간을 확대할 것"이라고 썼다.

그에 대한 2008년 8월 8일 교육부 장관의 회신에는 "싱가포르 경제가 새
로운 지식 및 혁신 주도형 산업을 창출하는 쪽으로 나아가야 하는 만큼 위
원회의 제안이 시의적절하다"라는 총평이 담겨 있다. 이상의 사실은 신설
SUTD가 싱가포르의 경쟁력을 유지하고 지식 기반 경제를 한층 고도화하
고 혁신을 통한 새로운 성장을 추구하기 위한 포석이었음을 보여준다.

위와 같은 배경에서 구성된 위원회가 2008년 8월 싱가포르 교육부에 제
출한 최종 보고서는 기존 대학의 입학생 수를 늘려 대학진학률을 제고하기
보다는, 새로운 대학을 설립하는 것을 권고하고 있다(Committee on the Ex-
pansion of the University Sector, 2008). 바로 그 권고를 교육부가 받아들여 새
로이 설립한 싱가포르 제4의 국립대학교가 SUTD이다.[7]

기존 대학을 확대하는 것이 아닌 신설을 권고한 이유로는 새롭게 요구되
는 학제적(interdisciplinary) 프로그램들을 시행하는 데 있어 기존 대학의 조
직구조, 문화, 예산 및 인력 배치 방식이 걸림돌로 작용할 수 있다는 점(최
종 보고서 본문 5.10항)을 지적했다. 반면 신설 대학의 경우에는 기존의 제도

---

[7] 실제로 SUTD 신설 등이 이뤄짐에 따라 2007년 25.1%이던 대학진학률은 2015년 32.3%로
    높아졌다(Singapore data portal, http://data.gov.sg/dataset). 위 통계에는 NUS, NTU,
    SMU, SUTD, SIT 외에 라살 예술대학과 난양 예술대학(Nanyang Academy of Fine Arts)이
    포함되어 있다.

적 유산과 다툼을 벌일 필요가 없고, 각기 독자적으로 발전해 온 이질적인 요소들을 (사후적으로) 한데 모으는 데 큰 힘을 들일 필요 없이 처음부터 유기적으로 통합된 프로그램을 구축할 수 있다는 점(본문 5.11항)에서 장점을 찾았다. 또한 NUS, NTU, SMU 등 기존 대학들의 규모를 단순히 확대할 경우 품질 하락의 위험이 있으며(본문 5.2항),[8] 이제 그들도 새로운 경쟁자를 받아들일 만큼 경쟁력을 갖추었다는 점(본문 3.17항, 5.3항)을 새로운 대학의 신설을 선택하는 배경으로 설명했다.[9]

한편 신설 대학에 대해서는 해외 유수 대학(high-quality university)과 '전략적 연계'를 모색하도록 위원회 최종 보고서는 주문했다. 이를 통해 우수한 교수진을 유치하고 세계적 수준의 커리큘럼을 개발하며 국제적 노출을 통해 인지도 상승을 꾀해야 한다고 강조했다(본문 3.13항, 5.7항, 부록 E 8항).

위원회 최종 보고서는 또 신설 대학에 대해서 '기존 대학과 차별화'할 것을 권고했다. 즉, 그 대학만의 특별한 정체성과 특성, 교육 모델을 구축하라고 요구하고 있다(본문 5.4항). 특히 전통적인 학문의 경계를 넘는 '학제적(interdisciplinary)', '통합적(integrated)' 접근을 하도록 요구했다. 위원회는 미래의 직업은 어느 특정 분야에 관한 깊은 지식뿐 아니라 기존의 학문 분야를 가로질러 지식을 통합할 수 있는 능력을 가진 자를 요구할 것으로 판단했다(본문 5.9항). 또한 '현장 중심 교육'도 강조했다. 실제 세계의 맥락(real-world context)에 지식을 응용하는 것을 중시하고, 학생들이 그러한 경험을 쌓을 수 있도록 제도화된 현장실습(internship) 프로그램의 필요성을 제기했

---

8 최종 보고서는 대학 입학생 수를 늘리는 과정에서 대학과 졸업생 취업 품질이 하락한 다른 많은 나라의 경험을 경계해야 한다고도 지적했다(본문 3.5항).

9 최종 보고서는 최근 몇 년 동안 사실상 (구직활동을 벌인) 싱가포르 대학 졸업생 모두가 6개월 내에 직업을 구할 수 있었다고 적고 있다(본문 3.5항).

다(본문 5.15항, 5.16항).

이와 같은 새로운 접근의 교육이 이뤄질 영역, 즉 '교육의 내용'으로는 ① 디자인과 아키텍처, ② 공학과 응용과학, ③ 비즈니스와 정보기술(IT)을 특정했다(본문 5.23항). 교육의 내용을 이와 같이 특정한 것에 대해서는 싱가포르가 이미 강점을 갖고 있고, 또 미래 싱가포르 경제성장의 핵심이 될 영역(지속가능한 디자인과 개발, 청정 기술, 인간-컴퓨터 상호작용 등을 예시)을 뒷받침하기 위한 것이라고 설명했다(본문 5.24항, 5.25항, 보고서 요약 부분, 부록 E 10항).

연구에 있어서도 신설 대학은 학제적 센터를 설립해 '산업 현장에 초점을 맞춘(industry-focused), 문제해결을 지향하는(solution-directed) 연구'를 수행하도록 위원회 최종 보고서는 권고했다.[10] 이를 위해 신설 대학은 산업계 및 일반 사회와 강한 연계를 구축하고 중단기적 미래에 그들에게 있을 수 있는 문제점들을 예측하며 그를 해결하기 위한 연구를 수행할 것을 주문했다(본문 5.22항). 그와 함께 신설 대학은 '새로운 산학 파트너십'을 모색하도록 했다(본문 5.26항). 산업계와의 연계를 강화하기 위해 기업을 대학 캠퍼스 안으로 유치하는 것을 권장하고 '기업가 정신'을 핵심적인 커리큘럼의 하나로 운영할 것을 요구했다(본문 5.18항, 5.19항). 또한 대학 내에 학생 및 교수의 창업을 지원하기 위한 인큐베이팅 센터를 설립할 것도 주문했다(본문 5.28항).

위에서 살펴본, SUTD 설립의 배경이 되는 싱가포르 대학 부문 확대 위원회의 각종 논의 및 권고 사항은 싱가포르의 다음과 같은 몇 가지 특징적 접근법을 드러낸다. 첫째, 신설 대학과 그로 인해 영향을 받을 기존 대학들

---

10 이 점은 핀란드, 네덜란드, 스위스 등의 이른바 UAS(universities of applied sciences)를 모델로 한 것으로 보인다(최종 보고서 부록 C 항목 11 참조).

의 '품질' 유지에 특별한 관심을 기울이고 있다는 점이다. 이는 '수월성(秀越性)'을 강조하는 싱가포르 교육체제 전반의 특성이기도 하고, 더 나아가 '능력주의(能力主義, meritocracy)'를 국정 및 사회 시스템 관리의 기초로 삼는 싱가포르의 특성과도 연결되는 것이다.

둘째, 대학 신설과정에 외국기관과 전략적 협력 관계를 구축하고 이를 통해 국제적 인지도를 높여 짧은 시간 내에 명문대학의 반열에 오르고자 했다는 점이다. 싱가포르는 유수의 다국적 기업을 유치하여 경제성장을 이끌어온 국가인 만큼,[11] (경제적 고려가 깊숙이 개입된) 대학 신설 논의 속에서도 우수한 외부 자원의 유치를 성패의 중요한 요인으로 인식했다(Hobday, 2000; Wong, 1999). 실력과 명성을 갖춘 외부 주체를 끌어들이고 그를 내부적인 품질 관리와 선순환하도록 함으로써 짧은 기간 내에 우수한 성과를 낸다는 것이 싱가포르의 기대이자 실천이었다.

실제로 신설 SUTD는 설립과정에서부터 미국의 MIT와 전략적 협력 관계를 맺고 그로 하여금 SUTD의 교육 프로그램 및 교수법 개발을 주도하도록 했다. 싱가포르 정부는 대학 부문 확대 위원회를 가동하여 결정한 신설 대학 설립 가이드라인을 더 구체화하기 위한 방안을 국제적으로 공모했는데, 그로부터 선정된 SUTD의 해외 전략적 파트너가 바로 MIT이다. MIT는 SUTD의 커리큘럼 설계, 교수채용, 학생관리, 연구협력 등의 핵심적인 역할을 부여받았다. SUTD의 초대 총장도 MIT 공과대학 학장 출신의 톰 매그넌티(Tom Magnanti)가 맡았다(Magee et al., 2012).

셋째, 신설 대학 추진은 '파격적'이면서도 '실용적'인 접근을 취했다는 점

---

11   2014년 기준, 싱가포르에 유입된 해외직접투자 금액은 GDP의 22%에 달해, 중국 2.6%, 일본 0.4%에 비해 매우 높은 수준이다. 또한 7000개가 넘는 다국적 기업이 싱가포르에 터를 잡고 있는 것으로 알려져 있다(Calder, 2016: 137).

이다. 싱가포르는 기존 대학의 체제와 문화 속에서는 전통적인 학문의 경계를 가로지르는 학제적·융합적 교육과 연구를 구현하기 어렵다고 보고, 새로운 편제의 대학 신설을 추구했다. 그만큼 파격적이었지만, 학제적·융합적 교육과 연구의 필요성은 온전히 미래 경제와 산업의 실질적 요구에서 찾았다.[12] 싱가포르는 국립대학 신설에 졸업생의 취업 가능성을 직접적으로 고려할 만큼 실용주의적이었다.[13] 신설 대학이 추구해야 할 새로운 편제에도 긴밀한 산학연계가 중요한 자리를 차지했다.

4. SUTD가 추구하는 디자인과 학습

앞서 논의한 바와 같이, 대학 부문 확대 위원회는 신설 대학이 담당해야 할 교육의 내용을 지정하면서 '디자인'을 최우선으로 내세웠다. 이는, 제조업과 과학연구 영역에서 대국화하는 중국(Zhou and Leydesdorff, 2006; 은종학, 2009c)에 대응하고 그러한 중국을 포함한 글로벌 가치 사슬 속에서 싱가포르의 위치와 역할을 강화하기 위한 전략적 지점이 디자인에 있다고 판단했음을 드러내는 것이다.

그렇다면 신설 대학 SUTD가 추구하는 디자인은 어떤 것인가? 위원회 최

---

12 칼더(Calder, 2016: 134)도 싱가포르는 '글로벌 실험실(global laboratory)'로서 비정통적(unorthodox)이면서도 실용적인 아이디어를 창출하고 테스트하려는 노력을 하고 있다고 평가한 바 있다.

13 싱가포르가 대학 신설을 추진하며 실용주의를 강조했다고 해서 고등교육에 있어서의 균형을 상실했다고 보기는 어렵다. 대학 부문 확대 위원회는 신설 대학 논의와 더불어 기존의 NUS 내에 독립적·비판적 사고를 고양하는 인문교육(liberal arts education)을 강화하기 위한 새로운 단과대학 설립을 동시에 추진했다(최종 보고서 본문 4장 참조).

종 보고서 본문에는 신설 대학이 추구하는 디자인의 범주와 위상, 그리고 디자인이 신설 대학 전체에서 갖는 위상 및 기술과의 관계에 대해서 자세히 언급하지는 않았다. 하지만 위원회가 해외 사례 벤치마킹을 위해 방문한 해외 대학들에 대한 기록이 정리된 최종 보고서 부록에서 위원회의 디자인에 대한 인식을 일부 엿볼 수 있다. 최종 보고서 부록에는, 학생들에게 공학 디자인을 우선 가르치고 그에 이어 실제 상황의 엔지니어링 문제를 해결해 가며 핵심적인 개념과 이론을 가르치는 미국 올린 공대(Olin College of Engineering)의 방식을 혁신적인 공학교육으로 소개하고 있어,[14] 신설 대학이 디자인 우선의 공학교육을 고려하고 있음을 드러냈다(최종 보고서 부록 C 항목 10).

또한 필자가 SUTD 설립 직후인 2013년 수행한 인터뷰에서 이 대학의 처장급 교수는 "SUTD는 디자인이 공학적 지식을 이끄는 방식의 교육을 하고자 하며, 우리가 생각하는 디자인은 시각 디자인, 실내 디자인 등과 같은 것 중 어느 하나라기보다는 '문제에 접근하는 새로운 사고방식'이다"라고 설명했다.[15] 요컨대, 더 포괄적이고 추상적으로 정의된 디자인으로 하여금 공학교육을 이끌게 하겠다는 것이 신설 대학의 구상이었던 것이다.

위원회가 품었던 위와 같은 디자인 사상은 SUTD 설립 직후 SUTD 및 그와 전략적 협력 관계를 맺은 MIT 연구진에 의해 더 명확하게 정의되기 시작했다. 그들은 SUTD가 추구하는 디자인을 'Big D design'으로 개념화하고 (Magee et al., 2012), 그에 이른바 '기술집약적 디자인(technologically-intensive

---

14 미국 매사추세츠주 니덤(Needham)에 자리 잡은 올린 공대는 2002년 개교한 소규모의 학부 중심 대학인데, 이 대학이 지향하는 인재상은 다음과 같다. "수요를 인식하고, 해법을 디자인하며, 세상을 위한 창의적 사업에 참여하는, 타의 모범이 되는 혁신적인 엔지니어" (조봉수, 2017: 13).

15 필자의 인터뷰(2013.5.30).

design)' 전체를 포함시켰다.

실제로 SUTD는 이공계의 다양한 분과에서 제기되는 디자인 과제를 파악·종합하고 그에 잘 대응할 수 있는 새로운 인재를 키우기 위한 과학적 방법론을 연구하여 교육에 활용하려 하고 있다. 여러 공학 분야에 걸친 디자인 문제를 통합적으로 이해하고 그를 개선할 다양한 과학적 방법론을 모색하는 SUTD의 그러한 노력은, 공학 분야에서 가장 부가가치가 높은 영역으로 평가되는 이른바 '개념 설계(conceptual design)'(서울대학교 공과대학, 2015)에서 싱가포르의 경쟁력을 키우는 데도 기여할 수 있을 것으로 보인다.

그런데 SUTD의 확장적 디자인 개념, 즉 Big D는 '기술집약적 디자인'에 국한된 것도 사실이다. 기술 함량이 크지 않고 오히려 미학적 측면을 위주로 한 디자인은 SUTD가 교육 및 연구에 있어 중심적인 과제로 삼지 않고 있다(Magee et al., 2013). 다시 말해, SUTD는 이공계의 다양한 학문 분과에서 제기되는 디자인 이슈를 종합하고 그를 과학적으로 연구하고 체계적으로 교육하기 위한 노력을 경주하고 있는 반면, 미학 혹은 인문학적 측면의 디자인 이슈를 아우르는 데까지는 나아가지 않았다. 이는 물론 SUTD의 의식적이며 합리적인 선택일 수 있다. 하지만 디자인에 관한 최고도의 통합을 상정한다면 SUTD가 그에 도달하지 않은 것 또한 분명하다. 그리고 그것은 싱가포르의 한계일 수 있으며, 동시에 한국에 주어진 새로운 가능성의 공간일 수도 있다.

위에서 본 바와 같이 SUTD는 디자인에 대한 새로운 확장적 인식과 그것이 주도하는 엔지니어링 교육과 실천이 미래 싱가포르의 혁신을 주도할 것이라는 비전을 가졌다. SUTD의 설립에는 디자인에 대한 새로운 해석과 '디자인 주도 혁신(design-driven innovation)'이라는 새로운 방식의 혁신에 대한 각성이 깔려 있었던 것이다. 그렇게 디자인을 중심에 둔 SUTD는 학습에 있어 현장성을 강조한다. 이는 적어도 일정 부분 디자인의 본질적 성격 때문이다. 디자인은 구체적인 상황과 맥락에 조응해야 하는 바가 크고(highly context-specific), 시행착오를 통해 체험적으로 발견하는(heuristic) 진화적(evolutionary) 성격이 강하기 때문이다(Magee et al., 2012; Petroski, 2006; Eris, 2004; Gigerenzer, Todd and ABC Research Group, 1996).

하지만 그와 더불어 싱가포르가 새로이 추구해야 할 지식의 종류와 학습의 방식에 대한 각성도 담겨 있다. 실제로 싱가포르의 대학 부문 확대 위원회는 신설 대학으로 하여금 '현장 중심'을 강조하고, '실제 세계의 맥락'에서 교육과 연구를 수행할 것을 권고했다. 위원회는 전통적인 교과서 교육이 전수하는 'know-what' 유형의 지식 외에 'know-how' 유형의 경험적 지식의 유용성에 주목했고, 후자를 획득하기 위해서는 현장 중심의 학습이 필요하다고 판단했던 것이다.[16]

5. 미중 사이의 전략적 포지셔닝

SUTD는 설립과정에서부터 미국의 MIT와 중국의 절강대학을 양대 전략

---

16 지식의 유형을 위와 같이 분류하고 학습의 중요성을 강조한 현대의 대표적인 혁신이론가는 덴마크 올보르대학교의 룬드발 교수이다. 룬드발은 지식의 종류를 사실에 관한 정보(know-what), 원리에 대한 이해(know-why), 자문을 구할 대상에 대한 정보(know-who), 노하우(know-how) 등 네 가지로 분류하고, 일반적인 공식적 교육을 통해 전수되는 '명시적 지식(explicit knowledge)'과 달리 경험을 통해 체득되는 '암묵적 지식(implicit knowledge)'의 일종인 '노하우' 유형의 지식이 혁신 주체의 역량을 결정하는 데 중요한 요인임을 강조해 왔다(Lundvall, 2004). 하지만 그보다 앞서 폴라니(Polanyi, 1978)와 지만(Ziman, 1979) 등이 기업을 경영하는 CEO에게도, 심지어 수학문제를 푸는 과학자에게도 '노하우'가 매우 결정적인 역할을 한다는 것을 논증한 바 있다. 또한 암묵적 지식의 경제적 역할과 중요성에 관해서는 다각도의 논의가 있다(Arrow, 1962a; Polanyi, 1966; Pavitt, 1984; Lundvall and Johnson, 1994; Nonaka and Takeuchi, 1995).

적 협력 파트너로 선정, 그들을 SUTD의 교육 프로그램 개발 및 운영에 깊숙이 참여시켰다. SUTD의 교육 프로그램 설계를 주관할 주체로 경선을 거쳐 선정된 MIT로부터는 커리큘럼을 개발하는 데 많은 아이디어를 얻었으며, 절강대학에는 SUTD 학생들을 대거 파견하여 중국 현장에 대한 이해를 제고시켰다.

SUTD가 설립된 배경에 '중국의 부상'이 있었던 만큼 중국 대학과의 전략적 협력체제 구축이 그리 놀라운 일은 아니다.[17] 다만 중국의 여러 대학들 중 절강대학을 파트너로 선택한 것에 대해서는 궁금증이 있을 수 있는데 그것은 다음과 같은 설명으로 어느 정도 해소할 수 있을 것이다.[18]

절강대학은 중국에서 사영경제가 흥한 지역으로 손꼽히는 절강성 내의 대표적인 명문대학이며, 중국의 대표적인 인터넷 기업 알리바바 그룹 본사와 관련 기업들이 운집한 항주시에 위치하고 있다는 점에서 주목할 만하다. SUTD와의 협력을 위해 절강대학이 설립한 국제설계연구원(国际设计研究院, IDI)의 한 교수는 필자와의 인터뷰에서, "매년 SUTD의 학생들이 절강대학에 와서 교내 프로젝트에 참여하거나 인근 기업에서 인턴을 하는데, SUTD가 절강대학을 전략적 파트너로 선정한 이유 중 하나는 항주의 창업

---

17 SUTD의 초대 총장 매그넌티도 일찍이 2011년 교내 연설에서 "SUTD는 세계에서 가장 빠르게 성장하는 경제를 활용(capitalize on)하기에 매우 좋은 입지를 갖고 있다"라고 말해 SUTD가 처음부터 중국 진출을 염두에 두었음을 내비쳤다(STUD, 검색일: 2013.5.22).

18 SUTD의 공식 홈페이지에 "왜 절강대학과 파트너를 맺는가(Why partner Zhejiang University?)"라는 제목의 글이 게재되어 있는데, 그 글에는 절강대학이 중국 국내외에 영향력이 있는 우수한 대학이며 여러 학문 분야에 걸친 연구와 교육이 이뤄지는 종합대학임을 소개하고, 절강대학이 SUTD에서 온 교환학생들을 위해 개설한 과목들(① 고대 중국 건축디자인의 현대적 지속가능성, ② 문화형성과 혁신적 디자인, ③ 중국의 상관행과 기업가 정신, ④ 중국 성장에서 기술과 디자인의 역할, ⑤ 중국 도시개발의 역사)을 간단히 소개하는 데 그치고 있다(STUD, 검색일: 2017.10.10).

및 혁신 생태계가 양호하기 때문"이라고 말했다. 더불어 그녀는 "절강대학은 1980년대에 컴퓨터공학부 산하에 공업설계학과를 설립하여 중국 내에서 공학과 디자인의 접목을 선도했던 곳이어서, 기술집약적인 디자인에 초점을 맞춘 SUTD의 관점에서도 절강대학이 적절한 협력 대상이었을 것"이라고 추정했다.[19]

공식적으로 SUTD는 MIT, 절강대학과 각각 7년을 기한으로 협력 사업을 벌어왔다. 협력 사업은 주로 SUTD의 교육 및 연구 체제 구축을 위한 것으로 SUTD가 정식으로 학생을 모집하기 전인 2010년부터 시작되었다.[20] 그리고 7년이 흐른 후 SUTD는 MIT에 대해 협력이 매우 성공적이었다고 자평했다(SUTD, 2017.6.23). 실제로 SUTD는 주로 MIT와의 협력을 통해 연구 및 교육 시스템의 제도적 정비를 마무리했고 그를 기반으로 학술적 성과 또한 궤도에 오르기 시작한 것으로 보인다.[21] 또한 SUTD는 절강대학에 대해서도 긍정적인 평가와 더불어 2017~2023년의 제2단계 7개년 협력 사업을 시작했다(浙江大学, 검색일: 2017.5.8).[22]

---

19 필자의 인터뷰(2017.5.23).

20 SUTD와 절강대학은 2009년 당시 후진타오 국가주석이 싱가포르를 방문하여 리센룽 싱가포르 총리와 회담한 후 2010년부터 2016년까지 7년 동안 SUTD와 협력을 수행했다.

21 국제적으로 과학기술 학술논문과 특허 데이터를 수집·분석하는 클래리베이트(Clarivate)의 2017년 분석보고서에 따르면, SUTD는 '통신(telecommunications)' 분야에서 세계에서 가장 영향력 있는 연구기관 5위에 올랐다(SUTD, 2017.9.28). 논문 피인용 빈도를 바탕으로 정한 이 순위에서 SUTD를 제외하고는 10위 내의 모든 기관이 미국 대학들이었다. 이 밖에 싱가포르 내 여타 연구기관의 성과를 살펴보면, NTU는 '반도체' 분야에서 논문을 가장 많이 생산한 연구기관 5위에 올랐고, 싱가포르의 국책 연구기관이라 할 수 있는 A*STAR는 암(癌) 관련 바이오테크놀로지 연구에서 아시아 7위에 올랐다.

22 필자가 만난 절강대학 국제설계연구원의 한 교수는 "SUTD의 젊은 교수들은 무언가를 만들고 그를 응용·확장하여 사회를 변화시키는 데 관심이 많아, 그저 수리 모델과 논문 발표에 몰두하는 중국 내 교수들과 다르며 그런 면에서 배우는 바가 많다"라고 평하기도 했다(필자의 인터뷰, 2017.5.23).

그림 16-2 SUTD - MIT - 절강대학 연구 협력 네트워크

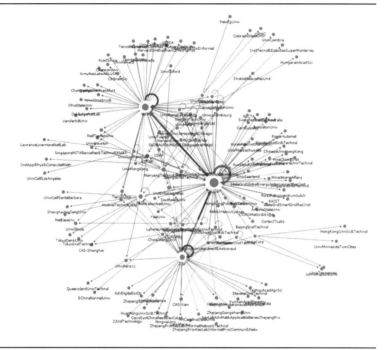

주: 가운데 큰 점이 SUTD, 좌상단의 큰 점이 MIT, 중하단의 큰 점이 절강대학(ZJU)이다.
자료: 필자 작성(Netminer 4.0 활용).

 하지만 위와 같은 해당 기관의 공식적인 입장 표명만으로는 SUTD가 미국과 중국의 두 전략적 파트너와 발전시켜 온 관계의 구체적인 모습을 알기는 어렵다. 그에 필자는 SUTD의 교수 및 연구원이 MIT, 절강대학의 교수 및 연구원과 공저자(co-authorship)로 협력하여 발표한 국제 학술논문들을 분석하고, 3자를 중심으로 형성된 실제 네트워크(〈그림 16-2〉 참조)를 파악하여 그들 간의 관계를 분석한 바 있다(은종학, 2018b). 아래에서는 그 연구를 통해 발견한 사실들을 간단하게나마 소개하고자 한다. 비록 SUTD라는 한 대학의 사례가 싱가포르의 대미·대중 전략을 완전히 보여줄 수 있는 것

그림 16-3 **구조적 틈새**

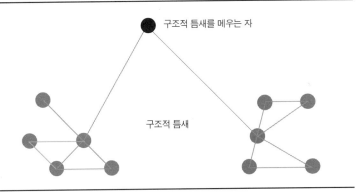

자료: Huang et al.(2014).

은 아니지만, 중국의 본격적인 부상이라는 중요한 변화의 시기에 신설된 SUTD는 싱가포르의 전략과 접근법을 더 구체적으로 예시하며, 그것은 우리에게 상당한 참고의 가치가 있기 때문이다.

분석 결과, SUTD, MIT, 절강대학이 형성한 네트워크는 3자가 한 덩어리로 뭉쳐 있는 모습이라기보다는, SUTD가 MIT와 통하고 또 따로 절강대학과 통하는 모습이었다(〈그림 16-2〉 참조). 이는 협력 네트워크의 초창기 특징일 수도 있지만, SUTD가 MIT를 중심으로 한 세상과 절강대학을 중심으로 한 세상 사이의 이른바 '구조적 틈새(structural hole)'에 스스로 자리매김함으로써 그 존재 가치를 높인 것이라고도 할 수 있다.

구조적 틈새란 사회학자 버트(Burt, 1995)가 처음 제기한 개념으로, 서로 다른 세상 혹은 클러스터(내부적으로 조밀하게 연결된 그룹) 사이에 존재하는 공백을 지칭한다(〈그림 16-3〉 참조). 그리고 그곳에 위치한 구조적 틈새를 메우는 자는 서로 다른 세상으로부터 나오는 이질적인(중복되지 않은) 정보를 모두 취함으로써 특별한 우위(advantage)를 누릴 수 있고, 두 세상 중 어느 한 곳에만 속한 이들보다 더 혁신적인 아이디어를 낼 가능성이 크다고 알려져 있다(Burt, 1995, 2004; Lou and Tang, 2013; Huang et al., 2014). 이와 같은 관점에서, SUTD는 MIT를 중심으로 한 클러스터와 절강대학을 중심으로 한 클러스터 사이의 공백에 자리를 잡음으로써 이른바 '구조적 틈새'에 잠재된 가능성을 구현하려 했다고도 볼 수 있다.

필자의 실증 연구(은종학, 2018b)는 다음과 같은 사실도 발견할 수 있었다. SUTD-MIT 네트워크에서 진행되는 연구는 물리학, 재료과학, 나노과학, 화학 등 기초과학에 해당하는 연구가 상대적으로 많은 데 반해, SUTD-절강대학 네트워크에서 진행되는 연구는 전기전자, 통신, 컴퓨터 분야의 공학적 연구가 주종을 이룬다는 점이다. 그리고 응용적 성격이 강한 공학 분야의 연구가 많은 SUTD-절강대학 네트워크에서 SUTD의 산학협력이 더 활발하게 전개되고 있음도 확인할 수 있었다. 또한 절강대학이 중국 국내의 로컬 허브(local hub)로서, 그리고 MIT가 미국만이 아닌 전 세계 글로벌 허브(global hub)로서 갖고 있는 연계 자원들을 SUTD가 효과적으로 획득·활용하고 있음도 드러났다.

한편, SUTD의 해외 공동 연구에 대한 재정지원에 있어서는 의외의 양상도 확인되었다. 상대적으로 소득수준이 낮은 중국 측 파트너와의 공동 연구보다 오히려 SUTD-MIT 공동 연구에 싱가포르의 재정지원이 집중되고 있었던 것이다. SUTD-절강대학 공동 연구에는 (싱가포르가 아닌) 중국 측의 재정지원이 더 많이 이뤄지고 있었다. 이는 중국이 싱가포르와의 협력에 적극적인 이유가 단순히 (소득수준이 높은) 싱가포르로부터의 재정지원에 있지 않음을 시사하는 것이기도 하다. 오히려 SUTD가 MIT와의 협력 속에 구축한 선진적 연구 설비와 플랫폼, 인적·제도적 역량이 중국의 적극적 참여를 유도한 것으로 판단된다. 이는 중국과의 협력 확대를 위해 단기적 자금을 대중 협력 프로젝트에 쏟아 붓는 것만이 능사는 아니라는 사실을 보여준다.

  이상의 분석은 '중국 주변의 소규모 국가들에겐 부상하는 중국과의 관계를 어떻게 만들어가야 할지가 중요한 전략적 문제'라는 인식에서 시작된 것이다. 당연히 SUTD의 한 가지 사례가 우리의 전략적·정책적 고민을 일거에 풀어줄 해법을 제시하지는 못한다. 하지만 싱가포르의 SUTD가 중국과 미국 사이의 구조적 틈새에 자신을 전략적으로 위치시키고, 미국과의 연계를 통해 기초 역량을 축적하는 한편, 중국을 향해서는 산학연 연계를 구축해 응용·실천의 여지를 확장하고, 과학기술 그 자체를 넘어 디자인의 영역을 개척하고 있다는 점은 우리도 정책적 차원에서 진지하게 받아들여야 할 바이다.

제17장

한국의 갈 길

1. 이 장의 성격

이 장에서는 이 책의 논의들로부터 도출할 수 있는 함의들, 한국 각계에 제시할 만한 정책적 제안들을 정리해 보고자 한다. 유의할 점은 이 장의 내용이 이 책 본문의 논의들이 종국적으로 도달해야 할 필연적이고 유일한 결론은 아니라는 점이다. 도출 가능한 함의들의 전부인 것도 아니다.

앞선 장들에서 필자는 되도록 중립적인 관찰과 객관적인 분석을 추구했다. 하지만 정책적 제안은 그러한 관찰과 분석만으로 완성되지 않는다. 정책적 제안에는 정책적 상상이 더해져야 하는데 그 상상의 여지는 넓고 그 가지는 여러 갈래일 수 있다. 또한 구체적인 정책 환경에 따라서도 해법은 달라질 수 있다.

그런 더 많은 가능성을 인정하면서, 이 장에서 필자는 나름의 상상과 주관을 섞어 독자들을 안내해 보고자 한다. 이 장에서만큼은 학술적 논증의 제약을 다소 느슨히 하는 바, 필자가 안내하는 길에 대한 비판과 대안적 사고가 충분히 있을 수 있다. 독자는 그를 발전시켜 필자(dragonnovation@gmail.com)에게도 공유해 주기 바란다. 건설적 비판 혹은 필자의 미진한 생각에 보강재를 더해주는 코멘트라면 특히 감사할 것이다. 그를 통해 필자도 더 배우고, 훗날 그를 종합하여 더 나은 상상과 제안을 해보고자 한다.

2. 중국의 과학 역량 바로보기

중국의 과학 역량은 21세기 들어 크게 강화되었다. 산업화를 통해 경제적 부가가치를 창출하는 온전한 '혁신'까지는 아니더라도, 실험실에서 행해지는 과학연구의 다양성과 규모 면에서 중국은 진정 '대국(大國)'이 되었다. SCI에 등재된 국제 과학학술지에 실린 논문의 수량 기준으로 중국은 2018년 미국을 추월했다. 그 양적 팽창의 이면에 뒤떨어진 질적 측면이 있다 해도 그것만으로 한국이 가벼이 여길 것은 아니다. 이미 중국은 과학연구의 거의 전 분야에서 한국을 압도하거나 한국에 필적하고 있다고 해도 과언이 아니다. 그에 대해 한국은 흔히 과학기술과 R&D에 더 많은 예산을 투입하고 이공계를 강화해야 한다고 대응한다. 또한 중국이 하지 않는 과학연구 분야를 찾아내고 그에 집중하자면서 이른바 틈새전략, 선택과 집중 전략을 펼쳐야 한다고 주장한다.

그 주장에는 직관적 호소력이 있긴 하지만, 그 두 가지 대응엔 모두 문제가 있다. 첫째, 과학기술 및 연구개발에 투입하는 재원과 인력 면에서 우리가 파격적으로 투입을 늘리더라도 중국을 압도할 수 없는 상황이 되었다. 더불어 한국에서는 의과대학 편애가 과학 및 공학 계열 인재풀을 약화시키는 문제가 심각한데 중국에서는 그렇지 않다. 둘째, 중국의 과학연구 영역은 그 내용상 한국과 중첩되는 바가 매우 크다. 더욱이 중국의 과학연구 범주가 한국보다 훨씬 더 넓다. 그런 상황에서 중국이 하지 않는 그리고 하지 않을 과학연구 영역을 한국이 찾아 그에 집중한다는 전략은 현실성이 낮다.

이렇게 따지고 들면, 패배주의라고 공격하면서 '하면 된다'를 외치는 이도 있다. 그럴지도 모른다. 하지만 새로운 틀의 사고가 필요한 것이 사실이다.

3. 중국의 과학기술체제에서 배울 점

중국의 과학기술체제가 모든 면에서 훌륭한 것은 아니지만, 우리가 비춰 보고 반성할 만한 지점들이 있다. 무엇보다 국가 차원의 과학기술 계획이 장기적인 관점에서 수립되고 안정적으로 이어져 성과를 낸다는 점이다. 대표적인 것이 2006년부터 2020년까지 지속된 중장기 과학기술 발전계획이다. 중국의 중장기 과학기술 발전계획은 후진타오 시기에 시작되어 시진핑 시기까지 이어져 오며 상당한 성과를 거두었다. 2018년경부터 미국의 트럼프 대통령은 중국에 그러한 과학기술 계획까지 문제 삼기 시작했는데, 그러한 미국의 조치는 중국의 상당한 성과를 반증하는 것이기도 하다.

국가 계획의 장기적 안정성, 정권 교체에도 지속되는 과학기술 계획은 중국의 독특한 당·국가 체제에 기대는 바가 크다. 즉, 공산당의 일당 지배와 자유민주주의적 선거가 없는 정치체제 속에서 구현된 것이라 할 수 있다. 또한 최근 미국 등의 문제제기 속에 중국의 계획 및 집행 방식도 달라지거나 위축될 수 있어, 그간의 중국 모델이 우리의 미래 교과서여야 하는 것은 아니다.

하지만 21세기 들어 수립·집행한 중국의 과학기술 프로그램들(예컨대, 나노과학 육성정책, 7대 전략적 신흥 산업 관련 과학연구 진흥정책 등)이 같은 시기에 한국이 추진한 유사 과학기술 프로그램보다 더 풍부한 성과를 거두고 있음에 주목할 필요가 있다. 전임 대통령이 썼던 개념(예컨대, 녹색성장, 창조경제, 포용성장 등)은 폐기하고 새로운 정책 어젠다를 내걸고 기껏해야 5년 정도 지속하는 한국에서는 과학기술도 시류에 따라 표류할 수밖에 없었던 듯하다. 기술과 시장의 변화에 유연하게 대응하여 진화하면서도 장기적 지속성과 안정성을 보장할 수 있는 과학기술 연구지원 체제를 구축하는 일이 한국에 절실하다.

중국의 과학기술체제에서 우리가 배울 또 다른 점은 형식주의로부터의 탈피이다. 과학기술계에서의 업적평가와 인사고과에 있어 학술논문의 편수나 특허의 개수 등 양적 지표를 강조하는 정도는 아마도 한국과 중국이 세계에서 가장 심할 것이다. 양적 지표는 그 객관성이 높아 평가의 잣대로 선호되지만, 그 과잉은 질보다는 양, 내용보다는 형식적 성과를 중시하는 쪽으로 경도됨을 그간 한국 사회는 절실히 경험했다. 중국도 한국을 뒤따라오며 유사한 문제에 봉착했는데, 중국은 오히려 한국보다 빠르게 문제점을 극복하고 있는 듯하다. 중국의 국책 과학기술 연구기관들은 연구자 개인의 논문과 특허 수량보다는 그들이 참여하는 프로젝트의 성사에 기여하는 정도를 중시하는 쪽으로 문화를 바꿔가고 있다. 최근 중국 과기부 또한 논문 수량 중심의 평가방식을 '나쁜 경향(不良导向)'으로 명시하고 그로부터의 탈피를 재촉하고 있다.

중국의 그러한 변화는 과학적 연구성과를 산업적 응용으로 연계하는 체제의 진화 속에서 이뤄지고 있음도 눈여겨볼 만하다. 중국 과학기술계는 자체 과학기술 연구성과를 바탕으로 첨단기술 기업을 설립하고 그렇게 설립된 신생 기업에 수요 측 민간자본을 끌어들여 시장원리에 부합하는 기업 발전을 촉진하는 체제를 발전시켜 왔다. 더불어 중국은 다양한 산학연 협력체제를 실험하며 지식산업화 채널을 풍부히 해왔다. 그러한 사실은 과학연구가 실험실에 갇히고, 기업은 국내 학계·연구계에 큰 기대를 걸지 못하고, 산학연 협력이 상당 부분 형식적으로 이뤄지는 한국에 경종을 울리는 것이다.

4. 디자인적 사고, '디자이뉴어십' 키우기

많은 사람들이 '기술' 위에 '과학'이 있다고 생각한다. 과학을 기술의 어머니라고도 부른다. 하지만 역사적으로 보면 이는 정확한 말은 아니다. 인류 문명의 발전과정을 되짚어보면 기술이 오히려 과학의 어머니였다. 실용적 도구를 만드는 기술이 우선 개발되고, 이후 그 작동 및 작용 원리를 탐구해 정리한 것이 과학의 상당 부분이었다.

물론 현대의 관점에서는, 기술을 근본적으로 개선하기 위해서는 과학적 진보가 선행되어야 한다는 인식은 틀리지 않다. 과학이 기술, 더 나아가 산업까지 이끄는 측면이 과거보다 커졌기 때문이다. 그래서 국가경제 운용에 '국가혁신체제'라는 개념이 중시되고 그 안에서 다시 과학 기반이 스포트라이트를 받는 것이기도 하다.

하지만 앞서도 언급했듯, 한국이 중국의 변화에 대응함에 있어 과학 그 자체만으로는 승산이 크지 않다. 중국의 대학들이 매년 배출하는 졸업생의 수는 한국의 20배에 달한다. 중국이 매년 투입하는 연구개발비는 한국의 4배가 넘는다. 과학연구를 강화하고 그 관리체제를 효율화하는 것은 포기해선 안 될 일이고 앞으로의 지속적 과제이지만 그것만으로는 불충분하다.

기술 위에 또 무엇이 있는지 다시 올려다보자. '디자인'이 있다. 미적(美的) 외양에 관한 협의의 디자인 말고 광의의 디자인, 디자인적 사고 말이다. 이 책 앞부분에서 혁신을 하나의 사이클로 재정의한 바에 따르면, 구상과 기획을 담당하는 디자인적 사고는 혁신의 허리이며 중심이다.

한국은 그 허리를 강화할 필요가 있다. 오늘날 중국도 디자인에 있어 많은 발전을 이뤄내고 있지만, 디자인은 한국이 더 잘할 여지가 큰 분야이다. 훌륭한 디자이너는 관찰을 통해 현장의 문제를 정의하고 창의적 발상을 통해 다양한 이해집단 사이의 교착을 뚫을 해법을 제시한다. 기술은 그들의 유용한 도구 중 하나이다. 그런 디자이너의 역할은 성숙한 시민사회 속에서 활성화될 수 있다. 그러한 까닭에, 체제적 경직성과 민주주의의 한계, 무엇보다, 새로운 삶의 양식을 자유롭게 제안하는 창의성에서 한계가 있는 중국보다 한국이 앞설 수 있는 분야가 디자인이다.

물론 한국도 조건을 다 갖춘 것은 아니다. 디자인에 대한 일반의 인식은 과거 협의의 디자인에 머물러 있다. 디자이너들은 제품 외양과 인테리어를 가꾸는 것을 넘어 국가나 지역의 사회경제 문제에 해법을 제시하는 곳까지 깊숙이 들어오지 못했다. 대학의 디자인 교육도 새로운 시대의 역할을 담당할 그들의 역량을 키워주기에는 미흡하다.

그럼에도 디자인은 한국이 과학대국 중국의 옆에서도 위축되지 않고 기술 및 비기술 혁신을 주도할 수 있도록 하는 중요한 원천일 수 있다. 그간 혁신을 위해 과학기술자들에게 '기업가 정신'을 갖도록 독려했던 만큼, 이제는 디자이너들이 다양한 수단(첨단기술 포함)을 활용하며 혁신을 기획할 수 있도록 '디자이뉴어십(designeurship)'을 고양해야 한다. 각 분야의 다양한 전공의 한국인들이 디자인적 사고 능력을 필수 교양으로 갖춰 디자이뉴어십의 장을 열어야 한다.

5. 싱가포르 넘겨다보기

싱가포르도 중국이 제조업뿐 아니라 과학기술 영역에서 대국으로 부상하자 그에 대한 대응전략 차원에서 '디자인'에 주목했다. 앞서 소개했듯, 제4의 국립대학으로 SUTD를 설립한 게 그 대표적 조치이다. 그들은 디자인이 공학을 이끄는 새로운 융복합 교육 프로그램을 신설 SUTD에서 실험하고 발전시켜 가고 있다. 디자인의 개념도 광의로 설정하여 'Big Design'이라 부른다. 싱가포르의 이러한 앞선 조치는 한국이 스스로 자극제로 삼을 만하다. 하지만 한국은 SUTD가 (엔지니어링 디자인에 집중하면서) 배제하기로 한 미학적 디자인, 사회적 디자인까지도 더 폭넓게 아우르며 디자인이 사회경제 각 곳의 혁신 동력으로 작동할 수 있도록 해야 할 것이다.

한국이 싱가포르에서 배워야 할 또 다른 점은 싱가포르가 부상하는 중국과의 관계를 심화해 가면서도 기존의 영연방 국가들이나 미국, 일본과의 관계 또한 긴밀히 유지하며 서로 다른 세계를 연결하는 허브(hub)로서의 자기 가치를 높이고 있다는 점이다. 또한 싱가포르는 미국 등 서구 선진국의 지식을 흡수·체득하는 한편, 중국 내 각종 개발 프로젝트에 참여해서 체득한 지식을 응용하여 부가가치를 창출하는 데 효과적인 국제 산학연 네트워크를 구축하는 데에도 심혈을 기울이고 있는 것으로 보인다.

더 근본적으로 싱가포르는 부상하는 중국과의 관계를 발전시키고 그를 통해 자국이 성장하기 위해서는 자국 시스템의 쇄신이 선행되어야 함을 인식하고 국가 과학기술 연구체제(A*STAR, 바이오폴리스 등)와 고등교육체제(SUTD 신설 등), 해외 인재교류 시스템 등을 크게 손봤다. 그와 같은 자기 쇄신의 노력으로 싱가포르는 중국에 더 매력적인 협력 파트너로 자리매김되었다.

반면 한중 과학기술 교류는 명목상 한 세대에 걸쳐 지속되었지만 반복적인 일회성 행사 위주로 진행되어 내실 있는 성과를 만들어내는 데 미흡했다. 결국 양국 간 과학 교류의 수위가 낮아지는 모습까지 생겨났는데 이에는 반성할 부분이 크다. 요컨대 한국은 중국과의 관계 발전을 도모함에 있어 그저 만남의 횟수를 늘려 '관시(关系)'를 강화해 보겠다는 생각을 버리고, 한국의 위상과 매력도를 높이는 노력을 우선 경주해야 할 것이다.

6. 중국이 잘하는 것 대 한국이 잘할 수 있는 것

중국은 비록 성장의 사다리 하단에서 어려움을 겪었지만 어느새 그 상단이라 할 만한 통신설비, 우주항공, 고속철도, 스마트폰, 모바일 금융, 게임 등의 영역에 폭넓게 진입했다. 중국은 거대한 내수 기반과 더불어 플랫폼 기반 경제의 도래 속에서 적잖은 산업들에서 약진했다. '기업가적 국가'의 뒷받침도 큰 몫을 했다. 마치 모든 것을 다 차지할 것 같은 중국의 위세 속에 실로 그들이 잘하는 것, 반대로 우리가 더 잘할 수 있는 것을 되짚어보는 것은 정책적 고민의 필수 코스일 것이다.

중국은 전국적으로 방대한 과학기술 자산(물적·인적 자산)을 갖고 있는데 그를 한 곳에 집중시킬 수 있는 산업 영역에서 괄목할 성과를 내기 쉽다. 대규모 플랫폼이 필요하고 규모의 경제 효과가 큰 영역에서도 중국의 강점은 두드러진다. 최고의 인재가 결국 성패를 결정할 영역에서도 중국의 미래는 밝다.

그것으로 한국이 중국에 가질 경쟁우위는 모두 사라지는가? 그렇지는 않다. 다수의 혹은 대규모 자산이 응집되어야 하는 영역이 아닌, 개별 기업 조직 혹은 팀 단위의 역량이 중요한 분야에서는 한국에 우위가 있을 수 있다. 높은 세련도와 완성도가 관건인 영역에서는 특별히 그러할 것이다. 또한 최상위권 인재의 수준이 아니라 프로젝트에 참여하는 사람들의 평균, 심지어 하위권의 수준이 프로젝트의 성패를 가늠하는 영역에서도 한국은 중국에 우위가 있을 것이다. 과학기술로 모든 것이 결정되는 것이 아닌, 시민사회의 성숙이 성패를 가르는 영역이 이에 해당한다.

중국은 사회주의를 표방하지만 '상업적 이득'이 성장과 혁신의 주된 동기를 부여해 왔다. 그런데 그 만연한 상업주의는 정치체제의 경직성과 결부되어 중요한 한 부류의 혁신을 제약할 수 있다. 편의성의 추구를 넘어, 삶의 방식과 가치, 세상을 바꾸는 혁신에는 취약할 수 있다는 얘기이다. 그러한 점에서도 한국은 중국보다 한발 앞서 나갈 수 있을 것이다.

오늘날과 같이 기술과 산업 패러다임의 변화가 빠르게 일어나는 상황에서는 국가든 기업이든 변화에 대응하는 '기민성(agility)'과 '유연성(flexibility)'이 경쟁력의 중요한 근간을 이룬다. 이와 관련, 중국에서는 기업 활동에 대한 사전규제가 한국보다 적어 그러한 경쟁력을 더 잘 갖추고 있다는 평가가 한국 내에 널리 퍼져 있다. 그러한 평가는 우리의 경쟁력 향상을 독려하기 위한 자기비판인 점에서 유의미하다.

하지만 중국 정부가 기업에 더 많은 자유를 줄 수 있는 것은 중국의 당·국가가 기업에 대한 근본적인 통제권을 갖고 있기 때문일 수 있다. 비유컨대, 중국 기업은 '더 큰 새장' 속의 자유를 누리지만 그 새장은 한국의 것보다 더 경직적일 수 있다. 한국은 작은 새장의 규제를 완화시키는 한편 그 새장 자체의 유연함으로 중국과 경쟁해야 한다.

더불어 그러한 체제적 속성 차이도 시간의 흐름 속에 불변하는 것은 아님을 유념할 필요가 있다. 중국은 1978년의 개혁개방, 2001년의 WTO 가입, 2018년 이후 미국의 압박 속에서 좋든 싫든 체제에 개방성과 유연성을 더하고 있는 측면도 있다. 한국의 우위는 고정된 상수로 주어진 것이 아니다. 중국의 체제가 상대적으로 경직적이지만, 새로운 것을 받아들일 수 있는 제도적 유연성을 한국이 유지·강화하지 않으면 우리의 자리가 좁아지리라는 것도 잊지 말아야 한다.

7. 유연한 위기 대응과 제도 혁신

2019년 말 중국 무한에서 크게 번지기 시작한 코로나19가 전 세계를 감염시키며 2020년의 경제를 멈춰 세웠다. 각국 주식시장이 역대급 폭락을 경험했고, 감염 위험으로 인한 실물 소비 및 생산의 급격한 위축이 금융 불안과 경기 침체를 불렀다. 그를 막기 위한 각국 정부의 출혈성 재정 투입이 엄청난 규모로 이뤄졌다. 물론 아직 끝나지 않은 그 전개를 온전히 기록하는 것은 이 책의 몫이 아니다.

다만, 그러한 위기에 대응하느라 쏟아부어야 할 불가피한 비용을 미래의 새로운 장을 조성하는 혁신적 투자로 전환할 방법에 대한 고민이 필요하다는 점은 지적하고자 한다. 그 한 예시로, 2020년 초 필자가 적어 SNS 공간에 공유했던 글을 아래에 다시 옮겨 붙인다. 아래의 제안 내용을 실질적으로 집행하기 위해서는 더 많이 고려해야 하고 내용도 수정해야겠지만, 문제에 접근하는 방식에서는 참고할 가치가 있을 것이다.

코로나19로 인한 학사일정 차질에 걱정하는 분들이 많습니다. 교육 당국도 오랜 관행의 학사일정을 가능한 한 흐트러뜨리지 않으려고 안간힘을 쏟는 듯합니다. 하지만 정책 당국이 아직 인식하지 못한 듯한 큰 기회가 우리 앞에 있음을 제보합니다.

기회의 내용은 아래 상술하겠습니다. 우선 결론부터 말하자면, 그 기회를 살리기 위해, 현행 대학생 기준 '봄학기 3월 개강, 가을학기 9월 개강'을 근본적으로 1개월씩 늦춰 '봄학기 4월 개강, 가을학기 10월 개강'(여름방학=8, 9월, 겨울방학=2, 3월)으로 정착(초중등교육 학사일정도 그에 맞춰 변경)시키는 것을 제안합니다.

코로나19로 인한 임시 대응 차원을 넘어 근본적으로 학사일정을 그리 바꾸면 다음과 같은 기회를 살릴 수 있습니다. '생동하는 3월의 봄', '아름다운 9월의 가을'에 방학을 맞은 학생들과 가족들이 국내 각지의 산천을 즐기게 될 것입니다. 온화한 계절에 시민들이 참여하여 즐길 수 있는 다양한 사회 체육 행사도 개최될 수 있을 것입니다. 그렇게 '개나리 경제', '코스모스 경제'가 피어날 것입니다. 더불어 지역 각지의 여행·교통·사회 인프라가 확충되면서 내수경제가 살아날 것입니다. 지역균형발전으로 가는 길입니다. 장기적으로는, 개선된 지방 인프라로 인해 해외 유입 여행객도 늘어날 수 있습니다. 여행수지 적자도 줄어들 것입니다. 우리나라의 여행수지는 만성적 적자입니다. '덥기만 한' 여름방학, '춥기만 한' 겨울방학에 해외로 도피하듯 여행가는 이가 많은 것도 그 한 까닭입니다.

천재지변처럼 벌어진 지금의 사태를 추스르기 위한 막대한 비용은 불가피한 것입니다. 하지만 그것이 그저 일회성으로 쓰이고 마는 것은 아니어야 합니다. 더 나은 사회·경제를 만들기 위한 전환의 비용으로 승화시킬 수 있어야 합니다.

'더운 여름', '추운 겨울'만이 방학이어야 했던 것은 산업화 시절의 공장 논리이자, 학교에 냉난방기가 없던 시절의 유산입니다. 이제는 그를 벗어나도 됩니다. 코로나19 대응과정에서 각급 학교의 온라인 수업 인프라를 키우고 향후에도 그를 십분 활용하면 수업의 결손 없이 새로운 자유와 성장의 공간을 창출해 낼 수 있습니다.

코로나19로 흐트러진 기존의 관행을 원상으로 돌리려는 근시안적 노력만이 능사는 아닙니다. 평시에는 생각할 수 없었던 커다란 제도 혁신의 기회를 포착하고 그를 실현해야 합니다. 코로나19를 막기 위해 지금 그리고 앞으로도 한동안 우리 모두가 치러야 하는 비용은 막대할 것입니다. 그로 인해 가슴이 철렁 내려앉지만 그 막대한 비용을 더 나은 미래로 가는 '전환비용'으로 승화시키면 그 비용은 미래를 위한 '투자'가 될 것입니다.

정부가 당장의 문제를 모면하기 위해 돈만 뿌린다면 재정이 악화되어 미래 젊은 세대의 부담이 과도하게 커질 것이요, 기존의 학사일정에만 연연하면 눈앞에 생긴 기회의 문을 열지 못할 것입니다. 근시안적 정책 대신 창의적인 발상으로 제도 혁신을 추진하시기 바랍니다.

8. 4차 산업혁명의 여집합(4^c)에 대한 각성

슘페터가 말년에 민주주의 이후 자본주의의 전망을 크게 어둡게 본 데는 (스스로도 경계했으나 결국 빠지고 말았던) 과도하게 과학기술 중심적인 혁신관이 한몫했다. 그런데 오늘날 한국의 '혁신성장' 담론도 유사한 오류를 반복하는 듯하다. 혁신을 과학기술의 몫으로만 돌리는 경향이 여전히 크다.

사실 혁신의 본질은 '과학기술' 그 자체가 아니다. '수요'와 '과학기술'의 만남만도 아니다. 그것은 '문제(혹은 잠재된 수요)를 발견하고 그에 대한 해법을 구상하고 기획하여 실행하는 일련의 과정'이다. 과학기술은 그 구상과 실행에 도움을 줄 수 있지만 그 과정 전체를 도맡는 것은 아니다. 그렇게 볼 때, 이른바 '4차 산업혁명'에 대응하여 국가적 역량을 과학기술에 집중해야 한다는 정책적 주장은 비록 광범한 통념의 지지를 얻을 수 있지만 그것뿐이라면 균형을 잃은 접근이라 할 수 있다.

4차 산업혁명과 직결된 부문을 '4th'라고 약칭하고 그 이외의 부문, 즉 여집합을 '4^c'라 써보자. 당장에는 4^{th}가 주목받고 또 중요하겠지만, 종국적으로는 4^c가 오히려 더 커질 수 있음을 우리는 인식할 필요가 있다.

전기가 발명되고 전력이 모든 산업과 사회 부문에 파급된 과정을 되짚어보는 것도 상상에 도움이 될 듯하다. 그 혁명적 과정의 초기에는 전기 관련 기술과 전력 산업만이 유망한 미래 부문으로 보였을 수 있다. 하지만 오늘의 실제를 둘러보면, 모두가 전기·전력 산업에 종사하는 것도 아니고, 그곳의 수익성이 가장 높은 것도 아니며, 전기가 가장 값비싼 것도 아니다. 전기와 발전(發電)에 관한 지식이 모두에게 필수적인 것도 아니다. 전기가 필수적인 것으로 자리 잡았지만 경제의 더 큰 자리는 전기 이외의 것으로 채워져 있다. 농업혁명이 일어났을 때도 농업 관련 부문이 우선 크게 활성화되었지만 결국에는 농업이 아닌 여타 산업과 서비스업의 비중이 확대되고 농업 자체의 사회경제적 비중은 장기적으로 오히려 더 작아졌다.

그러한 역사적 경험을 이른바 4차 산업혁명을 앞둔 지금 상기할 필요가 있다. 당장에는 4차 산업혁명의 기반 기술 및 산업이 각광을 받고 그를 중심으로 한 경쟁이 벌어지겠지만, 그들이 기존의 제조업을 재편한 뒤에는 그 외 부문의 비중과 중요성이 커질 가능성이 크다. 그리고 그 외 부문의 비중을 얼마나 잘 키워갈 수 있는지가 진정한 경제적·산업적 성공의 잣대가 될 것이다.

주의할 점은 4차 산업혁명을 따라가지 못한 '지체된 부문' 혹은 '소외된 부문'이 4^c의 전부는 아니라는 점이다. 그렇게 오해하여 4^c를 복지와 시혜의 대상으로만 보는 것은 근시안적이다. 4^c는 기계화 농업에 대체되는 전통 농업과 같은 것이라기보다는 기계화 농업이 확산되면서 생겨나는 제조업과 서비스 산업에 해당하는 것이라 할 수 있다. 4^c는 주변적인 것이 아니라 4^{th}를 통해 구현되는 미래 발전의 중심일 수 있다.

4^c의 본령은 전환의 과정을 거치며 새로이 생겨나는 부문이다. 그 부문을 어떻게 잘 키워내느냐가 장기적으로 한국뿐 아니라 세계 각국의 중요한 과제가 될 것이다. 그리고 그 과제가 성공적으로 이뤄질 때, 미리 성급하게 이름 붙여진 '4차 산업혁명'이라는 오늘날의 '기술혁명(technological revolution)'이 사회적·경제적 발전을 수반하는 진정한 진보로 자리매김될 수 있을 것이다.

9. 알파 프로젝트와 장의 조성

4^c의 새로운 부문을 창출하고 키우는 과제를 '알파 프로젝트(α project)'라 하자. '무엇을 새로 더한다'는 뜻으로 일상에서 흔히 쓰는 '플러스 알파($+\alpha$)'라는 표현에서 차용한 것이다. 알파 프로젝트는 더 많은 과학연구 역량과 더 많은 과학기술자를 보유하고 있는 나라에 일방적으로 유리한 것은 아니다. 그보다는 사회경제 활동이 일어날 크고 작은 '장'을 설계하고 여는 것이 관건이다.

장을 조성하는 것은 규제의 완화 혹은 철폐만으로 되지 않는다. 한국에서 무언가 새로운 것을 시도하는 이들이 흔히 토로하는 애로사항이 규제인 것은 맞다. 그것은 완화되어야 하지만 '빈 공백'만이 최선은 아니다. 장은 '디자인'되어야 한다. 그 속에서 과거의 불필요한 규제들이 비워져야 하는 것이다. 또한 장의 조성은 정부의 규제에 맞서 시장의 자유를 극대화하는 것만으로 이뤄지지 않는다. '정부'와 '시장'의 과도한 이분법도 우리가 극복해야 할 대상이다. 정부와 시장 사이에 '디자인'의 공간이 있음을 인식하고 그를 구현해야 한다.

그런 장의 조성을 촉진하기 위해서는 정부의 정책적 접근법도 수정될 필요가 있다. 몇몇 산업을 정부가 선정하여 지원하는 전통적인 '산업정책'은 재고되어야 한다. 같은 방식의 과학기술 정책도 마찬가지이다. 그보다는 '장'을 구상하고 기획·구현함으로써 그에 연계된 산업과 과학기술이 발전하도록 유도해야 한다. 다시 말해, 특정 산업이나 과학기술 영역 중심의 정책에서 장을 중심으로 한 정책으로 무게중심을 옮겨야 한다.[1]

1　중국식 표현을 빌리자면, '탸오탸오(条条, 상부터 하까지의 각급 단위들이 하나의 기능을 중심으로 수직적으로 길게 연결된 것)'보다는 '콰이콰이(块块, 서로 다른 기능을 담당하는

그러한 장은 물리적·지리적 지역 공간에 형성될 수도 있고, 온라인 가상 공간에 형성될 수도 있다. 하지만 장은 적어도 초기엔 국내에 조성되기 마련이어서 우리의 오랜 통념, 즉 '우리나라는 작아서 수출을 통해 해외시장을 공략하지 않으면 안 된다'는 통념과 충돌할 수도 있다.[2]

한국은 '소규모 개방경제 체제'를 자임하며 수출을 통한 고도성장을 지향해 왔다. 그런 전통에 비춰볼 때, 국내의 장에 초점을 맞추는 정책은 패기 없이 내부로 웅크리는 것으로 오인되기 쉽다. 하지만 훗날 세계에서 통할 한국적 해법도 우선은 한국의 장 위에서 갈고 닦아야 한다. 국내에 조성된 장에서 활성화된 서비스 및 제조 활동은 추후 수출로 연결될 수 있으며, 외국인의 참여도 끌어들일 수 있다는 점에서 대외 지향의 개방성을 포기하는 것은 아니다. 오늘날 세계가 환호하는 한류 문화 콘텐츠도 그렇게 만들어졌다.

또한 개발도상국 시절의 높은 성장률은 이제 한국에서 재연되기 어렵다는 사실을 인정해야 한다. 오히려 국내를 주요 장으로 하는 일련의 사회경제 활동을 촉발하여 분배와 고용을 개선하고 우리 경제의 지속가능성을 높이는 중저속(中低速) 성장정책을 성공적으로 수행하는 것이 현실적인 과제일 수 있다.

10. 장을 조성하는 방법론

박근혜 정부 시절 전국 17곳에 '창조경제혁신센터'가 세워졌다. 각 센터

여러 부문이 하나의 지역 공간을 중심으로 웅축된 것)'를 중시하는 정부의 지원체제와 정책이 보강되어야 한다는 것이다.

2   물론 우리가 조성하고 발전시키는 주된 장이 해외에 있을 수 있음도 배제할 필요는 없다.

는 광역시나 도(道) 단위의 지방을 아울렀는데 해당 지역 안에서 벤처 창업자를 육성하고 지원하는 역할을 맡았다. 또한 각 센터에는 특정 산업 부문의 대기업이 파트너이자 후원자로 지정되었다. 그에 따라 각 지역별로 특정 산업을 육성하는 성격도 갖게 되었다. 그런 창조경제혁신센터는 박근혜 대통령이 탄핵으로 물러나고 주관 부처였던 미래창조과학부가 재편(주로 과학기술정보통신부로 흡수)되어 사라진 뒤 그 동력이 일부나마 손실된 듯하다.

그런 정치적 격변에 휘말린 게 아니더라도 창조경제혁신센터는 애초 다른 방식으로 설계되었어야 더 좋은 성과를 내지 않았을까 싶다. 창조경제혁신센터의 한계는 공급 측 위주의 지역 분할적 접근이었던 데 있다. 국내 각 지역에 이미 지정한 특정 산업 영역에서 창업을 할 사람들을 찾으면 그 인재의 풀은 작을 수밖에 없다. 신기술 창업을 해보겠다는 사람들이 나타나지만 그들이 가진 기술은 탁월하지도 특별하지도 않은 경우가 많았다. 훌륭한 성과를 내기 힘든 구조이다.

그보다는, 각 지방의 문제를 탐색·정의하고, 그에 대한 창의적 해법을 고안할 사회적 디자이너와 그들과 협업할 전국의 엔지니어들의 활동을 촉발하며, 그들에게 해법 구현의 장을 열어주는 방식이 더 나았을 것이다. 수요 측에 관심을 기울이고, 디자인적 사고를 중시하며, 혁신을 문제 해결의 사이클로 인식하여, 새로운 장을 조성하는 데 집중했어야 한다.

탐색하고 해법을 고민해야 할 지역의 문제는, 해묵은 민원일 수도 있지만 새로운 과제일 수도 있다. 또 다른 예로, 새만금에는 광활한 간척지를 무엇으로 채워 지역을 활성화할 것인지의 문제가 있다. 그간의 시도들을 잠시 일별해 보자. 중국에도 빈 곳이 많은 공단을 새만금에도 조성해 중국자본을 유치하겠다는 발상, 그것은 처음부터 성과를 내기 힘든 접근이었다. 외딴 곳에 버려진 사막인 양, 태양광 발전 패널을 줄지어 놓을 장소로 쓰겠다는 것도 짧은 생각이다. 조급한 개발업자의 논리만이 앙상하게 드러난다. 새만금을 독특한 공간으로 인식하고 그에 천착하여 창의적 발상과 디자인을 해낸 흔적이 보이지 않는다.

지역의 문제는 특수한 것일 수 있지만 그런 만큼 '경쟁우위(competitive advantage, 남들이 쉽게 따라할 수 없는, 다시 말해 자신의 독특한 개성에 바탕을 둔 우위)'를 키워낼 수 있는 씨앗이기도 하다. 그러한 문제의 탐색과 해법을 원활히 구현하기 위해서는 지역 현장에 무게중심을 두는, 중국식 표현으로는 '인지제의(因地制宜)'의 정책을 펴야 한다. 더불어 그 해법 구현의 경험과 축적된 혁신 역량이 해당 지역에만 머물지 않도록 국제적 표준으로부터의 일탈과 기술적 고립은 경계해야 할 것이다. 한국적 문제에서 시작하되 해법은 글로벌한 것을 지향해야 한다는 것이다.

11. 장 조성을 위한 정부와 기업의 역할

기존 산업 부문의 효율성을 높이고 그에 첨단기술을 접목하는 것만으로 성장과 혁신을 추구하는 데는 한계가 있다. 따라서 정부의 정책도 '기존에 없던 장'을 창출하는 쪽으로 무게중심을 옮겨야 한다. 현란하게 전개되는 기술혁명에 눈이 팔려 그를 따라가는 데만 급급하지 말고 그 여집합의 공백을 채울 수 있는 구상을 정부가 민간과 함께 해내야 한다.

충족되지 않은 잠재수요(unsatisfied latent demand)와 여분의 공급 능력(idling supply capacity)을 관찰·탐구하고 그를 바탕으로 새로운 장을 상상하고 구현해야 한다. 앞서 강조한 디자인적 사고가 그 관찰과 상상을 이끌 수 있을 것이다.

일례로, 한국의 지역 각 곳을 외국인 여행자들이 맘 편히 돌아다니며 소통할 수 있는 장으로 만드는 프로젝트를 상상해 볼 수 있다. 이를 실제 구현하기 위해서는 다양한 외국어의 통번역을 담당해 줄 기기와 소프트웨어, 지역적이고도 전국적인 연계센터, 이를 뒷받침할 시민사회 네트워크가 필요할 것이다. 더불어 '개인의 신상정보가 권위주의적 국가에 의해 무분별하게 수집·축적되지 않는다'는 확신을 줄 자유주의적 법·제도 정비도 필수적이다. 그렇게 해야 한국을 세계에 열린사회로 자리매김시키고 중국과도 차별적인 장으로 만들어갈 수 있을 것이다. 부연컨대, 그 구현의 과정에는 과학기술의 기여가 필요하고 새로운 연구개발도 촉진되어야 한다. 하지만 그러한 장을 기획·설계·집행하는 디자인팀(이 팀은 정부 소속일 수 있다)의 역할이 무엇보다 중요할 것이다.

정부는 '기획'의 기능을 강화할 필요가 있다. 기획재정부에서 기획의 기능을 독립시킬 수도 있다. 더욱 중요한 것은 그 기획이 계획으로 전락하지 않도록 상상의 문화를 체화해야 하는 것이다. 상명하달식의 계획 당국을 재구축해야 하는 것은 전혀 아니다. 지역 현장을 관찰하고 상상에 조응하여 그것을 구현해 낼 수 있는 코디네이터가 필요한 것이다. 지역경제활성화를 위한 국가 디자인 씽크탱크(위원회 혹은 연구기관)를 신설하는 것도 생각해 볼 만하다. 창조경제혁신센터 등 기존의 조직들이 관찰과 상상의 센터로 기능하도록 재편하는 것도 한 방법일 수 있다.

장 창출의 중요한 한 요소인 외부효과를 가진 자석과 같은 것을 제공하는 데는 정부와 공공 부문의 역할이 크다. 하지만 그들만으로는 되지 않을 것이다. 디자인적 사고를 주도할 인재들이 현재의 우리 디자인 스쿨에서 충분히 공급될 수 있는지는 미지수이다. 그 전망을 좀 더 밝게 하기 위해서는 시각적 미감을 추구하는 좁은 의미의 디자인을 넘어 디자인적 사고에 입각하여 사회적 디자인을 할 수 있는 인재의 교육이 강화될 필요가 있다.

기업은 관찰과 상상을 구현하는 중요한 주체이다. '사회적 기업'은 그 중요한 양식(樣式)일 수 있다. 세심한 관찰과 창의적 상상, 책임 있는 구현이

전통적인 공무원 조직만으로 이뤄지기는 힘들 것이다. 각 지역 혹은 여러 지역을 아우르는 광역에 사회적 디자인을 실험하고 구현할 사회적 기업들이 생겨나고 그들이 지역의 경계를 넘어 소통하고 연대하면서 정부와 협조 체제를 갖는 것이 좋을 것이다.

기업의 참여가 사회적 기업에 국한될 필요는 없다. 대기업들도 CSR(corporate social responsibility, 기업의 사회적 책임) 차원에서 관찰·상상·구현의 과정에 참여할 수 있을 뿐 아니라, 이윤을 창출하고자 하는 동기를 가지고도 참여할 수 있어야 한다. 그들은 각 지역의 잠재수요를 사업적 시각에서 발굴하고 그를 구현하기 위한 공적 환경 조성을 제안하며, 그 구현 단계에서 필요할 혁신적 제품과 서비스를 미리 개발·준비하는 데 중요한 역할을 할 수 있다.

12. 학습과 교육 체계

공자는 "배우고 때로 익히면 기쁘지 아니한가(學而時習之 不亦說乎)"라고 했다. 하지만 오늘날엔 그것만으로 충분치 않아 보인다. 남의 것을 배워 익히는 것만으로는 혁신을 주도할 수 없기 때문이다. 혁신과 성장이 없던 시절, 기존의 것을 유지·보존하는 것만이 과업이던 시절엔 '학+습'만으로 충분했을지 모른다. 하지만 현대는 혁신이 성장, 아니 생존의 조건이다. 역량을 기르는 과정에서는 반드시 남의 것을 배워야 하고 모방도 해봐야 한다. 하지만 종국에는 그 굴레를 벗어나야 한다. '학+습'에 '창(創)'을 더해야 하고 무게중심은 뒤쪽에 더 많이 둬야 한다. 모방을 통한 학습이 반드시 창조성을 키워주는 것은 아니다. 모방에 고착(lock-in)되면 모방을 위한 학습이 낮은 수위로 반복될 뿐 그를 통해 새로이 창출되는 가치는 매우 제한적이다. 학습 그 자체만을 숭배할 수 없는 이유가 여기에 있다.

한국에서도 '창의'를 강조한 지 오래이다. 하지만 여전히 많은 부문이 모방과 학습에 머물러 있다. 과학기술, 학술 연구조차도 그저 선진국의 동향을 따라가는 경향이 강하다. 우리가 지적 진보의 선두, 즉 프런티어에 있지 않아서 그런 것이라 할 수 있다. 하지만 창의가 과학기술의 첨단에서만 발휘될 수 있는 것은 아니다. 오히려 창의의 본질은 기존의 통념에서 벗어나는 탈문맥화·탈영토화된 상상력이다(김상환, 2015). 상상력은 이성적·과학적 사유와는 다른 것이다. 따라서 오늘날의 새로운 현대는, 합리와 과학만을 강조하는 합리주의와 계몽주의를 넘어 낭만주의의 관점을 겸비해야 한다. 그를 위해선 인문학의 역할이 다시 강조되어야 한다. 다만 한국의 실제 인문학이 '학+습'을 넘어 인간의 상상력과 혁신 지향을 촉발하는 데 충분한 기여를 하고 있는가에 대한 반성도 필요하다.

한편, 프런티어는 첨단과학과 학술의 세계에만 있는 것이 아니다. '현장'은 또 하나의 프런티어이다. 국내의 현장을 중심으로 창의성과 디자인적 사고를 발휘하는 것을 독려해야 한다. 창의적 구상과 제도적 재설계가 때로 과학기술 지식 그 자체보다 혁신의 핵심 요소임을 잊지 말아야 한다.

교육 체계는 그러한 역할을 맡을 인재들을 성공적으로 키워내야 한다. 디자인적 사고는 디자인 관련 학과 내에서만이 아니라 대학의 거의 모든 전공 분야에서 키워져야 한다. 융복합적 지식을 갖춘 인재의 배양도 중요하다. 물론, 겉치레의 융복합 과정에서 깊은 전공 지식이 훼손되는 문제도 유념해야 한다. 융복합적 인재를 길러내는 하나의 트랙(track)과 깊은 세부 전공 지식을 가진 인재를 길러내는 또 다른 트랙을 병존시키고 상호작용하게 하여 시너지를 추구하는 쌍궤제(two-track system)도 유의미한 제도이다.

국내 각 지방의 문제와 잠재된 수요를 발굴하고 그에 대한 해법을 구현하는 과정에서 혁신이 일어나도록 하기 위해서는 각 지방에 수준 높은 중점 대학을 육성해야 한다. 그들이 탁월한 학생과 교수진을 유치할 수 있도록 관련 제도도 손봐야 할 것이다.

광역 지방의 중점 대학에 지역 현장의 이슈들을 깊이 있게 이해하는 인재들이 응집할 수 있도록, 등록금 우대를 파격적으로 확대하고 해당 지역에 장기 거주한 가정의 우수한 자제들에게 중점 대학 입학의 문호를 더 넓혀주는 조치도 필요하다. 지방의 중점 대학들이 그러한 일을 할 수 있도록 중앙의 재정지원과 더불어 중점 대학 스스로 재정을 강화할 수 있는 길을 터주어야 한다. 이러한 조치는 수도권과의 격차가 커져가는 지방의 활기를 되살리고 수도권으로 쏠린 인구 유입을 완화하여 부동산 경기를 포함한 경제생태계의 뒤틀림을 완화하는 데도 일조할 것이다. 참고로 중국의 경우, 수도 북경의 북경대학과 청화대학이 전국 최고의 대학으로 손꼽히지만, 31개 성급 지방에는 각기 두 곳 정도 탁월한 대학이 있어 해당 지역 중심의 인재를 길러낼 수 있는 시스템을 갖추고 있다.

한국의 과학기술이나 교육 관련 예산은 너무 잘게 쪼개져 수많은 이들에 균분(均分)되는 것이 문제라는 지적이 있다. 여러 이해관계자들을 만족시키는 단순 분배 위주의 정책은 혁신을 뒷받침하지 못한다. 그런 문제를 유발시키지 않으면서 지방의 10여 개의 중점 대학들이 한국의 현장에 기반한 혁신을 주도할 수 있도록 해야 한다.

창의와 혁신으로 전환시킬 수 있는 지식의 습득은 대학 교실에서만 이뤄지는 것이 아니다. 오히려 현장에서 쌓은 경험이 교실에서 전수되는 지식보다 중요할 수 있다. 그런 점에서, 전공의 기초를 갓 익힌 대학생들의 창업보다는 일정 기간 현장에서 경험을 축적한 30~40대 인재들의 재교육과 창업을 뒷받침하는 제도적 보완도 이뤄져야 한다.

13. 중국에 대한 인식과 중국과의 교류

한국에선 중국의 '진짜 실력'을 놓고 양극단의 시각이 존재한다. 그 대단함을 강조하는 측에 그 허구성을 강조하는 측이 맞선다. 물론 사실에 대한 해석과 전망은 다를 수 있다. 문제는 그 다른 시각들이 제3의 요인들에 의해 오염되고 과장을 거쳐 극단으로 치닫는다는 것이다. 실제로 중국엔 대단한 측면도 있고 또 허구적인 측면도 있다. 그런데 전자만을 강조하는 사람들 중 일부는 정부의 지원과 특혜를 더 받아내기 위해 '중국 위협론'을 활용하는 것처럼 보이기도 한다. 반대로 후자만을 강조하는 사람들 중 일부는 '친미 대 친중'의 오랜 구도 속에서 중국에 다가가는 정책을 포괄적으로 제지하는 데 중국 허구론을 활용하고 있다. 그런 오염된 시선으로는 중국을 제대로 바라볼 수 없다. 중국의 다면성을 인정하고 복잡한 상황을 이해하려는 인내심이 필요하다. 양극단이 커져 위축된 중간지대를 키우고 그곳에서 차분하고 합리적인 대응전략을 모색해야 한다.

중국이 여전히 '관시'가 중요한 나라이긴 하지만, 잦은 악수와 식사자리로만은 과거보다 훨씬 고도화된 중국과의 관계를 심화·발전시킬 수 없다. 한국은 다른 어떤 나라보다도 중국과 빈번한 학술 및 비즈니스 교류 행사를 벌여왔지만 그 성과와 효율성이 낮았음을 반성해야 한다. 그리고 한국은 중국을 포함한 외부 세계에 매력적으로 보일 수 있는 자신의 독특한 경쟁우위를 구축해야 한다. 우리 스스로를 업그레이드하기 위한 투자도 지속되어야 한다. 우리가 중국을 알고자 하는 것은 중국과의 교류협력을 늘려가기 위해서만은 아니다. 오히려 우리를 대비시키고 발전시키기 위해서이다.

한중 교류협력을 확대하고자 한다면 그것은 '혁신 사이클'의 지도 위에서 양국이 안고 있는 유사한 '문제'를 찾는 데서 시작해야 한다. 기계가 인간을 대체하며 줄어드는 인간 고용의 문제, 그 속에서 새로운 경제의 장을 창출하는 문제 등도 그런 문제일 수 있다. 그러한 문제나 그 하위 문제들을 디자인적 사고에 입각하여 정의하고 그 창의적 해법을 모색하는 데 양국의 지혜와 능력을 모으는 것이 바람직하다. 과학기술 협력 연구도 그런 맥락에서 이뤄지는 것이 좋다. 한국이 선도하여 새로운 삶의 양식을 제안하고 그 집행에 중국의 참여를 이끌어내는 것도 우리로선 추구해 볼 만한 일이다.

다만, 중국과 함께 발전할 길을 모색하더라도, 한국이 중국과 '운명공동체'가 되어야 하는 것은 아니다. 중국은 미국의 자국 우선주의와 대중 압박이 강화되는 것에 대한 일종의 유화적 논리로, (사회주의 중국을 포함한) 다양한 체제의 공존을 호소하며 지구촌 '운명공동체(命运共同体)' 개념을 제기·강조하고 있다. 그를 우리 정부가 그대로 받아 '한국과 중국 두 나라가 운명공동체'라고 화답하는 것은 현명하지 못하다. 중국과 우호선린 관계를 도모하더라도, 한국은 중국과 다른 성격의 공간이어야 하고 그 다름이 우리 경쟁우위의 근간이라는 점도 명확히 인식할 필요가 있다. 한국은 한국이 지향하는 바와 정책적 어젠다를 세심히 설계하고 지속적으로 추구해야 한다. 중국 당국이 주기적으로 생산하는 어젠다를 건네받듯 가지고 들어와 그에 후속 대응하는 우리 정부의 방식은 한국의 장래는 물론 건강한 한중 교류에도 바람직하지 않다.

한국과 중국은 4차 산업혁명에 어느 나라보다도 관심이 많지만, 그러한 기술적 변화가 남길 공백, 즉 4°를 어떻게 채울지에 관해서는 아직 충분한 답을 찾지 못했다. 한국이 중국보다 앞선 것이 시민사회의 성숙, 해법의 민주적·창의적 모색 능력이라면 그를 충분히 발휘하여 4°를 풍부하게 채워가야 한다. 그리고 그를 중국에 선보임으로써 중국에서 한국의 위상을 강화하고 양국의 협력적 발전을 도모해야 한다. 기계에 의해 대체되지 않을 인간성의 영역을 찾고 키우는 것, 건조한 기능만이 아닌 따뜻한 감성을 담아

내는 방법을 찾는 것이 한국이 앞서서 해야 할 일이다. 제품을 넘어 서비스와 사회 환경에 대한 공적 디자인이 중요한 역할을 맡아야 할 것이다.

국제대회에서 국기를 휘날리며 국위를 선양하는 엘리트 스포츠 외에도, 시민이 즐길 수 있는 새로운 사회 스포츠의 개발과 확산, 그를 위한 기술 및 재화·서비스 개발, 그를 통한 경제적 기회 창출은 한국이 선도하면서도 중국과 함께할 수 있는 일 중 하나이다.[3]

4차 산업혁명을 주도할 과학기술 역량을 강화하는 데도, 4°의 영역에 새로운 인간 사회경제 활동을 창출하는 데도, 상당한 투자가 따라야 한다. 한국의 국가 재정은 국제적으로 비교해 봐도 대체로 양호한 편이다. 하지만 동시에 한국에선 어느 주요 국가보다도 빠른 고령화가 진행 중이다. 현재 우리 경제활동인구의 큰 부분을 차지하고 있는 40대 후반에서 50대 후반의 인구가 퇴직하는 시점이 오면 한국의 복지 지출 부담은 급증하는 반면 재정 수입은 줄어들 것이다. 따라서 미래지향형 재정 투자를 통해 적극적으

---

3 이와 관련, 추후 독자의 더 나은 상상과 구상을 기대하면서 아직 설익은 것이지만 필자의 실험적 생각을 한 가지 소개한다. 우리 지방 어느 지역에 둘레 약 50km에 달하는 일반 시민들을 위한 '로드(road) 스포츠 전용도로'를 조성하는 안이다. 자전거가 훨씬 안전하게 달릴 수 있는 길이자, 요일별로 인라인 스케이트나 스케이트보드, 전동휠, 마라톤이나 트래킹을 즐기는 이들을 위한 공간으로도 개조되는 곳이다. 더불어 아직은 이름을 알 수 없는 새로운 혁신 모빌리티 기기들의 실험장·경연장으로도 개방될 곳이다. 전용도로는 새로운 재료의 도로 포장재나 5G, 자율주행 등 첨단기술을 실험적으로 구현해 볼 테스트 베드로도 활용 가능하다. 이와 같은 전용도로 진·출입로에는 캠핑장을 두어 레저문화를 활성화하고, 주변에는 로드 스포츠 관련 제품이나 서비스를 연구·개발하는 혁신 기업들도 입주케 하여, '얼리어답터(early adopter)'인 사용자들과 상호작용하도록 한다. 그렇게 하나의 장을 여는 것이다. 우선은 국내 내수 기반으로 운영되겠지만 혁신의 장으로 자리매김하고 그 사실이 외국에도 알려지면 다수의 외국인 참여자도 끌어들일 수 있을 것이다. 그뿐만 아니라, 로드 스포츠 전용도로의 조성과 운영으로 얻은 다양한 솔루션과 새로운 혁신 제품 및 시스템을 해외에 수출할 수도 있을 것이다. 그런 새로운 사회 스포츠의 장이 독일의 뉘르부르크링(고성능 차량 시험주행장 겸 레저스포츠 공간) 못지않은 명성을 얻는 일도 불가능하지만은 않을 것이다.

로 준비할 시간이 많지는 않다. 코로나19로 인한 경제 위축에 단기 대응하며 쏟아부은 재정지출로 그 시간은 더욱 짧아져 수년밖에 남아 있지 않을지도 모른다. 그리고 그 수년의 기간은 기술과 제조업 패러다임의 변화가 급속히 이뤄질 기간이기도 하다. 이 기간의 도전에 어떻게 응전하여 어떤 구도를 만들어내느냐가 중국에도 한국에도 사활이 걸린 일이다.

참고문헌

가오밍루(高名潞). 2009. 『중국현대미술사』. 이주현 옮김. 서울: 미진사.

곤노 노보루(紺野登). 2015. 『디자인 씽킹』. 노경아 옮김. 서울: Argo9 Media Group.

구가인·조유리. 2020.5.23. "美, 화웨이는 민간기업 탈 쓴 中스파이". ≪동아일보≫.

김동일. 2016. 『피에르 부르디외』. 서울: 커뮤니케이션북스.

김상환. 2015. 「창의적 사고의 논리」. 김상환 외. 『상상력과 지식의 도약』. 고등과학원 초학제연구 총서 003. 서울: 이학사.

김태훈. 2014.11.10. "年 18조 쓰는 국가R&D, 사업화 1.5%뿐". ≪한국경제신문≫.

김현석·강동균. 2018.6.19. "USTR, 다음 단계는 中기업 미국 투자 금지". ≪한국경제신문≫.

김현석·주용석. 2019.5.16. "트럼프, 곧 화웨이 장비 사용금지... 中 기술굴기 원천봉쇄 나선 美", ≪한국경제신문≫.

김회수. 2018. 「4차 산업혁명 시대의 신성장 동력과 포용적 성장」. ≪한국경제포럼≫, 제11권, 제2호, 59~92쪽.

남대엽. 2018.3.15. 「글로벌 기업 사냥에 나선 'Red Capitalism'」. ≪POSRI 이슈리포트≫.

노성호·이승호·은종학. 2017. 「중국 바이오 제약 산업 혁신 연구」. ≪현대중국연구≫, 제19권, 제3호, 459~496쪽.

놀란, 피터(Peter Nolan). 2002. 『중국과 세계경제』. 임정재 옮김. 서울: 함께 읽는 책.

돕, 모리스(Morris Dobb). 1980. 『자본주의 발전연구』. 이선근 옮김. 서울: 광민사.

드레셔, 다니엘(Daniel Drescher). 2018. 『블록체인 무엇인가?』. 이병욱 옮김. 서울: 이지스퍼블리싱.

리민치(Li Minqi). 2010. 『중국의 부상과 자본주의 세계경제의 종말』. 류현 옮김. 파주: 돌베개.

리스트, 프리드리히(Friedrich List). 2016. 『정치경제학의 국민적 체계』(원전: *Das nationale System der politischen Ökonomie*, 1841). 이승무 옮김. 서울: 지식을 만드는 지식.

리카이푸(李开复). 2019. 『AI 슈퍼파워』. 박세정·조성숙 옮김. 파주: 이콘출판.

리콴유(Lee Kuan Yew). 1998. 『리콴유 자서전』. 류지호 옮김. 서울: 문학사상사.

린이푸(Lin Yifu). 2012. 『중국 경제 입문』(원전: *Demystifying the Chinese Economy*, 2012). 서봉교 옮김. 서울: 도서출판 오래.

_____. 2019. 『신 구조경제학: 경제 발전과 정책을 재고한 이론 틀』. 장홍영 옮김. 서울: 학고방.

린이푸(林毅夫)·차이팡(蔡昉)·리조우(李周). 1996. 『중국의 기적: 발전전략과 경제개혁』. 한동훈 옮김. 서울: 백산서당.

마추카토, 마리아나(Mariana Mazzucato). 2016. 「혁신 국가로 가는 길」. 클라우스 슈밥 외 26인 지음·〈포린 어페어스〉 엮음. 『4차 산업혁명의 충격』. 김진희·손용수·최시영 옮김. 서울: 흐름출판.

마화텅(马化腾) 외. 2016. 『인터넷 플러스 혁명』. 강영희·김근정 옮김. 서울: 비즈니스북스.

무카이 슈타로(向井周太郎). 2016. 『디자인학: 사색의 컨스텔레이션』. 신희경 옮김. 파주: 두성북스.

박병기. 1998. 『場理論』. 서울: 교육과학사.

박재영. 2019. 「기업주도형 벤처캐피탈(CVC)의 규제완화 쟁점과 개선방안」. ≪NARS 현안분석≫, 제98호.

베버, 막스(Max Weber). 2018. 『프로테스탄트 윤리와 자본주의 정신』(원전: *Die protestantische Ethik und der 'Geist' des Kapitalismus*, 1905). 박문재 옮김. 파주: 현대지성.

브라운, 팀(Tim Brown). 2010. 『기획에서 마케팅까지 디자인에 집중하라』. 고성연 옮김. 파주: 김영사.

서울대학교 공과대학. 2015. 『축적의 시간』. 서울: 지식노마드.

서진교·박지현·김민성. 2018. 「최근 WTO 체제 개편 논의와 정책 시사점」. ≪오늘의 세계경제≫, 제18권, 제40호.

셴카, 오데드(Oded Shenkar). 2011. 『카피캣』. 이진원 옮김. 서울: 청림출판.

송승철. 1997. 「산업사회에 대한 인문적 대응: 문화와 사회 전통」. 양동휴·송승철·윤혜준. 『산업혁명과 기계문명』. 서울: 서울대학교출판부.

송치앙(宋强)·장창창(张藏藏)·챠오볜(乔边)·탕쩡위(汤正宇)·구칭성(古清生). 1997. 『No라고 말할 수 있는 중국』. 강식진 옮김. 서울: 동방미디어.

스미스, 애덤(Adam Smith). 1992. 『국부론』(원전: *An Inquiry into the Nature and Causes of the Wealth of Nations*, 1776). 김수행 옮김. 서울: 동아출판사.

스티글리츠(Joseph Stiglitz)·그린왈드(Bruce Greenwald). 2016. 『창조적 학습사회 – 성장·발전·사회진보에 대한 새로운 접근』. 김민주·이엽 옮김. 서울: 한국경제신문사.

아리기, 조반니(Giovanni Arrighi). 2009. 『베이징의 애덤 스미스: 21세기의 계보』. 강진아 옮김. 서울: 도서출판 길.

야마모토 요시타카(山本義隆). 2017. 『나의 1960년대: 도쿄대 전공투 운동의 나날과 근대 일본 과학기술사의 민낯』. 임경화 옮김. 파주: 돌베개.

와이스버그, 로버트(Robert Weisberg). 2009. 『창의성: 문제 해결, 과학, 발명, 예술에서의 혁신』. 김미선 옮김. 서울: 시그마프레스.

유승호. 2018.8.15. "美 국방수권법, 중국 '정조준' 외국인의 미국투자 더 옥죈다". ≪한국경제신문≫.

은종학. 2000. 『중국의 인터넷 비즈니스』. 서울: LG경제연구원.

_____. 2004. 「중국 지적재산권 보호의 실제: 문제점, 구조적 원인, 정책적 함의」. ≪지식재산논단≫, 제1권, 제2호, 1~24쪽.

_____. 2006. 「중국의 제1차 경제센서스와 GDP 통계 수정」. ≪KIEP 세계경제≫, 제9권, 제2호, 38~47쪽.

_____. 2009a. 「교판기업 모델의 쇠퇴: 중국 국가혁신체제의 진화」. ≪중소연구≫, 제33권, 제1호,

93~120쪽.

_____. 2009b. 「중국 과학기술의 발전 추세 및 구조」. 이장규 편. 『중국의 부상에 따른 한국의 국가전략 연구2』. 서울: 대외경제정책연구원.

_____. 2009c. 「중국의 과학 역량에 대한 미시적 탐색: 학문적 리더십과 국제적 연구 네트워크」. ≪중국연구≫, 제47권, 449~477쪽.

_____. 2010. 「중국정부의 공식통계에 대한 이해와 활용방법」. 정재호 편. 『중국연구방법론』. 서울: 서울대학교출판문화원.

_____. 2012a. 「중국의 脫추격적 산업발전에 대한 탐색: 한국의 관점에서」. ≪국제·지역연구≫, 제21권, 제4호, 27~60쪽.

_____. 2012b. 「중국 대학생들은 어떤 창업을 꿈꾸는가?: 커즈너리언 vs. 슘페터리언 창업」. ≪국제·지역연구≫, 제21권, 제1호, 25~55쪽.

_____. 2015a. 「중화인민공화국 경제정책의 흐름」. 국민대 중국인문사회연구소 편. 『사회과학도를 위한 중국학 강의』. 서울: 인간사랑.

_____. 2015b. 「현대 중국 기업의 경험과 혁신학적 이론 함의」. ≪중국지식네트워크≫, 제6호, 29~68쪽.

_____. 2015c. 「과학대국 중국에 대한 재인식과 한국의 대응 구상」. 강병환·김도경·김영미·박영순·박철현·서상민·이광수·은종학·조경란·최은진. 『중국지식의 대외확산과 역류』. 247~284쪽.

_____. 2015d. 「네트워크 분석을 통해 본 중국 나노과학의 성과와 특성」. ≪현대중국연구≫, 제17권, 제1호, 191~229쪽.

_____. 2016. 「중국이 '성장 사다리'를 오르는 방법: 산업사례의 예비적 종합」. 국민대학교 중국인문사회연구소 HK사업단 제9회 국내학술대회 자료집(2016.12.16).

_____. 2017. 「중국이 오른 성장사다리 中段에서의 다이나믹스: 모방과 혁신」. 한·일 중국전문가 학문대화(성균관대학교) 자료집(2017.1.20).

_____. 2018a. 「중국 부상기 싱가포르의 지식기반 강화와 그 이론적 토대: SUTD를 중심으로」. ≪중국지식네트워크≫, 제11권, 5~36쪽.

_____. 2018b. 「싱가포르 신설 국립대학 SUTD의 대중·대미 연구협력 네트워크 분석」. ≪아태연구≫, 제15권, 제2호, 171~197쪽.

_____. 2018c. 「중국 혁신성장의 전환기적 과제와 도전, 그리고 한국에의 함의」. 『중국 부상의 전환기적 도전』, 현대중국학회 2018년 추계학술회의 자료집(2018.10.12).

_____. 2020a. 「중국의 과학 역량 분석」. 왕윤종 외. 『중국 산업, 얼마나 强한가?: 중국 산업경쟁력의 미시적 토대 분석』. 세종: 대외경제정책연구원.

_____. 2020b. 「인공지능 국제 과학연구 네트워크 속 중국의 위상 분석」. ≪중국연구≫, 제82권, 217~239쪽.

은종학·여지나. 2012. 「중국의 새로운 특허 생태계: 거시적 분포와 미시적 주체 분석」. 문익준 외. 『중국기업 연구개발 투자의 특징과 시사점』. 서울: 대외경제정책연구원.

은종학·장영석·조성재. 2010. 『중국 산업의 추격 전략과 한국 기업의 대응: 자동차와 전자 산업을 중심으로』. 서울: 경제·인문사회연구회.

이남주. 2018. 「중국정치 2018년 평가와 2019년 전망: 2기 시진핑 체제의 출범과 도전」. 현대중국학회-성균중국연구소 공동세미나.

이민자. 2017. 「중국의 언론/표현의 자유」. ≪성균차이나브리프≫, 제5권, 제4호, 121~126쪽.

이민화. 2018. 『공유 플랫폼 경제로 가는 길』. 서울: KCERN.

이토 미쓰하루(伊東光晴)·네이 마사히로(根井雅弘). 2004. 『조셉 슘페터: 고고한 경제학자』. 민성원 옮김. 서울: 도서 출판 소화.

장하준. 2004. 『사다리 걷어차기』. 형성백 옮김. 서울: 부키.

정지훈. 2014. 『거의 모든 인터넷의 역사』. 서울: 메디치.

조봉수. 2017. 『미래의 교육, 올린』. 서울: Book Journalism.

주강강·박재찬. 2018. 「중국 고속철도 산업의 글로벌 추격전략에 관한 연구」. ≪한중사회과학연구≫. 제16권, 제4호, 115~146쪽.

탭스코트(Don Tapscott)·윌리엄스(Anthony Williams). 2009. 『위키노믹스: 경제 패러다임을 바꾼 집단의 지성과 지혜』. 윤미나 옮김. 서울: 21세기북스.

파커(Geoffrey Parker)·밴 앨스타인(Marshall Van Alstyne)·초더리(Sangeet Paul Choudary). 2017. 『플랫폼 레볼루션』. 이현경 옮김. 서울: 부키.

펠프스, 에드먼드(Edmund Phelps). 2016. 『대번영의 조건: 모두에게 좋은 자본주의란 무엇인가』. 이창근·홍대운 옮김. 파주: 열린책들.

프라할라드, C. K.(C. K. Prahalad). 2006. 『저소득층 시장을 공략하라』. 유호현 옮김. 파주: 럭스미디어.

하라 켄야(原研哉). 2007. 『디자인의 디자인』. 민병걸 옮김. 파주: 인그라픽스.

하일브로너(Robert Heilbroner)·밀버그(William Milberg). 2010. 『자본주의: 어디서 와서 어디로 가는가』. 홍기빈 옮김. 서울: 미지북스.

한중과학기술협력센터. 2017a. 『시진핑 정부의 중국 과학기술 동향』. 북경: 한중과학기술협력센터.

_____. 2017b. 『중국의 4차산업 기술동향』. 북경: 한중과학기술협력센터.

_____. 2019. 「중국의 블록체인 기술혁신 동향과 시사점」. ≪Issue Report≫, 제12권.

허옌(何燕). 2014. 『샤오미 Insight』. 정세경·정호운 옮김. 서울: 예문.

현상백·이효진·조고운·오윤미. 2019. 『중국의 창업생태계 발전전략과 정책 시사점』. 세종: 대외경제정책연구원.

황런위(黃仁宇). 2001. 『자본주의 역사와 중국의 21세기』. 이재정 옮김. 서울: 이산.

百度文库. 2013. "呂松涛绿谷创业史". https://wenku.baidu.com/view/fb34bd8ed4d8d15abe234e41.html (검색일: 2019.11.5).

陈祖甲. 1989.3.4. "如何发挥科技促进经济的潜力? 如何提高资金和资源的利用率? 如何是我国产品打入国际市场? 出路: 技术创新". ≪人民日报≫.

≪重庆商报≫. 2014.11.12. "鑫源2500万欧元抄底-买下欧洲摩托老牌字".

崔霞·吴杰·陶家树·杨毅炜. 2018.12.28. "视频 | 国产大型客机C919第三架机今日首飞". ≪澎湃

新闻≫, https://www.thepaper.cn/newsDetail_forward_2787173 (검색일: 2019.2.4).

崔晓摄. 2017.4.10. "百年老厂变身国家领军人才创业园". ≪新浪网≫, http://news.sina.com.cn/c/2017-04-10/doc-ifyeayzu7342385.shtml (검색일: 2017.8.3).

丁厚德. 2001. 『中国科技运行论』. 北京: 清华大学出版社.

杜德斌·赵剑波. 2014. 「中国企业跨国并购全流程整合研究-以金风科技并购德国VENSYS公司为例」. ≪学术研究≫, 第8期, pp. 86~90.

方惠坚·张思敬 主编. 2001. 『清华大学志』. 北京: 清华大学出版社.

飞跃. http://www.chinafeiyue.cn/productinfo/864912.html (검색일: 2017.8.5).

傅家骥. 1989. 「企业技术创新的阻力何在?」. ≪中国科技论坛≫, 第5期, pp. 34~37.

_____. 2013. "对技术创新的认识". http://www.doc88.com/p-900965877279.html (검색일: 2019.2.9).

_____. 2014. 『傅家骥文集』. 北京: 清华大学出版社.

高梁. 2000. 「欲翱长天难解缚一从"运10"的夭折透视中国航空工业」. ≪财经界≫, 第2期, pp. 26~33.

国家统计局. 각 연도. "全国科技经费投入统计公报". www.stats.gov.cn.

_____. 2016. 『2016工业企业科技活动统计年鉴』. 北京: 中国统计出版社.

_____. 2018. "2017年全国科技经费投入统计公报". http://www.stats.gov.cn/tjsj/zxfb/201810/t20181009_1626716.html (검색일: 2019.5.14).

_____. 2019. "2018年国民经济和社会发展统计公报". http://www.stats.gov.cn/tjsj/zxfb/201902/t20190228_1651265.html (검색일: 2019.5.14).

国家统计局·科学技术部 编. 각 연도. 『中国科技统计年鉴』. 北京: 中国统计出版社.

国家知识产权局. 2018. "2017年国家知识产权局年报". file:///C:/Users/user8/Desktop/2017年国家知识产权局年报.pdf (검색일: 2018.8.20).

国务院. 2014a. "关于改进加强中央财政科研项目和资金管理的若干意见". 国发(2014) 11号.

_____. 2014b. "关于加快发展现代职业教育的决定". 国发(2014) 19号.

_____. 2014c. "关于深化中央财政科技计划(专项, 基金 等)管理改革方案". 国发(2014) 64号.

_____. 2015a. "关于发展众创空间推进大众创新创业的指导意见". 国办发(2015) 9号.

_____. 2015b. "关于大力推进大众创新万众创业若干政策措施的意见". 国发(2015) 32号.

_____. 2015c. "关于加快构建大众创业万众创新支撑平台的指导意见". 国发(2015) 53号.

_____. 2016a. "关于建设大众创业万众创新示范基地的实施意见". 国办发(2016) 35号.

_____. 2016b. "关于印发"十三五"国家信息化规划的通知". 国发(2016) 73号.

_____. 2019. "关于印发国家职业教育改革实施方案的通知". 国发(2019) 4号.

国务院 新闻办公室. 2018. 『关于中美经贸摩擦的事实与中方立场白皮书』.

_____. 2019. 『关于中美经贸磋商的中方立场白皮书』.

贺梨萍. 2018.10.20. "奔跑的西湖大学: 创民办研究型大学先河". ≪澎湃新闻≫, http://tech.sina.com.cn/i/2018-10-20/doc-ihmrasqs9174912.shtml (검색일: 2019.3.15).

何真临. 2013. 『我与首富梁稳根 : 揭秘三一』. 北京: 人民邮电出版社.

红双喜. "红双喜"180"获国际足联最高等级认证, 成中国品牌第一人". http://www.dhs-sports.com/news/hsxhgjzlzgrzczgdyr.shtml (검색일: 2019.5.8).

胡娟娟. 2009. 「建国后高等教育学习苏联模式的回顾和历史教训」. ≪改革与开放≫, 12月刊, pp. 192~194.

≪火名网≫. 2016.7.18. "商标被美国公司注册, 回力重回欧美市场处处受阻". https://www.huoming.com/article/detail/100 (검색일: 2017.8.5).

≪简书≫. 2019.1.7. "2018年度中国研发投入100强企业排行榜". https://www.jianshu.com/p/8db0963ff779 (검색일: 2019.5.13).

江小涓. 2002. 「中国的外资经济对增长, 结构升级和竞争力的贡献」. ≪中国社会科学≫, 第6期, pp. 4~14.

姜振寰·吴明泰·王海山·康荣平 编. 1989. 『技术学辞典』. 沈阳: 辽宁科学技术出版社.

教育部. 2019. "2018年全国教育事业发展统计公报". http://www.moe.gov.cn/jyb_sjzl/sjzl_fztjgb/201907/t20190724_392041.html (검색일: 2020.2.22).

教育部科学技术司. 1999. 『中国高等学校科技50年』. 北京: 高等教育出版社.

≪教育物语≫. 2018.8.30. "2018年新筹建的三所大学, 定位都很高, 将会冲击现有高校格局". https://baijiahao.baidu.com/s?id=1610226955064180848&wfr=spider&for=pc (검색일: 2019.3.14).

≪金羊网≫. 2018.3.16. "平均年龄27.07岁去年23万人才'涌入'深圳". http://news.ycwb.com/2018-03/16/content_26112483.htm (검색일: 2019.2.20).

≪经济观察网≫. 2019.9.1. "2019中国企业500强榜单: 什么在增长, 什么在回落?" http://money.163.com/19/0901/11/EO010VSI002580S6.html (검색일: 2019.10.7).

康希诺生物股份公司. www.cansinotech.com.cn/homes/onepage/index/39.html (검색일: 2020.7.20).

科学技术部. 2019a. "我国科技人力资源发展状况分析". https://new.qq.com/omn/20190401/20190401A0FS1C.html (검색일: 2019.4.16).

_____. 2019b. 『科技统计报告汇编』. https://mp.weixin.qq.com/s/zHpjohxvOnBFbyj6TcjUFA (검색일: 2019.4.29).

_____. 2019.6.25. "2021-2035年国家中长期科技发展规划研究编制工作启动会召开". www.most.gov.cn/kjbgz/201906/t20190625_147301.htm (검색일: 2019.7.23).

_____. 2019.9.12. "关于促进新型研发机构发展的指导意见". http://www.gov.cn/xinwen/2019-09/19/content_5431291.htm (검색일: 2019.10.15).

_____. 2020.2.17. "关于破除科技评价中'唯论文'不良导向的若干措施(试行)". http://www.most.gov.cn/mostinfo/xinxifenlei/fgzc/gfxwj/gfxwj2020/202002/t20200223_151781.htm (검색일: 2020.3.4).

雷军. 2018.3.5. "我的2018年两会建议". ≪前瞻网≫. https://t.qianzhan.com/daka/detail/180305-e274d574.html (검색일: 2018.8.5).

娄样. 2014. 「惯例对技术创新机制的影响分析-基于金风科技与华锐风电案例分析」. ≪中国高新技术企业≫, 20号, pp. 1~4.

李克强. 2015.3.5. "2015年国务院政府工作报告". 第十二届全国人民代表大会 第三次会议. http://www.gov.cn/guowuyuan/2015zfgzbg.htm (검색일: 2015.3.6).

_____. 2020.5.22. "2020年国务院政府工作报告". 第十三届全国人民代表大会 第三次会议. http://www.gov.cn/guowuyuan/zfgzbg.htm (검색일: 2020.5.22).

梁宏亮·刘艳美. 2018.8.21. "昨天, 深圳人的平均年龄是32.02岁". ≪每日经济新闻≫. https://finance.ifeng.com/a/20180821/16463135_0.shtml (검색일: 2019.2.20).

林毅夫. 2016. 「新常态下政府如何推动转型升级」. 林毅夫·历以宁·吴敬琏 等著. 『关键五年 2016-2020』. 北京: 中信出版社.

刘畅. 2016.6.23. "深圳计划10年内筹建四所高校和十所特色学院". ≪新浪广东≫. http://gd.sina.com.cn/news/bm/2016-06-23/detail-ifxtmweh2356868.shtml (검색일: 2017.6.15).

柳卸林·张可. 2014. 「傅家骥与创新管理研究的中国化」. ≪科学学与科学技术管理≫, 第35卷, 第11期, pp. 3~12.

路风. 2006. 『走向自主创新:寻求中國力量的源泉』. 桂林: 廣西師範大學出版社.

陆佳. 2015.8.19. "华锐风电因质量, 资金问题身陷多方诉讼纠纷". ≪电缆网≫.

马飞孝·陈祖甲. 1998.6.22. "找准"四两拨千斤"的支点--关于建立国家创新体系述评". ≪人民日报≫.

齐中熙. 2019.11.29. "中原三条高铁集中开通 年底我国高铁里程将达3.5万公里". ≪新华网≫. http://www.xinhuanet.com//2019-11/29/c_1125291017.htm (검색일: 2019.2.4).

≪人民日报≫. 1960.2.4. "社论: 现代化企业也必须革新技术".

_____. 1960.2.25. "社论: 开展一个手工操作机械化半机械化的全民运动".

_____. 1984.2.17. "邓小平王震视察宝钢并题词: 掌握新技术要善于学习善于创新".

_____. 2019.4.1. "习近平重磅讲话发表, 这9段话发人深省".

≪人民网≫. 2016.12.10. "中国第一所民办高等研究院西湖高研院成立". http://society.people.com.cn/n1/2016/1210/c1008-28939302.html (검색일: 2019.3.17).

_____. 2018.6.9. "普京也来体验了!中国高铁圈了多少粉?" http://m.people.cn/n4/2018/0609/c203-11119249.html (검색일: 2019.2.4).

≪人民网-中国共产党新闻网≫. 2016.7.1. "腾讯科技深圳有限公司党委先进事迹". http://dangjian.people.com.cn/n1/2016/0630/c117092-28513326.html (검색일: 2017.7.26).

赛迪研究院电子信息研究所. 2020. "'新基建'发展白皮书". http://www.360doc.com/content/20/0330/13/29585900_902641067.shtml (검색일: 2020.6.16).

≪闪电新闻≫. 2019.2.25. "习近平: 探索建立新型举国体制". https://baijiahao.baidu.com/s?id=1626409172937372617&wfr=spider&for=pc (검색일: 2019.9.26).

商务部. 2018.11.23. "中国关于世贸组织改革的立场文件".

深圳市教育局. 2018. "2018年工作总结和2019年工作思路".

盛毅·方茜·魏良益. 2016. 『国家级新区建设与产业发展』. 北京: 人民出版社.

舒晋瑜. 2015.2.4. "长篇小说《工农兵大学生》尊重历史". ≪光明网≫. http://epaper.gmw.cn/zhdsb/html/2015-02/04/nw.D110000zhdsb_20150204_9-02.htm (검색일: 2017.6.26).

宋妮. 2010. "高校丧失自主权 1952年院系调整回眸". ≪国家人文历史≫, 第6期. pp. 24~25.

≪搜狐网≫. 2019.3.16. "'汉芯事件'背后的始作俑者陈进, 今何在?". https://www.sohu.com/a/301697182_505837 (검색일: 2019.7.23).

苏竣·黄萃 编. 2012. 『中国科技政策要目概览(1949-2010年)』. 北京: 科学技术文献出版社.

孙春艳. 2012. 「三一重工并购德国"大象"的背后」. ≪中外管理≫, 第三期, pp. 96~97.

铁流. 2015.11.8 "从运10到C919: 中国大飞机经历了多少磨难?"≪雷锋网≫. https://www.leiphone.com/news/201511/FJRWuNzv4pA77qBz.html (검색일: 2016.5.23).

王传涛. 2014.8.26. "'创新'校训趋同化与高校个性发展的迷失". ≪新京报≫.

王军. 1999. 「利用外资引进技术中的问题, 原因及对策」. ≪世界经济文汇≫, 第2期, pp. 3~5.

王琦玲. 2006.3.10. "IT时代周刊: 汉芯内幕调查". ≪新浪科技≫. http://tech.sina.com.cn/it/2006-03-10/1331863772.shtml (검색일: 2019.7.23).

汪洋. 2020.5.21. "2020年中国人民政治协商会议全国委员会常务委员会工作报告". http://www.cppcc.gov.cn/zxww/2020/05/21/ARTI1590047148165764.shtml (검색일: 2020.5.21).

王允贵. 1998. 「跨国公司的垄断优势及其对东道国的产业控制——跨国公司对我国电子及通信设备制造业的投资与控制」. ≪管理世界≫, 第2期, pp. 114~134.

吴狄. 2015.7.14. "上海新天地: 从石库门旧居到商业新地标的旧改样本". ≪第一财经日报≫. https://www.yicai.com/news/4645298.html (검색일: 2017.8.3).

吴静·李如瓛. 2016.5.10. "群众性技术革新运动: 中国式技术发展道路". ≪东方早报≫.

武书连. 2017. 『2017高考志愿填报指南-挑大学选专业』. 北京: 中国统计出版社.

吴晓波. 2007. 『激荡三十年: 中国企业 1978-2008 (上)』. 北京: 中信出版社.

_____. 2017. 『腾讯传 1998-2016: 中国互联网公司进化论』. 杭州: 浙江大学出版社.

西安交通大学图书馆. 2020.6.16. "新型冠状病毒肺炎相关研究情况综述". ≪交大新闻网≫. http://news.xjtu.edu.cn/info/1007/136493.htm (검색일: 2020.6.20).

新华社. 2016.8.8. "国务院印发≪"十三五"国家科技创新规划≫". http://www.gov.cn/xinwen/2016-08/08/content_5098259.htm (검색일: 2016.9.8).

≪新华网≫. 2020.10.29. "中国共产党第十九届中央委员会第五次全体会议公报". http://www.xinhuanet.com/politics/2020-10/29/c_1126674147.htm (검색일: 2020.10.29).

≪新京报≫. 2020.10.18. "新修改专利法通过: 对故意侵权行为将法定赔偿额上限提高至五百万". https://baijiahao.baidu.com/s?id=1680851448685822526&wfr=spider&for=pc (검색일: 2020.11.16).

≪新浪博客≫. 2006.9.8. "私营企业家忙着加入中国共产党". http://blog.sina.com.cn/s/blog_4ab97ecb01000596.html (검색일: 2017.8.8).

≪新浪教育≫. 2015.6.18. "1977-2014历年全国高考人数和录取率统计". http://edu.sina.com.cn/gaokao/2015-06-18/1435473862.shtml (검색일: 2017.7.9).

≪新浪网≫. 2013.7.3. "知道1865创意产业园的来历吗?"http://news.sina.com.cn/o/2013-07-03/042027560274.shtml (검색일: 2017.8.3).

_____. 2015.11.8. "中新(重庆)战略性互联互通示范项目". http://news.sina.com.cn/o/2015-11-0

8/doc-ifxknivr4291657.shtml (검색일: 2017.11.9).

_____. 2018.4.2. "西湖大学正式获批设立: 以博士生培养为起点". https://tech.sina.com.cn/d/i/ 2018-04-02/doc-ifysvkqv3788227.shtml (검색일: 2019.3.15).

≪幸福网≫. 2017.9.1. "盘点19个中国国家级新区". http://www.xfwang.cn/news/12092.html (검색일: 2017.9.31).

徐静. 2015.8.13. "高校校训'创新'最火". ≪广州日报≫.

许慎 撰. 段玉裁 注. 2007. 『说文解字注(上)』. 南京: 凤凰出版社.

杨帆·陈斯斯. 2019.11.3. "中国原创新药GV-971: 22年研制之路的偶然与必然". ≪澎湃新闻≫. https://www.thepaper.cn/newsDetail_forward_4855769 (검색일: 2019.12.10).

杨静·吴逸悠. 2010.6.26. "上海M50创意园: 老厂房孕育新能量". ≪新浪网≫. http://news.sina. com.cn/c/2010-06-26/175520554732.shtml (검색일: 2017.8.4).

杨开新. 2015.8.11. "解读李克强'大众创业 万众创新': 少不了一个'众'字". ≪经济日报≫.

袁靖宇. 2002. 『高校科技企业的制度逻辑』. 徐州: 中国矿业大学出版社.

昝慧昉. 2013. 「宜家挑战者」. ≪中国企业家≫, 第431期, pp. 90~94.

张国·刘世昕. 2015.3.6. "新引擎释放新动力: 大众创业 万众创新". ≪新浪网≫. http://news.si na.com.cn/c/2015-03-06/113431575919.shtml (검색일: 2018.6.14).

张会清·翟孝强. 2018. 「中国参与全球价值链的特征与启示-基于生产分解模型的研究」. ≪数量 经济技术经济研究≫, 第1期, pp. 3~22.

张珏. 2003. 『中国高校高新技术产业的发展研究』. 武汉: 华中科技大学出版社.

张玉书. 1996. 『康熙字典』. 上海: 上海古籍出版社.

赵建国·李铎. 2015.4.24. "专利法第四次修改: 为创新发展保驾护航". ≪中国知识产权报≫. http://ip.people.com.cn/n/2015/0424/c179663-26898276.html (검색일: 2020.4.4).

浙大管院科技创业中心. 2017. 『2017 浙江大学创新创业生态蓝皮书』. 浙江大学120校庆特别版.

浙江大学. "浙江大学与新加坡科技设计大学合作迈向新阶段". http://www.zju.edu.cn/c246030 4/content_3076232.html (검색일: 2017.5.8).

中共中央·国务院. 1995. "关于加速科学技术进步的决定". 中发 8号.

_____. 2006. "关于实施科技规划纲要增强自主创新能力的决定". 中发 4号.

≪中国教育报≫. 2020.3.7. "在战疫一线力推中西医结合治疗-记中国工程院院士, 天津中医药 大学校长张伯礼". www.moe.gov.cn/jyb_xwfb/xw_zt/moe_357/jyzt_2020n/2020_zt03/di anxing/202003/t20200309_429104.html (검색일: 2020.9.10).

中国科学技术发展战略研究院. 2016. 『中国创业风险投资发展报告 2016』. 北京: 经济管理出版 社.

中国科学院. 2004. 『中国科学院关于加快院, 所投资企业社会化改革的决定』. http://www.cas. cn/zt/jzt/cyhzt/zgkxy2006gjscyhgzhy/hywj/200612/t20061207_2665280.shtml (검색일: 2015.8.15).

_____. 2006. 『中国科学院关于加快院, 所投资企业社会化改革的实施办法』. http://www.licp.c as.cn/sy2018/cyh/xggd/201810/t20181008_5138640.html (검색일: 2015.8.15).

_____. 2015.8.2. "请历史记住他们-关于中国科学院与'两弹一星'的回忆". http://www.cas.cn/cm /201508/t20150802_4407098.shtml (검색일: 2017.6.25).

_____. 2016. 『中国科学院年鉴 2016』. 北京: 科学出版社.

中国社会科学院语言研究所词典编辑室. 2011. 『新华字典』. 北京: 商务印书馆.

≪中国新闻网≫. 2017.7.10. "教育部公报: 2016年全国高等教育毛入学率42.7%". http://www.china news.com/gn/2017/07-10/8273876.shtml (검색일: 2017.7.12).

中国制造2025_中国政府网. http://www.gov.cn/zhuanti/2016/MadeinChina2025-plan/mobile.htm/ (검색일: 2020.3.30).

仲玉维. 2011.8.22. "饶毅: 落选院士并非学术原因". ≪新京报≫. http://www.bjnews.com.cn/ne ws/2011/08/22/145722.html (검색일: 2019.7.23).

Aitken, B. and A. Harrison. 1999. "Do Domestic Firms Benefit from Foreign Direct Investment?: Evidence from Venezuela." *American Economic Review*, Vol. 89, No. 3, pp. 605~618.

Akamatsu, K. 1962. "A Historical Pattern of Economic Growth in Developing Countries." *The Developing Economies*, Vol. 1, pp. 3~25.

Arrow, K. J. 1962a. "The Economic Implications of Learning by Doing." *Review of Economic Studies*, Vol. 29, No. 3, pp. 155~173.

_____. 1962b. "Economic welfare and the allocation of resources for invention." in R. R. Nelson(ed.). *The Rate and Direction of Inventive Activity*. New Jersey: Princeton University Press.

Barney, J. B. 1991. "The Resource Based View of Strategy: Origins, Implications, and Prospects." *Journal of Management*, Vol. 17, pp. 97~211.

Bjorklund, E. M. 1986. "The Danwei: Socio-Spatial Characteristics of Work Units in China's Urban Society." *Economic Geography*, Vol. 62, No. 1, pp. 739~758.

Bonchek, M. and S. P. Choudary. 2013. "Three elements of a successful platform." *Harvard Business Review*, https://hbr.org/2013/01/three-elements-of-a -successful-platform (검색일: 2017.12.28).

Brandt, L. and E. Thun. 2010. "The Fight for the Middle: Upgrading, Competition, and Industrial Development in China." *World Development*, Vol. 38, Issue 11, pp. 1555~1574.

_____. 2016. "Constructing a Ladder for Growth: Policy, Markets, and Industrial Upgrading in China." *World Development*, Vol. 80, pp. 78~95.

Brown, T. 2009. *Change by Design: How Design Thinking Transforms Organizations and Inspires Innovation*. New York: Harper Business.

Burt, R. 1995. *Structural Holes: The Social Structure of Competition*. Cambridge: Harvard University Press.

_____. 2003. "The Social Structure of Competition." in T. K. Ahn(eds.). *Foundations of Social Capital*. Cheltenham: Edward Elgar.

_____. 2004. "Structural holes and good ideas." *American Journal of Sociology*, Vol. 110, No. 2, pp. 349~399.

Calder, K. E. 2016. *Singapore: Smart State.* Washington DC: The Brookings Institution.

CB Insights. 2020. "Global Unicorn Club: Private Companies Valued at $1B+." https://www.cbinsights.com/reports/CB-Insights_Global-Unicorn-Club_2019.xlsx (검색일: 2020.7.14).

Chan, L. and F. Aldhaban. 2009. "Technology transfer to China: With case studies in the high-speed rail industry." presented at 2009 Portland International Conference on Management of Engineering & Technology.

Chen, J. and Y. Chen. 2004. "The Impact of FDI on the Regional Innovation Capability and Competitiveness: Evidence from China." The 2nd Globelics Conference, Beijing.

Chen, W., X. Chen, C. -T. Hsieh and Z. Song. 2019. "A Forensic Examination of China's National Accounts." Brookings Papers on Economic Activity.

Chesbrough, H., W. Vanhaverbeke and J. West. 2008. *Open Innovation: Researching a New Paradigm.* New York: Oxford University Press.

Chi, C. and A. N. Javernick-Will. 2011. "Institutional effects on project arrangement: high-speed rail projects in China and Taiwan." *Construction Management and Economics*, Vol. 29, Issue 6, pp. 595~611.

China Daily. 2020.1.15. "China corporate VC investment led by tech giants hits 20b yuan." http://www.chinadaily.com.cn/m/beijing/zhongguancun/2020-01/15/content_3753267.htm (검색일: 2020.1.25).

Choudary, S. P. 2013. "Why Business Models fail: Pipes vs. Platforms." *Wired Magazine*, https://www.wired.com/insights/2013/10/why-business-models-fail-pipes-vs-platforms/ (검색일: 2017.12.28).

Christensen, C. M. 1997. *The Innovator's Dilemma: When New Technologies Cause Great Firms to Fail.* Boston: Harvard Business School Press.

Christensen, C. M. and M. E. Raynor. 2003. *The Innovator's Solution: Creating and Sustaining Successful Growth.* Boston: Harvard Business School Press.

Clarivate. 2017. *2017 State of Innovation Report.*

Coe, N., P. Dicken and M. Hess. 2008. "Global Production Networks: Realizing the Potential." *Journal of Economic Geography,* Vol. 8, Issue 3, pp. 271~295.

Cohen, W. M. and D. A. Levinthal. 1989. "Innovation and Learning: The Two Faces of R&D." *The Economic Journal*, Vol. 99, No. 397, pp. 569~596.

Committee on the Expansion of the University Sector. 2008. *Report of the Committee on the Expansion of the University Sector: Greater Choice, More Room to Excel.*

Conner, K. R. 1991. "A Historical Comparison of Resource-Based Theory and Five Schools of Thought Within Industrial Organization Economics: Do We Have a New Theory of the Firm?" *Journal of Management*, Vol. 17, No. 1, pp. 121~154.

Conner, K. R. and C. K. Prahalad. 1996. "A Resource-based Theory of the Firm: Knowledge versus Opportunism." *Organization Science*, Vol. 7, No. 5, pp. 477~501.

Damijan, J. P., B. Majcen, M. Knell and M. Rojec. 2001. "The Role of FDI, R&D Accumulation and Trade in Transferring Technology to Transition Countries: Evidence from Firm Panel Data for Eight Transition Countries." *Institute for Economic Research Working Paper*, No. 10.

Demsetz, H. 1988. "The Theory of the Firm Revisited." in O. Williamson and S. G. Winter(eds.). *The Nature of the Firm: Origin, Evolution and Development.* Oxford: Blackwell.

Dunning, J. H. 1991. "The eclectic paradigm of international production." in C. Pitelis and R. Sugden(eds.). *The Nature of the Transnational Firm.* London: Routledge.

Dyer, J. H. and H. Singh. 1998. "The relational view: Cooperative strategy and sources of inter-organizational competitive advantage." *Academy of Management Review*, Vol. 23, No. 4, pp. 660~679.

Edquist, C. 2005. "Systems of Innovation: Perspectives and Challenges." in J. Fagerberg, D. Mowery and R. Nelson(eds.). *The Oxford Handbook of Innovation.* Oxford: Oxford University Press.

Epstein, G. 2010.8.31. "The Winners And Losers In Chinese Capitalism." *Forbes*, https://www.forbes.com/sites/gadyepstein/2010/08/31/the-winners-and-losers-in-chinese-capitalism/#48af3774688b (검색일: 2018.7.4).

Eris, O. 2004. *Effective Inquiry for Innovative Engineering Design.* New York: Kluwer Academic Publishers.

Ernst, D. 2006. "Innovation offshoring: Asia's emerging role in global innovation networks." *East-West Center Special Reports*, No. 10, pp. 1~48.

Etzkowitz, E., A. Webster and P. Healey. 1998. *Capitalizing Knowledge: New Intersections of Industry and Academia.* Albany: State University of New York Press.

Eun, J. -H. 2005. "The 'Academy-run Enterprise' in China: A Governance Form of Knowledge Industrialization." Doctoral Dissertation, Tsinghua University at Beijing.

_____. 2009. "China's Horizontal University-Industry Linkage: Where From and Where To." *Seoul Journal of Economics,* Vol. 22, No. 4, pp. 445~466.

_____. 2015. "Evolution of the Little Dragons' Science Network with the Rise of China: A Bibliometric Analysis." *China: An International Journal,* Vol. 13, No. 3, pp. 129~153.

Eun, J. -H. and K. Lee. 2002. "Is an Industrial Policy Possible in China?: The Case of the Automobile Industry." *Journal of International and Area Studies*, Vol. 9, No. 2, pp. 1~21.

_____. 2010. "An Empirical Inquiry into Academy-run Enterprises in China: Unique Charac-teristics and Evolutionary Changes." *International Journal of Innovation Management,* Vol. 14, No. 1, pp. 123~150.

Eun, J. -H., K. Lee and G. Wu. 2006. "Explaining the 'University-run enterprises' in China: A theoretical framework for university-industry relationship in developing countries and its application to China." *Research Policy*, Vol. 35, Issue 9, pp. 1329~1346.

Ferguson, N. 2012.2.10. "We're All State Capitalists Now." *Foreign Policy*.

Finance Twitter. http://www.financetwitter.com/2018/01/copycat-goes-high-tech-china-wants-to-export-jet-engine-technology-to-germany.html (검색일: 2018.7.24).

Gao, J. and X. Liu. 2014. "China." in M. Kahn et al.(eds.). *Financing Innovation*, London & New York: Routledge, pp. 163~200.

Ge, D. and T. Fujimoto. 2004. "Quasi-open Product Architecture and Technological Lock-in: An Exploratory Study on the Chinese Motorcycle Industry." *Annals of Business Administrative Science,* Vol. 3, No. 2, pp. 15~24.

Gereffi, G., J. Humphrey and T. Sturgeon. 2005. "The governance of global chains." *Review of International Political Economy*, Vol. 12, Issue 1, pp. 78~104.

Gigerenzer, G., P. Todd and ABC Research Group. 1996. *Simple Heuristics That Make Us Smart.* Oxford: Oxford University Press.

Girma, S., D. Greenaway and K. Wakelin. 2001. "Who benefits from foreign direct investment in the UK?" *Scottish Journal of Political Economy*, Vol. 48, Issue 2, pp. 119~133.

Gordon, Y. and D. Komissarov. 2009. *Chinese Aircraft: China's aviation industry since 1951.* Manchester: Hikoki Publications.

Government of India Planning Commission. 2011. "Faster, Sustainable and More Inclusive Growth: An Approach to the Twelfth Five Year Plan." http://planningcommission.gov.in/plans/planrel/12appdrft/approach_12plan.pdf (검색일: 2020.7.20).

Gu, Shulin. 1999. *China's Industrial Technology: Market Reform and Organizational Change.* London: Routledge.

Haddad, M. and A. Harrison. 1993. "Are there positive spillovers from direct foreign investment?: Evidence from panel data for Morocco." *Journal of Development Economics*, Vol. 42, Issue 1, pp. 51~74.

Hang, C. -C., J. Chen and A. M. Subramian. 2010. "Developing Disruptive Products for Emerging Economies: Lessons from Asian Cases." *Research·Technology Management*, Vol. 53, Issue 4, July/August, pp. 21~26.

Henderson, J., P. Dicken, M. Hess, N. Coe and H. Yeung. 2002. "Global production networks and the analysis of economic development." *Review of International Political Economy*, Vol. 9, Issue 3, pp. 436~464.

Hobday, M. 2000. "East versus Southeastern Asian Innovation Systems: Comparing OEM-and TNC-led Growth in Electronics." in L. Kim and R. R. Nelson(eds.). *Technology, Learning, and Innovation: Experiences of Newly Industrializing Economies.* Cambridge: Cambridge University Press.

Huang, H., J. Tang, S. Wu, L. Liu and X. Fu. 2014. "Mining Triadic Closure Patterns in Social Networks." presented at the 23rd International World Wide Web Conference, Seoul,

Korea, April 7~11.

Huang, Y. 2001. "The Benefits of FDI in a Transitional Economy: The Case of China." OECD Global Forum on International Investment, Mexico City.

_____. 2003. *Selling China: Foreign Direct Investment during the Reform Era.* Cambridge: Cambridge University Press.

Hvistendahl, M. 2013. "China's Publication Bazaar." *Science,* Vol. 342, Issue 6162, pp. 1035~1039.

IDC. 2020.10.29. https://www.idc.com/getdoc.jsp?containerId=prUS46974920 (검색일: 2020. 11.10).

IMF. "List of countries by GDP (nominal) per capita." https://en.wikipedia.org/wiki/List_of_countries_by_GDP_(nominal)_per_capita (검색일: 2019.5.6).

_____. 2020. "World Economic Outlook Database." https://www.imf.org/en/Publications/WEO (검색일: 2020.5.14).

Isaacson, W. 2011. *Steve Jobs.* New York: Simon & Schuster.

Itami, H. 1987. *Mobilizing Invisible Assets.* Cambridge: Harvard University Press.

Ivarsson, I. and C. G. Alvstam. 2010. "Upgrading in global value-chains: A case study of technology-learning among IKEA-suppliers in China and Southeast Asia." *Journal of Economic Geography*, Vol. 11, Issue 4, pp. 731~752.

Janjigian, V. 2010.3.22. "Communism Is Dead, But State Capitalism Thrives." *Forbes*, https://www.forbes.com/sites/greatspeculations/2010/03/22/communism-is-dead-but-state-capitalism-thrives/#1f207de67cb9 (검색일: 2018.7.4).

Jensen, M. B., B. Johnson, E. Lorenz and B. -A. Lundvall. 2007. "Forms of Knowledge and Modes of Innovation." *Research Policy*, Vol. 36, Issue 5, pp. 680~693.

Kahney, L. 2013. *Jony Ive: The Genius Behind Apple's Greatest Products.* New York: Portfolio.

Kaplinsky, R. 2010. "Schumacher meets Schumpeter: Appropriate technology below the radar." *Research Policy,* Vol. 40, pp. 193~203.

Kim, L. 1997. *Imitation to Innovation: The Dynamics of Korea's Technological Learning.* Harvard Business School Press.

Kirzner, I. M. 1973. *Competition and Entrepreneurship.* Chicago: University of Chicago.

Kogut, B. and U. Zander. 1992. "Knowledge of the Firm, Combinative Capabilities, and the Replication of Technology." *Organization Science*, Vol. 3, No. 3, pp. 383~397.

Kokko, A. 1994. "Technology, market characteristics, and spillovers." *Journal of Development Economics*, Vol. 43, Issue 2, pp. 279~293.

Korsgaard, S., H. Berglund, C. Thrane and P. Blenker. 2016. "A Tale of Two Kirzners: Time, Uncertainty, and the Nature of Opportunities." *Entrepreneurship Theory and Practice*, Vol. 40, Issue 4, pp. 867~889.

Lardy, N. R. 2019. *The State Strikes Back: The End of Economic Reform in China?* Washington DC: Peterson Institute for International Economics.

Lee, K. 2013. *Schumpeterian analysis of economic catch-up: Knowledge, path-creation, and the middle-income trap.* New York: Cambridge University Press.

Lee, K., M. Szapiro and Z. Mao. 2018. "From Global Value Chains (GVC) to Innovation Systems for Local Value Chains and Knowledge Creation." *The European Journal of Development Research,* Vol. 30, Issue 3, pp. 424~441.

Lee, K., S. -J. Cho and J. Jia. 2009. "Dynamics of Catch-up in Mobile Phones and Automobiles in China: Sectoral Systems of Innovation Perspective." *China Economic Journal,* Vol. 2, Issue 1, pp. 25~53.

Lewin, K. 1951. *Field Theory in Social Science.* New York: Harper & Row.

Li, Y. 2016. "State, Market, and Business Enterprise: Development of the Chinese Integrated Circuit Foundries." in Y. Zhou, W. Lazonick and Y. Sun(eds.). *China as an Innovation Nation,* Oxford: Oxford University Press.

Li, Y., C. Zhan, M. Jong and Z. Lukszo. 2016. "Business innovation and government regulation for the promotion of electric vehicle use: lessons from Shenzhen, China." *Journal of Cleaner Production,* Vol. 134, Part A, pp. 371~383.

Likar, T. 2009. *Open Innovation and its Applicability in Different Industry Settings: Unlocking the potential of Open Innovation in traditional low-tech industries.* Berlin: VDM.

Lin, Y. 2012. *New Structural Economics: A Framework for Rethinking Development and Policy.* Washington DC: World Bank.

Lin, Y. and X. Wang. 2018. "The Facilitating State and Economic Development: The Role of the State in New Structural Economics." in Y. Lin and A. Z. Nowak(eds.). *New Structural Policy in an Open Market Economy.* Warsaw: University of Warsaw Faculty of Management Press.

Liu, C. 2016. "Public Opinion, Central Decision-making Dominance and Policy Changes: A Case Study of China's Large Aircraft Industry." *China: an International Journal,* Vol. 14, No. 1, pp. 35~55.

Liu, R., Lv. Liu and Z. Huang. 2016. "High speed rail development in China: A Case Study of State-Guided Technology Transfer." in Y. Zhou, W. Lazonick and Y. Sun(eds.). *China as an Innovation Nation,* Oxford: Oxford University Press.

Liu, X. and C. Wang. 2003. "Does foreign direct investment facilitate technological progress?: Evidence from Chinese industries." *Research Policy,* Vol. 32, Issue 6, pp. 945~953.

Liu, X. and S. White. 2001. "Comparing innovation systems: a framework and application to China's transitional context." *Research Policy,* Vol. 30, Issue 7, pp. 1091~1114.

Liu, X., P. Siler, C. Wang and Y. Wei. 2000. "Productivity Spillovers from Foreign Direct Investment: Evidence from UK Industry level Panel Data." *Journal of International Business Studies,* Vol. 31, No. 3, pp. 407~425.

Lou, T. and J. Tang. 2013. "Mining structural hole spanners through information diffusion in social networks." presented at the 22nd International World Wide Web Conference, Rio de Janeiro, Brazil, May 13~17.

Lu, Q. 2000. *China's Leap into the Information Age: Innovation and Organization in the Computer Industry.* Oxford: Oxford University Press.

Lü, X. and E. J. Perry(eds.). 1997. *Danwei: the changing Chinese workplace in historical and comparative perspective.* Armonk, New York: M. E. Sharpe.

Lundvall, B. -A. 1985. *Product Innovation and User-Producer Interaction.* Aalborg: Aalborg University Press.

_____. 2004. "The Economics of Knowledge and Learning." in J. L. Christensen and B. -A. Lundvall(eds.). *Product Innovation, Interactive Learning and Economic Performance* (Research on Technological Innovation, Management and Policy, Vol. 8). Emerald Group Publishing.

_____(ed.). 2010. *National Systems of Innovation: Toward a Theory of Innovation and Interactive Learning.* London: Anthem Press.

Lundvall, B. -A. and B. Johnson. 1994. "The Learning Economy." *Journal of Industry Studies,* Vol. 1, No. 2, pp. 23~42.

Lundvall, B. --Å., J. Vang, K. J. Joseph and C. Chaminade. 2009. "Innovation system research and developing countries." *Handbook for Innovation Systems and Developing Countries.* Cheltenham: Edward Elgar Publishing.

MacFarquhar, R. and J. K. Fairbank. 1987. *The Cambridge History of China, Volume 14, The People's Republic, Part I: The Emergence of Revolutionary China 1949-1965.* Cambridge: Cambridge University Press.

Magee, C. L., K. L. Wood, D. D. Fry and D. Moreno. 2013. "Advancing Design Research: A "Big-D" Design Perspective." International Conference on Research into Design, Indian Institute of Technology Madras, Chennai, 7~9 January.

Magee, C. L., P. Leong, J. Chen and J. Luo. 2012. "Beyond R&D: What Design Adds to a Modern Research University." *International Journal of Engineering Education,* Vol. 28, No. 2, pp. 397~406.

Malerba, F. 2002. "Sectoral systems of innovation and production." *Research Policy,* Vol. 31, Issue 2, pp. 247~264.

Manzini, E. 2015. *Design, When Everybody Designs.* Cambridge, MA: MIT Press.

McMahon, D. and H. Thorsteindottir. 2013. "Pursuing endogenous high-tech innovation in developing countries: A look at regenerative medicine innovation in Brazil, China and India." *Research Policy,* Vol. 42, Issue 4, pp. 965~974.

Morozov, E. 2009. "How the Net aids dictatorship." TED Talk, 2009.7.15.

Morris, I. 2018. "Huawei Dwarfs Ericsson, Nokia on R&D Spend in 2017." *Light Reading News Analysis,* https://www.lightreading.com/artificial-intelligence-machine-learning/huaweidwarfs-ericsson-nokia-on-randd-spend-in-2017/d/d-id/741944 (검색일: 2018.8.14).

Mowery, D. C. and B. N. Sampat. 2005. "The Bayh-Dole Act of 1980 and University-Industry Technology Transfer: A Model for Other OECD Governments?" *Journal of Technology Transfer,* Vol. 30, pp. 115~127.

Nahm, J. and E. Steinfeld. 2014. "Scale-up Nation: China's Specialization in Innovative Manu-facturing." *World Development,* Vol. 54, pp. 288~300.

Nonaka I. 1994. "A Dynamic Theory of Organizational Knowledge Creation." *Organization Sci-ence,* Vol. 5, No. 1, pp. 14~37.

Nonaka I. and H. Takeuchi. 1995. *The Knowledge-Creating Company: How Japanese Companies Create the Dynamics of Innovation.* New York: Oxford University Press.

Nordhaus, W. D. 2004. "Schumpeterian profits in the American economy: Theory and measure-ment." Discussion paper 1457, New Haven, CT: Cowles Foundation.

OECD. https://data.oecd.org/healthres/health-spending.htm (검색일: 2019.12.6).

_____. 2007. *Reviews of Innovation Policy: China.* Paris: OECD.

Office of Scientific Research and Development. 1945. *Science, the endless frontier,* A report to the President by Vannevar Bush, director of the Office of scientific research and development. University of Michigan Library.

Okita, S. 1985. "The Flying Geese Pattern of Development." Presented at the 4th Pacific Economic Cooperation Council Conference (Seoul, Korea).

Open Net Initiative. 2005. "Internet filtering in China in 2004-2005: A country study." *Open Net Initiative Case Study,* http://opennet.net/studies/china (검색일: 2017.8.8).

Pavitt, K. 1984. "Sectoral patterns of technical change: Towards a taxonomy and a theory." *Research Policy,* Vol. 13, Issue 6, pp. 343~373.

Penrose, E. 1959. *The Theory of the Growth of the Firm.* New York: John Wiley.

People's Daily. 2010.3.16. "China home to 1,200 foreign R&D centers." http://en.people.cn/90001/90778/90861/6921243.html (검색일: 2018.5.16).

Petroski, H. 2006. *Success Through Failure: The Paradox of Design.* Princeton: Princeton University Press.

Phelps, E. 2009. "Economic Justice and the Spirit of Innovation." *First Things,* https://www.firstthings.com/article/2009/10/economic-justice—and-the-spirit-of-innovation (검색일: 2017.6.7).

_____. 2013. *Mass Flourishing: How Grassroots Innovation Created Jobs, Challenge, and Change,* Princeton: Princeton University Press.

_____. 2017. "The Dynamism of Nations: Toward a Theory of Indigenous Innovation." *Capitalism and Society,* Vol. 12, Issue 1, Article 3.

_____. 2018. "A Vital People: A Necessity for a Good Economy." *Center on Capitalism and Society Columbia University Working Paper,* No. 107.

Polanyi, M. 1966. *The Tacit Dimension*. New York: Doubleday and Co.

_____. 1978. *Personal Knowledge*. London: Routledge & Kegan.

Porter, M. 1979. "How Competitive Forces Shape Strategy." *Harvard Business Review*, Vol. 57, No. 2, pp. 137~145.

_____. 1985. *Competitive Advantage: Creating and Sustaining Superior Performance*. New York: Free Press.

_____. 1990. *The Competitive Advantage of Nations*. New York: Free Press.

Prahalad, C. K. and G. Hamel. 1990. "The Core Competence of the Corporation." *Harvard Business Review*, Vol. 68, Issue 3, pp. 79~91.

Programme for International Student Assessment. www.oecd.org/pisa (검색일: 2020.2.22).

Radjou, N. and J. Prabhu. 2014. *Frugal Innovation: How to do more with less*. New York: Public Affairs.

Radjou, N., J. Prabhu and S. Ahuja. 2012. *Jugaad Innovation: Think Frugal, Be Flexible, Generate Breakthrough Growth*. San Francisco: Jossey-Bass.

Rajah, J. 2012. *Authoritarian Rule of Law: Legislation, Discourse and Legitimacy in Singapore*. Cambridge: Cambridge University Press.

Raustiala, K. and C. Sprigman. 2012. *The Knockoff Economy: How Imitation Sparks Innovation*. New York: Oxford University Press.

Rawski, T. G. 2001. "What is happening to China's GDP statistics?" *China Economic Review*, Vol. 12, Issue 4, pp. 347~354.

Richardson, G. B. 1972. "The Organization of Industry." *The Economic Journal*, Vol. 82, No. 327, pp. 883~896.

Rifkin, J. 2011. *The Third Industrial Revolution: How Lateral Power is Transforming Energy, the Economy, and the World*, New York: Palgrave Macmillan.

Rodan, G. 1998. "The Internet and Political Control in Singapore." *Political Science Quarterly*, Vol. 113, No. 1, pp. 63~89.

Ruan, Y., C. -C. Hang, Y. M. Wang and R. F. Ma. 2013. "The role of government in an emerging disruptive innovation: The case of E-bikes in China." in P. Li(ed.). *Disruptive Innovation in Chinese and Indian Businesses: The strategic implications for local entrepreneurs and global incumbents*. London: Routledge.

Ruskin, J. 1985. *Unto This Last and Other Writings*. Harmondsworth: Penguin.

Schumacher, E. F. 1974. *Small is beautiful: Economics as if people mattered*. London: Abacus.

Schumpeter, J. A. 1911/2008. *The Theory of Economic Development: An Inquiry into Profits, Capital, Credit, Interest, and the Business Cycle*. New Brunswick: Transaction Publishers.

_____. 1934/2000. *The Theory of Economic Development: An Inquiry into Profits, Capital, Credit, Interest, and the Business Cycle*, New Brunswick & London: Transaction Publishers.

_____. 1942/2008. *Capitalism, Socialism and Democracy*. Harper Perennial Modern Thought.

_____. 1946. "Capitalism." Encyclopaedia Britannica Vol. IV, pp. 801~807.

Shane, S. 2003. *A General Theory of Entrepreneurship: The Individual-Opportunity Nexus.* Cheltenham: Edward Elgar.

Shi, Y. and Y. Rao. 2010. "China's Research Culture." *Science,* Vol. 329, p. 1128.

Simon, H. 1969. *The Sciences of the Artificial.* Cambridge, MA: MIT Press.

_____. 1991. "Organizations and Markets." *Journal of Economic Perspectives,* Vol. 5, No. 2, pp. 25~41.

Som, O. 2012. *Innovation without R&D: Heterogeneous Innovation Patterns of Non-R&D-Performing Firms in the German Manufacturing Industry.* Heidelberg: Springer Gabler.

Stiglitz, J. E. and B. C. Greenwald. 2014. *Creating a Learning Society: A New Approach to Growth, Development, and Social Progress.* New York: Columbia University Press.

Sun, Z. 2015. "Technology innovation and entrepreneurial state: the development of China's high-speed rail industry." *Technology Analysis & Strategic Management,* Vol. 27, Issue 6, pp. 646~659.

SUTD. http://www.sutd.edu.sg/About-Us/Collaborations/ZJU (검색일: 2017.10.10).

_____. http://www.sutd.edu.sg/presidents message.aspx (검색일: 2013.5.22).

_____. 2017.6.23. "MIT-SUTD's seven-year education collaboration a success." https://sutd.edu.sg/About-Us/News-and-Events/Press-Releases (검색일: 2017. 10.10).

_____. 2017.9.28. "NTU, SUTD and A*Star among top in world for research in various fields: Study." https://sutd.edu.sg/About-Us/News-and-Events (검색일: 2017.10.10).

Tang, X. and J. Du. 2016. "The performance of China's biomedical innovation: a scientometric analysis." *Science China: Life Sciences,* Vol. 59, No. 10, pp. 1074~1082.

Teece, D. J., G. Pisano and A. Shuen. 1997. "Dynamic Capabilities and Strategic Management." *Strategic Management Journal,* Vol. 18, No. 7, pp. 509~533.

The Economist. 2010.9.2. "A virtual counter-revolution."

_____. 2012.5.1. "State Capitalism: The Visible Hand." Special Report.

_____. 2014.8.30. "State-owned enterprises: Fixing China Inc."

_____. 2014.6.14. "Second Wind."

_____. 2015.4.19. "The End of Moore's Law."

_____. 2015.11.28. "Disrupting Mr. Disrupter."

_____. 2019.2.2. "Recent events highlight an unpleasant scientific practice: ethics dumping."

_____. 2019.2.9. "Good copy, bad copy."

_____. 2020.7.18. "BeiDou begins: China's home-grown satnav system will soon be fully functional."

Tidd, J., J. Bessant and K. Pavitt. 2009, *Managing Innovation: Integrating Technological, Market and Organizational Change.* Chichester: Wiley.

Tiwari, R. and C. Herstatt. 2012. "India-A Lead Market for Frugal Innovations?: Extending the Lead

Market Theory to Emerging Economics." *Hamburg University of Technology Working Paper*, No. 67.

Tolentino, P. 1993. *Technological innovation and Third World multinationals*. London: Routledge.

USTR. 2018a. "Findings of the Investigation into China's Acts, Policies, and Practices related to Technology Transfer, Intellectual Property, and Innovation under section 301 of the Trade Act of 1974." Office of the United States Trade Representative, Executive Office of the President.

_____. 2018b. "Update Concerning China's Acts, Policies, and Practices related to Technology Transfer, Intellectual Property, and Innovation." Office of the United States Trade Representative, Executive Office of the President.

_____. 2000. "Economic and Trade Agreement between the Government of the United States of America and the Government of the People's Republic of China."

Utterback, J. 1994. *Mastering the Dynamics of Innovation*. Boston: Harvard Business School Press.

Utterback, J., B. -A. Vedin, E. Alvarez, S. Ekman, S. W. Sanderson, B. Tether and R. Verganti. 2006. *Design-inspired innovation*. Singapore: World Scientific.

Utterback, J. and W. Abernathy. 1975. "A Dynamic Model of Process and Product Innovation." *The International Journal of Management Science*, Vol. 3, No. 6, pp. 639~656.

Verganti, R. 2009. *Design-driven Innovation: Changing the Rules of Competition by Radically Innovating What Things Mean*. Boston: Harvard Business School Publishing.

Von Hippel, E. 1978. "Successful industrial products from customer ideas." *The Journal of Marketing*, Vol. 42, No. 1, pp. 39~49.

_____. 1988. *The Sources of Innovation*. New York: Oxford University Press.

_____. 2005. *Democratizing innovation*. Cambridge, MA: MIT Press.

Von Hippel, E., S. Ogawa and J. P. J. De Jong. 2011. "The age of the consumer-innovator." *MIT Sloan Management Review*, Vol. 53, No. 1, pp. 27~35.

Walsh, V. 1996. "Design, innovation and the boundaries of the firm." *Research Policy*, Vol. 25, Issue 4, pp. 509~529.

Wan, F., P. J. Williamson and E. Yin. 2015. "Antecedents and Implications of Disruptive Innovation: Evidence from China." *Technovation*, Vol. 39~40, pp. 94~104.

Wang, M., Z. Chen, P. Zhang, L. Tong and Y. Ma. 2014. "Tiexi's Reborn: The Revitalization of the City's Old Industrial Zone." *Old Industrial Cities Seeking New Road of Industrialization: Models of Revitalizing Northeast China*. Singapore: World Scientific, pp. 71~91.

Wernerfelt, B. 1984. "A Resource-based view of the firm." *Strategic Management Journal*, Vol. 5, No. 2, pp. 171~180.

White House. 2020.5.20. "United States Strategic Approach to The People's Republic of China."

https://www.whitehouse.gov/wp-content/uploads/2020/05/U.S.-Strategic-Approach-to-The-Peoples-Republic-of-China-Report-5.20.20.pdf (검색일: 2020.5.20).

Wikipedia. "Education in Singapore." https://en.wikipedia.org/wiki/Education_in_Singapore (검색일: 2017.8.16).

_____. "List of countries by past and projected GDP(nominal)." https://en.wikipedia.org/wiki/List_of_countries_by_past_and_projected_GDP_(nominal)(검색일: 2020.11.9).

Williamson, O. E. 1975. *Markets and Hierarchies*. New York: Free Press.

WIPO. 2018. "China Drives International Patent Applications to Record Heights." http://www.wipo.int/pressroom/en/articles/2018/article_0002.html (검색일: 2018.8.12).

_____. 2020. "IP Facts and Figures." http://www.wipo.int/edocs/infogdocs/en/ipfactsandfigures 2019/ (검색일: 2020.6.16).

Wong, P. -K. 1999. "National Innovation Systems for Rapid Technological Catch-up: An Analytical Framework and a Comparative Analysis of Korea, Taiwan and Singapore." *DRUID Summer Conference*, Rebild, Denmark.

Wu, X. and J. Li. 2015. "Towards an Innovation-driven Nation: The Secondary Innovation Framework in China." *STI Policy Review*, Vol. 6, No. 1, pp. 36~53.

Wu, X., R. Ma and G. Xu. 2009. "Accelerating Secondary Innovation through Organizational Learning: A Case Study and Theoretical Analysis." *Industry and Innovation*, Vol. 16, Issue 4~5, pp. 389~409.

Yang, C. 2014. "State-led technological innovation of domestic firms in Shenzhen, China: Evidence from liquid crystal display (LCD) industry." *Cities,* Vol. 38, pp. 1~10.

Young, S. and P. Lan. 1997. "Technology transfer to China through foreign direct investment." *Regional Studies*, Vol. 31, pp. 669~679.

Zhang, W. and I. Alon(eds.). 2009. *Biographical Dictionary of New Chinese Entrepreneurs and Business Leaders*. Cheltenham: Edward Elgar.

Zhao, J. 2019. "What's Not Great about China's High-Speed Rail? The Debt." *Caixin*, 29th January, https://www.caixinglobal.com/2019-01-29/zhao-jian-whats-not-great-about-chinas-high-speed-rail-the-debt-101375797.html (검색일: 2019.2.15).

Zhao, L. and C. Hong. 2013. "China's "10,000 Talents Scheme": Nurturing Homegrown Talents." *EAI Background Brief,* No. 817.

Zhen, Z. 2016. "Institutional Origins of the Development of China's High-speed Railway." *China: an International Journal*, Vol. 14, No. 1, pp. 19~34.

Zheng, Y. and L. F. Lye(eds.). 2016. *Singapore-China Relations: 50 years*. Singapore: World Scientific.

Zhou, P. and L. Leydesdorff. 2006. "The Emergence of China as a Leading Nation in Science." *Research Policy,* Vol. 35, Issue 1, pp. 83~104.

Zhuo, W. 2017.10.17. "Shanghai unveils steps to attract foreign R&D centers." *China Daily,*

http://english.gov.cn/news/top_news/2017/10/17/content_281475910713210.htm (검색일:
2018.5.16).

Ziman, J. 1979. *Reliable Knowledge*. Cambridge: Cambridge University Press.

지은이 **은종학(殷鍾鶴)**

국민대학교 중국학부(중국정경전공) 교수. 서울대학교 국제경제학과를 졸업하고(경제학사, 심리학 부전공), 서울대학교 국제대학원에서 중국학을 전공했으며(경제학 석사), 대한민국 국비유학생으로 선발되어 중국 청화대학(清華大学)에 유학했다. 청화대학 박사과정을 최우수 졸업하며 청화대학 영예칭호를 받았고, 기술경제경영학으로 경영학 박사학위를 취득했다. 싱가포르국립대학 방문학자, 대외경제정책연구원 중국팀 부연구위원, LG경제연구원 중국팀 선임연구원, 중앙일보 기자를 역임했다. 혁신 관련 세계 최고의 학술지인 *Research Policy*에 중국 교판기업에 관한 선구적인 논문을 게재해 국제 학술지에 300여 차례 인용된 바 있으며, 그 외에도 SSCI 및 한국연구재단 등재지, Routledge, Edward Elgar 등에서 출간한 전문서에 중국 관련 논문을 다수 발표했다.

한울아카데미 2282

중국과 혁신
맥락과 구조, 이론과 정책 함의

ⓒ 은종학, 2021

지은이 | 은종학
펴낸이 | 김종수
펴낸곳 | 한울엠플러스(주)
편집 | 신순남

초판 1쇄 발행 | 2021년 1월 20일
초판 2쇄 발행 | 2021년 11월 5일

주소 | 10881 경기도 파주시 광인사길 153 한울시소빌딩 3층
전화 | 031-955-0655
팩스 | 031-955-0656
홈페이지 | www.hanulmplus.kr
등록번호 | 제406-2015-000143호

Printed in Korea.
ISBN 978-89-460-7282-4 93300(양장)
        978-89-460-8008-9 93300(무선)

※ 이 책은 2017년 대한민국 정부(교육부) 재원으로
한국연구재단의 지원(NRF-2017S1A6A4A01019027)을 받아 집필되었음.

※ 책값은 겉표지에 표시되어 있습니다.
※ 이 책은 강의를 위한 학생판 교재를 따로 준비했습니다.
강의 교재로 사용하실 때에는 본사로 연락해주십시오.